2022 시험대비

9급 공무원

파워특강

국제법개론

9급 공무원

파워특강 국제법개론

초판 인쇄 2022년 1월 12일

초판 발행 2022년 1월 14일

편 저 자 | 남완우, 유병욱

발 행 처 | ㈜서원각

등록번호 | 1999-1A-107호

주   소 | 경기도 고양시 일산서구 덕산로 88-45(가좌동)

교재주문 | 031-923-2051

팩   스 | 031-923-3815

교재문의 | 카카오톡 플러스 친구[서원각]

영상문의 | 070-4233-2505

홈페이지 | www.goseowon.com

책임편집 | 정유진

디 자 인 | 이규희

2000년대 들어와서 꾸준히 이어지던 공무원 시험의 인기는 현재에도 변함이 없으며 9급 공무원 시험 합격선이 지속적으로 상승하고 높은 체감 경쟁률도 보이고 있습니다.

최근의 공무원 시험은 과거와는 달리 단편적인 지식을 확인하는 수준의 문제보다는 기본 개념을 응용한 수능형 문제, 또는 과목에 따라 매우 지엽적인 영역의 문제 등 다소 높은 난이도의 문제가 출제되는 경향을 보입니다. 그럼에도 불구하고 합격선이 올라가는 것은 그만큼 합격을 위한 철저한 준비가 필요하다는 것을 의미합니다.

국제법개론은 많은 수험생이 선택하고 고득점을 목표로 하는 과목으로 한 문제 한 문제가 시험의 당락에 영향을 미칠 수 있는 중요한 과목입니다. 방대한 양으로 학습에 부담이 있을 수 있지만, 시험의 난도 자체가 높은 편은 아니므로 빈출 내용을 중심으로 공부한다면 고득점을 얻을 수 있습니다.

본서는 광범위한 내용을 체계적으로 정리하여 수험생으로 하여금 보다 효율적인 학습이 가능하도록 구성하였습니다. 핵심이론에 더해 해당 이론에서 출제된 기출문제를 수록하여 실제 출제경향 파악 및 중요 내용에 대한 확인이 가능하도록 하였으며, 출제 가능성이 높은 다양한 유형의 예상문제를 단원평가로 수록하여 학습내용을 점검할 수 있도록 하였습니다. 또한 2021년 최근 기출 문제분석을 수록하여 자신의 실력을 최종적으로 평가해 볼 수 있도록 구성하였습니다.

신념을 가지고 도전하는 사람은 반드시 그 꿈을 이룰 수 있습니다. 서원각 파워특강 시리즈와 함께 공무원 시험 합격이라는 꿈을 이룰 수 있도록 열심히 응원하겠습니다.

Structure

step 1
핵심이론 정리

방대한 양의 기본이론을 체계적으로 정리하여 필수적인 핵심이론을 담았습니다. 국제법개론 영역을 세분화하여 그 흐름을 쉽게 파악할 수 있습니다. 서원각만의 빅데이터로 구축된 빈출 내용을 수록하여 이론 학습과 동시에 문제 출제 포인트 파악이 가능합니다.

step 2
기출문제 파악

공무원 시험에서 가장 중요한 것은 기출 동향을 파악하는 것입니다. 이론정리와 기출문제를 함께 수록하여 개념이해와 출제경향 파악이 즉각적으로 이루어지도록 구성했습니다. 이를 통해 문제에 대한 이해도와 해결능력을 동시에 향상시켜 학습의 효율성을 높였습니다.

step3
예상문제 연계

문제가 다루고 있는 개념과 문제 유형, 문제 난도에 따라 엄선한 예상문제를 수록하여 문제풀이를 통해 기본개념과 빈출이론을 다시 한 번 학습할 수 있도록 구성하였습니다. 예상문제를 통해 응용력과 문제해결능력을 향상시켜 보다 탄탄하게 실전을 준비할 수 있습니다.

step 4
최신 기출분석

부록으로 최근 시행된 2021년 국가직 기출문제를 수록하였습니다. 최신 기출 동향을 파악하고 학습된 이론을 기출과 연계하여 정리할 수 있습니다.

step 5
반복학습

반복학습은 자신의 약점을 보완하고 학습한 내용을 온전히 자기 것으로 만드는 과정입니다. 반복학습을 통해 이전 학습에서 확실하게 깨닫지 못했던 세세한 부분까지 철저히 파악하여 보다 완벽하게 실전에 대비할 수 있습니다.

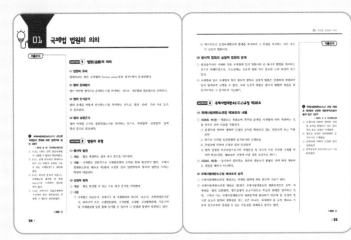

핵심이론정리

1. 이론 정리
한국사 핵심이론을 이해하기 쉽게 체계적으로 요약하여 정리했습니다.

2. 기출문제 연계
이론학습이 기출문제 풀이와 바로 연결될 수 있도록 이론과 기출문제를 함께 수록하였습니다.

3. 포인트 팁
학습의 포인트가 될 수 있는 중요 내용을 한눈에 파악할 수 있도록 구성하였습니다.

문제유형파악

1. 단원별 예상문제
기출문제 분석을 통해 예상문제를 엄선하여 다양한 유형과 난도로 구성하였습니다.

2. 핵심을 콕!
핵심이론을 반영한 문제 구성으로 앞서 배운 이론복습과 실전대비가 동시에 가능합니다.

3. 친절한 해설
수험생의 빠른 이해를 돕기 위해 세심하고 친절한 해설을 담았습니다.

실전완벽대비

1. 2021년 기출문제
최신 기출문제를 풀며 출제 경향을 파악하고, 스스로의 학습상태를 점검할 수 있습니다.

2. 실전감각 up!
최신 기출문제를 통해 실전감각을 익히고 보다 완벽하게 시험에 대비할 수 있습니다.

Contents

03 국제법의 주체

04 국가관할권과 면제

Contents

05 국가책임과 개인의 지위

06 국가의 관할영역

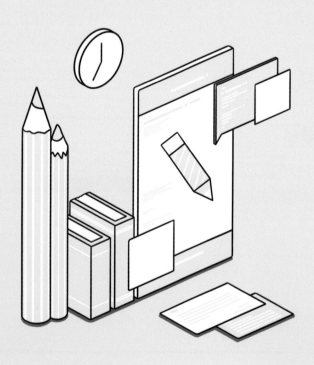

01

국제사회와 국제법

01 국제법의 의의

section 1 국제법의 개념

(1) 통설

국가만을 국제법의 주체로 인정하는 입장이다. 즉 '국가 간의 법'으로 본다. 1648
년 베스트팔렌조약 이후 19C 중반까지 이러한 입장이 유지되었다.

구분	내용
분권성	국제법에 대한 입법기관, 집행할 수 있는 중앙정부가 존재하지 않기 때문
주체	국가만이 주체
규범	임의성, 추상성
체계	평시법 · 전시법 이원화
범위	인권 · 경제 · 환경은 국내문제
책임	민사책임

(2) 수정설

국제법의 주체는 국가뿐 아니라, 국제기구와 개인까지도 포함하는 것이다. 19C
중반 이후 이러한 입장이 유지되고 있다. 민주주의 발전과 국제기구의 활동이 원
인이 되었다.

구분	내용
분권성	국제기구를 통한 조직화
주체	국가 외 국제기구에 대해 주체성을 인정했으며 예외적으로 개인도 주체성 인정
규범	유엔헌장 등 강행규범이 등장
체계	평시법
범위	인권 · 경제 · 환경문제를 국제문제로 편입
책임	전쟁범죄 등에서 형사책임을 부여

(3) 결론

현재는 국가 · 국제기구 · 개인 모두 국제법 주체가 될 수 있다고 보고 있다. 다만 국
가는 항상 국제법의 주체가 되지만 국제기구와 개인은 제한적으로 인정되고 있다.

기출문제

[국제기구의 국제법 주체성 인정 규정]
㉠ 「UN의 특권과 면제에 관한 조약」 제1조 제1항 : UN의 법인격 명기
㉡ 「UN헌장」 제71조 : 민간단체와 협의하기 위하여 적당한 협정을 체결할 수 있음을 명기

[개인의 국제법 주체성 인정 : 벨나돗트 백작 사건]
팔레스타인 전쟁 당시 UN의 조정관으로 임명된 스웨덴의 벨나돗트 백작이 예루살렘 시내의 유태인 지구에서 다른 감시장교와 함께 피살되었다. 이 사건에서 ICJ는 'UN은 자신이 입은 피해에 관하여 이스라엘에 대한 국제적 배상청구권을 갖는다'는 권고적 의견을 제시하여, UN의 국제적 법인격을 확인하면서 그 직원에 대한 기능적 보호를 인정하였다.

Schwarzenberger의 국제법 분류
㉠ 권력의 법(The Law of Power)
㉡ 상호주의의 법(The Law of Reciprocity)
㉢ 조정의 법(The Law of Co-ordination)

section 2 국제법의 개념의 유래

(1) Jus Gentium

'유스 겐튬'이라고 발음하고 보통 '만민법'이라고 칭하고 있다. 이 용어는 고대 로마에서 시작된다. 반드시 일의적인 개념은 아니었지만 일반적으로 그것은 로마 시민 간의 관계만을 규율하는 시민법(Jus Civile)에 대비하여, 로마 시민과 외국인의 관계 또는 외국인 간의 관계에 적용되는 법이라고 이해된다.

(2) Jus Inter Gentes

1650년 영국의 리차드 주치(Richard Zouche)가 「페시알리스의 법과 판결, 즉 제 민족 간의 법(Juris et Judicii Fecialis, sive, Juris Inter Gentes et Quaestionum de Eodem Explicatio)」에서 Jus Inter Gentes라는 문구를 사용했다. 제레미 벤담(Jeremy Bentham)은 Jus Inter Gentes를 International Law라고 번역을 했다. Jus Inter Gentes는 로마법에서 기원한 개념인데 이것을 영어로 Law Between The Peoples라고 해석했다. 여기서 Peoples는 International, Gentiles와 관련이 있다고 판단했던 것이다.

(3) 만국공법

미국의 법학자 휘튼(Henry Wheaton)의 「국제법 원리, 국제법학사 개요 첨부
(Elements of international law with a Sketch of the History of the Science)」
를 중국에서 활동하던 미국인 선교사 윌리엄 마틴(William A. P. Martin)이 1864
년 중국 동문관에서 한역하여 출판하였다. 「만국공법」은 중국에서 서유럽 국제법
을 인식하는 기본서적이 되었으며, 1868년 일본어로 번역되었고 1880년에는 조선
에도 유입되었다.

(4) 국제법

일본 호세이대학의 전신인 도쿄법학교 초대학장을 역임한 미츠쿠리 아키요시(箕作
麟祥)가 테오도르 드와잇 울시(Theodore Dwight Woolsey)의 「Introduction to
the study of International Law」를 번역하며 그 제목을 「国際法, 一名万国公法」
라고 하였다.

section 3 구별개념

(1) 국제사법(國際私法)

① 특정의 국제사법 사건에서 어느 국가의 국내법을 적용할 것인가를 결정하는 법
이다.
② 국제사법은 국내법의 일종으로서, 외국적 요소가 있는 사법적 법률관계에 관하
여 국제재판 관할에 관한 원칙과 준거법을 정함을 목적으로 한다.

(2) 국제예양과 국제도덕

① 국제예양 … 국제사회에서 국가가 보통 준수하는 예의 · 호의 · 편의를 말한다.
② 국제도덕 … 국제사회에서 국가 간 지켜지는 도덕이다.
③ 국제예양과 국제도덕은 법적 구속력이 결여되어 있다는 점에서 국제법과 구별
된다.

(3) 초국내법(Transnational Law)

Jessup은 국제공법, 국제사법 및 기타 규칙 등 국경을 초월하는 제(諸) 행동과 사
건을 규율하는 법을 포괄하여 초국내법이라 칭하였다.

(4) 초국가법(Supranational Law)

Schwarzenberger는 유럽공동체(EU)법과 같이 조약에 의해 성립하나 연방법으로서의 성질 또한 가지므로 국제법도 연방법도 아닌 새로운 법질서를 초국가법이라 칭하였다.

(5) 세계법

주권국가 체제가 와해되어 하나로 통합된 세계국가의 법으로, 현 단계의 국제사회에서는 존재하지 않는다.

> **[베스트팔렌조약(Peace of Westfalen)]**
> ㉠ 30년 전쟁을 끝마치기 위해 1648년에 체결된 평화조약으로 가톨릭 제국으로서의 신성 로마 제국을 사실상 붕괴시키고, 주권 국가들의 공동체인 근대 유럽의 정치구조가 나타나는 계기가 되었다.
> ㉡ 베스트팔렌조약 주요 내용 및 결과는 다음과 같다.
> • 프랑스는 알자스 대부분을 비롯하여 라인강 유역까지 국경을 넓혔다.
> • 스위스와 네덜란드는 독립국 지위를 승인받았다.
> • 1555년 아우크스부르크 종교화의(宗敎和議)가 정식으로 승인되며, 칼뱅파에게도 루터파와 동등한 권리가 주어졌다.
> • 독일의 제후와 제국도시들에 '황제와 제국(帝國)을 적대하지 않는 한에서'라는 조건으로 상호 또는 외국과 동맹할 권리가 인정되었다. 제후들에게 영토에 대한 완전한 주권과 외교권, 조약 체결권이 인정된 것이다.
> • 그 밖에 교회령에 대해서는 1624년의 상태로 되돌리기로 결정했으며 베스트팔렌조약에 대한 반대나 거부는 어느 누가 표명하든지 간에 모두 백지화·무효화한다고 선언하여 독일 문제에 교황이 개입하지 못하도록 하였다.
> ㉢ 베스트팔렌조약은 제후들에게 완전한 영토적 주권과 통치권을 인정하였고 이는 정신적으로는 교황이 주도하고 세속적으로는 황제가 주도하는 가톨릭 제국으로서의 신성 로마 제국이 실질적으로 붕괴된 것을 의미했다. 황제와 교황의 권력은 약화되었으며, 정치는 종교의 영향에서 벗어나 세속화하여 국가 간의 세력 균형으로 질서를 유지하는 새로운 체제를 가져왔다. 이는 유럽의 근대화와 절대주의 국가의 성립에 매우 커다란 영향을 끼쳤다.

1　다음 중 국제법을 가장 잘 정의하고 있는 것은?

① 국가 간의 법　　　　　　　　② 국제사회의 법
③ 세계법　　　　　　　　　　　④ 모든 국제적 법률관계를 규율하는 법

2　다음 중 Schwarzenberger가 분류한 국제법 유형이 아닌 것은?

① 권력의 법(The Law of Power)
② 상호주의의 법(The Law of Reciprocity)
③ 분배의 법(The Law of Distribution)
④ 조정의 법(The Law of Co-ordination)

3　국제법의 개념에 관한 설명 중 옳지 않은 것은?

① 전통적 의미의 국제법은 국가 간 관계를 규율하는 법으로 정의된다.
② 현대적 의미의 국제법은 국제사회의 법으로 정의된다.
③ 국제법은 국제공법과 국제사법으로 구분된다.
④ 국제법은 주로 국가 간 관계를 규율하지만 일정한 경우 국제기구, 개인 등의 관계 또한 규율한다.

4　로마법상 로마인과 외국인 간 그리고 외국인 상호 간의 관계를 규율하는 법은?

① jus inter gentes　　　　　　② jus gentium
③ jus civile　　　　　　　　　④ jus fetiale

5 jus inter gentes란 용어를 주창한 학자는?

① Zouche   ② Jessup

③ Grotius   ④ Suarez

6 국제법이라는 용어와 그 주창자가 잘못 연결된 것은?

① Zouche – jus inter gentes

② Bentham – international law

③ Martin – 만국공법

④ Kelsen – jus gentium

7 다음 중 국제법에 포함되지 않는 것은?

① 국제사법   ② 국제관습법

③ 양자조약   ④ 다자조약

8 다음 내용 중 옳지 않은 것은?

① 섭외사법사건에 대해 어느 국가의 법을 적용할 것인지를 결정하는 국제사법은 국내법의 일종이다.

② 행정법규의 섭외적 적용의 한계를 규정하는 국제행정법은 국내법의 일종으로 국제법과 구별된다.

③ 특정국가 형법의 섭외적 작용의 한계를 규율하는 국제형법은 국내법의 일종이다.

④ 국제예양은 국제법의 일종으로 이에 위반하는 경우 국제위법행위를 구성한다.

9 국제예양에 관한 설명 중 옳지 않은 것은?

① 국제예양이란 우호관계의 유지를 목적으로 한 국가의 우의적 · 예의적 · 호의적 행위를 말한다.

② 국제예양은 법적 구속력을 결여하고 있다는 점에서 국제법과 구별된다.

③ 국제예양은 국제관습법과 같은 개념이다.

④ 국제예양의 위반은 위법행위가 되는 것은 아니며, 국제여론의 악화 또는 정치적 불이익을 초래할 경우가 있을 뿐이다.

10 다음 내용 중 옳지 않은 것은?

① 국제예양은 법적 구속력을 결여하고 있다.

② 국제도덕은 법적 구속력을 결여하고 있다.

③ 실제 국제사회에서 국제도덕과 국제법은 엄격하게 구분된다.

④ 국제도덕이나 국제예양이 발전하여 국제법으로 되는 경우도 있다.

11 다음 중 현대적 의미의 국제법 개념으로 옳은 것은?

① 세계법　　　　　　　　　　　　② 국제공동체의 법

③ 국가 간의 법　　　　　　　　　　④ 초국내법

12 다음 중 국제법이 아닌 것은?

① 국제사회의 법　　　　　　　　　② 국가 간의 법

③ 관습국제법　　　　　　　　　　　④ 세계법

13 다음 중 국제법에 해당되는 것은?

① 세계법   ② 초국가법

③ 초국내법   ④ 양자조약

14 다음 중 1648년 Westphalia조약에 대한 설명으로 옳지 않은 것은?

① 주권국가 간 체제를 실정법적으로 확인한 최초의 조약으로 근대 국제법의 출발점이 되었다.

② 무력행사금지의 원칙을 확립시킨 조약이다.

③ 주권국가체제의 성립을 법적으로 확인함으로써 주권평등의 원칙을 국제관계의 기본원칙으로 확인하였다.

④ 30년 전쟁을 종결시키기 위한 조약으로 영토주권을 확립하고 주권국가들 사이의 세력균형체제를 골간으로 하는 최초의 국제회의이다.

15 다음 중 국제법의 의의에 관한 설명으로 옳지 않은 것은?

① 오늘날 국제법은 국가 간의 법을 넘어서 국제사회의 법으로 자리매김하고 있다.

② 국제법을 국제사회의 법으로 정의할 때 국제예양이나 국제도덕도 국제법에 포함된다.

③ Schwarzenberger는 국제법의 세 가지 유형으로 권력의 법, 상호주의의 법, 조정의 법을 들고 있다.

④ 국제예양이란 우호관계의 유지를 목적으로 한 국가의 우의적 · 예의적 · 호의적 행위를 말한다.

정답및해설

1	②	2	③	3	③	4	②	5	①
6	④	7	①	8	④	9	③	10	③
11	②	12	④	13	④	14	②	15	②

1 ①② 오늘날 국제법은 국제사회 또는 국제공동체의 법으로 정의된다. 국제사회의 법으로서 국제법은 주로 국가 간 관계를 규율하지만 일정한 경우 국제기구·개인 등의 관계 또한 규율한다.
③ 세계법은 주권국가체제가 와해되어 하나로 통합된 세계국가의 법으로, 현 단계의 국제사회에서는 존재하지 않는다.
④ 모든 국제적 법률관계를 규율하는 법은 초국내법(Transnational Law)이라 불리며, 여기에는 국제법뿐만 아니라 국제사법·국제거래법 등이 포함된다.

2 ③ Schwarzenberger는 '힘'이 국제사회의 최고의 법이라는 결론을 내리고, '힘'이 우월적으로 지배하는 사회의 법으로서의 국제법을 '권력의 법', '상호주의의 법', '조정의 법'으로 분류하였다.

3 ③ 국제공법이라 불리는 것이 통상의 국제법이며, 국제사법은 국내법의 일종이다.

4 로마법상 로마인과 로마인 간에 적용되는 법은 'jus civile'이며, 로마인과 외국인 간 그리고 외국인 상호 간 적용되는 법은 'jus gentium'이다.

5 17세기 R. Zouche는 '間'의 의미를 반영하지 못하는 'jus gentium' 대신에 'jus inter gentes'라는 용어를 사용하였으며, 1780년 J. Bentham은 이를 'international law'로 번역하였다.

6 ④ jus gentium은 로마인과 외국인 간 그리고 외국인 상호 간의 관계를 규율하는 법으로 로마법상의 개념이다.

7 ① 국제사법은 국내법의 일종으로서, 외국적 요소가 있는 사법적 법률관계에 관하여 국제재판관할에 관한 원칙과 준거법을 정함을 목적으로 한다.

8 ④ 국제예양과 국제도덕은 법적 구속력이 결여되어 있다는 점에서 국제법과 구분된다. 국제법과는 달리
국제예양이나 국제도덕의 위반은 국제위법행위를 구성하지 않는다.

9 ③ 국제예양과 국제도덕은 법적 구속력을 결여하고 있다는 점에서 국제관습법과는 구별된다. 다만, 실질적으로 국제예양·국제도덕·국제관습법의 구분이 반드시 용이한 것은 아니다. 국제예양·국제도덕과 국제관습법의 구분은 법적 확신의 유무에 달려 있다.

10 ③ 국제예양·국제도덕·국제관습법의 명확한 구분은 용이하지 않으며, 국가가 일정 시점에서 특정 규범을 세 가지 중 어느 것으로 보느냐의 문제는 법적 확신의 유무에 달려 있다.

11 현대적 의미의 국제법은 국제사회 또는 국제공동체의 법으로 정의된다.

12 ④ 세계법은 주권국가 체제가 와해되어 하나로 통합된 세계국가가 탄생할 경우 성립하는 법으로서 주권국가 체제에 기반한 국제법과는 구분된다.

13 국제법은 일반적으로 조약과 국제관습법의 형태로 존재한다. 조약은 당사국의 수를 기준으로 양자조약과 다자조약으로 분류된다.

14 1648년 Westphalia조약은 주권평등원칙에 기초한 근대 주권국가체제를 법적으로 성립시킨 조약이다.
② 무력행사금지의 원칙은 제2차 세계대전 이후 확립된 국제법상의 원칙이다.

15 ② 국제법을 국제사회의 법으로 정의할지라도 국제예양과 국제도덕은 국제법에 포함되지 아니한다.

02 국제법의 성립과 발전

기출문제

section 1 국제사회와 국제법

국제법은 국제사회의 법으로 국제사회가 발달함으로써 국제법도 발달하며, 각 시대의 국제사회의 구조와 특징을 반영한다.

section 2 국제법의 성립

(1) 고대

서로마 제국이 멸망한 476년까지를 고대로 보고 있다. BC 446년과 BC 431년 아테네와 스파르타 간의 평화조약, BC 336년 페르시아와 체결한 평화조약 등이 존재했다. 이 당시의 조약들은 종교성이 강하고, 특정사안에 대하여 단편적으로 규정을 하고 있었다.

(2) 중세

476년부터 주권국가가 성립하기 전인 15세기 말까지를 중세로 보고 있다. 476년부터 10세기 말까지는 유럽의 암흑시대였던 까닭에 국제법의 발전이 거의 나타나지 않았다. 11세기 초부터 15세기 말까지는 주권국가로 확립되어 가던 시기로, 주로 외교·통상분야에서 발달하였다.

> **[코솔라토 델 마레(Consolato del Mare)]**
> 14C 지중해 상인들의 상거래 관습법을 집적한 것으로서, 중요한 해상통상자유원칙으로 되기도 하였고, 국내법 또는 국제법으로 변화하였다. 여기에는 적화(敵貨)수송 중립선의 포획금지 등이 규정되어 있었다.

(3) 근대

16세기부터 18세기 말까지를 근대로 보고 있다. 1648년 30년 전쟁 이전을 전기 근대라고 하며, 이때에는 주로 신학자들이 국제법을 연구했다. 30년 전쟁 이후에는 유럽 각국들은 교황의 권위에서 벗어난 주권국가로 변화하였다. 주권국가의 탄생은 국가 간의 관계를 정립하고 조정하는 국제법이 빠르게 발전하는 계기가 되었다.

(4) 현대

1815년 비엔나회의로 인하여 국제사회는 새로운 시대가 도래하게 된다. 이 시기의 국제법은 특히 비정치적 분야에서 발전하였다. 그 중에서도 중재재판 제도가 빠르게 보급되었고, 국제법학회가 성립하였다. 또한 1차 대전으로 국제연맹이 성립되었고, 그에 따라 다양한 국제법 질서가 등장하였다. 전시국제법의 법전화가 이룩되고, 국제노동기구, PCIJ 등이 만들어졌다. 2차 대전 이후에는 국제연합이 탄생되었고, 해양법, 우주법, 환경법, 경제법 등 새로운 영역에서 국제법의 형성되었다. 그 외에도 국제인권법이 강화되고, 지역적 협력체제가 활성화되기 시작하였다.

(5) 사회주의 국제법

국제법의 발전은 서유럽을 중심으로 전개되어 왔으며, 이와 달리 소비에트혁명 후 사회주의국가들은 전통 국제법을 부분적으로 수정하여 그들의 입장을 대변해 왔다. 제2차 대전 이후에는 제3세계 국가들이 전통 국제법에서 자국입장에 배치되는 내용을 부정하려는 경향을 보여 왔다. 사회주의 국제법은 상대방과 시대적 상황의 변화에 따라 그들의 논리도 상당한 변화를 보이는 특징이 있다. 그러나 오늘날에 와서는 대부분의 경우 전통 국제법의 입장으로 수렴되어 일반화되는 경향에 있다.

① 대상별 상이한 원칙의 적용

구분	내용
사회주의 국가 간	사회주의적 국제법 원칙
대 식민주의	평등과 자결의 원칙
상이한 체제 간	평화적 공존(peaceful coexistence) 원칙

② 시기별 적용원칙의 변화

구분	내용
혁명 직후(Korovin, Pashukanis)	전통 국제법의 비판적 수용
1930년대 말(Vyshinski)	동의한 규칙만 인정
2차 대전 이후(Tunkin)	평화적 공존의 원칙 전개
1970년대	공산국가 간의 사회주의 국제법 개발
Perestroika 이후	일반 국제법의 조류에 대부분 동참

기출문제

section 3 국제법 주요학자

(1) Francisco de Vitoria(1480~1546)

주권국가도 개인처럼 사회 속에서 살아야 하며, 그 사회인 주권국가공동체도 다른 인간 공동체와 마찬가지로 법적 공동체로서 국제법은 반드시 필요한 것이라는 입장을 보인다.

(2) Francisco Suarez(1548~1617)

자연법은 필연적이고 불변의 법인데 반하여, 국제법은 발전적이고 유연한 것이다. 따라서 국제법은 자연법 내용에 관한 사람들의 판단에서 유래되는 것으로, 항상 자연법에 합치하여야 한다. 주권국가는 자연법에 귀속된다고 주장하였다.

(3) Alberico Gentili(1552~1608)

1598년 「De jure belli(전쟁법)」를 저술하여 신학과 법학을 구분하는 계기를 마련하여, 법학의 독립된 발전기틀을 확립하였다.

(4) Hugo Grotius(1583~1645)

그로티우스는 '국제법의 아버지(Founder of International Law)'라 불리는데, 자연법 이론에 근거하여 신의 속박으로부터 해방된 인간 위주의 합리적인 사회철학을 강조하였으며, 합목적인 향상론과 기대론을 전개하였다. 또한 「전쟁과 평화의 법(De Jure Belli ac Pacis, 1625)」에서 전시에도 정의가 존재한다고 설파한 그의 이론은 오늘날 UN헌장상의 전쟁관과 본질을 같이 하고 있다. 특히 정전론(bellum justum)을 통하여 자국방위·청구권 집행·불법응징 등의 정당한 법률상의 원인과 필요한 모든 사법적 해결이 수반되지 아니한 전쟁은 부정한 전쟁으로 파악하였다. 「포획법론(De Jure Pradae, 1604)」, 「자유해론(Mare Liberum, 1609)」은 오늘날 해양법의 기초를 이루고 있다.

(5) Richard Zouche(1590~1660)

법실증주의자의 시조로, 국제법을 전시국제법과 평시국제법으로 구분하였다. 「법 및 외교관계법(Jus et judicum feciale, sive jus inter gentes feciale, 1650)」은 전쟁 시 적용될 수 있는 국제법의 효시를 마련하고 있다.

(6) Samuel Pufendorf(1632~1694)

자연법학파의 시조로서, 자연법만이 국제행위의 기준이 된다고 주장하였다. 「De jure naturlae et gentium(자연법과 만민법)」이라는 논문에서 국제법과 자연법의 관계를 상세히 분석하였다.

(7) Cornelius van Bynkershoek(1673~1743)

조약과 국제관습을 연구 집대성한 네덜란드의 법관으로, 국제법상의 해사 및 상사관행을 연구하였다. 특히 탄착거리설은 영해범위를 둘러싼 각국의 다양한 견해를 통합하는 결정적인 역할을 수행하였다.

(8) Emerich de Vattel(1714~1769)

색슨족의 외교관을 지냈던 스위스인으로, 자연법학파와 실증법학파 간에 다리를 놓았다. 실정법을 자연법에 종속시키는 Grotius와는 달리 Vattel은 합의를 쉽게 하기 위하여 실정법이 자연법을 수정할 수 있다고 하였다. 「Le Droit des Gens(국제법, 1758)」은 국제사회의 구성원인 주권국가는 독자의 이해력과 의사를 가진 단체적 인격체로서 권리의무를 지니며, 국가 간의 충돌을 합의로 해결하기 위하여 임의적 국제법이 형성된다고 하였다. 또한 국제법의 형태를 필수(nécessaire)국제법, 의사(volontaire)국제법, 조약(conventionnel)국제법, 관습(coutumier)국제법의 4형태로 구분하였다.

section 4 국제법의 발전

(1) 19세기 국제법의 발달

19세기 국제사회는 유럽적인 것으로부터 세계적인 것으로 발전하였으며, 자연법적인 국제법의 쇠퇴와 실정국제법(법실증주의)의 지배적 현상이 19세기 국제법의 특징이다.

① **국제행정연합** … 1865년 국제전신연합(ITU) 등 행정 · 기술적 성격의 국제행정연합이 등장한다.

② **다자조약 체결** … 1815년 비엔나회의 의정서, 1841년 노예선방지조약, 1885년 외교사절의 석차에 관한 비엔나회의 의정서부속서, 1856년 해상포획에 관한 파리선언 등

③ **법규의 형성** … 전쟁 및 중립법규가 채택되었고 전쟁방지법도 형성되었다.

④ **중재재판제도의 발달**

　⊙ 국제분쟁을 해결하기 위해 중재재판제도가 보급되었다.

　⊙ 1899년 제1회 헤이그평화회의에서 상설중재재판소(PCA)가 헤이그에 설치되었다.

⑤ **국제법학회 설립** … 1873년 국제법학회(IDI), 1873년 국제법협회(ILA) 등이 설립되었다.

(2) 20세기 국제법

20세기에는 제1차 세계대전과 제2차 세계대전의 참상을 계기로 자연법론이 다시 발흥하였으며, 특히 인권의 국제적 보장문제가 제2차 세계대전 후 국제법의 중요한 과제가 되었다. 이 시기에 국제사회는 공동이익의 문제를 상호협력과 집단노력으로 해결하려는 의식이 강해지면서 국제연대성이 강화되었다.

① 전쟁 및 무력사용의 위법화
   ㉠ 계약채무회수를 위한 전쟁제한에 관한 조약(Drago-Porter조약) : 최초로 전쟁 제한을 시도
   ㉡ 국제연맹규약 : 일정한 경우 전쟁을 금지
   ㉢ 부전조약(Kellgg-Briand 조약) : 전쟁의 불법화를 규정
   ㉣ UN헌장 : 일반적 무력행사 금지

[국제연맹과 국제연합]
㉠ 국제연맹
• 19세기에는 전쟁을 합법적인 것으로 인정하였지만, 20세기에 들어 전쟁을 불법적인 것으로 규정하였다.
• 국제연맹은 제1차 세계대전 이후 전쟁 방지와 평화 유지를 위해 설립되었다.
• 국제법 발전의 계기가 되었다.
• 안전보장 · 국제재판 · 군비축소 등에 공헌하였다.
• 권력정치와 침략정치에 대항할 수 있는 효과적 수단이 없어 평화유지의 제 기능을 발휘하지 못하였다.
• 제2차 세계대전의 발발로 막을 내리게 되었다.
㉡ 국제연합
• 국제연합은 전쟁의 위법화를 규정하였으며 무력사용을 금지하였다.
• 국제법위원회를 두어 국제법의 법전화를 위해 노력하였다.
• 1948년 세계인권선언, 집단학살의 방지 및 처벌에 관한 조약을 채택하는 등 인권 존중에 기여하였다.

② 국제사회의 조직화 강화와 국제법의 규율범위 확대
   ㉠ 국제사회의 조직화와 국가주권의 절대성 약화
      • 국제기구의 발달, 인권의 국제적 보호 등
   ㉡ 국제법 규율대상 확대
      • 해양법, 우주법, 환경법, 국제인권법, 국제경제법 등

section 5 전통 국제법과 현대 국제법의 주요 특징

(1) 주체

① 전통 국제법 ··· 국제법의 주체는 오로지 주권국가뿐이다.

② 현대 국제법 ··· 제한된 범위 내에서의 국제기구와 개인도 국제법 주체성을 향유한다.

(2) 규율대상과 범위

① 전통 국제법

    ㉠ 국가 간의 권력작용과 이로부터 발생하는 분쟁과 법적 책임을 주된 규율대상으로 하였다.

    ㉡ 인권, 경제, 환경 등은 원칙적으로 각 국가의 국내문제에 불과하였다.

② 현대 국제법

    ㉠ 국가 간의 상호의존성 심화에 따라 국제사회의 조직화는 강화되었으며, 국가주권의 절대성은 약화되었다.

    ㉡ 각 국가의 주권에 유보되어 있던 인권, 경제, 환경 등의 분야도 국제법의 규율대상이 되었다.

    ㉢ 과학기술의 발전으로 해양법, 우주법이 성립되었다.

(3) 무력 사용의 규제

① 전통 국제법

    ㉠ 전쟁 자체는 원칙적으로 합법이었으며, 국가는 거의 무제한의 무력사용권리를 향유하였다.

    ㉡ 따라서 전쟁 개시 절차, 전쟁 수행 방법 등에 관한 교전법규 중심으로 발전하였다.

② 현대 국제법 ··· UN헌장 제2조 제4항은 전쟁뿐만 아니라 평시에 있어 무력사용 및 무력의 위협까지도 원칙적으로 금지하고 있다.

기출문제

(문) 국제연합(UN)헌장 제2조에 규
정된 UN 및 그 회원국이 준수해야
할 행동의 기본원칙이 아닌 것은?
▶ 2012. 4. 7. 행정안전부
① 국내문제 불간섭의 원칙
② 인권존중의 원칙
③ 국제분쟁의 평화적 해결원칙
④ 주권평등의 원칙

(문) UN 회원국이 준수해야 할 기본
원칙으로 UN 헌장 제2조에 규정되
어 있지 않은 것은?
▶ 2007. 4. 14. 행정안전부
① 주권평등의 원칙
② 인권존중 원칙
③ 분쟁의 평화적 해결 원칙
④ 헌장상 의무의 성실한 이행 원칙

UN헌장 제2조 … 이 기구 및 그 회원국은 제1조에 명시한 목적을 추구함에 있어서 다음의 원칙에 따라 행동한다.

㉠ 기구는 모든 회원국의 주권평등 원칙에 기초한다.

㉡ 모든 회원국은 회원국의 지위에서 발생하는 권리와 이익을 그들 모두에 보장하기 위하여, 이 헌장에 따라 부과되는 의무를 성실히 이행한다.

㉢ 모든 회원국은 그들의 국제분쟁을 국제평화와 안전 그리고 정의를 위태롭게 하지 아니하는 방식으로 평화적 수단에 의하여 해결한다.

㉣ 모든 회원국은 그 국제관계에 있어서 다른 국가의 영토보전이나 정치적 독립에 대하여 또는 국제연합의 목적과 양립하지 아니하는 어떠한 기타 방식으로도 무력의 위협이나 무력행사를 삼간다.

㉤ 모든 회원국은 국제연합이 이 헌장에 따라 취하는 어떠한 조치에 있어서도 모든 원조를 다하며, 국제연합이 방지조치 또는 강제조치를 취하는 대상이 되는 어떠한 국가에 대하여도 원조를 삼간다.

㉥ 기구는 국제연합의 회원국이 아닌 국가가 국제평화와 안전을 유지하는 데 필요한 한, 이러한 원칙에 따라 행동하도록 확보한다.

㉦ 이 헌장의 어떠한 규정도 본질상 어떤 국가의 국내 관할권 안에 있는 사항에 간섭할 권한을 국제연합에 부여하지 아니하며, 또는 그러한 사항을 이 헌장에 의한 해결에 맡기도록 회원국에 요구하지 아니한다. 다만, 이 원칙은 제7장에 의한 강제조치의 적용을 해하지 아니한다.

|정답 ②, ②

1 다음 중 국제법의 역사에 대하여 잘못 설명한 것은?

① 국제법을 국가 간의 관계를 규율하는 규범이라고 하면, 국제법은 이미 고대에도 존재하였다.

② 13세기 이탈리아 도시국가 사이에 상주 외교사절의 제도가 도입되었다.

③ 14세기의 해상관례를 법전화한 콘솔라토 델 마레는 적선중(敵船中)의 중립화, 적화(敵貨)수송중립선의 포획금지 등을 규정하였다.

④ 1648년 Westphalia조약은 무력사용금지의 원칙을 규정하였다.

2 다음 중 국제법의 역사에 관한 설명으로 옳은 것은?

① 근대 국제법은 주권국가를 단위로 하는 민족국가체제가 성립하는 과정에서 주권국가 상호 간의 관계를 규율하는 법으로서 형성되었다.

② Grotius는 모든 전쟁은 국제법상 불법이라고 주장하였다.

③ 1648년 Westphalia조약은 무력사용금지의 원칙을 실정법적으로 확인한 최초의 조약이다.

④ 중세에는 국가 간 관계를 규율하는 규범이 전혀 존재하지 않았다.

3 국제법을 '자연이성이 제(諸)민족 간에 뿌리박힌 것'이라고 규정하였으며, '국제법의 창시자'라고 불리는 학자는?

① Kelsen
② Schwarzenberger
③ Vitoria
④ Zouche

4 다음 중 H. Grotius에 대한 설명으로 옳지 않은 것은?

① 「전쟁과 평화의 법」을 저술하였다.

② 「해양자유론」을 저술하였다.

③ 전쟁을 정당한 전쟁과 부당한 전쟁으로 구별하였다.

④ 국제법상 무력행사가 금지된다고 보았다.

5 Grotius가 그의 저서 「전쟁과 평화의 법」에서 주장한 것은?

① 정전론(正戰論)　　　　　　　　② 무차별전쟁관

③ 무력사용금지　　　　　　　　　④ 전쟁의 불법화

6 다음 중 19세기 국제법의 특징을 설명한 것으로 옳지 않은 것은?

① 국제전신연합(ITU), 일반우편연합(GPU) 등 국제행정연합이 등장하였다.

② 국가 간 접촉이 빈번해짐에 따라 증가한 국제분쟁을 해결하기 위해 중재재판제도가 보급되었다.

③ 1815년 비엔나회의 의정서, 1841년 노예선방지조약, 1885년 외교사절의 석차에 관한 비엔나회의 의정서부속서, 1856년 해상포획에 관한 파리선언 등 다수의 다자조약이 체결되었다.

④ 무차별전쟁관이 부정되고 무력사용금지의 원칙이 확립되었다.

7 다음 중 19세기 국제법에 대한 설명으로 옳은 것은?

① 법실증주의가 지배하였다.

② 자연법론이 다시 발흥하였다.

③ 인권의 국제적 보장문제가 국제법의 중요한 과제였다.

④ 국제법의 규율대상이 심해저, 우주 등으로 확대되었다.

8 다음에 설명하는 현상이 일어난 시기에 나타난 사건으로 가장 거리가 먼 것은?

> 1815년 비엔나회의 의정서, 1841년 노예선방지 조약, 1885년 외교사절의 석차에 관한 비엔나회의 의정서 부속서, 1856년 해상포획에 관한 파리선언, 1899년 및 1907년 헤이그평화회의에서 채택된 일련의 전쟁법규 등 국가 간 다수의 다자조약이 체결되었다.

① 다양한 권리·의무의 설정과 이익보호를 위해 많은 국제행정연합이 설치되었다.
② 빈번히 발생하는 전쟁으로 인해 전쟁 및 중립법규가 채택되고 전쟁방지법도 형성되었다.
③ 국가 간 접촉이 빈번해짐에 따라 증가한 국제분쟁을 해결하기 위해 중재재판제도가 보급되었다.
④ 최초로 전쟁 제한을 시도한 계약채무회수를 위한 전쟁제한에 관한 조약(Drago-Porter 조약)이 체결되었다.

9 제1차 세계대전 이후 현대 국제법의 경향을 설명한 것으로 옳지 않은 것은?

① 주권국가 체제의 확립
② 국제법의 법전화
③ 국제기구의 발달
④ 개인의 지위 향상

10 현대 국제법의 특성에 대한 설명 중 옳지 않은 것은?

① 제2차 세계대전 이후 국제법의 성문화 노력이 국제법위원회(ILC)를 중심으로 전개되고 있다.
② 자연법 내지 정의의 원칙이 강조되면서 인권보장의 국제화 노력이 나타났다.
③ 무차별 전쟁관이 확립되었다.
④ 국제법의 규율대상이 심해저, 우주 등으로 확대되었다.

정답및해설

1	④	2	①	3	③	4	④	5	①
6	④	7	①	8	④	9	①	10	③

1 ④ 1648년 Westphalia조약은 주권국가간 체제를 최초로 실정법적으로 확인한 조약으로서 근대적 국제관계의 출발점이 된다. 무력사용금지의 원칙이 확립된 것은 제2차 세계대전 이후의 일이다.

2 ② Grotius는 전쟁을 정당한 전쟁과 부당한 전쟁으로 구분하는 정전론을 전개하였으며 정당한 전쟁은 국제법상 불법이 아니라고 보았다.
③ 1648년 Westphalia조약은 주권국가간 체제를 최초로 실정법적으로 확인한 조약이다.
④ 국가 간 관계를 규율하는 규범은 중세는 물론 고대에도 존재하였다.

3 16세기 스콜라학파의 철학자인 F. Vitoria는 '국제법의 창시자'로 불린다.

4 Grotius는 전쟁을 정당한 전쟁과 부당한 전쟁으로 구별하는 정전론을 전개하였다. 그는 정당한 전쟁의 종류로 방어전쟁, 법적 청구권을 집행하기 위한 전쟁, 불법을 응징하기 위한 전쟁 등을 들고 있다. 따라서 국제법상 무력행사를 긍정하고 있다.

5 Grotius는 그의 저서 「전쟁과 평화의 법(De jure belli ac pacis)」에서 정전론을 전개하며 전쟁의 정당한 원인을 국제법적으로 규명하고자 하였다.

6 ④ 초기의 국제법학자들은 자연법사상에 기초하여 전쟁을 정당한 전쟁과 부당한 전쟁으로 구분하는 정전론에 입각한 차별 전쟁관을 전개하였다. 그러나 근대 주권국가 체제가 확립된 19세기 들어서는 전쟁은 일단 적법하다고 가정하고 전쟁의 절차적 적법성만을 추구하는 무차별 전쟁관이 대두하였다. 1907년 Drago-Porter 조약이 최초로 전쟁의 제한을 시도하였으며, 1928년 부전조약은 전쟁을 불법화하였고, 일반적 무력행사금지의 원칙이 확립된 것은 UN헌장 제2조 제4항에 의해서이다.

7 ① 19세기 국제법은 자연법적인 국제법이 쇠퇴하고, 실정국제법(법실증주의)이 지배적이었다.

8 ④ 1, 2차 세계대전을 계기로 국제사회 공동이익의 문제를 상호협력과 집단노력으로 해결하려는 국제연대성이 강화된 20세기의 일이다.

9 ① 주권평등 원칙에 입각한 근대 주권국가 체제는 1648년 Westphalia조약에 의해 실정법적으로 확인되었다. 20세기에 들어 국제사회의 조직화와 연대성 강화에 따라 국가주권의 절대성이 약화되고 있다.

10 ③ 현대 국제법의 주요한 특성 중 하나는 19세기의 무차별 전쟁관이 지양되고, 무력사용금지의 원칙이 확립되었다는 것이다. UN헌장 제2조 제4항은 일반적 무력사용금지의 원칙을 규정하고 있다.

03 국제법의 법적 성질과 타당기초

section 1 국제법의 법적 성질

(1) 내면적 성질(국제법의 본질)

① 국제법부인론
- ㉠ 국제법은 국내법과 같은 중앙집권적인 입법·집행·사법기관이 존재하지 않으며, 침해되는 경우가 많고 강제성을 결여하고 있으므로 국제법은 법이 아니라는 견해이다.
- ㉡ Hobbes · Austin · Spinoza · Lason · Binder 등 주장

② **국제법긍정론** … 오늘날 국제법은 국제사회를 규율하는 법규범으로서 객관적으로 존재하고 있고, 국가들에 의해 법으로 인정되고 있다는 점에서 국제법의 법적 성질을 긍정하는 견해이다.

③ **결론** … 국제법은 국내법질서에 비해 그 기능이 미약하나 UN총회 · UN안전보장이사회 · 국제사법재판소 등 입법·집행·사법기관이 존재하며, 국내법도 침해되는 경우가 많다는 점, 그리고 법의 강제성은 규범적 강제로 보아야 한다는 점에서 국제법의 법으로서의 성질은 긍정된다. 즉, 국제법과 국내법의 차이는 정도의 문제이지 법의 본질면에서 차이가 있는 것은 아니다.

(2) 외면적 성질(국제법의 특질)

권력이 미분화되어 있고 효력이 임의성을 갖는다. 또한 법규의 내용의 추상적이고 제재가 집단적으로 이루어진다.

section 2 국제법의 타당기초

국제법의 타당기초란 국제법이 법으로서 구속력을 갖는 근거, 즉 국제법 효력의 근거는 무엇인가의 문제인바, 이에 대하여는 전통적으로 국가의사에 근거한다는 의사주의와 국가의사 이외의 그 무엇인가에 근거한다는 객관주의가 대립하고 있다.

(1) 의사주의(주관주의 · 법실증주의)

① 자기제한설 ··· Jellinek 등이 주장한 이론으로 국가가 국제법에 의해 구속되는 것은 국가 스스로가 그 구속에 동의했기 때문이라고 보는 견해로서, 국제관습법에 구속되는 근거로 '묵시적 합의이론(pactum tacitum)'을 제시한다.

② 공동의사설 ··· Triepel 등이 주장한 이론으로 국제법이 국가의 단독의사보다 우월한 다수국가의 공동의사이기 때문에 법적 구속력을 갖는다는 견해이다.

(2) 객관주의(자연법설 · 근본규범설 · 법적 확신설)

① 자연법설 ··· Grotius · Anzilotti 등이 주장한 이론으로 국제법의 법적 구속력은 자연법의 요청에서 유래한다는 견해이다.

② 법적 확신설 ··· Savigny · Duguit · Scelle · Krabbe 등이 주장한 이론으로 국제법이 법으로서 구속력을 갖는 것은 사람들이 그러한 법규범의 존재에 대하여 법적 확신을 갖기 때문이라는 견해이다. 특히 Duguit와 Scelle의 이론을 '사회학적 이론'이라 부른다.

③ 근본규범설 ··· Kelsen · Verdross 등이 주장한 이론으로 국제법의 구속력의 근거를 근본규범에서 찾는 견해이다. 규범만이 구속력의 근거가 되는 것이고, 규범의 타당성은 상위의 일반규범으로부터 나오는 것이며, 이 일반규범의 정점에 있는 근본규범은 자연법적 공리인 '합의는 준수되어야 한다(pacta sunt servanda)'의 원칙이라고 주장한다.

[의사주의와 객관주의 비교]

구분	의사주의	객관주의
국제법의 타당기초	국가의사	자연법
국제법의 주체	국가 국제공동체의 존재 부정 국제법 = 국가 간의 법	국가 외 국제법 주체 인정 국제공동체 존재 전제 국제법 = 국제사회의 법
국제관습법의 본질	묵시적 합의	자발적 형성
집요한 불복이론	예외적 긍정	부정
강행규범의 본질	국가의사 및 합의	자연법
강행규범의 제3자효	부정	인정
입법부적 조약	부정	인정
국제법과 국내법의 관계	이원설, 대립설	국제법 상위 통일설
국가승인의 본질	창설적	선언적

1 국제법은 법의 본질적 요소인 구속력을 결여하고 있으므로 실정국제도덕에 불과하다고 주장한 학자는?

① Kelsen

② Scelle

③ Grotius

④ Austin

2 국제법부정론의 논거로 타당하지 않은 것은?

① 국제법은 강제성을 결여하고 있다.

② 국제법은 침해되는 경우가 많다.

③ 국제법의 강제력은 규범적 강제를 의미한다.

④ 국제법은 통일적인 입법·사법·집행기관을 가지고 있지 않다.

3 국제법긍정론의 논거로 타당하지 않은 것은?

① 국내법질서에 비해 그 기능이 미약하나 UN총회, UN안전보장이사회, 국제사법재판소 등 입법·집행·사법기관이 존재한다.

② 국내법도 침해되는 경우가 많다.

③ 국제법과 국내법의 차이는 정도의 문제이지 법의 본질면에서 차이가 있는 것은 아니다.

④ 국제법은 실정국제도덕에 불과하다.

4 국제법이 국내법과 비교하여 갖는 특성이 아닌 것은?

① 주체의 소수성

② 효력의 임의성

③ 강행규범적 성격

④ 분권적 성격

5 국제법의 타당기초 내지 효력근거에 관한 설명으로 옳지 않은 것은?

① 국제법의 타당기초는 국가의사에 근거한다는 견해를 의사주의이론이라 부른다.

② 국가가 국제법에 의해 구속되는 것은 국가 스스로가 그 구속에 동의했기 때문이라고 보는 자기제한설은 대표적인 의사주의이론에 속한다.

③ 자기제한설을 주장한 대표적인 학자는 Kelsen이다.

④ 자기제한설은 국가가 국제관습법에 구속되는 근거로 묵시적 합의이론을 제시한다.

6 의사주의이론에 대한 설명으로 옳지 않은 것은?

① 자기제한설과 공동의사설은 대표적인 의사주의이론이다.

② Triepel은 공동의사설을 주장한 학자이다.

③ Jellinek는 자기제한설을 주장한 학자이다.

④ 근본규범설도 의사주의이론의 범주에 속한다.

7 다음 중 공동의사설에 대한 설명으로 옳지 않은 것은?

① 공동의사설은 국제법이 국가의 단독의사에 우월한 다수국가의 공동의사이기 때문에 법적 구속력을 갖는다는 견해이다.

② 공동의사설은 주권국가가 왜 공동의사에 복종해야 하는지를 충분히 설명하지 못하는 단점이 있다.

③ 공동의사설은 국가의사를 국제법 효력의 근거로 삼고 있다는 점에서 의사주의로 분류된다.

④ 공동의사설의 주창자는 Austin이다.

8 자연법론적 입장에서 자연법만이 유일한 법이고 조약이나 관습에 입각하고 있는 국제법은 법이 아니라고 주장한 학자는?

① Pufendorf   ② Grotius

③ Jellinek   ④ Austin

9 국제법의 법적 구속력을 부인하는 학자가 아닌 것은?

① Kelsen   ② Spinoza

③ Hobbes   ④ Austin

10 객관주의에 대한 설명으로 옳지 않은 것은?

① 국제법 효력의 근거를 국가의사 이외의 그 무엇인가에서 찾는 견해이다.

② Grotius와 Anzilotti 등은 국제법의 효력근거를 자연법의 요청에서 찾았다.

③ Duguit와 Scelle의 사회학적 이론은 자기제한설에 속한다.

④ Kelsen 등은 근본규범설을 주장하였다.

정답및해설

1	④	2	③	3	④	4	③	5	③
6	④	7	④	8	①	9	①	10	③

1 Austin은 실정국제도덕설을 주창하였다. 그에 따르면 국제법은 법적 구속력이 결여된 실정국제도덕에 불과하다.

2 ③ 법의 강제력의 의미를 규범적 강제로 볼 경우 국제법의 내면적 성질은 긍정된다.

3 ④ Austin, Hobbes, Spinoza 등 국제법부인론자들이 국제법을 실정국제도덕에 불과하다고 보았다.

4 ③ 국제법은 국내법과 달리 강행규범적 성격을 결여하고 있다. 다만, 오늘날 국제사회의 조직화에 따라 국제법에도 강행규범의 개념이 도입되고 있으나, 여전히 국제법은 임의규범적 성격(효력의 임의성)을 특성으로 한다.

5 ③ 자기제한설을 주장한 대표적인 학자는 Jellinek이다.

6 ④ 근본규범설은 객관주의이론에 속한다.

7 ④ 공동의사설은 Triepel에 의해 주장되었다. Austin은 대표적인 국제법부인론자로서 국제법은 실정국제도덕에 불과하다고 주장하였다.

8 Pufendorf는 자연법론의 입장에 서 있으면서도 국제법부인론을 전개하였다는 점에서 주목할 만하다.

9 ① Kelsen은 대표적인 국제법우위 일원론자이다. 그는 법단계설(근본규범설)에 따라 모든 법규는 근본규범을 정점으로 하여 국제법 > 헌법 > 법률 > 명령 순으로 피라미드형의 상하단계적 구조를 형성하며, 하위의 법규범은 상위의 법규범으로부터 효력의 근거를 부여받는다고 하였다.

10 ③ 국제법이 법으로서 구속력을 갖는 것은 사람들이 그러한 법규범의 존재에 대하여 법적 확신을 갖기 때문이라는 법적 확신설 중 Duguit와 Scelle의 이론을 특히 사회학적 이론이라 부른다.

04 국제법과 국내법의 관계

section 1 학설

(1) 이원론(Triepel, Anzilotti)

① 국제법과 국내법은 법의 주체, 법원(法源), 법적 성질, 규율대상, 적용형식 등이 서로 다른 별개의 독립된 법질서라는 견해이다.

② 국제법은 그 자체로 국내법의 일부를 이룰 수 없고, 국내적으로 적용되기 위해서는 국내법으로 변형(transformation) 필요하고 변형이 없는 경우 국내법원은 국제법에 구속될 의무가 없으며 국내법이 국제법과 명백히 저촉한 경우에도 국내법원은 국내법을 적용해야 한다.

③ 국내법은 단독의사에 의해 성립되나 국제법은 국가 간 공동의사에 의해 성립된다. 또 국내법은 국내의 개인 상호 간 또는 개인과 국가 간 관계를 규율하나 국제법은 국제관계를 규율한다. 더불어 국내법은 해석 및 적용기관과 집행기관이 분립되어 있으나 국제법은 사법기관과 집행기관이 분립되어 있지 않다.

(2) 국내법우위 일원론(Zorn · Kaufmann · Jellinek)

① 국제법과 국내법은 하나의 통일적인 법체계를 형성하고 있으나 국내법이 국제법보다 상위에 있다는 견해다.

② 국내법과 국제법 모두 국가의사의 발현에 의한 것으로 국내법은 대내적 국가의사, 국제법은 대외적 국가의사이고 결국 국제법은 국가의 대외공법에 지나지 않는다고 보는 견해로, 국제법부인론으로 귀결된다.

(3) 국제법우위 일원론(Kelsen · Verdross · Kunz)

① 통일적 법체계 내에서 국제법이 국내법의 상위에 선다는 견해이다.

② 국제법의 타당근거를 국가의사 이외의 객관적 그 무엇에서 구하려는 객관주의(자연법설, 사회학적 이론, 근본규범설)에 기초한다.

(4) 등위이론(Brownlie)

① 국제법과 국내법을 등위관계에 두고 상호 간에 발생하는 의무의 저촉은 조정에 의한 해결에 일임하려는 견해이다.

② 의무의 충돌이 발생하는 경우에는 국가책임이 발생한다.

문 국제법과 국내법의 관계에 대한 설명으로 옳지 않은 것은?
▶ 2011. 4. 9. 행정안전부

① 영국은 조약의 국내적 효력과 관련하여 이원론을 적용하고 있다.
② 이원론에 따르면 국제법과 국내법은 별개의 독자적인 법체계를 형성한다.
③ 이원론에 따르면 국제법에 위반되는 국내법은 당연히 무효가 된다.
④ 국내법 우위의 일원론에 따르면 국제법을 부인하는 결과가 된다.

문 국제법과 국내법의 관계에 대한 설명으로 옳지 않은 것은?
▶ 2018. 4. 7. 인사혁신처

① 일원론에 따르면 국제법은 국내법적 변형절차 없이 국내재판소가 직접 적용할 수 있다.
② 이원론에 따르면 국내법에 의해 국제법의 효력이 좌우되지 않는다.
③ 일원론에 따르면 국제법과 국내법이 하나의 통일된 법질서를 구성한다.
④ 켈젠(Kelsen)은 과학적인 방법에 근거한 국내법 우위론을 주장하였다.

▌정답 ③, ④

[변형이론과 수용이론]

㉠ 변형이론 : 이원론에 대응하는 이론으로서, 국제법과 국내법은 별개의 법질서이기 때문에 국내적 차원에서 적용되기 위해서는 국내법으로 변형되어 적용되어야 한다는 것이다

㉡ 수용(채용·편입)이론 : 일원론에 대응하는 이론으로서, 국제법과 국내법은 하나의 법질서 속에 존재하기 때문에 국제법이 법적 성질을 그대로 유지한 채 그 자체로서 국내법 질서에 도입된다는 것이다.

[국제법과 국내법의 관계 학설 비교]

구분	대립설	국제법상위 통일설
이론적 기초	의사주의	객관주의
국제법과 국내법 관계	독자적	통일적
도입방식	변형	수용
양법의 충돌 시 국가책임	성립	성립
국제법에 저촉되는 국내법 지위	유효	무효

section 2 관행

(1) 국제법질서에서 국내법의 지위

① 국제법과 국내법의 관계에 대한 국제법원 태도는 항상 국제법 우위 원칙을 견지하고 있다.

[그리스-불가리아 커뮤니티 사건]

1919년 그리스·불가리아 상호이민조약에 근거하여, 양국에서 소수자의 이주 자유와 이주자인 소수자가 소속하는 커뮤니티의 해산 및 재산 분배가 인정되었으나, 커뮤니티의 의미와 해산조건에 대해서 재판소는 커뮤니티는 사실상의 존재로 하고, 해산도 이주의 결과 발생한 사실로서 국내법의 조건에 따르지 않는다는 취지의 판단을 제시하였다.

② 국내법은 국제법과 국제재판소 입장에서 볼 때 단순 사실관계에 불과하다.
  ㉠ 체약국은 조약에 의하여 소수민족의 이동의 자유를 보장한 경우 이것과 상이한 내용의 국내법령이 있을지라도 이 자유에 제한을 가해서는 아니 되며, 조약 집행을 확보하는 데 필요한 관계 법령의 개정을 약속해야 하고 이것을 방치하면 국가책임을 면할 수 없다.
  ㉡ 유효한 모든 조약은 그 당사국을 구속하며 또한 당사국에 의하여 성실하게 이행되어야 한다〈조약법협약 제26조〉.
③ 국가는 국제의무를 면하거나 제한할 목적으로 국내법을 원용하여 국제법상의 면책을 주장할 수 없다.
  ㉠ 판례 : 1872년 'Alabama호 사건'에서 중재재판소는 영역 내에서 사인(私人)의 활동을 규제하는 국내법상 권능이 없을지라도 국가는 상당한 주의를 게을리 한 중립의무의 불이행에 대하여 그러한 국내법상 수단의 불비(입법불비)를 원용하여 국제법상 면책을 주장할 수 없다고 판시하였다.
  ㉡ 어느 당사국도 조약의 불이행에 대한 정당화의 방법으로 그 국내법 규정을 원용해서는 아니된다〈조약법협약 제27조〉.

[국제법 위반 정당화 사유로서 국내법원용금지의 원칙에 관한 판례]
㉠ 폴란드령 상부실레지아에서의 일부 독일인의 이익에 관한 사건 : 국내법의 정립이나 적용이 국제의무에 합치되지 않으면 당해 국가에 국가책임이 발생한다.
㉡ 호르조(Chorzow)공장 사건 : 국내법원은 국제법원의 판결에 배치되는 판결을 함으로써 국제법원의 판결을 간접적으로 무효화 할 수 없다.
㉢ 단치히 법원의 관할권에 관한 권고적 의견 : 국가는 국제조약을 시행할 국내법의 결여를 이유로 국제의무의 이행을 거부할 수 없다.
㉣ 단치히 주재 폴란드 국민의 대우에 관한 권고적 의견 : 국가는 자기의 국제의무를 회피하기 위해 자국 또는 타국의 헌법을 원용할 수 없다.
㉤ 상부 사보이 및 젝스 자유지역 사건(일명 자유지대 사건) : 국가는 자기의 국제의무의 범위를 제한하기 위해 국내법을 원용할 수 없다.

④ 국제법과 그 기관인 국제재판소의 입장에서 볼 때 국내법은 단순한 사실에 지나지 않으며, 국내법의 내용과 그 해석·적용은 국제재판소가 당연히 알고 있다고 간주되지 않으며, 분쟁당사국은 그 입증책임을 부담한다.
⑤ 한계 … 이상의 국제관계에 있어서의 국제법우위의 원칙에도 불구하고, 국제법에 의하여 국제법 위반의 국내법이 직접 무효화되지 않는다.

기출문제

문 국제법과 국내법의 관계에 대한 설명으로 옳은 것은?
▶ 2016. 4. 9. 인사혁신처
① 오늘날 일원론은 국내법우위론을 의미한다.
② 우리나라 헌법에서는 헌법이 조약보다 우선한다고 명시하고 있다.
③ 이원론에 따르면 조약은 국내법으로 수용되거나 변형될 수 있다.
④ 국제재판소의 입장에서 국내법은 단순한 사실에 지나지 않는다.

문 국제법과 국내법의 관계에 대한 설명으로 옳지 않은 것은?
▶ 2012. 4. 7. 행정안전부
① 국제사법재판소는 국제법의 국내법에 대한 우위 원칙을 견지해왔다.
② 이원론의 입장에 따르면 국제법을 국내적으로 수용하기 위해서는 변형 절차를 거쳐야 한다.
③ 국가는 국제의무를 회피할 목적으로 자국의 국내법을 원용할 수 있다.
④ 대한민국 헌법은 일반적으로 승인된 국제법규를 국내법의 일부로서 수용한다는 의사를 표명하고 있다.

정답 ④, ③

국제법과 국내법의 관계에 대한 설명으로 옳지 않은 것은?
▶ 2017. 8. 26. 인사혁신처(7급)
① 현대 국제법질서 하에서는 국제법에 위반되는 국내법의 경우 국내적으로 당연히 무효가 되는 것이 관례이다.
② 이원론(dualism)은 국제법과 국내법을 서로 독립된 별개의 법체계로 보는 이론이다.
③ 미국에서는 조약을 자기집행조약과 비자기집행조약으로 나누어 조약의 국내적 효력발생 절차를 달리하고 있다.
④ 국제법 우위론에 따르면 국내법의 유효성 및 타당성의 근거는 국제법에 있다.

[바르셀로나 전력회사 사건]
바르셀로나 전력회사는 캐나다에서 설립된 기업이었다. 바르셀로나 전력회사는 1911년 캐나다법에 의하여 토론토시에서 설립되고 그 사업활동은 주로 스페인에서 하고 있던 전력 관련 사업 회사인데 제1차 세계대전 이후 그 주식의 대부분을 벨기에 국민이 소유하고 있었다. 그런데 이 회사는 1936년에 일어난 스페인 내전으로 그 동안 발행한 회사채에 대한 이자의 지급이 곤란하게 되었고, 이에 따라 1948년 스페인의 사채권자는 이 회사가 사채이자를 지급하지 못한 것을 이유로 스페인 지방법원으로부터 이 회사에 대한 파산선고를 받고, 선임한 파산관재인에 의해 재외 회사 주식의 무효를 선언하는 등 일련의 조치에 의해 이 회사를 완전히 스페인화 하였다. 이러한 조치는 이 회사 주식의 대부분을 소유하고 있던 벨기에 국민에 대해 막대한 손실을 안겨 주었으며, 이에 따라 벨기에 정부는 이 회사의 주주인 자국국민이 스페인의 국제위법행위에 의해 입은 손해를 배상 받기 위하여 1970년 이 사건을 ICJ에 제소했다. ICJ는 부수의견을 통해 국가의 의무 중 국제공동체 전체에 대한 의무(대세적 의무)와 개별 타국에 대한 의무를 구별하였다.

(2) 국내법질서에서 국제법의 지위

① 국제관습법

㉠ 영국(일원론)
• 원칙 : 18세기 이후 전통적으로 국제관습법이 보통법(Common Law)의 일부를 구성하여 당연히 국내적 효력을 인정한다.
• 제한(의회제정법 및 판례법 우선의 원칙) : 국제관습법과 의회제정법이 충돌하는 경우 의회제정법(판례법 포함)이 우선한다.

[Mortensen vs. Peters 사건]
㉠ 내용 : 덴마크 선박이 영국의 영해 내에 있는 수역에서 어로작업을 하던 중 당해 수역이 영국제정법에 의한 어로금지구역에 해당함을 이유로 영국 정부에 의해 체포된 사건이다.
㉡ 판시 : 스코틀랜드 고등법원은 "당해 법정은 입법부에 의해 제정된 법률이 일반적으로 승인된 국제법칙의 위반으로 인해 불법행위를 구성하는 권한을 가지지 아니하고, 의회를 통과하고 국왕의 재가를 받은 의회의 법률이 법원에 대해서는 최고의 것이며, 그 법률에 대해 효과를 부여해야 한다."고 판시하면서 국내제정법인 의회제정법이 일반적으로 승인된 국제관습법에 우선해서 적용된다고 판시하였다.

정답 ①

　　　ⓒ 미국(일원론)
　　　　• 원칙 : 미국연방헌법은 명문규정을 두고 있지 않으나, 연방대법원 판례를 통하여 국제관습법이 국내법의 일부임을 선언하고 있다(Paquete Habana호사건).
　　　　• 제한 : 국제관습법은 조약이 없거나 통제적 성격의 행정부 또는 입법부의 행위 및 사법적 결정이 없는 경우에만 국내법 질서에 수용된다.
　　　ⓒ 독일(일원론) : 독일기본법 제25조는 국제법의 일반규칙(국제관습법)이 연방 법률에 우선 적용됨을 규정하고 있다.
　　　ⓔ 한국(일원론) : 대한민국 헌법 제6조 제1항은 "일반적으로 승인된 국제법규는 국내법과 같은 효력이 있다."고 규정하고 있는바, 이에 대해 우리 헌법이 국제관습법을 국내법의 일부로서 인정한 것이라는 것이 통설이다.

　② 조약
　　　㉠ 영국(이원론) : 조약은 국제관습법과는 달리 원칙적으로 의회에서 이행법률로서 제정되어야만 국내적으로 적용된다.
　　　ⓒ 미국(일원론)
　　　　• 조약은 헌법 및 법률과 함께 미국의 최고법이라고 규정하고 있다〈미국연방헌법 제6조 제2항〉.
　　　　• 조약의 국내적 효력은 미국 법원이 결정하는 '자기집행조약'과 '비자기집행조약'의 구별에 의존하는바, 전자는 국내입법조치 없이 국내적으로 적용되는 반면, 후자는 국내입법조치에 의해서만 국내적으로 적용된다(1829년 Foster v. Neilsen 사건, 1957년 Sei Fujii 사건).

[자기집행조약과 비자기집행조약]

1829년 Foster v. Neilsen 사건에서 미연방대법원은 자기집행조약과 비자기집행조약을 최초로 구분하였다. 자기집행조약(self-executing treaty)이란 미국의 국내법질서에 그 자체로서 수용되는 조약을 말하며, 비자기집행조약(non-self-executing treaty)이란 이행법률로 변형되어야만 국내법질서에 적용될 수 있는 조약을 말한다. 자기집행조약과 비자기집행조약을 구별하는 기준은 '조약당사국의 의도'이다. 1957년 Sei Fujii v. State of Califonia 사건에서 캘리포니아 대법원은 UN헌장 중 인권관련조항은 비자기집행조약임을 확인하고 있다. 관련해서 미국법원은 범죄인인도, 영사의 권리, 최혜국 대우 등은 자기집행조항이라 보았고 인권규약은 비자기집행조항으로 보았다.

기출문제

문 국제법과 국내법의 관계에 대한 설명으로 옳지 않은 것은?

▶ 2018. 8. 18. 인사혁신처(7급)

① 미국은 자기집행적 조약규정에 대해서는 수용이론을 적용한다.
② 영국은 이원론에 의거하여 의회의 이행입률 제정을 통해 조약을 적용한다.
③ 우리나라는 일원론에 의거하여 모든 조약을 변형 없이 직접 적용한다.
④ 독일은 연방 의회의 동의입률 제정을 통해 조약에 국내법적 효력을 부여한다.

문 국제법과 국내법의 관계에 관한 설명으로 옳은 것은?

▶ 2007. 4. 14. 중앙인사위원회

① 국제법상 국가는 자국의 국내법규정을 이유로 국제법위반을 정당화할 수 있다.
② 국제법상 이원론은 국제법과 국내법이 하나의 통일된 법체계를 형성한다는 이론이다.
③ 대한민국 헌법에서는 헌법에 의하여 체결·공포된 조약과 일반적으로 승인된 국제법규는 국내법과 같은 효력을 가진다고 규정하고 있다.
④ 국제적으로 국제법을 국내법체계 내로 받아들이는 방법은 통일되어 있다.

┃정답 ③, ③

ⓒ 독일(이원론) : 독일기본법 제59조 제2항에 따라 연방의 정치적 관계를 규율하거나 연방의 입법사항에 관계되는 조약은 연방법률의 형식(동의법률)으로 의회의 동의가 필요하다(완화된 이원론).

ⓡ 한국(일원론)
• 대한민국 헌법 제6조 제1항은 "이 헌법에 의하여 체결·공포된 조약은 국내법과 같은 효력이 있다."고 규정하고 있다.
• 조약은 헌법보다 하위의 효력을 가지며 법률과 동위에 있다고 해석된다.
• 헌법 제60조 제1항에 열거된 종류의 조약들은 국회의 비준동의를 거치므로 법률과 동등한 효력을 갖는 데 비해, 비준동의를 거치지 않은 행정협정에 대해서는 법률보다 하위의 효력을 갖는다는 것이 헌법학자 다수의 견해이다.

[국제법과 대한민국 헌법]
ⓐ 헌법에 의해 체결·공포된 조약과 일반적으로 승인된 국제법규는 국내법과 같은 효력을 지닌다〈헌법 제6조 제1항〉.
ⓑ 국회는 상호원조 또는 안전 보장에 관한 조약, 중요한 국제조직에 관한 조약, 우호통상항해조약, 주권의 제약에 관한 조약, 강화조약, 국가나 국민에게 중대한 재정적 부담을 주는 조약 또는 입법사항에 관한 조약의 체결·비준에 대한 동의권을 가진다〈헌법 제60조 제1항〉.
ⓒ 헌법 시행 당시의 법령과 조약은 헌법에 위배되지 아니하는 한 그 효력을 지속한다〈헌법 부칙 제5조〉

1 국제법·국내법이원론에 대한 설명으로 옳지 않은 것은?

① 국제법과 국내법은 법의 주체, 법원, 법적 성질, 규율대상 등이 서로 다른 별개의 독립된 법질서라는 이론이다.
② 우리나라도 원칙적으로 이원론적 입장을 취하고 있다.
③ 국제법은 국내적 차원에서는 하나의 사실에 불과하며, 국내적으로 적용되기 위해서는 국내법으로 변형되어야 한다.
④ Triepel과 Anzillotti가 대표적인 학자이다

2 국제법과 국내법의 관계에 대하여 이원론을 주장한 학자가 아닌 것은?

① Triepel
② Anzilotti
③ Oppenheim
④ Kelsen

3 다음 연결 중 옳지 않은 것은?

① 자기제한설 – 국내법우위 일원론
② 근본규범설 – 국제법우위 일원론
③ 공동의사설 – 국제법우위 일원론
④ 객관주의 – 국제법우위 일원론

4 국제법과 국내법은 하나의 법질서 속에 존재하기 때문에 국제법은 국가행위의 매개나 도움 없이 국내법 질서에서 국제법으로서 직접 적용되며 효력을 발생한다는 이론은?

① 변형이론
② 수용이론
③ 등위이론
④ 이원론

5 국제법과 국내법의 관계에 관한 설명으로 옳지 않은 것은?

① 국제법과 국내법의 관계는 동일 사항에 대하여 국제법의 규정과 국내법의 규정이 서로 상충되는 경우 어느 것이 우선적으로 적용·집행되어야 하는가의 문제와 관련하여 특히 문제된다.

② 국제법과 국내법의 관계에 관한 이론은 18세기~19세기 독일 법실증주의자들에 의해 국내법우위 일원론으로 시작되어 이원론, 국제법우위 일원론의 순서로 주장되었다.

③ 국내법우위 일원론과 이원론은 법실증주의(의사주의)에 토대를 둔 이론이다.

④ 국제법우위 일원론을 주장한 대표적인 학자로는 Triepel을 들 수 있다.

6 국제재판소에서 국내법의 지위에 관하여 가장 타당한 설명은?

① 국제재판소에서 국내법은 국내법으로서 국제적 효력을 갖는다.

② 국제재판소에서 국내법은 원칙적으로 단순한 사실로서 간주된다.

③ 국제재판소는 국내법을 해석해야 할 의무를 부담한다.

④ 국제재판소는 국제법 위반 국내법을 직접적으로 무효화시킬 권한을 갖는다.

7 국제법 위반 정당화 사유로서 국내법 원용금지의 원칙에 관한 상설국제사법재판소의 판례가 아닌 것은?

① 코르푸해협 사건

② 단치히 주재 폴란드 국민의 대우에 관한 권고적 의견

③ 단치히 법원의 관할권에 관한 권고적 의견

④ 폴란드령 상부실레지아에서의 일부 독일인의 이익에 관한 사건

8 다음 국제판례 중 "국가는 자기의 국제의무의 범위를 제한하기 위해 자신의 국내법을 원용할 수 없다."고 판시한 것은?

① 1900년 파켓하바나(Paquete Habana)호 사건

② 1932년 상부사보이 및 젝스자유지역사건

③ 1969년 북해대륙붕사건

④ 1996년 핵무기 사용 또는 위협의 적법성에 관한 권고적 의견

9 국제법과 국내법에 관한 국제재판소의 입장이 아닌 것은?

① 국제재판소는 국내법을 일반적 사실로 본다.
② 국가는 국제의무를 이행할 수 있도록 자국의 법률을 정비해야 한다.
③ 국가는 국제의무의 불이행을 정당화하기 위해 자국의 헌법규정을 원용할 수 있다.
④ 국제재판소는 국제법우위 일원론의 입장에 서 있다.

10 국제법과 국내법의 관계에 관한 국제재판소 판례의 태도와 부합하지 않는 것은?

① 국제법에 의하여 국제법 위반의 국내법이 직접 무효화된다.
② 국제재판소의 입장에서 볼 때 국내법은 단순한 사실에 지나지 않는다.
③ 국가는 국내법상 입법불비를 원용하여 국제법상 면책을 주장할 수 없다.
④ 국가는 국제의무를 면하거나 제한할 목적으로 국내법을 원용하여 국제법상의 면책을 주장할 수 없다.

11 국제관습법의 국내적 도입에 대하여 영국의 실행과 부합하지 않는 것은?

① 영국 판례는 18세기 이후 전통적으로 국제관습법이 보통법의 일부임을 확인하고 있다.
② 국제관습법의 국내적 도입에 대하여 영국은 원칙적으로 일원론적 입장에 있다.
③ 국제관습법의 국내적 도입에 대하여 영국은 원칙적으로 이원론적 입장에 있다.
④ 국제관습법과 의회제정법이 충돌하는 경우 의회제정법이 우선한다는 것이 영국 판례의 태도이다.

12 의회제정법 우위의 원칙과 관련된 영국판례는?

① 1829년 Foster v. Neilsen 사건
② 1900년 Paquete Habana호 사건
③ 1906년 Mortensen v. Peters 사건
④ 1957년 Sei Fujii 사건

13 국제관습법의 국내적 도입에 관한 미국의 실행과 가장 부합하지 않는 것은?

① 미국 연방헌법은 국제관습법의 지위와 효력에 관해 명문규정을 가지고 있지 않다.

② 미국 연방대법원은 국제관습법이 국내법의 일부임을 확인하고 있다.

③ 미국은 국제관습법의 국내적 도입에 대하여 이원론적 입장에 서 있다고 할 수 있다.

④ 국제관습법은 조약이 없거나 통제적 성격의 행정부 또는 입법부의 행위 혹은 사법적 결정이 없는 경우에만 국내법질서에 수용된다.

14 조약의 국내적 도입에 대하여 이원론적 입장에 서 있는 국가는?

① 한국   ② 영국

③ 네덜란드   ④ 미국

15 조약의 국내적 효력에 관하여 자기집행조약과 비자기집행조약을 구분하는 국가는?

① 미국   ② 영국

③ 한국   ④ 독일

16 다음 중 자기집행조약(self-executing treaty)에 대한 설명으로 옳지 않은 것은?

① 1829년 Foster v. Neilsen 사건에서 미국 연방대법원은 자기집행조약과 비자기집행조약을 최초로 구분하였다.

② 자기집행조약이란 미국의 국내법질서에 그 자체로서 수용되는 조약을 말한다.

③ 비자기집행조약이란 이행법률로 변형되어야만 국내법질서에 적용될 수 있는 조약이다.

④ 1957년 Sei Fujii 사건에서 미국 법원은 UN헌장 인권관련조항이 자기집행조약이라고 판시하였다.

17 국제관습법의 국내적 효력에 관한 설명 중 옳지 않은 것은?

① 영국 법원은 1906년 Mortensen v. Peters 사건에서 국제관습법이 보통법의 일부이나 국제관습법과 의회제
정법이 충돌한 경우 의회제정법이 우선한다고 판시하였다.
② 미국 법원은 1900년 Paquete Habana호 사건에서 국제관습법이 미국법의 일부임을 선언하였다.
③ 독일 연방헌법은 국제관습법이 법률과 동등한 효력을 갖는다고 규정하고 있다.
④ 대한민국 헌법 제6조 제1항은 "일반적으로 승인된 국제법규는 국내법과 같은 효력을 가진다."고 규정하고 있
는데, 이는 일반성을 갖춘 국제관습법에 대하여 일원론적 시각을 표명한 것으로 볼 수 있다.

18 조약의 국내적 도입에 관한 설명 중 옳지 않은 것은?

① 영국의 경우 조약은 이행법률에 의해 국내법으로 제정되어 적용되는 것이 원칙이다.
② 미국의 경우 자기집행조약과 비자기집행조약을 구분하여 국내적 도입방법을 달리하고 있다.
③ 한국의 경우 조약은 이행법률에 의해 국내법으로 제정되어야만 국내적 효력을 갖는다.
④ 국제법의 국내적 도입문제는 국내문제로서 국제법에 의해 규율되지 않는다.

19 다음 설명 중 옳지 않은 것은?

① 국제관계에서는 국제법만이 구속력이 있는 법규범으로 인정되며, 국내법은 규범이 아닌 사실로서 인정된다.
② 대외적 이행의무의 유무에 있어서 자기집행적조약과 비자기집행적조약은 차이가 있다.
③ 영국은 국제법과 국내법의 관계에 대해 Mortensen 대 Peters 사건을 통하여 의회제정법이 국제관습법에 우
선함을 확인하였다.
④ 국내법 질서 속에서 국제법의 지위는 개별국가의 헌법질서에 따라 결정된다.

20 국제법과 국내법의 관계에 관한 설명 중 옳은 것은?

① 국제법은 국가가 특별히 자국의 헌법규정 때문에 국제법을 위반하는 것을 허용하고 있다.
② 영국은 국제관습법에 대해 원칙적으로 수용이론을 채택하고 있다.
③ 국제법을 국내법질서 내로 받아들이는 방법은 통일되어 있다.
④ 미국은 모든 조약규정에 대해 수용이론을 채택하고 있다.

정답및해설

1	②	2	④	3	③	4	②	5	④
6	②	7	①	8	②	9	③	10	①
11	③	12	③	13	③	14	②	15	①
16	④	17	③	18	③	19	②	20	②

1 ② 대한민국 헌법 제6조 제1항은 "이 헌법에 의하여 체결·공포된 조약과 일반적으로 승인된 국제법규는 국내법과 같은 효력이 있다."고 규정하고 있는바, 이는 일원론적 입장을 채택한 것이다.

2 Kelsen은 가장 극단적인 국제법우위 일원론을 주장한 학자이다. 그는 국제법과 합치되지 않는 국내법은 자동적으로 무효이며 국제법규는 국내법 체계에서 직접 적용 가능하다고 주장하였다.

3 ③ Triepel의 공동의사설은 국제법이 국가의 단독의사보다 우월한 다수국가의 공동의사이기 때문에 법적구속력을 갖는다는 견해로서, 국제법과 국내법의 관계에 대하여 이원론적 입장을 취하고 있다.

4 수용(편입·채용)이론은 일원론에 대응하는 이론이다. 즉, 국제법과 국내법은 하나의 법질서 속에 존재하기 때문에 국제법이 법적 성질을 그대로 유지한 때 그 자체로서 국내법질서에 도입된다는 이론이다.

5 ④ Triepel은 이원론을 주창한 학자이다. 그는 국제법은 국가들이 공동의사에 의해 제정되며, 국가들의 개별의사에 따라 제정된 국내법과는 다른 독자적인 법질서로 존재한다고 주장하였다.

6 ② 국제재판소의 입장에서 국내법은 단순한 사실에 불과하며, 따라서 해당 국내법을 해석할 의무도 권한도 없다. 또한 국제재판소는 국제법 위반의 국내법을 직접 무효화시킬 수도 없다.

7 ① 1949년 코르푸(Corfu)해협 사건은 국제사법재판소(ICJ)가 최초로 행한 판결로서 무해통항권에 관한 사건이다.

8 상부 사보이 및 젝스 자유지역사건에서 상설국제사법재판소(PCIJ)는 "국제법이 국가 상호 간의 권리·의무를 결정짓는 표준이 되므로 프랑스는 국내법을 이유로 국제의무의 범위를 제한할 수 없다."고 판시하였다.

9 ③ 국가는 국제의무 불이행을 정당화하기 위하여 자국의 국내법 규정 또는 국내입법의 불비를 원용할 수 없다는 것은 국제법상 확립된 원칙이다. 조약법협약 제27조는 이를 성문화한 것이다.

10 ① 국제법을 위반한 국내법이 국내법상 무효가 된다는 국제법상 일반원칙은 확립되어 있지 않다. 즉, 국제법의 우위는 국제적 차원에서만 견지되고 있다.

11 ③ 영국은 원칙적으로 국제관습법이 보통법의 일부를 형성하며, 자동적으로 영국 국내법의 일부를 구성한다는 일원론을 채택하고 있다. 그러나 의회제정법과 국제관습법이 충돌하는 경우 의회 우위의 원칙에 따라 의회제정법이 우선한다.

12 ③ 1906년 Mortensen v. Peters 사건에서 스코틀랜드 고등법원은 의회제정법이 보통법보다 우월한 효력을 가지며, 따라서 영국의 국내법 상 보통법의 효력이 있는 국제관습법보다 의회제정법이 우선함을 명백히 하였다.

13 ③ 미국은 국제관습법의 국내적 도입에 대하여 일원론적 입장에 서 있다고 할 수 있다.

14 ② 원칙적으로 이원론적 입장이다. 조약이 국내적으로 적용되기 위해서는 의회에서 이행법률로 제정되어야 한다.
　① 헌법에 의해 체결·공포된 조약과 일반적으로 승인된 국제법규는 국내법과 같은 효력을 지닌다고 명시하여 일원론적인 입장이다.
　③ 네델란드 헌법 제93조는 조약은 헌법보다 상위법임을 선언하고 있다.
　④ 연방헌법 제6조 제2항은 원칙적으로 일원론적 입장에 서 있으나, 판례를 통해 자기집행조약과 비자기집행조약을 구분하고 있다.

15 미국의 경우 조약의 국내적 효력은 미국 법원이 결정하는 자기집행조약과 비자기집행조약의 구별에 의존하는바, 전자는 국내입법조치 없이 국내적으로 적용되는 반면, 후자는 국내입법조치에 의해서만 국내적으로 적용된다.

16 ④ 미 캘리포니아 대법원은 1957년 Sei Fujii 사건에서 UN헌장 중 인권관련조항이 비자기집행조약임을 확인하였다.

17 ③ 독일 연방헌법(기본법) 제25조는 국제법의 일반규칙(국제관습법)이 연방법률에 우선 적용됨을 규정하고 있다.

18 ③ 우리나라 헌법 제6조 제1항은 조약의 국내적 도입에 대하여 수용이론을 채택하고 있다는 것이 통설과 판례의 태도이다. 따라서 별도의 국내적 조치 없이 국제법은 국내적으로 도입된다.

19 ② 자기집행적조약(self-executing treaty)이란 미국의 국내법질서에 그 자체로서 수용되는 조약을 말하며, 비자기집행적조약 (non-self-executing treaty)이란 이행법률로 변형되어야만 국내법질서에 적용될 수 있는 조약을 말한다. 따라서 대외적 이행의무에 대해서 는 따로 구분을 두지 않는다.

20 ② 영국은 국제관습법에 대하여 수용이론을 채택하여 원칙적으로 국제관습법이 보통법의 일부임을 인정하고 있다.
　④ 미국의 경우 연방헌법 제6조 제2항에 의하여 원칙적으로 수용이론을 채택하고 있으나, 미국 연방대법원 판례는 자기집행조약과 비자기 집행조약을 구분하여 전자에 대해서만 수용이론을 채택하고 있다.

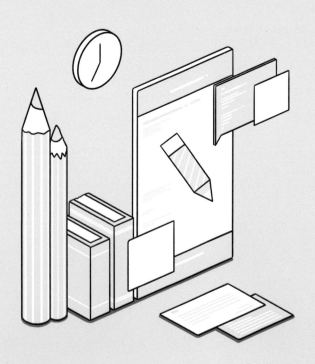

국제법의 법원

02

01 국제법 법원의 의의

기출문제

section 1 법원(法源)의 의의

(1) 법원의 유래

법원이라는 말은 로마법의 'fontes juris(법의 원천)'에서 유래되었다.

(2) 법의 존재형식

법이 어떠한 형식으로 존재하는가를 의미하는 것으로, 성문법과 불문법으로 분류된다.

(3) 법의 인식근거

법의 존재를 어떻게 인식하는가를 의미하는 것으로, 법전·판례·기타 자료 등으로 분류된다.

(4) 법의 성립근거

법이 어떠한 근거로 성립되었는가를 의미하는 것으로, 자연법학·실정법학·법적 확신 등으로 분류된다.

section 2 법원의 유형

(1) 형식적 법원

① 개념 … 법을 제정하는 절차 내지 방식을 의미한다.

② 내용 … 국제법은 전통적으로 국제관습법과 조약을 통해 형성되어 왔다. 국제사법재판소규정 제38조 제1항에 규정된 법의 일반원칙의 형식적 법원성 여부는 학설이 대립된다.

(2) 실질적 법원

① 개념 … 법을 발견할 수 있는 자료 내지 증거를 의미한다.

② 내용
  ㉠ 국제법은 외교문서, 국제기구 및 국제회의의 의사록·보고서, 조약체결준비문서, 다자조약 초안, 국제법원판례, 국가관행, 국내법, 국내법원판례, 기존조약 및 국제관습법 등을 통해 인식될 수 있으며 그 변경과 창설이 촉진되고 있다.

문 국제사법재판소(ICJ)가 판단한 국제법의 연원에 대한 설명으로 옳은 것은?

▶ 2016. 8. 27. 인사혁신처(7급)

① ICJ는 2개국 간의 관습국제법이 성립될 수 없다고 판단하였다.
② ICJ는 분쟁 당사국간 회의의사록이 ICJ 관할권 성립에 기초가 되는 국제협정으로 판단하였다.
③ ICJ는 회부된 분쟁에 적용되는 국제법규를 해석할 때 형평(equity)을 고려하여 판단한 적이 없다.
④ ICJ는 조약이나 관습국제법에 우선하여 법의 일반원칙을 적용할 수 있다고 판단하였다.

∥정답 ②

ⓛ 역사적으로 실정국제법규의 발생을 자극하며 그 변경을 촉진하는 모든 요인이 실질적 법원이다.

(3) 형식적 법원과 실질적 법원의 관계

① 법실증주의가 지배한 전통 국제법에 있어 법원이란 곧 형식적 법원을 의미하는 것으로 이해되었으나, 오늘날에는 실질적 법원 역시 중요한 논의 대상이 되고 있다.

② 국내법과 달리 국제법에 있어 형식적 법원과 실질적 법원은 밀접하게 관련되어 있어 엄격하게 구별할 수 없다. 특히 실질적 법원은 형식적 법원의 성립을 촉진시키거나 그 증거로서 기능한다.

section 3 국제사법재판소(ICJ)규정 제38조

(1) 국제사법재판소규정 제38조의 내용

① 제38조 제1항 … 재판소는 재판소에 회부된 분쟁을 국제법에 따라 재판하는 것을 임무로 하며 다음을 적용한다.
  ㉠ 분쟁국에 의하여 명백히 인정된 규칙을 확립하고 있는 일반조약 또는 특별조약
  ㉡ 법으로 수락된 일반관행의 증거로서의 국제관습
  ㉢ 문명국에 의하여 인정된 법의 일반원칙
  ㉣ 법칙 결정의 보조수단으로서의 사법판결 및 각국의 가장 우수한 국제법 학자의 학설(다만, 제59조의 규정에 따를 것을 조건으로 한다.)

② 제38조 제2항 … 당사자가 합의하는 경우에 재판소가 형평과 선에 따라 재판하는 권한을 해하지 아니한다.

(2) 국제사법재판소규정 제38조의 성격

① 국제사법재판소규정 제38조는 국제법 법원에 관한 연구의 기초가 된다.

② 국제사법재판소규정 제38조 제1항은 국제사법재판소의 재판준칙으로 조약·국제관습·법의 일반원칙, 법칙결정의 보조수단으로 학설과 판례를 열거하고 있다. 그러나 이는 국제사법재판소의 재판준칙에 불과하기 때문에 동 규정에 열거된 요소가 당연히 법원성을 갖는 것은 아니며, 국제법이 동 규정 제38조 이외의 것으로부터 창설될 수 있는 가능성을 배제하고 있지도 않다.

기출문제

문 국제사법재판소(ICJ) 규정 제38조 제1항에 규정된 재판준칙으로서 옳지 않은 것은?
▶ 2016. 4. 9. 인사혁신처
① 분쟁국에 의하여 명백히 인정된 규칙을 확립하고 있는 일반적인 또는 특별한 국제협약
② 법으로 수락된 일반관행의 증거로서의 국제관습
③ 문명국에 의하여 인정된 법의 일반원칙
④ 법칙결정의 보조수단으로서 UN 총회결의

| 정답 ④

[국제사법재판소규정 제38조]

조약과 관습만을 인정하는 실정법학파나 항상 자연법을 우위에 두고 이에 상반되는 모든 법을 무효라고 주장하는 자연법학파의 태도를 모두 부인하는 것을 의미하며, 국제법의 창조자로서 국가의 의사를 존중하면서도 한편으로는 법의 일반원칙을 인정함으로써 인류 일반의 법적 경험이나 관행도 무시하지 않는 그로티우스 학파 또는 절충학파의 입장을 채택한 것이다.

(3) 국제법의 법원과 국제사법재판소규정 제38조

① 조약과 국제관습이 국제법의 형식적 법원이라는 것에는 견해가 일치하고 있으나, 법의 일반원칙의 형식적 법원성에 대해서는 학설이 대립하고 있다.

② 학설과 판례는 법칙 결정의 보조수단에 불과하며, 형식적 법원성은 부정된다.

③ 국제사법재판소규정 제38조 제2항은 당사자가 합의한 경우 조약과 관습 등과 같은 법원까지도 대체하여 적용할 수 있는 것으로 '형평과 선'을 언급하고 있다. 형평과 선이란 구체적 사건에서 재판관이 정의라고 믿는 것으로서 국제법의 법원성은 부정된다.

④ 국제사법재판소규정은 1921년의 상설국제사법재판소 규약을 그대로 답습한 것으로서, 현대 국제사회의 발전내용을 반영하지 못하고 있다는 비판이 제기되고 있다. 이와 관련하여 특히 국제기구의 결의(UN총회 결의)가 국제법의 법원이 될 수 있는지 여부가 문제된다.

section 4 **법원 상호 간의 효력관계**

(1) 조약과 국제관습법

① 조약과 국제관습법의 의의 … 조약과 국제관습법은 원칙적으로 상호 대등한 효력관계에 있다. 따라서 이들 상호 간에 충돌하는 경우 적용순서는 특별 법우선의 원칙, 신법우선의 원칙에 따라 결정된다. 다만, 조약이든 국제관습법이든 그것이 강행법규(jus cogens)인 경우 절대적 우위가 인정된다.

② 조약과 국제관습법의 적용순서

ⓞ 신법우선의 원칙 : 일반적으로 당사자가 동일하고 대상분야가 동일한 경우 신법우선의 원칙이 적용된다.

문 국제사법재판소(ICJ) 규정 제38조에 대한 설명으로 옳지 않은 것은?
▶ 2009. 4. 11. 행정안전부
① 국제재판소의 판결은 법칙결정을 위한 보조수단이다.
② '형평과 선'에 의한 재판은 당사자 간의 합의가 있는 경우에만 가능하다.
③ '법의 일반원칙'은 국제법상의 일반원칙을 의미한다.
④ 법으로 수락된 일반관행도 재판의 준칙이다.

┃정답 ③

  ⓒ **특별법우선의 원칙** : 일반적으로 당사자를 달리하는 경우에는 특별법 우선의
  원칙이 적용된다.

- 일반조약과 일반국제관습법이 상충하면 인적 적용범위에 있어 일반조약이 특별법의 위치에 있으므로 조약이 우선 적용되는 것이 원칙이다.
- 일반조약과 지역관습법이 상충하면 지역관습법이 우선 적용된다.
- 일반국제관습법과 특별조약(양자조약)이 상충하면 특별조약이 우선 적용된다.
- 일반조약과 특별조약(양자조약)이 상충하면 특별조약이 우선 적용된다.

[특별법우선 원칙의 예외]

㉠ UN헌장 제103조 : 헌장상의 의무와 회원국이 체결하는 다른 국제협정상의 의무가 상충하면 헌장상의 의무가 우선한다.

㉡ WTO설립협정 제16조 제3항 : WTO설립협정상의 규정과 이 협정의 부속서인 다자간 무역협정상의 규정이 상충하면 상충의 범위 내에서 WTO설립협정상의 규정이 우선한다.

(2) 법의 일반원칙

법의 일반원칙은 조약과 국제관습법의 흠결을 보충하는 일반법규로서의 기능을 갖는 데 지나지 않으며, 분쟁에 적용할 조약과 국제관습법이 없을 때만 적용될 수 있다.

(3) 학설과 판례

학설과 판례는 법칙 결정의 보조수단에 불과하므로 조약과 국제관습법, 법의 일반원칙 다음으로 적용된다.

(4) 형평과 선

재판소가 형평과 선에 따라 결정할 권한을 당사자들로부터 부여받은 경우 재판소는 모든 국제법규를 제쳐두고 자신이 생각하는 형평과 선에 따라 재판할 수 있다.

기출문제

국제법의 법원(法源)에 대한 설명으로 옳지 않은 것은?
▶ 2012. 4. 7. 행정안전부
① 국제관습법은 법으로 수락된 일반관행의 증거로서의 국제관습을 말한다.
② 문명국에 의하여 인정된 법의 일반원칙은 국제사법재판소(ICJ)의 재판준칙이 될 수 있다.
③ 국제사법재판소는 당사국이 합의하는 경우 형평(衡平)과 선(善)에 의해 재판할 수 있다.
④ 조약과 국제관습법의 충돌이 있는 경우 조약이 우선적으로 적용된다.

정답 ④

1 국제법의 법원에 대한 설명으로 옳지 않은 것은?

① 국제법의 형식적 법원이란 법의 제정절차 내지 방식을 의미한다.

② 국제법의 형식적 법원이란 법을 발견할 수 있는 자료 내지 증거를 의미한다.

③ 형식적 법원과 실질적 법원은 엄격히 구별할 수 없으며 상호 밀접한 관련이 있다.

④ 국제법은 일반적으로 국제관습과 조약의 형태로 성립한다.

2 국제법의 실질적 법원에 대한 설명으로 옳지 않은 것은?

① 국제법의 실질적 법원이란 국제법의 인식자료 또는 발생근거를 의미한다.

② 국제법에 있어 형식적 법원과 실질적 법원은 상호보완적 관계에 있다.

③ 실질적 법원은 형식적 법원의 성립을 촉진시키거나 그 증거로서 기능한다.

④ 조약과 국제관습법은 국제법의 실질적 법원이 될 수 없다.

3 국제법의 연원(sources of law)에 관한 설명으로 옳지 않은 것은?

① 입법조약(law-making treaty)에 대해서만 국제법의 법원이 인정된다.

② 법의 일반원칙은 조약이나 국제관습법이 존재하지 않는 경우에 적용되는 재판준칙이다.

③ 형평과 선은 국제재판의 준칙으로 원용될 수 있다.

④ 국제법은 일반적으로 국제관습법과 조약의 형태로 성립된다.

4 국제사법재판소규정 제38조 제1항에 대한 설명으로 옳지 않은 것은?

① 국제사법재판소규정 제38조 제1항은 재판준칙으로 조약, 국제관습, 법의 일반원칙을 열거하고 있다.
② 국제사법재판소규정 제38조 제1항에 따르면 일반조약은 국제사법재판소의 재판준칙이 될 수 있다.
③ 국제사법재판소규정 제38조 제1항에 따르면 특별조약은 국제사법재판소의 재판준칙이 될 수 없다.
④ 국제사법재판소규정 제38조 제1항에 따르면 국제관습은 국제사법재판소의 재판준칙이 될 수 있다.

5 국제법의 법원에 관한 설명으로 옳지 않은 것은?

① 국제사법재판소규정 제38조 제1항은 국제법의 법원에 관한 규정이라 할 수 있다.
② 국제사법재판소규정 제38조 제1항에 규정된 것 이외의 방법으로 국제법이 창설될 가능성은 없다.
③ 학설과 판례는 국제법규범을 결정하기 위한 보조수단이다.
④ 국제사법재판소규정 제38조 제1항은 국제사법재판소의 재판준칙으로 조약, 국제관습, 법의 일반원칙, 법칙 결정의 보조수단으로 학설과 판례를 열거하고 있다.

6 다음 중 국제사법재판소규정 제38조가 국제사법재판소의 재판준칙으로 열거하고 있지 않은 것은?

① UN총회 결의
② 일반조약
③ 특별조약
④ 국제관습

7 국제법의 연원에 관한 설명 중 옳지 않은 것은?

① 국제법은 일반적으로 국제관습법과 조약의 형태로 성립된다.
② 학설과 판례는 국제법규 결정을 위한 보조수단으로서의 지위가 인정되고 있다.
③ 법의 일반원칙은 조약이나 국제관습법이 존재하지 않는 경우에 적용되는 재판준칙이다.
④ 형평과 선은 어떠한 경우에도 국제재판의 준칙으로 원용될 수 없다.

8 **국제사법재판소 재판준칙 상호 간의 적용순서에 대한 설명으로 옳지 않은 것은?**

① 조약과 국제관습은 원칙적으로 효력의 우열이 없다.

② 법의 일반원칙은 분쟁에 적용할 조약과 국제관습이 없을 때에만 적용될 수 있다.

③ 학설과 판례는 조약과 국제관습법, 법의 일반원칙 다음으로 적용된다.

④ 형평과 선은 당사자의 합의가 없더라도 적용된다.

9 **국제법의 연원에 대한 설명 중 옳지 않은 것은?**

① 조약과 관습법은 동등한 효력을 갖는 것이 원칙이다.

② 조약이나 관습법이 존재하는 경우에도 법의 일반원칙을 우선적으로 적용할 수 있다.

③ 국제법규 간에는 특별법우선의 원칙이 적용된다.

④ 특별법 우선의 원칙은 조약상의 명시적 규정 또는 국가들의 묵시적 의사에 의해 그 예외가 인정되고 있다.

10 **국제법의 법원 상호 간의 효력관계에 대한 설명으로 옳지 않은 것은?**

① 조약은 보편적 적용성을 갖는 일반국제관습법과의 관계에서 특별법에 해당한다고 볼 수 있다.

② 일반조약과 특별조약 간에는 원칙적으로 특별법우선의 원칙이 적용된다.

③ 일반조약과 특별국제관습법 간에는 원칙적으로 특별법우선의 원칙이 적용된다.

④ 일반적으로 당사자가 동일하며 대상 분야가 동일한 경우 전법우선의 원칙이 적용된다.

11 **국제법의 효력관계에 대한 설명으로 옳지 않은 것은?**

① 조약과 국제관습법은 동위의 효력이 있으나 이들도 강행법규에 위반해서는 아니 된다.

② 법의 일반원칙의 효력은 학설과 판례보다 우위에 있다.

③ 조약은 보편적 적용성을 갖는 국제관습법과의 관계에서 특별법에 해당한다고 볼 수 있다.

④ 조약은 국제관습법보다 항상 우선적으로 적용된다.

12 국제사법재판소규정 제38조 제1항에서 법칙 결정을 위한 보조수단으로 규정하고 있는 것은?

① 학설과 판례   ② 형평과 선
③ 법의 일반원칙   ④ 국제관습

13 다음 중 당사자가 합의하는 경우 국제사법재판소의 재판준칙이 될 수 있는 것은?

① 법의 일반원칙   ② 국제관습
③ 학설과 판례   ④ 형평과 선

14 국제사법재판소에서 형평과 선을 재판준칙으로 할 수 있는 근거는?

① 분쟁당사국 일방의 요청
② 분쟁당사국의 합의에 의한 요청
③ 국제사법재판소 재판소장의 재량
④ UN안전보장이사회의 결정

15 국제법의 연원에 관한 설명으로 옳지 않은 것은?

① 조약은 새로운 국제법규를 창설하거나 또는 기존 국제관습법을 법전화하거나 변경하는 중요한 기능을 수행할
   수 있다.
② 학설은 그 자체가 국제법이라고는 할 수 없지만 국제법의 발전방향을 제시하는 중요한 기능을 수행할 수 있다.
③ 학설과 판례는 조약과 동등한 효력을 갖는 것이 원칙이다.
④ 국제기구결의는 그 자체가 바로 실정국제법으로 간주된다.

정답및해설

1	②	2	④	3	①	4	③	5	②
6	①	7	④	8	④	9	②	10	④
11	④	12	①	13	④	14	②	15	③

1 ② 국제법의 형식적 법원이란 법을 제정하는 절차 내지 방식을 의미하며 실질적 법원이란 법을 발견할 수 있는 자료 내지 증거를 의미한다.

2 ④ 국제법은 외교문서, 국제기구 및 국제회의의 의사록·보고서, 조약체결의 준비문서, 다자조약 초안, 국제법원의 판례뿐만 아니라 국가관행, 국내법, 국내법원의 판례 및 기존의 조약과 국제관습법 등을 통해 인식될 수 있으며 그 변경과 창설이 촉진되고 있다. 예를 들면 기존의 조약들은 국제관습법의 성립을 촉진시키거나 그 증거로서 기능할 수 있으며 국제관습법규가 성문화되어 조약이 성립하기도 한다.

3 ① 조약은 그 성질에 관계없이 국제법의 법원이 되는 것이므로 입법조약뿐만 아니라 계약조약, 다자조약, 양자조약 등도 법원이 된다.

4 ③ 국제사법재판소규정 제38조 제1항에서 국제사법재판소의 재판준칙으로 '분쟁국에 의하여 명백히 인정된 규칙을 확립하고 있는 일반 또는 특별조약'을 규정하고 있다. 따라서 분쟁국에 의하여 명백히 인정된 규칙을 확립하고 있는 조약은 그것이 일반조약이든 특별조약이든 모두 국제사법재판소의 재판준칙이 된다.

5 ② 국제사법재판소규정 제38조 제1항은 형식적으로는 재판준칙조항이지만 실질적으로 국제법의 법원을 열거한 것으로 간주되고 있다. 그러나 동 조항에 열거된 요소들이 모두 국제법의 법원으로 인정되는 것은 아니며, 동 규정 이외의 것으로부터 국제법이 창설될 가능성을 배제하고 있지 않다. 동 규정은 1921년의 상설국제사법재판소규약을 그대로 답습한 것으로서 현대 국제사회의 발전내용을 반영하지 못하고 있다는 비판이 제기되고 있으며, 특히 국제기구의 결의가 국제법의 법원이 될 수 있는지 여부가 문제되고 있다.

6 ① 국제사법재판소규정은 1921년의 상설국제사법재판소규약을 그대로 답습한 것으로서 현대 국제사회의 발전 내용을 반영하지 못하고 있다는 비판이 제기되고 있다. 특히, 제3세계 국가들은 만장일치로 채택된 UN총회 결의가 국제법의 법원이 될 수 있다고 주장한다.

7 ④ 국제사법재판소규정 제38조 제2항은 "이 규정은 당사자가 합의하는 경우에 재판소가 형평과 선에 따라 재판하는 권한을 해하지 아니한다."고 규정하고 있다. 즉, 분쟁당사자가 합의하는 경우 국제사법재판소는 형평과 선을 재판준칙으로 사용할 수 있다.

8 ④ 형평과 선은 당사자가 합의하는 경우에만 적용된다.

9 ② 법의 일반원칙은 입법의 공백을 보충하는 재판준칙이므로 분쟁에 적용할 수 있는 조약과 관습법이 없는 경우에 보충적으로 적용된다.

10 ④ 조약과 국제관습법은 상호대등한 효력관계에 있다. 따라서 대등적 효력관계에 있는 조약과 국제관습법이 동일한 사항을 규정하고 있으며 특별법우선의 원칙, 후법우선의 원칙에 따라 해결하여야 한다. 이 원칙은 조약 상호 간 및 국제관습법 상호 간에도 동일하다.

11 ④ 조약과 국제관습법은 원칙적으로 효력의 우월이 없으며 이들 상호 간의 적용순서는 특별법우선의 원칙, 후법우선의 원칙에 따라 결정된다. 다만, 조약이든 국제관습법이든 그것이 강행규범인 경우에는 절대적우위가 인정된다.

12 ① 국제사법재판소규정 제38조 제1항에서 법칙 결정의 보조수단으로서 사법판결 및 각국의 가장 우수한 국제법 학자의 학설을 규정하고 있다. 조약, 국제관습 또는 법의 일반원칙에 의해 적용할 준칙을 찾지 못할 경우 법칙 결정을 위한 보조수단으로서 학설과 판례를 통해 적용할 법을 검색할 수 있도록 하는 것이 동 규정의 입법취지이다.

13 ④ 국제사법재판소규정 제38조 제2항은 당사자가 합의하는 경우에 조약과 관습 등과 같은 법원까지도 대체하여 적용할 수 있는 것으로 '형평과 산을 언급하고 있다.

14 ② 당사자가 합의하는 경우에 재판소가 형평과 선에 따라 재판하는 권한을 해하지 아니한다〈국제사법재판소규정 제38조 제2항〉.

15 ③ 학설과 판례는 법칙 결정의 보조수단에 불과하므로 조약과 국제관습법, 법의 일반원칙 다음으로 적용된다.

02 국제법 법원의 유형

문 1969년 비엔나 조약법협약상 조약에 대한 설명으로 옳지 않은 것은?
▶ 2014. 4. 19. 안전행정부

① 하나 이상의 문서로 이루어지는 경우도 있다.
② 정식조약과 달리 약식조약의 유형으로 구두조약이 포함된다.
③ 조약 외에 협정, 규약 등의 명칭도 사용할 수 있다.
④ 국가와 외국 사기업 사이의 국제적 합의는 조약으로 볼 수 없다.

문 1969년 조약법에 관한 비엔나협약 의 내용으로 옳지 않은 것은?
▶ 2020. 7. 11. 인사혁신처

① 조약의 체결 당시 일반국제법의 강행규범과 충돌하는 조약은 무효이다.
② 새로운 강행규범의 출현으로 그 규범과 충돌하는 현행 조약은 무효로 되어 종료한다.
③ 2 또는 그 이상의 국가 간의 외교관계의 단절은 그러한 국가 간의 조약체결을 막지 아니한다.
④ 서면 형식에 의하지 아니한 국제적 합의는 조약이 아니며 국제법적 효력이 인정되지 아니한다.

▌정답 ②, ④

section 1 조약

(1) 조약의 의의

① **조약의 개념** ⋯ 국제법상 조약이란 문서의 수·명칭·형식에 관계없이 국제법의 능동적 주체 사이에 체결되고 국제법의 규율을 받는 모든 합의를 말한다.

② **1969년 조약법에 관한 비엔나협약 제2조 제1항 제a호** ⋯ 본 협약의 목적상 조약이라 함은 단일문서나 둘 이상의 관련문서에 구현되고 있는가에 관계없이 또한, 그 특정 명칭이 어떠하든 문서로 국가 간에 체결되며, 국제법에 의하여 규율되는 국제적 합의를 말한다.

    ㉠ 조약은 '국제'법에 의하여 규율되어야 한다. 따라서 국가 간의 합의문서라 하더라도 그것이 '국내'법에 의하여 규율되면 조약이 아니라 국가 간 계약에 불과하다.

    ㉡ 조약은 국제'법'에 의하여 규율된다. 따라서 국가 간의 합의문서라 하더라도 그 당사자들이 법적 구속력을 갖는 것으로 의도하지 않은 문서는 조약이 아니다.

> **[신사협정]**
> 신사협정이란 법적 구속력이 없는 정치적·도덕적 합의를 말한다. 1992년 '남북기본합의서'는 북한의 지위와 상관없이 조약으로서 의도가 없으므로 조약이 아닌 신사협정으로 볼 수 있다.

    ㉢ 조약은 '국가' 간에 체결된다. 그러나 이것은 1969년 조약법협약의 목적이 오로지 국가 간의 조약을 규율하는 데 있기 때문에 그렇게 규정한 것이며, 국제기구·반란단체·민족해방운동단체 등도 국가에 비해서는 제한된 범위 내에서나마 조약체결능력을 향유한다. 1986년의 '국가와 국제기구 간 또는 국제기구 상호 간에 체결되는 조약법에 관한 비엔나협약'은 국가와 국제기구 간 그리고 국제기구 상호 간 체결되는 조약에 관하여 규율하고 있다.

    ㉣ 1969년 조약법협약은 '문서'로 체결된 조약만을 그 적용대상으로 하고 있으나 문서의 형식에 의하지 않는 국제적 합의, 즉 구두합의의 법적 효력을 부인하는 것은 아니다. 구두합의의 법적 효력을 인정한 법으로는 1969년 조약법협약이 있고, 판례로는 1933년 상설국제사법재판소의 '동부그린란드 사건' 판결이 있다.

◉ 조약은 그 명칭이 조약이든 협약, 헌장, 협정, 선언이든 간에 효력은 동일하다.

(2) 조약의 분류

① 당사자 수에 의한 분류

　㉠ **보편조약** : 모든 국제법 주체를 당사자로 하는 조약이다.

　㉡ **일반조약** : 대부분의 국제법 주체를 당사자로 하는 조약이다.

　㉢ **특별조약** : 특정 국제법 주체를 당사자로 하는 조약으로, 특히 두 당사자 사이에 체결된 조약을 양자조약이라 부른다.

② 성질에 의한 분류

　㉠ **입법조약** : 당사자의 이해관계가 동일방향을 지향하는 성질의 조약으로, 보통 일반조약의 형태로 이루어진다.

　㉡ **계약조약** : 당사자의 이해관계가 반대방향의 성질을 가진 조약으로, 보통 특별조약의 형태로 이루어진다.

[입법조약]

Triepel은 양자조약은 계약조약의 성질을 가지며 다자조약은 입법조약의 성질을 갖는다고 하고, 입법조약만이 객관적 법규를 창설하는 국제법의 형식적 법원일 수 있다고 주장하였다. 그러나 보편적 또는 일반적인 다자조약에도 계약적 성질의 조약이나 규정이 있고, 양자조약에도 입법적 성질의 조약 또는 규정이 있기 때문에 다자조약과 입법조약을 같은 것으로 볼 수 없다. 또한 입법조약과 계약조약 모두 형식적 법원으로 인정된다는 것이 오늘날의 통설이다. 국제사법재판소도 '시실리 전자회사사건(ELSI Case)'에서 양자조약도 입법조약으로서의 성질을 가질 수 있다는 것을 인정한 바 있다.

③ 개방성에 의한 분류

　㉠ **개방조약** : 원당사자 이외의 당사자에게 가입이 허용되는 조약이다.

　㉡ **폐쇄조약** : 원당사자 이외의 당사자에게 가입이 허용되지 않는 조약이다.

④ 체결절차에 따른 분류

　㉠ **정식조약** : 조약 체결을 위한 모든 절차를 거친 조약이다.

　㉡ **약식조약** : 조약문의 인증과 조약의 구속을 받겠다는 동의표시의 두 개의 절차를 서명이라는 하나의 절차만으로 체결하는 조약이다.

⑤ 국가승계 목적상 분류

　㉠ **처분적 조약** : 한 번의 이행으로 그 목적이 달성되는 조약이다.

　㉡ **비처분적 조약** : 계속적 이행을 요하는 조약이다.

기출문제

(3) 조약법의 법전화

① 조약법에 관한 비엔나협약

② 조약의 국가상속에 관한 비엔나협약

③ 국가와 국제기구 간 또는 국제기구 상호 간에 체결되는 조약법에 관한 비엔나협약

section 2 국제관습법

(1) 의의

국제관습법이란 법으로 수락된 일반관행의 증거로서의 국제관습을 말한다〈국제사법재판소규정 제38조 1항 제b호〉. 국제사회는 국내사회와 달리 입법부가 존재하지 않는 분권적 구조를 가지고 있기 때문에 관습은 최근까지 국제법규를 만드는 주요 수단이 되고 있다.

(2) 성립 및 타당기초

① 묵시적 합의설(의사주의) … 국제관습법은 국가들의 묵시적 합의에 의하여 성립된다는 견해다.

② 법적 확신설(객관주의) … 국제관습법은 일정한 행위를 하는 것 또는 하지 않는 것이 법적 의무라고 국가들이 수락함으로써 성립한다는 견해이다.

(3) 성립요건

① 객관적 요건(일반관행의 존재) … 국제법 주체(보통 국가)의 행위에 의한 일정한 관행이 존재하여야 한다. 이러한 일반관행은 동일한 형태의 실행이 반복·계속되어 일반성(constant and uniform usage)을 갖게 된 것을 말하며, 일반관행의 증거로서 추정되는 실행에는 국가적 실행과 국제기구의 실행이 포함된다.

　㉠ 관행의 기간(시간적 요소) : 관행은 일정 기간 동안 지속됨이 요구되지만, 관습 형성을 위한 고정된 시한은 존재하지 않는다.

> **[판례 : 북해대륙붕 사건]**
> 국가관행이 광범위하면서도 사실상 획일적이며, 그러한 국가관행의 형성에 특별히 영향을 받는 국가들이 참여하였다면 짧은 기간 내에도 국제관습법이 형성될 수 있다.

問 다음 내용과 가장 관련이 깊은 것은?
▶ 2010. 7. 24. 행정안전부(7급)

• 국가 관행(state practice)
• 법적 확신(opinio juris)
• 완강한 반대국가 이론

① 국제조약
② 국제관습
③ 법의 일반원칙
④ 형평과 선

│정답 ②

ⓛ 관행의 획일성과 일관성 : 획일성(uniformity)이라 함은 관행이 '국가'에 따라 크게 달라서는 안 됨을 의미하며, 일관성(consistency)이라 함은 관행에 참여하는 국가들이 '사건'에 따라 모순된 행태를 보여서는 안 됨을 의미한다.

[판례 : 비호(Asylum) 사건]
계속적이고 일관된 관행이 관습법적 권리 · 의무를 형성한다.
[판례 : 니카라과 사건]
국가관행의 완전한 일관성은 요구되지 않으며, 일반적으로 일치되면 충분하다.

ⓒ 관행의 일반성 : 관행은 원칙적으로 세계 광범위한 지역의 대다수 국가들에 의해 일반적으로 행해져야 하지만, 모든 국가들이 관행에 참여하여야 한다는 보편성은 요구되지 않는다. 얼마나 많은 국가가 관행 형성에 참여해야 일반적 관행이라 할 수 있는지에 관해 정확한 기준은 없다.

ⓔ 특별관습법(지역적 관습법) : 국제사법재판소규정 제38조 제1항은 특별관습법을 언급하고 있지 않지만 특별관습법을 배제하는 취지는 아니다.

[특별관습법 존재를 인정한 판례]
㉠ 1960년 인도령통행권 사건(ICJ) : 인도와 포르투갈 두 국가 간의 양자관습법의 존재를 인정
㉡ 1950년 비호 사건(ICJ) : 라틴아메리카에만 적용되는 지역관습의 존재를 인정
㉢ 1951년 영국 · 노르웨이 어업사건(ICJ) : 직선기선제도에 관한 특별국제관습법의 존재를 인정

② 주관적 요건(법적 확신의 존재) … 법적 확신(opinio juris)이란 어떤 행위를 행하여야 하는 것 또는 어떤 행위가 금지되는 것이 법적 의무라고 국가들에 의해 수락되는 것을 말한다. 법적 확신의 유무에 의해 단순한 자연적 사실인 국제관행과 법으로서의 국제관습이 구별된다.

[판례 : 북해대륙붕 사건]
당사국으로서는 그러한 관행이 국제예양이 아니라 국제법상의 권리의무로서 부과되었거나 적어도 그것이 국제법상 허용된 것이라는 판단 아래 행해져야 한다.

[속성관습법이론]

국제관습법이 법적 확신이라는 하나의 요건의 충족만으로 성립한다는 것이다. 즉, 국제관습법규의 형성에 있어서 국가관행의 중요성과 시간적 요소의 관련성을 부인하고 관습의 창설적 요소로서 구속력이 없는 결의와 선언에서 표시된 법적 확신에만 의존하려는 것이다. 이러한 속성관습법이론은 UN총회에서 만장일치로 채택된 각종 결의·선언 등의 법적 구속력을 부여하기 위한 시도로서 주장되고 있다. 그러나 국제사법재판소는 1986년 니카라과사건에서 UN회원국이 총회에서 결의 채택에 일반적으로 동의를 하는 것은 법적 신념의 형성에 기여하지만 국제관습법의 성립요건으로 국가 실행과 법적 확신이라는 두 가지 요건이 여전히 필요하다고 재확인하였다.

(4) 입증문제

① 일반국제관습법 … 일반국제관습법의 입증책임은 이를 부정하는 측에서 지는 것이 원칙이다.

② 특별국제관습법 … 잘 알려져 있지 않은 특별국제관습법은 원용하는 측에서 입증책임을 진다.

[인터한델 사건, 인도령통행권 사건]

법적 확신의 존재라는 심리적 요소를 증명한다는 것은 매우 어려운 문제이므로 실질적 요소(일반 관행의 존재)가 확고하면 심리적 요소(법적 확신)도 존재하는 것으로 추정하는 것이 국제사법재판소의 태도이다.

(5) 효력범위

① 일반원칙 … 국제관습법이 성립되면 그 효력은 원칙적으로 모든 국가에 대하여 미치게 된다.

② 예외(집요한 불복이론) … 국제관습법의 형성과정 중에 그에 관해 일관되고 명백하게 반대의 의사를 표시한 국가에 대해서는 그 관습법이 적용되지 않는다.

(6) 관습법의 법전화

① 의의

ㄱ 국제법의 법전화 노력은 18세기 Bentham이 그의 저서 「국제법의 원리」에서 국제법 법전화를 위한 원칙을 발표한 것이 효시였다. 관습법의 법전화란 국제관습규칙을 체계적으로 분류·정리하여 성문규칙의 법전으로 바꾸는 것이다.

문 국제관습법에 대한 설명으로 옳지 않은 것은?

▶ 2010. 4. 10. 행정안전부

① 국제관습법은 일반적 관행과 법적 확신에 의하여 형성된다.

② 오로지 두 국가 간에도 국제관습법이 성립될 수 있다.

③ 국제관습법은 국제사법재판소 (ICJ)에서 재판준칙으로 적용된다.

④ 국제관습법의 효력은 조약보다 하위이다.

정답 ④

ⓒ UN헌장 제13조는 국제법의 점진적 발달과 국제법의 법전화를 구별하고 있다. 전자는 국제법에 의하여 규제되지 않는 문제 또는 이에 관한 법이 국가의 관행에 있어서 아직 충분히 발달되지 않은 문제에 대하여 조약안을 준비하는 것이고, 후자는 이미 광범한 국가관행·선례·학설이 존재하고 있는 분야에 있어서의 국제법규의 보다 정확한 정식화 및 체계화를 시도하는 것이다.

② UN국제법위원회(ILC) ··· UN총회의 국제법의 점진적 발달과 법전화 작업에 관한 권한을 보조하기 위해 1947년 설립된 총회의 보조기관으로, 임기 5년의 34명의 위원으로 구성되어 있다.

③ 기타 성문법전화기관 ··· UN국제상거래법위원회(UNCITRAL), 외기권우주의 평화적 이용위원회(COPUOS), UN이 소집하는 국제회의 등을 통해 국제법의 성문법전화작업이 수행되고 있다.

section 3 법의 일반원칙

(1) 의의

법의 일반원칙이란 국가들에 의해 공통적으로 인정되고 있는 국내법의 일반원칙으로서 국가 간의 관계에도 적용될 수 있는 것을 말한다. 법의 일반원칙은 1921년 상설국제사법재판소규정에 최초로 규정되었으며, 국제사법재판소규정 제38조 제1항 제c호도 재판준칙으로 법의 일반원칙을 규정하고 있다.

(2) 기능

① 분쟁에 적용할 조약 또는 국제관습법의 불비로 인한 재판불능 또는 법관의 자의적 판단을 방지하는 기능을 위해 도입된 것이다.

② 국제법의 창설에 있어서 국가들의 동의라는 전통적 제정절차에 자연법에 기초한 새로운 제정절차를 보충하려는 의의를 갖는다.

(3) 법의 일반원칙의 법원성

① 적극설 ··· 국제사법재판소규정 제38조 제1항이 "재판소의 임무는 제기된 분쟁을 '국제법'에 따라 해결하는 것으로 다음(국제사법재판소규정 제38조 제1항 제a호~제d호)을 적용한다."고 규정한 후 법의 일반원칙을 나열한 점에 비추어 그 법원성은 당연히 긍정된다는 견해이다.

② 소극설 … 국제사법재판소규정 제38조는 재판규범으로서 법의 일반원칙을 규정한 것에 불과하며, 동 조항에 의해 법의 일반원칙이 국제법의 형식적 법원이 되는 것은 아니라는 견해이다.

(4) 적용순서

법의 일반원칙은 입법불비에 따른 재판 불능을 방지하는 보충적 재판준칙이므로 분쟁에 적용할 수 있는 국제관습법 또는 조약이 존재하지 않는 경우에 보충적으로 적용될 수 있다.

(5) 구체적 내용

① 위법행위에 대한 책임발생의 원칙, 금반언의 원칙, 신의성실의 원칙, 권리남용금지의 원칙, 입증책임, 증거능력에 관한 원칙들, 소의 이익, 기판력의 원칙 등이 국제재판소에 의해 적용되었다.

② 오늘날 법의 일반원칙 대다수가 조약이나 국제관습법에 수용되고 있다.

section 4 학설과 판례

(1) 의의

국제사법재판소규정 제38조 제1항 제d호는 재판상의 판결과 가장 우수한 학자의 학설을 법칙 결정을 위한 보조수단으로 규정하여 조약 및 관습법과의 관계에서 하위성을 명백히 하였다.

(2) 학설과 판례의 법원성

학설과 판례는 무엇이 국제법규칙인가를 결정하기 위한 보조수단에 불과하며 형식적 법원성은 부정된다.

(3) 기능

국제재판소의 판례뿐만 아니라 국내 상급법원의 판례를 포함하며, 특히 국제사법재판소의 판결과 권고적 의견이 중요하다. 국제재판소에 있어 선례구속의 원칙은 인정되고 있지 않으나 조약 해석 기능, 국제관습법 내용의 확인·확정기능 및 사실상의 선례구속력에 따른 규범창설적 기능 등을 수행한다.

section 5 형평과 선(ex aequo et bono)

(1) 의의

형평이란 구체적 사건에 있어서 법관이 양심에 따라 정의라고 믿는 것을 의미한다. 국제사법재판소규정 제38조 제2항은 당사자가 합의하는 경우에 재판소가 형평과 선에 따라 재판하는 권한을 갖는다고 규정하고 있다.

(2) 형평과 선의 법원성

형평과 선은 당사자가 합의하는 경우 적용되는 것으로, 국제법의 법원성을 부정한다.

(3) 적용조건

국제사법재판소가 형평과 선을 적용하여 분쟁을 해결하기 위해서는 분쟁당사국들이 합의하여 적용해 줄 것을 요청하여야만 하며, 재판소가 직권으로 적용할 수는 없다.

(4) 적용순위

형평과 선은 분쟁당사국들의 요청이 있으면 분쟁에 적용될 수 있는 조약과 국제관습법이 있는 경우에도 우선하여 적용될 수 있다.

section 6 국제기구의 결의

(1) 의의

국제기구의 합의체적인 기관이 행하는 일방적 법률행위를 대체로 결의(resolution)라는 용어로 표시한다. 국제기구의 결의는 내부사항에 관한 것을 제외하고는 법적 구속력을 갖지 못하지만, 1960년대 이후 탈식민지화의 과정에서 아시아·아프리카의 신생독립국들은 UN총회에서 수적 우세를 배경으로 일련의 규범창설적 결의(법원칙선언 결의)를 채택하고, 이들 결의에 법적 구속력을 부여하여 국가의 동의 대신 다수결을 새로운 국제법의 창설방법으로 인정할 것을 주장하였다. 속성관습법이론이나 연성법(soft law)이론 등은 이러한 맥락에서 주장된 것들이다.

[연성법(soft law)]

ⓐ **의의** : 국가에 대한 구체적이고 직접적인 의무 부과가 어려운 분야에서 권고적
지침으로서의 기능을 하는 국제법을 의미한다.
ⓑ **생성배경** : 국제환경법, 국제경제법, 국제인권법 등과 같은 새로운 분야에서 자
국의 주권에 대한 구체적인 제한을 피하려는 국가들의 협력을 이끌어내기 위
한 입법 노력의 산물이다.
ⓒ **유형** : 조약의 형식을 띠고 있으나 그 규정내용이 매우 막연하여 조약의 당사자
들에게 구체적인 권리의무를 부과하지 않는 것과, 내용은 구체적인 권리의무를
규정하고 있으나 결의나 선언 등의 형식으로 발하여진 것으로 대별할 수 있다.
ⓓ **법적 성질**
• **조약형식의 연성법** : 그 의무가 추상적으로 되어 있거나, 목표 달성을 위한 추
가적인 조치를 요구하는 데 그치고 있거나, 의무는 구체적이나 많은 예외를
인정하는 경우 등으로 일반적인 조약에 상응하는 법적 구속력은 인정되지 않
는다.
• **결의·선언형식의 연성법** : 법적 효력은 권고적인 것에 불과하다.
ⓔ **기능** : 법이 창조되는 중요한 전 단계이고, 관습법 형성에 불가결한 법적 신념
이 국제사회의 각 국가 간에 생기고 있는 유력한 증거로서 '응고과정에 있는
법'이라고 부른다. 연성법은 엄밀한 의미에서 국제입법과정의 산물은 아니지만
준입법과정에 속한다고 보는 것이 국제법질서의 현상에 대한 현실적 인식이라
고 볼 수 있다.

(2) 형식적 법원성

UN총회는 입법기관으로서 의도된 것이 아니며, UN총회 결의의 법적 효력은 권고
적인 것에 불과하기 때문에 UN총회 결의의 형식적 법원성은 부정된다는 것이 일
반적 견해이다.

(3) 실질적 법원성

UN총회 결의 그 자체의 법원성은 부정되지만 이러한 결의에 포함된 원칙이 다음
과 같이 일정한 법적 의미를 가지며 압도적 다수 또는 만장일치에 의하여 채택되
는 경우 실질적 법원성이 인정된다.

① 기존 조약이나 관습법의 내용을 표현하는 결의 … 국제사법재판소는 1986년 니카
라과 사건에서 무력행사금지의 원칙이 국제관습법상의 원칙으로 확립되었음을
1970년 우호관계선언 등의 결의로부터 도출하였다. 이 경우 결의는 관습법의
증거로 인정된다.

기출문제

② 조약 성립을 촉진하는 결의 … 세계인권선언은 국제인권규약, 우주활동법원칙선
   언은 우주조약, 심해저선언은 UN해양법협약에 의해 구현되었다.

③ 관습법 성립을 촉진하는 결의 … 국제사법재판소는 1971년 나미비아 사건의 권고
   적 의견에서 식민지독립부여선언이 비자치지역에 관한 법의 전개에 있어 중요
   한 단계였다고 하였다.

④ UN헌장 해석기준이 되는 결의 … 1970년 우호관계선언은 UN헌장 제1조 및 제2
   조의 유권적 해석으로 간주되고 있다.

1 국가 간의 문서에 의한 합의로서 법적 구속력 없이 단순한 정치적·도덕적 문서로서의 성격을 갖는 것은?

① 국가계약   ② 신사협정

③ 일방적 약속   ④ 구두약속

2 신사협정에 관한 설명 중 타당성이 가장 부족한 것은?

① 그 내용을 준수하리라고 상호 기대하나 법적 구속력을 지니지는 못한다.

② 일방국가가 준수하지 않아도 곧바로 배상청구나 여타의 법적 구제의 대상이 되지 않는다.

③ 국제법의 지배 밖에 있으므로 그 해석이나 운영상 국제법상 원칙이 원용될 여지가 없다.

④ 양자 간 신사협정은 물론 다자간 신사협정도 있을 수 있다.

3 다음 중 조약체결의 당사자능력이 인정될 수 있는 주체를 모두 고르면?

㉠ 독립국가	㉡ 국제연합(UN)
㉢ 영세중립국	㉣ 교전단체

① ㉠, ㉢   ② ㉠, ㉡, ㉢

③ ㉡, ㉢, ㉣   ④ ㉠, ㉡, ㉢, ㉣

4 다음 중 조약체결능력이 없는 국제법 주체는?

① 국제연합   ② 교전단체
③ 민족해방운동   ④ 종속국

5 1969년 조약법에 관한 비엔나협약에 규정되어 있는 조약에 대한 설명으로 옳지 않은 것은?

① 국제법에 의해 규율되는 국제적 합의이다.
② 그 명칭이 조약이든 협약, 협정, 헌장이든 간에 효력은 동일하다.
③ 협약상 국가 이외의 다른 국제법 주체들이 조약의 당사자가 될 수 있는 여지는 없다.
④ 조약의 당사자들 간에 법적 구속력을 발생시킨다.

6 1969년 조약법에 관한 비엔나협약에 의해 규율되는 조약에 관한 설명 중 옳지 않은 것은?

① 구두조약도 협약의 규율대상이다.
② 정식조약과 약식조약 모두 국가 간의 문서에 의해 체결되면 협약의 규율대상이다.
③ 조약은 국제법에 의하여 규율되어야 한다.
④ 국가 간 문서로 체결된 조약만을 규율대상으로 한다.

7 당사자의 이해관계가 동일 방향을 지향하고 있는 성질의 조약으로 보통 일반조약의 형태로 이루어지는 조약은?

① 입법조약   ② 계약조약
③ 특별조약   ④ 처분적 조약

8 조약문의 채택 및 인증을 위한 서명 이외에 별도로 조약에 의해 구속되는 데 대한 동의 표시가 필요 없는 조약은?

① 정식조약   ② 약식조약

③ 다자조약   ④ 입법조약

9 조약의 분류기준과 그 내용을 연결한 것으로 옳지 않은 것은?

① 조약당사국의 수 – 양자조약 · 다자조약

② 조약에의 가입제한 – 개방조약 · 폐쇄조약

③ 조약체결절차에 따른 분류 – 정식조약 · 약식조약

④ 조약의 효력범위 – 입법조약 · 계약조약

10 다음 중 구두조약의 조약성을 인정한 판례는?

① 동부그린란드 사건 판결

② 북해대륙붕 사건 판결

③ 코르푸해협 사건 판결

④ 팔마섬 사건 판결

11 국제사법재판소규정 제38조 제1항 제b호가 재판준칙으로 들고 있는 것은?

① 법으로 수락된 일반관행의 증거로서 국제관습

② 법의 일반원칙

③ 형평과 선

④ 조약

12 국제관습법의 성립요건에 관한 설명으로 옳지 않은 것은?

① 국제관습법의 객관적 성립요건은 일반관행의 존재이다.

② 국제관습법의 주관적 성립요건은 법적 확신의 존재이다.

③ 일반관행이 형성되기 위해서는 모든 국가들이 관행에 참여하여야 한다.

④ 법적 확신의 존재라는 심리적 요소를 증명한다는 것은 매우 어려운 문제이므로 실질적 요소가 확고하면 심리적 요소도 존재하는 것으로 추정하는 것이 국제사법재판소의 태도이다.

13 국제관습법의 성립에 있어 객관적 요건에 대한 설명으로 옳지 않은 것은?

① 선례는 반복되어 관행을 이루어야 한다.

② 관행의 증거로서 추정되는 실행에는 국가적 실행과 국제기구의 실행이 포함된다.

③ 국제기구의 내부행위, 절차행위 등 비사법적 행위도 관습법 형성을 위한 선례가 된다.

④ 선례는 다수의 국가에서 반복되어야 하며 지역적 관습법은 인정될 수 없다.

14 국제관습법에 대한 설명 중 옳지 않은 것은?

① 법으로 수락된 일반관행을 말한다.

② 법실증주의에 의하면 국제관습법은 국가들의 묵시적 합의에 의해 성립한다.

③ 국가관행 그 자체만으로는 국제관습법이 성립하지 않는다.

④ 국제사법재판소의 판례에 따르면 국제관습법을 성문화한 조약규정이 있는 경우 상대방의 수락이 있으면 유보할 수 있다.

15 국제관습법의 성립요소로서 법적 확신에 관한 설명 중 옳지 않은 것은?

① 국제관습법의 주관적 · 심리적 요건이다.
② 일반관행이 상당히 오랜 기간 동안 통일적으로 일관되게 행해지면 법적 확신을 획득한 것으로 인정할 수 있다.
③ 국제관습법이 법적 확신이라는 하나의 요건의 충족만으로 성립한다는 것이 일반적 견해이다.
④ 법적 확신의 유무에 의해 단순한 자연사실인 국제관행과 법으로의 국제관습이 구별된다.

16 다음 내용과 가장 관련이 깊은 것은?

> • 국가 관행(state practice)
> • 법적 확신(opinio juris)
> • 완강한 반대국가 이론

① 국제조약   ② 국제관습
③ 법의 일반원칙   ④ 형평과 선

17 국제관습법의 객관적 성립요건은?

① 일반관행의 존재   ② 법적 확신의 존재
③ UN총회 결의   ④ UN안전보장이사회 결의

18 국제관습법규의 형성에 있어서 국가관행의 중요성과 시간적 요소의 관련성을 부인하고 관습의 창설적 요소로서 구속력이 없는 결의와 선언에서 표시된 법적 확신에만 의존하려는 이론은?

① 속성관습법이론   ② 집요한 불복이론
③ 묵시적 합의설   ④ 묵시적 권한이론

19 집요한 불복이론에 관한 설명 중 옳지 않은 것은?

① 국제관습법이 성립되면 그 효력은 원칙적으로 모든 국가에 대하여 미치게 되나, 국제관습법의 형성과정 중에 그에 관해 일관되고 명백하게 반대의 의사를 표시한 국가에 대해서는 그 관습법이 적용되지 않는다.

② 불복의 의사는 명시적으로 이루어져야 한다.

③ 불복은 적극적으로 집요하게 행해져야 한다.

④ 국제관습법 성립 이전과 이후 모두 가능하다는 것이 일반적 견해이다.

20 국제분쟁 사례와 그 주요 쟁점의 연결이 적절하지 않은 것은?

① 비호권(Asylum) 사건 – 지역적 국제관습법 문제

② 트레일 제련소(Trail Smelter) 사건 – 타국에 환경피해를 야기하지 않을 의무

③ 북해 대륙붕 사건 – 형평한 배분의 원칙

④ 인터한델(Interhandel) 사건 – 자국민 보호를 위한 영사의 권리

21 법의 일반원칙의 국제법적 기능으로 가장 타당한 것은?

① 국제법규 흠결로 인한 재판 불능 방지

② 강행규범

③ 법칙결정을 위한 보조수단

④ 당사자 합의에 의한 재판준칙

22 법의 일반원칙의 기능 및 적용에 대한 설명으로 옳지 않은 것은?

① 법의 일반원칙은 재판 불능을 방지하는 기능을 한다.

② 당사국과의 합의가 있는 경우에만 법관이 적용할 수 있는 보충적 법원이다.

③ 법의 일반원칙은 법관의 자의와 독단을 방지한다.

④ 법의 일반원칙을 국제법질서에 적용하려면 여러 국내제도에 공통적으로 적용되는 것이어야 한다.

23 국제사법재판소규정 제38조 제1항에 규정된 법의 일반원칙에 관한 설명 중 옳지 않은 것은?

① 분쟁에 적용될 국제법이 없는 경우 그 공백을 보충하기 위한 재판준칙이다.

② 법의 일반원칙이란 국제법의 일반원칙을 의미한다는 것이 일반적 견해이다.

③ 법의 일반원칙을 국제법의 형식적 법원으로 인정할 것인가에 대하여는 견해가 대립된다.

④ 법의 일반원칙은 분쟁에 적용할 수 있는 국제관습법 또는 조약이 존재하지 않는 경우에 보충적으로 적용될 수 있다.

24 법의 일반원칙에 대한 설명으로 옳지 않은 것은?

① 국제법의 창설에 있어서 국가들의 동의하는 전통적 제정절차에 자연법에 기초한 새로운 제정절차를 보충하려는 의의를 갖는다.

② 법의 일반원칙은 국가의 독립이나 주권평등과 같은 국제법의 일반원칙과는 구별되는 개념이다.

③ 당사국 간의 합의가 없어도 국제법원은 이를 적용할 수 있다.

④ 법의 일반원칙은 국제법의 형식적 법원이라는 데 학자들의 견해가 일치되어 있다.

25 법의 일반원칙의 법원성 여부에 관한 설명 중 옳지 않은 것은?

① Verdross는 국제사법재판소규정 제38조 제1항 제c호는 자연법을 국제법에 도입한 것으로 보고 그 법원성을 긍정한다.

② 법의 일반원칙의 형식적 법원성을 긍정하는 견해는 국제사법재판소규정 제38조 제1항이 재판소의 임무는 제기된 분쟁을 국제법에 따라 해결하는 것으로 다음(국제사법재판소규정 제38조 제1항 제a호~제d호)을 적용한다고 규정한 후 법의 일반원칙을 나열한 점을 그 논거로 제시한다.

③ 법의 일반원칙의 형식적 법원성을 부정하는 견해는 국제사법재판소규정 제38조는 재판규범으로서 법의 일반원칙을 규정한 것에 불과하며, 동 조항에 의해 법의 일반원칙이 국제법의 형식적 법원이 되는 것은 아니라는 점을 논거로 제시한다.

④ 국제법의 타당기초는 국가의사에 있다는 입장을 취할 경우 법의 일반원칙의 법원성은 긍정된다.

26 보조적 법원으로서 학설·판례에 대한 설명으로 옳은 것은?

① 통설은 판례와 학설의 법원성을 인정한다.
② 판례는 국제사법재판소의 판결이 대표적이며 권고적 의견은 제외된다.
③ 판례는 국제판례만을 의미한다.
④ 국제법에서는 선례구속성의 원칙이 적용되지 않는다.

27 국제사법재판소규정 제38조 제1항에 규정된 학설과 판례에 관한 설명 중 옳지 않은 것은?

① 국제법의 형식적 법원성은 부정된다.
② 국제사법재판소규정은 학설과 판례가 법칙 결정의 보조수단이라는 점을 명시적으로 표현하고 있다.
③ 판례는 오직 국제재판소의 판례만을 의미하며 국내재판소의 판례로부터는 국제법의 규칙을 발견할 수 없다.
④ 국제재판소의 판결은 선례구속의 원칙이 인정되지 않는 것이 일반적이다.

28 학설과 판례의 국제법적 기능에 대한 설명으로 옳지 않은 것은?

① 판례는 조약해석기능, 국제관습법 내용의 확인·확정기능 및 사실상의 선례구속력에 따른 규범창설적 기능 등을 수행한다.
② 판례는 국제재판소의 판례만을 의미한다.
③ 국제사법재판소의 판결과 권고적 의견은 특히 중요한 기능을 수행한다.
④ 국제법위원회의 의견은 중요한 의미를 갖는다.

29 국제사법재판소규정 제38조 제2항에 규정된 형평과 선에 관한 설명으로 옳지 않은 것은?

① 분쟁당사국이 합의하는 경우 재판소는 형평과 선에 따라 재판할 수 있다.
② 형평과 선이란 구체적 사건에 있어 재판관이 양심에 따라 정의라고 믿는 것을 의미한다.
③ 형평과 선은 분쟁에 적용할 조약이나 국제관습법이 없는 경우에만 적용될 수 있다.
④ 형평과 선의 법원성은 인정하지 않는 것이 일반적 견해이다.

30 국제사법재판소규정 제38조 제1항에 규정된 학설과 판례의 적용순서는?

① 국제관습법 다음
② 국제관습법과 조약 다음
③ 국제관습법 및 조약과 법의 일반원칙 다음
④ 조약 다음

31 UN총회의 결의에 관한 설명 중 옳지 않은 것은?

① 내부사항에 관한 결의를 제외하고는 법적 구속력이 없다.
② UN총회 결의 중 규범창설적 결의는 국제법규범 창설을 촉진하며 이러한 결의를 연성법이라고 한다.
③ UN총회 결의 그 자체의 형식적 법원성은 부정되지만 결의에 포함된 원칙이 일정한 법적 의미를 가지며, 압도적 다수 또는 만장일치에 의하여 채택되는 경우 실질적 법원성이 인정된다.
④ 속성관습법이론이나 연성법이론은 UN총회 결의의 법원성 여부와 관련이 없다.

32 국제법의 연원에 관한 설명으로 옳지 않은 것은?

① 국제법의 연원에는 국제협약, 국제관습법, 법의 일반원칙 등이 있다.
② 국제관습법의 성립요건으로 일반적 관행과 심리적 요소로서의 법적 확신을 필요로 한다는 것이 일반적인 견해이다.
③ 연성법(Soft Law)은 조약이나 국제관습법과 같이 법적 구속력을 가진다.
④ 국제사법재판소(ICJ)는 비호권 사건(Asylum Case)에서 지역 관습법의 성립 가능성을 다룬 바 있다.

33 연성법(soft law)에 대한 설명으로 옳지 않은 것은?

① 응고과정에 있는 법으로서 국제법의 새로운 분야에서 중요한 역할을 한다.
② 조약이나 국제관습과는 달리 법적 구속력을 갖지 못하고 선언적 효력을 갖는다는 것이 일반적 견해이다.
③ 법이 창조되는 중요한 전 단계이며 관습법 형성에 불가결한 법적 신념이 국제사회의 각 국가 간에 생기고 있다는 유력한 증거이다.
④ 연성법을 국제법의 형식적 법원으로 인정하는 것이 일반적 견해이다.

34 UN총회 결의의 효력에 대한 설명은?

① 원칙적으로 권고적 효력이다.
② 절대 다수가 찬성하면 구속력이 있다.
③ 만장일치로 채택된 UN총회 결의는 구속력을 갖는다는 데 견해가 일치되어 있다.
④ UN총회 결의는 어떠한 구속력도 갖지 아니한다.

35 국제기구의 결의에 대한 설명으로 옳지 않은 것은?

① 국제기구의 합의체적 기관에서 나오는 일방적 법률행위를 의미한다.
② UN총회의 결의는 원칙적으로 법적 구속력을 갖지 않는다.
③ UN총회의 결의 중에는 기존 국제관습법을 확인하거나 국제관습법 형성에 기여하는 바가 많으며, 새로운 조약 형성에 지대한 영향을 미치기도 한다.
④ 만장일치나 압도적 다수로 채택된 UN총회 결의는 법적 구속력을 갖는다는 것이 일반적 견해이다.

정답및해설

1	②	2	③	3	④	4	④	5	③
6	①	7	①	8	②	9	④	10	①
11	①	12	③	13	④	14	④	15	③
16	②	17	①	18	①	19	④	20	④
21	①	22	②	23	②	24	④	25	④
26	④	27	③	28	②	29	③	30	③
31	④	32	③	33	④	34	①	35	④

1 ② 신사협정은 법적 구속력이 없는 정치적·도덕적 합의를 말한다.

2 ③ 신사협정은 법적 구속력이 없는 정치적 합의문이지만 그 해석이나 운용에 있어 조약과 유사한 형태를 취할 수 있다.

3 조약체결의 당사자능력이 인정되는 주체
ⓙ 국가, 국제기구 : 조약을 체결할 수 있는 능동적 주체이다.
ⓛ 교전단체 : 휴전협정 등을 맺을 수 있는 국제법상 주체이다.
ⓒ 영세중립국 : 피보호국이나 종속국은 조약체결권이 제한되나, 영세중립국은 독립국가로서 당연히 조약을 체결할 수 있는 국제법상 주체이다.

4 ④ 피보호국, 종속국은 원칙적으로 조약체결능력이 없다.

5 ③ 조약법협약 제3조는 다른 국제법 주체가 참여한 조약의 효력을 부인하지 않음을 규정하고 있다. 1969년 조약법협약이 조약의 주체를 국가로 한정한 것은 동 협약의 목적이 오로지 국가 간의 조약을 규율하는 데 있기 때문이다.

6 ① 조약법협약은 '문서'로 체결된 조약만을 그 적용대상으로 하고 있다. 그러나 구두합의의 법적 효력을 부인하는 것은 아니다.

7 ① 조약을 그 성질에 따라 분류할 때 당사자의 이해관계가 동일 방향을 지향하고 있는 성질의 조약을 입법조약(law-making treaty), 당사자의 이해관계가 반대 방향의 성질을 가진 조약을 계약조약(contractual treaty)이라 부른다.

8 약식조약…조약문의 인증과 조약의 구속을 받겠다는 동의 표시라는 두 개의 절차를 서명이라는 하나의 절차만으로 체결하는 조약을 말한다. 그 예로는 미국의 행정협정, 전시협정(휴전협정) 등이 있다.

9 ④ 입법조약과 계약조약의 구분은 조약의 성질 또는 내용에 따른 분류이다.

10 구두합의의 법적 효력을 인정한 판례로는 1933년 상설국제사법재판소의 '동부그린란드 사건' 판결이 있다.

11 ① 국제사법재판소규정 제38조 제1항 제b호는 법으로 수락된 일반관행의 증거로서 국제관습을 재판준칙으로 열거하고 있다.

12 ③ 관행은 원칙적으로 세계 광범위한 지역의 대다수 국가들에 의해 일반적으로 행해져야 한다. 그러나 모든 국가들이 관행에 참여하여야 한다는 보편성은 요구되지 않는다. 얼마나 많은 국가가 관행 형성에 참여해야 일반적 관행이라 할 수 있는지에 관해 정확한 기준은 없다.

13 ④ 국제사법재판소규정 제38조 제1항은 특별관습법을 언급하고 있지 않지만 특별관습법을 배제하는 취지는 아니다. 1960년 인도령통행권 사건, 1950년 비호 사건 등에서 국제사법재판소는 양자관습법을 포함한 지역적 관습법이 성립할 수 있음을 인정하였다.

14 ④ 북해대륙붕 사건 이후 국제사법재판소는 국제관습법 규칙은 유보할 수 없다는 입장을 취하고 있다.

15 ③ 국제사법재판소는 1986년 니카라과 사건에서 UN회원국이 총회에서 결의 채택에 일반적으로 동의를 하는 것은 법적 신념의 형성에 기여하지만, 국제관습법의 성립요건으로 국가 실행과 법적 확신이라는 두 가지 요건이 여전히 필요하다고 재확인하였다.

16 ② 국제관습법과 관련해서 노르웨이 어업사건에서 ICJ는 완강한 반대국가 이론을 인정했다.

17 ① 일반관행이란 동일한 형태의 실행이 반복·계속되어 일반성을 갖게 된 것을 말하며 국제관습법의 객관적 성립요건이다. 일반관행이 법적 확신을 얻음으로써 국제관습법이 성립하게 된다.

18 속성관습법이론 … 국제관습법이 법적 확신이라는 하나의 요건의 충족만으로 성립한다는 것이다. 속성관습법이론은 UN총회에서 만장일치로 채택된 각종 결의·선언 등의 법적 구속력을 부여하기 위한 시도로서 주장되고 있다. 그러나 국제사법재판소는 1986년 니카라과 사건에서 UN회원국이 총회에서 결의 채택에 일반적으로 동의를 하는 것은 법적 신념의 형성에 기여하지만, 국제관습법의 성립요건으로 국가 실행과 법적 확신이라는 두 가지 요건이 여전히 필요하다고 재확인하였다.

19 ④ 국제관습법의 성립 이후에는 불복할 수 없다는 것이 일반적인 견해이다. 따라서 집요한 불복은 국제관습법의 형성과정 중에 명시적이고 적극적으로 행해져야 하며, 성립 이후에도 일관된 태도를 취하여야 한다.

20 ④ 인터한델 사건의 주요 쟁점은 국내구제원칙에 대한 것으로서, 외국에서 자국민이 그 신체와 재산을 침해하여 손해를 입은 경우에 국가(국적국)가 외교적 보호를 하기 위해서는 사전에 해당 국민이 가해국에서 사용할 수 있는 국내적 구제수단을 다해야 한다는 국제법상의 원칙을 바탕으로 한 내용이다.

21 ① 법의 일반원칙은 국제법규 흠결로 인한 재판 불능을 방지하며 법관의 자의를 방지하는 기능을 한다.

22 ② 당사국과의 합의가 있는 경우에만 법관이 적용할 수 있는 보충적 법원은 형평과 선이다. 법의 일반원칙은 당사자 합의에 의한 청구가 없어도 법관의 직권으로 적용할 수 있다.

23 ② 법의 일반원칙이란 국가들에 의해 공통적으로 인정되고 있는 '국내법의 일반원착'으로서 국가 간의 관계에도 적용될 수 있는 것을 말한다.

24 ④ 법실증주의자들은 국가의 자유의사 내지 동의에 기초하지 않고 외부로부터 부과된 타율적 규칙인 법의 일반원칙은 국제법의 법원이 아니라고 한다.

25 ④ 의사주의의 입장에 설 때 국제법의 형식적 법원은 국가의사에 기초한 조약과 국제관습법 뿐이다.

26 ④ 판례는 국제재판소의 판례뿐만 아니라 국내 상급법원의 판례를 포함하며, 특히 국제사법재판소의 판결과 권고적 의견이 중요하다. 국제재판소에 있어 선례구속의 원칙은 인정되고 있지 않다.

27 ③ 국제재판소의 판결은 선례구속의 원칙이 인정되지 않는 것이 일반적이나, 사실상의 선례구속력에 따른 규범창설적 기능을 갖는다고 할 수 있다. 판례는 국제재판소의 판례뿐만 아니라 국내재판소의 판례도 포함한다.

28 ② 판례에는 국제재판소의 판례뿐만 아니라 국내 상급법원의 판례를 포함한다.

29 ③ 분쟁당사국이 합의하는 경우 재판소는 분쟁에 적용할 국제관습법과 조약이 있는 경우에도 우선적으로 형평과 선을 적용할 수 있다.

30 ③ 학설과 판례는 법칙 결정의 보조수단에 불과하므로 조약과 국제관습법, 법의 일반원칙 다음으로 적용된다.

31 ④ 속성관습법(instant custom)이론이나 연성법(soft law)이론은 UN총회 결의에 법적 구속력을 부여하려는 주장의 논거로서 제시되고 있다.

32 ③ 연성법(Soft Law)은 조약과 국제관습법의 법 원론에서 취하기 애매한 법과 비법의 경계에 존재하는 법적 규범을 말한다. 비구속적 합의, 비법률적 합의, 사실상의 합의, 형성도상의 법이라고도 하며 조약과 국제관습법에 비해 법적 구속력과 의무성이 낮다.

33 ④ 연성법의 형식적 법원성은 부정된다.

34 ① UN총회 결의의 법적 효력은 권고적인 것에 불과하기 때문에 형식적 법원성은 부정된다는 것이 일반적이다.

35 ④ 만장일치나 압도적 다수로 채택된 UN총회 결의에 대해서는 법적 구속력을 인정하여야 한다는 주장이 제3세계국가들에 의하여 제기되고 있으나, UN총회는 입법기관이 아니기 때문에 그 결의의 효력은 권고적인 것에 불과한 것이 일반적 견해이다.

03 조약법

section 1 조약법의 의의

(1) 조약법의 정의

① 조약법이란 조약의 체결, 해석·적용, 변경·수정, 무효·종료 및 그 절차에 관한 국제법분야를 말한다.

② 국가들은 외교를 통해 조약을 교섭하며, 조약을 통해 자신에게 귀속될 수 있는 권리와 의무를 창설하므로, 국가들은 조약을 통해 그들 상호 간의 법률관계를 형성하게 된다. 조약법은 이러한 법률관계의 성립과 효력에 관한 법이다.

(2) 조약법의 법전화

① 조약법에 관한 비엔나협약 … 조약법은 전통적으로 불문법인 국제관습법을 통해 제정되고 규율되어 왔으며, 이를 성문법인 조약의 형식으로 변경한 것이 UN국제법위원회의 작업 결과인 1969년 '조약법에 관한 비엔나협약'이다.

② 국가와 국제기구 간 또는 국제기구 상호 간에 체결되는 조약법에 관한 비엔나협약 … '조약법에 관한 비엔나협약'은 규율대상이 국가 간의 문서에 의한 조약으로 한정되었고 국제관습법을 완전히 대체한 것도 아니었기 때문에 이 협약의 규율대상의 결함을 보충하기 위해 1986년 '국가와 국제기구 간 또는 국제기구 상호 간에 체결되는 조약법에 관한 비엔나협약'이 UN국제법위원회의 작업 결과로 채택되었다.

③ 조약의 국가 상속에 관한 비엔나협약 … 조약의 국가 상속에 관해 규율하고 있다.

section 2 조약의 성립

(1) 조약의 성립요건

① 조약당사자가 조약체결능력을 가질 것

② 조약당사자에 있어서 조약 체결의 권한을 가진 자(조약체결권자)가 조약을 체결할 것

③ 조약체결권자가 조약 체결을 위하여 임명한 대표자(전권대표) 간에 하자 없는 합의가 성립할 것

④ 조약의 내용이 가능하고 적법한 것을 객체로 할 것

⑤ 일정한 조약 성립의 절차를 완료할 것

(2) 조약당사자와 조약체결권자

① **조약당사자** … 국제법 주체 중 조약 체결에 관한 국제법상의 행위능력을 갖고 있는 자

    ㉠ **국가** : 모든 주권국가는 포괄적인 조약체결권을 갖는다. 다만, 국제법상 종속 국과 피보호국은 원칙적으로 조약당사자가 될 수 없으며(예외적으로 종주국 또는 보호국이 권한을 부여한 범위 내에서는 조약당사자가 될 수 있음), 연 방국가의 구성국 역시 원칙적으로 조약체결능력을 갖지 않는다(예외적으로 연방헌법의 규정에 따라 연방구성국 자신에 대해서만 효력을 미치는 조약을 체결할 수 있음).

    ㉡ **국제기구·교전단체·민족해방운동** : 국가와 같은 포괄적 조약체결능력은 인 정되지 않으나, 국제법 주체성 인정의 목적범위 내의 사항에 관하여 제한된 조약체결능력을 갖는다.

② **조약체결권자** … 국내법상 조약체결권한을 가진 국가기관을 말하며, 한 국가에 있어 어떠한 국가기관에게 조약체결권한이 귀속되는가는 전적으로 국내법에 의 해 결정되는 사항으로 이에 관한 국제법상의 원칙은 존재하지 않는다. 보통은 그 나라의 국가원수가 조약체결권한을 갖으며, 국제기구 내부에 있어서 어느 기 관이 조약체결권한을 갖는가는 그 국제기구의 기본조약에 의하여 규정된다. 조 약체결권자는 그 권한을 다른 기관에 위임할 수 있다.

(3) 일반적 조약체결절차

① **교섭** … 조약의 교섭은 보통 조약체결권자가 임명한 정부대표가 행하는데, 이 경우 정부대표는 그 권한을 증명하는 전권위임장을 제출해야 한다. 교섭을 통해 조약의 주요 내용이 결정되고 조약문이 작성된다.

[전권위임장 휴대의 예외〈조약법협약 제7조〉]

㉠ 관련국가의 관행 또는 사정으로 보아 국가를 대표하는 것이 간주된 경우
- 국가원수, 행정부수반 및 외무장관이 조약을 체결하는 경우
- 상주외교사절단장이 파견국과 접수국 간의 조약 체결시 서명하는 경우
- 국제회의, 국제기구 또는 국제기구의 어느 기관에서 조약문을 채택할 목적으로 파견된 국가대표

㉡ 전권위임장을 필요로 하지 않았던 것이 관계국의 의사에 의해 표시된 경우

---

② **조약문의 채택** … 조약문은 원칙적으로 그 작성에 참가한 모든 국가의 동의에 의해 채택되지만, 국제회의에서 조약문의 채택은 출석·투표하는 국가의 3분의 2 이상의 다수결에 의한다. 다만, 출석·투표하는 국가 3분의 2 이상의 찬성에 의하여 다른 규칙을 적용할 것을 결정하는 경우에는 그 결정에 따른다.

③ **조약문의 인증** … 조약문을 진정하고 최종적인 것으로 확정하는 절차이다. 인증은 조약문에 규정되어 있거나 교섭국이 합의한 절차가 있으면 그에 따르며, 그러한 절차가 없는 경우 교섭에 참가한 국가대표의 서명, 조건부서명, 가서명에 의한다. 서명 후에는 타방교섭국의 동의 없이는 조약문을 수정·변경할 수 없다.

> **[조건부서명과 가서명]**
> 사후 본국의 정식서명 또는 추인이 있어야 완전한 서명을 구성하고 효력이 확정된다. 다만, 그 효력은 조건부서명·가서명을 한 때로 소급하여 발생한다.

④ **조약에 의해 구속되는 데 대한 동의** … 교섭국이 조약내용에 관한 합의의 성립을 최종적으로 확인하는 국제적 행위를 말한다.
  ㉠ **정식조약** : 조약문의 채택 및 인증을 위한 서명과 별도로 조약에 의해 구속되는 데 대한 동의의 표시하는 절차를 요한다. 동의표시방법은 비준, 조약을 구성하는 문서의 교환, 수락, 승인, 가입 및 기타 국가들이 합의하는 방식을 사용할 수 있다.
    • 비준 : 전권위원이 서명한 조약을 조약체결권자가 확인하는 행위이며, 그 국가의 조약체결의사를 최종적으로 확정하는 효과를 갖는다. 조약에 비준조항이 있는 경우에도 반드시 비준하여야 할 법률상 의무는 없으며, 다만 정당한 이유 없는 비준 거부는 국제예양상 비우호적 행위로 간주될 수 있다. 비준은 조약 전체에 대하여 무조건으로 해야 하며 비준을 거부하는 경우에도 조약 전체에 대하여 해야 한다.

> **[헌법 제60조 제1항]**
> 국회는 상호원조 또는 안전보장에 관한 조약, 중요한 국제조직에 관한 조약, 우호통상항해조약, 주권의 제약에 관한 조약, 강화조약, 국가나 국민에게 중대한 재정적 부담을 주는 조약 또는 입법사항에 관한 조약의 체결·비준에 대한 동의권을 갖는다.

    • 조약을 구성하는 문서의 교환 : 교섭국이 조약내용에 관한 합의의 성립을 최종적으로 확인하는 행위의 한 방법으로, 국제관행이 성문화한 제도이다.

문 1969년 조약법에 관한 비엔나 협약 에 대한 설명으로 옳지 않은 것은?

▶ 2012. 4. 7. 행정안전부

① 국가 간에 체결된 조약에만 적용되며 협약이 발효된 이후 성립된 합의에만 적용된다.
② 명칭에 관계없이 국가 간에 체결된 서면의 형식으로 이루어진 합의면 조약에 해당한다.
③ 국내법에 따른 비준 동의 절차를 거치지 아니한 조약은 당연 무효이다.
④ 조약이 발효되기 위해 UN사무국에 등록될 필요는 없다.

정답 ③

기출문제

• 수락 · 승인 : 제2차 세계대전 후 도입된 새로운 절차로 국제관행상 확립된 제도를 조약법협약에서 인정한 것이다. 이 절차는 국제법상으로는 비준과 차이가 없으나, 국내법상으로는 국가에 따라 국회 동의를 받지 않는 등의 차이가 있다.

• 가입 : 기존 조약에 그 조약의 비당사국이 새로이 참가하는 행위를 말한다. 다자조약은 최초의 당사국 이외의 다른 국가의 참가를 인정하는 이른바 가입조항을 두는 것이 일반적이다(개방조약).

[정식확인행위]

1986년 국가와 국제기구 간 또는 국제기구 상호 간에 체결되는 조약법에 관한 비엔나협약은 국제기구가 조약에 의해 구속되는 데 대한 동의표시방법으로 '정식확인행위(act of formal confirmation)'를 규정하고 있는데, 이는 국가의 비준에 해당되는 국제적 행위이다.

ⓒ 약식조약 : 조약문의 채택 및 인증을 위한 서명(조건부서명 · 가서명) 이외에 별도로 조약에 의해 구속되는 데 대한 동의 표시가 필요 없는 조약을 말한다. 즉 조약문의 인증과 조약의 구속을 받겠다는 동의 표시라는 두 개의 절차를 서명이라는 하나의 절차만으로 체결하는 조약을 말한다. 그 예로는 미국의 행정협정, 전시협정(휴전협정) 등이 있다.

⑤ 비준서의 교환 또는 기탁 ⋯ 조약에 달리 규정된 경우를 제외하고는 비준서의 교환 또는 기탁은 조약의 최종성립절차로서, 이 행위로 조약에 의해 구속되는 데 대한 국가의 동의가 확립된다. 교환(exchange)은 특별조약에서 체약국 간에 비준서를 서로 교환하는 것이며, 기탁(deposit)은 보통 다자조약에서 비준서를 일정한 장소에 보관하는 것으로 조약체결지소속국가의 외무당국 또는 당해 국제기구의 사무국에 기탁한다.

[조약의 효력발생시기]

㉠ 비준서의 교환 · 기탁에 의해 조약은 확정적으로 성립하고, 특별한 규정이 없는 한 이때부터 효력이 발생한다.

㉡ 조약문의 확정, 조약에 의해 구속되는 데 대한 동의표시의 확정, 조약의 발효방법 또는 일자, 유보, 기탁소의 기능 그리고 조약의 발효 전에 필연적으로 발생하는 기타 사항을 규율하는 규정들은 조약문 채택시부터 적용된다.

㉢ 조약의 채택 또는 서명과 발효 사이에 조약의 전부 또는 일부를 잠정 적용하기로 교섭국들이 합의하는 경우 그 조약은 발효 전에 잠정적용 될 수 있다.

㉣ 조약에 서명하였거나 구속받기로 동의한 국가는 조약발효 이전에도 그 조약의 대상과 목적을 훼손하는 행위를 삼가해야 한다.

⑥ 등록

　　㉠ 의의 : 국가가 체결한 모든 조약을 공표하기 위해 국제기구에 통보하는 행위를 말한다. 조약등록제도는 국제연맹에서 시작되고〈국제연맹규약 제18조〉 UN헌장도 채용하고 있으며〈UN헌장 제102조〉, 조약법협약도 이를 인정하고 있다〈조약문협약 제80조〉.

　　㉡ 국제연맹규약 제18조 : 국제연맹에서 등록은 조약의 '효력발생요건'이었다. 즉, 미등록조약은 효력을 발생하지 않는다.

　　㉢ UN헌장 제102조

　　　• 국제연맹과 달리 UN에의 조약 등록은 UN에 대한 효력의 대항요건에 불과하므로 등록 전에도 조약은 성립하며, 다만 UN의 기관에 대하여 그 조약을 원용할 수 없을 뿐이다.

　　　• UN에 등록을 필요로 하는 조약은 UN헌장 발효 후 체결된 조약의 당사국 또는 그 일방이 UN회원국인 모든 조약이다. UN비회원국은 조약을 등록할 의무는 없으나 자발적으로 조약을 등록할 수 있다.

(4) 다자조약체결절차

① 의의 … 제2차 세계대전 이후 국제사회에서는 다자조약의 체결이 급격히 증가하였는바, 다자조약체결절차는 다음과 같은 특징을 갖는다.

　　㉠ 조약문 작성·채택절차의 제도화

　　㉡ 법적용 공동체의 확장노력

　　㉢ 효력발생절차 및 법규범의 발전

　　㉣ 조약의 기탁제도

　　㉤ 조약 개정·보충절차의 개선

② 일반국제회의를 통한 다자조약체결절차

　　㉠ 회의 소집 및 조약문의 작성 : 회의는 특정국 또는 주도국이 소집하는데, 참가국이 많을수록 회의체적 의사결정방식을 따를 수밖에 없으며 분과위원회를 두어 조약안을 준비한 후 초안작성위원회가 조약초안을 작성하여 전체회의에 상정한다.

　　㉡ 조약문의 채택방식

　　　• 다수결제도 : 국제회의에서 조약문 채택은 출석·투표하는 국가의 3분의 2 이상의 다수결에 의한다. 다만 출석·투표하는 국가 3분의 2 이상의 찬성에 의하여 다른 규칙을 적용할 것을 결정하는 경우에는 그 결정에 따른다〈조약법협약 제9조 제2항〉.

• 총의제도(consensus rule) : 참석국가가 많고 이해관계가 복잡하기 때문에 의견 차이가 심해서 다수결 결정이 어려운 경우 또는 소수자의 협력이 필요한 경우, 비공식 교섭을 통하여 의장단이 각 이해그룹 간의 의견 차이를 조정하거나 이해 그룹 스스로 상호 간의 의견 차이를 조정하여 의견 차이가 심한 구체적 세부사항은 덮어두고, 원칙적인 사항이나 줄기가 되는 내용의 타협안을 마련하여 동 내용을 표결에 붙이지 않고 의장이 선언한 후 이의가 없으면 그대로 결정된 것으로 하는 방법이다(조약법협약은 이에 관한 규정을 두고 있지 않다).

• 일괄타결방식 : 조약문의 채택 시 각각의 조항마다 표결하고 모든 조항에 대한 표결이 종결되어 합의되지 않는 한 그 어느 조항도 채택되지 않은 것으로 간주하는 새로운 조약채택방식이다. 1982년 UN해양법협약·WTO설립협정 및 UR의 협상방식이었으며, '도하개발아젠다'의 협상 및 개정협정의 채택방법이다(조약법협약은 이에 관한 규정을 두고 있지 않다.).

ⓒ 조약문의 채택형식 : 국제회의는 보통 '최종의정서'의 채택으로 종료되며, 각 국 전권대표가 조약문을 부속서로 포함한 최종의정서에 서명하면 조약본문을 인증하는 것이 된다.

③ 국제기구를 통한 다자조약체결절차

㉠ 유형

• 국제기구 후원에 의한 조약 체결 : 국제기구가 조약 체결을 위한 지원 및 행정업무를 담당하여 조약을 체결하는 방식이다.

• 국제기구기관에 의한 조약 체결 : 국제기구 회원국들이 국제기구 안에서 그 의결절차에 따라 관련 조약을 체결하는 방식이다.

㉡ 특징 : 일반국제회의를 통한 조약문 작성 및 채택절차보다 회의소집·진행이 제도화되어 있다.

[국제노동기구(ILO)]
조약문이 채택되면 총회의장과 국제노동기구 사무국장이 서명하여 조약문을 인증하며, 비준에 반대한 국가는 그 조약을 국회에 제출하여 판단을 받도록 하며, 채택에 동의한 국가는 일종의 비준을 하고 유보를 할 수 없도록 하는 등 매우 특징적인 조약체결절차를 갖고 있다.

④ 조약적용대상국의 확장 노력 … 다자조약은 조약적용대상국을 확장하기 위해 지연서명 및 가입을 허용하는 개방조약의 형태를 취하며 유보를 허용하는 것이 일반적이다.

section 3 조약의 유보

(1) 의의

① **개념** … 국가가 서명·비준·수락·인준 또는 가입 시에 행하는 일방적 선언으로서, 조약의 일부 규정을 자국에 적용함에 있어 그 법적 효과를 배제 또는 변경하는 것이다〈조약법협약 제2조 제1항 제d호〉.

② **연혁 및 취지** … 유보의 관행은 19세기 후반에 시작되었으며 오늘날 국제공동체의 공동이익을 추구하는 다자적 입법조약의 체결이 본격화됨에 따라 보다 빈번하게 이용되게 되었다. 유보제도의 제도적 취지는 조약의 인적 적용범위를 확대하려는 데 있으나, 조약 적용의 통일성을 저해한다는 부정적인 측면이 있다.

[양자조약과 유보]
유보는 다자조약의 고유한 제도이며, 양자조약의 경우 원칙적으로 유보는 문제되지 않는다. 즉, 양자조약에 있어 유보는 사실상 새로운 교섭의 제안이며, 상대방이 거부하면 조약 자체가 성립하지 않게 된다. 예외적으로 1977년 미국과 파나마 간 서명된 파나마운하조약에서 미국 상원이 붙인 유보에 대하여 파나마 정부가 이를 수락한 바 있다.

(2) 유보의 종류

① **조항의 유보(협의의 유보)** … 특정 조항의 효력을 배제하거나 변경하는 것이다.

② **해석의 유보** … 유보국이 특정 조항의 해석에 관하여 통상적 의미를 배제하고 특정한 해석을 부여하는 것이다.

③ **적용영역의 유보** … 유보국이 특정 조항의 효력을 자국의 일정 영역에 대하여 배제하는 것이다.

(3) 유보와 해석선언

① **해석선언** … 국가가 조약 또는 그 규정의 일부에 부여할 의미 또는 범위를 구체화·명확화하기 위해 행하는 일방적 선언을 말한다.

② **유보와 해석선언의 구별** … 해석선언은 자국의 입장을 명확히 하는 것일 뿐 채택된 조약의 문언의 적용을 변경하거나 배제하기 위한 것이 아니기 때문에 유보와 구별된다.

기출문제

問 1969년 조약법에 관한 비엔나 협약상 유보에 대한 설명으로 옳지 않은 것은?
▶ 2016. 4. 9. 인사혁신처
① 유보는 일방적 성명이지만 그 효과는 상호주의적이다.
② 유보제도는 다자조약의 당사국 범위를 확대하는 효과를 갖는다.
③ 유보, 유보의 명시적 수락 그리고 유보에 대한 이의는 서면으로 형성되어야 한다.
④ 유보는 조약의 서명, 비준, 수락, 승인, 가입, 채택 및 확정 등 어떠한 단계에서도 가능하다.

정답 ④

해석선언은 유보가 일반적으로 금지된 경우에 인정되는 경우가 적지 않은바, 특히 제3차 UN해양법협약은 유보를 전면금지하는 대신 해석선언을 인정하는 명문규정을 두고 있다〈해양법협약 제310조〉.

(4) 유보의 제한

① 문제의 소재 … 유보는 조약 체결의 탄력성을 부여하여 조약의 적용범위를 확대시켜 주는 긍정적인 측면도 있지만, 조약 내용의 통일성을 저해하고 조약의 진정한 목적 달성을 저해하는 위험성도 내포하고 있다. 따라서 일정한 경우 유보는 제한된다.

② 조약규정에 의한 제한 … 유보가 조약에 의해 금지된 경우와 일정한 유보만을 조약에서 허용하는데, 문제의 유보가 거기에 해당하지 않는 경우 유보를 할 수 없다〈조약법협약 제19조 제a항, 제b항〉.

③ 유보가 조약의 대상과 목적에 양립하지 않는 경우 … 조약상 제한규정이 없는 경우에도 당해 유보가 조약의 대상·목적과 양립하지 않는 경우 유보를 할 수 없다〈조약법협약 제19조 제c항〉.

[1951년 제노사이드협약의 유보에 관한 권고적 의견]
국제사법재판소는 1951년 제노사이드협약의 유보에 관한 권고적 의견에서 "한 국가의 유보에 대하여 제노사이드협약의 일부 당사국은 반대하였으나 다른 당사국들은 반대하지 않은 경우 그 유보가 협약의 대상·목적과 양립하면 그 국가는 협약의 당사자로 간주될 수 있다."고 하여 이른바 '양립성의 원칙'을 인정하였고 1969년 조약법협약도 이를 받아들이고 있다.

④ 기타 유보의 제한
  ㉠ 조약법협약에는 명문규정이 없으나 강행규범에 해당하는 조항에 대하여는 유보가 금지된다.
  ㉡ 국제관습법을 성문화한 조약규정에 대해서도 유보를 할 수 없다.

(5) 유보의 효과

① 제한적 효과 … 유보는 그 내용에 따라 조약의 효력을 제한한다.

② 상대적 효과 … 일반적으로 유보는 유보국과 유보에 동의한 타방당사국과의 사이에서만 효력을 갖는 상대적 효력이 있는 데 불과하다. 다만, 유보의 내용은 유보한 당사국은 물론 제3국도 이를 원용할 수 있다.

③ **유보반대의 효과** … 유보에 반대한 국가가 유보국과의 조약 발효를 부정하지 않은 경우 유보조항을 제외한 조약은 유효하다.

(6) 유보의 절차

① **유보의 수락과 반대의 성립**

  ㉠ **유보 성립을 위한 절차**
  • 유보국은 모든 체약국과 조약당사국이 될 수 있는 권리를 가진 모든 국가에게 유보를 서면으로 통보하여야 한다.
  • 유보는 상대국 중 하나라도 수락하여야만 성립하는 것이 원칙이다. 다만, 조약에서 명시적으로 허용된 유보는 다른 체약국의 수락이 필요한 것으로 규정된 경우가 아니라면 수락을 필요로 하지 않는다.
  • 교섭국의 한정된 수, 조약의 대상, 목적으로 보아 그 조약 전체를 모든 당사국 간에 적용하는 것이 구속적 동의 표시의 본질적 기초를 구성하는 경우에는 모든 당사국의 수락이 있어야만 유보를 할 수 있다.

  ㉡ **유보에 대한 반대** : 유보에 대한 반대는 명시적으로 이루어져야 한다.

② **유보와 유보반대의 철회** … 유보 또는 그 반대의 의사표시는 조약에서 달리 규정하지 않는 한 언제든지 철회할 수 있다.

section 4 조약의 효력

(1) 조약의 효력요건

① **당사자에게 조약체결능력이 있을 것** … 모든 국가는 조약체결능력을 갖는다. 또한 국제기구·교전단체·민족해방운동 등도 제한된 조약 체결 능력을 갖는다.

② **조약체결기관에 조약체결권이 있을 것** … 국가의 조약체결권자는 각 국가의 국내법에 의해 결정되며, 보통 국가원수 또는 정부수반이 조약체결권자이며 조약체결에 관한 일정한 권한을 제3자에게 위임할 수 있다. 국제기구 내부에 있어서 어느 기관이 조약체결권을 갖는가는 당해 국제기구의 기본조약에 의해 결정된다.

③ **조약체결권자의 의사표시에 하자가 없을 것** … 조약이 유효하려면 조약체결의 의사표시에 하자가 없어야 하므로, 국가대표의 부패, 착오, 사기, 국가대표 또는 국가에 대한 강박에 의해 체결된 조약은 무효이다.

④ **조약의 목적이 실현가능하고 적법할 것** … 객관적으로 이행이 불가능한 조약, 일반국제법상의 강행규범에 저촉되는 조약은 무효이다.

문 「조약법에 관한 비엔나협약」상 조약과 제3국과의 관계에 대한 설명으로 옳은 것은?
▶ 2017. 4. 8. 인사혁신처

① 제3국에 권리를 부여하는 경우에는 제3국의 명시적 반대가 없는 한 동의가 있는 것으로 추정된다.
② 제3국에 부여된 권리는 언제나 제3국의 동의 없이 변경될 수 있다.
③ 제3국에 의무를 부과하는 경우에는 제3국의 묵시적 동의만으로 충분하다.
④ 제3국에 부과된 의무를 변경하는 경우에는 언제나 제3국의 새로운 동의가 필요하지 아니하다.

(2) 효력범위

① 당사국 간 효력

　㉠ 효력을 발생한 모든 조약은 그 당사국을 구속하며, 각 당사국은 이를 성실히 이행하여야 한다.

　㉡ 어느 당사국도 조약 불이행을 정당화하기 위해 자국 국내법규정을 원용할 수 없다.

② 제3국에 대한 효력

　㉠ 조약상대성의 원칙 : 조약은 제3국에 대하여 그 동의 없이는 권리도 의무도 창설하지 아니한다.

　㉡ 제3국에 권리를 부여하는 조약 : 조약당사국이 제3국에게 권리를 부여할 것을 의도하고 또한 제3국이 이에 동의하는 경우 당해 제3국에 권리가 발생한다. 조약이 달리 규정하지 아니하는 한 제3국의 동의는 반대의 표시가 없는 동안 있는 것으로 추정된다.

　㉢ 제3국에게 의무를 부과하는 조약 : 조약당사국이 제3국에게 의무를 부과할 것을 의도하고 또한 제3국이 이를 서면에 의해 명시적으로 수락한 경우 당해 제3국에게 의무가 발생한다.

　㉣ 권리 또는 의무의 취소·변경 : 제3국에게 권리가 발생한 경우, 그 권리가 제3국의 동의 없이 취소 또는 변경되어서는 아니되는 것으로 입증되는 경우, 조약당사국들이 이를 취소 또는 변경할 수 없다. 또한 제3국에게 의무가 발생한 경우, 조약당사국과 제3국이 달리 합의하였음이 입증되지 않는 한 그 의무는 조약당사국과 제3국의 동의가 있는 경우에만 취소 또는 변경될 수 있다.

　㉤ 국제관습법을 통하여 제3국을 구속하는 조약 : 조약법협약은 조약이 국제관습법규를 담고 있는 경우 제3국을 구속하게 되는 것을 배제하고 있지 않다. 그러나 이 경우 제3국은 국제관습법규의 구속을 받는 것이지 당해 조약의 구속을 받는 것은 아니다.

③ 조약의 시간적 효력범위 … 조약의 효력은 별도의 합의 또는 규정이 없는 한 원칙적으로 소급되지 않는다.

④ 조약의 공간적 효력범위 … 조약의 효력은 별도의 합의 또는 규정이 없는 한 원칙적으로 각 당사국의 모든 영역에 적용된다.

정답 ①

(3) 동일 사항에 대한 신·구조약의 효력범위

① 당해 조약에 명시적 규정이 있는 경우 이에 따른다.

② 명시적 규정이 없는 경우 신·구조약의 당사자가 동일하다면 신법우선의 원칙에 따라 구조약은 신조약과 양립하는 범위 내에서 적용된다.

③ 명시적 규정이 없는 경우 신·구조약의 당사자가 일부 다른 경우 두 조약의 공동당사자 사이에는 신조약이 적용되며, 오로지 신조약만의 당사자 사이에는 신조약이, 구조약만의 당사자 사이에는 구조약이, 그리고 두 조약 모두의 당사자인 국가와 어느 한 조약만의 당사자인 국가 사이에는 양쪽 모두 당사자로 되어 있는 조약이 적용된다.

④ UN헌장상의 의무와 기타 다른 조약상의 의무가 충돌하는 경우 UN헌장상의 의무가 우선한다.

(4) 효력 제한

① 등록 여부에 따른 제한 … UN사무국에 등록하지 않는 조약의 효력은 UN의 기관들에 대하여 원용할 수 없다.

② 부관 내용에 따른 제한 … 기한·조건·유보 등의 부관이 부착된 조약은 그 부관의 내용에 따라 조약의 효력이 제한된다.

section 5 조약의 무효

(1) 의의

① 조약이 유효하기 위해서는 국가들의 진정한 동의에 기초하여 체결되어야 하며, 조약 체결의 기초가 되는 국가 동의에 중대한 하자가 있는 경우 그 법적 효력은 부인된다.

② 조약법협약은 제42조 제1항에서 조약의 유효성 또는 조약의 구속을 받겠다는 국가의 동의는 본 협약의 적용을 통해서만 부정될 수 있다고 규정한 후 제46조에서 제53조까지 8가지의 무효사유를 한정적으로 열거하고 있다. 따라서 협약상 인정된 무효사유가 존재하여야 하며, 협약에 따른 무효절차를 밟은 후에야 당해 조약을 무효화 할 수 있다.

기출문제

🔵 **1969년 조약법에 관한 비엔나 협약이 규정하는 내용으로 옳지 않은 것은?**

▶ 2013. 7. 27. 안전행정부

① 조약이 달리 규정하지 않는 한, 조약을 탈퇴한 국가라도 탈퇴 전 그 조약의 시행으로 발생한 그 국가의 권리 및 의무에 영향을 받지 않는다.

② 조약은 그 명칭에 상관없이 국제법으로 규율되는 국가 간의 서면 합의를 의미한다.

③ 조약이 국제관습법을 규정한 경우에는 그 조약의 비당사국에도 적용된다.

④ 조약이 강행규범과 상충되어 무효인지 여부에 관한 분쟁은 바로 국제사법법원(ICJ)의 결정에 의탁하여야 한다.

정답 ④

(2) 절대적 무효와 상대적 무효

① 절대적 무효

㉠ 침해받는 당사자뿐만 아니라 다른 어떤 당사자도 무효를 주장할 수 있다.

㉡ 가분성원칙의 배제: 유효조항과 무효조항으로 분리될 수 없으며 언제나 조약 전체가 무효이다.

㉢ 추인의 배제: 피해국의 사후의 명시적 동의 또는 묵인으로 무효가 유효로 전환되지 않는다.

㉣ 절대적 무효사유

• 국가대표에 대한 강박: 조약의 구속을 받겠다는 국가의 동의가 국가대표에 대한 위협 등의 강박에 의해 표시된 경우 어떠한 법적 효력도 갖지 않는다.
• 국가에 대한 강박: UN헌장에 담겨진 국제법원칙에 위반한 힘(force)의 사용이나 위협으로 체결된 모든 조약은 무효이다.
• 강행규범위반: 일반국제법상의 강행규범에 저촉되는 조약은 무효이다.

[강행규범(jus cogens)]

㉠ 정의: 일반국제법상의 강행규범이란 그로부터 어떠한 일탈도 허용되지 않으며, 그 후에 확립되는 동일한 성질의 일반국제법규에 의해서만 수정될 수 있는 규범으로서 국가들로 구성되는 국제공동체 전체에 의해서 수락되고 승인된 규범을 말한다〈조약법협약 제53조〉.

㉡ 강행규범의 법적 성질

• 상위규범성: 강행규범에 위반하는 내용의 조약은 무효를 원용할 필요 없이 당연무효이다. 이는 강행규범이 임의규범의 성질을 갖는 조약에 대해 상위규범의 지위에 있음을 의미한다.
• 강행성: 강행규범은 국가의 일방적 의사에 의해 그 효력이 부정되거나 이탈할 수 없으며, 국가들의 합의에 의해서도 변경·수정·개정될 수 없다.
• 대세적 의무성: 강행규범을 준수하는 것은 국제공동체 모든 구성원의 의무이므로 모든 강행규범은 대세적 의무로서의 성질을 가진다.

㉢ 국제 실행

• 1966년 국제법위원회 보고서: 무력사용금지의 원칙, 해적행위금지의 원칙, 노예매매금지의 원칙, 집단살해금지의 원칙, 주권평등의 원칙, 민족자결권존중의무, 인종차별금지의 원칙, 기타 국제법하의 범죄행위(인도에 관한 범죄) 등을 강행규범으로서 예시하였다.
• 바르셀로나 전기전력회사 사건: 국가의 의무 중 국제공동체 전체에 대한 의무와 개별 타국에 대한 의무를 구별하였다.
• 테헤란 주재 미국 외교영사직원 사건: 외교·영사관계의 특권·면제의 중요한 내용이 강행적 의무임을 인정하였다.

② 상대적 무효

ㄱ 침해받은 당사자만이 무효를 주장할 수 있다.

ㄴ **가분성의 원칙** : 당해 조약 전체 또는 무효사유가 게재된 당해 조항의 무효만 주장할 수 있다.

ㄷ **추인** : 피해국의 사후동의 또는 묵인이 있으면 하자가 치유되며, 이후 무효를 주장할 수 없다.

ㄹ **상대적 무효사유**

• 조약체결권한에 관한 국내법규정의 위반 : 조약체결권한에 관한 국내법 규정을 위반한 것이 명백하며 근본적으로 중요한 국내법규정에 관한 것이 아닌 한 조약 체결과정에서 국내법 위반을 조약의 무효사유로 원용할 수 없다.

• 국가 동의의 표시권한에 대한 제한 위반 : 대표의 권한이 특별히 제한받는 경우 그 대표가 그 제한을 지키지 않았다는 사실은 '그러한 제한이 이미 다른 교섭국에 통보된 경우'가 아니면 표시된 동의를 무효로 하기 위해 원용할 수 없다.

• 착오 : 착오가 조약 체결 당시 존재한 '사실 또는 상황'에 관한 것으로서 조약의 구속을 받겠다는 동의의 '본질적 기초'를 형성하였다면 무효사유로 원용할 수 있다. 다만, 자신의 행위를 통해 착오에 기여하였거나, 착오의 발생가능성을 사전에 알 수 있었던 상황하에 있던 국가는 이를 원용할 수 없다.

• 사기 : 타방교섭국의 기만적 행위에 의해 조약을 체결하도록 유인된 국가는 이를 무효사유로 원용할 수 있다.

• 국가대표의 부패 : 국가의 동의 표시가 직접 또는 간접적으로 다른 교섭국 대표의 매수를 통하여 이루어진 경우 이를 무효사유로 원용할 수 있다. 다만, 뇌물은 대표자를 좌우할 정도이어야 하며 단순한 선물 등은 문제가 되지 않는다.

(4) 무효의 효과

① **소급효의 원칙** … 조약의 무효가 확정된 경우 당해 조약은 원칙적으로 그 무효사유가 발생한 당시부터 무효이다. 예외적으로 무효가 원용되기 전에 성실히 행해진 행위는 당해 조약의 무효만을 이유로 위법화되지 않는다. 그러나 이러한 예외도 사기, 국가대표의 부패, 강박의 경우 귀책사유가 있는 당사국에는 인정되지 않는다.

② **강행규범 위반조약의 효과**

ㄱ **기존 강행규범 위반조약** : 기존 강행규범에 저촉되는 규정을 신뢰하면서 행한 모든 행위의 결과를 가능한 제거하고 당사국의 상호관계를 강행규범과 일치시키도록 해야 한다.

기출문제

1969년 조약법에 관한 비엔나 협약이 규정하는 내용으로 옳지 않은 것은?

▶ 2013. 7. 27. 안전행정부

① 조약에 구속을 받겠다는 국가의 동의가 그 조약의 본질적 기초에 대한 착오에 근거하는 경우에는 그 조약은 절대적으로 무효이다.

② 조약체결이 조약체결권에 관한 국내법 규정의 위반이 명백하고 그 위반이 근본적으로 중요한 국내법 규칙에 관련된 것일 경우 그 조약이 무효임을 원용할 수 있다.

③ 국가대표에 대한 강박으로 얻어진 조약에 구속을 받겠다는 국가의 동의는 법적 효력이 인정되지 않는다.

④ 조약이 그 체결 당시에 일반 국제법의 강행규범과 충돌하는 경우 그 효력이 인정되지 않는다.

'1969년 조약법협약에서 규정하고 있는 조약의 무효 사유를 모두 고른 것은?

▶ 2010. 4. 10. 행정안전부

ㄱ 조약체결권에 관하여 근본적으로 중요한 국내법 규정의 명백한 위반
ㄴ 사정의 근본적 변경
ㄷ 상대방 당사국의 사기
ㄹ 일방 당사자의 중대한 위반
ㅁ 후발적 이행 불능
ㅂ 국가대표의 부패

① ㄱ, ㄴ, ㄹ   ② ㄴ, ㄷ, ㅁ
③ ㄱ, ㄷ, ㅂ   ④ ㄱ, ㄹ, ㅁ

정답 ①, ③

ⓒ 새로운 강행규범 위반조약 : 당해 조약의 소멸 전에 조약 시행으로 발생한 당사국의 권리의무와 법적 상태는 새로운 강행규범과 충돌하지 않는 범위 내에서 영향을 받지 않는다.

section 6 조약의 종료(소멸)

(1) 의의

① 조약의 종료란 일단 하자 없이 발효한 조약이 그 후 일정한 사유로 인하여 장래를 향하여 그 효력을 상실하는 것을 의미한다.

② 조약이 국제법 질서에서 완전히 사라져 버리는 것으로, 조약이 법률행위로서도 끝나고 규범으로도 끝나는 것을 의미한다.

[폐기와 탈퇴]
㉠ 폐기(denunciation) : 보통 양자조약에서 일방 당사국이 조약종료의사를 일방적으로 표명하는 경우에 사용되는 용어이다.
㉡ 탈퇴(withdrawal) : 다자조약으로부터 이탈하는 경우에 사용되는 용어이다. 이 경우 조약 자체는 유효하나 탈퇴국에 대해서는 조약이 종료하게 된다.

② 조약법협약 제42조는 "조약의 종료·폐기·탈퇴는 당해 조약규정 또는 본 협약의 적용결과로서만 발생할 수 있다. 조약의 정지도 동일한 규칙이 적용된다."고 규정하여 법적 안정성을 도모하고 있으며, 또한 조약의 종료사유 8가지를 열거하여 종래 관습법상 불분명하던 조약종료사유를 명확히 하고 있다.

[조약종료사유]
㉠ 당사국간 명시적·묵시적 합의에 기초한 종료사유 : 조약상 규정에 따른 종료, 당사국들의 동의에 따른 종료, 묵시적 폐기탈퇴권, 신조약 체결
㉡ 객관적 사유 발생에 따른 종료사유 : 신 강행규범 출현, 조약의 중대한 위반, 후발적 이행 불능, 사정의 근본적 변경

(2) 구별개념

① 조약의 무효 … 조약 체결 당시 존재하는 하자로 인하여 처음부터 법적 효력을 가지지 않는다는 점에서, 일단 하자 없이 발효한 조약이 그 후 일정한 사유로 인하여 장래를 향하여 그 효력을 상실하는 조약의 종료와 구별된다.

② **조약의 정지** … 조약 자체는 소멸하지 않고, 단지 조약의 적용을 일시정지 하는 것이라는 점에서 조약의 종료와 구별된다.

(3) 절대적 종료사유와 상대적 종료사유

① **절대적 종료사유** … 강행규범에 위배되는 조약(자동적 종료)

② **상대적 종료사유** … 조약의 중대한 위반, 후발적 이행불능, 사정의 근본적 변경

   ㉠ 자동적으로 종료되는 것이 아니라 피해당사국이 조약의 종료를 위해 이를 원용할 수 있을 뿐이다.

   ㉡ 피해당사국은 조약의 종료 대신 조약의 정지를 요구할 수도 있다.

   ㉢ 조약이 계속 유효함을 명시적·묵시적으로 동의(추인)한 피해당사국은 조약의 종료·탈퇴·정지를 원용할 수 있는 권리를 상실한다.

(4) 조약의 종료사유

① **조약규정에 따른 종료** … 조약의 종료는 조약규정에 따라 발생할 수 있다. 예컨대 유효기간을 정한 조약은 유효기간의 만료에 의해, 해제조건부조약은 해제조건의 성취에 의해, 영토할양조약은 목적의 달성에 의해, 조약상 폐기권·탈퇴권이 인정된 조약은 폐기권·탈퇴권의 행사에 의해 종료된다.

② **당사국들의 동의에 의한 종료** … 조약의 종료는 모든 당사국의 동의가 있으면 언제든지 발생할 수 있다.

③ **묵시적 폐기·탈퇴권이 인정되는 경우**

   ㉠ 조약이 종료·폐기·탈퇴에 관한 규정을 두고 있지 않은 경우에도 조약당사국들이 폐기·탈퇴의 가능성을 인정하고자 의도하였음이 입증되는 경우, 또는 폐기·탈퇴의 권리가 조약의 성질로 보아 추론될 수 있는 경우 폐기·탈퇴가 가능하다.

   ㉡ 이러한 경우 당사국은 폐기·탈퇴의 의사를 적어도 12개월 전에 통보해야 한다.

④ **신조약체결에 의하여 묵시된 조약의 종료** … 조약의 모든 당사국이 동일한 사항에 관하여 신조약을 체결한 때 당사국들이 그 사항을 신조약에 의하여 규율하기로 의도하였음이 신조약에 나타나거나 달리 입증되는 경우, 또는 신조약과 구조약이 동시에 적용될 수 없을 만큼 상호 양립할 수 없는 경우에 구조약은 종료된 것으로 간주된다.

⑤ **조약의 중대한 위반**

   ㉠ 조약의 중대한 위반의 의미 : 조약의 중대한 위반이란 조약법협약에서 인정되지 않는 조약의 부인, 또는 조약의 대상·목적 달성에 필수적인 조항의 위반을 의미한다.

기출문제

ⓛ 조약의 중대한 위반의 효과
- 양자조약의 경우 타방당사국은 조약을 종료시키거나 조약의 일부 또는 전부를 정지시키는 사유로 원용할 수 있는 권리를 갖는다.
- 다자조약의 경우 타방당사국들은 전원합의에 의하여 자신들과 위반국 간 또는 모든 당사국 간에 조약의 전부 또는 일부를 정지시키거나 조약을 종료시킬 수 있는 권리를 갖는다.
ⓒ 예외 : 중대한 위반을 이유로 한 조약의 종료·정지 권한은 인도적 성격의 조약에 포함되어 있는 인간 보호에 관한 규정, 특히 그러한 조약에 의해 보호받고 있는 인간에 대한 어떠한 형태의 복구도 금지하는 규정에는 적용되지 아니한다.

⑤ 후발적 이행 불능 … 조약 이행에 불가결한 객체가 영구적으로 소멸 또는 파괴되어 조약 이행이 불가능할 경우 이를 조약의 종료·탈퇴·정지사유로 원용할 수 있다. 다만, 자국의 의무 위반으로 인하여 이행 불능을 초래한 당사국은 조약 종료·탈퇴·정지를 위한 사유로 이를 원용할 수 없다.

⑥ 사정의 근본적 변경
ⓐ 의의 : 사정변경의 원칙이란 조약을 체결한 배경이 된 상황이 근본적으로 변하면 일정한 요건하에서 조약의 소멸을 주장할 수 있다는 원칙이다. 조약은 일정한 사정을 전제로 체결되는 것이므로 그 사정에 근본적 변경이 발생하면 이를 존속시키는 것이 실질적으로 무의미할 뿐만 아니라 많은 폐해를 준다는 견지에서 인정되고 있다. 그러나 그 남용 방지를 위해 이를 적절히 제한할 필요성이 있다.
ⓑ 원칙 : 조약법협약은 사정변경원칙의 범위를 매우 좁게 설정하여 다음 5가지 요건을 충족하여야 조약의 종료사유로 원용할 수 있도록 하고 있다.
- 조약 체결 당시에 존재했던 사정의 변경이 있을 것
- 당사국들이 예견하지 못한 사정의 변경일 것
- 사정이 근본적으로 변경되었을 것
- 조약 체결 당시의 사정이 조약의 구속을 받겠다는 동의의 본질적 기초를 구성했을 것
- 사정 변경의 효과가 앞으로 여전히 이행되어야 할 의무의 범위를 근본적으로 변경시킬 것
ⓒ 예외 : '국경선획정조약은 사정변경의 원칙이 적용되지 않으며, 자국의 의무 위반으로 사정의 근본적 변경을 초래한 당사국은 이를 종료사유로 원용할 수 없다.

[사정변경의 원칙과 관련된 국제판례]

㉠ 1932년 자유지역 사건 : 사정변경의 원칙에 기초한 프랑스의 주장은 배척하였지만 원칙 자체는 인정하였다.

㉡ 1974년 어업관할권 사건 : 아이슬랜드의 사정변경의 원칙 주장에 대하여 근본적 변경이 아니라는 이유로 그 적용을 거부하였으나 원칙 자체는 인정하였다.

㉢ 1997년 가브치코보-나기마로스 사건(ICJ) : 사정변경의 원칙은 오직 예외적인 경우에만 원용 가능하다고 하면서 조약법협약의 요건을 재확인하였다.

⑦ 신강행규범의 출현 … 새로이 출현하는 일반국제법의 강행규범과 충돌하는 기존의 모든 조약은 무효로 되어 종료한다. 그러나 조약종료 전에 그 조약의 시행을 통하여 생긴 당사국들의 권리의무 또는 법적 상태는 그러한 권리의무 또는 법적 상태를 유지하는 것 자체가 신강행규범과 충돌하지 않는 한 영향을 받지 않는다.

[조약 종료의 특수문제]

㉠ 외교·영사관계의 단절 : 외교·영사관계의 존재가 조약 적용을 위해 불가결한 경우가 아니고서는 조약관계에 영향을 미치지 않는다.

㉡ 전쟁의 발발 : 적대행위로 인한 무력분쟁의 발생이 반드시 분쟁당사국 간의 조약을 자동적으로 종료하게 하지는 않는다고 해석된다. 그러나 조약법협약은 이 문제에 대해 언급하지 않고 있다.

㉢ 평화적 변경의 문제 : 사정변경의 원칙은 조약을 종료시키는 것을 목적으로 한다. 그러나 경우에 따라서는 조약을 평화적 방법으로 변경·개정하는 것이 더욱 합리적일 수 있다.

• 국제연맹규약 제19조 : 연맹총회는 적용이 어렵게 된 조약을 재검토할 것을 연맹 회원국들에게 수시로 권고할 수 있다.

• UN헌장 제14조 : 총회는 그 기원에 관계없이 국가 간의 일반적 복지나 우호관계를 해칠 우려가 있다고 인정되는 그 어떤 사태에 대해서라도 이를 평화적으로 조정하기 위한 조치를 권고할 수 있다.

section 7 · 조약의 무효 · 종료 · 정지절차

(1) 확정절차

조약의 무효 · 종료 · 정지를 원용하기 위해서는 타방당사국에 당해 조약에 대해 취할 조치의 제안 및 이유를 제시하여 통고하여야 한다. 통고 후 3개월 이내에 상대국이 이의를 제기하지 않으면 통고국은 제안조치를 문서에 의해 시행할 수 있다.

(2) 분쟁해결절차

이의가 제기된 경우 당사국은 UN헌장 제33조에 열거된 모든 수단에 의해 해결을 추구해야 한다. 이의제기일로부터 12개월 이내에 분쟁이 해결되지 않을 경우 협약 제66조의 절차에 따라 해결해야 한다.

① 강행규범에 관한 분쟁 ··· 강행규범에 관한 규정의 적용 · 해석에 관한 분쟁은 일방당사국의 제소에 의하여 국제사법재판소의 관할권이 성립한다. 다만, 당사국들이 합의하는 경우 중재재판에 회부할 수 있다.

② 기타 원인에 의한 분쟁 ··· 조약의 무효 · 종료 · 정지에 관한 기타 규정의 적용 · 해석에 관한 분쟁은 협약부속서에 규정된 조정위원회가 강제관할권을 갖는다.

section 8 · 조약의 종료 · 정지 · 무효와 가분성의 원칙

(1) 가분성의 원칙이 인정되는 경우

① 의무적 분리 ··· 사유가 특정 부분에만 관련이 있는 경우
  ㉠ 당해 조항이 그 적용과 관련하여 그 조약의 나머지 부분으로부터 분리 될 수 있다.
  ㉡ 당해 조항이 다른 당사국이 그 조약 전체를 수락한 동의의 본질적 기초가 되지 않는다.
  ㉢ 당해 조약의 나머지 조항만을 이행하는 것이 부당하지 않을 경우 당해 조항을 의무적으로 분리하여 처리해야 한다.

② 임의적 분리 ··· 무효의 원인으로서 사기나 국가대표의 부패를 주장하는 경우에는 당해 조항만을 임의적으로 분리하여 무효를 주장할 수 있다.

(2) 가분성의 원칙이 인정되지 않는 경우

절대적 무효사유의 경우 가분성의 원칙은 인정되지 않는다.

> **[조약의 종료 · 정지 · 무효를 위한 권리의 상실]**
> 조약의 계속적인 유효 · 존속 · 작용에 명시적 · 묵시적으로 동의한 당사국은 조약의 상대적 무효사유와 조약의 상대적 종료사유를 원용할 수 없다.

section 9 조약의 해석

(1) 의의

조약의 해석이란 당사국의 의사에 적합하도록 조약규정의 의미와 범위를 확정하는 것을 말하며, 성립한 조약에 어떠한 해석을 부여하는가에 따라 조약의 실질적 내용이 결정된다.

(2) 조약 해석의 기준

① 학설 및 국가 실행

　㉠ 객관적 해석 : 조약문의 통상적 의미 내용에 따라 해석하는 방법이다.

　㉡ 주관적 해석 : 조약문 교섭시의 사정을 고려하여 종합적으로 해석한다.

　㉢ 목적론적 해석 : 조약의 취지 · 목적에 비추어 가장 적절하고 실효적인 해석을 하는 방법이다.

② 조약법협약상의 조약해석기준

　㉠ 일반원칙 : 조약은 조약문의 문맥 속에서 조약의 용어에 부여되는 통상적 의미에 따라 그리고 조약의 대상과 목적에 비추어 성실히 해석되어야 한다.

　㉡ 보충적 해석수단 : 일반적 원칙에 의한 해석에서도 조약규정의 의미가 애매하거나 불명확하거나 또는 그 해석이 명백히 불합리한 경우 조약의 준비문서와 조약 체결 시 여러 사정을 포함한 보조수단에 의거할 수 있다.

기출문제

문 1969년 조약법에 관한 비엔나 협약상 조약의 해석에 대한 내용으로 옳지 않은 것은?
▶ 2018. 4. 7. 인사혁신처
① 조약의 해석 목적상 문맥에는 조약의 부속서(annex)가 포함되지 않는다.
② 조약은 조약의 대상과 목적의 견지에서 해석되어야 한다.
③ 조약은 조약의 문언에 부여되는 통상적인 의미에 따라 해석되어야 한다.
④ 조약은 성실하게 해석되어야 한다.

문 1969년 조약법에 관한 비엔나 협약 상 조약의 해석 규정의 내용으로 옳은 것은?
▶ 2019. 4. 6. 인사혁신처
① 조약 해석의 목적상 문맥에는 조약의 전문, 부속서 및 교섭 기록을 포함한다.
② 조약의 해석에서는 조약의 특정용어에 대하여 당사국이 부여하기로 한 특별한 의미를 고려할 수 있다.
③ 조약의 해석에서는 관련 당사국 간의 후속 합의와 추후 관행을 참작하여야 한다.
④ 조약의 해석에서는 당사국 간의 관계에 적용될 수 있는 국제법의 관계규칙을 보충적 수단으로 이용할 수 있다.

┃정답 ①, ③

기출문제

section 10 조약의 개정 및 수정

(1) 일반원칙

조약은 당사국 간의 합의에 의하여 개정될 수 있다.

(2) 다자조약의 개정과 수정

① 다자조약의 개정 … 조약에 달리 규정되지 않는 한, 개정 제안은 모든 체약국에게 통고되어야 하고 각 체약국은 개정교섭에 참가할 권리를 갖는다. 개정협정은 개정협정의 당사국이 되지 아니한 기존협정의 당사국을 구속하지 않으며, 이 경우 동일 사항에 대한 신·구조약적용의 규칙이 적용된다.

② 다자조약의 수정 … 다자조약의 둘 또는 그 이상의 당사국은 수정의 가능성이 조약에 규정되어 있거나, 또는 문제의 수정이 조약에 의해 금지되어 있지 않고 타방당사국의 조약상 권리·의무에 영향을 주지 않으며, 조약 전체의 대상과 목적의 효과적 수행과 양립하지 아니하는 규정과 관련된 것이 아닌 경우 그들 사이에서만 조약을 수정하기 위한 협정을 체결할 수 있다.

단원평가   조약법

1   1969년 조약법협약에 대한 설명으로 옳은 것으로만 묶인 것은?

> ○ 동 협약은 국가 간에 체결된 조약뿐만 아니라 국가와 국제기구 상호간에 체결된 조약에도 적용된다.
> ○ 동 협약에 따르면 조약이란 명칭에 상관없이 서면의 형식으로 국가 간에 체결되며 국제법에 의해 규율되는 국제적 합의를 의미한다.
> ○ 조약에 대한 국가의 기속적 동의는 비준 이외에도 서명, 문서의 교환, 수락, 승인, 가입 등의 방법으로도 표시될 수 있다.
> ○ 국내법상 비준에 대한 국회의 동의를 요하는 조약에 관하여 비준동의 절차를 거치지 아니한 조약은 당연 무효이다.
> ○ 조약이 발효되기 위해서는 UN사무국에 등록되어야 한다.

① ㉠, ㉡   ② ㉡, ㉢
③ ㉢, ㉣   ④ ㉢, ㉤

2   1969년 비엔나 조약법협약상 조약에 대한 설명으로 옳지 않은 것은?

① 하나 이상의 문서로 이루어지는 경우도 있다.
② 정식조약과 달리 약식조약의 유형으로 구두조약이 포함된다.
③ 조약 외에 협정, 규약 등의 명칭도 사용할 수 있다.
④ 국가와 외국 사기업 사이의 국제적 합의는 조약으로 볼 수 없다.

3   조약체결권자에 대한 설명으로 옳지 않은 것은?

① 조약체결권자란 국내법상 조약체결권한을 가진 국가기관을 말한다.

② 국제기구 내부에 있어서 어느 기관이 조약체결권한을 갖는가는 그 국제기구의 기본조약에 의하여 규정된다.

③ 조약체결권자는 그 권한을 다른 기관에 위임할 수 있다.

④ 한 국가에 있어 어떠한 국가기관에게 조약체결권한이 귀속되는가는 국제법에 의해 규율되는 사항이다.

4   국가의 조약체결능력에 대한 설명으로 옳지 않은 것은?

① 주권국가는 조약체결권을 갖는다.

② 연방국가의 구성국은 원칙적으로 조약체결능력을 갖지 않으나, 연방헌법의 규정에 따라 연방구성국 자신에 대해서만 효력을 미치는 조약을 체결할 수도 있다.

③ 국제법상 종속국과 피보호국은 원칙적으로 조약당사자가 될 수 없다.

④ 국가의 규모가 작은 경우 조약체결권이 제한된다.

5   조약의 체결에 관한 설명으로 옳지 않은 것은?

① 국가만이 조약의 당사자가 될 수 있다.

② 수락과 인준의 효과는 비준과 대체로 동일하다.

③ 일반적으로 약식조약이라 함은 서명만으로 성립하는 조약을 말한다.

④ 파견국과 접수국 간에 조약을 체결하는 경우 외교사절은 별도로 전권위임장을 요하지 않는다.

6   조약법협약상 조약의 교섭에 대한 설명으로 옳지 않은 것은?

① 조약의 교섭은 보통 조약체결권자가 임명한 정부대표가 행한다.

② 전권대표는 그 권한을 증명하는 전권위임장을 제시하여야 한다.

③ 국가원수, 정부수반, 외무장관은 전권위임장이 필요 없다.

④ 상주외교사절단장이 파견국과 접수국 간의 조약 체결 시 서명하는 경우에도 전권위임장을 제시하여야 한다.

7 전권위임장을 제출하지 않아도 국가를 대표하는 것이 간주되는 경우에 해당하지 않는 것은?

① 국가원수가 조약을 체결하는 경우
② 파견국과 접수국 간의 조약 체결시 상주외교사절단장이 서명하는 경우
③ 외무장관이 조약을 체결하는 경우
④ 대통령이 임명한 정부대표가 조약을 체결하는 경우

8 조약문을 채택하고 그 조약문을 진정하고 최종적인 것으로 확정짓는 절차는?

① 조약의 교섭
② 조약의 인증
③ 조약의 비준
④ 조약의 채택

9 조약문의 인증에 대한 설명으로 옳지 않은 것은?

① 인증은 보통 서명에 의한다.
② 조약문의 인증 후에도 조약문을 일방적으로 수정할 수 있다.
③ 조약문의 인증은 보통 서명에 의한다.
④ 조약문의 인증은 가서명 또는 조건부서명에 의하기도 한다.

10 다음 중 비준에 대한 설명으로 옳지 않은 것은?

① 전권위원이 서명한 조약을 조약체결권자가 확인하는 행위이다.
② 조약에 비준조항이 있는 경우에 반드시 비준하여야 할 법률상 의무가 있다.
③ 비준은 조약 전체에 대하여 무조건으로 해야 한다.
④ 비준은 교섭국이 조약내용에 관한 합의의 성립을 최종적으로 확인하는 행위이다.

11 일반적인 조약체결절차로 옳은 것은?

① 교섭 – 인증 – 채택 – 동의 – 비준서 교환 – 등록
② 교섭 – 채택 – 인증 – 동의 – 비준서 교환 – 등록
③ 교섭 – 동의 – 채택 – 인증 – 비준서 교환 – 등록
④ 교섭 – 채택 – 동의 – 인증 – 비준서 교환 – 등록

12 조약의 효력발생시기에 관한 설명 중 옳지 않은 것은?

① 특별한 규정이 없는 한 비준서의 교환·기탁한 때로부터 효력이 발생한다.
② 효력 발생에 대해서는 보통 종결조항에 규정되어 있는데, 종결조항은 비준서의 교환·기탁한 때로부터 효력을 발생한다.
③ 교섭국들이 합의하는 경우 그 조약은 발효 전에 잠정 적용될 수 있다.
④ 조약에 서명하였거나 구속받기로 동의한 국가는 조약 발효 이전에도 그 조약의 대상과 목적을 훼손하는 행위를 삼가야 한다.

13 UN헌장 제102조에 따를 때 UN사무국에 등록하지 않은 조약은 누구에 대하여 원용할 수 없는가?

① 모든 국가
② 타방조약당사국
③ 모든 UN기관
④ 모든 UN회원국

14 조약의 등록에 대한 설명 중 옳지 않은 것은?

① 국제연맹에 의해 시작되어 국제연합도 이 제도를 채용하고 있다.
② 국제연맹에서 등록은 조약의 효력요건이었다.
③ UN에의 등록은 UN기관에 대한 대항요건에 불과하다.
④ 등록의무는 UN회원국뿐 아니라 비회원국에게도 부과된다.

15 총의제도(consensus rule)에 대한 설명으로 옳지 않은 것은?

① 1960년대 새로이 등장한 제도이다.
② 참석국가가 많고 견해 차이가 심한 경우 효과적이다.
③ 외기권우주의 평화적 이용위원회에서 발전되어 왔다.
④ 조약법협약은 총의제도를 명문으로 규정하고 있다.

16 비공식 교섭을 통하여 의장단이 각 이해그룹 간의 의견 차이를 조정하거나 이해그룹 스스로 상호 간의 의견 차이를 조정하여 의견 차이가 심한 구체적 세부사항은 덮어두고, 원칙적인 사항이나 줄기가 되는 내용의 타협안을 마련하여 동 내용을 표결에 붙이지 않고 의장이 선언한 후 이의가 없으면 그대로 결정된 것으로 하는 국제회의를 통한 조약체결방법은?

① 총의제도　　　　　　　② 지연서명제도
③ 다수결제도　　　　　　④ 유보제도

17 개별국가들이 조약 전체에 대한 합의가 이루어진다는 조건하에서 특정 조항에 대하여 각각 동의하는 방식으로 조약을 채택하는 것은?

① 총의제도　　　　　　　② 일괄타결방식
③ 다수결제도　　　　　　④ 회의제도

18 국가가 조약의 일부 규정의 법적 효과를 배제하거나 변경하겠다는 일방적 선언은?

① 유보　　　　　　　　　② 해석선언
③ 정책선언　　　　　　　④ 조약의 정지

19 유보에 대한 설명 중 옳지 않은 것은?

① 조항의 유보는 특정 조항의 적용을 배제하는 것이다.

② 해석의 유보는 특정 조항을 일정한 의미로만 해석하는 것이다.

③ 유보는 당해 조약의 일체성을 저해하는 부정적 측면이 있는 반면, 조약의 인적적용범위를 확대한다는 장점이 있다.

④ 유보는 양자조약에만 적용되는 제도이다.

20 다음 중 유보의 종류가 아닌 것은?

① 해석선언   ② 조항의 유보

③ 해석의 유보   ④ 적용지역의 유보

21 조약의 유보(reservation)에 대한 설명으로 옳지 않은 것은?

① 조약이 달리 규정하지 아니하는 한 유보의 통고를 받은 국가가 그 유보에 대하여 이의를 제기하지 아니한 경우에는 유보를 수락한 것으로 간주되지 않는다.

② 조약이 달리 규정하지 아니하는 한 유보는 언제든지 철회될 수 있고 유보수락국의 동의를 필요로 하지 않는다.

③ 첨부된 유보 내용이 조약의 '대상 및 목적'과 양립가능하다면 일부 국가의 반대가 있어도 유보국은 조약의 당사국이 될 수 있다.

④ 유보는 일방적인 선언이지만 그 효과는 상호주의적이므로 유보국과 유보수락국 간에는 유보의 범위 내에서 관련 조약 규정을 변경한다.

22 유보의 제한에 대한 설명으로 옳지 않은 것은?

① 당해 조약에 의해 유보가 금지되어 있는 경우 유보가 허용되지 않는다.

② 조약이 특정의 유보만을 인정하고 있는 경우 당해 유보가 포함되어 있지 않으면 유보가 허용되지 않는다.

③ 명문규정이 없는 경우 유보는 무제한 허용된다.

④ 국제사법재판소는 1951년 제노사이드협약의 유보에 관한 권고적 의견에서 양립성의 원칙을 인정하였다.

23 다자조약의 유보의 효력에 대한 설명으로 옳지 않은 것은?

① 유보국과 유보를 수락한 국가 간에는 유보된 내용대로 적용된다.

② 유보를 반대한 국가가 조약 자체의 발효를 반대하지 않은 경우 유보국과 반대국 사이에는 유보한 만큼 조약의 적용이 배제된다.

③ 조약을 명시적으로 금지하거나, 조약의 목적에 위배되는 유보는 허용되지 않는다.

④ 조약의 유보의사 통고 후 6개월 내에 반대가 없으면 수락으로 간주된다.

24 조약의 유보에 대한 설명으로 옳지 않은 것은?

① 1969년 조약법에 관한 비엔나협약에 의하면 유보의 통지를 받은 후 12개월이 경과하거나 또는 그 조약에 대한 자국의 기속적 동의를 표시한 일자까지 중 더 뒤늦은 시점까지 이의를 제기하지 않으면 그 유보는 수락되었다고 간주되는 것이 원칙이다.

② 국제형사재판소(ICC)규정은 동 규정에 대한 유보를 금지하고 있다.

③ 1969년 조약법에 관한 비엔나협약에 의하면 조약이 국제기구의 설립문서인 경우로서 그 조약이 달리 규정하지 아니하는 한 유보는 그 기구의 권한 있는 기관에 의한 수락을 필요로 한다.

④ 1969년 조약법에 관한 비엔나협약에 의하면 조약에 대한 유보는 서면으로 하여야 하나, 예외적으로 구두로도 행할 수 있다.

25 조약의 유보에 관한 설명 중 옳지 않은 것은?

① 1969년 조약법협약에 의하면 유보국은 조약에서 달리 규정하지 않은 경우 유보를 수락한 국가의 동의가 있어야 그 유보를 철회할 수 있다.

② 1951년 국제사법재판소의 제노사이드협약의 유보에 관한 권고적 의견에서 유보를 인정하였다.

③ 유보제도는 조약의 일체성을 손상시키고 당사국 사이의 조약관계를 복잡하게 하는 단점을 가지고 있다.

④ 유보는 원칙적으로 다자조약의 경우에 행하는 일방적 선언이다.

26 1969년 조약법에 관한 비엔나협약상 조약의 유보에 관한 설명으로 옳지 않은 것은?

① 국가는 원칙적으로 서명, 비준, 수락, 승인 또는 가입 시에 유보를 형성할 수 있다.
② 조약의 통일성을 저해하는 단점이 있다.
③ 조약의 적용을 받는 국가를 확대하기 위하여 인정되는 제도이다.
④ 어떠한 조약도 유보가 효력을 발생하기 위해서는 다른 모든 체약국의 동의가 필요하다.

27 1969년 조약법협약에서 조약의 제3자적 효력에 대한 설명 중 옳지 않은 것은?

① 조약은 원칙적으로 제3국에는 효력이 없다.
② 제3국에 권리를 부여하기 위해서도 당해 국가의 동의가 필요하다.
③ 제3국에 대하여 의무를 설정하는 경우에는 당해 국가의 동의가 불필요하다.
④ 권리를 부여하는 경우에는 권리를 부여받는 제3국이 반대의사를 표시하지 않는 한 동의가 추정된다.

28 다음 중 조약의 무효를 주장할 수 있는 경우는?

① 자국의 군지휘관이 외국과 체결한 전시협정
② 국제연합 사무국에 등록되어 있지 않은 조약
③ 조약 체결을 위하여 파견된 자국대표가 상대국의 강박에 의하여 체결한 조약
④ 내용에 조약효력의 존속기간이 규정되어 있지 않은 조약

29 조약의 절대적 무효에 대한 설명으로 가장 적절한 것은?

① 가분성의 원칙이 적용된다.
② 사후의 명시적 동의 또는 묵인으로 무효가 유효로 전환된다.
③ 피해당사국만이 무효를 주장할 수 있다.
④ 조약법협약은 절대적 무효사유로 국가대표에 대한 강박, 국가에 대한 강박, 강행규범 위반의 3가지를 열거하고 있다.

30 제3국에 권리를 부여하는 조약에 대한 설명으로 옳지 않은 것은?

① 조약당사국이 제3국에게 권리를 부여할 것을 의도하고 또한 제3국이 이에 동의하는 경우 당해 제3국에 권리가 발생한다.

② 제3국에게 권리가 발생한 경우, 그 권리가 제3국의 동의 없이 취소 또는 변경되어서는 아니 되는 것으로 입증되는 경우에 조약당사국들이 이를 취소 또는 변경할 수 없다.

③ 제3국에 권리를 부여하는 조약도 제3국이 서명에 의해 명시적으로 수락하여야 한다.

④ 조약법협약은 조약이 국제관습법규를 담고 있는 경우 제3국을 구속하게 되는 것을 배제하고 있지 않다.

31 조약의 제3자적 효력에 관한 설명으로 가장 옳은 것은?

① 조약의 상대성은 절대적이다.

② 제3국에 권리만을 부여하는 경우 제3국의 동의가 없어도 유효하다.

③ 동의는 묵시적으로도 가능하므로 명시적 반대가 없으면 제3국에 대한 효력도 유효하다고 보아야 한다.

④ 제3국에 의무를 부과하는 경우 제3국의 서면에 의한 명시적 동의가 필요하다.

32 제3국에 의무를 부과하는 조약에 대한 설명으로 옳지 않은 것은?

① 제3국에게 의무를 부과하는 조약은 원칙적으로 무효이다.

② 조약당사국이 제3국에게 의무를 부과할 것을 의도하고 또한 제3국이 이를 서면에 의해 명시적으로 수락한 경우 당해 제3국에게 의무가 발생한다.

③ 제3국에게 의무가 발생한 경우, 조약당사국과 제3국이 달리 합의하였음이 입증되지 않는 한, 그 의무는 조약당사국과 제3국의 동의가 있는 경우에만 취소 또는 변경될 수 있다.

④ 제3국에게 의무를 부과하는 조약은 제3자의 묵시적 동의가 있는 경우에도 제3자에게 의무를 발생시킨다.

33 1969년 조약법에 관한 비엔나협약상 조약의 무효와 종료에 대한 설명으로 옳지 않은 것은?

① 강박(coercion)에 의한 조약은 그 내용의 일부만 분리하여 무효화할 수 있다.

② 일반국제법의 새 강행규범이 출현하는 경우에 그 규범과 충돌하는 현행 조약은 무효로 되어 종료한다.

③ 외교관계나 영사관계의 단절은 외교 또는 영사 관계의 존재가 조약의 적용에 불가결한 경우를 제외하고 그 조약의 당사국간의 확립된 법적 관계에 영향을 주지 않는다.

④ 사정의 근본적 변경은 원칙적으로 조약의 종료사유에 해당하기는 하나, 국경획정조약에는 적용되지 않는다.

34 「조약법에 관한 비엔나협약」상 조약의 무효사유에 해당하는 것만을 모두 고르면?

> ㉠ 국가의 동의표시권한에 대한 특정한 제한
> ㉡ 사정의 근본적 변경
> ㉢ 타방 교섭국의 기만
> ㉣ 타방 당사국의 조약의 중대한 위반
> ㉤ 후발적 이행불능
> ㉥ 국가대표의 부정

① ㉠, ㉡, ㉢　　　　　　　　　　② ㉠, ㉢, ㉥

③ ㉡, ㉣, ㉤　　　　　　　　　　④ ㉢, ㉤, ㉥

35 국제법상 강행규범(jus cogens)에 대한 설명으로 옳지 않은 것은?

① 강행규범은 국가들로 구성되는 국제공동체 전체에 의해 수락되고 승인된 규범이다.

② 강행규범의 존재에 대한 입증책임은 이를 주장하는 측에 있다.

③ 강행규범은 조약보다 그 효력이 우위에 있다.

④ 강행규범은 영구불변한 것으로 수정될 수 없다.

36 국제법상 강행규범(jus cogens)에 관한 설명으로 옳지 않은 것은?

① 강행규범은 이탈이 허용되지 아니하며 또한 동일한 성질을 가진 일반 국제법의 추후의 규범에 의해서만 변경될 수 있는 규범으로 전체로서의 국제 공동사회가 수락하며 인정하는 규범이다.

② 국제법위원회(ILC)는 강행규범의 예를 거론한 바 있다.

③ 조약법에 관한 비엔나협약에서는 국제법상 강행규범의 예를 구체적으로 적시하지 않고 있다.

④ 국제재판소는 현재까지 판결에서 강행규범의 개념을 인정하지 않고 있다.

37 강행규범에 대한 설명으로 옳지 않은 것은?

① 어떠한 국제규범이 강행규범으로 되기 위해서는 그 규범의 강행적 성질이 국제공동체 전체에 의하여 수락되고 인정되어야 한다.

② 강행규범과 충돌하는 조약 규정에 근거하여 행하여진 행위의 결과는 가능한 한 제거되어야 한다.

③ 강행규범에 반하는 행위와 관련해서도 위법성 조각사유를 원용할 수 있다.

④ 강행규범은 차후의 새로운 강행규범에 의해서만 수정될 수 있다.

38 국제법상 강행규범(jus cogens)에 대한 설명으로 옳지 않은 것은?

① 조약은 그 체결 당시에 강행규범과 충돌하는 경우 무효이다.

② 새 강행규범이 출현하는 경우에 그 규범과 충돌하는 현행 조약은 무효로 되어 있다.

③ 강행규범은 동일한 성질을 가진 추후의 일반국제법 규범에 의해서만 변경될 수 있다.

④ 국제연합헌장은 집단살해, 전쟁범죄 그리고 노예제도 금지를 강행규범으로 규정하고 있다.

39 국제법상 강행규범(jus cogens)에 대한 설명으로 옳지 않은 것은?

① 1969년 조약법에 관한 비엔나협약은 강행규범을 명시하고 있다.

② 강행규범의 위반은 대세적 의무를 위반하는 국제범죄이다.

③ 강행규범은 동일한 성질을 가진 추후의 규범에 의해서만 변경될 수 있다.

④ 조약은 그 체결 당시에 강행규범과 충돌하는 경우에 무효이다

40 다음 중 조약의 상대적 무효사유에 해당하지 않는 것은?

① 국가대표의 부패   ② 사기
③ 착오   ④ 강행규범 위반

41 조약법에 관한 비엔나협약상 조약의 무효에 관한 설명으로 옳지 않은 것은?

① 일반 국제법의 강행규범과 충돌하는 조약은 당사국 간의 합의를 통해서만 유효한 것으로 인정된다.
② UN 헌장에 구현되어 있는 국제법 원칙들에 위반되는 무력 사용 또는 위협에 의해 체결된 조약은 무효이다.
③ 조약의 적법성은 조약법에 관한 비엔나협약의 적용을 통해서만 부정될 수 있다.
④ 조약의 무효를 주장하는 경우에 반드시 서면으로 다른 당사국에 통고되어야 한다.

42 다음 중 반드시 조약이 소멸한다고 볼 수 없는 것은?

① 존속기간의 만료
② 해제조건의 성취
③ 목적의 달성
④ 다자조약에서 조약의 탈퇴

43 1969년 조약법협약에 규정된 조약의 무효사유가 아닌 것은?

① 조약의 중대한 위반   ② 사기(기만)
③ 국가대표의 부패(매수)   ④ 착오

44 1969년 조약법협약 제62조가 규정하고 있는 사정변경원칙의 요건이 아닌 것은?

① 변경된 사정은 조약 체결 당시 사정과 관련된 것이어야 한다.
② 사정 변경이 이행되어야 할 의무의 범위에 관하여 미미한 영향을 주어도 무방하다.
③ 사정 변경이 당사자에 의해 예상될 수 없었던 것이어야 한다.
④ 그 사정이 조약의무에 대한 동의의 본질적 기초를 구성해야 한다.

45 조약법협약상 사정변경의 원칙의 요건으로 옳지 않은 것은?

① 사정의 존재와 조약의 구속을 받겠다는 당사자들의 의사표시는 독립적일 것
② 사정의 변화는 근본적일 것
③ 당사자가 예견할 수 없었을 것
④ 조약 체결 시에 존재하던 사정의 변화가 있을 것

46 1969년 조약법에 관한 비엔나협약상의 사정변경의 원칙에 대한 설명으로 옳지 않은 것은?

① 조약 체결 당시 당사자가 예측하지 못했던 중대한 사정 변경이 발생한 경우, 조약 체결 당시의 사정이 당사국 동의의 본질적 기초를 이루고 또한 사정 변경으로 인하여 이행해야 할 조약상 의무의 범위에 급격한 변화가 발생한 경우 예외적으로 적용된다.
② 국경선획정조약은 사정변경의 원칙이 적용되지 않는다.
③ 자국의 의무 위반으로 사정의 근본적 변경을 초래한 당사국은 이를 원용할 수 없다.
④ 사정변경의 원칙이 인정되면 조약은 자동적으로 종료된다.

47 1969년 조약법에 관한 비엔나협약상 사정변경 원칙을 원용하기 위한 요건으로 옳지 않은 것은?

① 조약체결 당시에 존재하지 않았던 사정에 관하여 변경이 발생하였을 것
② 사정 변경이 조약체결 당시에 당사자가 예견하지 못한 경우일 것
③ 사정이 근본적으로 변경된 경우일 것
④ 당해 사정의 존재가 조약의 구속을 받겠다는 당사자 동의의 본질적 기초였을 것

48 조약법 협약상 조약 해석의 일반원칙에 대한 설명으로 가장 옳은 것은?

① 조약문의 통상적 의미 내용만이 해석의 기준이 된다.
② 기본적으로 조약의 문언을 중시하고 조약의 목적도 가미하여 해석한다는 입장이다.
③ 조약문의 문언에 상관없이 조약의 취지·목적에 비추어 가장 적절하고 실효적인 해석을 해야 한다.
④ 조약문 교섭시의 사정만이 고려대상이 된다.

49 1969년 조약법에 관한 비엔나협약 상 조약의 해석 규정의 내용으로 옳은 것은?

① 조약 해석의 목적상 문맥에는 조약의 전문, 부속서 및 교섭 기록을 포함한다.
② 조약의 해석에서는 조약의 특정 용어에 대하여 당사국이 부여하기로 한 특별한 의미를 고려할 수 있다.
③ 조약의 해석에서는 관련 당사국 간의 후속 합의와 추후 관행을 참작하여야 한다.
④ 조약의 해석에서는 당사국 간의 관계에 적용될 수 있는 국제법의 관계규칙을 보충적 수단으로 이용할 수 있다.

50 조약의 변경에 대한 설명 중 옳지 않은 것은?

① 개정이란 모든 당사국에게 적용되는 조약의 변경이다.
② 수정이란 일부 당사국들 사이에서만 적용되는 조약의 변경이다.
③ 다자조약의 개정을 위해서는 당사자 모두의 동의가 필요하다.
④ 다자조약의 개정은 모든 당사자들에게 개방된 개방협정에 의해 이루어진다.

정답및해설

1	②	2	②	3	④	4	④	5	①
6	④	7	④	8	②	9	②	10	②
11	②	12	②	13	③	14	④	15	④
16	①	17	②	18	①	19	④	20	①
21	①	22	③	23	④	24	④	25	①
26	④	27	③	28	③	29	④	30	③
31	④	32	④	33	①	34	②	35	④
36	④	37	③	38	④	39	②	40	④
41	①	42	④	43	①	44	②	45	①
46	④	47	①	48	②	49	③	50	③

1 ㉠ 1969년 조약법협약은 국가 간의 문서에 의한 조약으로 한정되었다.
㉣ 비준은 전권위원이 서명한 조약을 조약체결자가 확인하는 행위이다. 조약에 비준조항이 있는 경우에도 반드시 비준하여야 할 법률상 의무는 없다.
㉤ 등록은 국가가 체결한 모든 조약을 공표하기 위해 국제기구에 통보하는 행위이다. 조약은 비준서의 교환·기탁에 의해 확정적으로 성립하고, 특별한 규정이 없는 한 이때부터 효력이 발생한다.

2 ② 1969년 비엔나 조약법협약국가 간 문서에 의한 정식조약에 한정되었다.

3 ④ 한 국가에 있어 어떠한 국가기관에게 조약체결권한이 귀속되는가는 전적으로 국내법에 의해 결정되는 사항으로, 이에 관한 국제법상의 원칙은 존재하지 않는다. 보통은 그 나라의 국가원수가 조약체결권한을 갖는다.

4 ④ 모든 주권국가는 포괄적인 조약체결권을 갖는다. 국가의 규모는 조약체결능력과 관계가 없다.

5 ① 국제기구·교전단체·민족해방운동 등도 일정한 경우 조약의 당사자가 될 수 있다.

6 ④ 국가원수·행정부수반 및 외무장관이 조약을 체결하는 경우, 상주외교사절단장이 파견국과 접수국 간의 조약 체결 시 서명하는 경우, 국제회의·국제기구 또는 국제기구의 어느 기관에서 조약문을 채택할 목적으로 파견된 국가대표, 전권위임장이 필요로 하지 않았던 것이 관계국의 의사에 의해 표시된 경우 전권위임장이 필요 없다〈조약법협약 제7조〉.

7 ④ 대통령이 임명한 정부대표가 조약을 체결하는 경우 그 권한을 증명하는 전권위임장을 제시하여야 한다.

8 ② 조약의 인증(authentication)은 조약문을 진정하고 최종적인 것으로 확정하는 절차이다. 인증은 조약문에 규정되어 있거나 교섭국이 합의한 절차가 있으면 그에 따르며, 그러한 절차가 없는 경우 교섭에 참가한 국가대표의 서명·조건부서명·가서명에 의한다.

9 ② 타방교섭국의 동의 없이는 조약문을 수정·변경할 수 없다.

10 ② 조약에 비준조항이 있는 경우에도 반드시 비준하여야 할 법률상 의무는 없다. 다만, 정당한 이유 없는 비준 거부는 국제예양상 비우호적 행위로 간주될 수 있다.

11 조약이 성립하려면 일정한 절차를 완료해야 하는데, 조약법협약에 따르면 조약은 교섭 → 조약문의 채택 → 조약문의 인증 → 조약에 의해 구속되는 데 대한 동의 → 비준서의 교환 또는 기탁 → 등록 등의 절차를 거쳐 성립된다.

12 ② 종결조항은 조약문의 채택과 동시에 효력을 발생한다.

13 ③ 조약의 UN사무국 등록은 UN기관에 대하여 원용할 수 있도록 하는 조약의 대항요건이다.

14 ④ 등록의무는 UN회원국만 있고 비회원국에게는 등록의무가 없다. 단, 자발적 등록은 가능하다.

15 ④ 조약법협약은 총의제도에 관한 규정을 두고 있지 않다.

16 ① 총의제도 : 참석국가가 많고 이해관계가 복잡하기 때문에 의견 차이가 심해서 다수결 결정이 어려운 경우 또는 소수자의 협력이 필요한 경우, 비공식 교섭을 통하여 의장단이 각 이해그룹 간의 의견 차이를 조정하거나 이해그룹 스스로 상호 간의 의견 차이를 조정하여 의견 차이가 심한 구체적 세부사항은 덮어두고, 원칙적인 사항이나 줄기가 되는 내용의 타협안을 마련하여 동 내용을 표결에 붙이지 않고 의장이 선언한 후 이의가 없으면 그대로 결정된 것으로 하는 방법이다.

17 ② 일괄타결방식 : 조약문의 채택시 각각의 조항마다 표결하고 모든 조항에 대한 표결이 종결되어 합의되지 않는 한 그 어느 조항도 채택되지 않은 것으로 간주하는 새로운 조약채택방식이다. 1982년 UN해양법협약·WTO설립협정 및 UR의 협상방식이었으며, '도하개발아젠다'의 협상 및 개정협정의 채택방법이다.

18 ① 유보란 국가가 서명·비준·수락·인준 또는 가입 시에 행하는 일방적 선언이다.

19 ④ 유보는 다자조약의 고유한 제도이며, 양자조약의 경우 원칙적으로 유보는 문제되지 않는다.

20 ① 해석선언 : 국가가 조약 또는 그 규정의 일부에 부여할 의미 또는 범위를 구체화하거나 명확히 하기 위한 의도로 행하는 일방적 선언을 말한다. 자국의 입장을 명확히 하는 것일 뿐 채택된 조약의 문언의 적용을 변경하거나 배제하기 위한 것이 아니기 때문에 유보와 구별된다.

21 ① 일정한 기한 내에 유보에 대해 이의를 제기하지 않는 것은 유보를 '수락'한 것으로 간주된다.

22 ③ 조약상 제한규정이 없는 경우에도 당해 유보가 조약의 대상·목적과 양립하지 않는 경우 유보를 할 수 없다〈조약법협약 제19조 제c호〉.

23 ④ 유보에 대하여 타당사국이 그 유보를 통보받은 후 12개월이 경과한 날과 그 타당사국이 조약에 대한 동의를 표명한 날 중 늦게 도래하는 날짜까지 이의를 제기하지 않으면 유보를 수락한 것으로 본다〈조약법협약 제20조 제5항〉.

24 ④ 예외규정이 없다. 반드시 서면으로 한다.

25 ① 달리 규정하지 않은 경우 유보의 철회에는 유보 수락국의 동의를 요구하지 않는다〈조약법협약 제22조 제1항〉.

26 ④ 조약에 의해 명시적으로 유보가 인정된 경우에는 수락이 불필요하다.

27 ③ 서면에 의해 명시적으로 수락한 경우에만 당해 제3국에게 의무가 발생한다.

28 ③ 국가대표에 대한 강박은 절대적 무효사유이다.

29 ① 절대적 무효의 경우 가분성의 원칙이 적용되지 아니한다.
② 사후의 명시적 동의 또는 묵인으로 무효가 유효로 전환되지도 않는다.
③ 침해받는 당사자뿐만 아니라 다른 어떤 당사자도 무효를 주장할 수 있다.

30 ③ 조약이 달리 규정하지 아니하는 한 제3국의 동의는 반대의 표시가 없는 동안 있는 것으로 추정된다.

31 ④ 조약당사국이 제3국에게 의무를 부과할 것을 의도하고 또한 제3국이 이를 서면에 의해 명시적으로 수락한 경우 당해 제3국에게 의무가
발생한다〈조약법협약 제35조〉.
① 제3국의 동의가 있는 경우 조약 상대성의 원칙은 수정된다.
② 제3국에 권리만을 부여하는 경우에도 제3국의 동의가 있어야 한다.
③ 제3국에 의무를 부과하는 경우 제3국의 서면에 의한 명시적 동의가 필요하다.

32 ④ 서면에 의해 명시적으로 수락한 경우에만 제3자에게 의무가 발생한다.

33 ① 가분성에 대한 문제이다. 절대적 무효의 경우 가분성이 인정되지 않는다.

34 ② ㉡, ㉣, ㉤은 조약의 정지 또는 종료 사유에 해당된다. 무효사유는 ㉠, ㉢, ㉥ 밖에도 중요한 국내법규정 위반, 착오, 사기, 국가대표에
대한 강박, 국가에 대한 강박, 강행규범 위반이 있다.

35 강행규범(jus cogens)은 일반국제법상의 강행규범이란 그로부터 어떠한 일탈도 허용되지 않으며, 그 후에 확립되는 동일한 성질의 일반국
제법규에 의해서만 수정될 수 있는 규범으로서 국가들로 구성되는 국제공동체 전체에 의해서 수락되고 승인된 규범을 말한다〈조약법협약
제53조〉.

36 ④ 강행규범의 개념은 20세기 중반까지도 국제법적 차원에서 공식적으로 인정되지 않았었다. 강행규범이 처음으로 성문화된 것은 1969년 '
조약법에 관한 비엔나협약에서이다. 하지만 국제사법재판소는 판결 과정에서 강행규범을 원용을 회피해 왔다. 그러나 1960년대부터 일부
재판관들이 계쟁사건에서 개별의견 및 반대의견을 통해 국제인권법 및 국제인도법적 규범의 강행규범적 성질을 확인하였으며, 최근 Case
Concerning Armed Activities on the Territory of the Congo(Democratic Republic of Congo v. Rwanda)에서 집단살해의 금지를 비롯한
국제인권법적 강행규범의 존재를 최초로 명시적으로 인정하였다.

37 ③ 강행규범에 반하는 행위는 위법성 조각사유를 원용할 수 없다.

38 ④ 국제연합헌장에서는 강행규범의 구체적인 범위에 대하여 규정하고 있지 않다. 노예매매 금지, 무력사용 금지, 해적행위 금지, 집단살해 금지, 국제법상 범죄의 금지, 인권존중, 주권평등, 민족자결권 등을 강행규범의 예로 들고 있는 것은 ILC보고서이다.

39 ② 조약법 협약 제53조은 강행규범과 충돌하는 조약을 규정하고 있다. 즉, 조약은 그 체결 당시에 일반국제법의 강행규범과 충돌하는 경우는 무효라고 정의하고 있다. 또한 효력 면에서 강행규범은 조약과 국제관습법 및 국가행위의 적법성에 대한 판단기준이 된다. 비엔나협약 제64조에서 새로운 강행규범이 출현하는 경우 그 규범과 충돌하는 현행 조약은 무효로 되어 종료한다고 규정한다.

40 ④ 강행규범 위반은 조약의 절대적 무효사유이다.

41 ① 조약법에 관한 비엔나협약 제53조에 따르면 조약은 그 체결 당시에 일반 국제법의 강행규범과 충돌하는 경우에 무효이다. 이 협약의 목적상 일반 국제법의 강행규범은 그 이탈이 허용되지 아니하며 또한 동일한 성질을 가진 일반 국제법의 추후의 규범에 의해서만 변경될 수 있는 규범으로 전체로서의 국제 공동사회가 수락하며 또한 인정하는 규범이다.

42 ④ 다자조약에서 탈퇴는 탈퇴국만이 조약에서 제외될 뿐 조약 자체는 존속한다.

43 ① 조약의 중대한 위반은 조약의 종료·정지사유이다.

44 ② 사정 변경의 효과가 앞으로 여전히 이행되어야 할 의무의 범위를 근본적으로 변경시키는 것이어야 한다.

45 ① 조약 체결 당시의 사정이 조약의 구속을 받겠다는 동의의 본질적 기초를 구성하였어야 한다.

46 ④ 사정변경의 원칙은 조약의 중대한 위반과 후발적 이행 불능과 함께 조약의 상대적 종료사유이다. 따라서 동 원칙은 단지 조약의 종료를 위한 원용 사유일 뿐이다.

47 ① 사정변경의 원칙 : 사정변경으로 인한 조약의 소멸이나 탈퇴를 주장하는 것은 인정되지 않는다. 다만 조약 체결 당시 존재했던 사정에 변경이 있는 경우, 당사국들이 예견하지 못한 사정인 경우, 사정이 근본적으로 변경이 있는 경우, 사정이 구속적 동의 표시의 본질적 기초인 경우, 장래 이행할 의무가 남아 있으나 이러한 의무의 범위를 근본적으로 변경시키는 경우에는 예외적으로 사정변경의 원칙을 원용할 수 있다.
　※ 사정변경의 원칙과 관련된 국제 판례
　　㉠ 1932년 자유지역 사건(PCIJ) : 사정변경의 원칙에 기초한 프랑스의 주장은 배척하였지만 원칙 자체는 인정하였다.
　　㉡ 1974년 어업관할권 사건(ICJ) : 아이슬란드의 사정변경의 원칙 주장에 대하여 근본적 변경이 아니라는 이유로 그 적용을 거부하였으나 원칙 자체는 인정하였다.
　　㉢ 1997년 가브치코보–나기마로스 사건(ICJ) : 사정변경의 원칙은 오직 예외적인 경우에만 원용 가능하다고 하면서 조약법협약의 요건을 재확인하였다.

48 ② 조약은 조약문의 문맥 속에서 조약의 용어에 부여되는 통상적 의미에 따라, 그리고 조약의 대상과 목적에 비추어 성실히 해석되어야 한다. 일반적 원칙에 의한 해석에서도 조약규정의 의미가 애매하거나 불명확하거나 또는 그 해석이 명백히 불합리한 경우 조약의 준비문서와 조약 체결 시 여러 사정을 포함한 보조수단에 의거할 수 있다. 이는 기본적으로 조약의 문언을 중시하고 거기에 조약의 목적도 가미하려는 입장이다.

49 ① 문맥에 교섭기록은 포함되지 않는다. 교섭기록은 보충적 해석수단이다.
② 당사국이 부여하기로 한 특별한 의미를 고려해야 한다. 재량규정이 아니라 의무규정이다.
④ 국제법의 관계규칙은 문맥과 함께 참작해야 하는 요소이다. 조약에 관한 당사국의 추후 합의나 추후 관행도 문맥과 함께 참작해야하는 요소이다.

50 ③ 다자조약의 개정은 다수결제도를 채택하고 있다.

03

국제법의 주체

01 국제법 주체의 의의

section 1 국제법 주체의 개념

(1) 국제법 주체의 정의

국제법 주체란 국제법상의 권리와 의무를 향유할 능력이 있고, 국제 청구를 제기함으로써 자신의 권리를 주장할 수 있는 자격이 있는 실체를 말한다.

(2) 국제법 주체의 동태적 · 상대적 성격

근대 국제법의 형성 · 발전기에 있어서는 주권을 국제법 주체성의 유일한 징표로 보았기 때문에 주권국가만이 유일한 국제법 주체로 인정되었다. 그러나 국제사회의 구조적 변화에 따른 현실적 필요성과 주체성의 징표를 국제법상 권리의무의 직접적 귀속으로 보는 현대 국제법에 있어 그 주체는 국가뿐만 아니라 국제기구, 개인, 민족 등으로 확대되었다. 다만, 현대 국제법에 있어서도 주권국가는 여전히 기본적이고 주된 주체로서의 지위에 있다.

section 2 국제법 주체의 분류

(1) 능동적 주체와 수동적 주체

국제입법과정에의 참여자격, 특히 조약체결권을 향유하는가의 여부에 따라 능동적 주체(국가 · 국제기구 · 반란단체 · 민족해방운동기구)와 수동적 주체(개인)으로 분류된다. 능동적 주체는 다시 포괄적인 능동적 주체(국가)와 제한적인 능동적 주체(국제기구 · 반란단체 · 민족해방운동기구)로 구분할 수 있다.

> **[다국적 기업과 준조약]**
> 일부 학자들은 개인, 특히 다국적 기업이 외국 정부와 체결하는 국제계약을 이른바 '준조약(quasi-treaty)' 또는 '국제화된 계약(international contract)'으로 승격시킴으로써 다국적 기업의 능동적 주체화를 시도하고 있다.

(2) 포괄적 주체와 제한적 주체

향유하는 행위능력과 권리의 범위에 따라 포괄적 주체(국가)와 제한적 주체(국제기구 · 반란단체 · 민족해방운동기구 · 개인)로 구분할 수 있다.

(3) 기본적 주체와 부차적 주체

현재 국제공동체 구조에 있어 필수 불가결한 정도에 따라 일차적 주체(국가)와 부차적 주체(국제기구 · 반란단체 · 민족해방운동기구 · 개인)로 구분할 수 있다.

(4) 시원적 주체와 파생적 주체

사실적 존재의 형성만으로서 주체성을 향유하는 것을 시원적 주체(국가)라고 하며, 국가들의 합의에 의해 주체성이 부여될 때만 주체성을 향유하는 것을 파생적 주체(국제기구 · 개인)라 한다.

(5) 영토적 주체와 비영토적 주체

국가만이 영토적 주체이며 국제기구와 개인은 비영토적 주체이다. 반란단체와 민족해방운동은 장래에 있어 영토의 취득을 목표로 한다는 점에서 준영토적 주체 또는 잠재된 영토적 주체라고 한다.

[비정부간 조직(NGO)]

- ㉠ 의의 : 국가나 국가 간의 협정에 의하여 설립되지 않았으면서도 국제문제에 관하여 중요한 역할을 하는 사적 조직을 의미한다.
- ㉡ 연혁 : 20세기 들어서면서 NGO는 국제사회에서 중요한 역할을 하기 시작하였고, UN헌장 제71조는 경제적 · 사회적 영역에 있어서 NGO의 역할을 명문으로 인정하였다.
- ㉢ 국제기구와 NGO : UN헌장 제71조는 'UN경제사회이사회는 그 권한 내에 있는 사항과 관련이 있는 비정부 간 기구와의 협의를 위하여 적절한 약정을 체결할 수 있다. 그러한 약정은 국제기구와 체결할 수 있으며 적절한 경우에는 관련 UN회원국과의 협의 후에 국내기구와도 체결할 수 있다.'고 규정하고 있다. 또한 UN전문기구들도 유사한 규정을 두어 NGO의 참여를 허용하고 있으며, 기타 다수의 국제기구들도 NGO의 존재를 공식으로 인정하고 있다.
- ㉣ 활동과 평가 : NGO는 현대 국제법과 국제관계를 이해하는 데 있어서 필수적이다. NGO는 기존의 국가 중심의 패러다임을 국경을 초월한 시민사회의 정당성을 바탕으로 와해시켜 나가고 있으며, 모든 국제질서의 규범적 정당성을 개인으로 향하게 하는 데 결정적인 역할을 해 나가고 있다. 현대 국제사회에서 NGO는 국제인권법 · 국제환경법의 형성에 주도적 역할을 하고 있으며, 1990년대에 들어서 국제경제질서의 형성에도 적지 않은 영향력을 행사하고 있다. 대인지뢰사용금지협약, 국제상설형사재판소설립협약 등은 사실상 NGO가 핵심적인 역할을 한 것으로 평가받고 있다.

1　국제법 주체에 대한 설명으로 옳지 않은 것은?

① 국제법 주체 또는 법인격의 개념은 시간과 공간에 따라 가변적인 동태적 개념이다.

② 전통 국제법하에서 국제법의 주체는 주권국가뿐이었다.

③ 현대 국제법하에서 국제기구, 개인 등의 국제법 주체성도 인정된다.

④ 현대 국제법하에서 개인은 국가와 마찬가지로 완전한 국제법 주체성을 향유한다.

2　국제법 주체에 관한 설명으로 가장 옳지 않은 것은?

① 국제법 주체란 국제법상의 권리와 의무를 향유할 능력이 있고, 국제 청구를 제기함으로써 자신의 권리를 주장할 수 있는 자격이 있는 실체를 말한다.

② 국제법 주체의 개념은 동태적·상대적 성격을 갖는다.

③ 오늘날 국제법 주체는 주권국가뿐이다.

④ 국제법 주체는 국제법상 권리·의무가 직접적으로 귀속되는 실체를 말한다.

3　'준조약'또는 '국제화된 계약'은 무엇을 지칭하는 용어인가?

① 다국적 기업이 외국 정부와 체결하는 국제계약

② 국가와 국제기구 간에 체결된 계약

③ 국제기구 상호 간에 체결된 계약

④ 다국적 기업 상호 간에 체결된 계약

4 다음 중 제한된 조약체결능력만을 향유하는 국제법 주체가 아닌 것은?

① 국제연합 ② 반란단체
③ 민족해방운동기구 ④ 다국적 기업

5 다음 중 국제법의 포괄적인 능동적 주체인 것은?

① 영세중립국 ② 국제연합
③ 세계무역기구 ④ 세계은행

6 사실적 존재의 형성만으로서 주체성을 향유하는 국제법 주체는?

① 개인 ② 국제기구
③ 다국적 기업 ④ 주권국가

7 비정부간 조직(NGO)에 대한 설명으로 가장 옳지 않은 것은?

① UN헌장은 NGO에 대하여 아무런 규정을 두고 있지 않다.
② NGO는 기존의 국가 중심의 패러다임을 국경을 초월한 시민사회의 정당성을 바탕으로 와해시켜 나가고 있으며, 모든 국제질서의 규범적 정당성을 개인으로 향하게 하는 데 결정적인 역할을 해 나가고 있다.
③ 현대 국제사회에서 NGO는 국제인권법, 국제환경법의 형성에 주도적 역할을 하고 있다.
④ 최근에 타결된 대인지뢰사용금지협약, 국제상설형사재판소설립협약은 사실상 NGO가 핵심적인 역할을 한 것으로 평가받고 있다.

8 다음 중 국제법의 능동적 주체가 될 수 없는 것은?

① 유럽연합   ② 국제통화기금
③ 국제노동기구   ④ 국제비정부 간 기구

9 국제법 주체에 관한 설명으로 가장 옳지 않은 것은?

① 국가는 포괄적인 능동적 국제법 주체이다.
② 민족해방운동에게도 일정한 경우 조약체결능력이 인정된다.
③ 보편적 국제기구인 UN은 포괄적인 능동적 국제법 주체이다.
④ 개인에게는 국제법의 능동적 주체성이 인정되지 않는다.

10 다음 내용 중 옳지 않은 것은?

① 오늘날 국제법의 정립기능은 오로지 주권국가에게만 인정된다.
② 현대 국제법에 있어서도 주권국가는 여전히 기본적이고 주된 주체로서의 지위에 있다.
③ 다국적 기업은 능동적 국제법 주체가 아니라는 것이 일반적 견해이다.
④ NGO는 국제인권법, 국제환경법의 형성에 주도적 역할을 하고 있으나, 여전히 능동적 국제법 주체성은 부정
되는 것이 일반적 견해이다.

정답및해설

1	④	2	③	3	①	4	④	5	①
6	④	7	①	8	④	9	③	10	①

1 ④ 현대 국제법에 있어서도 주권국가는 여전히 기본적이고 주된 주체로서의 지위에 있다. 개인은 수동적 · 제한적 · 파생적 · 주변적 주체에 불과하다.

2 ③ 현대 국제법에 있어 그 주체는 국가뿐만 아니라 국제기구, 개인, 민족 등으로 확대되었다.

3 ① 개인, 특히 다국적 기업이 외국 정부와 체결하는 국제계약을 이른바 '준조약(quasi-treaty)' 또는 '국제화된 계약(international contract)' 으로 승격시킴으로써 다국적 기업의 능동적 주체화를 시도하고 있다.

4 ④ 국제기구인 국제연합은 UN헌장의 목적과 기능을 수행하는 데 필요한 범위 내에서만 제한적인 조약체결능력을 갖으며 반란단체와 민족 해방운동기구도 제한된 조약체결능력이 인정된다. 다국적 기업에게도 일정한 경우 능동적 주체성을 인정하려는 견해가 있으나, 일반적으로 다국적 기업의 조약체결능력은 부정된다.

5 ① 국제법의 포괄적인 능동적 주체는 국가뿐이다. 그것이 영세중립국인지 또는 국가의 규모가 매우 작은지 여부에 관계없이 모든 주권국가 는 포괄적인 조약체결능력을 향유한다.

6 ④ 사실적 존재의 형성만으로서 주체성을 향유하는 것을 시원적 주체라 하며 주권국가가 이에 해당한다. 국제기구나 개인은 국가들의 합의 에 의해 주체성이 부여될 때만 주체성을 향유하기 때문에 파생적 주체로 분류한다.

7 ① UN헌장 제71조는 경제적 · 사회적 영역에 있어서 NGO의 역할을 명문으로 인정하였다.

8 국제법의 능동적 주체는 국가, 국제기구, 반란단체, 민족해방운동기구가 해당된다.

9 ③ 보편적 국제기구인 UN도 UN헌장상의 목적 달성과 기능 수행에 필요한 범위 내에서만 조약체결능력이 인정되는 제한적 국제법 주체이 다. 포괄적이고 능동적인 국제법 주체는 오직 주권국가뿐이다.

10 ① 국제기구 · 반란단체 · 민족해방운동기구 등도 제한된 범위 내에서 국제법의 정립기능을 갖는다.

기출문제

section 1 국가의 성립

(1) 국가의 의의

국제법상 국가란 일정한 영역에 정주하는 다수인으로 구성된 인적집단으로서 통치조직과 국제관계를 설정할 수 있는 능력을 가진 국제법 주체를 말한다.

(2) 국가의 성립요건

1933년 국가의 권리의무에 관한 몬테비데오협약 제1조는 국가의 성립요건으로 항구적 인구, 한정된 영토, 정부, 외교능력(다른 국가들과 관계를 맺을 수 있는 능력)의 4가지 요건을 규정하고 있다.

(3) 성립유형

① 창설 … 무주지에서 새로운 국가가 형성되는 것으로, 미국의 흑인노예들이 라이베리아를 건설한 것이 그 예이다.

② 분리독립 … 국가의 일부가 독립하여 새로운 국가를 형성하는 것이다.

③ 분열 … 하나의 국가가 분리되어 복수의 국가가 성립되는 것으로, 오스트리아 제국이 오스트리아, 헝가리, 체코로 분열된 것이 그 예이다.

④ 합병 … 복수의 국가가 합병하여 하나의 국가를 형성하는 것으로, 미국과 독일이 그 예이다.

section 2 국가의 유형

(1) 외교능력 제한에 따른 분류

① 주권국가 … 국제법상 완전한 권리능력과 행위능력을 가지며, 타국에 의하여 외교능력이 제한되지 않는 독립국가를 말한다.

② 반주권국가

　ⓐ 종속국
　　• 종주국의 국내법에 의해서만 국가로 인정되는 실체를 말하며 과거 유럽열강의 식민지국가들이 이에 해당한다.
　　• 종주국과 종속국의 관계는 국제관계가 아니라 종주국의 국내문제로서 국내법에 의해 규율되는 사항이며, 다만 종주국이 인정하는 범위 내에서 조약 체결 등 일정한 외교행위를 할 수 있다.

문 1933년 국가의 권리와 의무에 관한 몬테비데오협약 상 국가 성립 요건이 아닌 것은?

▶ 2012. 4. 7. 행정안전부

① 영구적 주민
　(a permanent population)
② 정부승인
　(recognition of government)
③ 명확한 영역
　(a defined territory)
④ 타 국가와 관계를 맺을 수 있는 능력(the capacity to enter into relations with other states)

정답 ②

   ⓛ **피보호국** : 조약에 의해 외교능력이 제한되고 보호국에 의해 행하여지는 국가
를 말한다. 1905년 을사조약 이후 1910년 한·일합방까지 대한제국은 일본
의 피보호국이었다.

(2) 국가 결합에 따른 분류

① **단일국가** … 한 나라가 단독으로 독립하여 있는 국가를 말한다.

② **연방국가**

   ㉠ 연방헌법에 기초하여 둘 이상의 주권국가가 통합하여 국제법상 하나의 국가
로 성립한 것을 말한다.

   ㉡ 연방국가 자체만이 국제법상 국가이며, 그 구성국(지분국)은 국제법상 국가
로 인정되지 않는다. 그러나 엄격한 요건하에서 제한적으로 구성국에게 외교
능력을 인정하는 경우도 있다.

   ㉢ 연방국가와 구성국의 관계는 연방헌법에 의해 규율되는 국내법상의 문제이다.

③ **국가연합**

   ㉠ 조약에 기초하여 둘 이상의 주권국가가 국제법상의 법인격을 상실하지 않고
대외적으로 공동정책 또는 보조를 취하기 위해 기능적으로 결합한 실체이다.

   ㉡ 국가연합에 있어 국제법상 국가는 오로지 구성국이며 국가연합 자체는 국제
법상 국가가 아니다.

   ㉢ 국가연합 및 구성국 상호 간의 관계는 국제법에 의해 규율되는 국제관계이다.

[연방국가와 국가연합]
㉠ **결합의 근거** : 연방국가는 헌법이나, 국가연합은 조약이다.
㉡ **대내적 통치권의 소재** : 연방국가는 대내적 통치권을 분점하지만, 국가연합은
대내적 통치권을 전적으로 그 구성국이 갖는다.
㉢ **대외적 통치권의 소재** : 연방국가는 원칙적으로 연방이 외교권을 갖지만, 국가
연합은 특정 사항을 제외하고는 그 구성국이 갖는다.

---

(3) 국가의 특수형태

① **영세중립국**

   ㉠ 자위를 제외하고는 일체의 무력 사용의 포기를 선언하고 외국의 전쟁에 대
해 중립의무를 부담하며, 중립의무를 위반할 우려가 있는 국제의무를 지지
않을 것을 조건으로 영구히 그 독립과 영토 보전을 국제사회에 의해 보장받
은 국가이다.

   ㉡ 오늘날 영세중립국에는 스위스, 오스트리아, 라오스, 바티칸시국 등이 있다.

② **바티칸시국** : 바티칸시국은 1929년 Lateran조약에 의하여 영세중립국이 되었다. 외교사절을 파견·접수하고 종교상의 문제에 관한 조약인 Concordat를 체결하는 등 완전한 국가이다.

③ **영연방**(British Commonwealth of Nations) : 영국의 왕관을 공통의 상징으로 하여 결합한 국제법상의 특수한 국가형태이다.

section 3 국가 승인

(1) 국가 승인의 의의

① 기존 국가가 새로 성립한 국가를 국제법 주체로 인정하는 단독행위이다.

② 국가 승인은 승인국의 일방적 의사표시라는 점에서 단독행위이며, 피승인국의 조건이 승인국의 이익에 배치되지 않는가를 주관적으로 고려한 후 내리는 승인국의 자의적·재량적·정치적 행위이다.

(2) 국가 승인의 법적 성질

① **창설적 효과설**(Triepel·Oppenheim·Kelsen·Lauterpact·Anzilotti)

  ㉠ 내용

    • 국제법은 국가 간 합의에 의해서 형성되며 신국가는 이러한 합의과정에 참여하지 않았으므로, 기존의 국제법상 권리의무를 향유하기 위해서는 기존 국가로부터 승인을 받아야 한다.

    • 승인을 받을 때까지 신국가는 국제법적으로 사실상의 존재에 불과하다.

  ㉡ 비판

    • 신국가가 A국에 의해서는 승인되었으나 B국에 의해서는 승인되지 않았다면, A국과의 관계에 있어서는 국제법 주체이고 B국과의 관계에 있어서는 국제법 주체가 아니라는 모순이 발생한다.

    • 종래 국제법 주체이던 국가가 분열 또는 합병을 한 경우 승인을 얻기 전까지 국제법 주체가 아니게 된다는 문제점이 발생한다.

② **선언적 효과설**(Verdross·Scelle)

  ㉠ 내용

    • 국가가 국내법적으로 성립하면 그때부터 당연히 국제법 주체가 된다는 견해이다.

    • 국가 승인은 사실상 성립한 국가가 본래적으로 향유하는 권리의무를 기존 국가로부터 확인·선언받는 것에 불과하다는 것이다.

    • 독일 콘티넨탈 가스회사 중재사건에서 독일-폴란드 중재법원은 선언적 효과설을 지지하였다.

ⓛ 비판 : 기존 국가의 일부가 본국과의 항쟁을 거쳐 분리·독립하는 경우 승인이 없는 한 신국가는 여전히 본국의 일부로 간주될 가능성이 있다는 문제점이 있다.

③ **절충설** … 주권의 향유와 대외적 행위를 구분하여 전자는 선언적 효과를 후자는 창설적 효과를 갖는다는 견해이다.

(3) 국가 승인의 요건

① **국내법상 국가로 성립할 것** … 영역·인민·통치조직을 갖추어 국내법상 국가로 성립하여야 한다.

② **국제법을 준수할 의사와 능력이 있어야 한다.**

(4) 승인요건과 관련된 문제

① **상조의 승인(premature recognition)** … 승인의 요건이 갖추어지기 전에 하는 승인을 말하며, 신국가가 객관적으로 명백한 요건을 결여한 경우에 부여된 승인은 무효이다. 특히, 국가의 일부가 본국으로부터 분리독립하려고 할 때 상조의 승인을 하는 것은 본국에 대한 불법한 간섭이 된다.

② **스팀슨주의(Stimson Doctrine)** … 불승인주의라고도 불리는 것으로 1932년 당시 미국 국무성장관이었던 스팀슨은 부전조약에 위반하는 방법으로 성립한 만주국을 승인하지 않을 목적으로 이 원칙을 주장하였다. 미국의 정책을 표시한 것에 불과하며, 국제법상의 일반원칙은 아니다.

> **[국가 승인의 의무 여부]**
> 신국가가 승인요건을 구비하였더라도 기존 국가의 신국가에 대한 승인의무는 없다는 것이 일반적 견해이다. 신국가에 대한 승인은 정치적·재량적 행위이며, 국가 승인의 요건이 추상적·일반적이므로 신축성 있게 해석될 여지가 많고, 국가관행을 살펴보더라도 승인요건을 구비한 신국가 승인을 거부하더라도 이는 국제예양상 부당하다고는 볼 수 있어도 국제위법행위라고까지는 말할 수 없기 때문이다. 즉, 승인은 의무적인 것이 아니고 임의적인 것으로 보아야 한다.

(5) 국가 승인의 방법

① **법률상의 승인과 사실상의 승인**

ⓐ **법률상의 승인** : 승인요건을 구비한 국가에 대해 행하는 승인방법으로 이 방법에 의해 승인의 법적 효과가 발생한다.

🔒 **스팀슨주의(Stimson Doctrine)에 대한 설명으로 옳은 것은?**
▶ 2012. 4. 7. 행정안전부

① 부전조약(不戰條約)에 위반된 방법으로 성립한 국가승인을 반대하는 것이다.
② 국제분쟁 해결수단으로서의 전쟁을 반대하는 것이다.
③ 실효적 지배력을 가지지 못한 정부의 승인을 반대하는 것이다.
④ 상조의 승인을 반대하는 것이다.

▌정답 ①

문 국제법상 국가승인에 관한 설명으로 옳지 않은 것은?

▶ 2015. 4. 18. 인사혁신처

① 사실상의 승인은 외교관계의 수립과 정치적 성격의 양자조약의 체결을 통해 이루어진다.

② 정식 외교관계의 수립과 UN 가입 신청에 대한 지지 등은 묵시적 승인에 해당하는 것으로 간주된다.

③ 승인은 일반적으로 각 국가에 의하여 개별적으로 이루어지나, 관련 국가들이 공동으로 승인을 부여하는 경우도 있다.

④ 국가가 소멸하는 경우 소멸된 국가에 대한 승인은 합법적으로 철회될 수 있다.

문 묵시적 국가승인에 해당하지 않는 것은?

▶ 2016. 4. 9. 인사혁신처

① 기존 국가가 신생국 국민에게 비자를 발급하는 것

② 기존 국가와 신생국 간에 상주 외교사절을 교환하는 것

③ 기존 국가와 신생국 간에 우호 통상항해조약을 체결하는 것

④ 기존 국가가 독립을 얻은 신생국에게 축하메시지를 보내는 것

┃**정답** ①, ①

ⓛ 사실상의 승인 : 법률상 승인을 받을 만한 요건을 구비하지 못하였거나 기타 정치적 이유로 인하여 법률상의 승인을 앞두고 과도적으로 행하는 승인방법을 말한다. 사실상의 승인은 효과면에서 법률상의 승인과 거의 같으나 그 성격이 일시적 · 잠정적이므로 외교관계나 조약관계가 보통 비공식적 · 잠정적이며, 사실상 승인 후 승인요건이 구비되어 있지 않음이 명백해지면 철회할 수 있다.

② 명시적 승인과 묵시적 승인

ⓛ 명시적 승인 : 선언 · 통고 · 조약규정 · 국제회의의 결의 등의 방법으로 승인의사를 명시적으로 표시하는 승인방법이다.

ⓛ 묵시적 승인 : 승인의사가 추정되는 행위에 의해 간접적으로 표시하는 승인방법이다.

[묵시적 승인방법]
신국가와의 외교사절 교환 · 양자조약체결 · 신국가의 국기 승인 등이 있으나, 단순한 통상교섭행위나 통상대표의 파견 · 접수는 묵시적 승인이 되지 않는다. 또한 미승인국가대표가 참가하는 국제회의에 출석하는 것만으로는 묵시적 승인으로 볼 수 없다. 다만, 신국가의 영사에게 인가장(exequatur)을 발급한 경우, 또는 신국가에게 자국영사의 인가를 요구한 경우는 묵시적 승인으로 보는 것이 국제관행이다.

③ 개별적 승인 · 집합적 승인 · 집단적 승인

ⓛ 개별적 승인 : 각 국가가 개별적으로 신국가에 대하여 행하는 승인인데, 보통 국가 승인은 이 방법으로 행해진다.

ⓛ 집합적 승인 : 복수의 국가가 신국가에 대하여 행하는 승인방법이다.

ⓒ 집단적 승인 : 다수의 국가가 일반적 국제기구(국제조직)를 매개로 하여 신국가에 대하여 집단으로 행하는 승인이다.

④ 무조건승인과 조건부승인 … 승인은 보통 조건 없이 행해지는 것이 보통이나 피승인국에게 승인의 조건으로 특별한 의무를 부담시키는 경우가 있다. 그러나 이러한 조건을 달성하지 못한다고 하더라도 일단 승인한 후에는 승인의 효과 자체에는 영향이 없고, 다만 피승인국의 의무위반문제가 생길뿐이다.

(6) 국가 승인의 효과

① 특성

ⓛ 상대성 : 승인으로 성립이 확인된 피승인국은 오직 승인국과의 관계에서만 국제법 주체성이 확인되어 일반국제법상의 권리의무를 향유하게 된다.

ⓛ 소급성 : 승인의 효과는 소급되며 승인 전에 발생한 당사국 간의 관계는 유효한 것으로 인정된다.

ⓒ 확정성 : 일단 승인이 부여되면 그것으로써 승인의 효과는 확정적으로 발생하며 철회할 수 없다. 다만, 사실상의 승인은 잠정적인 것이므로 철회할 수 있다.

② **일반적 효과** … 국가 승인으로 피승인국은 국제법적으로 국가 성립이 확인되며, 외교관계를 수립하고 조약을 체결하는 등 국제법상의 권리의무관계를 설정할 수 있게 된다.

(7) 미승인국의 지위

① **미승인국의 국제법 주체성** … 본국과의 투쟁을 거쳐 분리·독립하는 신국가의 경우 국가 승인을 받을 때까지 이론적으로 본국의 일부로 보아야 하며, 국가로서의 국제법 주체성은 인정되지 않는다. 그러나 최소한 전투 수행이나 외국인의 권익 보호에 관한 국가책임의 이행에 관하여는 국제법의 적용을 받는 국제법 주체로서의 지위가 인정된다.

② **승인과 국내재판** … 기존 국가의 국내법원이 신국가에 제소권·재판의 면제 또는 신국가의 국내적 행위의 효력을 인정하기 위해서는 국가 승인이 반드시 전제되는지 문제되는바, 국제 실행은 미승인국이 원고로서 제소하는 권리는 승인을 전제로 하는 것이 일반적이나, 피고인 경우에는 승인이 없이도 피고국가의 성립이 객관적으로 명백하면 법원이 미승인국의 재판의 면제나 그 법령의 효력을 인정한 예가 적지 않다.

section 4 정부 승인

(1) 정부 승인의 의의

① **개념** … 국내법상 비합법적 수단에 의해 성립한 정부에 대하여 타국가가 신정부를 그 국가의 대외적 대표기관으로 인정하는 단독행위를 말한다.

② **국가계속성의 원칙과 정부 승인** … 국가는 단순한 영역·인구·국명 등의 변동에 관계 없이 계속성과 동일성을 보전할 뿐 아니라, 정부의 변경에 의해서도 아무런 영향을 받지 않고 동일한 국제법 주체로서 존속한다(국가계속성의 원칙). 따라서 정부 승인은 그 국가의 대표자격자가 누구인가에 관하여, 이를 인정할 것인가의 문제이므로 국가 승인과 구별된다.

국제법상 국가승인에 대한 설명으로 옳은 것은?
▶ 2017. 4. 8. 인사혁신처
① 국가승인은 승인하는 국가와 승인받는 국가의 쌍방적 행위이다.
② 국가가 소멸하는 경우에는 국가승인의 명시적 취소가 필요하다.
③ 정부승인의 변경은 국가승인 여부에 영향을 주지 아니한다.
④ 국제기구의 가입은 신규 회원국에 대한 기존 회원국의 국가승인으로 간주된다.

정답 ③

기출문제

문 **국제법상 승인제도에 대한 설명으로 옳지 않은 것은?**
▶ 2011. 4. 9. 행정안전부

① 승인의 요건을 완전히 갖추지 못한 국가에 대한 승인을 '시기상조의 승인'이라고 한다.
② 정통주의 또는 토바르주의(Tobar Doctrine)란 일단 국가승인이 있으면 정부승인행위는 불필요하다는 주장이다.
③ 1933년 '국가의 권리와 의무에 관한 몬테비데오협약'은 국가의 성립요건으로서 '항구적 인구', '일정한 영역', '정부 및 타국과 관계를 맺을 수 있는 능력' 등을 제시하고 있다.
④ 승인은 조약규정 또는 국제회의의 결의나 공동선언을 통해 이루어질 수 있다.

(2) 정부 승인의 법적 성질

정부 승인은 국가 승인보다 훨씬 더 정치적 고려에 의해 좌우되는 정치적·재량적 행위로서 그 본질은 선언적이다(선언적 효과설).

(3) 정부 승인의 요건

① 일반적 사실상의 정부 … 신정부가 승인을 받으려면 국가의 전영역에서 현실적으로 자주적 권력을 행사하고 있어야 한다.
② 국가를 대표할 의사와 능력 … 그 국가가 갖고 있는 국제법상의 권리·의무를 준수·이행할 의사와 능력을 말한다.

(4) 승인요건과 관련된 문제

① 상조의 승인 … 정부 승인의 요건이 갖추어지지 않았음에도 불구하고 신정부를 승인하면 상조의 승인이 되어 국제법상 위법한 행위가 된다.
② 토바르주의(Tobar Doctrine) … 혁명·쿠데타 등으로 성립한 사실상의 정부는 합헌적 절차에 의해 국가원수가 선출될 때까지 승인해서는 안 된다는 주의로, 1907년 에콰도르의 외상 토바르가 정부 승인의 요건으로 헌법상의 정통성을 주장한 데서 비롯하였다. 이는 정부 승인의 요건이 아니며, 정통주의·합헌주의·월슨주의라고도 한다.
③ 에스트라다주의(Estrada Doctrine) … 1930년 멕시코의 외상 에스트라다가 토바르주의에 반대하여 주장한 주의로서, 혁명 등 비합법적으로 수립된 정부라도 이를 승인하여 외교관계를 계속해야 한다는 주의이다. 이도 역시 정부 승인의 요건은 아니며, 사실주의·제퍼슨주의라고도 한다.

[영국·코스타리카 간 Tinoco양허 중재 사건]
중재재판관 태프트는 사실상 정부가 확립되었다면 타국의 불승인과 무관하게 그 정부의 행위는 국가를 구속한다고 하였다. 이는 결국 정부 승인의 법적 성질에 관한 선언적 효과설을 인정한 것이며 간접적으로 사실주의를 확인한 것이다.

(5) 정부 승인의 방법

정부 승인의 방법은 대체로 국가 승인의 방법과 동일하다.

| 정답 ②

(6) 정부 승인의 효과

정부 승인의 효과는 국가 승인의 효과와 대체로 동일하다. 다만, 국가 승인의 경우 신국가가 승인국에 대하여 일반국제법상의 지위를 향유하고 일반국제법상의 권리·의무가 발생하는 데 불과하나, 정부 승인의 경우 신정부가 승인국에 대하여 국가를 대표하게 되며 구정부가 설정한 조약상 권리·의무까지 승계하게 된다.

section 5 기타 승인제도

(1) 교전단체의 승인

① 의의 … 중앙정부 또는 제3국이 내란 중 반도가 지방적 사실상의 정부를 수립한 경우에 이들 반도를 국제법상 전쟁주체로 승인하는 행위를 말한다. 교전단체 승인의 법적 성질은 창설적이며 재량적인 것으로 보는 것이 일반적이다.

② 요건 … 중앙정부에 의한 교전단체의 승인은 국제법상 특별한 요건을 필요로 하지 않으나, 제3국에 의한 교전단체 승인은 다음의 요건을 구비하여야 한다.
  ㉠ 무력반란이 발전되어 내란이 국제전쟁의 수준에 달하여야 한다.
  ㉡ 반도가 일정 지역을 점거하여 사실상의 지방정부를 수립하여야 한다.

③ 승인방법 … 중앙정부의 경우 체포된 병사의 포로대우 등을 통해 묵시적으로 승인하는 것이 보통이며, 제3국의 경우 중립선언의 형식으로 명시적 승인을 하는 것이 보통이다.

④ 승인의 효과 … 중앙정부와 교전단체 사이에는 전쟁법이 적용되며, 제3국은 양자에 대하여 중립국으로서의 권리의무를 갖는다. 교전단체는 자기의 행위에 대하여 국제법상 책임을 제3국에게 부담하며, 중앙정부는 교전단체 점령지역에서 발생하는 행위에 대하여 제3국에게 국제법상 책임을 지지 않는다.

(2) 반란단체의 승인

반도가 아직 교전자의 지위에 이르지 못한 경우 전쟁법규의 적용 등을 위하여 인정된 제도이다.

(3) 민족해방운동의 승인

식민지 해방의 권리는 민족자결권의 한 측면으로서 민족해방운동의 승인은 1960년 UN총회결의 (제15차) 등 수차에 걸친 결의와 다른 국제기구들에 의하여 광범위하게 인정되는 제도이다. 1993년 자치권을 획득한 PLO가 대표적인 예이다.

기출문제

📖 교전단체 승인에 대한 설명으로 옳지 않은 것은?
▶ 2018. 4. 7. 인사혁신처
① 교전단체 승인이 있는 경우 교전단체와 중앙정부 간의 무력충돌은 국제적 무력충돌로 간주된다.
② 제3국은 반란지역에서의 자국민의 이익을 보호하기 위하여 교전단체 승인을 할 필요가 있다.
③ 중앙정부에 의한 교전단체 승인의 효력은 교전단체에만 미치고 제3국에는 미치지 않는다.
④ 제3국이 반란단체와 중앙정부 간의 무력충돌에 대해 중립선언을 하는 경우 교전단체 승인이 된 것으로 볼 수 있다.

┃정답 ③

기출문제

section 6 국가의 기본적 권리 · 의무

(1) 의의

국가의 기본적 권리 · 의무란 국제관습법 및 조약에 의해 모든 국가에게 공통으로 인정되는 가장 중요한 권리 · 의무를 말한다.

(2) 주권

① 개념 … 대내적으로 최고이고 대외적으로 독립된 국가권력을 의미한다.

② 제한 … 주권은 절대적인 것이 아니고 국제법적 제한이 가능하며, 국가는 자유의사에 기초한 동의 또는 합의로 자신의 주권을 스스로 제한 · 포기 · 소멸시킬 수 있다. 조약의 체결, 국제기구에 가입하고 의무를 부담하는 것, 국제재판소의 관할권 행사에 대한 동의, 영토의 일부 이전(할양), 영토의 완전 이전(병합) 등이 그 예이다.

(3) 평등권

① 의의 … 모든 국가가 평등하게 국제법상의 권리 · 의무를 향유할 수 있는 권리를 말한다.

② 실질적 평등 개념의 도입 … 19세기 후반 이후 국제기구의 설립 등 국제사회의 조직화가 이루어지기 시작함에 따라 실질적 · 상대적 평등의 개념이 도입되고 있다. UN안전보장이사회의 상임이사국제도, IMF · IBRD 등의 가중투표제도 등은 실질적 평등개념의 반영이라 볼 수 있다.

(4) 자위권

① 의의

　㉠ 개념 : 자위권 또는 정당방위란 급박 또는 현존하는 위법한 무력공격에 대하여 국가 또는 국민을 보호하기 위하여 부득이 필요한 한도 내에서 비례적 불법조치를 행할 수 있는 국가의 기본권리를 말한다.

　㉡ 전통적 자위권과 UN헌장 제51조의 자위권 : 전통적인 국제관습법상 자위권과 오늘날 UN헌장에 규정된 자위권의 관계가 문제되는바, 국제사법재판소는 1980년 니카라과 사건에서 UN헌장의 자위권이 국제관습법상 자위권을 포함하는 것이 아니라 양자가 병존하며 그 내용이 상이하고, UN헌장 제51조는 골격조항이기 때문에 이에 명시되지 않은 사항은 국제관습법상의 규칙이 보충된다고 판시한 바 있다.

문 UN의 집단안전보장체제에 대한 설명으로 옳지 않은 것은?

▶ 2018. 4. 7. 인사혁신처

① UN헌장은 무력의 위협이나 무력 사용을 금지하고 있으므로 회원국은 무력공격에 대하여 자위권을 행사할 수 없다.

② UN헌장 제7장에 따라 국제평화와 안전의 유지에 관하여 안전보장이사회가 채택한 결정은 회원국에 대하여 구속력을 가진다.

③ 안전보장이사회는 비군사적 조치의 하나로 무역금지 등의 경제제재조치를 취할 수 있다.

④ 안전보장이사회가 군사적 조치를 취하는 경우, 그러한 조치는 회원국의 병력에 의한 봉쇄 등을 포함할 수 있다.

정답 ①

[UN헌장 제51조]

본 헌장의 어떠한 규정도 UN회원국에 대하여 무력공격이 발생한 경우 안전보장이사회가 국제평화와 안전의 유지에 필요한 조치를 취할 때까지는 개별적 또는 집단적 자위의 고유한 권리를 저해하지 않는다. 이 자위권의 행사로서 회원국이 취한 조치는 즉시 안전보장이사회에 보고되어야 한다. 또 이 조치는 안전보장이사회가 국제평화와 안전의 유지 또는 회복을 위하여 필요하다고 인정하는 행동을 언제든지 취할 수 있는 헌장에 따른 권능과 책임에 대해서는 아무런 영향을 주지 않는다.

ⓒ 자위권의 현대적 의의 : 제1차 세계대전 후 부전조약 등으로 전쟁이 금지되고 UN헌장 제2조 제4항에 의해 모든 무력행사가 금지되었으므로, 자위권은 무력행사에 대한 위법성 조각사유로서 새로운 법적 의미를 가지게 되었다.

[캐롤라인호 사건]

미국 국무장관 Webster는 영국에 보낸 항의서한에서 자위행위가 정당화되는 경우는 오직 자위의 필요가 급박해 있고, 압도적으로 다른 수단을 선택할 여지가 없으며, 숙고할 여유도 없는 경우에 한한다고 밝혔다(Webster공식). 이 정의는 제2차 세계대전 후의 뉘른베르크재판의 결정에서도 인정되었으며, 자위권 발동의 요건으로 일반적으로 수락되고 있다.

② 행사요건

　㉠ 침해되는 법익 : 자국의 영토 보전과 정치적 독립이 침해되어야 한다.

　㉡ 무력공격이 발생한 경우 : 자위권은 무력공격이 발생한 경우 행사될 수 있다.

　㉢ 자위권행사 필요성 : 자위권 행사가 현재의 무력공격에 대응할 수 있는 최후의 구제수단이어야 한다. 따라서 무력공격을 받고 일정 기간이 경과한 이후에는 자위권을 행사할 수 없다.

　㉣ 대응조치 비례성 : 필요한 한도를 넘어서는 안 되며 제3국에 대해 방어행위를 할 수 없다.

[예방적 자위권의 문제]

자위권 행사요건과 관련하여 자위권 행사는 무력공격이 현실적으로 발생한 경우에만 허용되는가, 아니면 무력공격이 확실히 임박한 경우에도 허용되는가에 대하여 긍정설과 부정설이 대립하고 있다. 긍정설은 현실적으로 핵무기 등 대량살상무기의 등장으로 무력공격의 발생 즉시 이미 피해국은 자위능력을 상실하기 때문에 무력공격의 위협이 존재할 때 예방적 자위권을 인정해야 한다는 입장이다. 이에 대하여 부정설은 UN헌장 제51조는 UN헌장 제2조 제4항에 대한 예외로서 규정된 것이므로 UN헌장의 근본취지에 비추어 무력 사용의 예외적 허용은 엄격히 해석되어야 하며, 예방적 자위권은 침략을 사실상 용인하는 결과를 가져오기 때문에 허용되지 않는다는 입장이다.

🔍 국제법상 자위권에 관한 설명으로 옳지 않은 것은?
▶ 2015. 4. 18. 인사혁신처

① 자위권은 국가의 고유한 권리로서 개별적 자위권과 집단적 자위권으로 구분된다.

② 자위권의 행사는 무력 공격에 비례하고 또한 대응에 필요한 조치의 범위 내에서만 정당화될 수 있다.

③ 자위권은 안전보장이사회가 국제평화와 안전을 유지하기 위해 필요한 조치를 취할 때까지 행사될 수 있다.

④ UN 헌장 제51조는 자위권을 행사함에 있어서 회원국이 취한 조치는 즉시 총회에 보고되어야 한다고 규정하고 있다.

🔍 다음 설명 중 옳은 것은?
▶ 2014. 4. 19. 안전행정부

① UN 헌장과 1974년 UN 총회의 침략정의 결의에 따르면 무력공격의 주체는 국가에 국한된다.

② 사법절차상 자위권을 이유로 자신의 무력사용이 정당하다고 주장하는 국가가 관련 사실관계를 입증해야 한다.

③ UN 헌장은 명시적으로 예방적 자위권에 대해서 규정하고 있다.

④ 외국에 소재하는 자국민의 보호를 이유로 군사적으로 개입하는 것은 해당 영토국의 동의가 있더라도 국제법상 허용되지 않는다.

정답 ④, ②

문 국제법 상 자위권(right of self-defence)에 대한 설명으로 옳지 않은 것은?

▶ 2012. 4. 7. 행정안전부

① UN헌장 상 합법적으로 무력을 사용할 수 있는 권리이다.
② 상대국의 위법한 무력사용이 선행되는 경우에만 가능하다.
③ 개별적 행사는 가능하나 집단적 행사는 인정되지 않고 있다.
④ 급박하고 현존하는 무력공격에 대하여 발동할 수 있다.

문 국제연합(UN) 헌장 상 자위권에 대한 설명으로 옳지 않은 것은?

▶ 2019. 4. 6. 인사혁신처

① 무력공격을 받은 국가는 안전보장이사회가 침략국에 대해 경제제재 조치를 취하면 피(被)점령상태가 지속되고 있더라도 자위권 행사를 계속할 수 없다.
② 국제사법재판소는 국제법상 자위권이 조약상 권리이면서 국제관습법상 고유한 권리로도 병존하고 있다고 밝혔다.
③ 비정규군이나 무장단체의 무력행사는 무력공격에 해당될 수 있으나, 반군에 대한 단순한 무기·병참지원은 해당되지 않는다.
④ 집단적 자위권은 무력공격의 직접적 피해자가 아닌 제3국이 독자적으로 판단하여 행사할 수는 없다.

정답 ③, ①

③ 자위권의 통제

　㉠ 시간적 통제 : 자위권 행사는 UN안전보장이사회가 국제평화와 안전의 유지에 필요한 조치를 취할 때까지만 인정된다.
　㉡ 사후통제 : 자위권은 행사 후 즉각 UN안전보장이사회에 보고되어야 한다.

④ 집단적 자위권

　㉠ 의의 : 다른 국가에 무력공격이 가해진 경우 자국의 독립과 안전이 그 국가의 그것과 동일시될 만큼 밀접한 관계가 있는 경우 그 무력공격에 대하여 자위조치를 행할 수 있는 권리이다. 최근 미국에 대한 9·11 테러공격에 대하여 NATO가 설립 이래 최초로 집단적 자위권을 원용한 바 있다.
　㉡ 필요성 : UN헌장 제53조에 규정된 지역적 협정에 의한 강제조치는 안보리의 허가를 얻어야 하므로 급박한 경우 지역적 협정체제를 보완한다는 의미를 갖는다. 이 밖에도 개별적 자위권과 UN헌장 제7장에 의한 집단적 강제조치를 보완한다는 의미도 갖는다.
　㉢ 요건 : 한 국가에 대한 공격행위가 곧 다른 국가에 대한 공격으로 간주될 만큼 국가 상호 간의 관계가 지리적으로나 기타 특수한 사정으로 긴밀한 경우 공동방어의 필요성에서만 인정된다. 국제사법재판소는 개별적 자위권의 요건에 더하여 피해국의 요청을 추가적으로 요구하고 있다.

(5) 국내문제불간섭의무

① 의의 … 주권의 대내적 측면을 국내관할권이라고 부를 수 있는데, 이에 대응하여 어느 국가도 타국관할권에 속하는 사항, 즉 국내문제에 대해서는 간섭해서는 아니 된다는 의무가 부과된다.

② 국내문제 … 국내관할권에 속하는 사항, 즉 국제법이 국가에 의한 규율에 일임하고 있는 사항을 말한다. 국내문제와 국제문제 사이의 경계 설정은 본질적으로 상대적인 문제로서 국제관계의 발전에 달려 있다(1923년 튀니지·모로코 국적법 사건, PCIJ). 전통적으로 국내문제로 간주되는 사항에는 정부형태를 비롯한 헌법상의 문제, 출입국·이민문제, 국적문제 등이 있다.

③ 간섭의 의미 … 간섭이란 정당한 권리 없이 타국의 의사에 반하여 타국의 국내문제에 개입하는 행위를 말한다. 간섭의 범위를 무력의 위협 또는 그 행사로 한정하려는 견해도 있으나, 정치적·경제적 간섭도 포함된다고 본다.

④ 적법한 간섭 … 자위를 위한 간섭, 조약에 의한 간섭, 권리 남용에 대한 간섭, 국제법 위반에 대한 간섭, 정통정부 요청에 의한 간섭 등은 적법한 간섭으로 본다. 인권 보호를 위한 간섭에 대해서는 견해가 대립하고 있다.

⑤ UN헌장 제2조 제7항과 국제연맹규약 제15조 제8항

    ㉠ **UN헌장 제2조 제7항** : 본 헌장의 어떠한 규정도 본질적으로 어느 국가의 국내관할권에 속하는 사항에 간섭할 권한을 UN에 주지 않으며, 또 그러한 사항을 본 헌장에 기인하여 해결하도록 회원국에 대하여 요구하지도 않는다. 단, 이 원칙은 제7장에 규정된 강제조치의 적용을 방해하는 것은 아니다.

    ㉡ **국제연맹규약 제15조 제8항** : 분쟁당사국의 일방이 그들 사이의 분쟁이 국제법상 오로지 그 당사국의 국내관할권에 속한 사항에 관하여 발생한 것이라고 주장하고, 연맹이사회가 그렇게 인정한 경우에는 연맹이사회는 그 취지를 보고하고 또한 그 분쟁의 해결에 관한 아무런 권고도 하지 않아야 한다.

[UN헌장 제2조 제7항과 국제연맹규약 제15조 제8항의 차이]

㉠ UN헌장은 본질적으로라는 표현을 사용하여 유보영역이 확대된 듯한 인상을 주지만 UN의 실제 관행은 그렇지 않다.

㉡ 연맹규약은 분쟁 해결에 관련된 문제만을 다루고 있는 데 반해, UN헌장은 모든 영역에 걸친 일반 규정으로 유보영역이 확대된 듯한 해석을 할 수 있다.

㉢ UN헌장은 판단기관이 명시되어 있지 않으며, 객관적 판단기준으로서 국제법도 삭제되어 있다.

㉣ UN헌장은 연맹규약과는 달리 강제조치분야는 제외한다고 명시하고 있다.

---

section 7 국가 승계

(1) 국가 승계의 의의

국가 승계에 관한 비엔나협약에 따르면 국가 승계(국가 상속)란 어떤 영토에 대한 국가 책임이 일국에서 타국으로 대체(이전)되는 것을 말한다. 즉, 일정한 지역을 통치하는 국가 또는 통치주체 자체의 변경으로 그때까지 통치하던 선행국의 조약 및 기타 권리가 승계국에게 승계되는 것을 의미한다.

(2) 조약의 승계

① 조약 승계에 관한 원칙

    ㉠ 백지출발주의

      • 승계국은 선행국이 체결한 조약에 대해서는 제3자이므로 이를 승계하지 않는 것이 원칙이다.

      • 동맹조약과 범죄인인도조약 등의 인적 조약은 원칙적으로 승계되지 않는다.

기출문제

ⓛ 계속주의
 • 백지출발주의의 예외로서 선행국이 체결한 특정 조약은 승계국이 승계해야 한다는 원칙이다.
 • 일반국제관습법, 국제강행규범을 내용으로 하는 조약은 승계되며 또한 국경획정조약, 영토할양조약, 국제운하·중립지역·내륙국의 인접국 항구사용권설정조약 등의 물적 조약도 승계되는 것이 원칙이다.
 ⓒ 조약경계이동원칙 : 승계국의 영역이 변화함에 따라 승계국이 체결한 조약 역시 그 지역적 효력이 변한다는 원칙이다.
② 1978년 조약의 국가 승계에 관한 비엔나협약
 ⓐ 처분적 조약 : 국경선관련조약과 비무장지대 설정, 외국통행권 보장을 내용으로 하는 지역권설정조약 같은 처분적 조약은 승계되는 것이 원칙이다.
 ⓑ 비처분적 조약
 • 영토의 일부 이전 : 한 국가의 영토가 타국가의 영토의 일부가 되는 경우, 전통적 원칙인 '국경선이동의 원칙'에 따라 당해 영토에서 선행국이 체결한 조약의 적용은 정지되고 승계국이 체결한 조약이 적용된다.
 • 신생독립국 : 백지출발주의를 원칙으로 한다.

[전통적인 신생독립국의 조약승계방식]
 ⓐ 니에레레 방식 : 독립 후 일정기간 내에 승계에 관해 합의되지 못한 조약은 원칙적으로 자동소멸하는 방식이다(조약 소멸을 원칙으로 하는 방식).
 ⓑ 잠비아 방식 : 국제관습법을 기준으로 한 조약승계 심사 결과 명시적인 소멸의 의사가 없는 한 일응승계를 인정하는 방식이다(조약 승계를 원칙으로 하는 방식).

 • 국가들의 통합 : 계속주의를 원칙으로 한다.
 • 국가의 분리 : 전임국의 영토 전체에 적용되던 조약은 계속 적용되며, 전임국 영토의 일부에만 적용되던 조약은 당해 영토의 신국가에만 적용된다.

(3) 국가재산·문서·부채의 승계

① 국가재산
 ⓐ 신생독립국 : 승계영토 내에 위치한 전임국의 국유부동산은 신생독립국에 이전되며, 승계영토에 대한 전임국의 활동과 관련된 국유동산도 신생독립국에 이전된다.
 ⓑ 합병 : 전임국의 국유재산은 당연히 신국가에 이전된다.
 ⓒ 영토 일부 이전·분리독립·분열 : 달리 합의가 없으면 승계영토 내에 위치한 전임국의 국유부동산과 승계영토에 대한 전임국의 활동과 관련된 전임국의 국유동산은 승계국에 이전된다.

1978년 조약승계에 관한 비엔나 협약 의 내용에 대한 설명으로 옳은 것은?
▶ 2019. 4. 6. 인사혁신처
① 승계국이 선임국의 영역 일부를 승계한 경우에는 선임국의 비(非)국경조약이 해당 영역에 계속 적용된다.
② 선임국이 승계국에 병합된 경우 승계국은 선임국이 체결했던 국경조약에 구속되지 않는다.
③ 신생국은 해당 영역에 적용되던 선임국의 비(非)국경조약을 계속 인정할 의무가 없다.
④ 승계국은 선임국이 당사국인 기본적 인권과 권리에 관한 조약을 자동적으로 승계한다.

정답 ③

② 국가문서 … 영토의 일부 이전시에는 합의에 따라, 그 외의 경우에는 자동 승계된다.

③ 국가부채
  ㉠ 신생독립국 : 원칙적으로 전임국의 어떠한 부채도 이전되지 않는다.
  ㉡ 합병 : 전임국의 부채는 신국가로 이전된다.
  ㉢ 영토 일부 이전·분리독립·분열 : 달리 합의가 없으면 형평한 비율로, 특히 그 국가부채와 관련하여 신국가에 이전되는 재산·권리·이익을 고려하여 신국가에 이전된다.

(4) 기타
① 국가 승계와 국적 … 승계대상지역의 전임국가 국민은 원칙적으로 영토주권의 변경과 더불어 승계국의 국적을 취득한다.
② UN회원국의 지위 … 영토의 일부 이전의 경우 새로운 국가가 탄생하는 것이 아니기 때문에 별도로 UN에의 가입이 요구되지 않으나, 신생국·분리독립·분열의 경우 별도로 UN에 가입하는 것이 원칙이다.

1 1933년 국가의 권리·의무에 관한 몬테비데오협정 제1조에서 국제법상 국가의 성립요건으로 규정하고 있지 않은 것은?

① 항구적 인구　　　　　　　　　　② 한정된 영토
③ 정부　　　　　　　　　　　　　　④ 정통성

2 국가 형태에 관한 설명 중 옳지 않은 것은?

① 피보호국은 조약에 의해 행위능력 또는 외교능력이 제한된다.
② 종속국은 종주국의 국내법에 의해 행위능력 또는 외교능력을 갖는다.
③ 스위스, 오스트리아, 바티칸시국은 현존하는 영세중립국이다.
④ 국가연합은 연방헌법에 기초한 국가결합형태이다.

3 영세중립국은 법적으로 어떠한 국가를 말하는가?

① 전시에 중립을 지킬 뿐 아니라 평시에 장래 타국들의 전쟁에 휩쓸려 들어갈 위험이 있는 행동을 하지 않을 의무를 진 국가이다.
② 강대국 간의 충돌구실을 하는 국가이다.
③ 전시중립국과 같은 의미이다.
④ 타국들의 정치적 문제에 일절 개입하지 않는 국가이다.

4 영세중립국에 관한 설명 중 옳지 않은 것은?

① 전쟁능력이 없다.   ② 완전한 국제법상 주체이다.

③ 완충국이다.   ④ UN에 가입할 수 있다.

5 다음 중 중립국에 대한 설명으로 옳지 않은 것은?

① 중립국은 교전국의 일방에 대하여 직접 또는 간접으로 전쟁 수행에 관계되는 원조를 부여하지 않을 의무를 진다.

② 중립국은 자국영역이 교전국의 전쟁목적에 이용되는 것을 방지할 의무를 진다.

③ UN이 안전보장이사회의 결의에 따라 UN헌장 제7장상의 강제조치를 취하는 경우 중립국은 강제조치에 참가하지 않을 의무를 진다.

④ 중립국은 교전국이 전쟁법상의 권리에 의거하여 행한 행위를 묵인하여야 한다.

6 종교문제에 관하여 교황청이 다른 나라와 체결하는 조약을 지칭하는 용어는?

① concordat   ② convention

③ agreement   ④ protocol

7 스팀슨주의(Stimson Doctrine)란?

① 기존 국가들은 신생국을 승인할 의무가 있다는 주장이다.

② 국제법을 위반하는 방법으로 수립된 신생국에 대한 승인을 거부하는 입장이다.

③ 정부 승인을 조건으로 민주적 정통성 확립을 요구하는 입장이다.

④ 기존 국가들은 신생국의 합법성을 판단할 자격이 없다는 입장이다.

8 정부 승인과 관련 있는 이론이 아닌 것은?

① 에스트라다주의　　　　　　　　② 토바르주의

③ 스팀슨주의　　　　　　　　　　④ 제퍼슨주의

9 사실상 승인의 효과로서 타당하지 않은 것은?

① 국제법 주체성을 사실상 인정받게 된다.

② 사실상 승인은 철회할 수 없다.

③ 국가 간 관계가 잠정적·과도적·일시적이다.

④ 법률상의 승인과 효과면에서 차이가 있는 것은 아니다.

10 다음 중 당사자에 의한 다른 의사표시가 없는 한 일반적으로 국가에 대한 묵시적 승인으로 볼 수 있는 것을 모두 고르면?

㉠ 상주외교사절의 접수와 파견	㉡ 우호통상항해조약의 체결
㉢ 다자간 국제회의에 동시 참석	㉣ 통상대표부의 설치

① ㉠, ㉡　　　　　　　　　　② ㉠, ㉢

③ ㉡, ㉣　　　　　　　　　　④ ㉢, ㉣

11 다음 중 신국가의 승인으로 볼 수 있는 것은?

① 미승인국 대표가 참가하는 국제회의에 출석

② 신국가 영사에게 인가장을 발급하는 경우

③ 통상대표의 파견과 접수

④ 신국가가 참가하고 있는 다자조약에의 가입

12 다음 중 국가 승인으로 간주되는 것은?

① 신생독립국가에 축하메시지 송달
② 무역사절단 파견
③ 다자조약의 공동체약국
④ 신생독립국가의 국민에 대한 비자 발급

13 국가 승인행위로 볼 수 없는 것은?

① 통첩에 의한 승인의사의 표명
② 국회나 국무회의 등에서 표명하는 선언
③ 양국 간 우호통상항해조약
④ 통상대표부의 파견 · 접수

14 국가 승인과 관련된 다음 설명 중 옳지 않은 것은?

① 승인은 동의를 요하지 않는 일방적 행위이다.
② 승인은 정치적 고려에서 행하여질 수 있다.
③ 승인은 조건부로 행하여질 수 있다.
④ 외교관계의 단절은 승인의 철회로 간주된다.

15 혁명으로 정권이 교체되었을 경우 구정부가 외국과 체결한 조약상의 의무는?

① 합법적인 정권의 승계가 아니므로 구조약상의 의무도 승계되지 않는다.
② 정권 교체의 합법성 여부는 국가의 동일성에는 영향을 줄 수 없는 것이므로 구조약의 의무도 승계된다.
③ 신정부의 태도에 달려 있다.
④ 신정부와 구조약 당사자 간의 새로운 합의에 따른다.

16 국제법상 국가승인에 관한 설명으로 옳지 않은 것은?

① 사실상의 승인은 외교관계의 수립과 정치적 성격의 양자조약의 체결을 통해 이루어진다.

② 정식 외교관계의 수립과 UN 가입 신청에 대한 지지 등은 묵시적 승인에 해당하는 것으로 간주된다.

③ 승인은 일반적으로 각 국가에 의하여 개별적으로 이루어지나, 관련 국가들이 공동으로 승인을 부여하는 경우도 있다.

④ 국가가 소멸하는 경우 소멸된 국가에 대한 승인은 합법적으로 철회될 수 있다.

17 국가승인제도에 대한 설명 중 옳지 않은 것은?

① 신생국가는 반드시 기존 국가의 국가승인행위가 있어야만 국제법 주체가 될 수 있다는 데 학설과 국제 실행이 일치되어 있다.

② 국가 승인 이전의 국가는 사실상의 존재에 지나지 않는 것으로서 국제법 주체성이 전면적으로 부정된다는 견해가 창설적 효과설이다.

③ 국가 승인의 일반적 효과는 새로이 성립한 국가에 국제법 주체성을 인정하는 것이다.

④ 조건부 승인에 있어서 조건의 불이행이 있다고 해서 승인이 무효가 되는 것은 아니며, 다만 의무 불이행에 대한 국가책임문제가 발생할 뿐이다.

18 오늘날 주장되고 있는 '명시적 정부 승인불필요론'의 기초가 된 것은?

① 토바르주의(Tobar Doctrine)

② 에스트라다주의(Estrada Doctrine)

③ 스팀슨주의(Stimson Doctrine)

④ 할슈타인주의(Hallstein Doctrine)

19 다음 중 각국은 다른 국가의 신정권에 대하여 그 성립이나 법적 자격의 정당성 여부 등 국내문제에 대한 가치판단을 하는 것을 억제하여야 하며, 국가로서 이미 승인되어 있는 이상 그 국내에서 혁명에 의하여 정부가 교체되더라도 정부승인행위는 불필요하며 외교관계의 지속 여부만을 결정하면 된다는 것을 내용으로 하는 정책은?

① 에스트라다주의　　　　　　　　　② 윌슨주의
③ 토바르주의　　　　　　　　　　　④ 불승인주의

20 국가승인에 대한 설명으로 옳지 않은 것은?

① 국가는 영사특권을 부여하겠다는 구상서로써 미승인국을 승인할 수 있다.
② 국제연합(UN) 회원국으로서의 가입이 그 국가에 대한 기존 UN회원국의 집단적 승인으로 해석되지 않는다.
③ 국가승인제도는 1930년의 에스트라다주의(Estrada Doctrine)로 점차 대체되었다.
④ 선언적 효과설에 따르면 국가성(statehood)을 갖춘 국가는 타국의 승인여부와 무관하게 국제법 주체로 인정된다.

21 묵시적 국가 승인이라 볼 수 없는 것은?

① 상임외교사절의 교환　　　　　　　② 포괄적인 양자조약의 체결
③ 신생국 국기의 승인　　　　　　　④ 통상대표부의 설치

22 국가 승인에 관한 설명 중 옳지 않은 것은?

① 우호통상항해조약의 체결은 묵시적 국가 승인으로 간주된다.
② 외교관계의 수립은 묵시적 국가 승인으로 간주된다.
③ 조건부로 승인하였을 경우 그 조건이 성취되지 않으면 승인은 무효로 된다.
④ 외교관계의 단절이 반드시 국가 승인의 철회를 의미하는 것은 아니다.

23 신국가 또는 신정부가 국제법위반의 결과로 생겨난 경우는 제외하되, 국가들은 사실상의 요건을 구비한 신국가나 신정부를 승인할 의무가 있다는 내용의 주장은?

① 라우터팍트 독트린   ② 브레즈네프 독트린

③ 드라고 독트린   ④ 칼보 독트린

24 승인에 관한 설명으로 옳지 않은 것은?

① 창설적 효과설에 따르면 신국가는 외국의 승인을 받을 때까지 국제법상 존재하는 것이 아니다.

② 승인은 일방적 재량행위이다.

③ 상조의 승인도 일단 부여된 이상 유효한 것이 국제법상의 원칙이다.

④ 에스트라다주의의 등장은 명시적 정부 승인제도의 쇠퇴를 시사하고 있다.

25 국가 승인의 효과에 관한 설명 중 옳지 않은 것은?

① 상대적 효과를 가진다.

② 법률상 승인의 경우 피승인국 지위에 본질적인 변경이 있지 않은 한 철회할 수 없다.

③ 원칙적으로 소급효를 가지지 아니한다.

④ 사실상의 승인은 철회가 가능하다는 점에서 그 효과가 잠정적이다.

26 국가는 단순한 영역·인구·국명 등의 변동에 관계없이 계속성과 동일성을 보전할 뿐 아니라, 정부의 변경에 의해서도 아무런 영향을 받지 않고 동일한 국제법 주체로서 존속한다는 원칙은?

① 국가계속성의 원칙   ② 주권평등의 원칙

③ 무력사용금지의 원칙   ④ 가분성의 원칙

27 중앙정부 또는 제3국이 내란 중 반도가 지방적 사실상의 정부를 수립한 경우에 이들 반도를 국제법상 전쟁주체로 승인하는 행위는?

① 사실상의 승인　　　　　　　　　　② 정부 승인

③ 묵시적 승인　　　　　　　　　　　④ 교전단체 승인

28 다음 설명 중 옳은 것은?

① 중앙 정부가 자신을 상대로 반란을 일으킨 단체를 교전단체로 승인한 경우 생포된 교전단체 소속 전투원은 포로의 지위를 누린다.

② 정당성이 없거나 억압적인 체제에 대항하고, 민주적 정부체제를 지지하거나 수립하기 위한 무력개입은 국제관습법에서 인정된다.

③ 타국 내에서 극악한 인권침해로 인하여 대규모 난민이 발생하거나 전국적으로 인도에 반한 죄가 빈번한 경우 어느 국가든지 '보호책임법리'에 의하여 그 국가에 대해서 무력을 사용하는 것이 국제관습법에서 인정된다.

④ 어느 국가의 인도주의적 위기 사태로 인하여 발생한 다수의 실향민이나 난민에게 구호품이 안전하게 전달되도록 하기 위하여 외국의 군대가 출동하는 경우 UN 안전보장이사회는 이를 불법적인 무력사용으로 간주하여 허가한 적이 없다.

29 UN헌장은 국가의 개별적 자위권과 집단적 자위권을 인정하고 있다. 다음 중 UN헌장상 자위권을 행사할 수 있는 경우를 가장 옳게 설명한 것은?

① 상대국의 무력공격의 발생을 조건으로 하나 안전보장이사회에 보고할 의무와 안전보장이사회의 필요한 조치가 과해질 때까지만 가능하다.

② 자위권의 행사는 안전보장이사회의 조치와 병행될 수 있다.

③ 안전보장이사회의 사전허가가 있을 때 가능하다.

④ 안전보장이사회에 보고할 의무는 없다.

30 국가의 권리·의무에 관한 설명 중 옳지 않은 것은?

① 분쟁의 평화적 해결의무는 국제사법재판소가 강제관할권을 가지고 있음을 전제로 한다.
② 오늘날 무력사용뿐만 아니라 무력사용의 위협도 원칙적으로 금지된다.
③ 국제관계에서 모든 국가는 법적으로 평등하다.
④ UN헌장 제51조에 의하면 집단적 자위권도 국가의 고유한 권리에 속한다.

31 다음 중 자위권에 관한 설명 중 옳지 않은 것은?

① UN헌장에 의하면 회원국에 대하여 무력공격(armed attack)이 발생한 경우 자위권이 인정된다.
② UN헌장은 자위권을 국가의 고유한 권리(inherent right)로 인정하고 있다.
③ 국제사법재판소(ICJ)는 자위권 행사의 정당성을 심사하는 유일한 기관이다.
④ 자위권의 행사에는 비례성의 원칙을 고려해야 한다.

32 국제법상 자위권에 대한 설명으로 옳지 않은 것은?

① 「국제연합헌장」 제51조는 개별적 자위권뿐만 아니라 집단적 자위권도 국가의 고유한 권리로 인정하고 있다.
② 국제사법재판소는 니카라과 사건에서 「국제연합헌장」 제51조의 자위권이 기존의 국제관습법상 자위권 개념을 모두 포섭하고 있다고 보았다.
③ 국제사법재판소는 Oil Platforms 사건에서 자위권을 행사하기 위한 무력공격의 존재 여부에 대한 입증책임이 피침국에 있다고 확인하였다.
④ 국제사법재판소는 Oil Platforms 사건에서 사망자가 없는 함정 피격에 대응하여 순양함을 포함한 여러 척의 해군 함정과 비행기를 공격한 행위가 자위권 행사의 비례성 요건을 위반하였다고 판단하였다.

33 자위권에 관한 설명 중 옳지 않은 것은?

① 국가의 기본권이다.

② UN헌장에서도 인정되고 있다.

③ 어떠한 제한이나 통제도 받지 않는다.

④ UN헌장은 집단적 자위권도 인정하고 있다.

34 UN헌장 제51조가 규정한 자위권 남용에 대한 통제로 볼 수 없는 것은?

① 자위권행사기간의 제한

② 집단적 자위권의 인정

③ 자위권발동사유의 한정

④ 안전보장이사회의 독자적 권능 인정

35 국제법상 자위권에 관한 설명으로 옳지 않은 것은?

① 자위권은 국가의 고유한 권리로서 개별적 자위권과 집단적 자위권으로 구분된다.

② 자위권의 행사는 무력 공격에 비례하고 또한 대응에 필요한 조치의 범위 내에서만 정당화될 수 있다.

③ 자위권은 안전보장이사회가 국제평화와 안전을 유지하기 위해 필요한 조치를 취할 때까지 행사될 수 있다.

④ UN 헌장 제51조는 자위권을 행사함에 있어서 회원국이 취한 조치는 즉시 총회에 보고되어야 한다고 규정하고 있다.

36 국제법상 국가가 보유할 수 있는 권리나 지위에 관한 항목으로 옳지 않은 것은?

① 주권

② 평등권

③ 자위권

④ 국제사법재판소에 대한 권고적 의견요청권

37 국제법상 국내문제에 대한 설명으로 옳지 않은 것은?

① 국가가 임의로 처리할 수 있는 사항으로서, 원칙적으로 국제법의 규율을 받지 않는 것을 말한다.

② 국가가 주권적으로 존재하는 한 국내문제는 완전히 소멸하지 않는다.

③ 국내문제의 내용 또는 범위는 고정적인 것이다.

④ 헌법상의 통치구조문제는 대표적인 국내문제이다.

38 다음 중 국내문제불간섭원칙에 관한 설명으로 옳지 않은 것은?

① 타국의 국내문제에 간섭해서는 아니 된다는 원칙으로 UN헌장 제2조 제7항에서 규정하고 있다.

② 국내문제불간섭원칙은 UN헌장 제7장에 의한 강제조치의 적용을 방해하지 않는다.

③ 간섭이란 일반적으로 어느 국가가 자신의 의사를 다른 국가에 강제하는 것을 말한다.

④ 오늘날 일국이 타국의 조직적인 국내인권침해사태에 임의로 무력간섭을 할 수 있다는 것은 국내문제불간섭의 예외로서 널리 인정되고 있다.

39 국제법상 국내문제불간섭원칙에 대한 설명으로 옳지 않은 것은?

① 국내문제는 국가의 대내적 문제와 대외적 문제를 포함하므로, 영토적 개념에 기반을 두지 않는다.

② 국제사법재판소(ICJ)는 1986년 Nicaragua 사건에서 미국의 니카라과에 대한 경제원조의 중단은 관습법상 동 원칙의 위반으로 볼 수 없다고 판결하였다.

③ 일국이 타국의 문제에 개입할 경우 그것이 강제적인 것이 아닐지라도 간섭에 해당한다.

④ 「UN헌장」 제2조제7항에 따르면 본질상 국내 관할권 안에 있는 사항에 대하여는 UN도 간섭할 수 없다.

40 다음 설명 중 옳은 것은?

① UN 헌장과 1974년 UN 총회의 침략정의 결의에 따르면 무력 공격의 주체는 국가에 국한된다.

② 사법절차상 자위권을 이유로 자신의 무력사용이 정당하다고 주장하는 국가가 관련 사실관계를 입증해야 한다.

③ UN 헌장은 명시적으로 예방적 자위권에 대해서 규정하고 있다.

④ 외국에 소재하는 자국민의 보호를 이유로 군사적으로 개입하는 것은 해당 영토국의 동의가 있더라도 국제법 상 허용되지 않는다.

41 국내문제불간섭의 의무에 관한 설명으로 옳지 않은 것은?

① 국내문제는 국가가 독립적 · 배타적으로 처리할 수 있는 관할권 범위 내에 있는 사항을 의미한다.

② 무력적 간섭을 포함한 국가의 의사를 강제하는 모든 형태의 간섭이 금지되고 있다.

③ 국내문제에 대해서는 안전보장이사회의 의결에 의한 강제조치가 이루어질 수 없다.

④ 국내문제의 범위는 점차 축소되고 있다.

42 UN헌장 제2조 제7항과 국제연맹규약 제15조 제8항의 공통점은?

① 자위권
② 긴급피난
③ 국가책임
④ 국내문제불간섭

43 백지출발주의에 대한 설명으로 옳지 않은 것은?

① 승계국은 선행국이 체결한 조약, 특히 인적 조약은 승계하지 않는 원칙이다.
② 백지출발주의의 예외로서 계속주의가 적용되는 경우가 있다.
③ 동맹조약, 범죄인인도조약 등은 백지출발주의가 적용되는 전형적인 인적 조약이다.
④ 일반국제관습법을 내용으로 하는 조약에도 백지출발주의가 적용된다.

44 전통적인 신생독립국의 조약승계방식 중 국제관습법을 기준으로 한 조약승계심사 결과 명시적인 소멸의 의사가 없는 한 일응승계를 인정하는 방식은?

① 백지출발주의
② 니에레레방식
③ 잠비아방식
④ 에스트라다주의

45 1978년 「조약승계에 관한 비엔나협약」의 내용에 대한 설명으로 옳은 것은?

① 승계국이 선임국의 영역 일부를 승계한 경우에는 선임국의 비(非)국경조약이 해당 영역에 계속 적용된다.
② 선임국이 승계국에 병합된 경우 승계국은 선임국이 체결했던 국경조약에 구속되지 않는다.
③ 신생국은 해당 영역에 적용되던 선임국의 비(非)국경조약을 계속 인정할 의무가 없다.
④ 승계국은 선임국이 당사국인 기본적 인권과 권리에 관한 조약을 자동적으로 승계한다.

정답및해설

1	④	2	④	3	①	4	①	5	③
6	①	7	②	8	③	9	②	10	①
11	②	12	①	13	④	14	④	15	②
16	①	17	①	18	②	19	①	20	③
21	④	22	③	23	①	24	③	25	③
26	①	27	④	28	①	29	①	30	①
31	③	32	②	33	③	34	②	35	④
36	④	37	③	38	④	39	③	40	②
41	③	42	④	43	④	44	③	45	③

1 1933년 국가의 권리·의무에 관한 몬테비데오협약 제1조는 국가의 성립요건으로 항구적 인구, 한정된 영토, 정부, 다른 국가들과 관계를 맺을 수 있는 능력(외교능력)을 규정하고 있다.

2 ④ 국가연합은 조약에 기초하여 둘 이상의 주권국가가 국제법상의 법인격을 상실하지 않고, 대외적으로 공동정책 또는 보조를 취하기 위해 기능적으로 결합한 실체이다. 국가연합에 있어 국제법상 국가는 오로지 구성국이며 국가연합 자체는 국제법상 국가가 아니다. 국가연합 및 구성국 상호 간의 관계는 국제법에 의해 규율되는 국제관계이다.

3 ① 영세중립국 : 자위를 제외하고는 일체의 무력 사용의 포기를 선언하고, 외국의 전쟁에 대해 중립의무를 부담하며, 중립의무를 위반할 우려가 있는 국제의무를 지지 않을 것을 조건으로 영구히 그 독립과 영토 보전을 국제사회에 의해 보장받은 국가이다. 오늘날 영세중립국에는 스위스, 오스트리아, 라오스, 바티칸시국 등이 있다.

4 ① 영세중립국은 중립을 지켜야 한다는 것이지 전쟁능력이 없는 것은 아니다. 자위를 위한 전쟁은 가능하다.

5 ③ UN이 안전보장이사회의 결의에 따라 UN헌장 제7장상의 강제조치를 취하는 경우 UN회원국은 이에 따를 의무를 진다.

6 concordat는 종교문제에 관하여 교황청이 다른 나라와 체결하는 조약을 나타내는 고유용어이다.

7 ② 스팀슨주의 : 불승인주의라고도 불리는 것으로, 1932년 당시 미국 국무성장관이었던 스팀슨은 부전조약에 위반하는 방법으로 성립한 만주국을 승인하지 않을 목적으로 동 원칙을 주장하였다. 이 원칙은 미국의 정책을 표시한 것에 불과하며 국제법상의 일반원칙은 아니다.

8 ③ 스팀슨주의는 국가 승인의 요건과 관련된 주의이다.

9 ② 법률상의 승인은 철회할 수 없지만 사실상 승인은 철회가 가능하다.

10 묵시적 승인 … 신국가와의 외교사절 교환 · 양자조약체결 · 신국가의 국기 승인 등이 있으나, 단순한 통상교섭행위나 통상대표의 파견 · 접수는 묵시적 승인이 되지 않는다.

11 ② 영사의 파견이나 접수는 묵시적 승인이 아니지만 영사에게 인가장을 부여하거나 자국 영사의 인가장을 요구하는 경우 묵시적 승인이 된다.

12 ① 신생국의 국기의 승인, 독립 축하메시지 송달 등 비중이 큰 의례적 행위는 묵시적 승인으로 본다. 그러나 비자 발급과 같은 영사업무가 이루어졌다고 묵시적 승인이 되는 것은 아니며 무역사절단의 파견, 다자조약의 공동체약국이 되는 것 등도 묵시적 승인이 아니다.

13 ④ 단순한 통상교섭행위나 통상대표의 파견 · 접수는 묵시적 승인이 되지 않는다. 영사의 파견이나 접수도 묵시적 승인이 아니지만, 영사에게 인가장을 부여하거나 자국 영사의 인가장을 요구하는 경우 묵시적 승인이 된다.

14 ④ 외교관계의 단절이 반드시 국가 승인의 철회를 의미하는 것은 아니다.

15 ② 국가계속성의 원칙상 정권 교체는 조약상 의무에 영향을 주지 못한다.

16 ① 묵시적 승인에 대한 설명이다.
　　※ 국가승인의 방식
　　　⊙ 명시적 승인과 묵시적 승인
　　　　• 명시적 승인 : 승인의 의사가 서면이나 구두로 명시적으로 표명된 경우
　　　　• 묵시적 승인 : 신국가에 대한 축전, 외교관계 · 영사관계의 개설, 양자 간 조약의 체결
　　　ⓛ 법률상의 승인과 사실상의 승인
　　　　• 법률상의 승인 : 취소 · 철회의 유보 또는 조건을 부여하지 않는 통상의 승인
　　　　• 사실상의 승인 : 취소 · 철회의 유보 또는 조건을 포함한 승인
　　　ⓒ 집단적 승인과 개별적 승인
　　　　• 집단적 승인 : 다수의 국가가 공동으로 실행하는 승인
　　　　• 개별적 승인 : 각국이 개별적으로 실행하는 통상의 승인

17 ① 신생국가는 반드시 기존 국가의 국가승인행위가 있어야만 국제법 주체가 될 수 있다는 견해는 창설적 효력설의 입장이다. 오늘날 국제실행은 대체로 선언적 효력설의 입장에 서 있다.

18 ② 에스트라다주의(Estrada Doctrine) : 1930년 멕시코의 외상 에스트라다가 토바르주의에 반대하여 주장한 주의로서, 혁명 등 비합법적으로 수립된 정부라도 이를 승인하여 외교관계를 계속해야 한다는 주의이다. 에스트라다주의의 등장은 명시적 정부 승인제도의 쇠퇴를 시사하고 있다.

19 윌슨주의와 토바르주의는 타국의 비합법적 정권교체를 있는 그대로 용인하지 않는 입장(정통주의)이며, 불승인주의(스팀슨주의)는 국제법에 위반하는 방법으로 수립된 신생국에 대한 국가 승인을 거부하는 입장이다.

20 ③ 에스트라다주의는 정부승인에 있어서의 '사실주의'를 말한다. 국가승인에 관한 원칙이 아니다.
　　① 영사특권을 부여하겠다는 '구상서'는 '영사인가장'을 의미한다.

21 ④ 통상대표부 설치나 영사의 파견만으로는 묵시적 승인이 되지 않는다.
   ※ 묵시적 승인방법 … 신국가와의 외교사절 교환·양자조약 체결, 신국가의 국기 승인 등이 있으나, 단순한 통상교섭행위나 통상대표의 파견·접수는 묵시적 승인이 되지 않는다. 또한 미승인국가대표가 참가하는 국제회의에 출석하는 것만으로는 묵시적 승인으로 볼 수 없다. 다만, 신국가의 영사에게 인가장(exequatur)을 발급한 경우, 또는 신국가에게 자국 영사의 인가를 요구한 경우는 묵시적 승인으로 보는 것이 국제관행이다.

22 ③ 조건부 승인에 있어서 조건의 불이행이 있다고 해서 승인이 무효가 되는 것은 아니며, 다만 의무 불이행에 대한 국가책임문제가 발생할 뿐이다.

23 ① 라우터팍트(Lauterpacht) 독트린 : 신국가 신정부가 국제법 위반의 결과로 생겨난 경우는 제외하되 국가들은 사실상의 요건을 구비한 신국가나 신정부를 승인할 의무가 있다는 주장이다. 그러나 이것은 승인의 재량적, 정치적 성격이나 국가들의 관행과 어긋나는 주장이다.
   ② 브레즈네프 독트린(Brezhnev Doctrine) : 1968년 8월 소련의 체코 군사개입을 정당화하기 위하여 소련공산당서기장 브레즈네프가 내놓은 주장으로, 사회주의 진영의 어느 나라든 그 생존의 위협을 받을 경우 사회주의 진영 전체에 대한 위협으로 보고 다른 사회주의 국가가 이에 개입할 권리를 가진다는 내용이다. 이 주장은 사회주의 국가에서 반혁명의 위협이 일어날 경우에는 군사개입도 할 수 있다는 것을 포함한다.
   ③ 드라고 독트린(Drago doctrine) : 채권국(債權國)은 채무국(債務國)에 대하여 채권상의 이유로 무력을 행사할 수 없다는 내용의 주장이다.
   ④ 칼보 독트린(Calvo Doctrine) : 투자분쟁의 관할은 그 투자가 이뤄진 본국에서만 개입할 수 있다는 내용의 주장이다.

24 ③ 신국가가 객관적으로 명백한 요건을 결여한 경우에 부여된 승인은 무효이다. 특히 국가의 일부가 본국으로 부터 분리·독립하려고 할 때 상조의 승인을 하는 것은 본국에 대한 불법한 간섭이 된다.

25 ③ 승인의 효과는 소급되며 승인 전에 발생한 당사국 간의 관계는 유효한 것으로 인정된다.

26 ① 영역·인구·정부의 변경에 의해서 아무런 영향을 받지 않고, 동일한 국제법 주체로서 존속한다는 원칙을 국가계속성의 원칙이라 한다.

27 ④ 교전단체 승인 : 중앙정부 또는 제3국이 내란 중 반도가 지방적 사실상의 정부를 수립한 경우에 이들 반도를 국제법상 전쟁주체로 승인하는 행위를 말한다. 교전단체 승인의 법적 성질은 창설적·재량적인 것으로 보는 것이 일반적이다.

28 ②③ UN헌장 제2조 제4항 : 국제관계에 있어 모든 회원국은 그 어떤 국가의 영토 보존이나 정치적 독립에 대해서도 또는 UN의 목적에 부합하지 않는 다른 어떤 방법에 의해서도 무력의 위협이나 그 사용을 삼가야 한다.
   ④ UN헌장 제43조 : 국제평화와 안전의 유지에 공헌하기 위하여 모든 UN회원국은 안전보장이사회의 요청에 의하여 그리고 하나 또는 그 이상의 특별협정에 따라 국제평화와 안전의 유지 목적상 필요한 병력, 원조 및 통과권을 포함한 편의를 안전보장이사회에 이용하게 할 것을 약속한다.

29 ① UN헌장의 어떠한 규정도 UN회원국에 대하여 무력공격이 발생한 경우(if an armed attack occurs) 안전보장이사회가 국제평화와 안전의 유지에 필요한 조치를 취할 때까지는 개별적 또는 집단적 자위의 고유한 권리를 저해하지 않는다. 이 자위권의 행사로서 회원국이 취한 조치는 즉시 안전보장이사회에 보고되어야 한다. 또 이 조치는 안전보장이사회가 국제평화와 안전의 유지 또는 회복을 위하여 필요하다고 인정하는 행동을 언제든지 취할 수 있는 헌장에 따른 권능과 책임에 대해서는 아무런 영향을 주지 않는다〈UN헌장 제51조〉.

30 ① 국제사법재판소는 임의관할이 원칙이다.

31 ③ 자위권의 심사기관은 안전보장이사회이다.

32 ② 니카라과 사건에서 ICJ는 헌장 제51조는 기존 관습법상 자위권 개념을 모두 포섭하고 있지 않다고 보았고, 따라서 관습법과 헌장을 모두 적용해야 한다고 보았다. 즉, 필요성이나 비례성과 같은 자위권 요건이 헌장에 명시되지 않았어도 관습법상 요건에 해당되므로 자위권을 주장하는 국가는 이들 요건도 준수해야 한다고 하였다.

33 ③ UN헌장 제51조는 자위권 행사의 요건과 시간적 통제 및 사후통제를 규정하고 있다.

34 ② UN헌장 제51조에 규정된 집단적 자위권은 지역적 협정체제, 개별적 자위권, 강제조치 등을 보완한다는 의미를 갖고 있으나 남용의 우려가 있는 제도이다. 따라서 자위권 남용에 대한 통제로 볼 수 없다.

35 ④ UN연합헌장 제51조 : 이 헌장의 어떠한 규정도 국제연합회원국에 대하여 무력공격이 발생한 경우, 안전보장이사회가 국제평화와 안전을 유지하기 위하여 필요한 조치를 취할 때까지 개별적 또는 집단적 자위의 고유한 권리를 침해하지 아니한다. 자위권을 행사함에 있어 회원국이 취한 조치는 즉시 안전보장이사회에 보고된다. 또한 이 조치는, 안전보장이사회가 국제평화와 안전의 유지 또는 회복을 위하여 필요하다고 인정하는 조치를 언제든지 취한다는, 이 헌장에 의한 안전보장 이사회의 권한과 책임에 어떠한 영향도 미치지 아니한다.

36 ④ 국제사법재판소에 대한 권고적 의견 요청은 UN총회·안전보장이사회 및 총회의 허락을 받은 기타 UN기관만이 할 수 있다.

37 ③ 국내문제와 국제문제 사이의 경계 설정은 본질적으로 상대적인 문제로서 국제관계의 발전에 달려있다(1923년 튀니지·모로코 국적법 사건, PCIJ).

38 ④ 인도적 간섭의 적법성 여부에 대해서는 학설이 대립하고 있다. 특히 오늘날 무력 사용은 일반적으로 금지되고 있기 때문에 임의로 무력간섭을 하는 것은 어떠한 경우에도 허용되지 않는다.

39 ③ 간섭이라 함은 일국이 타국 의사에 반하여 자국 의사를 강제하는 행위를 의미한다.

40 ① 무력공격은 국경을 넘는 정규군의 행동뿐만 아니라 정규군에 의해 수행되는 무장한 단체·집단·비정규병 또는 용병의 한 국가에 의한, 또는 한 국가를 위한 파견 혹은 그러한 일에 대한 국가의 실질적 개입이 포함된다.
③ 전통적인 국제관습법상 자위권과 오늘날 UN헌장에 규정된 자위권의 관계가 문제되는바, 국제사법재판소는 1980년 니카라과 사건에서 UN헌장의 자위권이 국제관습법상 자위권을 포함하는 것이 아니라 양자가 병존하며 그 내용이 상이하고, UN헌장 제51조는 골격조항이기 때문에 이에 명시되지 않은 사항은 국제관습법상의 규칙이 보충된다고 판시한 바 있다.
④ 국제법상 인도적 개입, 인도적 목적의 무력행사나 무력침공은 자국민 보호나 제3국민의 보호를 위해 인정된다.

41 ③ UN헌장 제2조 제7항은 당해 문제가 회원국의 국내문제라 하더라도 헌장 제7장에 근거하여 안전보장이사회가 개입할 수 있다고 규정하고 있다.

42 ④ UN헌장 제2조 제7항과 국제연맹규약 제15조 제8항은 국내문제불간섭의 원칙을 규정한 조항들이다.

43 ④ 일반국제관습법, 국제강행규범을 내용으로 하는 조약은 승계되며 또한 국경획정조약, 영토할양조약, 국제운하·중립지역·내륙국의 인접
국항구사용권설정조약 등 물적 조약도 승계되는 것이 원칙이다.

44 잠비아방식(Zambia Doctrine)은 조약 승계를 원칙으로 하는 조약승계방식이다.

45 ① 영역일부를 승계한 경우, 즉 영토의 일부이전의 경우 비국경조약은 '조약국경이동원칙'에 지배를 받는다. 따라서 선임국의 비국경조약은
해당 영토에는 적용되지 않고, 승계국의 조약이 해당 영역에 확장 적용된다.
② 국경조약은 승계유형과 무관하게 승계국이 승계할 의무가 있다. 병합 시에도 마찬가지로 승계의무가 있다.
④ 인권조약의 자동승계원칙은 조약승계협약에 명시되어 있지 않다.

03 국제기구와 개인

기출문제

📝 **국제기구에 대한 설명으로 옳지 않은 것은?**
▶ 2014. 4. 19. 안전행정부

① 국제기구가 회원국과 별개의 법적 실체로 인정되려면 법인격을 보유하여야 한다.
② 국제기구의 법인격은 고유권한설에 따르면 그 목적과 역할의 범위 내에서 당연히 인정된다.
③ 국제기구도 손해배상청구권을 행사할 수 있다.
④ 국가 이외의 다른 실체는 국제기구의 회원이 될 수 없다.

📝 **국제법상 법인격을 가진 국제기구에 대한 설명으로 옳지 않은 것은?**
▶ 2017. 4. 8. 인사혁신처

① 기구는 설립조약과 기타 부여된 임무의 범위 내에서 조약체결권을 가진다.
② 기구는 회원국의 국제위법행위로 인한 자신의 피해에 대하여 회원국을 상대로 배상청구권을 행사할 수 있다.
③ 기구는 별도의 법적 조치나 합의 없이도 모든 회원국 내에서 국내법상 법인격을 가진다.
④ 기구의 특권과 면제는 기구가 회원국 공동의 이익을 위해 활동할 수 있도록 기구의 자유와 법적 안전을 보장하는 것이다.

┃정답 ④, ③

section 1 국제기구

(1) 국제기구의 의의

국제기구란 다수의 국가가 공동의 관심사를 처리하기 위해 조약에 의거하여 성립시킨 정기적 · 상설적 활동기관을 가진 국제적 단체를 말한다.

(2) 국제기구의 법인격

① **국내적 법인격** … 국제기구가 특정 국가 내에서 그 국가의 국내법상 향유하는 권리 · 의무능력으로서 계약체결권, 제소권, 재산소유권 등이 망라된다. UN헌장 제104조, EEC조약 제211조, Euratom조약 제184조, WTO설립협정 제8조는 당해 기구의 회원국 내에서의 법인격을 인정하고 있다.

> **[UN헌장 제104조]**
> UN은 그 회원국의 영역 내에서 그 기능의 수행과 목적 달성을 위해 필요한 법적 능력을 향유한다.

② **국제적 법인격**

㉠ 국제기구가 국제관계에서 권리 · 의무를 담당하고 법률행위를 수행할 국제법상 인정된 자격을 말한다.

㉡ 국제적 법인격은 자신의 행위가 제약될 것을 우려한 국가들의 소극적인 태도로 인하여 그 인정이 된 경우가 드물다. 그러나 1949년 국제사법재판소의 'UN근무 중 입은 손해배상사건'에 관한 권고적 의견에서 국제기구의 법인격을 인정하였다.

> **[국제기구의 법인격과 관련된 판례]**
> ㉠ 1949년 'UN근무 중 입은 손해배상사건'에 관한 권고적 의견(일명 베르나도트백작 사건) : 국제사법재판소는 국제기구인 UN이 자기 직원에 대한 직무적 보호권을 행사할 수 있고, 직원을 대신하여 가해국 정부에 대하여 제소권을 행사하는 묵시적 권능을 향유한다고 선언하였다.
> ㉡ 1954년 UN행정법원보상재정의 효력에 관한 사건 : 국제사법재판소는 UN헌장에 명문규정은 없으나 UN총회가 총회 자체를 구속하는 판결을 내릴 수 있는 사법적 · 행정적 법원을 설치할 수 있는 묵시적 권능을 인정하였다.

(3) 국제기구의 관할권

국제기구가 그 설립조약상에 규정된 목적과 기능을 수행할 수 있도록 인정되는 권한을 말한다. 그 근거는 국제기구의 기본법인 설립조약에 있으며, 그 성격은 기능적 관할권이라는 특색을 가지고 있다.

① 전문성의 원칙 … 국제기구의 권한은 설립조약상에 규정된 목적과 기능을 실현하기 위해서만 인정된다는 원칙이다.

② 묵시적 권한의 원칙 … 국제기구의 설립조약에 명시되어 있지 않더라도 국제기구가 그 목적 달성을 위한 기능을 효과적으로 수행할 수 있도록 목적 달성을 위해 꼭 필요한 모든 권한을 인정해야 한다는 원칙이다.

section 2 국제연합(United Nations)

(1) UN의 목적〈UN헌장 제1조〉

① 국제평화와 안전을 유지한다.

② 국가간 우호관계의 증진과 세계평화를 강화한다.

③ 국제협력을 달성한다.

④ 각 국가들의 행동을 조화하는 데 중심이 된다.

(2) UN의 기본원칙

① 주권평등의 원칙 … UN은 모든 회원국의 주권평등원칙에 기초하고 있다.

② 신의성실한 헌장상 의무의 준수 … 모든 회원국은 회원국의 지위에서 발생하는 권리와 이익을 회원국 모두에게 보장하기 위하여 UN헌장에 따라 부과되는 의무를 성실히 이행한다.

③ 국제분쟁의 평화적 해결 … 모든 회원국은 국제평화와 안전 그리고 정의가 위태롭지 않도록 평화적 수단에 의하여 국제분쟁을 해결해야 한다.

④ 무력 사용 및 위협금지의 원칙 … 국제관계에 있어 모든 회원국은 다른 국가의 영토 보전이나 정치적 독립에 대하여 또는 UN의 목적과 양립하지 아니하는 어떠한 기타 방식으로도 무력의 위협이나 무력행사를 삼가야 한다.

⑤ UN활동협력의 의무 … 모든 회원국은 UN이 헌장에 따라 취하는 어떠한 행동에 있어서도 UN에게 모든 원조를 다하여야 하며, 동시에 UN이 방지행동 또는 강제행동을 취하고 있는 국가에 대해서는 원조 제공을 삼가야 한다.

⑥ 비회원국의 UN헌장상 원칙 준수 확보 … UN은 UN회원국이 아닌 국가들도 국제평화와 안전을 유지하는 데 필요한 이들 원칙에 따라서 행동할 것을 확보하여야 한다.

📝 UN의 집단안전보장체제에 대한 설명으로 옳지 않은 것은?
▶ 2018. 4. 7. 인사혁신처

① UN헌장은 무력의 위협이나 무력 사용을 금지하고 있으므로 회원국은 무력공격에 대하여 자위권을 행사할 수 없다.

② UN헌장 제7장에 따라 국제평화와 안전의 유지에 관하여 안전보장이사회가 채택한 결정은 회원국에 대하여 구속력을 가진다.

③ 안전보장이사회는 비군사적 조치의 하나로 무역금지 등의 경제제재조치를 취할 수 있다.

④ 안전보장이사회가 군사적 조치를 취하는 경우, 그러한 조치는 회원국의 병력에 의한 봉쇄 등을 포함할 수 있다.

▌정답 ①

⑦ **UN의 회원국 국내문제불간섭** … UN헌장의 어떠한 규정도 본질적으로 국가의 국내관할권 내에 있는 사항에 간섭할 권한을 UN에게 부여하지 아니하며, 또한 이러한 사항을 UN헌장에 의한 해결에 부탁하도록 회원국에 요구하지 아니한다.

[UN 성립을 위한 국제회의]

㉠ 1943년 모스크바외상회의 : 세계적 국제조직 설립의 필요성을 확인하였다.
㉡ 1944년 덤버튼 오크스회의 : UN헌장 초안을 작성하였다.
㉢ 1945년 얄타회담 : 상임이사국의 거부권 부여, 신탁통치제도에 대한 양해가 이루어졌다.
㉣ 1945년 샌프란시스코회의 : UN헌장이 서명되었다.

---

(3) 회원국

① **자격** … UN은 오로지 국가만이 회원국이 될 자격이 있다.

② **가입**

  ㉠ **실질적 요건** : UN은 헌장의무를 수락하고, 그 의무를 이행할 의사와 능력이 있다고 총회가 판단하는 모든 평화애호국에게 개방된다.

  ㉡ **절차적 요건**

  • 가입은 안전보장이사회의 권고에 기하여 총회의 승인에 의한다.
  • 안전보장이사회의 권고는 상임이사국 전부를 포함하는 9개국 이상의 찬성이 있어야 하며(실질사항), 총회의 승인은 출석·투표하는 회원국 3분의 2 이상의 찬성이 있어야 한다(중요문제).

[UN 원회원국]

원회원국은 샌프란시스코회의에 참석한 국가 또는 1942년 연합국선언에 서명한 국가로서, UN헌장에 서명하고 비준한 국가이다. 원회원국의 수는 51개국이었다.

---

③ **탈퇴** … UN헌장은 국제연맹과는 달리 탈퇴에 관해 명문규정을 두고 있지 않다. 그러나 정당한 이유가 있고 부득이한 경우 탈퇴할 수 있다고 본다. 인도네시아는 1965년 말레이시아가 UN안보리 비상임이사국이 된 데 불만을 품고 UN 탈퇴를 선언했다가 1966년 복귀한 사례가 있다.

④ **제명** … 헌장상의 의무를 집요하게 위반한 회원국에 대하여 가입과 동일한 절차적 요건하에서 제명할 수 있다. 다만, 국제연합 전문기구의 경우 독립된 국제조약에 의하여 설립된 법인격을 갖춘 국제기구이므로, 국제연합에서 제명된 회원국이라고 하여 국제연합 전문기구의 회원국 자격도 박탈되는 것은 아니다.

기출문제

📝 국제연합 회원국에 대한 설명으로 옳지 않은 것은?
▶ 2017. 4. 8. 인사혁신처

① 국제연합 회원국 가입은 안전보장이사회의 권고에 따라 총회의 결정에 의하여 이루어진다.
② 국제연합 회원국 가입에 관한 안전보장이사회의 권고에는 상임이사국의 거부권이 인정된다.
③ 국제연합 헌장 원칙을 끈질기게 위반하는 회원국은 제명될 수 있다.
④ 국제연합에서 제명된 회원국은 국제연합 전문기구의 회원국 자격도 박탈된다.

┃정답 ④

⑤ 권리와 특권의 정지
　㉠ 가입과 동일한 절차적 요건하에서 헌장 제7장상의 강제조치가 취해지고 있는 국가에 대하여 회원국의 권리와 특권을 정지시킬 수 있다.
　㉡ 권리와 특권이 정지되는 경우에도 회원국으로서의 의무는 계속 이행되어야 한다.
　㉢ 회원국의 권리와 특권의 회복은 안전보장이사회 단독으로 결정한다.

(4) UN의 기관

UN은 총회·안전보장이사회·경제사회이사회·신탁통치이사회·사무국·국제사법재판소 등 6개의 주요 기관을 두고 있다.

(5) UN총회

① 구성… 총회는 모든 회원국으로 구성되며, 각 회원국은 5명의 대표를 파견할 수 있다.
② 권한
　㉠ 원칙 : 총회는 헌장의 범위 내에 있거나, 헌장상의 모든 기관의 권한 및 임무에 관한 어떠한 문제와 사항에 대해 토의하고, 회원국 또는 안전보장이사회 및 양자 모두에 대해 권고할 권한을 가진다.
　㉡ 예외(안전보장이사회의 우위가 인정되는 문제) : 총회는 안전보장이사회가 국제평화와 안전에 관한 권한을 행사하는 경우에는 그 권한을 행사할 수 없으며 국제평화와 안전에 관한 문제로서 행동을 필요로 하는 것은 토의 전 또는 토의 후에 안전보장이사회에 회부하여야 한다.

[총회의 권한과 임무]
㉠ 국제평화와 안전의 유지에 관한 권한
• UN총회는 국제평화와 안전의 유지에 있어서의 협력의 일반원칙을 군비 축소 및 군비 규제를 규율하는 원칙을 포함하여 심의하고, 그러한 원칙과 관련하여 회원국이나 안전보장이사회 또는 양자 모두에 대하여 권고할 수 있다.
• 총회는 UN회원국과 비회원국 또는 안전보장이사회가 총회에 회부한 국제평화와 안전의 유지에 관한 어떠한 문제도 토의하고 권고할 수 있다.
• 총회는 국제평화와 안전을 위태롭게 할 우려가 있는 사태에 대해 안전보장이사회가 이에 관한 권한을 행사하지 않으면 안전보장이사회에 주의를 환기할 수 있다.
• 총회는 그 원인에 관계없이 일반적 복지 또는 국가 간의 우호관계를 해할 우려가 있다고 인정되는 어떠한 사태도 이의 평화적 조정을 위한 조치를 권고할 수 있다.

⊕ 국제연합 헌장 상 국제평화와 안전의 유지와 관련된 권한 및 절차에 대한 설명으로 옳지 않은 것은?
▶ 2017. 4. 8. 인사혁신처
① 총회는 출석하여 투표하는 국가의 과반수로 국제평화와 안전의 유지에 관한 권고 여부를 결정한다.
② 사무총장은 국제평화와 안전의 유지에 관한 사항에 대해서 안전보장이사회의 주의를 환기할 수 있다.
③ 안전보장이사회는 국제평화와 안전의 유지를 위한 일차적 책임을 회원국으로부터 부여받았다.
④ 회원국은 어떠한 분쟁에 대하여도 안전보장이사회의 주의를 환기할 수 있다.

⊕ 국제연합(UN)에 대한 설명으로 옳은 것은?
▶ 2019. 4. 6. 인사혁신처
① 회원국의 제명은 해당 조항이 실제 적용된 사례가 있고, 탈퇴는 관련 명문 조항이 없으나 실제 제기된 사례가 있다.
② 신탁통치이사회는 신탁통치지역 주민의 정치, 경제, 사회 및 교육 분야의 발전에 관하여 총회에 매년 보고를 하고 있다.
③ 안전보장이사회 상임이사국은 안전보장이사회의 권한 사항에 대한 모든 의결에서 거부권을 행사할 수 있다.
④ 총회는 안전보장이사회가 국제평화와 안전의 일차적 책임을 다할 수 없는 경우 회원국에 집단적 조치를 권고할 수 있다.

정답 ①, ④

© **국제협력의 촉진에 관한 권한**

총회는 정치적 분야에 있어 국제협력을 촉진하고 국제법의 점진적 발달 및 법전화를 장려하며, 경제·사회·문화·교육·보건 분야에 있어 국제협력을 촉진하고 모든 인간의 인권 및 기본적 자유를 실현하기 위해 원조하는 데 있어 국제협력을 위한 연구 발의 및 권고 권한을 가진다.

© **보고서심의권** : 총회는 안전보장이사회와 다른 기관으로부터 연례보고 또는 특별보고를 받아 심의한다.

© **예산 승인 및 심의권** : 총회는 UN예산을 심의하고 승인한다.

③ **의사결정**

⊙ **중요문제** : 출석·투표하는 회원국 3분의 2 이상의 찬성에 의하여 결정한다.

[의사결정의 중요문제〈UN헌장 제18조 제2항〉]

⊙ 국제평화와 안전의 유지에 관한 권고

© 안전보장이사회 비상임이사국, 경제사회이사회 이사국, 신탁통치이사회 이사국의 선출

© 신회원국의 UN 가입 승인, 회원국의 권리와 특권의 정지, 회원국의 제명

② 신탁통치제도 운영에 관한 문제

⊙ 예산문제

© **기타문제** : 출석·투표하는 회원국 과반수 이상의 찬성에 의해 결정한다.

④ **UN총회 결의의 효력** … 총회의 결의는 내부조직·운영·절차에 관한 것을 제외하고는 회원국을 법적으로 구속하지 않는다. 법적 구속력을 갖는 내부사항으로는 가입승인, 제명, 이사국 선출, 절차규칙 채택, 보조기관 설치, 예산승인, 분담금 할당 등이 있다.

⑤ **회기**

⊙ **연례총회** : 매년 9월 셋째주 화요일에 개최된다.

© **특별총회** : 안전보장이사회 또는 회원국 재적 과반수의 요청에 의해 개최된다.

⑥ **투표권의 정지** … 2년간의 UN분담금을 연체한 회원국은 총회에서 투표권이 정지된다.

(6) UN안전보장이사회

① **구성** … 안전보장이사회는 5개국의 상임이사국과 10개국의 비상임이사국으로 구성된다.

    ㉠ **상임이사국** : 미국 · 영국 · 프랑스 · 러시아 · 중국 등 5개 상임이사국으로 구성된다.

    ㉡ **비상임이사국** : 비상임이사국의 임기는 2년이며 연임할 수 없으며, 비상임이사국의 선출은 총회의 전속적 권한이다. 총회에서 비상임이사국 선출은 중요문제이기 때문에 출석 · 투표하는 회원국 3분의 2 이상의 찬성을 필요로 한다. 한국은 1996~1997년, 2012~2014년에 비상임이사국으로 활동하였다.

② **권한**

    ㉠ **국제평화와 안전의 유지에 관한 1차적 권한** : 안전보장이사회는 국제평화와 안전의 유지에 관한 권한을 행사함에 있어 총회와 회원국에 대하여 1차적 권한을 갖는다.

    ㉡ **기타 주요 권한** : 군비규제계획의 수립, 국제분쟁의 평화적 해결, 국제평화에 대한 위협 · 파괴 · 침략행위에 대한 행동, 지역적 협정에 관한 권한 등을 갖는다.

③ **의사결정** … 안전보장이사회 이사국은 모두 1개의 투표권을 갖는다. 다만, 실질사항에 대한 결정은 모든 상임이사국의 찬성을 필요로 한다.

    ㉠ **실질사항**

      • 실질사항이란 모든 상임이사국을 포함한 9개국 이상의 찬성을 요하는 사항으로, 즉 상임이사국의 거부권이 인정되는 사항을 말한다.

      • 무엇이 실질사항인가에 관해 UN헌장은 명문의 규정을 두고 있지 않으므로, 무엇이 실질사항인가에 대한 결정에도 모든 상임이사국을 포함한 9개국 이상의 찬성이 필요하다. 즉, 상임이사국의 거부권이 인정되는데, 이를 안전보장이사회 상임이사국의 '이중거부권'이라 한다.

[상임이사국의 거부권 남용 방지]

㉠ 소총회(중간위원회)제도
㉡ 평화를 위한 단합 결의
㉢ 결석 및 기권을 거부권의 행사로 보지 않는 관행

    ㉡ **절차사항** : 단순히 9개 이사국의 찬성으로 의사결정이 이루어지는 사항을 말한다.

기출문제

📖 **UN에 대한 설명으로 옳지 않은 것은?**

▶ 2018. 4. 7. 인사혁신처

① 신회원국의 UN 가입의 승인은 중요문제로서 그 문제에 관한 총회의 결정은 출석하여 투표하는 회원국의 3분의 2의 다수로 한다.
② 사무국은 UN의 주요기관으로서 1인의 사무총장과 UN이 필요로 하는 직원으로 구성하고, 사무총장은 안전보장이사회의 권고로 총회가 임명한다.
③ 총회에 의하여 그러한 권한이 부여될 수 있는 UN의 전문기구는 그 활동범위 안에서 발생하는 법적 문제에 관하여 국제사법재판소(ICJ)의 권고적 의견을 요청할 수 있다.
④ 회원국은 타 회원국들 간의 분쟁에 대해서는 안전보장이사회의 주의를 환기할 수 없다.

[의사결정에 관한 특칙]

㉠ **분쟁당사국의 기권의무** : 안전보장이사회의 이사국이 분쟁당사국이고 그 분쟁이 안전보장이사회에서 결정되는 분쟁의 평화적 해결에 관한 사항의 의사결정인 경우에는 분쟁당사국인 이사국은 상임이사국 또는 비상임이사국을 불문하고 기권하여야 한다.
㉡ **이사국이 아닌 분쟁당사국의 참가** : 분쟁당사국인 UN회원국 또는 UN비회원국은 이사국이 아닐지라도 자신의 분쟁에 관한 토의에 투표권 없이 참가하도록 초청된다.
㉢ **이해관계국의 참가** : 이사국이 아닌 UN회원국은 안전보장이사회에서 토의되는 사항이 자신의 이해에 특히 영향이 있는 경우 안전보장이사회의 승인을 얻어 투표권 없이 참가할 수 있다.

④ **기권과 결석** … 헌장에는 명문의 규정이 없으나 기권과 결석은 의사정족수에 산입하지 않는 관습법이 성립하였다. 한국전쟁 시 안전보장이사회는 북한의 남침이 국제평화의 파괴라고 최초로 결정한 바 있는데, 이 결정은 상임이사국인 소련이 불참한 가운데 이루어진 것으로서 소련은 이 결정이 제27조 제3항에 위반한 것이므로 무효라고 주장하였다. 그러나 이에 대해 안전보장이사회는 계속적으로 임무를 수행할 수 있도록 조직되어야 하며, 이를 위해 이사국은 항상 그 대표를 UN소재지에 두어야 한다는 제28조의 의무를 위반한 것이라고 하여 그 결정이 유효하다고 하였다.

(7) 경제사회이사회

총회에서 선출되는 54개국의 이사국으로 구성되며, 이사국의 임기는 3년이다.

(8) 신탁통치이사회

1994년 마지막 신탁통치지역이 사라짐으로써 신탁통치이사회의 활동은 중단된 상태이다.

(9) 사무국

① **구성과 법적 지위** … 사무국은 1인의 사무총장과 직원으로 구성된다. 사무총장을 비롯한 UN의 모든 직원은 그들의 임무 수행에 있어 국적국이나 어떤 다른 국가 및 UN의 다른 기관의 지시를 받지 아니하며 UN에 대해서만 책임을 지는 국제공무원이다. 사무총장과 그 직원은 직무 수행을 위해 UN직원의 특권과 면제에 관한 협정에 의해 특권과 면제를 향유한다.

정답 ④

② **사무총장** … 사무총장은 안전보장이사회의 권고에 의해 총회가 임명한다. 안전보장이사회의 권고는 실질사항이기 때문에 상임이사국 전부를 포함하는 9개국 이상의 찬성이 필요하며, 총회의 임명은 중요문제가 아니기 때문에 출석·투표하는 회원국 과반수 이상의 찬성을 요한다.

[UN사무총장의 국제평화와 안전의 유지에 관한 권한]
사무총장은 국제평화와 안전을 위협한다고 인정하는 사항에 대해 안전보장이사회에 주의를 환기할 수 있다.

⑽ **전문기관과 보조기관**

① **전문기관** … UN헌장 제57조에 따라 경제·사회·문화·보건 등 국제사회의 전문분야별로 설립헌장이라는 독립된 국제조약에 의하여 설립된 법인격을 갖춘 국제기구를 말한다.

[UN전문기관]
만국우편연합(UPU), 국제전기통신연합(ITU), 국제노동기구(ILO), UN식량농업기구(FAO), UN교육과학문화기구(UNESCO), 국제민간항공기구(ICAO), 국제통화기금(IMF), 국제부흥개발은행(IBRD), 세계보건기구(WHO), 세계기상기구(WMO), 국제해사기구(IMO), 국제금융공사(IFC), 국제개발협회(IDA), 세계지적재산권기구(WIPO), 국제농업개발기금(IFAD), UN공업개발기구(UNIDO), 국제투자보증기구(MIGA), 국제산업디자인단체협의회(ICSID), 세계관광기구(UNWTO)

② **보조기관** … UN헌장규정에 따라 일방행위에 의하여 창설된 기관으로, 보조기관은 전문기관과 달리 법인격이 없는 UN의 하부기관에 지나지 않는다.

[국제연합과 국제연맹의 차이점]
㉠ **성립과정** : 국제연맹은 전후 베르사유 평화회의의 산물인 데 비해, 국제연합은 전쟁 중에 창설되었다.
㉡ **강대국 가입** : 국제연맹은 미·소 양국이 가입하지 않았으나, 국제연합은 모든 강대국이 가입하였다.
㉢ **조직** : 국제연맹의 주요 기관은 총회·이사회·사무국인데 비하여, 국제연합은 총회·안전보장이사회·경제사회이사회·신탁통치이사회·사무국·국제사법재판소이다.
㉣ **가입** : 국제연맹은 총회의 결정으로 가입이 인정되었으나, 국제연합은 안전보장이사회의 권고에 의한 총회의 결정으로 가입이 인정된다.

ⓜ 탈퇴 : 국제연맹은 탈퇴에 관한 규정이 있으나, 국제연합은 탈퇴에 관한 규정이 없다.

ⓑ 이사회 결의의 효력 : 국제연맹 이사회 결의는 권고적 효력을 갖는 데 불과했으나, 국제연합 안전보장이사회 결의는 평화에 대한 위협, 평화의 파괴, 침략행위에 대한 결정과 국제사법재판소 판결불이행국에 대한 조치의 결정에 관해서 구속력이 있다.

ⓢ 상임이사국의 거부권 : 국제연맹과 달리 국제연합은 안전보장이사회 상임이사국의 거부권을 인정하고 있다.

ⓞ 총회와 안전보장이사회의 권한 : 국제연맹은 총회와 이사회에 동등한 권한을 인정한 데 비해, 국제연합은 국제평화와 안전의 유지에 관한 문제에 대하여 안전보장이사회에 일차적 권한을 부여하고 있다.

section 3 유럽연합(European Union)

(1) 유럽연합의 의의

① 지역공동체와 EU … 지역공동체는 일정한 지역의 독립국가들이 경제적 · 문화적 · 역사적 · 지역적 동질성을 기초로 국가의 지위를 보유한 채 경제적 · 사회적 통합과 정치적 연합을 통해 실체적 결합을 달성한 특수한 법공동체이다. EU로 대표되는 지역공동체는 실질적 결합이라는 점에서 기능적 결합을 구성하는 일반국제기구 내지 정부간 기구와 다르다.

② EU법의 의의 … 유럽재판소는 EU법을 가리켜 '국제법에 있어 하나의 새로운 법질서'로 정의하였고, 아케허스트(Akehurst)도 공동체법은 국제법과 연방법 사이의 혼성물에 가깝다고 지적하였다. 이런 점에 의거하여 유럽재판소는 EU법이 공동체법의 직접효력원칙 공동체법우위의 원칙을 가진다고 하였다.

(2) EU의 발전과정

① 1951년 유럽석탄철강공동체(ECSC) 설립조약(파리조약) … 독일, 프랑스, 이탈리아, 벨기에, 네덜란드, 룩셈부르크 등 6개국이 참여하였다.

② 1957년 유럽경제공동체(EEC) · 유럽원자력공동체(Euratom) 설립조약(로마조약) … 각 공동체의 법원과 의회를 통일함으로써 유럽공동체의 제도적 기초를 다졌다.

③ 1965년 통합조약 … 유럽공동체의 단일이사회와 단일위원회를 설립하였다. 1972
년 영국 · 아일랜드 · 덴마크가 가입하였으며, 1976년 회원국 국민의 직접 · 보통
선거로 유럽의회 의원을 선출하도록 결정하였다. 1986년에는 스페인 · 포르투갈
이 가입하여 회원국 수는 12개국으로 증가하였다.

④ 1986년 단일유럽의정서(SEA) … 1992년까지 경제적 · 사회적 통합 및 정치적 연
합을 결성하도록 하였으며 경제 · 사회 공동정책을 모색하고, 정치 · 외교협력을
강화하며 유럽재판소를 상소심으로 하는 제1심 재판소를 설치하였다.

⑤ 1992년 마스트리트조약(TEU) … 유럽연합(EU)을 창설한다고 선언하였다. 또한
통화 및 경제 통합을 위하여 자본자유화를 실시한 다음 1994년부터유럽통화기
구를 설립하고 1999년까지 유럽중앙은행을 설립하여 단일통화를 발행하도록 하
였다. 이 밖에 EU시민권규정을 도입하였고 유럽의회권한을 획기적으로 강화하
였으며, 공동외교 · 안보정책과 사법 · 내무분야에서의 협력을 규정하고 있다.

⑥ 1997년 암스테르담조약 … EU조약과 세 공동체설립조약을 개정하였다.

⑦ 2001년 니스조약 … 위원회의 구성, 이사회 내 가중다수결 확대, 더욱 긴밀한
협력, 유럽재판소 관련 규정을 수정하였다.

(3) EU의 주요 기관

① 위원회(Commission) … 위원회는 국제공무원으로 구성된 국제기관이다. 공동체
이익의 수호자로서 임기 5년의 회원국 국민으로 구성된 20명의 위원이 있다.

② 이사회(Council)
  ㉠ 유럽이사회(European Council) : EU를 이끌어 가는 최고정치기관으로서 회
    원국 정상과 유럽위원회 의장으로 구성된다.
  ㉡ 각료이사회(Council of Ministers) : 외상이 모이는 일반이사회와 관계장관들
    이 모이는 전문이사회가 있다.

③ 유럽의회(European Parliament) … 회원국의 인구규모를 고려하여 의석수를 배
분하며 현재 총 626석이다. 선출된 의원은 국가별로 대표단을 구성하는 것이
아니라 정치그룹별로 구성한다. 종래 유럽의회는 주로 감독기관으로 평가되었
지만 마스트리트조약에 의하여 그 권한이 확대되었다. 유럽의회는 공동체입법
과정에 참여하며, 집행기관의 감독권한과 예산에 관한 권한 등을 갖는다.

④ 유럽사법재판소(ECJ) … 15명의 재판관과 8명의 Advocat General로 구성되면
재판관의 임기는 6년이고 연임할 수 있다. 유럽재판소는 공동체설립조약의 해
석과 적용에 있어 법이 준수되도록 확보하는 것을 임무로 한다. 1988년 SEA에
의거하여 제1심 재판소가 설치되었다. 1993년부터는 개인이나 기업이 제기하는
모든 소송은 원칙적으로 제1심 재판소의 관할사항으로 하였다.

(4) EU법의 법원

① **EU법의 법원** … EU의 법원은 1차적 법원과 2차적 법원으로 나누어 볼 수 있다.
  ㉠ **1차적 법원** : EU설립조약(ECSC · EEC · Euratom)과 부속조약들이다.
  ㉡ **2차적 법원** : 일차적 법원에 기초하여 EU입법기관에서 직접 제정한 법규정들이다.

② **EU의 입법기관** … EU의 입법기관은 이사회와 위원회이며, 의회는 일정한 한도 내에서 참여할 뿐이다.

③ **회원국 국내법과의 관계** … 1차적 법원이나 2차적 법원 모두 회원국 국내법보다 상위라는 것이 유럽사법재판소의 일관된 판례이다.

④ **법원성 있는 2차적 법원**
  ㉠ **규칙**(regulation)
    • 일반적으로 적용되며 도달할 결과뿐만 아니라 그 도달방법도 규정되어 있다.
    • 모든 요소에 있어서 법적 구속력을 가지며 회원국 내에 별다른 입법조치없이 직접 적용된다.
  ㉡ **지침**(directive) : 도달할 결과에 대해서만 법적 구속력을 가지므로, 회원국은 그 도달방법의 선택에 있어 자유를 갖는다.
  ㉢ **결정**(decision) : 일반적이 아니라 개별적으로 적용되며, 도달할 결과 및 그 방법에 있어서 모두 법적 구속력을 갖는다.

⑤ **법원성 없는 2차적 법원** … 권고(recommendation)와 의견(opinion)은 법적 구속력을 갖지 않는 보조적 법원이다.

(5) EU의 입법절차

EU의 입법과정은 의회의 역할을 기준으로 협의절차(consultation procedure), 협력절차(co-operation procedure), 공동결정절차(co-decision procedure), 동의절차(assent procedure)의 4가지로 구분된다. 이들을 통하여 EU의 2차적 법원이 탄생된다.

section 4 개인

(1) 개인의 국제법 주체성

전통 국제법에서 개인은 단지 법의 객체로 취급되었으므로 외국의 부당한 침해행위에 대해서도 자국의 외교적 보호에 호소해야 했고, 자국정부로부터 침해를 받은 경우는 순전히 국내문제로서 국제법의 규율 밖에 있는 것으로 생각되었다. 그러나 제1·2차 세계대전 이후 현대 국제법은 제한된 범위에서나마 개인의 국제법상 권리를 인정하게 되었다.

(2) 개인의 국제법 주체성에 관한 학설

① 부정설(Oppenheim · Anzilotti · Triepel) … 국제법은 국가 간의 관계를 규율하는 법으로 국가의 의사에 의해 정립·적용되므로 국가만이 국제법상의 권리·의무의 주체가 될 수 있다. 따라서 국제법이 개인이 주체가 될 수 있다고 규정한 경우에도 국제법은 직접 개인에게 국내적으로 효력을 가질 수 없고, 국가의 인용이 있어야 효력이 발생한다는 견해이다.

② 긍정설
   ㉠ 개인의 국제법 주체성을 넓게 인정하는 견해 : 국제법이 개인의 권리·의무를 규정하고 있기만 하면 국제법 주체성이 인정된다는 견해이다.
   ㉡ 개인의 국제법 주체성을 좁게 인정하는 견해 : 국제법이 개인의 국제소송당사자능력을 인정하거나, 국제절차에 의하여 의무 위반에 대한 제재를 가할 수 있을 때만 개인의 국제법 주체성을 인정하는 견해이다.

③ 검토 … 개인의 국제법 주체성을 인정하는 경우 조약규정에 개인의 권리·의무가 규정되어 있다고 하더라도 그 집행은 국내법에 의해서만 가능하다는 현실에 비추어 볼 때, 국제법이 직접 개인의 소송당사자능력을 인정하거나 국제법절차에 의해 의무 위반에 대한 제재를 가할 수 있는 경우에만, 즉 한정된 범위 내에서 개인의 국제법 주체성을 인정하는 것이 가장 타당할 것이다. 또한 개인이 국제법 주체가 된다고 하더라도 결코 국제법의 정립에 참가할 능력은 없으므로 개인의 국제법 주체성은 제한적·수동적인 것이다.

(3) 개인의 국제법상 권리의무

① 개인의 국제법상 권리
   ㉠ 조약상의 권리 : 개인의 권리를 정하는 조약 중 대표적인 것은 우호통상항해조약이며, 이 밖에도 각종 인권협약에서 개인의 권리를 규정하고 있다.

ヅ **개인의 소송능력** : 실정국제법상 중미사법재판소가 최초로 개인의 제소권을 인정하였고, 이 밖에도 국제해양법재판소의 심해저분쟁재판부 · 유럽사법재판소 · 국제투자분쟁해결센터(ICSID) · UN행정법원 등도 개인의 제소권을 인정하고 있다.

        テ **국제기구에 대한 청원권** : 국제기구에 대한 개인의 청원권 · 신고권 · 소원권이 인정되는 경우가 있다. 예컨대 국제인권규약 B규약은 협약상의 권리 침해를 받은 개인이 인권위원회에 청원을 제기할 수 있도록 하고 있으며, 이 밖에 유럽인권협약상의 인권위원회에 대한 청원권, ILO사무국에 대한 노동단체의 신고권 등이 인정되고 있다.

  ② **개인의 국제법상 의무** … 개인의 국제법상의 권리는 대체로 제2차 세계대전 이후의 현상이지만, 개인의 국제법상의 의무는 이미 전통 국제법하에서도 인정되었다. 국제법상 개인의 의무로는 조약상의 의무, 해적행위금지의무, 전쟁법준수의무, 평화에 대한 죄 및 인도에 대한 죄를 범하지 않을 의무, 집단살해금지의무, 중립국인의 중립의무준수 의무 등이 있다.

1 국제기구의 국내적 법인격에 대한 설명으로 옳지 않은 것은?

① UN헌장 제104조는 UN회원국의 영토에서 기능을 행사하고 목적을 달성하기 위해 필요한 법적능력을 보유한다고 규정하고 있다.

② 특정 국가 내에서 국제기구가 누리는 권리·의무는 국내법에 근거하고 있다.

③ WTO설립협정 제8조도 WTO의 국내적 법인격을 명문으로 규정하고 있다.

④ 국제기구의 국내적 법인격은 국제법상 부여되는 권리·의무이다.

2 보편적 국제기구의 객관적 법인격을 인정한 판례는?

① ICJ의 UN봉사 중 입은 손해배상 사건

② ICJ의 서부사하라 사건

③ PCA의 카사블랑카 탈영병 사건

④ PCIJ의 윔블던호 사건

3 국제기구의 법인격에 대한 설명으로 옳지 않은 것은?

① 국제기구는 법인격 보유 여부에 관계없이 그 회원국과 별개의 법적 실체로 인정된다.

② 국제기구의 법인격은 기구의 목적과 기능, 실행 등을 통해 묵시적으로 인정되기도 한다.

③ 국제기구는 특정 국가 내에서 법인격을 인정받기 위해 많은 경우 설립헌장에 그 근거를 두고 있다.

④ 국가의 포괄적 법인격에 비해 국제기구의 법인격은 상대적으로 그 범위가 제한적이다.

4 국제기구의 성립에 대한 설명으로 옳지 않은 것은?

① 국제기구는 설립헌장에 의해 설립된다.

② 설립조약은 일반조약보다 법적 지위가 우월하며, 일반적으로 유보가 허용되지 않는다.

③ 국제기구는 주권국가와는 달리 한정적인 국제법 주체에 지나지 않는다.

④ 보편적 국제기구인 UN은 다른 국제기구와 달리 포괄적인 국제법 주체성을 인정받는다.

5 국제기구의 국제적 법인격에 대한 설명으로 옳지 않은 것은?

① 국제기구가 국제관계에서 권리 · 의무를 담당하고 법률행위를 수행할 국제법상 인정된 자격을 말한다.

② 국제적 법인격은 자신의 행위가 제약될 것을 우려한 국가들의 소극적인 태도로 인하여 인정된 경우가 드물다.

③ UN헌장은 UN의 국제적 법인격을 명문으로 규정하고 있다.

④ 1951년 유럽석탄철강공동체(ECSC) 설립조약 제6조 제2항은 공동체가 국제관계에서 그 기능을 행사하고, 그 목적을 달성하기 위하여 필요한 법적 능력을 향유한다고 규정하여 ECSC의 국제적 법인격을 명문으로 규정하고 있다.

6 국제기구의 설립조약에 명시되어 있지 않더라도 국제기구가 그 목적 달성을 위한 기능을 효과적으로 수행할 수 있도록 목적 달성을 위해 꼭 필요한 모든 권한을 인정해야 한다는 원칙은?

① 묵시적 권한의 원칙   ② 조약상대성의 원칙

③ 국가계속성의 원칙   ④ 사정변경의 원칙

7 국제기구에 대한 설명으로 옳지 않은 것은?

① 국제기구가 회원국과 별개의 법적 실체로 인정되려면 법인격을 보유하여야 한다.

② 국제기구의 법인격은 고유권한설에 따르면 그 목적과 역할의 범위 내에서 당연히 인정된다.

③ 국제기구도 손해배상청구권을 행사할 수 있다.

④ 국가 이외의 다른 실체는 국제기구의 회원이 될 수 없다.

8 국제기구의 관할권에 관한 설명으로 가장 잘못된 것은?

① 국제기구가 그 설립조약상에 규정된 목적과 기능을 수행할 수 있도록 인정되는 권한을 말한다.

② 국제기구의 관할권의 근거는 국제기구의 기본법인 설립조약에 있으며, 그 성격은 기능적 관할권이라는 특색을 가지고 있다.

③ 국제기구의 권한은 설립조약상에 규정된 목적과 기능을 실현하기 위해서만 인정된다.

④ 국제기구의 설립조약에 명시되어 있지 않은 경우 국제기구의 목적 달성을 위해 꼭 필요한 권한이라 할지라도 행사할 수 없는 것이 일반원칙이다.

9 다음 중 UN헌장 제1조에 규정된 UN의 목적이 아닌 것은?

① 국제평화와 안전의 유지
② 국가 간 우호관계의 증진과 세계평화의 강화
③ 국제협력의 달성
④ UN평화유지군

10 UN의 성립과 관련이 없는 국제회의는?

① 얄타회담
② 샌프란시스코회의
③ 덤버튼 오크스회의
④ 칸쿤회의

11 UN가입의 요건이 아닌 것은?

① UN헌장상 의무를 수락할 것
② 평화애호국일 것
③ UN헌장상 의무를 이행할 의사와 능력이 있을 것
④ 민주주의 국가일 것

12 UN에 대한 설명으로 가장 옳지 않은 것은?

① UN은 오로지 국가만이 회원국이 될 자격이 있다.
② UN은 헌장의무를 수락하고 그 의무를 이행할 의사와 능력이 있다고 총회가 판단하는 모든 평화애호국에게 개방된다.
③ 신회원국의 UN가입 승인은 총회의 전속적 권한이다.
④ UN 원회원국은 51개국이었다.

13 UN헌장에 규정된 UN총회의 임무와 권한이 아닌 것은?

① 침략국을 응징하기 위한 구속력 있는 강제조치의 결정
② 제반분야에서 국제협력의 촉진
③ 인권과 기본적 자유의 실현에 대한 원조
④ 국제법의 점진적 발달과 법전화

14 UN에 대한 설명으로 가장 타당하지 않은 것은?

① 총회의 결의는 내부조직·운영·절차에 관한 것을 제외하고는 회원국을 법적으로 구속하지 않는다.
② 각 회원국은 총회에 5명의 대표를 파견할 수 있다.
③ 총회에서 중요문제는 출석·투표하는 회원국 과반수 이상의 찬성에 의하여 결정한다.
④ 2년간의 UN분담금을 연체한 회원국은 총회에서 투표권이 정지된다.

15 UN총회에서 출석·투표하는 회원국 3분의 2 이상의 찬성에 의하여 결정하는 중요문제가 아닌 것은?

① 국제평화와 안전의 유지에 관한 권고
② 예산문제
③ 사무총장 선출
④ 신회원국의 UN 가입 승인

16 국제연합(UN) 총회가 안전보장이사회의 권고 없이 단독으로 처리할 수 있는 것으로만 열거한 것은?

① 국제연합 비회원국의 「국제사법재판소규정」 당사국으로의 결정, 안전보장이사회 비상임이사국의 선출

② 안전보장이사회 비상임이사국의 선출, 예산의 승인 및 각 회원국에 대한 경비의 할당

③ 회원국의 권리와 특권의 정지, 안전보장이사회 비상임이사국의 선출

④ 회원국 가입의 승인, 사무총장의 임명

17 UN에 관한 설명 중 옳지 않은 것은?

① 안전보장이사회의 각 이사국은 자국대표를 항상 UN본부의 소재지에 상주시켜야 한다.

② 총회는 국제평화와 안전에 관한 사항에 있어서 회원국의 행동을 요하는 경우 법적 구속력 있는 결의를 채택할 수 있다.

③ 회원국은 총회에 5명 이하의 대표를 출석시킬 수 있다.

④ 절차사항에 관한 안전보장이사회의 결정은 9개 이사국의 찬성투표로서 채택된다.

18 UN 총회에서 결정되는 사항 중 출석하여 투표하는 회원국의 3분의 2의 다수로 결정되는 사항이 아닌 것은?

① UN 헌장의 개정

② 회원국의 UN으로부터의 제명

③ 경제사회이사회의 이사국의 선출

④ 안전보장이사회의 비상임이사국의 선출

19 UN안전보장이사회에 대한 설명으로 옳지 않은 것은?

① 15개의 이사국으로 구성되어 있다.

② 국제평화와 안전의 유지에 1차적 책임이 있다.

③ UN의 최고의결기관이다.

④ 비상임이사국의 임기는 2년이다.

20 국제연합(UN)에 대한 설명으로 옳은 것은?

① 회원국의 제명은 해당 조항이 실제 적용된 사례가 있고, 탈퇴는 관련 명문 조항이 없으나 실제 제기된 사례가 있다.

② 신탁통치이사회는 신탁통치지역 주민의 정치, 경제, 사회 및 교육 분야의 발전에 관하여 총회에 매년 보고를 하고 있다.

③ 안전보장이사회 상임이사국은 안전보장이사회의 권한 사항에 대한 모든 의결에서 거부권을 행사할 수 있다.

④ 총회는 안전보장이사회가 국제평화와 안전의 일차적 책임을 다할 수 없는 경우 회원국에 집단적 조치를 권고할 수 있다.

21 다음 중 UN안전보장이사회의 의사결정절차에 대한 설명으로 옳지 않은 것은?

① 안전보장이사회 이사국은 모두 1개의 투표권을 갖는다.

② 실질사항에 대한 결정은 모든 상임이사국을 포함한 9개국 이상의 찬성을 요한다.

③ 무엇이 실질사항인가에 대한 결정에도 모든 상임이사국을 포함한 9개국 이상의 찬성이 필요하다.

④ 절차사항에 대한 결정은 모든 상임이사국을 포함한 9개국 이상의 찬성을 요한다.

22 UN안전보장이사회에 대한 설명으로 옳지 않은 것은?

① 안전보장이사회는 UN의 주요 기관 중 하나로서 5개의 상임이사국과 10개의 비상임이사국으로 구성된다.

② 안전보장이사회는 국제평화와 안전의 유지를 위한 일차적 책임을 부여받고 있다.

③ 안전보장이사회가 UN헌장 제6장에 의한 결정을 하는 경우 분쟁 당사국인 이사국은 기권을 해야 한다.

④ 안전보장이사회의 모든 결정은 상임이사국의 동의투표를 포함한 9개 이사국의 찬성투표로써 결정된다.

23 국제연합 안전보장이사회에 대한 설명으로 옳지 않은 것은?

① 안전보장이사회는 자체 의사규칙을 채택한다.
② 안전보장이사회는 회원국에 대해 구속력이 있는 결정을 할 수 있다.
③ 안전보장이사회 이사국은 국제연합 소재지에 대표를 항상 두어야 한다.
④ 회원국은 자국 관련 안전보장이사회 토의에 참석하여 투표할 수 있다.

24 UN 안전보장이사회에 관한 설명으로 옳지 않은 것은?

① 안전보장이사회는 UN의 신속하고 효과적인 조치를 확보하기 위하여 국제평화와 안전의 유지를 위한 일차적 책임을 진다.
② UN 회원국은 안전보장이사회의 결정을 UN 헌장에 따라 수락하고 이행할 것을 동의한다.
③ 안전보장이사회는 그 임무의 수행에 필요하다고 인정되는 보조기관을 설치할 수 있다.
④ 안전보장이사회는 국제사법재판소(ICJ)의 판결을 집행하기 위하여 어떠한 경우에도 권고할 수 없다.

25 다음 중 UN의 주요 기관에 대한 설명으로 옳지 않은 것은?

① 경제사회이사회는 안전보장이사회에서 선출되는 54개국의 이사국으로 구성되며, 이사국의 임기는 3년이다.
② 안전보장이사회는 국제평화와 안전의 유지에 관한 권한을 행사함에 있어 총회와 회원국에 대하여 일차적 권한을 갖는다.
③ 총회는 모든 회원국으로 구성되며, 각 회원국은 5명의 대표를 파견할 수 있다.
④ 국제사법재판소는 UN의 주요 기관 중 하나이다.

26 다음 중 UN에 대한 설명으로 옳지 않은 것은?

① 사무총장은 국제평화와 안전을 위협한다고 인정하는 사항에 대해 안전보장이사회에 주의를 환기할 수 있다.

② 사무국은 1인의 사무총장과 직원으로 구성된다.

③ 사무국의 직원은 UN에서 자국을 대표한다.

④ 1994년 마지막 신탁통치지역이 사라짐으로써 신탁통치이사회의 활동은 중단된 상태이다.

27 「UN헌장」상 전문기구에 대한 설명으로 옳은 것은?

① UN경제사회이사회는 전문기구로부터 정기보고를 받기 위한 적절한 조치를 취할 수 있다.

② 전문기구의 활동분야는 군사, 경제, 사회, 문화, 교육, 보건이다.

③ 「UN헌장」 제7조 제2항에 따르면 전문기구는 필요시 동 헌장에 따라 창설될 수 있다.

④ UN국제법위원회는 「UN헌장」 제13조의 목적을 위해 설치된 UN총회의 전문기구이다.

28 UN전문기관과 보조기관에 대한 설명으로 옳지 않은 것은?

① 전문기관은 독자적인 법인격을 갖는다.

② 보조기관은 독자적인 법인격을 갖는다.

③ UN총회는 보조기관을 설치할 수 있다.

④ UN안전보장이사회는 보조기관을 설치할 수 있다.

29 유럽의회에 관한 설명으로 옳지 않은 것은?

① 회원국의 인구규모를 고려하여 의석수를 배분한다.

② 선출된 의원은 국가별로 대표단을 구성하는 것이 아니라 정치그룹별로 구성한다.

③ 유럽의회는 공동체입법과정에 참여하며, 집행기관의 감독권한과 예산에 관한 권한 등을 갖는다.

④ EU의 입법권은 유럽의회의 배타적 권한이다.

30 EU법의 이차적 법원 중 일반적으로 적용되며 도달할 결과뿐만 아니라 그 도달방법도 규정되어 있으므로 모든 요소에 있어서 법적 구속력을 가지며 회원국 내에 별다른 입법조치 없이 직접 적용되는 것은?

① 규칙(regulation)
② 지침(directive)
③ 결정(decision)
④ 권고(recommendation)

31 EU의 입법절차 중 유럽의회가 가장 적극적으로 참여하는 절차는?

① 협의절차
② 협력절차
③ 공동결정절차
④ 동의절차

32 개인의 국제법 주체성에 관한 설명으로 옳지 않은 것은?

① 전통 국제법에서 개인은 단지 법의 객체로 취급되었으며, 개인의 국제법 주체성은 인정되지 않았다.
② 국제법을 국가 간의 관계를 규율하는 법으로 파악하는 견해는 개인의 국제법 주체성을 긍정한다.
③ 현대 국제법은 제한된 범위에서나마 개인의 국제법상 권리를 인정하게 되었다.
④ 개인의 국제법 주체성을 인정한다 하더라도 개인은 능동적 국제법 주체는 아니다.

33 개인의 국제법 주체성에 관한 설명 중 가장 옳지 않은 것은?

① 개인의 국제법 주체성을 넓게 인정하는 견해는 국제법이 개인의 권리·의무를 규정하고 있기만 하면 국제법 주체성이 인정된다고 본다.
② Krabbe, Duiguit, Scelle 등은 개인만이 국제법 주체라고 주장한다.
③ 국제법 주체성을 좁게 인정하는 견해는 국제법이 개인의 국제소송당사자능력을 인정하거나 국제절차에 의하여 의무 위반에 대한 제재를 가할 수 있을 때만 개인의 국제법 주체성을 인정한다.
④ 개인의 국제법 주체성을 긍정할 경우 개인에게도 제한적으로나마 능동적 주체성이 인정된다.

34 개인의 국제법상 권리 · 의무에 관한 설명으로 잘못된 것은?

① 개인의 권리를 정하는 조약 중 대표적인 것은 우호통상항해조약이다.

② 실정국제법상 중미사법재판소가 최초로 개인의 제소권을 인정하였다.

③ 국제기구에 대한 개인의 청원권 · 신고권 · 소원권이 인정되는 경우가 있다.

④ 개인도 국제사법재판소에 소송을 제기할 수 있다.

35 국제법상 개인의 지위와 관련된 설명 중 옳지 않은 것은?

① 점차 개인의 국제법적 지위가 강화되는 추세에 있다.

② 유럽사법재판소에서는 개인에게도 제소자격을 인정하고 있다.

③ 개인은 일반적으로 조약체결권을 갖는다.

④ 개인은 전쟁범죄나 해적행위 등을 범하지 않을 국제적 의무를 부담하고 있다.

36 다음 중 개인청원(통보) 제도를 인정하고 있는 국제문서는?

① 세계인권선언

② 시민적 및 정치적 권리에 관한 국제규약 선택의정서

③ 집단살해죄의 방지 및 처벌에 관한 협약

④ 난민의 지위에 관한 의정서

37 개인의 국제법상 의무와 관련이 없는 것은?

① 집단살해를 하지 않을 의무

② 침략전쟁을 하지 않을 의무

③ 해적행위를 하지 않을 의무

④ 밀수를 하지 않을 의무

38 개인의 국제법상 권리·의무에 관한 설명으로 옳지 않은 것은?

① 개인의 국제법상의 권리는 대체로 제2차 세계대전 이후의 현상이지만, 개인의 국제법상의 의무는 이미 전통 국제법하에서도 인정되었다.

② 각종 인권협약에서 개인의 권리를 규정하고 있다.

③ 국제인권규약 B규약은 협약상의 권리 침해를 받은 개인이 인권위원회에 청원을 제기할 수 있도록 하고 있다.

④ 국제법이 개인의 권리·의무를 규정하고 있기만 하면 국제법 주체성이 인정된다는 것이 오늘날 일반적 견해이다.

39 국제법상 개인에게 부과된 의무라고 볼 수 없는 것은?

① 집단살해금지의무 ② 전시인도법준수의무
③ 해적행위금지의무 ④ 국내법준수의무

40 국제법상 개인에 대한 설명으로 옳지 않은 것은?

① UN국제법위원회의 외교적보호 규정초안 제8조는 난민의 합법적인 상거주지국의 이들에 대한 외교적보호 행사를 불허한다.

② 중요한 국제법 규칙을 위반한 개인에게 국제책임이 성립될 수 있다는 원칙 자체는 일반적으로 수용되고 있다.

③ 자진하여 외국국적을 취득한 자국민에게 국적을 유지시켜줌으로써 이중국적의 발생을 사실상 수용, 방임하는 예가 증가하고 있다.

④ 일반국제법은 외국인의 집단적 추방을 금지하지 않은 것으로 보이나, 국가 간의 조약을 통해서 이를 금지시킬 수 있다.

정답및해설

1	②	2	①	3	①	4	④	5	③
6	①	7	④	8	④	9	④	10	④
11	④	12	③	13	①	14	③	15	③
16	②	17	②	18	①	19	③	20	①
21	④	22	④	23	④	24	④	25	①
26	③	27	①	28	②	29	④	30	①
31	④	32	②	33	④	34	④	35	③
36	②	37	④	38	④	39	④	40	①

1 국제기구의 국내적 법인격은 국제기구가 특정 국가 내에서 그 국가의 국내법상 권리와 의무를 향유하는 능력이며 국제기구가 누리는 권리·의무는 국제법에 근거한다.

2 ① 국제사법재판소(ICJ)의 UN봉사 중 입은 손해배상사건은 일명 베르나도트 백작 사건으로도 불리며, UN이 파견한 국제공무원이 입은 손해에 대해 UN이 손해배상을 청구할 수 있다고 판시하여 이른바 직무보호권을 인정하였다. 이는 UN과 같은 국제기구가 국내법정에서 원고로서 소를 제기할 수 있는 국내적 법인격을 가짐을 의미한다.

3 ① 국제기구는 법인격을 전제로 독립된 법적 실체로 인정된다. 국제기구의 법인격은 설립헌장에 명시되는 것이 일반적인 추세이나, 설령 법인격이 명시되지 않았다고 하더라도 묵시적 권한 이론 등에 의해 법인격이 인정된다.

4 ④ UN의 국제법 주체성도 설립 헌장상 목적과 기능을 수행하는 데 필요한 범위 내에서만 인정되는 제한적 주체성을 향유한다.

5 ③ UN헌장 제104조는 UN의 국내적 법인격을 규정하고 있을 뿐 국제적 법인격에 관한 명문규정은 존재하지 않는다.

6 ① 국제기구의 권한은 설립조약상에 규정된 목적과 기능을 실현하기 위해서만 인정된다. 그러나 국제기구의 설립조약에 명시되어 있지 않더라도 국제기구가 그 목적 달성을 위한 기능을 효과적으로 수행할 수 있도록 목적 달성을 위해 꼭 필요한 모든 권한을 인정해야 한다는 원칙을 묵시적 권한의 원칙이라고 한다. 국제사법재판소도 1949년 'UN근무 중 입은 손해배상 사건'에 관한 권고적 의견, 1954년 UN행정법원보상재정의 효력에 관한 사건 등에서 이를 인정하고 있다.

7 ④ 비정부 간 국제기구의 경우 개인과 민간인 집단이 회원이 되어 시민 사회의 성숙과 네트워크의 발달로 역할이 강화된다.

8 ④ 국제기구의 설립조약에 명시되어 있지 않더라도 국제기구가 그 목적 달성을 위한 기능을 효과적으로 수행할 수 있도록 목적 달성을 위해 꼭 필요한 모든 권한을 인정해야 한다는 묵시적 권한의 원칙이 인정된다.

9 ④ UN헌장 제1조는 UN의 목적으로 국제평화와 안전의 유지, 국가 간 우호관계의 증진과 세계평화의 강화, 국제협력의 달성, 각 국가들의 행동을 조화하는 데 중심이 되는 것 등을 규정하고 있다.

10 ④ 칸쿤회의는 2003년 제5차 WTO각료회의이다.
  ※ UN 성립을 위한 국제회의
    ㉠ 1943년 모스크바외상회의 : 세계적 국제조직 설립의 필요성 확인
    ㉡ 1944년 덤버튼 오크스회의 : UN헌장 초안 작성
    ㉢ 1945년 얄타회담 : 상임이사국 거부권 부여, 신탁통치제도에 대한 양해
    ㉣ 1945년 샌프란시스코회의 : UN헌장 서명, UN헌장은 전문 및 111개 조문으로 구성, 5개국 언어(영어 · 불어 · 러시아어 · 스페인어 · 중국
      어)로 작성

11 ④ UN은 헌장의무를 수락하고 그 의무를 이행할 의사와 능력이 있다고 총회가 판단하는 모든 평화애호국에게 개방된다.

12 ③ UN가입은 안전보장이사회의 권고에 기하여 총회의 승인에 의한다. 안전보장이사회의 권고는 상임이사국 전부를 포함하는 9개국 이상의
  찬성이 있어야 하며(실질사항), 총회의 승인은 출석 · 투표하는 회원국 3분의 2 이상의 찬성이 있어야 한다(중요문제).

13 ① 구속력 있는 강제조치는 안전보장이사회만이 결정할 수 있다.

14 ③ 중요문제는 출석 · 투표하는 회원국 3분의 2 이상의 찬성에 의하여 결정한다.

15 ③ UN사무총장의 선출은 중요문제가 아니다. 따라서 과반수 이상의 찬성만 있으면 된다.
  ※ 중요문제에 해당하는 사항〈UN헌장 제18조, 제2항〉
    ㉠ 국제평화와 안전의 유지에 관한 권고
    ㉡ 안전보장이사회 비상임이사국, 경제사회이사회 이사국, 신탁통치이사회 이사국의 선출
    ㉢ 신회원국의 UN가입 승인, 회원국의 권리와 특권의 정지, 회원국의 제명
    ㉣ 신탁통치제도 운영에 관한 문제
    ㉤ 예산문제

16 ① 국제연합 비회원국은 안보리 권고 및 총회 결정으로 국제사법재판소규정 당사국이 될 수 있다. 비상임이사국 선출은 총회의 단독권한이다.
  ③ 회원국의 권리와 특권의 정지는 안보리 권고에 기초하여 총회가 결정한다. 안전보장이사회의 비상임이사국 선출은 총회의 단독권한이다.
  ④ 회원국의 가입, 사무총장 임명은 안보리 권고에 기초하여 총회가 결정한다.

17 ② 국제평화와 안전에 관한 사항에 대해서는 안전보장이사회만이 구속력 있는 결의를 채택할 수 있다.

18 ① UN연합헌장 제108조에 따르면 이 헌장의 개정은 총회 구성국의 3분의 2의 투표에 의하여 채택되고, 안전보장이사회의 모든 상임이사국
  을 포함한 국제연합회원국의 3분의 2에 의하여 각자의 헌법상 절차에 따라 비준되었을 때, 모든 국제연합회원국에 대하여 발효한다.

19 ③ UN안전보장이사회는 국제평화와 안전의 유지에 대하여 일차적 책임을 지는 기관일 뿐 UN의 최고의결기관은 아니다.

20 ① 제명사례는 없다. 탈퇴의 경우 명문조항이 없으나, 인도네시아가 탈퇴를 선언한 적은 있다. 탈퇴선언은 철회되어 탈퇴의 효력이 발생하
    지는 않았다.
  ② 신탁통치이사회는 현재 사실상 임무가 종료되었으므로 총회에 보고를 하고 있는 것은 아니다.
  ③ 상임이사국은 '비절차사항'에 한해 거부권을 행사할 수 있다.

21 ④ 절차사항이란 단순히 9개 이사국의 찬성으로 의사결정이 이루어지는 사항을 말한다. 즉, 상임이사국의 거부권이 인정되지 않는다.

22 ④ 안보리 의사결정은 절차사항과 비절차사항으로 나뉘며, 전자는 단순 9개국 이상 찬성으로, 후자는 상임이사국 전부를 포함한 9개국 이상 찬성으로 요한다.

23 ④ 토의에 참석할 수 있으나 투표는 할 수 없다.

24 ④ 국제사법재판소의 판결은 구속력을 가지며 당사국이 이를 이행하지 않을 때에는 안전보장이사회가 적당한 조치를 취하게 된다.

25 ① 경제사회이사회는 총회에서 선출되는 54개국의 이사국으로 구성된다.

26 ③ 사무총장을 비롯한 UN의 모든 직원은 그들의 임무 수행에 있어 국적국이나 어떤 다른 국가 및 UN의 다른 기관의 지시를 받지 아니하며, UN에 대해서만 책임을 지는 국제공무원이다. 사무총장과 그 직원은 직무 수행을 위해 UN직원의 특권과 면제에 관한 협정에 의해 특권과 면제를 향유한다.

27 ② 전문기구의 활동분야는 경제, 사회, 문화, 교육, 보건이다.
③ UN헌장 제57조에 따라 경제·사회·문화·보건 등 국제사회의 전문분야별로 설립헌장이라는 독립된 국제조약에 의하여 설립된 법인격을 갖춘 국제기구를 말한다.
④ 국제법의 발전과 성문화를 촉진하기 위해 1948년 유엔 총회의 결의로 국제법위원회를 설립했다.

28 ② 보조기관은 전문기관과 달리 법인격이 없는 UN의 하부기관에 지나지 않는다.

29 ④ EU의 입법기능은 주로 위원회와 이사회에 의해 수행되며, 유럽의회는 매우 제한된 입법권을 행사한다.

30 ① 규칙(regulation)은 일반적으로 적용되며 도달할 결과뿐만 아니라 그 도달방법도 규정되어 있으므로 모든 요소에 있어서 법적 구속력을 가지며 회원국 내에 별다른 입법조치 없이 직접 적용된다.

31 ④ EU는 입법기관과 집행기관의 분리가 분명하지 않다. EU의 입법기능은 주로 위원회와 이사회에 의해 수행되며 유럽의회는 매우 제한된 입법권을 행사한다. 유럽의회의 개입정도는 협의절차 → 협력절차 → 공동결정절차 → 동의절차 순으로 높아진다.

32 ② 개인의 국제법 주체성을 부정하는 입장은 국제법은 국가 간의 관계를 규율하는 법으로 국가의 의사에 의해 정립·적용되므로 국가만이 국제법상의 권리의무의 주체가 될 수 있으며, 따라서 국제법이 개인이 주체가 될 수 있다고 규정한 경우에도 국제법은 직접 개인에게 국내적으로 효력을 가질 수 없고 국가의 인용이 있어야 효력이 발생한다는 견해이다.

33 ④ 개인의 국제법 주체성을 긍정하는 경우에도 개인의 능동적 주체성은 부정된다. 개인은 어디까지나 소극적·수동적 주체이다.

34 ④ 국가만이 국제사법재판소에 소송을 제기할 수 있다. 다만 UN총회, UN안전보장이사회 그리고 UN총회의 승인을 얻은 UN기관은 권고적 의견을 요청할 수 있다.

35 ③ 개인은 수동적 주체에 불과하며 조약체결권을 갖지 아니한다.

36 ② 개인청원(통보) 제도는 1966년 12월 16일 제21회 국제연합총회에서 채택되고 1976년 3월 23일 발효된 시민적 및 정치적 권리에 관한 국제규약 선택의정서에서 인정하고 있다.

37 ④ 밀수를 하지 않을 의무는 국제법상의 의무가 아니다. 국제법상 개인의 의무로는 조약상의 의무, 해적행위금지의무, 전쟁법준수의무, 평화에 대한 죄 및 인도에 대한 죄를 범하지 않을 의무, 집단살해금지의무, 중립국인의 중립의무준수의무 등이 있다.

38 ④ 국제법의 발달은 국가 이외의 실체를 국제법 주체로 인정하려는 현실적 여건을 조성하였다. 그러나 개인의 국제법 주체성을 인정하는 경우에도 조약규정에 개인의 권리·의무가 규정되어 있다고 하더라도 그 집행은 국내법에 의해서만 가능하다는 현실에 비추어 볼 때, 국제법이 직접 개인의 소송당사자능력을 인정하거나 국제법절차에 의해 의무 위반에 대한 제재를 가할 수 있는 경우에만, 즉 한정된 범위 내에서 개인의 국제법 주체성을 인정하는 것이 가장 타당할 것이다. 또한 개인이 국제법 주체가 된다고 하더라도 결코 국제법의 정립에 참가할 능력은 없으므로 개인의 국제법 주체성은 제한적·수동적인 것이다.

39 ④ 국내법준수의무는 국제법상 개인에게 부과된 의무라 볼 수 없다. 국제법상 개인의 의무로는 조약상의 의무, 해적행위금지의무, 전쟁법준수의무, 평화에 대한 죄 및 인도에 대한 죄를 범하지 않을 의무, 집단살해금지의무, 중립국인의 중립의무준수의무 등이 있다.

40 ① 외교적보호 규정초안 제8조(무국적자와 난민) 2항에는 국가는 국제적으로 승인된 기준에 따라 그 국가에 의하여 난민으로 인정되고, 피해 일자와 공식 청구 제기 일자에 그 국가에서 합법적이고 상시적으로 거주 중인 자에 대하여 외교적 보호를 행사할 수 있다고 규정하고 있다. 또한 난민은 UN난민고등판무관의 보호를 받게 되는데, 이는 본국의 외교적 보호를 받을 수 없는 난민에게 본국을 대신하여 행하는 의무적인 보호이다.

04

국가관할권과 면제

01 국가관할권

기출문제

section 1 국가관할권의 의의

(1) 국가관할권의 개념

① 국가관할권이란 국가가 사람·물건·사건에 대하여 행사할 수 있는 권한의 총체를 말한다.

② 국가관할권은 국가주권의 한 표현 내지 구체적 발현형태이다.

(2) 국가관할권의 유형

① 입법관할권 … 국가가 입법부의 행위, 행정부의 명령과 규칙, 재판소의 선례 등을 통해 법규범을 선언하는 힘을 말한다.

② 집행관할권 … 제정된 법규범을 행정적·사법적 행동을 통하여 구체적 사건에 적용하는 힘을 말한다. 집행관할권은 다시 사법관할권과 행정관할권으로 구분된다.

section 2 국가관할권을 결정하는 준칙

(1) 속지주의

① 개념 … 국가가 자국영토 내에서 발생한 행위에 대해 관할권을 갖는다는 것으로서, 영토주권으로부터 파생하는 원칙이다.

② 속지주의의 확장
  ⊙ 자국적 선박·항공기 : 자국영역 밖에 있는 자국적의 선박·항공기 등의 이동체 내부에서 행해진 행위에 대해서도 자국영역 안에서 행해진 것으로 간주된다.
  ⓛ 주관적 속지주의 : 행위가 자국영역 밖에서 완성되더라도 그 행위가 개시된 국가가 당해 행위 전체에 대한 관할권을 갖는다는 원칙이다.
  ⓒ 객관적 속지주의 : 행위가 자국영역 밖에서 개시되더라도 자국영역 내에 행위의 직접적인 결과가 발생한 국가는 당해 행위 전체에 대해 관할권을 갖는다는 원칙이다.

🔆 대한민국 영역 외에 있는 대한민국의 선박 또는 항공기 내에서 죄를 범한 외국인에게 우리나라 「형법」을 적용하도록 규정한 「형법」제4조에 해당되는 관할권 원칙은?
▶ 2016. 4. 9. 인사혁신처
① 속지주의   ② 속인주의
③ 보호주의   ④ 보편주의

🔆 A국 국민인 甲이 A국내에서 국경너머 B국에 소재하는 C국 국민인 乙에게 총격을 가해 B국에서 乙이 사망한 경우, B국이 甲에 대해 형사관할권의 행사를 주장할 수 있는 근거가 되는 이론은?
▶ 2018. 4. 7. 인사혁신처
① 주관적 속지주의
   (subjective territorial principle)
② 객관적 속지주의
   (objective territorial principle)
③ 능동적 속인주의
   (active personality principle)
④ 수동적 속인주의
   (passive personality principle)

|정답 ①, ②

[주관적 속지주의와 객관적 속지주의]

X국에서 甲이 국경선 너머로 Y국에 있는 乙을 총으로 쏘아 죽였다고 가정하자. 이 경우 X국에서는 甲이 그곳에서 아무도 죽이지 않았으므로 단지 총을 쏜 죄만이 성립하고, 반면에 Y국에서는 乙이 총알에 맞아 죽었으나 甲의 행위가 Y국에서 발생한 것이 아니므로 속지주의에 입각한 관할권을 행사할 수 없게 된다는 문제점이 발생하게 된다. 이와 같은 허점을 메우기 위해 주관적 속지주의와 객관적 속지주의에 입각하여 관할권을 행사하는 관행이 성립하게 되었다. 즉, X국은 주관적 속지주의에 입각하여 관할권을 행사할 수 있으며, Y국도 객관적 속지주의에 입각하여 관할권을 행사할 수 있게 된다.

  ㉣ **단일경제실체이론**: 유럽사법재판소는 EU 역외 소재의 외국기업이 EU 역내에 자회사 등의 거점을 가지고 있고, 역내 자회사의 행위가 역외 모회사에게 귀속될 수 있는 경우에는 역외 모회사에 대해서도 국가관할권이 성립한다고 한다.

  ㉤ **효과이론**: 객관적 속지주의가 변형·확대되어 나온 이론으로, 행위 자체는 완전히 해외에서 발생하였더라도 그 영토 내에서 행위의 효과·영향이 발견되는 것만으로 관할권의 행사가 정당화된다는 것이다.

(2) 속인주의

① **개념**

  ㉠ 범죄실행지의 여하를 불문하고 범죄실행자의 국적에 입각하여 관할권을 결정하는 것으로서, 대인주권으로부터 파생하는 원칙이다.

  ㉡ 영미법은 속지주의를 원칙으로 하고, 속인주의는 중대범죄·군대관련범죄에 있어서만 보충적으로 적용하고 있다.

② **속인주의의 확장** ··· 미국은 미국인의 주식 보유가 25% 이상이면 해외자회사도 미국 국적의 회사에 해당한다고 보아 속인주의 개념의 확대를 통한 역외관할권을 주장한다.

(3) 수동적 속인주의

① **개념** ··· 국가는 자국민이 피해자가 된 경우에 자국영역 밖에서 외국인에 의해 착수되고 완료된 범죄에 대하여 형사관할권을 행사할 수 있다는 것이다.

② **효과주의와 수동적 속인주의** ··· 효과주의는 자국영역 밖에서의 행위로 인한 피해가 자국영역 내의 자국국민이나 경제에 미치는 경우 행사되는 관할권이라는 점에서, 자국민이 피해자가 된 경우 자국영역 밖에서 외국인에 의해 착수되고 완료된 범죄에 대해 형사관할권을 행사할 수 있다는 수동적 속인주의와 구별된다.

國 국가관할권에 대한 설명으로 옳지 않은 것은?

▶ 2009. 4. 11. 행정안전부

① 속인주의에 의하면 국가관할권은 범죄자의 국적에 기초하여 성립된다.
② 속지주의에 의하면 국내에서 개시되어 외국에서 완성된 범죄에 대해서는 관할권이 성립되지 않는다.
③ 보편주의에 의하면 국제사회 전체에 대한 중대한 범죄에 대해서는 모든 국가가 관할권을 갖는다.
④ 보호주의에 의하면 국가안보를 위협하는 외국인의 해외활동에 대해서도 관할권이 성립할 수 있다.

정답 ②

③ 국제테러리즘과 수동적 속인주의 … 국제테러리즘의 폭증으로 미국을 중심으로 수동적 속인주의에 입각한 관할권 행사가 빈번해지고 있다.

(4) 보호주의

① 개념 … 외국인에 의해 자국영역 밖에서 착수되고 완료된 범죄에 의해 국가안보 또는 사활적 경제이익 등을 침해당한 국가는 그에 대해 관할권을 행사할 수 있다는 것이다.

② 타원칙과의 관계 … 보호주의는 침해된 법익의 주체가 국가라는 점에서 개인의 법익 침해국이 관할권을 행사하는 수동적 속인주의와 구별되며, 피해국의 영토 내에서 범죄가 발생할 것을 요구하지 않는다는 점에서 객관적 속지주의와 구별된다.

(5) 보편주의(보편관할권)

① 개념 … 인류에게 해를 주는 행위에 대해서는 어떠한 직접적 관련성이 없음에도 불구하고 모든 국가에게 관할권이 부여된다는 것을 말한다.

② 특징
　㉠ 예외적 관할권
　　• 보편관할권은 국가주권과 국내문제불간섭의 원칙을 기초로 하는 현대 국제법에 있어 단지 예외적인 상황에서만 원용될 수 있는 원칙이다.
　　• 해적행위, 전쟁범죄, 평화에 대한 죄, 인도에 대한 죄, 집단살해 등 국제공동체 전체에 위협이 되는 경우에만 예외적으로 인정된다.
　㉡ 법적 근거 : 보편관할권의 법적 근거는 다른 관할권결정준칙들과는 달리 국내법이 아니라 국제법이다.
　㉢ 행사의무 여부 : 보편관할권을 포함한 모든 국가관할권 행사는 그 국가의 재량사항으로 되어 있다. 그러나 일부 중대한 국제범죄에 대해서는 강제적(의무적) 보편관할권이라 불리는 인도 또는 소추의 원칙이 도입되어 있다. 다만, 이 역시 조약에 기한 국가들의 동의에 의한 것이므로 조약당사국에게만 적용된다.

> **[강제적 보편관할권을 규정한 국제조약]**
> ㉠ 1963년 항공기 내에서 범한 범죄 및 기타 행위에 관한 도쿄협약
> ㉡ 1970년 항공기의 불법납치억제를 위한 헤이그협약
> ㉢ 1971년 민간항공기의 안전에 대한 불법적 행위의 억제를 위한 몬트리올협약
> ㉣ 1973년 외교관을 포함한 국제적으로 보호된 자에 대한 범죄의 방지·처벌에 관한 협약

문 공해상에서 A국 국적의 해적들에 의해 피랍된 B국 선박과 관련된 사건에 대하여 C국이 관할권을 행사하기 위한 근거가 될 수 있는 이론은?
▶ 2011. 4. 9. 행정안전부
① 속지주의　② 속인주의
③ 보호주의　④ 보편주의

문 관할권에 대한 설명으로 옳지 않은 것은?
▶ 2020. 7. 11. 인사혁신처
① 모든 국가는 보편주의에 따라 해적선, 해적항공기의 재산을 반드시 압수해야 한다.
② 영미법계 국가는 속지주의를 원칙으로 하고 속인주의는 보충적으로만 채택하고 있다.
③ 보호주의는 피해국가의 영토 내에서 효과 또는 결과가 발생될 것을 요구하지 않는다.
④ 대한민국 형법 제3조는 형사관할권 행사의 원칙으로 속인주의를 반영하고 있다.

정답 ④, ①

section 3 역외관할권의 문제

(1) 문제의 소재

전통적인 국가관할권이론은 주권평등의 원칙에 그 이론적 기초가 있으며, 따라서 다른 국가의 영토주권을 해하는 방식으로 집행관할권이 행사되는 경우 국가주권을 침해하는 것이 된다. 즉, 집행관할권은 입법관할권과는 달리 영토적 제약성을 가진다. 그러나 미국, EU 등 일부 선진국들은 이러한 전통적 관할권이론에 대해 새로운 관할권이론을 주장하고 있는바, 타국의 동의에 관계 없이 자국의 이익에 기초하여 그 집행관할권을 행사하고 그것의 합법성을 주장할 수 있는가에 대하여 논란이 되고 있다.

(2) 효과주의

1945년 미연방항소법원의 'Alcoa사건' 판결에서 유래된 것으로, 외국 기업에 의해 외국에서 완료된 행위라 할지라도 행위결과로부터 파생되는 효과가 미국에 직접적·실질적으로 미친 경우에는 미국의 독점금지법이 적용된다는 것이다.

(3) 이익형량이론

효과이론에 기초하여 미국 법원에 관할권이 있으나 관계국과 미국의 이익을 비교형량하여 미국의 이익보다 외국의 이익이 큰 경우 국제예양에 기초하여 미국 법원의 재판관할권 행사를 자제하여야 한다는 것이다.

(4) 단일경제실체이론

EU 역외에 존재하는 모회사가 EU 역내에 자회사 또는 대리점을 갖고 있거나 EU 역외의 회사가 EU 역내에서 영업활동에 직접 참여하고 있는 경우, 모회사를 자회사 또는 대리점과 마찬가지로 역내의 법인으로 간주하여 모회사에 대해 직접적으로 관할권을 행사할 수 있다는 이론이다.

(5) 문제점과 해결책의 모색

역외집행관할권은 일반국제법상 원칙으로 확립된 영토주권 존중 및 보장의무에 대한 중대한 위반을 구성한다는 점에서 문제점을 내포하고 있다. 미국 등 일부 선진국이 분쟁을 무릅쓰고 독점금지법을 역외적용하는 것은 다른 국가들이 경쟁법을 적극적으로 집행하지 않거나, 법규의 구체적 내용과 수준이 미국 등 선진국에 비해 현저히 떨어져 신뢰하지 못하는 데 있다. 이러한 이유에서 경쟁법에 관한 국제규범을 제정하려는 시도가 WTO를 중심으로 전개되고 있다.

정답 ②

1 국가관할권에 관한 설명으로 가장 옳지 않은 것은?

① 국가관할권이란 국가가 사람·물건·사건에 대하여 행사할 수 있는 권한의 총체를 말한다.

② 국가관할권은 국가주권의 한 표현 내지 구체적 발현형태이다.

③ 국가관할권을 결정하는 준칙은 국제법상 확립되어 있다.

④ 국가관할권은 크게 입법관할권과 집행관할권으로 구분된다.

2 국가관할권에 관한 설명 중 옳지 않은 것은?

① 역외관할권의 한계는 분명하므로 국가 간에 별다른 분쟁이 발생하지 않는다.

② 국가관할권은 입법관할권과 집행관할권으로 구분하여 볼 수 있다.

③ 국가관할권이란 한 국가가 사람·물건·사건에 대해 행사할 수 있는 권한이다.

④ 집행관할권은 기본적으로 영토적 제약성을 갖는다.

3 다음 중 입법관할권의 이론적 기초로 주장되고 있는 원칙이 아닌 것은?

① 속지주의　　　　　　　　　　　② 백지출발주의

③ 보편주의　　　　　　　　　　　④ 보호주의

4 X국의 배타적 경제수역 안에 있는 Y국 국적의 선박 내에서 발생한 살인사건에 대하여 원칙적으로 관할권을 갖는 국가는?

① X국이 관할권을 갖는다.　　　　② Y국이 관할권을 갖는다.

③ X국과 Y국이 모두 관할권을 갖는다.　　④ 국제사법재판소가 관할권을 갖는다.

5 자국 영역 내에서 개시되어 외국에서 완성된 범죄에 대하여 일정한 제한하에 관할권을 행사할 수 있다는 원칙은?

① 객관적 속지주의   ② 주관적 속지주의
③ 속인주의   ④ 수동적 속인주의

6 X국에서 甲이 국경선 너머로 Y국에 있는 乙을 총으로 쏘아 죽인 경우, X국이 당해 사건 전체에 대한 관할권을 갖는다는 원칙은?

① 주관적 속지주의   ② 객관적 속지주의
③ 효과주의   ④ 보호주의

7 외국에서 개시되어 자국영역 내에서 완성된 범죄에 대하여 일정한 제한하에 관할권을 행사할 수 있다는 원칙은?

① 객관적 속지주의   ② 주관적 속지주의
③ 보호주의   ④ 보편주의

8 국가관할권을 결정하는 준칙으로서 속지주의에 대한 설명으로 가장 옳지 않은 것은?

① 범죄행위의 발생지를 근거로 관할권의 존재 여부를 결정하는 것으로 가장 기본적인 준칙이다.
② 영역 외에 있는 자국적의 선박·항공기 등의 내부에서 행해지는 범죄도 자국영역 내에서 행해진 것으로 본다.
③ 행위가 자국영역 밖에서 완성되더라도 그 행위가 개시된 국가가 당해 행위 전체에 대한 관할권을 갖는다는 원칙을 객관적 속지주의라고 한다.
④ 일반적으로 영미법계 국가들은 속지주의를 원칙으로 하고 있다.

9 국외에서 이루어진 외국기업의 담합행위에 의한 자국 경쟁법위반행위에 대해 각국이 관할권을 행사하는 방식에 대한 설명으로 옳은 것만을 모두 고르면?

> ㉠ 미국의 경우, 효과이론에 의거하여 규제할 수 있다.
> ㉡ 독일의 경우, 효과이론을 채용한 경쟁제한방지법에 근거하여 규제할 수 있다.
> ㉢ 유럽연합의 경우, 이행이론에 의거하여 규제할 수 있다.
> ㉣ 우리나라의 경우, 효과이론을 채용한 공정거래법에 근거하여 규제할 수 있다.

① ㉠, ㉢   ② ㉠, ㉡, ㉢

③ ㉡, ㉢, ㉣   ④ ㉠, ㉡, ㉢, ㉣

10 국가관할권을 결정하는 준칙에 관한 설명으로 가장 옳지 않은 것은?

① 국가관할권을 결정하는 준칙으로는 속지주의, 속인주의, 수동적 속인주의, 보호주의, 보편주의가 있다.
② 국가관할권을 결정하는 준칙은 각국이 주로 형법분야에서 역외입법관할권을 정당화하기 위해 주장되어온 것들이다.
③ 속지주의는 국가의 대인주권으로부터 파생하는 원칙이다.
④ 입법관할권이란 국가가 입법부의 행위, 행정부의 명령과 규칙, 재판소의 선례 등을 통해 법규범을 선언하는 힘을 말한다.

11 X국 국적의 甲이 Y국에서 Z국 국적의 乙에 의해 살해된 경우에 X국이 乙에 대하여 관할권을 행사할 수 있다는 원칙은?

① 주관적 속지주의   ② 수동적 속인주의

③ 효과주의   ④ 보편주의

12 다음 설명 중 옳지 않은 것은?

① 공해상에서 조업 중인 파나마 선적의 선박 내에서 중국 선원들이 한국인 선장을 살해한 경우 한국 법원은 형사재판관할권을 행사할 수 없다.

② 한국인이 일본에서 살인행위를 하였더라도 한국 법원은 형사재판관할권을 갖는다.

③ 한국인이 영국에서 살인을 한 경우 영국 법원은 그 사람에 대한 형사재판관할권을 갖는다.

④ 한국에서 살인범죄를 저지르고 홍콩으로 달아난 조직폭력배를 한국 경찰이 홍콩에서 체포하여 압송하기 위해서는 홍콩 정부의 동의가 있어야 한다.

13 다음 중 수동적 속인주의에 대한 설명으로 가장 옳지 않은 것은?

① 수동적 속인주의는 자국의 영역 외에서 발생한 사건으로 인하여 피해를 입은 자국국민을 보호하기 위하여 관할권을 행사하는 것을 말한다.

② 국제테러리즘의 폭증으로 미국을 중심으로 수동적 속인주의에 입각한 관할권 행사가 빈번해지고 있다.

③ 국제법상 수동적 속인주의를 인정한 대표적 판례로는 1927년 상설국제사법재판소의 로터스호 사건 판결이 있다.

④ 한국은 원칙적으로 수동적 속인주의를 채택하고 있지 않다.

14 A국의 국적을 가진 민간인 갑(甲)이 B국에서 C국 국적의 여행객들을 상대로 절도행위를 한 경우, C국이 갑(甲)에 대하여 형사관할권의 행사를 주장할 수 있는 근거는?

① 능동적 속인주의(Active Personality Principle)

② 수동적 속인주의(Passive Personality Principle)

③ 보편주의(Universality Principle)

④ 속지주의(Territorial Principle)

15 국가의 형사관할권 행사에 대한 설명으로 옳지 않은 것은?

① 국가는 자국에서 살인을 저지르고 외국으로 도주한 자국민에 대하여 재판관할권을 가지지만 외국에서 그를 직접 체포할 권한은 없다.

② 영토에 근거한 관할권은 영토국의 이해관계가 국적에 근거한 타국의 이해를 압도하므로 국적에 근거한 관할권보다 우월한 지위를 가진다.

③ 국제법상 관할권 행사의 여러 근거로 인하여 동일 사안에서 동일인에 대해 형사관할권을 행사할 수 있는 국가가 복수로 존재할 수 있다.

④ 항공기 납치나 테러 등 일정 범죄의 방지와 처벌을 다루는 조약에서는 당사국에게 기소 또는 인도 의무(aut dedere aut judicare)를 규정하기도 한다.

16 다음 중 보호주의에 입각하여 국가관할권을 행사할 수 있는 범죄로 가장 부적절한 것은?

① 외국인에 의한 국가전복음모

② 외국인에 의한 자국통화 위조

③ 공해상에서 밀입국 교사 · 방조

④ 외국인에 의한 자국민 폭행

17 독일인이 한국에서 일본인을 살해하고 미국으로 도주한 경우 관련국의 국가관할권의 귀속에 관하여 가장 옳지 않은 것은?

① 일본은 수동적 속인주의에 따라 관할권을 갖는다.

② 독일은 속인주의에 따라 관할권을 행사할 수 있다.

③ 한국은 속지주의에 따라 관할권을 행사할 수 있다.

④ 미국은 보편주의에 따라 관할권을 갖는다.

18 다음 중 보편관할권에 관한 설명으로 가장 옳지 않은 것은?

① 보편관할권은 국가주권과 국내문제불간섭의 원칙을 기초로 하는 현대 국제법에 있어 단지 예외적인 상황에서만 원용될 수 있는 원칙이다.

② 보편관할권의 법적 근거는 다른 관할권결정준칙들과는 달리 국내법이 아니라 국제법이다.

③ 보편관할권의 행사는 의무사항으로 되어 있다.

④ 일부 중대한 국제범죄에 대해서는 강제적(의무적) 보편관할권이라 불리는 인도 또는 소추의 원칙이 도입되어 있다.

19 소추 또는 기소의 원칙을 내용으로 하는 국가관할권에 관한 원칙은?

① 속지주의   ② 속인주의
③ 보호주의   ④ 보편주의

20 국가관할권의 역외적용문제에 대한 설명으로 가장 옳지 않은 것은?

① 단일경제실체이론이란 EU 역외에 존재하는 모회사가 EU 역내에 자회사 또는 대리점을 갖고 있거나, EU 역외의 회사가 EU 역내에서 영업활동에 직접 참여하고 있는 경우 모회사를 자회사 또는 대리점과 마찬가지로 역내의 법인으로 간주하여 모회사에 대해 직접적으로 관할권을 행사할 수 있다는 이론이다.

② 효과이론이란 1945년 미연방항소법원의 'Alcoa사건' 판결에서 유래된 것으로, 외국 기업에 의해 외국에서 완료된 행위라 할지라도 행위결과로부터 파생되는 효과가 미국에 직접적이고 실질적으로 미친 경우에는 미국의 독점금지법이 적용된다는 것이다.

③ 이익형량이론이란 효과이론에 기초하여 미국 법원에 관할권이 있으나 관계국과 미국의 이익을 비교형량하여 미국의 이익보다 외국의 이익이 큰 경우 국제예양에 기초하여 미국 법원의 재판 관할권 행사를 자제하여야 한다는 것이다.

④ 미국과 EU 등 선진국들이 주로 자국독점금지법을 역외적용하기 위하여 주장되고 있는 효과이론과 단일경제실체이론 등은 국제법상 확립된 원칙이다.

정답및해설

1	③	2	①	3	②	4	②	5	②
6	①	7	①	8	③	9	④	10	③
11	②	12	①	13	④	14	②	15	②
16	④	17	④	18	③	19	④	20	④

1 ③ 국가관할권을 결정하는 준칙에 대하여 국제법상 확립된 원칙은 존재하지 않으며, 원칙적으로 각 국가의 국내법에 맡겨져 있다.

2 ① 엄밀하게 말해 속지주의 외에는 사실상 관할권의 역외적용이라고 볼 수 있는데, 이러한 관할권의 한계가 불분명하여 관할권 중복이나 저촉이 발생하고 이로 인해 국가 간의 분쟁의 소지가 많다. 미국의 독점금지법 역외적용으로 인한 논란이 대표적인 예이다.

3 ② 백지출발주의는 조약의 국가 승계와 관련된 것이다.

4 ② 자국영역 밖에 있는 자국적의 선박·항공기 등의 이동체 내부에서 행해진 행위에 대해서도 자국영역 안에서 행해진 것으로 간주된다. 따라서 속지주의에 입각하여 Y국이 관할권을 갖는 것이 원칙이다.

5 ② 주관적 속지주의는 행위가 자국영역 밖에서 완성되더라도 그 행위가 개시된 국가가 당해 행위 전체에 대한 관할권을 갖는다는 원칙이다.

6 ① 행위가 자국영역 밖에서 완성되더라도 그 행위가 개시된 국가가 당해 행위 전체에 대한 관할권을 갖는다는 원칙을 주관적 속지주의라고 한다.

7 ① 객관적 속지주의는 행위가 자국영역 밖에서 개시되더라도 자국영역 내에 행위의 직접적인 결과가 발생한 국가는 당해 행위 전체에 대해 관할권을 갖는다는 원칙이다.

8 ③ 행위가 자국영역 밖에서 완성되더라도 그 행위가 개시된 국가가 당해 행위 전체에 대한 관할권을 갖는다는 원칙을 주관적 속지주의라고 한다.

9 ④ 국내법의 역외적용을 위한 이론들이다. 효과이론은 역외에서 발생한 행위가 역내에 영향을 미치는 경우 역외의 행위에 대해서도 관할권을 행사할 수 있다는 이론이다. 이행이론(집행이론)은 역외에서 모의된 행위가 실제로는 역내에서 실행되었으므로 역내국이 역외행위에 대해 관할권을 행사할 수 있다는 이론이다. 그 밖에도 단일경제실체이론이 있다. 이는 역내 자(子)기업의 행위에 대해 역외에 소재하는 모(母)기업에 대해서도 관할권을 행사할 수 있다는 이론이다.

10 ③ 속지주의는 국가의 영토주권으로부터 파생하는 원칙이다. 국가의 대인주권으로부터 파생하는 원칙은 속인주의이다.

11 ② 수동적 속인주의에 따르면 국가는 자국민이 피해자가 된 경우, 자국영역 밖에서 외국인에 의해 착수되고 완료된 범죄에 대하여 형사관할권을 행사할 수 있다.

12 ① 공해상에서 조업 중인 파나마 선적의 선박 내에서 중국 선원들이 한국인 선장을 살해한 경우 한국 법원은 수동적 속인주의에 기초하여 형사재판관할권을 행사할 수 있다. 우리나라 형법 제6조는 수동적 속인주의를 명시적으로 규정하고 있다.
② 한국인이 일본에서 살인행위를 하였더라도 한국 법원은 속인주의에 입각한 형사재판관할권을 행사할 수 있다.
③ 한국인이 영국에서 살인을 한 경우 영국 법원은 속지주의에 입각한 형사재판관할권을 갖는다.
④ 한국에서 살인범죄를 저지르고 홍콩으로 달아난 조직폭력배를 한국 경찰이 홍콩에서 체포하여 압송하기 위해서는 한국과 홍콩 간의 범죄인인도조약이 체결되어 있거나 홍콩 정부의 동의가 있어야 한다.

13 ④ 우리나라 형법 제6조도 수동적 속인주의를 명시적으로 규정하고 있다.
※ 형법 제6조 … 대한민국 영역 외에서 대한민국 또는 대한민국 국민에 대하여 전조에 기재한 이외의 죄를 범한 외국인에게 적용한다. 단, 행위지의 법률에 의하여 범죄를 구성하지 아니하거나 소추 또는 형의 집행을 면제할 경우에는 예외로 한다.

14 ② A는 속인주의, B는 속지주의, C는 수동적 속인주의의 관할권을 가질 수 있다.

15 ② 영토에 근거한 관할권을 속지주의라 하고, 국적에 근거한 관할권은 속인주의 또는 수동적 속인주의라고 한다. 국제법상 어느 것이 더 우월하다고 말할 수 없다. 다만, 관례상으로는 속지주의에 우선권을 주기도 한다.

16 ④ 단순한 자국민 폭행은 보호주의에 의한 관할권이 성립하지 않는다. 국가전복음모, 자국통화 위조, 공해상에서 밀입국 교사·방조 등과 같이 자국의 국가안보나 사활적 경제 이득 등의 침해가 있는 경우에만 보호주의에 입각하여 국가관할권을 행사할 수 있다.

17 ④ 보편주의는 국제법상 개인의 국제범죄에 대하여 예외적으로 인정되는 관할권이다. 일반살인죄의 경우 보편주의에 기한 관할권이 성립하지 않는다.

18 ③ 보편관할권을 포함한 모든 국가관할권 행사는 그 국가의 재량사항으로 되어 있다.

19 ④ 보편주의 또는 보편관할권이란 인류에 해를 주는 행위에 대해서는 어떠한 직접적 관련성이 없음에도 불구하고 모든 국가에게 관할권이 부여된다는 것을 말한다. 보편관할권을 포함한 모든 국가관할권행사는 그 국가의 재량사항으로 되어 있다. 그러나 일부 중대한 국제범죄에 대해서는 강제적(의무적) 보편관할권이라 불리는 인도 또는 소추의 원칙이 도입되어 있다.

20 ④ 역외집행관할권은 일반국제법상 원칙으로 확립된 영토주권 존중 및 보장의무에 대한 중대한 위반을 구성한다는 점에서 문제점을 내포하고 있다. 미국 등 일부 선진국이 분쟁을 무릅쓰고 독점금지법을 역외적용하는 것은 다른 국가들이 경쟁법을 적극적으로 집행하지 않거나 법규의 구체적 내용과 수준이 미국 등 선진국에 비해 현저히 떨어져 신뢰하지 못하는 데 있다. 이러한 이유에서 경쟁법에 관한 국제규범을 제정하려는 시도가 WTO를 중심으로 전개되고 있다.

02 국가면제와 국가행위이론

기출문제

국제법상 국가면제(state immunity) 에 관한 설명으로 옳지 않은 것은?
▶ 2008. 4. 12. 행정안전부

① 국가면제는 집행관할권으로부터 의 면제를 포함하지 아니한다.
② 초기에는 절대적 면제를 인정 하였으나 오늘날에는 제한적 면제를 인정하는 방향으로 전 환되었다.
③ 제한적 면제를 부여하기 위하여 국가행위를 상업적 행위(acts jure gestionis)와 권력적 행위 (acts jure imperii)로 구분하 고 있다.
④ 1972년의 '유럽국가면제협약'은 제한적 면제의 입장에서 면제 가 인정되지 않는 경우를 명시 하고 있다.

ᅵ정답 ①

section 1 국가면제

(1) 국가면제의 의의

① 개념 … 국가면제 또는 주권면제란 국가 또는 국가의 재산이 다른 국가재판소의 관할권으로부터 면제됨을 의미한다.

② 주권평등의 원칙과 국가면제 … 국제법의 기본원칙은 국가들은 모두 독립·평등 하다는 것이므로 일국이 타국의 동의 없이 그에 대해 재판권을 행사한다면 그 것은 주권평등의 원칙을 해하는 것이 된다. 즉, 국가면제는 주권평등원칙의 논 리적 귀결로서, 흔히 "대등한 자는 대등한 자를 지배할 수 없다."는 격언으로 표현된다.

③ 절대적 국가면제와 제한적 국가면제
　ㄱ 절대적 국가면제 : 19세기 국가면제이론은 국가주권 절대주의에 기초하고 있 었으므로 국가면제는 절대적이었다. 즉, 어떠한 경우에도 국가는 스스로의 동의 없이 타국재판소에서 재판받지 아니하며 그 재산은 타국 재판소에 의 해 강제집행될 수 없었다.

> **[1812년 스쿠너익스체인지호 사건]**
> 미국 연방대법원이 평시관계에 있는 외국의 군함에 대하여 국내법원의 관할권이 면제된다고 선언한 판결로서, 그 후 군함뿐 아니라 외국 및 정부선박을 포함한 외 국의 국유재산에 대하여도 관할권을 행사할 수 없다는 원칙을 선언한 선례가 되 었다.

　ㄴ 제한적 국가면제 : 20세기 들어 국가 자신이 상업적 활동에 직접 참여하는 경 우가 급격히 증대하면서 제한적 국가면제이론이 대두하였다. 제한적 국가면 제란 국가의 행위를 권력적 행위와 비권력적 행위로 구분하여, 권력적 행위 에 대해서만 국가면제를 부여하는 것이다.

> **[한국과 국가면제]**
> 우리나라 대법원은 과거 절대적 국가면제이론에 입각해 있었으나 1994년 대림기 업 사건에서 서울민사지방법원이 최초로 제한적 국가면제이론을 지지하였고, 대법 원도 1998년 주한미군 식당에서 근무하다 해고된 한국인이 미국 정부를 상대로 해고무효확인소송을 제기한 사건에서 제한적 국가면제이론을 수용하였다.

④ 국가면제의 법원

    ㉠ 1926년 '국유선박의 면제에 관한 규칙의 통일을 위한 브뤼셀협약'은 국가면 제 분야에서 채택된 최초의 다자조약으로서 제한적 국가면제이론을 채용하 였다.

    ㉡ 1972년 '유럽국가면제협약'도 국가면제가 국제법상 확립된 원칙임을 천명하 고 제한적 국가면제이론을 채용하였다.

    ㉢ 1991년 '국가 및 그 재산에 대한 관할권면제협약'이 국제법위원회(ILC)에서 최종초안으로 채택되었다.

    ㉣ 1976년 미국의 외국국가면제법, 1978년 영국의 국가면제법 등 각국의 국내 법도 제한적 국가면제이론에 입각하여 있다.

[권력적 행위와 비권력적 행위의 구분기준]

㉠ **행위목적설(주관적 기준)** : 국가가 어떠한 목적이나 동기를 가지고 문제된 행위 를 하였는가를 기준으로 하는 입장이다.

㉡ **행위성질설(객관적 기준)** : 국가행위 자체의 법적 성질을 기준으로 하는 입장이 다. 즉, 당해 행위가 국가만이 또는 국가의 명의로만 행할 수 있을 때에만 이 를 주권적 · 통치적 행위로 본다는 것이다.

---

(2) 국가면제의 내용

① **재판관할권 면제와 집행권 면제** … 국가면제는 성격에 따라 민사 · 형사 · 행정 등 '재판관할권의 면제'와 가압류 · 가처분 · 판결집행 등 '집행권의 면제'로 분류되며 양자는 별개의 권리이다. 따라서 재판관할권의 면제를 포기하였다고 하더라도 집행권의 면제는 여전히 주장할 수 있다.

② **면제향유주체** … 국가면제의 권리를 향유하는 주체는 주권국가로 구체적으로 국 가공무원 · 군함 · 군용항공기 등을 포함하는 국가기관 또는 공법인 등이다. 미 승인국도 사실상의 국가면제를 향유하며, 국가면제를 원용하기 위해서는 반드 시 국가가 소송당사자로 되어 있을 필요는 없고, 소송절차의 궁극적 목적이 국 가를 재판소의 관할권에 종속시키려는 경우에도 이를 원용할 수 있다.

③ **면제의 범위** … 국가면제는 국가의 권력적 행위에만 인정된다. 특히 부동산은 국 제법상 영토주권의 객체이기 때문에 법정지국에 소재하는 부동산에 대한 권 리 · 이익 · 점유 · 사용 · 의무 등에 관한 소송은 면제가 인정되지 않는다.

기출문제

국가면제에 대한 설명으로 옳지 않은 것은?

▶ 2012. 4. 7. 행정안전부

① 국가 및 그 재산의 관할권 면 제에 관한 UN협약의 초안은 완성되었으나, 아직 정식 조약 문으로 채택되지 못하였다.

② 우리 대법원의 국가면제에 관 한 태도는 절대적 면제이론에 서 제한적 면제이론으로 변경 되었다.

③ 우리나라는 국가면제법 또는 주 권면제법을 제정하고 있지 않다.

④ 원칙적으로 피고국가가 행한 재 판관할권의 면제 포기에는 자 국 재산의 압류 또는 강제집행 의 면제 포기까지 포함하는 것 은 아니다.

국제법상 국가면제에 관한 설명 으로 옳지 않은 것은?

▶ 2015. 4. 18. 인사혁신처

① 국가면제는 국가 또는 국가의 재산이 타국 재판소의 관할권 으로부터 면제됨을 의미한다.

② 국가면제론은 19세기 이래 영 국과 미국 등에서의 판례를 바 탕으로 하여 국제관습법의 형 태로 발전되어 왔다.

③ 국가면제의 향유 주체인 국가 는 국가 또는 중앙정부만을 의 미하며, 공법인 등은 제외된다.

④ 국가는 국가면제를 포기할 수 있다.

┃정답 ①, ③

[면제가 인정되지 않는 경우]

㉠ 상업적 거래   ㉡ 고용계약에 관한 소송
㉢ 신체상해 및 재산상 손해   ㉣ 재산의 소유 · 점유 · 사용
㉤ 지적 · 산업재산권   ㉥ 회사 또는 기타 단체에의 참여
㉦ 국가소유운영 선박   ㉧ 중재합의

④ **면제의 포기** … 외국 정부가 법정지국의 재판권행사에 복종하겠다는 동의를 할 경우 면제의 포기가 되어 법정지국은 재판권을 행사할 수 있다. 면제의 포기는 명시적 또는 묵시적으로 할 수 있으며, 일단 면제를 포기한 이상 상급심 · 최종심 판결에도 복종해야 한다. 그러나 재판관할권의 면제를 포기하였다 하더라도 별개의 독립된 권리인 집행권의 면제가 자동적으로 포기되지 않으며 별도의 면제 포기를 필요로 한다.

[명시적 포기와 묵시적 포기]

㉠ **명시적 포기**: 국제협정 · 서면계약 또는 소송 시 법원에 대한 선언 또는 서면통보로 할 수 있다.
㉡ **묵시적 포기**
  • 원고로서 소송을 제기하는 경우
  • 소송에 개입 또는 조치를 취하는 경우
  • 피고로서 응소하는 경우 등(외국 대표가 증인으로서 소송에 참석 또는 불참하는 것은 묵시적 포기로 해석되지 않는다)

⑤ **집행권의 면제**
  ㉠ **의의**: 국가영역 내에서 행해진 외국의 행위가 주권 행사에 해당하지 않거나 또는 주권 행사에 속함에도 불구하고 이에 대한 재판관할권의 면제를 포기함으로써 영토국법원이 재판관할권을 행사하여 원고인 사인이 승소한 경우 비록 법정지국 내에 피고인 외국의 재산이 존재한다 하더라도 그 재산이 당해 외국의 주권 행사와 관련된 것인 경우에는 이에 대한 강제집행이 면제된다.
  ㉡ **집행권 면제의 범위**: 집행권 면제는 법정지국의 영역 내에 있는 외국 재산 중 주권 행사와 관련 있는 재산에 한정된다.

[면제가 인정되는 경우]

㉠ 외교사절단·영사관·특별사절단의 은행예금계좌
㉡ 군사적 성격의 재산
㉢ 중앙은행이나 기타 이에 준하는 금융기관의 재산
㉣ 비매품인 문화적 유산이나 공문서
㉤ 비매품인 과학적·문화적·역사적 전시품

section 2 국가행위이론

(1) 국가행위이론의 의의

① 개념 ··· 한 국가의 공적 권한에 관계되고 그 관할영역 내에서 효력을 발생시키는 것이 목적이며, 국제법에 반하지 않는 한 그 국가 또는 국가기관의 공적 행위에 대한 타당성이나 합법성 여부를 다른 국가의 국내재판소가 심리하거나 재판할 수 없다는 이론이다.

② 분류 ··· 국가행위이론은 넓은 의미로서 국가면제이론의 한 분파인 국가행위이론과, 좁은 의미로서 미국법상 국가행위이론으로 분류될 수 있다. 전자는 피고가 외국 정부의 전·현직 공무원인 경우이고, 후자는 외국의 국가수용행위와 관련이 있다.

(2) 넓은 의미의 국가행위이론

① 의의 ··· 외국 정부의 전·현직 관리 또는 그 대리인이 피고가 된 경우에 그들이 행한 공적 행위는 사실상 외국의 행위이기 때문에 국가면제이론이 확장되어 법정지국의 관할권 행사로부터 면제된다는 원칙이 국제법상 확립되어 있다.

② 예외 ··· 전쟁범죄, 평화에 대한 죄, 인도에 대한 범죄, 비권력적·상업적 행위에 대해서는 국가행위이론이 적용되지 않는다.

(3) 좁은 의미의 국가행위이론

① 의의 ··· 국가가 제정한 법령이나 자국영역 내에서 행한 공적 행위에 관하여 타국의 국내법원에서 그 법적 유효성을 판단해서는 안 된다는 이론이다. 동 이론은 미국의 독특한 사법적 경험 속에서 타국에 대한 불간섭원칙과 권력분립원칙에 근거하여 탄생하였다.

기출문제

② 이론의 형성과 발전

ⓐ 언더힐 대 헤르난데즈(Underhill vs. Hernandez) 사건 : 미연방대법원은 최
초로 국가행위이론을 인정하였다. 이 사건에서 미연방대법원은 국가행위이
론을 근거로 재판을 거절하고, 국가는 타국정부가 자국영역 내에서 행한 행
위를 재판하지 않아야 한다고 선언하였다.

ⓑ 번스타인 예외(Burnstein Exception) : 1954년 번스타인 사건에서 미국 행정
부는 사법부의 심리행위를 자제하지 말고, 사법권을 행사해 줄 것을 요구하
여 사법부가 이에 응하였다. 그 후 사법부는 행정부가 국가행위이론의 적용
배제를 요청하면 사법권을 행사하였다.

ⓒ 사바티노(Sabbatino) 사건 : 1964년 미연방대법원은 쿠바의 미국 기업자산에
대한 국유화조치에 대하여 국가행위이론을 적용하여 그 유효성 내지 적법성
판단을 자제하였다. 이에 대하여 미의회는 법원의 국가행위이론 적용을 제
한하기 위하여 기존의 대외원조법을 개정하는 제2차 히긴루퍼 수정안을 통
과시켰다.

[헬름스버튼법]

1996년 관할권의 역외 적용이라는 비판 속에 도입된 미국의 헬름스버튼법은 쿠바
의 국유화조치와 관련된 재산반환소송 등에 대하여서는 국가행위이론을 적용하지
않는다는 명시적 규정을 두고 있다.

---

(4) 국가면제와 좁은 의미의 국가행위이론의 비교

① **공통점** … 양자 모두 주권국가의 행위에 대하여 사법적 판단을 하지 않는다는
점에서 공통된다. 이것은 주권평등을 전제로 한 현실국제법의 한계로 볼 수 있다.

② **차이점**

ⓐ 이론적 근거 : 국가면제의 이론적 근거는 주권평등의 원칙인 데 비해, 국가행
위이론의 이론적 근거는 미국 법원의 권력분립정신과 영토관할권의 배타성
이다.

ⓑ 법적 성질 : 국가면제는 국제관습법으로 확립된 원칙인 데 비해, 국가행위이
론은 미국 판례상의 원칙이다.

ⓒ 적용대상 : 국가면제는 국가의 공무원 또는 대리인에 적용되나, 국가행위이론
은 수용국정부로부터 재산을 사들인 사인도 적용대상이 된다.

ⓔ 소 제기 : 국가면제에서는 외국에 대한 소 제기는 부적법 각하되나, 국가행위
이론에서는 이를 계기로 법원이 당해 행위를 국가행위로서 유효성을 인정하
게 된다. 또한 국가면제론에 의하면 외국의 법정지국법원에의 소 제기는 면
제 포기로 간주되나 국가행위이론은 아무 상관이 없다.

ⓜ 면제의 법논리 : 국가면제는 소송당사자에 관한 문제, 즉 피고의 지위 때문에
소송 면제를 부여하나, 국가행위이론은 소송당사자와 관계없이 재판준거법에
관한 문제로 재판소에 적용할 법이 구체적으로 무엇인지를 가르쳐 준다.

기출문제

1 국가면제의 이론적 근거로 볼 수 있는 것은?

① 주권평등의 원칙

② 국내문제불간섭의 원칙

③ 무력사용금지의 원칙

④ 분쟁의 평화적 해결 원칙

2 다음 중 미국법상 국가행위이론과 가장 관련이 적은 것은?

① 1897년 언더힐 대 헤르난데즈 사건

② 1812년 스쿠너익스체인지호 사건

③ 1954년 번스타인 사건

④ 1964년 사바티노 사건

3 다음 중 주권 면제에 대한 설명으로 옳지 않은 것은?

① 우리나라 대법원은 절대적 주권면제이론에 입각하고 있다.

② 주권 면제는 주권평등원칙의 논리적 귀결로서, 흔히 "대등한 자는 대등한 자를 재판할 수 없다."는 격언으로 표현된다.

③ 20세기 들어 국가 자신이 상업적 활동에 직접 참여하는 경우가 급격히 증대하면서 제한적 주권면제이론이 대두하였다.

④ 주권 면제는 성격에 따라 민사·형사·행정 등 재판관할권의 면제와 가압류·가처분·판결집행 등 집행권의 면제로 분류된다.

4 제한적 국가면제이론의 등장배경에 대한 설명으로 가장 타당한 것은?

① 국가주권 절대주의가 확립되었다.
② 20세기 들어 국가 스스로 상업적 활동에 직접 참여하는 경우가 급격히 증대하였다.
③ 1812년 스쿠너익스체인지호 사건 판결로 제한적 국가면제이론이 확립되었다.
④ 20세기 들어 국가면제는 법정지국 내에서 행해진 외국의 모든 행위와 재산에 인정되었다.

5 제한적 국가면제론에 따를 때 국가면제를 원용할 수 있는 경우는?

① 비권력적 행위   ② 권력적 행위
③ 상업적 행위   ④ 고용계약

6 다음 중 제한적 국가면제와 가장 관련이 적은 것은?

① 1812년 스쿠너익스체인지호 사건
② 1991년 국가 및 그 재산에 대한 관할권면제협약 초안
③ 1994년 대림기업 사건
④ 1972년 유럽국가면제협약

7 주권면제에 대한 설명으로 옳지 않은 것은?

① 비교적 일찍부터 법정지국에 소재하는 부동산에 관한 소송에서 외국은 주권면제를 누릴 수 없었다.
② 제한적 주권면제론에 따르면 재판관할권이 성립할 경우에 그에 따른 강제집행관할권도 성립한다.
③ 국가의 주권적 행위와 상업적 행위를 구분할 경우 목적 개념을 기준으로 하면 제한적 주권면제론의 취지를 살리기 어렵다.
④ 대한민국 법원은 대한민국 영토 내에서 외국의 사법(私法)적 행위에 대하여 법원이 재판권을 행사할 수 있다고 판단하였다.

8 국제법상 주권면제에 대한 설명으로 옳지 않은 것은?

① 우리나라는 주권면제에 관한 국내법의 제정 없이 국제관습법의 형태로 주권면제론을 수용하고 있다.

② 제한적 주권면제론에서는 주권면제 대상이 국가의 주권적 행위로 한정되고 상업적 행위는 배제된다.

③ 「국가 및 그 재산의 관할권면제에 관한 국제연합협약」에 따른 국가면제는 국제법에 따라 주어지는 국가원수의 면제와 특권을 저해하지 않는다.

④ 국제사법재판소는 2012년 페리니(Ferrini) 사건에서 국제법상 강행규범을 위반하는 국가행위에 대해 주권면제가 적용되지 않는다고 밝혔다

9 주권면제에 대한 국제법의 내용으로 옳지 않은 것은?

① 주권면제는 국가의 주권평등 원칙에 토대를 둔 국제법 질서의 근본원칙이다.

② 주권면제는 구체적인 내용에 있어서 각국의 국내법과 사법실행의 영향을 받는다.

③ 주권면제는 국가의 위법행위에 대한 국제법적 책임의 면제를 포함한다.

④ 주권면제는 각국 국내법원의 민사소송 외에 형사소송에서도 인정된다.

10 국가면제의 일반원칙에 대한 설명으로 옳지 않은 것은?

① 국가면제는 성격에 따라 민사 · 형사 · 행정 등 재판관할권의 면제와 가압류 · 가처분 · 판결집행 등 집행권의 면제로 분류된다.

② 재판관할권 면제와 집행권 면제는 별개의 권리이다.

③ 재판관할권 면제의 포기는 집행권 면제의 묵시적 포기로 간주된다.

④ 국가면제의 권리를 향유하는 주체는 주권국가이다.

11 국가면제의 향유주체로 볼 수 없는 것은?

① 국가공무원   ② 지방공무원

③ 공법인   ④ NGO

12 국가의 국제책임에 대한 설명 중 옳지 않은 것은?

① 국가의 행정작용 외에 입법, 사법작용에 의해서도 국가책임이 성립한다.

② 국제의무의 위반은 작위뿐만 아니라 부작위에 의해서도 야기될 수 있다.

③ 피해의 발생이 사인(私人)의 행위로 인한 것이라면 국가가 그러한 행위를 방지하기 위하여 상당한 주의의무를 다하지 않은 경우라도 국제책임은 발생하지 않는다.

④ 국제책임을 해제하는 방법으로 원상회복, 금전배상, 사죄 등이 있다.

13 국가면제에 대한 설명으로 가장 옳은 것은?

① 법정지국에 소재하는 부동산에 대한 권리·이익·점유·사용·의무 등에 관한 소송도 국가면제가 인정된다.

② 국가면제를 원용하기 위해서는 반드시 국가가 소송당사자로 되어 있어야 한다.

③ 국가면제는 국가의 권력적 행위에만 인정된다.

④ 미승인국은 국가면제를 향유하지 못한다.

14 국가면제의 명시적 포기로 볼 수 없는 것은?

① 조약에 의한 포기

② 외무장관의 서면 포기

③ 외교사절이 증인으로 소송 참여

④ 법정지국법원에 서면 통보

15 국가면제의 묵시적 포기로 볼 수 없는 것은?

① 원고로서 소송을 제기하는 경우

② 소송에 개입 또는 조치를 취하는 경우

③ 소송에 불참하는 경우

④ 피고로서 응소하는 경우

16 국가면제에 대한 설명으로 가장 적절하지 않은 것은?

① 19세기 국가면제이론은 국가주권 절대주의에 기초하고 있었으므로 국가면제는 절대적이었다.

② 20세기 들어 국가 자신이 상업적 활동에 직접 참여하는 경우가 급격히 증대하면서 제한적 국가면제이론이 대두하였다.

③ 재판관할권 면제와 집행권 면제는 별개의 권리이다.

④ 1심에서 면제를 포기하였더라도 상급심·최종심에서 다시 면제를 원용할 수 있다.

17 국가면제에 대한 설명으로 옳지 않은 것은?

① 국가 및 그 재산의 관할권 면제에 관한 UN협약의 초안은 완성되었으나, 아직 정식 조약문으로 채택되지 못하였다.

② 우리 대법원의 국가면제에 관한 태도는 절대적 면제이론에서 제한적 면제이론으로 변경되었다.

③ 우리나라는 국가면제법 또는 주권면제법을 제정하고 있지 않다.

④ 원칙적으로 피고국가가 행한 재판관할권의 면제 포기에는 자국 재산의 압류 또는 강제집행의 면제 포기까지 포함하는 것은 아니다.

18 국제법상 국가면제에 관한 설명으로 옳지 않은 것은?

① 국가면제는 국가 또는 국가의 재산이 타국 재판소의 관할권으로부터 면제됨을 의미한다.

② 국가면제론은 19세기 이래 영국과 미국 등에서의 판례를 바탕으로 하여 국제관습법의 형태로 발전되어 왔다.

③ 국가면제의 향유 주체인 국가는 국가 또는 중앙정부만을 의미하며, 공법인 등은 제외된다.

④ 국가는 국가면제를 포기할 수 있다.

19 국가행위이론에 대한 설명으로 가장 옳지 않은 것은?

① 국가행위이론의 이론적 근거는 영토관할권의 배타성에 있다.

② 국가가 제정한 법령이나 자국영역 내에서 행한 공적 행위에 관하여 타국의 국내법원에서 그 법적 유효성을 판단해서는 안 된다는 이론이다.

③ 국가행위이론은 일반국제법상 확립된 이론이다.

④ 미국의 독특한 사법적 경험 속에서 타국에 대한 불간섭원칙과 권력분립원칙에 근거하여 탄생한 이론이다.

20 국제법상 국가책임과 관련된 내용으로 옳지 않은 것은?

① 1986년 Nicaragua 사건에서 미국의 일반적 통제에 따른 콘트라반군의 행위는 미국에 귀속될 수 있다고 하였다.

② 1928년 Factory at Chorzów 사건에서 원상회복이 불가능한 경우 금전배상이 이루어져야 한다고 하였다.

③ 1997년 Gabčikovo-Nagymaros Project 사건에서 위법성조각사유가 문제의 의무를 종료시키는 것은 아니라고 하였다.

④ 1987년 Yeager 사건에서 혁명수비대원들이 공권력 부재 시 정부권한을 행사한 것을 인정하였다.

정답및해설

1	①	2	②	3	①	4	②	5	②
6	①	7	②	8	④	9	③	10	③
11	④	12	③	13	③	14	③	15	③
16	④	17	①	18	③	19	③	20	①

1 ① 국가면제의 이론적 근거는 주권평등의 원칙이다. 국제법의 기본원칙은 국가들은 모두 독립·평등하다는 것이다. 그 결과 일국이 타국의 동의 없이 그에 대해 재판권을 행사한다면 그것은 주권평등원칙을 해하는 것이 된다.

2 ② 1812년 스쿠너익스체인지호 사건은 국가면제에 관한 미국 최초의 판례이다.

3 ① 우리나라 대법원은 과거 절대적 주권면제이론에 입각해 있었으나, 1994년 대림기업 사건에서 서울민사지방법원이 최초로 제한적 주권면제이론을 지지하였고, 대법원도 1998년 주한미군 식당에서 근무하다 해고된 한국인이 미국 정부를 상대로 해고무효확인소송 등을 제기한 사건에서 제한적 주권면제이론을 수용하였다.

4 20세기 들어 국가 스스로 상업적 활동에 직접 참여하는 경우가 급격히 증대하면서 제한적 국가면제이론이 대두하였다. 제한적 국가면제란 국가의 행위를 권력적 행위와 비권력적 행위로 구분하여, 권력적 행위에 대해서만 국가면제를 부여하는 것이다.

5 ② 제한적 국가면제란 국가의 행위를 권력적 행위와 비권력적 행위로 구분하여, 권력적 행위에 대해서만 국가면제를 부여하는 것이다.

6 ① 1812년 스쿠너익스체인지호 사건은 국가면제에 관한 미국 최초의 판례로서 절대적 국가면제이론에 입각해 있다. 제한적 국가면제는 20세기 들어 채택된 원칙이다. 우리나라 대법원은 과거 절대적 국가면제이론에 입각하고 있었으나, 1994년 대림기업 사건에서 서울민사지방법원이 최초로 제한적 국가면제이론을 지지하였고, 대법원도 1998년 주한미군식당에서 근무하다 해고된 한국인이 미국 정부를 상대로 해고무효확인소송 등을 제기한 사건에서 제한적 국가면제이론을 수용하였다. 1972년 '유럽국가면제협약'과 1991년 '국가 및 그 재산에 대한 관할권면제협약 초안'은 모두 제한적 국가면제에 입각해 있다.

7 ② 재판관할권의 성립과 강제집행관할권 문제는 독립된 문제이다. 따라서 재판관할권이 성립된다고 해도 피고국이 패소한 경우 그 재산에 대해 강제집행을 할 수 있는 것은 아니다.

8 ④ 2012년 ICJ판례는 독일이 이탈리아를 상대로 제소한 사건에 대한 것으로서 '국가면제 사건'이라고 한다. 이 사건에서 이탈리아는 법정지국 밖에서 발생한 불법행위가 강행규범을 위반한 것이면, 전통적인 국가면제법과 달리 면제가 제한된다고 하였다. 그러나 ICJ는 전통적인 국가면제법을 수정하는 새로운 관습이 형성되지 않았으므로 기존 관습대로 법정지영토 밖에서 발생한 행위라면 그것이 강행규범 위반이라 할지라도 국가면제를 인정해야 한다고 판시하였다.

9 ③ 국가면제는 단지 타국의 집행관할권, 특히 사법절차에 관련된 일체의 행정적·집행적 권한을 포함한 '재판관할권'으로부터의 면제를 의미한다.

10 ③ 재판관할권의 면제를 포기하였다 하더라도 별개의 독립된 권리인 집행권의 면제가 자동적으로 포기되지 않으며 별도의 면제 포기를 필요로 한다.

11 ④ 국가면제의 권리를 향유하는 주체는 주권국가이다. 구체적으로 국가공무원, 군함, 군용항공기 등을 포함하는 국가기관 또는 공법인 등이다.

12 ③ 피해의 발생이 사인(私人)의 행위로 인한 것이라도 국가가 그러한 행위를 방지하기 위하여 상당한 주의의무를 다하지 않은 경우 국제책임이 발생할 수 있다.

13 ① 부동산은 국제법상 영토주권의 객체이기 때문에 법정지국에 소재하는 부동산에 대한 권리·이익·점유·사용·의무 등에 관한 소송은 면제가 인정되지 않는다.
② 국가면제를 원용하기 위해서는 반드시 국가가 소송당사자로 되어 있을 필요는 없으며, 소송절차의 궁극적 목적이 국가를 재판소의 관할권에 종속시키려는 경우에도 이를 원용할 수 있다.
④ 미승인국도 사실상의 국가면제를 향유한다.

14 ③ 명시적 포기는 국제협정·서면계약 또는 소송 시 법원에 대한 선언 또는 서면통보로 할 수 있다. 증인으로서 소송에 참석 또는 불참하는 것은 명시적 포기는 물론 묵시적 포기로도 해석되지 않는다.

15 묵시적 포기의 예
㉠ 원고로서 소송을 제기하는 경우
㉡ 소송에 개입 또는 조치를 취하는 경우
㉢ 피고로서 응소하는 경우 등

16 ④ 일단 면제를 포기한 이상 상급심·최종심 판결에도 복종해야 한다.

17 ① 1991년 '국가 및 그 재산에 대한 관할권면제협약'이 국제법위원회(ILC)에서 최종초안으로 채택되었으며, 2004년 UN총회는 국가 및 그 재산의 관할권 면제에 관한 협약을 채택하였다.

18 ③ 국가면제의 권리를 향유하는 주체는 주권국가로 구체적으로 국가공무원·군함·군용항공기 등을 포함하는 국가기관 또는 공법인 등이다.

19 ③ 국가행위이론은 광의로서 국가면제이론의 한 분파인 국가행위이론과, 협의로서 미국법상 국가행위이론으로 분류될 수 있다. 전자는 피고가 외국 정부의 전·현직 공무원인 경우이고, 후자는 외국의 국가수용행위와 관련이 있다. 일반적으로 국가행위이론이라 함은 협의의 국가행위이론을 의미하며, 이는 미국 판례법상의 원칙일 뿐 일반국제법상 원칙으로 볼 수는 없다.

20 ① 국가의 지시 또는 통제에 따른 사인에 대해 Nicaragua 사건에서는 부정했으나 테헤란 영사사건에서는 긍정했다.

03 국가의 대외적 대표기관

기출문제

section 1 의의

국가의 대외적 대표기관은 넓은 의미로는 국가원수·외무장관·외교사절·영사를, 좁은 의미로는 외교사절과 영사만을 의미한다. 국가는 이러한 대외적 대표기관을 통해 국제법상 행위를 한다.

section 2 국가원수 및 외무장관

(1) 국가원수

① **의의** … 대내적·대외적으로 국가를 대표할 자격을 가진 국가의 최고기관을 말한다. 누가 국가원수가 되는가는 국내헌법상의 문제이고, 국제법이 직접규율하지 않는다.

② **지위** … 국가를 대표하여 외교사절 및 영사의 파견과 접수, 조약 체결, 전쟁 선언, 강화의 체결 등 대외적 행위를 하며 그 효과는 직접 국가에 귀속된다.

③ **특권과 면제** … 국가원수는 외국에 체재할 동안 국제법상 일정한 특권·면제의 예우를 받는다. 국가원수의 특권과 면제는 외교사절의 경우와 달리 국제법상 확립되어 있지 않으나, 국가원수는 국가의 권위를 대표하는 최고통치권자이므로 외교사절보다 훨씬 더 우대를 받는다. 또한 국가원수의 동반가족은 국가원수와 동일한 특권·면제를 향유하며, 국가원수의 수행원은 보통 외교사절의 수행원과 동등한 대우를 받는다.

(2) 외무장관

① **의의** … 국가원수의 지휘하에 직접 외교사무를 담당하는 기관을 말한다.

② **지위** … 외무장관은 외국에 주재하는 자국의 외교사절 및 영사를 지휘·감독할 권한을 가지며, 재외 자국외교사절이나 자국에 주재하는 외국외교사절을 통하여 외국과 교섭한다. 이러한 교섭행위는 국가행위로 간주되며, 그 효과는 직접 국가에 귀속된다.

③ **특권과 면제** … 외무장관은 외교사무를 수행하기 위해 외국에 체재할 때는 외교사절과 동등한 특권과 면제를 향유한다.

기출문제

section 3 외교사절

(1) 외교사절의 의의

① **개념** … 외교교섭 및 기타 직무를 수행하기 위해 상주 또는 임시로 외국에 파견되는 사절을 말한다.

② **연혁** … 외교사절제도는 이미 고대 중국·인도·이집트·그리스·로마 등에 있었지만, 상주외교사절제도는 13세기 들어와서 이탈리아의 도시국가들에 의해 처음으로 시작되었으며, 17세기 후반 Westphalia회의 이후부터 일반제도로 확립되었다.

③ **법전화** … 종래 국제관습법으로 존재하던 외교사절제도는 국제법위원회의 노력으로 1961년 외교관계에 관한 비엔나협약(이하 외교협약)이 채택됨으로써 성문화되었다. 다만, 협약에 규정되지 않은 문제는 여전히 국제관습법에 의해 규율된다.

> **[외교·영사관계 국제협약]**
> ㉠ 1961년 외교관계에 관한 비엔나협약
> ㉡ 1963년 영사관계에 관한 비엔나협약
> ㉢ 1969년 특별외교사절에 관한 협약
> ㉣ 1973년 외교관을 포함한 국제적 보호인물에 대한 범죄의 방지 및 처벌에 관한 협약

(2) 외교사절의 종류와 계급

① **종류** … 접수국에 상주하여 본국과의 외교관계를 상시로 처리하는 상주외교사절과 일시적 또는 임시로 파견하는 특별외교사절로 구별된다. 특별외교사절은 외교관계가 수립되어 있지 않아도 접수국의 동의를 얻어 파견될 수 있다.

② **계급** … 외교협약은 외교사절의 계급을 대사·공사·대리대사 등 3계급으로 분류하고 있으며, 외교사절은 계급을 이유로 직무 및 특권·면제에 있어서 아무런 차별을 받지 않는다.

(3) 외교사절의 파견과 접수

① 외교사절의 파견

　㉠ 아그레망의 요청 : 아그레망은 특정 인물의 파견에 대해 이의가 없다는 접수국의 의사표시로서, 파견국은 외교사절의 파견 전에 접수국의 아그레망을 요청한다. 일단 아그레망이 부여된 경우에는 접수국은 접수할 의무가 있으며, 특별사절의 임명과 파견에는 아그레망의 요청이 필요 없다. 아그레망은 국가에 대하여 하는 것이므로 UN대사를 파견하는 것과 같은 국제기구에 파견하는 경우에는 불필요하다.

　㉡ 아그레망의 거부 : 접수국은 특정 인물이 기피인물인 경우에는 아그레망을 거부할 수 있다. 아그레망을 거부하려면 정당한 이유가 있어야 하나, 파견국에 대하여 거부이유를 제시할 의무는 없다.

② 외교사절의 접수

　㉠ 신임장 : 아그레망이 부여된 후 정식으로 임명·파견되는 외교사절은 신임장을 휴대한다. 신임장이란 보내는 사절 개인에 대한 파견국 국가원수의 개인적 문서이다. 신임장은 개인적 신뢰에 바탕을 두고 있는 것이므로 국가원수가 변경된 경우 신임장 갱신을 요하는 것이 원칙이다.

　㉡ 신임장 제출 : 접수국에 도착한 외교사절은 먼저 신임장 부본을 접수국의 외무장관에게 제출하고, 신임장 정본은 접수국 국가원수에게 직접 제출한다. 신임장의 수리로 외교사절의 정식접수가 성립하고 사절자격이 인정되어 직무를 개시할 수 있다. 다만, 외교사절의 특권과 면제는 입국시부터 향유한다.

(4) 외교사절의 직무

① **파견국대표** … 접수국에서 파견국을 대표하여 직무를 수행한다.

② **외교교섭** … 파견국을 대표하여 접수국과 외교교섭을 한다.

③ **사정의 확인 및 보고** … 접수국의 정치·경제·군사·여론 기타 모든 사정을 합법적 방법에 의해 확인하고 이를 파견국에 보고한다.

④ **자국민의 보호·감독** … 접수국 영역 내 재류하고 있는 자국민을 국제법이 허용하는 한도 내에서 보호·감독한다.

⑤ **우호증진** … 접수국과 파견국 간의 우호관계증진과 양국 간 정치·문화 및 과학 관계의 발전을 도모한다.

⑥ **영사직무의 수행** … 필요에 따라 휘하의 외교직원을 통하여 영사직무를 수행할 수 있다.

(5) 외교사절의 특권과 면제

① 의의

　㉠ 개념 : 국제법상 외국의 외교사절에게 접수국 내에서 부여되는 특별한 보호 · 대우를 말한다. 특권과 면제는 불가침권과 관할권 면제 및 기타 특권으로 분류된다.

　㉡ 인정취지

　　• 대표설(권위설) : 외교사절은 국가를 대표하므로 국가권위를 대표 · 유지하기 위해 특권 · 면제가 인정되어야 한다는 견해이다.

　　• 기능설 : 외교사절은 외국에서 직무를 수행하므로 외국 권력의 지배하에 놓이지 않고 능률적으로 직무를 수행하도록 하기 위해 특권 · 면제가 인정되어야 한다는 견해이다.

　　• 외교협약 : 주로 기능설의 입장을 취하면서 대표설 역시 수용하는 절충적 태도이다.

> **[치외법권(exterritoriality)]**
> 종래 외교특권의 내용으로 접수국의 모든 절차법과 실체법의 적용을 받지 않는다는 치외법권을 들고 있었으나, 외교특권을 향유하는 자는 접수국의 절차법의 적용을 받지 아니하는 것에 그칠 뿐 실체법의 적용은 받는다고 해석되기 때문에 외교사절 및 공관의 치외법권은 인정되지 아니한다. 외교협약 제41조 제1항도 "접수국의 법과 규칙을 준수하는 것이 특권과 면제를 누리는 모든 사람의 의무"라고 규정하고 있다.

　㉢ 특권 · 면제의 성질 : 외교사절의 특권 · 면제는 외교사절 자신의 권리가 아니고 외교사절 파견국의 권리이다. 따라서 외교사절 자신은 이를 임의로 포기할 수 없다.

② 불가침권

　㉠ 신체 · 명예의 불가침

　　• 원칙 : 외교사절의 신체 및 명예는 불가침이며, 접수국은 이것이 침해되지 않도록 적절한 조치를 취해야 한다.

　　• 예외 : 접수국은 사절의 위법행위에 대해 정당방위를 취할 수 있으며, 접수국의 질서와 안전을 위해 자국국내법에 의해 사절을 일시적으로 구속할 수 있다. 그러나 어떠한 경우에도 사절을 처벌할 수는 없으며, 단지 사절의 소환을 요구하거나 퇴거를 명할 수 있을 뿐이다.

　㉡ 외교공관의 불가침 : 외교공관이라 함은 소유자를 불문하고 외교사절단장의 개인적 주거를 포함하여, 사절단의 목적을 위해 사용되는 건물과 건물의 부분 및 부속토지를 말한다. 외교공관은 불가침으로 사절의 요구 또는 동의 없이 들어갈 수 없다. 접수국은 외교공관을 특별히 보호해야 하며, 공관 · 공관 내 재산 및 사절의 운송수단은 압류 · 수색 · 징발 · 강제집행으로부터 면제된다.

기출문제

문 외교사절의 특권과 면제에 대한 설명으로 옳지 않은 것은?
▶ 2011. 4. 9. 행정안전부

① 외교사절의 독립적이고 효율적인 업무수행을 위하여 인정된다.

② 접수국은 외교공관을 보호하기 위하여 적절한 조치를 취하여야 한다.

③ 외교관에 대한 접수국의 재판관할권 면제는 민사재판에만 적용되며 형사재판에는 적용되지 않는다.

④ 외교사절의 특권과 면제는 공관차량 및 사절단장의 개인 주거에도 적용된다.

문 외교관계에 관한 비엔나협약에 규정된 외교공관의 불가침에 대한 설명으로 옳지 않은 것은?
▶ 2009. 4. 11. 행정안전부

① 접수국의 관리는 공관장(head of the mission)의 동의 없이는 공관지역에 들어갈 수 없다.

② 접수국은 공관지역을 보호하기 위해 모든 적절한 조치를 취할 특별한 의무가 있다.

③ 공관지역, 공관내의 설비 및 기타 재산과 공관의 수송수단은 수색, 징발, 차압 또는 강제집행으로부터 면제된다.

④ 외교공관의 불가침권에는 인도적 고려에 근거한 외교적 비호권이 포함된다.

┃정답 ③, ④

기출문제

문 외교사절의 특권 면제에 대한 설명으로 옳지 않은 것은?

▶ 2014. 4. 19. 안전행정부

① 외교관계에 관한 비엔나협약은 공관지역의 불가침과 관련하여 어떠한 예외도 인정하지 않는 절대적 불가침을 규정하고 있다고 해석된다.
② 접수국은 공용을 위한 공관의 자유로운 통신을 허용해야 하나, 무선송신기의 설치 및 사용은 동의하지 않을 수 있다.
③ 파견국은 외교관의 재판관할권 면제를 포기할 수 있으며, 포기는 묵시적으로도 가능하다.
④ 공관의 문서 및 서류는 어느 때나 그리고 어느 곳에서나 불가침이다.

문 외교사절의 특권과 면제에 대한 설명으로 옳지 않은 것은?

▶ 2009. 4. 11. 행정안전부

① 외교관은 접수국의 형사재판관할권으로부터 절대적으로 면제된다.
② 파견국은 명시적 또는 묵시적으로 재판관할권의 면제를 포기할 수 있다.
③ 외교관은 접수국의 민사 및 행정재판관할권으로부터 원칙적으로 면제된다.
④ 외교관의 세대에 속하는 가족도 접수국의 국민이 아닌 한 외교관과 동일한 면제와 특권을 누린다.

정답 ③, ②

- 예외 : 화재나 전염병을 막기 위한 긴급한 경우에는 공관장의 동의 없이 공관에 들어갈 수 있다는 것이 국제관습법상 인정된다는 견해가 있으나, 외교협약은 이에 대한 규정을 두고 있지 않다.
- 외교공관의 비호권 문제 : 외교공관의 비호권은 인정되지 않으며, 극히 예외적으로 폭도의 위해로부터 일시 비호할 수 있을 뿐이다. 그 이유는 공관의 불가침이 사절의 능률적인 직무 수행을 위해 인정된 것이지 범죄인 또는 정치적 망명자를 비호하기 위해 인정된 것은 아니기 때문이다. 또한 자국민인 범죄인·정치범을 본국에 송환할 목적으로 공관 내에 구금하는 것도 인정되지 않는다.

ⓒ 문서의 불가침 : 외교사절의 공문서·서류 및 통신문은 때와 장소를 가리지 않고 불가침이며, 사문서 또는 사용통신문 또한 불가침이다.

③ 면제
　ㄱ 재판관할권의 면제
- 형사재판관할권 : 외교사절은 접수국의 일체의 형사재판관할권으로부터 면제되므로, 접수국은 어떠한 경우에도 사절을 소추하거나 형벌을 과할 수 없다. 사절이 형법에 위반한 행위를 하였을 때 접수국은 다만 소환 요구하거나 퇴거를 명할 수 있을 뿐이다.
- 민사·행정재판관할권
　- 원칙 : 사절은 접수국의 민사 및 행정재판관할권으로부터 면제된다.
　- 예외 : 접수국 영역 내에 있는 외교관의 사유부동산에 관한 소송, 개인자격으로 관여한 상속에 관한 소송, 직무 밖의 직업적·상업적 활동에 관한 소송의 경우에는 면제가 인정되지 않는다. 그 밖에 자동차사고의 경우 비엔나회의의 권고적 의견은 외교사절에 대한 자동차사고의 손해배상청구를 인정한다.
- 증언 : 외교사절은 모든 소송에서 증언할 의무가 없으나, 파견국의 승인·동의를 얻어 임의로 증언할 수는 있다. 그러므로 증언하지 않은 것을 기피인물 선언사유로 사용할 수 없다.

[외교사절 본국의 재판관할권]
외교사절의 재판관할권 면제는 접수국의 재판관할권으로부터 면제되는 것이므로, 외교사절 본국의 재판관할권으로부터는 면제되지 아니한다.

ㄴ 행정권의 면제 : 외교사절은 파견국의 경찰권, 과세권, 사회보장가입 등 행정권으로부터 면제된다.

[조세·관세의 면제]
외교관은 접수국의 직접세로부터 면제되지만, 간접세·상속세·등록세 등은 그 성격상 면제되지 않는다. 또한 대체로 관세도 면제받으나 그 면제의 범위는 접수국의 재량권이 크다.

④ 기타 특권

　㉠ **통신의 자유** : 외교사절은 통신의 자유를 갖으며, 외교행랑과 배달인은 불가침권을 갖는다. 그러나 무선통신기의 설치 및 사용은 접수국의 동의를 요한다.

　㉡ **여행의 자유** : 외교사절은 접수국에서 거주·이전의 자유를 가지나, 국가안보상의 이유로 국내법상 제한된 지역에는 출입할 수 없다.

⑤ **특권·면제의 포기** … 외교사절의 특권·면제는 사절 개인의 권리가 아니라 파견국의 권리이므로, 파견국의 명시적 동의에 의해서만 포기될 수 있다.

⑥ 특권·면제의 범위

　㉠ **인적범위**

　　• 외교사절 및 외교직원 : 외교사절 및 외교직원(이하 외교관)은 동일한 특권과 면제를 향유한다.

　　• 외교관의 가족 : 접수국의 국민이 아닌 한 외교관 본인과 동일한 면제·특권을 향유한다.

　　• 행정·기술직원 및 그 가족 : 접수국의 국민 또는 영주자가 아닌 경우, 민사·행정재판권과 관세 면제를 제외하고는 외교관과 동일한 특권과 면제를 향유한다. 민사·행정재판권은 공적 행위가 아닌 경우에는 면제되지 않으며, 관세는 부임 시 수입한 물품만 면제된다.

　　• 역무직원 : 접수국의 국민 또는 영주자가 아닌 역무직원은 직무상 행위에 관하여 접수국의 재판관할권으로부터 면제되고, 그들 보수에 대한 조세나 그 밖의 공과금이 면제된다.

　　• 개인사용인 : 파견국이 직접 고용하지 않은 공관원의 가사에 종사하는 자는, 접수국의 국민이나 영주권자가 아닌 경우에는 조세나 그 밖의 공과금이 면제된다.

　㉡ **장소적 범위** : 접수국의 영역에서는 당연히 특권·면제가 인정된다. 이 밖에 특정 접수국에 파견된 외교사절이 부임·귀임 또는 본국으로의 귀국 도중에 제3국을 통과할 때도 일정한 특권과 면제를 향유한다.

　㉢ **시간적 범위**

　　• 시기 : 특권과 면제의 향유 개시시점은 부임차 접수국 영역에 입국한 때부터이며, 이미 접수국 영역 내에 있는 경우에는 그 임명사실이 접수국 외무당국에 통고된 때이다.

• 종기 : 사절의 직무가 종료되면 특권과 면제는 그가 접수국에서 퇴거하거나 퇴거에 필요한 상당한 기간이 만료했을 때 소멸한다. 사절이 직무수행상 행한 행위는 특권과 면제의 종료 후에도 계속 재판관할권에서 면제되나 직무수행과 관련 없는 행위는 특권과 면제의 종료 후에는 접수국의 재판관할권으로부터 면제되지 않는다.

⑦ **외교사절의 의무** … 외교사절은 접수국의 법령을 존중해야 하며, 국내문제에 간섭하지 않아야 한다. 또한 개인적 영리를 위한 상업적·직업적 활동을 해서는 아니된다.

[국가면제와 외교면제]

외교면제는 국가면제보다 더 넓게 인정된다. 즉, 상행위 등은 제한적 면제론에 의해 국가면제가 인정되지 않으나 외교면제는 인정된다. 또한 외교관 개인의 사적 행위의 경우 국가면제는 적용될 여지가 없으나 외교면제는 여전히 적용된다.

⑧ 국가원수·외무장관·외교사절의 차이

ㄱ **국가원수와 외무장관**

• 국가원수는 총괄적인 대표기관이나, 외무장관은 국가원수의 지휘하에 외교사무를 담당한다.

• 국가원수는 선전·강화권이 있으나, 외무장관은 없다.

• 국가원수의 변경은 외교사절임무의 종료원인이 되나, 외무장관의 변경은 그러하지 아니하다.

• 국가원수가 직접 체결한 조약은 비준을 요하지 않으나, 외무장관이 체결한 조약은 약식조약을 제외하고는 원칙적으로 비준을 요한다.

ㄴ **국가원수와 외교사절**

• 국가원수는 신임장을 요하지 않으나, 외교사절은 요한다.

• 국가원수는 전권위임장을 요하지 않으나, 외교사절은 요한다.

• 국가원수는 선전·강화권이 있으나, 외교사절은 없다.

• 국가원수의 조약 체결의 경우 비준을 요하지 않으나, 외교사절은 이를 요한다.

• 국가원수의 지위에 관한 일반조약은 없으나, 외교사절은 1961년 외교협약이 있다.

ㄷ **외무장관과 외교사절**

• 외무장관은 외교사절의 지휘·감독자이다.

• 외무장관은 신임장을 요하지 않으나, 외교사절은 요한다.

• 외무장관은 본국에 위치하나, 외교사절은 외국에 주재한다.

• 외무장관은 모든 국제관계에서 국가를 대표하나, 외교사절은 접수국에 대해서만 국가를 대표한다.

section 4 영사

(1) 영사의 의의

① 개념

㉠ 파견국의 통상 및 경제상의 이익과 파견국의 국민을 보호하기 위해 외국에 주재하는 국제법상 국가의 기관을 말한다.

㉡ 영사는 정치적 대표성이 없고 상업상의 특수이익을 보호하기 위한 준국가기관의 성격만을 갖는다는 점에서 외교사절과 구분된다.

② 연혁 및 법전화

㉠ 영사제도는 중세유럽의 상업도시에 특유한 기술적·직업적 동업조직인 길드 내에서 회원 간의 분쟁을 재판하는 자치적인 재판관을 두었던 제도에서 발전하였다.

㉡ 영사제도는 그 후 유럽 전역에 보급되어 사법·행정상의 여러 일을 맡아보았으나, 외교사절제도의 도입으로 쇠퇴하기 시작하였다.

㉢ 국제통상의 급격한 발달로 인해 종래 국제관습법으로 존재해 오던 영사제도는 1963년 영사관계에 관한 비엔나협약으로 성문화되었다.

(2) 영사의 종류와 계급

① 종류

㉠ **전임영사(직무영사)** : 영사의 사무를 본업으로 하며, 본국으로부터 파견된다.

㉡ **명예영사(선임영사)** : 접수국에 거주하는 자 중에서 파견국이 선임하여 영사의 사무를 위임하며, 타업을 병행할 수 있다.

② 계급

㉠ **총영사** : 영사관보다 중요하고 광범한 지역 관할

㉡ **영사** : 독립된 영사관의 장 또는 총영사 보좌

㉢ **부영사** : 분관의 장 또는 영사 보좌

㉣ **영사대리** : 분관의 장 또는 영사 보좌

(3) 영사의 파견과 접수

① **영사의 파견** … 영사에게 위임장을 주어 파견한다. 영사의 파견에는 아그레망을 요청할 필요가 없으며, 접수국의 명시적 동의 없이는 접수국 국민을 영사로 임명할 수 없다.

문 외교사절과 영사에 관한 다음 설명 중 옳은 것으로만 묶은 것은?
▶ 2008. 4. 12. 행정안전부

㉠ 통상대표(trade delegate)는 외교사절이 아니라 영사의 일종이다.
㉡ 영사제도는 연혁적으로 중세유럽의 길드에서 유래한 것으로서 상업상의 이익을 보호하고 상사분쟁을 중재하는 것이 주된 임무였다.
㉢ 외교사절은 국제법상 국가의 기관이나 영사는 그러하지 아니하다.
㉣ 외교사절의 파견에는 원칙적으로 아그레망을 요하나 영사의 파견에는 이를 요하지 않는다.
㉤ 영사관계의 수립은 일반적으로 명시적인 국가승인으로 인정된다.
㉥ 외교사절은 신임장을 제정하여야 그 업무를 개시하는데 비해 영사는 접수국의 영사인가를 받아야 그 직무를 개시할 수 있다.

① ㉠, ㉡, ㉤
② ㉠, ㉢, ㉥
③ ㉡, ㉣, ㉥
④ ㉡, ㉤, ㉥

② **영사의 접수** … 영사가 접수국에 도착하여 자국외교사절을 통해서 파견국 국가원수 또는 외무장관의 이름으로 교부된 위임장을 각각 접수국 국가원수 또는 외무장관에게 제출하면, 이에 대해 접수국은 인가장을 교부한다. 접수국의 인가를 받으면 이때부터 영사는 그 자격으로 직무를 수행한다.

(4) 영사의 직무

영사협약은 영사의 직무로 자국민 보호, 우호관계 촉진, 사정의 확인·보호, 여권·사증의 발급, 파견국 국민에 대한 원조, 파견국 선박·항공기의 감독, 제반 공증사무 등을 규정하고 있다.

(5) 영사의 특권과 면제

① **신체의 불가침** … 영사의 신체는 불가침이다. 그러나 영사가 중대한 범죄를 범하고 권한 있는 사법당국의 결정이 있는 경우 체포하거나 미결구금할 수 있다.

② **영사기관의 불가침** … 접수국의 관리는 영사관장의 동의가 없는 한 영사관 구내에 들어갈 수 없으나, 화재 및 기타 신속한 보호조치를 필요로 하는 재해의 경우에는 동의가 있는 것으로 간주된다. 또한 영사의 임무 수행에 방해가 되는 것을 피하고 신속·충분·유효한 보상을 지불할 것을 조건으로 영사공관 및 재산 등을 접수국이 수용할 수 있다. 그러나 영사의 주거와 개인서류의 불가침은 부인된다.

③ **형사·행정재판관할권의 면제** … 영사의 형사·행정재판관할권의 면제는 공적 행위에만 인정된다.

④ **민사재판관할권의 면제** … 공적 행위에만 민사관할권의 면제가 인정되나, 직무수행상 행위라도 사인자격으로 체결한 계약에 관한 민사소송 및 자동차·선박·항공기에 의한 손해에 대해 제3자가 제기한 소송으로부터는 면제되지 않는다.

⑤ **영사행낭 및 증언** … 영사행낭은 행낭 속에 공문서가 아닌 것이 포함되어 있다고 추정할 만한 중대한 사유가 있는 경우에는 개봉을 요구하거나 발송지로 반송할 수 있다. 증언의 거부는 영사의 임무 수행에 관한 사항에 대해서만 인정된다.

┃정답 ③

[외교제도와 영사제도의 비교]

ⓐ 외교사절의 소재지, 즉 대사관은 한 곳이지만 영사제도의 경우 파견국은 접수국 내에 여러 개의 영사관을 설치할 수 있다.

ⓑ 외교사절은 원칙적으로 자국민에 한하지만, 영사는 외국인도 취임가능하며 명예영사의 경우 보통 접수국 국민 중에서 선임된다.

ⓒ 외교사절의 파견에는 아그레망을 요하나, 영사의 파견에는 이를 요하지 않는다. 다만, 접수국은 양자 모두에 대하여 기피인물(persona non grata)을 선언할 수 있다.

ⓓ 외교사절은 신임장을 제정해야 직무를 개시하지만, 영사는 인가장을 받아야 직무가 개시된다.

ⓔ 외교관계의 단절이 반드시 영사관계의 단절을 초래하는 것은 아니다.

ⓕ 외교사절의 파견·접수는 완전한 독립국가 간에 행해지나, 영사의 파견·접수는 불완전한 독립국가 간에도 행해진다.

ⓖ 외교사절은 접수국의 정치적 기관과 접촉하나, 영사는 원칙적으로 비정치적 기관과 접촉한다.

ⓗ 외교사절의 특권과 면제는 넓게 인정되나, 영사의 특권과 면제는 외교사절에 비해 좁게 인정된다.

section 5 주류 외국 군대의 법적 지위

(1) 의의

일국의 군대가 타국의 동의를 얻어 그 국가에 주류할 때에 그 군대는 국제법상 일정한 특권과 면제를 인정받는다. 이때 보통 당사국 간에는 주류하는 외국 군대 및 그 구성원의 법적 지위 등에 관한 사항을 규정한 조약을 체결하게 되는바, 이러한 조약을 주류외국군지위협정(SOFA)이라고 부른다. 그 예로는 1951년 북대서양조약기구당사국 간 외국군대지위협정, 1960년 주일미군지위협정, 1966년 주한미군지위협정 등이 있다.

(2) 형사재판관할권

① 전속적 관할권

ⓐ **파견국 전속적 관할권** : 파견국(미국)이 평시에 전속적 관할권을 행사할 수 있는 범죄는 파견국의 안전에 대한 범죄를 포함하여 파견국 법률에 의해서만 처벌될 수 있는 범죄이다. 그러나 계엄선포 시와 적대행위 발생 시에는 미군 구성원의 모든 범죄에 대해 전속적 관할권을 행사한다.

ⓛ 접수국의 전속적 관할권 : 접수국(한국)의 안전에 대한 범죄를 포함하여 접수
국의 법률에 의해서만 처벌될 수 있는 범죄는 접수국이 전속적 관할권을 갖
는다. 미군 당국이 한국의 전속적 관할권 포기를 요청하면 적절한 경우 한
국 당국은 이를 포기할 수 있다.

② 관할권의 경합과 일차적 관할권

　ⓐ 원칙 : 접수국은 다음의 경우를 제외하고는 원칙적으로 1차적 관할권을 갖는다.

　　• 파견국의 군대의 재산이나 안전을 침해하는 행위 또는 그 구성원, 군속 및 그
　　　가족의 신체나 재산을 침해한 범죄

　　• 공무수행 중 작위 또는 부작위에 의한 범죄

> **[공무수행 중의 의미와 판단의 증거]**
> ⓐ 공무수행 중이란 공무의 기능상 요구되는 행위에만 국한된다. 따라서 단순히
> 근무시간 중에 있었다는 사실만으로 공무수행 중에 있었던 것으로 간주되지
> 않는다.
> ⓑ 공무수행 중 여부의 판단은 대체로 파견국당국이 발행하는 공무증명서에 의해
> 결정한다. 이에 대해 접수국의 이의가 없으면 파견국당국이 1차적 관할권을
> 행사한다.

　ⓑ 1차적 관할권의 포기

　　• 1차적 관할권을 가진 국가는 타방이 특히 중요하다고 인정하여 1차적 관할권의
　　　포기를 요청하면 이에 대해 호의적으로 고려한다.

　　• 합의의사록은 미군 당국의 재판관할권 포기요청이 있으면 한국 당국이 관할권을
　　　행사함이 특히 중요하다고 결정하는 경우를 제외하고는 1차적 관할권을 포기한
　　　다고 규정하고 있다.

> **[1991년 개정]**
> 종래 합의양해사항에서 '특히 중요하다'는 대한민국의 안전에 관한 범죄, 살인, 강
> 도, 강간 및 이들 범죄의 미수 또는 공범을 지칭한다고 규정하였으나, 1991년 개
> 정으로 이를 삭제하였다. 또한 교환각서에서의 일괄적 사전포기제도도 삭제되었다.

(3) 민사재판관할권

민사재판관할권은 원칙적으로 접수국이 행사하며, 따라서 경합의 문제가 발생하지
않는다. 특히 공무수행 중 타방군대 및 그 구성원에 끼친 손해에 대하여는 상호
간에 청구권을 포기한다고 규정하고 있다.

section 6 군함 및 정부선박

(1) 군함

① **불가침권** … 연안국의 관리는 함장의 동의 없이 함내에 들어가지 못하며, 군함에게는 정치범의 비호권이 인정된다는 것이 다수의 견해이다.

② **면제** … 연안국의 사법권은 함내의 모든 민사·형사사건뿐 아니라 군함 자체에 관한 사건에도 미치지 못한다. 연안국의 법령을 준수하지 않은 경우 연안국은 군함의 퇴거를 요구할 수 있을 뿐이며, 군함의 승무원이 연안국의 동의를 얻어 상륙한 경우, 공무집행 중에 행하여진 범죄에 대해서는 연안국의 재판관할권이 면제된다.

(2) 정부선박

정부선박(공선)도 연안국의 민사 및 형사관할권으로부터 면제된다. 다만, 군함과 달리 불가침권은 인정되지 않으며, 상용목적의 정부선박은 민간선박과 동일한 법적 지위를 갖는다.

1 국가원수에 대한 설명으로 가장 옳지 않은 것은?

① 대내적 · 대외적으로 국가를 대표할 자격을 가진 국가의 최고기관을 말한다.

② 국가원수는 외국에 체재할 동안 국제법상 일정한 특권 · 면제의 예우를 받는다.

③ 국가원수는 국가를 대표하여 외교사절 및 영사의 파견과 접수, 조약 체결, 전쟁선언, 강화체결 등 대외적 행위를 한다.

④ 국가원수가 직접 조약을 체결하는 경우에도 별도의 비준을 필요로 한다.

2 국가원수의 특권과 면제에 대한 설명으로 가장 옳지 않은 것은?

① 국가원수는 외국에 체재할 동안 일정한 특권 · 면제를 향유한다.

② 1961년 외교관계에 관한 비엔나협약은 국가원수의 특권과 면제를 규정하고 있다.

③ 국가원수는 국가의 권위를 대표하는 최고통치권자이므로 외교사절보다 훨씬 더 우대를 받는다.

④ 국가원수의 동반가족은 국가원수와 동일한 특권 · 면제를 향유한다.

3 국가의 대외적 대표기관으로서 국가원수와 외무장관에 대한 설명으로 가장 옳지 않은 것은?

① 외무장관은 국가원수의 지휘하에 직접 외교사무를 담당하는 기관을 말한다.

② 국가원수가 직접 체결한 조약은 비준을 요하지 않는다.

③ 외무장관이 체결한 조약은 약식조약을 제외하고는 원칙적으로 비준을 요한다.

④ 외무장관의 변경은 외교사절임무의 종료원인이 된다.

4 국가원수와 외교사절의 차이점을 설명한 것으로 옳지 않은 것은?

① 국가원수는 신임장을 요하지 않으나, 외교사절은 요한다.

② 국가원수와 외교사절의 지위에 관해서는 1961년 외교관계에 관한 비엔나협약이 규율하고 있다.

③ 국가원수는 전권위임장을 요하지 않으나, 외교사절은 요한다.

④ 국가원수의 조약 체결의 경우 비준을 요하지 않으나, 외교사절은 이를 요한다.

5 국가의 대외적 대표기관에 대한 설명으로 가장 옳지 않은 것은?

① 국가원수는 총괄적인 대표기관이나, 외무장관은 국가원수의 지휘하에 외교사무를 담당한다.

② 국가원수는 선전·강화권이 있으나, 외무장관은 없다.

③ 외무장관은 외교사절과 달리 외국과의 외교 교섭을 할 수 없다.

④ 외교사절이란 외교교섭 및 기타 직무를 수행하기 위해 상주 또는 임시로 외국에 파견되는 사절을 말한다.

6 다음 중 전권위임장을 휴대하지 않아도 되는 경우가 아닌 것은?

① 한국 주재 미국 대사가 일본 정부와 행정협정 개정교섭을 하는 경우

② 미국 대통령이 직접 한국 대통령과 조약을 체결하는 경우

③ 한국 외무장관과 일본 외무장관이 조약을 체결하는 경우

④ 한국 주재 미국 대사가 한국 정부와 행정협정 개정교섭을 하는 경우

7 외교사절에 대한 설명 중 옳지 않은 것은?

① 외교교섭 및 기타 직무를 수행하기 위해 상주 또는 임시로 외국에 파견되는 사절을 말한다.
② 상주외교사절제도는 13세기 들어와서 이탈리아의 도시국가들에 의해 처음으로 시작되었다.
③ 1961년 외교관계에 관한 비엔나협약은 종래 국제관습법으로 존재하던 외교사절제도를 성문화하였다.
④ 1961년 외교관계에 관한 비엔나협약은 외교사절의 계급을 대사, 공사 2계급으로 분류하고 있다.

8 외교사절의 계급에 관한 설명으로 가장 옳지 않은 것은?

① 1961년 외교관계에 관한 비엔나협약은 외교사절의 계급을 대사, 공사, 대리대사 등 3계급으로 분류하고 있다.
② 동일 계급 간의 석차는 외교사절이 직무를 개시한 일시의 순서에 따라 그 서열이 정해진다.
③ 동일 계급 간의 석차는 당사국 간의 합의에 의해 결정된다.
④ 어느 계급의 외교사절을 파견하느냐의 문제는 당사국 간의 합의에 의해 결정된다.

9 외교사절에 관한 설명으로 옳지 않은 것은?

① 통상적으로 외교사절단의 장과 외교직원을 외교관이라고 한다.
② 상주외교사절단의 장을 파견하기 전에 반드시 아그레망을 요청하여야 한다.
③ 접수국에 상주하여 본국과의 외교관계를 상시로 처리하는 상주외교사절과 일시적 또는 임시로 파견하는 특별외교사절로 구별된다.
④ 특별외교사절도 외교관계가 수립되어 있어야 파견될 수 있다.

10 아그레망의 의미에 대한 설명으로 옳은 것은?

① 사전에 통고하는 의미밖에 없으며 접수국은 이를 거절할 수 없다.
② 아그레망의 거부는 국교 단절의 의사표시가 된다.
③ 접수국은 아그레망을 거부할 수 있으나 그 사유를 밝힐 의무를 지지 않는다.
④ 접수국은 아그레망을 거부할 수 있으나 그 사유를 밝혀야 한다.

11 외교사절의 파견에 관하여 잘못된 설명은?

① 접수국은 특정 인물이 기피인물인 경우에는 아그레망을 거부할 수 있다.
② 아그레망을 거부하려면 파견국에 대하여 거부이유를 제시하여야 한다.
③ 일단 아그레망이 부여된 경우에는 접수국은 접수할 의무가 있다.
④ 특별사절의 임명과 파견에는 아그레망의 요청이 필요 없다.

12 1961년 「외교관계에 관한 비엔나협약」상 불만(不滿) 인물(persona non grata)에 대한 내용으로 옳지 않은 것은?

① 접수국은 개인적 불만사항이 없더라도 불만한 인물로 통보할 수 있다.
② 파견국은 접수국의 불만한 인물 통보를 수용하여야 한다.
③ 접수국은 불만한 인물 통보에 대한 사유를 설명할 의무가 없다.
④ 접수국은 불만한 인물 통보를 그 인사의 자국 부임 전까지만 할 수 있다.

13 외교사절의 접수에 대한 설명으로 가장 옳지 않은 것은?

① 파견국 국가원수가 변경된 경우 신임장 갱신을 요하는 것이 원칙이다.

② 접수국 국가원수가 변경된 경우 신임장 갱신을 요하는 것이 원칙이다.

③ 접수국에 도착한 외교사절은 먼저 신임장 부본을 접수국의 외무장관에게 제출하고, 신임장 정본은 접수국 국가원수에게 직접 제출한다.

④ 외교사절의 특권과 면제는 신임장 제출시부터 향유한다.

14 외교사절의 접수와 직무개시에 대한 설명으로 옳지 않은 것은?

① 외교사절의 직무는 아그레망 부여 시로부터 개시된다.

② 신임장의 수리로 외교사절의 정식접수가 성립하고 사절자격이 인정되어 직무를 개시할 수 있다.

③ 사절이 신임장 정본을 국가원수에게 제출하였을 때 외교사절의 직무가 개시된다.

④ 사절이 접수국 외무부에 도착을 통지하고 신임장 부본을 제출하였을 때 외교사절의 직무가 개시된다.

15 외교사절의 직무에 대한 설명으로 옳지 않은 것은?

① 파견국대표 – 파견국을 대표하여 접수국과 외교교섭을 한다.

② 사정의 확인 및 보고 – 접수국의 군사기밀을 탐지하여 파견국에 보고한다.

③ 자국민의 보호·감독 – 접수국 영역 내 재류하고 있는 자국민을 국제법이 허용하는 한도 내에서 보호·감독한다.

④ 영사직무의 수행 – 필요에 따라 휘하의 외교직원을 통하여 영사직무를 수행할 수 있다.

16 외교사절의 특권과 면제에 관한 설명으로 가장 옳지 않은 것은?

① 특권과 면제는 불가침권과 관할권 면제 및 치외법권으로 분류된다.

② 외교사절의 특권·면제는 외교사절 자신의 권리가 아니고 외교사절 파견국의 권리이다.

③ 외교사절의 신체 및 명예는 불가침이며, 접수국은 이것이 침해되지 않도록 적절한 조치를 취해야 한다.

④ 외교공관은 불가침으로 사절의 요구 또는 동의 없이 들어갈 수 없다.

17 외교사절의 특권과 면제에 대한 설명으로 옳지 않은 것은?

① 국제법상 외국의 외교사절에게 접수국 내에서 부여되는 접수국 국민이나 외국인보다 특별한 보호·대우를 하는 것을 말한다.

② 외교사절의 특권과 면제는 외교사절 자신이 이를 임의로 포기할 수 있다.

③ 외교특권을 향유하는 자는 접수국의 절차법의 적용을 받지 아니하는 것에 그칠 뿐이며 실체법의 적용은 받는다.

④ 외교사절의 신체 및 명예는 불가침이며, 접수국은 이것이 침해되지 않도록 적절한 조치를 취해야 한다.

18 1961년 「외교관계에 관한 비엔나협약」상 특권·면제에 대한 설명으로 옳지 않은 것은?

① 특권·면제를 받을 권리가 있는 자가 이미 접수국 영역 내에 있을 경우 접수국 외무부에 그의 임명을 통고한 순간부터 특권·면제를 향유한다.

② 외교관의 가족은 그 외교관이 사망하는 경우 접수국으로부터 퇴거하는 데에 필요한 상당한 기간이 만료할 때까지 기존의 특권·면제를 계속 향유한다.

③ 외교관의 부임과 귀국을 위해 필요한 여권사증을 부여한 제3국은 그 외교관에게 통과의 보장에 필요한 면제와 불가침권을 부여하여야 한다.

④ 외교관이 제3국에 일시적으로 체류하더라도 제3국은 그 체류 목적을 불문하고 외교관의 특권·면제를 보장하여야 한다.

19 외교공관의 불가침권에 대한 설명으로 가장 옳지 않은 것은?

① 외교공관은 압류, 수색, 징발, 강제집행으로부터 면제된다.
② 외교공관은 불가침으로 사절의 요구 또는 동의 없이 들어갈 수 없다.
③ 접수국은 외교공관을 특별히 보호해야 한다.
④ 외교사절단장의 개인적 주거는 불가침권을 향유하지 않는다.

20 외교공관의 비호권에 대한 설명으로 가장 옳은 것은?

① 자국민인 범죄인·정치범을 본국에 송환할 목적으로 공관 내에 구금하는 것도 인정된다.
② 정치범의 경우 외교공관의 비호권이 인정된다.
③ 1961년 외교관계에 관한 비엔나협약은 외교공관의 비호권을 명시적으로 규정하고 있다.
④ 1950년 비호 사건에서 국제사법재판소는 외교공관의 비호권을 부정하였다.

21 외교공관의 불가침권에 대한 설명으로 옳지 않은 것은?

① 외교공관은 불가침으로 사절의 요구 또는 동의 없이 들어갈 수 없다.
② 정치범이나 난민에 대한 외교공관의 비호권이 인정된다.
③ 접수국은 외교공관을 특별히 보호해야 한다.
④ 1969년 외교관계 비엔나협약은 외교공관의 범죄인 비호권에 관한 규정을 두고 있지 않다.

22 외교사절의 특권과 면제에 관한 설명으로 옳지 않은 것은?

① 외교사절의 공문서 · 서류 및 통신문은 때와 장소를 가리지 않고 불가침이다.

② 외교사절의 사문서 또는 사용통신문은 불가침권을 누리지 못한다.

③ 외교사절단장의 개인적 주거는 불가침권을 향유한다.

④ 외교공관의 비호권은 부정된다.

23 외교사절의 특권과 면제에 관한 설명으로 옳지 않은 것은?

① 접수국은 사절의 위법행위에 대해 예외적으로 정당방위를 취할 수 있다.

② 접수국은 접수국 질서와 안전을 위해 자국국내법에 의해 사절을 일시적으로 구속할 수 있다.

③ 외교사절이 접수국 내에서 살인행위를 한 경우 예외적으로 접수국은 외교사절을 처벌할 수 있다.

④ 접수국은 외교사절의 신체 및 명예가 침해되지 않도록 적절한 조치를 취해야 하며, 침해된 경우 구제를 위한 적절한 조치를 취해야 한다.

24 외교사절의 재판관할권 면제에 대한 설명으로 잘못된 것은?

① 예외적으로 일정한 경우 외교사절의 형사재판관할권 면제는 인정되지 않는다.

② 접수국 영역 내에서 외교사절이 사적으로 소유한 부동산에 관한 소송에서 민사재판관할권 면제는 인정되지 않는다.

③ 외교사절은 모든 소송에서 증언할 의무가 없다.

④ 자동차사고의 경우 비엔나회의의 권고적 의견은 외교사절에 대한 자동차사고의 손해배상청구를 인정한다.

25 외교사절의 특권·면제와 영사의 특권·면제에 대한 설명 중 가장 적절하지 않은 것은?

① 영사가 중대한 범죄를 범하고 권한 있는 사법당국의 결정이 있는 경우 체포하거나 미결구금할 수 있다.

② 외교관이 중대한 범죄를 범하고 권한 있는 사법당국의 결정이 있는 경우 체포하거나 미결구금할 수 있다.

③ 접수국의 관리는 영사관장의 동의가 없는 한 영사관 구내에 들어갈 수 없으나, 화재 및 기타 신속한 보호조치를 필요로 하는 재해의 경우에는 동의가 있는 것으로 간주된다.

④ 외교공관 및 재산과는 달리 일정한 경우 영사공관 및 재산 등을 접수국이 수용할 수 있다.

26 외교사절의 특권과 면제에 관한 설명으로 옳지 않은 것은?

① 외교사절은 접수국의 일체의 형사재판관할권으로부터 면제된다.

② 접수국은 어떠한 경우에도 사절을 소추하거나 형벌을 과할 수 없다.

③ 외교사절은 접수국의 일체의 민사재판관할권으로부터 면제된다.

④ 외교사절이 자국형법에 위반한 행위를 하였을 때 접수국은 다만 소환을 요구하거나 퇴거를 명할 수 있을 뿐이다.

27 외교사절에 대한 민사·행정재판관할권면제의 예외사유에 해당하지 않는 것은?

① 외교관이 공적으로 행한 행위에 대한 손해배상소송

② 접수국 영역 내에 있는 외교관의 사유부동산에 관한 소송

③ 외교관이 개인자격으로 관여한 상속에 관한 소송

④ 외교관의 직무 밖 직업적·상업적 활동에 관한 소송

28 외교사절이 향유하는 특권과 면제의 시간적 범위에 대한 설명으로 가장 옳지 않은 것은?

① 특권과 면제의 향유시기는 부임차 접수국 영역에 입국한 때부터이다.

② 외교사절이 이미 접수국 영역 내에 있는 경우에는 특권과 면제의 향유시기는 그 임명사실이 접수국 외무당국에 통고된 때이다.

③ 사절의 직무가 종료되면 특권과 면제는 그가 접수국에서 퇴거하거나 퇴거에 필요한 상당한 기간이 만료했을 때 소멸한다.

④ 직무수행과 관련 없는 행위도 특권과 면제의 종료 후 접수국의 재판관할권으로부터 면제를 향유한다.

29 외교사절의 특권과 면제에 대한 설명으로 옳지 않은 것은?

① 외교사절의 재판관할권 면제는 외교사절 본국의 재판관할권 면제도 포함한다.

② 외교사절은 모든 소송에서 증언할 의무가 없다.

③ 파견국의 승인·동의를 얻어 임의로 증언할 수는 있다.

④ 외교사절은 파견국의 경찰권·과세권·사회보장 가입 등 행정권으로부터 면제된다.

30 1961년 외교관계협약에 따른 외교관의 특권과 면제에 대한 설명으로 옳지 않은 것은?

① 외교관의 신체는 불가침이며 어떠한 형태의 체포 또는 구금도 당하지 아니한다.

② 외교관은 접수국의 형사재판관할권으로부터의 면제를 향유한다.

③ 외교관은 민사재판의 경우 증인으로서 증언할 의무를 부담한다.

④ 외교관의 개인주거는 공관지역과 동일한 불가침과 보호를 향유한다.

31 외교사절의 특권과 면제에 대한 설명으로 가장 옳지 않은 것은?

① 외교관은 접수국의 직접세로부터 면제된다.

② 무선통신기의 설치 및 사용의 경우 접수국의 동의를 필요로 하지 않는다.

③ 외교관의 가족은 접수국의 국민이 아닌 한 외교관 본인과 동일한 면제·특권을 향유한다.

④ 외교사절의 공문서·서류 및 통신문은 때와 장소를 가리지 않고 불가침이다.

32 외교 면제와 국가 면제에 관한 설명으로 옳지 않은 것은?

① 외교 면제는 국가 면제보다 더 넓게 인정된다.

② 외교 면제는 국가 면제와 마찬가지로 묵시적 동의에 의해서도 포기될 수 있다.

③ 상행위 등은 제한적 면제론에 의해 국가 면제가 인정되지 않으나, 외교 면제는 인정된다.

④ 외교관 개인의 사적 행위의 경우 국가 면제는 적용될 여지가 없으나, 외교면제는 여전히 적용된다.

33 외교사절의 특권 면제에 대한 설명으로 옳지 않은 것은?

① 외교관계에 관한 비엔나협약은 공관지역의 불가침과 관련하여 어떠한 예외도 인정하지 않는 절대적 불가침을 규정하고 있다고 해석된다.

② 접수국은 공용을 위한 공관의 자유로운 통신을 허용해야 하나, 무선송신기의 설치 및 사용은 동의하지 않을 수 있다.

③ 파견국은 외교관의 재판관할권 면제를 포기할 수 있으며, 포기는 묵시적으로도 가능하다.

④ 공관의 문서 및 서류는 어느 때나 그리고 어느 곳에서나 불가침이다.

34 외교사절의 특권과 면제에 관한 설명으로 옳지 않은 것은?

① 국제법상 외국의 외교사절에게 접수국 내에서 부여되는 접수국 국민이나 외국인보다 특별한 보호·대우를 말한다.

② 외교사절은 국가를 대표하므로 국가권위를 대표·유지하기 위해 특권·면제가 인정되어야 한다는 견해를 대표설이라 한다.

③ 외교사절이 능률적으로 직무를 수행하도록 하기 위해 특권·면제가 인정되어야 한다는 견해를 기능설이라고 한다.

④ 1961년 외교관계에 관한 비엔나협약은 대표설의 입장을 취하고 있다.

35 「외교관계에 관한 비엔나협약」상 외교사절에 대한 설명으로 옳지 않은 것은?

① 외교공관의 모든 공관원은 협약상 외교관에 해당한다.

② 외교공관의 공관장 계급은 파견국과 접수국의 합의에 따른다.

③ 공관장은 서열과 의례에 관계되는 것을 제외하고 계급에 따른 차별을 받지 아니한다.

④ 공관장의 해당 계급 내 서열은 직무를 개시한 일자와 시간의 순서에 따라 정해진다.

36 영사의 파견과 접수에 대한 설명으로 옳지 않은 것은?

① 접수국은 영사에게 위임장을 주어 파견한다.

② 영사의 파견에는 아그레망을 요청할 필요가 없다.

③ 영사가 접수국에 도착하여 자국외교사절을 통해서 파견국 국가원수 또는 외무장관의 이름으로 교부된 위임장을 각각 접수국 국가원수 또는 외무장관에게 제출하면, 이에 대해 접수국은 인가장을 교부한다.

④ 접수국 국민을 영사로 임명할 수는 없다.

37 「영사관계에 관한 비엔나협약」상 영사관계에 대한 설명으로 옳지 않은 것은?

① 외교관계 수립에 대한 동의는 원칙적으로 영사관계 수립에 대한 동의를 포함한다.

② 외교관계 단절은 영사관계 단절을 당연히 포함하지 아니한다.

③ 영사기능은 외교공관에 의해서도 수행될 수 있다.

④ 영사기관의 소재지와 등급은 파견국이 결정하여 접수국에 통보한 후 확정된다.

38 1963년 영사관계협약에 따른 영사관원의 외교활동 수행에 대한 설명으로 옳은 것은?

① 파견국의 영사관원은 자국의 외교공관이 없고 제3국의 외교공관에 의하여 대표되지 않는 국가 내에서 그 국가에 통고한 후, 외교관으로서 외교활동을 수행할 수 있다.

② 접수국에서 파견국 영사관원의 외교활동 수행이 허용된 경우, 영사관원이 중대한 범죄를 범하게 되면 접수국 사법부의 결정에 따라 체포될 수 있다.

③ 파견국의 영사관원이 접수국 내에서 외교활동을 수행하는 경우, 영사관원은 접수국 내에서 외교특권과 면제를 향유한다.

④ 접수국 내에서 파견국 영사관원이 정부 간 국제기구에 대한 파견국의 대표로서 활동하기 위해서는 접수국의 동의를 받아야 한다.

39 외교제도와 영사제도의 차이점을 설명한 것으로 가장 옳지 않은 것은?

① 외교사절은 원칙적으로 자국민에 한하지만, 영사는 외국인도 취임가능하며 명예영사의 경우 보통 접수국 국민 중에서 선임된다.

② 외교관계의 단절은 영사관계의 단절을 초래한다.

③ 외교사절의 파견에는 아그레망을 요하나, 영사의 파견에는 이를 요하지 않는다.

④ 외교사절은 신임장을 제정해야 직무를 개시하지만, 영사는 인가장을 받아야 직무가 개시된다.

40 한미행정협정상 형사재판관할권에 대한 설명으로 옳지 않은 것은?

① 대한민국의 안전에 대한 범죄를 포함하여 대한민국의 법률에 의해서만 처벌될 수 있는 범죄는 대한민국이 전속적 관할권을 갖는다.

② 미군의 공무수행 중 작위 또는 부작위에 의한 범죄는 미국이 1차적 관할권을 갖는다.

③ 공무수행중이란 공무상의 근무시간 중을 의미한다.

④ 미군의 재산이나 안전을 침해하는 행위에 대해서는 미국이 1차적 관할권을 갖는다.

정답및해설

1	④	2	②	3	④	4	②	5	③
6	①	7	④	8	③	9	④	10	③
11	②	12	④	13	④	14	①	15	②
16	①	17	②	18	④	19	④	20	④
21	②	22	②	23	③	24	①	25	②
26	③	27	①	28	④	29	①	30	③
31	②	32	②	33	③	34	④	35	①
36	④	37	④	38	②	39	②	40	③

1 ④ 국가원수가 직접 체결한 조약은 비준을 요하지 않지만, 대체로 주요 조약의 경우 의회의 비준동의를 요하는 것이 일반적이다.

2 ② 국가원수의 특권과 면제는 외교사절의 경우와 달리 국제법상 확립되어 있지 않으며, 1961년 외교관계에 관한 비엔나협약도 이에 관한 규정을 두고 있지 않다. 그러나 국제관행상 국가원수는 국가의 권위를 대표하는 최고통치권자이므로 외교사절보다 훨씬 더 우대를 받는다.

3 ④ 국가원수의 변경은 외교사절임무의 종료원인이 되나, 외무장관의 변경은 그러하지 아니한다.

4 ② 국가원수의 지위에 관한 일반조약은 없다. 1961년 외교관계에 관한 비엔나협약은 외교사절의 지위만을 규정하고 있다.
　※ 국가원수와 외교사절의 차이
　　㉠ 국가원수는 신임장을 요하지 않으나, 외교사절은 요한다.
　　㉡ 국가원수는 전권위임장을 요하지 않으나, 외교사절은 요한다.
　　㉢ 국가원수는 선전·강화권이 있으나, 외교사절은 없다.
　　㉣ 국가원수의 조약 체결의 경우 비준을 요하지 않으나, 외교사절은 이를 요한다.
　　㉤ 국가원수의 지위에 관한 일반조약은 없으나, 외교사절은 1961년 외교협약이 있다.

5 ③ 외무장관은 외국에 주재하는 자국의 외교사절 및 영사를 지휘·감독할 권한을 가지며, 재외자국외교사절이나 자국에 주재하는 외국외교사절을 통하여 외국과 교섭한다. 이러한 교섭행위는 국가행위로 간주되며, 그 효과는 직접 국가에 귀속된다.

6 ① 조약 체결을 위임받은 사람은 별도의 전권위임장이 필요하다. 국가원수·정부의 수반·외무장관은 전권위임장을 필요로 하지 않으며, 외교사절이 접수국 정부와 조약체결을 하는 경우에도 별도의 전권위임장을 필요로 하지 않는다.

7 ④ 1961년 외교관계에 관한 비엔나협약은 외교사절의 계급을 대사, 공사, 대리대사 등 3계급으로 분류하고 있다.

8 ③ 동일 계급 간의 석차는 외교사절이 직무를 개시한 일시의 순서에 따라 그 서열이 정해진다.
 ※ 외교사절의 종류와 계급
  ㉠ 종류 : 접수국에 상주하여 본국과의 외교관계를 상시로 처리하는 상주외교사절과 일시적 또는 임시로 파견하는 특별외교사절로 구별된다. 특별외교사절은 외교관계가 수립되어 있지 않아도 접수국의 동의를 얻어 파견될 수 있다.
  ㉡ 계급 : 외교협약은 외교사절의 계급을 대사 · 공사 · 대리대사 등 3계급으로 분류하고 있으며, 외교사절은 계급을 이유로 직무 및 특권 · 면제에 있어서 아무런 차별을 받지 않는다.

9 ④ 특별외교사절은 외교관계가 수립되어 있지 않아도 접수국의 동의를 얻어 파견될 수 있다.

10 ③ 접수국은 특정 인물이 기피인물(persona non grata)인 경우에는 아그레망을 거부할 수 있다. 아그레망을 거부하려면 정당한 이유가 있어야 하나 파견국에 대하여 거부이유를 제시할 의무는 없다.

11 ② 아그레망을 거부하려면 정당한 이유가 있어야 하나, 파견국에 대하여 거부이유를 제시할 의무는 없다.

12 ④ 불만한 인물 통보는 당해 인사가 부임한 이후에도 할 수 있다. 이 경우 본국은 직무를 종료시키고 본국으로 소환할 의무가 있다.

13 ④ 외교사절의 특권과 면제는 입국 시부터 향유한다.
 ①② 신임장은 개인적 신뢰에 바탕을 두고 있는 것이므로, 파견국 또는 접수국 국가원수가 변경된 경우 신임장 갱신을 요하는 것이 원칙이다.

14 ① 접수국에 도착한 외교사절은 먼저 신임장 부본을 접수국의 외무장관에게 제출하고, 신임장 정본은 접수국 국가원수에게 직접 제출한다. 사절의 직무개시시기에 관하여는 사절이 신임장 정본을 국가원수에게 제출하였을 때 개시되는 관행과 사절이 접수국 외무부에 도착을 통지하고 신임장 부본을 제출하였을 때 직무가 개시되는 관행이 있다. 신임장의 수리로 외교사절의 정식접수가 성립하고 사절자격이 인정되어 직무를 개시할 수 있다. 대부분 국가들은 전자를 따르고 있지만 외교협약은 양자를 모두 인정하고 있다.

15 ② 외교사절은 접수국의 정치 · 경제 · 군사 · 여론 기타 모든 사정을 합법적 방법에 의해 확인하고 이를 파견국에 보고할 수 있다. 그러나 비합법적인 방법으로 파견국의 군사기밀을 탐지하여 보고해서는 안 된다.

16 ① 종래는 외교특권의 내용으로 치외법권을 들고 있었으나 오늘날에는 인정되지 않는다. 외교특권을 향유하는 자는 접수국의 절차법의 적용을 받지 아니하는 것에 그칠 뿐이며, 실체법의 적용은 받는다.

17 ② 외교사절의 특권 · 면제는 외교사절 자신의 권리가 아니고, 외교사절 파견국의 권리이다. 따라서 외교사절 자신은 이를 임의로 포기할 수 없다.

18 ④ 제3국에서의 체류목적이 '사적목적'인 경우에는 특권면제를 향유하지 않는다. '통과외교관'에 해당되는 경우에 한해 특권면제를 향유할 수 있다.

19 ④ 외교공관은 불가침이다. 외교공관이라 함은 소유자를 불문하고, 외교사절단장의 개인적 주거를 포함하여 사절단의 목적을 위해 사용되는 건물과 건물의 부분 및 부속토지를 말한다.

20 ④ 외교공관의 비호권은 인정되지 않으며, 극히 예외적으로 폭도의 위해로부터 일시 비호할 수 있을 뿐이다. 그 이유는 공관의 불가침이 사절의 능률적인 직무 수행을 위해 인정된 것이지 범죄인 또는 정치적 망명자를 비호하기 위해 인정된 것은 아니기 때문이다. 또한 자국민인 범죄인·정치범을 본국에 송환할 목적으로 공관 내에 구금하는 것도 인정되지 않으나, 국제사법재판소는 1950년 비호(Asylum) 사건에서 외교공관의 비호권을 부인하였으며, 1951년 토레(Haya del la Torre) 사건에서는 외교공관의 비호권은 부인되나 인도할 의무는 없고, 이 문제는 당사국간 교섭에 의해 해결되어야 한다고 판시하였다.

21 ② 국제관행과 판례는 외교공관의 비호권을 부정한다.
   ※ 1980년 테헤란 주재 미국외교·영사직원 사건(ICJ)
      ㉠ 예외 : 화재나 전염병을 막기 위한 긴급한 경우에는 공관장의 동의 없이 공관에 들어갈 수 있다는 것이 국제관습법상 인정된다는 견해가 있으나, 외교협약은 이에 대한 규정을 두고 있지 않다.
      ㉡ 외교공관의 비호권 문제 : 외교공관의 비호권은 인정되지 않으며, 극히 예외적으로 폭도의 위해로 부터 일시 비호할 수 있을 뿐이다. 그 이유는 공관의 불가침이 사절의 능률적인 직무수행을 위해 인정된 것이지 범죄인 또는 정치적 망명자를 비호하기 위해 인정된 것은 아니기 때문이다. 또한 자국민인 범죄인·정치범을 본국에 송환할 목적으로 공관 내에 구금하는 것도 인정되지 않는다.

22 ② 외교사절의 사문서 또는 사용통신문도 불가침이다.

23 ③ 접수국은 어떠한 경우에도 외교사절을 처벌할 수 없으며, 단지 사절의 소환을 요구하거나 퇴거를 명할 수 있을 뿐이다.

24 ① 민사·행정재판관할권과 달리 외교사절에 대한 형사재판관할권 면제는 절대적이다. 따라서 어떠한 경우에도 현직 외교사절에 대하여 형사재판관할권을 행사할 수 없다.

25 ② 영사와 달리 외교관은 접수국의 질서와 안전을 위해 자국국내법에 의해 일시적으로 구속할 수 있을 뿐이다. 외교관은 접수국 사법당국의 결정이 있는 경우에도 체포나 미결구금을 할 수 없다.

26 ③ 외교사절은 원칙적으로 접수국의 민사 및 행정재판관할권으로부터 면제된다. 예외적으로 접수국 영역 내에 있는 외교관의 사유부동산에 관한 소송, 개인자격으로 관여한 상속에 관한 소송, 직무 밖의 직업적·상업적 활동에 관한 소송의 경우에는 면제가 인정되지 않는다.

27 ① 외교관이 공적으로 행한 행위에 대한 손해배상소송에 대해서는 재판관할권 면제가 인정된다.
   ※ 외교사절의 민사·행정재판관할권 면제의 예외사유
      ㉠ 접수국 영역 내에 있는 외교관의 사유부동산에 관한 소송
      ㉡ 개인자격으로 관여한 상속에 관한 소송
      ㉢ 직무 밖의 직업적·상업적 활동에 관할 소송의 경우

28 ④ 외교사절이 직무수행상 행한 행위는 특권과 면제의 종료 후에도 계속 재판관할권에서 면제된다. 그러나 직무수행과 관련 없는 행위는 특권과 면제의 종료 후에는 접수국의 재판관할권으로부터 면제되지 않는다.

29 ① 외교사절의 재판관할권 면제는 접수국의 재판관할권으로부터 면제되는 것이므로, 외교사절 본국의 재판관할권으로부터는 면제되지 아니한다.

30 ③ 외교관은 증언의무를 부담하지 않는다.

31 ② 외교사절은 통신의 자유를 갖는다. 그러나 무선통신기의 설치 및 사용은 접수국의 동의를 요한다.

32 ② 외교 면제는 묵시적 포기가 가능한 국가 면제와 달리 원칙적으로 파견국의 명시적 동의에 의해서만 포기할 수 있다.

33 ③ 외교사절의 특권·면제는 사절 개인의 권리가 아니라 파견국의 권리이므로, 파견국의 명시적 동의에 의해서만 포기될 수 있다.

34 ④ 1961년 외교관계에 관한 비엔나협약은 주로 기능설의 입장을 취하면서 대표설 역시 수용하는 절충적 태도이다.

35 ① 협약상 외교관은 외교공관장과 외교직원을 말한다. 공관원에는 행정직원, 노무직원, 개인적 사용인이 포함된다.

36 ④ 접수국의 명시적 동의하에 접수국 국민을 영사로 임명할 수 있다. 일반적으로 명예영사는 접수국 국민 중에서 임명하는 것이 보통이다.

37 ④ 파견국이 결정하되 접수국이 동의해야 확정된다.

38 ① 접수국에 대한 통고가 아니라 접수국의 동의를 받아야 한다.
③ 외교특권과 면제를 향유하지 않는다(영사관계협약 제17조 제1항).
④ 접수국에 통고를 요하므로 접수국의 동의를 요하는 것은 아니다. 영사관원은 접수국에 통고한 후, 정부 간 국제기구에 대한 파견국의 대표로서 활동할 수 있다(영사관계협약 제17조 제2항).

39 ② 외교관계의 단절이 반드시 영사관계의 단절을 초래하는 것은 아니며, 미승인국과 영사관계를 유지하는 경우도 있다.

40 ③ 공무수행 중이란 공무의 기능상 요구되는 행위에만 국한된다. 따라서 단순히 공무상의 근무시간 중에 있었다는 사실만으로 공무수행 중에 있었던 것으로 간주되지 않는다.

05

국가책임과
개인의 지위

01 국가책임

section 1 국가책임의 의의

(1) 개념

① 국제법상 국가책임이라 함은 국가가 스스로의 국제위법행위에 대해 부담하는 국제법상의 책임을 말한다.

② 국가책임은 타국의 국가기관에 대한 직접침해와 타국의 사인에 대한 간접침해의 두 유형에서 발생하는데, 직접침해는 바로 국가책임을 발생시키나 간접침해는 청구국적의 원칙(국적계속의 원칙)과 국내구제수단완료의 원칙을 선행요건으로 한다.

[국제책임]

종래에는 국가만이 국제법 주체로 인정되었기 때문에 국제법상 책임을 국가책임에 한정하였으나, 오늘날에는 국제기구나 개인도 국제법 주체성이 인정되고 이에 따라 국제법상 책임을 지는 경우가 생기게 되어 국제법상 책임을 포괄하는 용어로 '국제책임'이라는 용어가 자주 사용되고 있다.

(2) 2001년 국제위법행위에 대한 국가책임규정 ILC초안

전통국제법상 국가책임은 국제관습법으로 형성되어 왔다. UN국제법위원회(ILC)는 1955년 이에 관한 법전화 및 국제법의 점진적 발전작업을 착수한 이래 46년만인 2001년 제53차 회기에서 '국제위법행위에 대한 국가책임규정 초안'을 최종 채택하였다.

[국제법상 금지되지 않은 해로운 결과에 대한 책임(해로운 결과책임 · 위험책임)]

㉠ 의의 : 오늘날 과학기술의 발전에 따라 인간의 경제 및 기타 활동이 국경을 넘어 타 국가의 영역상 환경, 인간생명과 건강 등에 대해 중대한 피해를 발생시키는 경우가 증가하고 있다. 이러한 피해는 주로 국가에게 귀속될 수 없는 사인의 행위에 의해 야기되고 있으며, 따라서 전통적인 국가책임법에 의해 규율될 수 없는 것이다. 이러한 이유에서 국제법은 국가에게 자신의 관할권하에서 이루어지는 위험하거나 유해한 행위에 대해 보다 강력한 감독 · 통제권을 행사하도록 하는 반면, 초국경적 피해의 발생을 예방할 의무를 부과함과 동시에 그 의무의 위반 여부와 관계 없이 피해에 대한 보상책임의무를 부과하는 새로운 법제도를 형성하고 있다. 이를 해로운 결과책임 또는 금지되지 않은 행위에 대한 국가의 초국경적 책임이라고 한다.

ⓒ 연혁 : UN국제법위원회(ILC)는 1978년 이래 국가책임과는 별도로 국제법상 금지되지 않은 해로운 결과에 대한 책임을 다루어 1990년에는 그 초안을 제출하였다. 또한 2001년 제53차 회기에서는 '위험한 활동으로부터의 월경피해 예방에 대한 규정 초안'이 채택되어 해로운 결과책임이론이 책임론과 피해 예방의 두 분야로 구성되어 있음을 명확히 하였다.

ⓒ 성립요건 : 전통적 국가책임법에 있어 국가책임이 성립하기 위해서는 행위의 국가귀속성과 행위의 위법성이라는 요건이 필요하다. 그러나 초국경적 피해에 대한 국가책임은 이러한 요건을 요구하지 않는다. 초국경적 피해에 대한 국가책임은 '자국관할하의 활동일 것'과 '유해한 결과 발생의 존재'만에 의해 성립하는 절대책임이다.

(3) 국가책임의 기본원칙

① 개별적 책임추구의 원칙

ㄱ 전통적으로 국가는 자국의 국제위법행위에 대한 피해국에 대해서만 국가책임을 져왔는데, 이를 개별적 책임추구의 원칙이라고 한다.

ㄴ 예외적으로 오늘날에는 국제강행규범의 존재가 인정되고 이와 맥락을 같이하는 국제공동체 전체에 대한 의무개념의 확립으로, 피해를 입지 않은 제3국이나 국제공동체가 책임을 추구하는 경우도 발생할 수 있다. 그러나 여전히 전통적인 국가책임법은 개별적 책임추구의 원칙에 입각해 있다.

② 민사책임의 원칙

ㄱ 전통적으로 국제위법행위는 민법상 불법행위와 유사한 것으로 인정되어 그 책임은 민사책임의 성질을 가지며 원상회복 또는 손해배상에 의해 해제되었다.

ㄴ UN국제법위원회는 국제범죄의 개념을 통해 국가의 국제형사책임의 도입을 시도하였으나 국가들의 반대로 최종초안에서 채택되지 못하였다.

③ 위법행위능력원칙

ㄱ 국제위법행위의 책임은 권리능력 및 행위능력이 완전한 국가에만 해당된다. 따라서 식민지, 피보호국, 연방구성국 등은 책임능력이 불완전하여 각각 본국, 연방국이 책임을 진다.

ㄴ 오늘날 개인 및 국제기구도 일정 범위 내에서 국제위법행위의 주체가 될 수 있다.

🔖 2001년에 UN 국제법위원회가 채택한 '국제위법행위에 대한 국가책임 초안'에 규정된 내용으로 옳지 않은 것은?
▶ 2010. 4. 10. 행정안전부

① 어떠한 행위에 대하여 국가의 국제책임이 성립하기 위해서는, 그 행위가 해당 국가에 귀속되며 국제의무의 위반을 구성하여야 한다.

② 국가의 국제범죄에 대해서는 국제공동체 전체로부터의 제재가 가하여진다.

③ 자위권 행사를 위법성조각사유로 인정한다.

④ 고의 또는 과실을 국가책임 성립요건으로 인정하지 않는다.

┃정답 ②

section **2** **국가책임의 성립요건**

(1) 의의

① 전통적 견해에 따르면 국가책임이 성립하기 위한 요건으로는 국가의 행위일 것·국제의무 위반을 구성할 것·손해가 발생하였을 것이며, 국제위법행위의 성립에 있어 고의 또는 과실이 필요한지에 대해서는 과실책임원칙과 무과실책임원칙의 대립이 있다.

② 2001년 국제위법행위에 대한 국가책임규정 ILC초안은 제2조 국가의 행위일 것(행위의 국가귀속성)과 국제의무 위반을 구성할 것의 2가지 요건만을 규정하고 있다.

> **[2001년 국제위법행위에 대한 국가책임규정 ILC초안 제2조]**
> 다음과 같은 작위 또는 부작위행위가 있을 때 국가의 국제위법행위가 존재한다.
> ㉠ 국제법에 따라 국가에게 귀속될 수 있는 경우
> ㉡ 그 국가의 국제의무 위반에 해당하는 경우

(2) 국제법상 국가의 행위일 것(행위의 국가귀속성 ; 주관적 요건)

① **의의** … 국가책임이 성립하기 위해서는 문제의 행위(작위 또는 부작위)가 국제법에 따라 그 국가에 귀속되어야 한다.

② **국가기관의 행위** … 모든 국가기관의 직무상 행위는 국가에 귀속되며, 또한 국가기관의 행위는 그 부서가 입법·행정·사법이든 그 기능이 대내이든 대외적이든 당해 행위를 행한 국가기관의 지위의 고하에 불구하고 당해 국가행위로 본다.

　㉠ **국가원수의 행위** : 국가원수는 국가의 최고기관으로서 국제법상 국가를 대표하므로, 국가원수의 행위는 당연히 국가에 귀속된다.

　㉡ **입법기관의 행위** : 입법기관이 국제법에 위반된 법률을 제정하였거나 국제법상 의무 이행에 필요한 법률을 제정하지 아니하였을 경우 국가책임이 성립한다. 다만, 배상청구는 입법기관의 행위로 인해 직접 피해를 입은 국가만이 할 수 있다.

　㉢ **행정기관의 행위** : 행정기관의 행위는 당연히 국가에 귀속된다. 그 예로 외국 또는 외국인에 대한 공채의 지불을 거절한 경우, 외국인을 부당히 차별대우하는 경우, 조약을 이행하지 않는 경우 등을 들 수 있다.

　㉣ **사법기관의 행위** : 사법기관이 외국인에 대하여 '재판의 거부'를 하는 경우 국가책임이 성립한다.

[재판거부의 예]

일반적으로 소송수리의 거부, 재판절차의 불공정(변론의 거부·증거 제출의 거부·심리의 부당한 지연 및 불공정), 명백히 부당한 판결, 판결 이행의 거부 및 부당한 지연 등은 재판의 거부에 해당한다. 그러나 단순한 오판, 증거 채택의 거부, 전시에 있어 간첩의 즉결심판 등은 재판의 거부가 아니다.

- ⓤ **지방자치단체 또는 연방구성국의 행위** : 지방자치단체 또는 연방구성국의 행위도 국가에 귀속된다. 2001년 LaGrand 사건에서 ICJ는 연방구성국의 행위가 연방에 귀속됨을 인정했다.
- ⓥ **공공단체의 행위** : 국내법에 의하여 공권력 행사를 위임받은 모든 단체의 행위는 국가에 귀속된다. 여기에는 국가가 국내법에 의해 권한을 위임하고 국가가 그 행사를 통제하는 모든 공법인이 포함된다.
- ⓦ **국가기관원의 행위** : 국가기관원의 행위는 그것이 고급기관원의 행위이든 하급기관원의 행위이든 국가에 귀속된다.

[레인보우 워리어(Rainbow Warrior)호 사건]

1985년 프랑스 대외안보총국의 비밀요원들이 뉴질랜드의 한 항구에서 국제환경단체인 그린피스 소속의 레인보우 워리어호를 격침시킨 바 있는데, 프랑스는 이 국가테러행위가 정부 내 고위급에서 지시된 것인지의 여부와 관계없이 국가책임을 부담하였다.

③ **월권행위** … 국가기관의 직무상 행위는 그것이 국내법상 부여된 권한범위를 초과했거나 지시를 위반한 경우에도 국제법상 국가행위로 본다.

④ **사인의 행위**

- ⓐ **원칙** : 사인의 행위는 국가에 귀속되지 않는 것이 원칙이다.
- ⓑ **사실상 기관(de facto organ)의 행위**
  - 사인이 국가의 명령·지시·통제하에서 행한 행위는 국제법상 국가의 행위로 간주된다.
  - 천재지변 등의 이유에서 국가기관의 부재 또는 마비상태로 사인이 사실상 정부 기능을 수행한 경우 그 행위는 국제법상 국가의 행위로 간주된다.
- ⓒ **국가의 부작위책임** : 폭도 등 사인의 행위를 사전에 '상당한 주의(due diligence)'로서 예방하지 못하였거나, 사후에 적절한 구제조치를 취하지 않은 경우 국가는 국가책임을 부담하며, 그 성격은 국가 자신의 부작위책임이다.

⑤ **반란단체의 행위**

- ⓐ **원칙** : 반란단체의 행위는 국가에 귀속되지 않는 것이 원칙이다.

기출문제

🔷 2001년 「국제위법행위에 대한 국가책임 초안」상 행위의 국가 귀속에 대한 설명으로 옳은 것만을 모두 고르면?

▶ 2019. 4. 6. 인사혁신처

- ⓐ 비공권적 성격을 가지는 국가기관의 행위는 국제법상 국가의 행위로 귀속될 수 없다.
- ⓑ 공권력을 행사할 권한을 부여받고 그 자격으로 행동한 개인의 행위는 국제법상 국가의 행위로 귀속될 수 있다.
- ⓒ 공권력을 행사할 권한을 부여받고 그 권한을 초월하여 행동한 개인의 행위는 국제법상 국가의 행위로 귀속될 수 없다.
- ⓓ 공권력의 부재 시 그 행사가 요구되는 상황에서 그 권한을 행사한 개인의 행위는 국제법상 국가의 행위로 귀속될 수 있다.

① ⓑ, ⓒ
② ⓑ, ⓓ
③ ⓐ, ⓑ, ⓒ
④ ⓐ, ⓑ, ⓓ

∥정답 ②

문 UN 국제법위원회(ILC)의 국제위법행위에 대한 국가책임 규정 초안 (Draft Articles on Responsibility of States for Internationally Wrongful Acts, 2001)에 따른 국가책임의 성립요건에 관한 설명으로 옳지 않은 것은?
▶ 2015. 4. 18. 인사혁신처

① 국가기관의 자격으로 한 국가기관의 행위는 자신의 권한을 초과하여 행한 경우에도 국제법상 그 국가의 행위로 간주된다.
② 개인의 행위는 그 행위를 수행함에 있어서 사실상 국가의 지시를 받아서 행동하는 경우에도 국제법상 그 국가의 행위로 간주되지 않는다.
③ 국가의 새 정부를 구성하는 데 성공한 반란단체의 행위는 국제법상 그 국가의 행위로 간주된다.
④ 국가행위로 귀속될 수 없는 행위에 대하여 국가가 자신의 행위로 승인하고 채택하는 경우 당해 행위는 그 범위 내에서 그 국가의 행위로 간주된다.

문 국가의 국제책임에 관한 설명으로 옳지 않은 것은?
▶ 2008. 4. 12. 행정안전부

① 권력분립의 원칙에도 불구하고 조약이행과 관련된 입법부의 입법부작위는 국가책임을 발생시킬 수 있다.
② 사법부에 의한 재판의 거절(denial of justice)이 있는 경우 국가책임이 발생할 수 있다.
③ 행정부의 불법행위는 정부산하기관과 지방자치단체의 불법행위를 포함한다.
④ 신국가 수립에 성공한 반란단체의 행위는 그 국가의 행위로 간주되지 아니한다.

| 정답 ②, ④

ⓛ 국가의 부작위책임 : 반란단체의 행위를 사전에 '상당한 주의(due diligence)'로서 예방하지 못하였거나, 사후에 적절한 구제조치를 취하지 않은 경우 국가는 국가책임을 부담하며, 그 성격은 국가 자신의 부작위책임이다.

ⓒ 교전단체 승인과의 관계 : 교전단체 승인 전 반란단체의 행위에 대해서는 본국의 부작위책임이 발생할 수 있으나, 교전단체 승인 후 반란단체의 행위는 반란단체가 그 자신의 행위에 대해서 책임을 지며 본국의 책임은 면제된다.

ⓔ 승리한 반란단체의 행위 : 반란이 성공하여 신국가 또는 신정부를 수립하는 경우, 반란단체의 행위는 신국가 또는 신정부에 소급하여 귀속된다. 따라서 신국가 또는 신정부는 이에 대해 국가책임을 지게 된다.

⑥ 타국가의 통제하에 있던 국가기관의 행위 … 국가기관이 타국가의 통제하에 있으면서 일시적으로 타국의 이익을 위하여 행동하는 경우, 그 국가기관의 행위는 해당 타국의 행위로 귀속된다.

⑦ 국가의 추인에 의한 행위의 국가귀속 … 국가에게 귀속될 수 없는 행위일지라도 국가가 문제의 행위를 자국의 행위로 사후에 승인하는 경우, 그 행위는 국제법상 해당 국가의 행위로 간주된다. 또한 국제기구의 불법행위에 대해서는 국제기구 자신이 국제책임을 부담한다.

(3) 국제의무 위반행위일 것(국제위법행위의 존재 ; 객관적 요건)

국가의 행위가 국제의무에 의하여 요구되는 바와 합치되지 않는 경우, 그 의무의 연원이나 성격에 관계없이 국제의무 위반이 존재하게 된다. 국제의무는 국제관습법·조약 등에 의해서도 성립하며 국가 스스로가 법적 구속력을 부여할 것을 의도한 일방행위에 의해서도 성립한다.

[국제법상 국제범죄]

과거 ILC협약 초안은 국제위법행위를 민사적 성격의 국제불법행위와 형사적 성격의 국제범죄로 구분하였다. 동 초안은 국제범죄를 국제공동체의 기본적 이익의 보호를 위해 매우 중요하여 그 위반이 국제공동체 전체에 의해 범죄로 인정되는 국제의무의 위반이라고 정의하고, 그 예로서 침략행위, 국제평화와 안전의 유지를 위해 본질적으로 중요한 국제의무의 중대한 위반, 무력에 의한 식민통치의 확립·유지를 포함하여 민족자결권의 보호를 위해 본질적으로 중요한 의무의 중대한 위반행위, 노예매매·집단살해·인종차별금지의무와 같이 인간 보호를 위해 본질적으로 중요한 의무의 중대한 위반행위, 대기 또는 해수의 대규모적 오염의 금지의무와 같이 인류환경의 보전과 보호를 위해 본질적으로 중대한 의무의 중대한 위반행위를 들고 있었다. 그러나 국가의 행위를 국제범죄로 규정하는 이 개념은 국제판례나 관행에서 인정받지 못하여 결국 ILC는 2001년 국제위법행위에 대한 국가책임규정 초안에서 이를 삭제하였다.

(4) 고의 또는 과실의 문제

① 과실책임주의 대 무과실책임주의

ㄱ) 국가가 의무 위반을 행한 것에 대한 심리적 요소로서 고의 또는 과실이라는 요건이 추가되는가에 대하여 과실책임주의(주관적 책임이론)와 무과실책임주의(객관적 책임이론)가 대립한다.

ㄴ) 전통적으로 Grotius 이래 국가책임의 성립요건으로 고의 또는 과실이 필요하다는 과실책임주의가 지배적 입장이었다. 그러나 최근 객관적 의무 위반이 존재하면 고의 또는 과실이라는 심리적 요소는 필요하지 않다는 무과실책임주의가 대두하였다.

② 2001년 국제위법행위에 대한 국가책임규정 초안 ⋯ 동 협약 초안은 고의 또는 과실을 국가책임의 성립요건으로 규정하고 있지 않다.

(5) 손해의 발생

전통적인 견해는 국가책임의 성립요건으로 손해의 발생을 들고 있다. 그러나 인권분야와 같은 대세적 의무의 위반에 대해서는 실제 손해를 입지 않은 국가도 국제적 청구 내지 간섭이 가능하기 때문에 ILC초안은 국가책임의 성립요건으로 손해의 발생을 규정하고 있지 않다.

section ③ 위법성 조각사유

(1) 국가가 국제위법행위를 행한 경우에도 일정한 경우 당해 행위의 위법성이 조각된다.

(2) 2001년 국제위법행위에 대한 국가책임규정 초안은 피해국의 유효한 동의, 자위, 대응조치, 불가항력, 조난, 긴급피난 등 6가지의 위법성 조각사유를 규정하고 있다. 그러나 불가항력·조난·긴급피난의 경우 상대방의 위법행위를 전제로 한 것이 아니므로, 당해 행위에 의해 발생하는 손해의 보상책임으로부터 면제되는 것이 아니다.

문 2001년 국제위법행위에 대한 국가책임 초안에 규정된 위법성 조각사유가 아닌 것은?
▶ 2017. 4. 8. 인사혁신처
① 피해국의 유효한 동의
② 국제연합 헌장에 따른 합법적인 자위조치
③ 타국의 국제위법행위에 대한 무력복구
④ 불가항력에 기인한 행위

문 UN 국제법위원회(ILC)가 채택한 2001년 '국가책임초안'에 대한 설명으로 옳은 것은?
▶ 2013. 7. 27. 안전행정부
① 부작위에 의해서는 국가책임이 발생되지 않는다.
② 불법행위 주체가 자신 또는 자신에 의하여 보호를 받는 다른 사람의 생명을 구하는 데 다른 합리적인 방법이 존재하지 않을 경우, 즉 조난(distress) 행위는 그 불법성(위법성)이 조각된다.
③ 조난 행위(불법행위)가 더 중대한 위험을 초래하는 경우에도 그 불법성은 조각된다.
④ 사법기관의 국제의무 위반행위는 국가책임을 발생시키지 않는다.

정답 ③, ②

section 4 국가책임의 해제

(1) 일반원칙

① 위법행위의 중지 및 재발 방지 … 국제위법행위를 범한 국가는 행위를 중지해야 하며, 필요시 재발 방지의 확약이나 보장을 하여야 한다.

② 배상의무 … 국제위법행위를 범한 국가는 배상을 통하여 국가책임을 해제하여야 할 의무가 발생하며, 피해국은 원상회복·금전배상·사죄 등을 통하여 완전한 배상을 받을 수 있다.

(2) 손해에 대한 배상방법

① 원상회복 … 국제법위반행위가 행해지기 이전의 상태를 실현하는 방법으로, 국가책임의 가장 기본적인 해제방법이다.

② 금전배상 … 원상회복이 불가능한 경우 또는 원상회복을 해도 여전히 손해가 남는 경우에는 금전배상을 통해 국가책임을 해제할 수 있다. 금전배상은 직접손해뿐만 아니라, 상당한 인과관계가 인정되면 간접손해에 대해서도 이루어져야 한다.

③ 사죄 … 국제법위반사실의 인정 및 그에 대한 사과, 상징적 의미의 금전배상, 관계자의 처벌, 재발방지약속 등도 국가책임의 해제방법이다.

(3) 대항조치(대응조치)

① 개념 … 피해국이 타국의 위법행위를 중지시키거나 또는 이에 대한 손해배상의 이행을 강제하기 위해 의무위반국에 대해 부담하는 의무를 이행하지 않는 것을 말한다.

　㉠ 복구와 대항조치 : 대항조치는 전통적으로 '복구'라는 용어로 표현되어 왔다. 전통적으로 복구라는 표현이 무력복구의 의미로 사용되어 왔기 때문에 복구라는 표현 대신 대응조치 또는 대항조치라는 용어를 사용한다. 오늘날 무력 사용금지의 원칙에 따라 무력복구는 전면적으로 금지된다.

　㉡ 보복과 대항조치 : 대항조치는 국제위법행위에 대한 비우호적 행위인 보복과 구별된다. 보복은 정상적인 외교관계나 공식 또는 비공식 접촉의 금지·제한, 금수조치, 원조의 중단·철회 등 국제의무 위반이 없는 비우호적인 대응행위를 말한다.

② 금지되는 대항조치

　㉠ UN헌장상 금지된 무력의 위협 또는 사용

ⓛ 상대 국가의 영토 보전이나 정치적 독립을 위태롭게 할 의도를 갖고 취하는 극단적인 경제적·정치적 강압

ⓒ 외교관이나 영사의 불가침성·기본적 인권을 침해하는 행위

ⓔ 일반국제법상의 강행규범을 위반하는 경우

section 5 외교적 보호권

(1) 의의

외교적 보호권이란 자국민이 외국의 행위로 인하여 손해를 입은 경우 가해국에 대하여 국가책임의 이행을 청구할 수 있는 국제법상의 권리를 말한다.

(2) 법적 성질

① 외교적 보호권은 국가의 권리이지 국민의 권리가 아니다. 따라서 피해국민이 외교적 보호를 국가에 청구하는 경우에도 국적국은 외교적 보호를 개시할 국제법상의 의무는 없다.

② 외교적 보호의 요청이 없이도 국적국은 자신의 권리 행사로서 외교적 보호를 개시할 수 있다.

③ 외교적 보호권은 국가의 권리이기 때문에 개인이 이를 포기할 수 없다.

> **[칼보조항(Calvo Clause)과 외교적 보호권]**
> 남미국가들에서는 외국인과의 계약 체결시 외국인은 계약에 관한 모든 사항에서 재류국 국민으로 간주되며, 어떠한 경우에도 외교적 보호를 요구하지 않는다는 조항을 삽입하는 경우가 있는데, 이를 칼보조항이라고 한다. 칼보조항이 있는 경우에도 그것이 재류국의 국내적 구제를 이용한다는 약속인 점에서는 유효하나, 본국의 외교적 보호권을 배제하려는 의도라면 무효이다. 외교적 보호권은 개인이 임의로 포기할 수 없는 국가의 권리이기 때문이다.

(3) 외교적 보호권의 행사요건

외교적 보호권 행사는 간접침해에 대한 국가책임의 추구이기 때문에 국가책임의 성립요건을 충족하여야 한다. 또한 추가적으로 국적계속의 원칙과 국내적 구제완료의 원칙이라는 2개의 요건을 충족하여야 한다.

① **국적계속의 원칙** … 외교적 보호권을 행사하기 위해서는 피해자가 권리이익의 침해시부터 외교적 보호권을 행사할 때까지 자국국적을 계속 보유하고 있어야 한다.

기출문제

문 개인의 국적에 관한 설명으로 옳지 않은 것은?

▶ 2007. 4. 14. 행정안전부

① 국적의 부여 요건을 정하는 것은 원칙적으로 각국의 국내문제이다.
② 국가는 자국민을 위한 외교적 보호의 권리를 갖는다.
③ 국제사법재판소는 Nottebohm 사건에서 청구국과 그 국민 사이에 진정한 관련(genuine link)이 존재하는 경우에만 외교적 보호권이 발생한다고 판시한 바 있다.
④ 이중국적자가 제3국으로부터 침해를 받는 경우, 그의 국적국가들은 당해 제3국에 대하여 외교적 보호권을 행사할 수 없다.

[자연인의 국적과 법인의 국적]

㉠ **자연인의 국적**: 자연인이 혈통주의 또는 출생지주의에 의해 오로지 한 국가와 관련된 경우 아무런 문제가 없으나, 귀화 또는 이중국적자인 경우 국제법상 국적의 결정이 문제된다.

• **진정한 관련성(genuine link)**: 귀화 또는 이중국적자의 경우 피해국민과 진정한 관련성이 있는 국가만이 외교적 보호권을 향유한다. 국제사법재판소도 노테봄 사건에서 이를 확인하고 있다.

• **이중국적국 상호 간의 문제**: 이중국적국 상호 간에는 외교적 보호권을 행사할 수 없다.

㉡ **법인의 국적**: 법인의 경우 원칙적으로 법인의 설립지 또는 본점소재지 국가가 외교적 보호권을 행사한다. 국제사법재판소도 바르셀로나 전기·전력회사 사건에서 이를 확인하고 있다. 다만, 예외적인 사정이 있는 경우 주주의 국적국도 외교적 보호권을 행사할 수 있다.

② **국내적 구제완료의 원칙**

㉠ 피해자의 국적국이 외교적 보호권을 행사하기 위해서는 피해자가 우선 가해국의 사법적 구제절차를 모두 그리고 신의성실하게 마쳐야 한다는 원칙이다.

㉡ 국내적 구제수단은 이용 가능하고 실현 가능하며 유효한 것이어야 한다. 따라서 재판 거절이 있는 경우 등에는 동 원칙이 적용되지 않는다.

㉢ 피해자와 외국 사이의 자발적 관련성이 없는 경우, 예컨대 자기의 의사에 반해서 외국에 연행되거나 불가항력으로 외국의 영역에 들어가 손해를 입은 경우 동 원칙이 적용되지 않는다.

|정답 ④

1 UN 국제법위원회(ILC)의 국제위법행위에 대한 국가책임 규정 초안(Draft Articles on Responsibility of States for Internationally Wrongful Acts, 2001)에 따른 국가책임의 성립요건에 관한 설명으로 옳지 않은 것은?

① 국가기관의 자격으로 한 국가기관의 행위는 자신의 권한을 초과하여 행한 경우에도 국제법상 그 국가의 행위로 간주된다.

② 개인의 행위는 그 행위를 수행함에 있어서 사실상 국가의 지시를 받아서 행동하는 경우에도 국제법상 그 국가의 행위로 간주되지 않는다.

③ 국가의 새 정부를 구성하는 데 성공한 반란단체의 행위는 국제법상 그 국가의 행위로 간주된다.

④ 국가행위로 귀속될 수 없는 행위에 대하여 국가가 자신의 행위로 승인하고 채택하는 경우 당해 행위는 그 범위 내에서 그 국가의 행위로 간주된다.

2 2001년 「국제위법행위에 대한 국가책임 초안」상 행위의 국가 귀속에 대한 설명으로 옳은 것만을 모두 고르면?

> ㉠ 비공권적 성격을 가지는 국가기관의 행위는 국제법상 국가의 행위로 귀속될 수 없다.
>
> ㉡ 공권력을 행사할 권한을 부여받고 그 자격으로 행동한 개인의 행위는 국제법상 국가의 행위로 귀속될 수 있다.
>
> ㉢ 공권력을 행사할 권한을 부여받고 그 권한을 초월하여 행동한 개인의 행위는 국제법상 국가의 행위로 귀속될 수 없다.
>
> ㉣ 공권력의 부재 시 그 행사가 요구되는 상황에서 그 권한을 행사한 개인의 행위는 국제법상 국가의 행위로 귀속될 수 있다.

① ㉡, ㉢　　　　　　　　　　　② ㉡, ㉣

③ ㉠, ㉡, ㉢　　　　　　　　　④ ㉠, ㉡, ㉣

3   국가의 국제책임에 관한 설명으로 옳지 않은 것은?

① 국가가 국제법을 위반한 경우 전통적으로 형사책임과 민사책임을 모두 지도록 되어 있다.

② 과실책임의 원칙이 전통적으로 인정되어 왔으나, 근래 원자력이나 우주공간의 이용에 관하여 무과실책임이 적용되는 경향을 보이고 있다.

③ 사법기관이 외국인에 대한 적절한 보호를 거부하여 '재판의 거부'에 해당하는 경우 국가책임이 발생할 수 있다.

④ 손해배상, 원상회복, 사과 등에 의하여 국가책임이 해제된다.

4   국제법위원회의 2001년 국제위법행위에 대한 국가책임규정 초안에서 국가책임의 성립요건으로 규정하고 있는 것으로 옳게 짝지어진 것은?

① 행위의 국가귀속성, 국제위법행위의 존재

② 행위의 국가귀속성, 고의 · 과실, 국제위법행위의 존재

③ 행위의 국가귀속성, 손해의 발생, 국제위법행위의 존재

④ 손해의 발생, 국제위법행위의 존재

5   국제법상 국제책임에 관한 설명으로 옳지 않은 것은?

① 국제기구의 불법행위에 대해서는 국제기구 자신이 국제책임을 부담한다.

② 국가책임이 성립하기 위해서는 문제의 행위가 국제법에 따라 그 국가에 귀속되어야 한다.

③ 국가책임을 성립시키는 국가의 행위는 작위뿐만 아니라 부작위도 포함된다.

④ 사법기관의 행위로 국가책임이 성립하는 경우는 없다.

6 다음 중 사법기관에 의한 국제위법행위가 발생하는 소위 광의의 '재판거부'에 해당하지 않는 것은?

① 심리의 부당한 지연
② 명백히 불공평한 판결을 내린 경우
③ 외국인이 제기한 소송의 수리를 거부하는 경우
④ 단순한 오판

7 국제법상 국가책임의 성립요건에 대한 설명 중 옳지 않은 것은?

① 하급국가기관원의 행위는 원칙적으로 국가로 귀속되지 않는다.
② 행정기관의 행위는 당연히 국가에 귀속된다.
③ 입법기관이 국제법에 위반된 법률을 제정하였거나, 국제법상 의무 이행에 필요한 법률을 제정하지 아니하였을 경우 국가책임이 성립한다.
④ 국가기관의 부작위도 국가에 귀속되는 국가의 행위이다.

8 국가의 국제책임에 대한 설명 중 옳은 것은?

① 행정기관의 행위만이 국제책임을 야기한다.
② 사인의 행위라도 국가가 상당한 주의의무를 다하지 않은 경우 국가책임이 발생한다.
③ 국가는 그 하위기관의 행위에 대해서는 국제책임을 지지 않는다.
④ 지방자치단체의 행위에 대한 국제책임은 당연히 당해 지방자치단체가 진다.

9 국가책임의 성립요건에 관한 설명으로 옳지 않은 것은?

① 지방자치단체 또는 연방구성국의 행위도 국가에 귀속된다.

② 국내법에 의하여 공권력 행사를 위임받은 모든 단체의 행위는 국가에 귀속된다.

③ 국가기관의 직무상 행위는 그것이 국내법상 부여된 권한범위를 초과했거나 지시를 위반한 경우 국가에 귀속되지 않는다.

④ 사인의 행위는 국가에 귀속되지 않는 것이 원칙이다.

10 국제법상 국가책임을 성립시키는 국가의 행위로 볼 수 없는 것은?

① 입법기관의 행위　　　　　　　　　　② 사법기관의 행위

③ 순수한 사인의 행위　　　　　　　　　④ 국가기관원의 월권행위

11 국제법상 국가책임에 대한 설명으로 가장 옳지 않은 것은?

① 반란이 성공하여 신국가 또는 신정부를 수립하는 경우, 반란단체의 행위는 신국가 또는 신정부에 소급하여 귀속된다.

② 교전단체 승인 후 반란단체의 행위는 반란단체가 그 자신의 행위에 대해서 책임을 지며 본국의 책임은 면제된다.

③ 국내법에 의하여 공권력 행사를 위임받은 사인의 행위는 국가에 귀속되지 않는 것이 원칙이다.

④ 국가의 행위가 국제의무에 의하여 요구되는바와 합치되지 않는 경우 그 의무의 연원이나 성격에 관계없이 국제의무 위반이 존재하게 된다.

12 국가책임에 관한 설명으로 옳지 않은 것은?

① 국제법상 국가책임이라 함은 국가가 스스로의 국제위법행위에 대해 부담하는 국제법상의 책임을 말한다.

② 전통적으로 국제위법행위는 민법상 불법행위와 유사한 것으로 인정되었다. 따라서 그 책임은 민사책임의 성질을 가지며, 원상회복 또는 손해배상에 의해 해제되었다.

③ 오늘날에는 국제기구나 개인도 국제법 주체성이 인정되고, 이에 따라 국제법상 책임을 지는 경우가 생기게 되어 국제법상 책임을 포괄하는 '국제책임'이라는 용어가 자주 사용되고 있다.

④ 국제위법행위의 주체는 원칙적으로 국가이며, 개인이나 국제기구는 국제위법행위의 주체가 될 수 없다.

13 국가책임에 관한 설명 중 옳지 않은 것은?

① 국가가 사인의 행위로 인하여 책임을 지는 경우란 있을 수 없다.

② 입법기관도 예외적으로 국가책임의 대상이 되는 행위를 할 수 있다.

③ 민사·형사책임의 미분화는 국가책임의 특성 중 하나이다.

④ 국가원수는 국가의 최고기관으로서 국제법상 국가를 대표하므로, 국가원수의 행위는 당연히 국가에 귀속된다.

14 사인의 행위에 의하여 국가책임이 성립하는 데 관한 설명 중 옳지 않은 것은?

① 사인의 행위 자체만으로는 원칙적으로 국가책임이 성립하지 않는다.

② 국가는 사인의 행위에 대해 상당한 주의를 기울임으로써 문제의 발생을 사전에 방지하여야 한다.

③ 상당한 주의에 관한 표준으로는 국제표준설과 국내표준설이 있다.

④ 사후에는 국가의 적절한 국내적 구제가 필요하지 않다.

15 다음 중 국제의무 위반에 대한 위법성 조각사유에 해당하지 않는 것은?

① 피해국의 동의
② 자위권의 행사
③ 금전배상
④ 대응조치

16 국가책임의 해제방법에 대한 설명으로 가장 옳지 않은 것은?

① 국제위법행위를 범한 국가는 우선 그 위법행위를 중지해야 할 의무가 있다.
② 국제위법행위를 범한 국가는 배상을 통하여 국가책임을 해제하여야 할 의무가 발생한다.
③ 원상회복이란 국제법위반행위가 행해지기 이전의 상태를 실현하는 방법으로, 국가책임의 가장 기본적인 해제 방법이다.
④ 금전배상의 범위에는 직접손해만 포함되며 간접손해는 제외된다.

17 다음 중 국제법상 금지되는 대항조치가 아닌 것은?

① UN헌장상 금지된 무력의 위협 또는 사용
② 금수조치
③ 외교관이나 영사의 불가침성을 침해하는 행위
④ 기본적 인권을 침해하는 행위

18 대응조치(countermeasures)에 대한 설명으로 옳은 것은?

① 대응조치는 국가의 고유한 권리이기에 다자협약의 틀에서 제한될 수 없다.
② 국가는 인도주의적 조약에서 보호하는 개인에 대하여 복구로써 대응조치를 취할 수 있다.
③ 대응조치로 인하여 발생한 타국(제3국)의 권리에 대한 침해는 정당화된다.
④ 관습국제법상의 의무 위반에 대한 대응조치로 피해국은 조약법상의 의무 이행을 거부할 수 있다.

19 외교적 보호권에 대한 설명으로 가장 옳지 않은 것은?

① 외교적 보호권이란 자국민이 외국의 행위로 인하여 손해를 입은 경우 가해국에 대하여 국가책임의 이행을 청구할 수 있는 국제법상의 권리를 말한다.

② 피해 국민이 외교적 보호를 국가에 청구하는 경우에 국적국은 외교적 보호를 개시할 국제법상의 의무를 부담한다.

③ 외교적 보호권은 국가의 권리이지 국민의 권리가 아니다.

④ 외교적 보호권 행사는 간접침해에 대한 국가책임의 추구이기 때문에 국가책임의 성립요건을 충족하여야 한다.

20 다음 중 칼보조항에 대한 설명으로 옳지 않은 것은?

① 재류국의 국내법에 복종하겠다는 조항이다.

② 선진국과 개발도상국의 양허계약에 많이 삽입된다.

③ 국제법상 그 효력이 예외 없이 인정된다.

④ 아르헨티나의 칼보가 제창한 것이다.

21 외교적 보호권에 대한 설명으로 적절하지 않은 것은?

① 외교적 보호권을 행사하기 위해서는 국적계속의 원칙과 국내적 구제완료의 원칙이라는 2개의 요건을 충족하여야 한다.

② 남미국가들에서는 외국인과의 계약 체결시 외국인은 계약에 관한 모든 사항에서 재류국 국민으로 간주되며 어떠한 경우에도 외교적 보호를 요구하지 않는다는 조항을 삽입하는 경우가 있는데, 이를 칼보조항이라고 한다.

③ 양허계약에 칼보조항이 삽입된 경우 피해자의 국적국은 외교적 보호권을 행사할 수 없다.

④ 외교적 보호권은 국가의 권리이기 때문에 개인이 이를 포기할 수 없다.

22 2006년 국제법위원회(ILC)의 외교적 보호에 관한 규정 초안을 따를 때, 외교적 보호권에 대한 설명으로 옳지 않은 것은?

① 피해를 입은 자국민이 외교적 보호를 요청하지 않는 한 국가는 외교적 보호권을 행사할 수 없다.

② 법인의 국적국도 외교적 보호권의 행사가 가능하다.

③ 피해자는 피해의 발생 시부터 외교적 보호권의 공식 청구 시까지 청구국의 국적을 계속 유지하고 있어야 한다.

④ 피해자가 가해국의 국내적 구제절차로부터 명백히 배제되어 있는 경우에는 그 국내적 구제절차를 완료하지 않더라도 외교적 보호권을 행사할 수 있다.

23 외교적 보호권에 대한 설명으로 옳지 않은 것은?

① 외교적 보호권은 국가의 권리이다.

② 외교적 보호권은 간접침해에 대한 국가책임의 추구방법이다.

③ 외교적 보호권은 직접침해에 대한 국가책임의 추구방법이다.

④ 외교적 보호권을 행사하기 위해서는 피해자가 가해국의 국내적 구제수단을 완료해야 한다.

24 외교적 보호권을 행사하기 위해서는 피해자가 권리이익의 침해 시부터 외교적 보호권을 행사할 때까지 자국국적을 계속 보유하고 있어야 한다는 원칙은?

① 국적계속의 원칙   ② 국내적 구제완료의 원칙

③ 형평의 원칙   ④ 유효성 추정의 원칙

25 외교적 보호권을 행사하기 위해서 피해자는 어느 시기까지 외교적 보호권을 행사하는 국가의 국적을 보유하고 있어야 하는가?

① 피해 발생 시까지
② 국내적 구제 완료시까지
③ 국적 변경 시까지
④ 피해 발생 시부터 외교적 보호권 행사 시까지

26 A국과 B국의 국적을 모두 보유하고 있는 甲이 A국에서 피해를 입었을 경우 외교적 보호권을 행사할 수 있는 국가는?

① A국
② B국
③ A국과 B국
④ 어느 국가도 외교적 보호권을 행사할 수 없다.

27 A국과 B국의 국적을 모두 보유하고 있는 甲이 C국에서 피해를 입었을 경우 외교적 보호권을 행사할 수 있는 국가는?

① 어느 국가도 외교적 보호권을 행사할 수 없다.
② A국과 B국 모두 외교적 보호권을 행사할 수 있다.
③ 국제기구가 외교적 보호권을 행사할 수 있다.
④ A국과 B국 중 진정한 관련성을 가진 국가가 외교적 보호권을 행사할 수 있다.

28 2006년 UN 국제법위원회(ILC)가 채택한 외교적 보호에 관한 규정 초안(Draft Articles on Diplomatic Protection)의 내용으로 옳지 않은 것은?

① 국가가 무국적자에게 외교적 보호를 행사할 경우, 무국적자가 피해를 입을 시에 또한 공식적으로 청구를 제기할 시에 그 국가에 합법적으로 상주하여야 한다.

② 기업의 경우 주주의 국적국이 외교적 보호를 행사할 수 있는 경우가 있다.

③ 이중국적자의 경우 국적국 상호 간에는 외교적 보호를 행사할 수 없다.

④ 피해 발생 이후 청구와 관계없는 이유로 국적이 변경된 경우, 새로운 국적 취득이 국제법에 반하지 않으면 현재의 국적국이 외교적 보호를 행사할 수 있다.

29 국내적 구제완료의 원칙에 대한 설명 중 옳은 것은?

① 불가항력으로 우연히 외국영역에 들어가 손해를 입은 경우에도 이 원칙은 적용된다.

② 국내적 구제는 사법적 구제에 한정될 뿐이고 행정적 구제는 제외된다.

③ 이 원칙은 가해국의 주권적 입장과 재판관할권을 존중하려는 것이다.

④ 국내적 구제수단의 이용가능성, 유효성 및 실현가능성이 없는 경우에도 이 원칙은 적용되어야 한다.

30 국내적 구제완료의 원칙 적용의 예외에 해당하지 않는 것은?

① 국내적 구제수단이 이용 가능하고 실현 가능하며 유효한 것이 아닌 경우

② 자기의 의사에 반해서 외국에 연행된 경우

③ 불가항력으로 외국의 영역에 들어가 손해를 입은 경우

④ 피해자가 국내적 구제를 이용하지 않은 경우

정답및해설

1	②	2	②	3	①	4	①	5	④
6	④	7	①	8	②	9	③	10	③
11	③	12	④	13	①	14	④	15	③
16	④	17	②	18	④	19	②	20	③
21	③	22	①	23	③	24	①	25	④
26	④	27	④	28	③	29	③	30	④

1 ② 개인 또는 개인집단의 행위는 그들이 그 행위를 수행함에 있어서 사실상 국가의 지시를 받아 또는 그 지휘 감독하에서 행동하는 경우 국제법상 그 국가의 행위로 간주된다.

2 ㉠ 국가의 모든 행위는 원칙적으로 국가로 귀속된다. 권력적 성격을 가지는지 여부는 문제되지 않는다.
ⓒ 월권행위도 국가로 귀속된다.

3 ① 전통적으로 국제위법행위는 민법상 불법행위와 유사한 것으로 인정되었다. 따라서 그 책임은 민사책임의 성질을 가지며, 원상회복 또는 손해배상에 의해 해제되었다. UN국제법위원회는 국제범죄의 개념을 통해 국가의 국제형사책임의 도입을 시도하였으나, 국가들의 반대로 최종 초안에서 채택되지 못하였다.

4 ① 전통적 견해에 따르면 국가책임이 성립하기 위한 요건으로는 국가의 행위일 것·국제의무 위반을 구성할 것·손해가 발생하였을 것이며, 국제위법행위의 성립에 있어 고의 또는 과실이 필요한지에 대해서는 과실책임원칙과 무과실책임원칙의 대립이 있었다. 그러나 2001년 국제위법행위에 대한 국가책임규정 ILC초안 제2조는 논란이 없는 '국가의 행위일 것(행위의 국가귀속성)'과 '국제의무 위반을 구성할 것'의 2가지 요건만을 규정하고 있다.

5 ④ 사법기관이 외국인에 대하여 '재판의 거부(denial of justice)'를 하는 경우 국가책임이 성립한다.

6 ④ 재판거부의 예로는 일반적으로 소송 수리의 거부, 재판절차의 불공정(변론의 거부·증거 제출의 거부·심리의 부당한 지연 및 불공정), 명백히 부당한 판결, 판결의 거부 및 부당한 지연 등은 재판의 거부에 해당한다. 그러나 단순한 오판, 증거 채택의 거부, 전시에 있어 간첩의 즉결심판 등은 재판의 거부가 아니다.

7 ① 하급국가기관원의 행위도 당연히 국가에 귀속된다. 1985년 프랑스 대외안보총국의 비밀요원들이 뉴질랜드의 한 항구에서 국제환경단체인 그린피스 소속의 레인보우 워리어호를 격침한바 있는데, 프랑스는 이 국가테러행위가 정부 내 고위급에서 지시된 것인지의 여부와 관계없이 국가책임을 부담하였다.

8 ①③④ 모든 국가기관의 직무상 행위는 국가에 귀속되며, 또한 국가기관의 행위는 그 부서가 입법·행정·사법이 든 그 기능이 대내적이든 대외적이든 당해 행위를 행한 국가기관의 지위의 고하에 불구하고 당해 국가행위로 본다.

9 ③ 국가기관의 직무상 행위는 그것이 국내법상 부여된 권한범위를 초과했거나 지시를 위반한 경우에도 국제법상 국가행위로 본다.

10 ③ 순수한 사인의 행위는 원칙적으로 국가로 귀속되지 않는다.

11 ③ 국내법에 의하여 공권력 행사를 위임받은 사인의 행위는 국가에 귀속된다.

12 ④ 오늘날 개인 및 국제기구도 일정 범위 내에서 국제위법행위의 주체가 될 수 있다.

13 ① 사인의 행위는 국가에 귀속되지 않는 것이 원칙이다. 그러나 폭도 등 사인의 행위를 사전에 '상당한 주의(due diligence)'로서 예방하지 못하였거나, 사후에 적절한 구제조치를 취하지 않은 경우 국가는 국가책임을 부담한다.

14 ④ 폭도 등 사인의 행위를 사전에 '상당한 주의(due diligence)'로서 예방하지 못하였거나, 사후에 적절한 구제조치를 취하지 않은 경우 국가는 국가책임을 부담한다.

15 ③ 금전배상은 위법성 조각사유가 아니라 국가책임의 해제방법이다. 2001년 국제위법행위에 대한 국가책임규정 초안은 피해국의 동의, 자위, 대응조치, 불가항력, 조난, 긴급피난 등 6가지의 위법성 조각사유를 규정하고 있다.

16 ④ 금전배상은 직접손해뿐만 아니라 상당한 인과관계가 인정되면 간접손해에 대해서도 이루어져야 한다.

17 보복은 정상적인 외교관계나 공식 또는 비공식 접촉의 금지·제한, 금수조치(embargo), 원조의 중단·철회 등 국제의무 위반이 없는 비우호적인 조치로서, 피해국이 타국의 위법행위를 중지시키거나 또는 이에 대한 손해배상의 이행을 강제하기 위해 의무위반국에 대해 부담하는 의무를 이행하지 않는 대항조치와 구별된다. UN헌장상 금지된 무력의 위협 또는 사용, 외교관이나 영사의 불가침성을 침해하는 행위, 기본적인권을 침해하는 행위 등은 국제법상 금지되는 대항조치이다.

18 ① NATO와 같이 협약을 통한 집단적 안보를 취할 수 있다.
② 복구(reprisal)은 국제법을 위반한 국가에 대해 피해국이 상호주의에 의거해 보복을 하는 것을 말한다.
③ 대응조치로 인하여 발생한 타국(제3국)의 권리에 대한 침해는 정당화 될 수 없다.

19 ② 외교적 보호권은 국가의 권리이지 국민의 권리가 아니다. 따라서 피해 국민이 외교적 보호를 국가에 청구하는 경우에도 국적국은 외교적 보호를 개시할 국제법상의 의무는 없다. 또한 외교적 보호의 요청이 없이도 국적국은 자신의 권리행사로서 외교적 보호를 개시할 수 있다. 외교적 보호권은 국가의 권리이기 때문에 개인이 이를 포기할 수 없다.

20 ③ 칼보조항이 있는 경우에도 그것이 재류국의 국내적 구제를 이용한다는 약속인 점에서는 유효하나 본국의 외교적 보호권을 배제하려는 의도라면 무효이다.

21 ③ 칼보조항이 있는 경우에도 그것이 재류국의 국내적 구제를 이용한다는 약속인 점에서는 유효하나 본국의 외교적 보호권을 배제하려는 의도라면 무효이다. 외교적 보호권은 개인이 임의로 포기할 수 없는 국가의 권리이기 때문이다.

22 ① 외교적 보호권은 국가의 권리이다. 따라서 피해 자국민의 요구와 무관하게 행사할 수 있다.

23 ③ 외교적 보호권은 간접침해에 대한 국가책임의 추구방법이다. 직접침해의 경우 즉시 국가책임을 추궁할 수 있다.

24 ① 외교적 보호권을 행사하기 위해서는 피해자가 자국국적을 권리이익의 침해 시부터 외교적 보호권을 행사할 때까지 보유하고 있어야 하는바, 이를 국적계속의 원칙이라 한다.

25 ④ 국적계속의 원칙은 외교권 보호권을 행사하기 위해서는 피해자가 피해 발생 시부터 외교적 보호권행사 시까지 외교적 보호권을 행사하는 국가의 국적을 보유하고 있어야 한다.

26 ④ 이중국적국 상호 간에는 외교적 보호권을 행사할 수 없다.

27 ④ 귀화 또는 이중국적자의 경우 피해국민과 진정한 관련성이 있는 국가만이 외교적 보호권을 향유한다. 국제사법재판소도 노테봄 사건에서 이를 확인하고 있다.

28 ③ 이중국적자는 양국 모두 외교적 보호권을 갖는다. 단, 제3국은 양국 모두에게 외교적 보호권을 인정할 의무는 없다.

29 ① 불가항력으로 우연히 외국영역에 들어가 손해를 입은 경우 피해자와 가해국 간에 자발적 관련성이 없으므로 국내적 구제완료의 원칙이 적용되지 아니한다.
② 국내적 구제는 사법적 구제뿐만 아니라 행정적 구제도 포함된다.
④ 국내적 구제수단의 이용가능성, 유효성 및 실현가능성이 없는 경우에도 국내적 구제완료의 원칙은 적용되지 아니한다.

30 ④ 국내적 구제수단은 이용 가능하고 실현 가능하며 유효한 것이어야 한다. 따라서 재판 거절이 있는 경우 등에는 동 원칙이 적용되지 않는다. 또한 피해자와 외국 사이의 자발적 관련성이 없는 경우, 예컨대 자기의 의사에 반해서 외국에 연행된 경우나 불가항력으로 외국의 영역에 들어가 손해를 입은 경우 동 원칙이 적용되지 않는다.

02 국제법상 개인의 지위

기출문제

section 1 국적

(1) 의의

① 국적이란 개인과 국가를 연결하는 법률적 유대이다.

② 국적은 국가의 외교적 보호권 행사의 기준이 된다.

③ 개인은 국적을 기준으로 국민과 외국인으로 나누어지며, 외국인은 다시 외국국민과 무국적자로 구별된다.

(2) 국적의 결정기준

국가가 개인에게 어떠한 요건과 기준에 따라 국적을 부여하는가의 문제는 기본적으로 자신의 국내법에 의해 결정되는 국내문제이다. 그러나 각 국가의 국적법은 조약, 국제관습법 그리고 국적에 관하여 일반적으로 인정된 법의 원칙들과 일치하는 한도 내에서 다른 국가에 대하여 유효하다.

① 자연인의 국적…국제사법재판소는 1955년 노테봄(Nottebohm) 사건 판결에서 국적국가가 귀화인을 위해 외교적 보호권을 행사하기 위해서는 귀화 당시 국적국가와 귀화인 사이에 진정한 유대(genuine link)가 존재하여야 한다고 하였다.

② 회사(법인)의 국적

㉠ 회사의 국적을 결정짓기 위해 일반적으로 사용되는 기준은 설립지와 본점소재지다.

㉡ 국제사법재판소는 1970년 바르셀로나 전기·전력회사 사건 판결에서 회사 자신이 자신을 방어할 수 없고, 회사의 설립등기국가인 캐나다가 외교적 보호권을 행사할 수 없는 경우에 한해서 지배주주의 국적국가인 벨기에가 그 국민의 이익을 위하여 외교적 보호권을 행사할 수 있다고 판시하여, 1차적으로는 형식적 기준을 2차적으로는 실질적 기준을 제시하였다.

③ 선박·항공기·우주물체 등의 국적…선박의 국적은 국내문제이나 점차 국적국가와의 진정한 유대(genuine link)를 요구하고 있다. 항공기·우주물체는 등록국가의 국적을 갖는다.

❓ 국적을 판단하는데 있어 개인과 국적부여국간의 '진정한 관련성(genuine connection)'의 원칙을 강조한 사건은?

▶ 2011. 4. 9. 행정안전부

① 노테봄(Nottebohm) 사건
② 트레일 스멜터(Trail Smelter) 사건
③ 비호권(Asylum) 사건
④ 로터스(Lotus)호 사건

┃정답 ①

section 2 외국인

(1) 의의

외국인이란 자국국적을 보유하지 않은 자를 말하며, 이는 전혀 국적을 갖지 않는 무국적자와 외국국적을 가진 자로 구분된다.

(2) 외국인의 출입국

국제법상 국가는 외국인의 입국을 허가할 의무를 부담하지 않으나, 외국인의 출국을 보장할 의무는 부담한다. 출국은 자발적 출국과 강제적 출국으로 나뉘는데, 강제적 출국에는 추방과 범죄인 인도가 있다.

(3) 외국인의 보호

① 일반원칙 … 국가는 외국인의 입국을 허가하였다면 자국영토 내에 체류하고 있는 동안에는 외국인의 생명과 재산을 상당한 주의의무로써 신의성실하게 보호하고 또한 국제법이 요구하는 일정 기준에 따라 대우하여야 할 일반국제법상의 의무를 부담한다.

② 외국인 대우 및 보호의 기준 … 외국인 대우 및 보호의 기준에 대하여는 선진국들이 주장하는 국제표준주의와 개발도상국들이 주장하는 국내표준주의가 대립한다.

(4) 외국인 재산의 국유화(수용)

① 의의 … 국가는 국제법상 영토주권에 근거하여 자국영토 내의 외국인의 재산을 수용 또는 국유화할 수 있으나, 국제법이 정하고 있는 일정 요건에 합치되는 방식으로 행해야 한다.

② 합법성의 요건 … 외국인 재산 국유화의 합법성 요건으로 종래 공익의 원칙, 무차별의 원칙, 보상의 원칙 3가지가 주장되고 있다. 그러나 선진국과 개도국간 합법성 요건을 둘러싼 대립이 존재한다. 일반적으로 보상원칙과 무차별의 원칙에 대해서는 대체로 합법성의 요건으로 인정하고 있으나, 구체적인 보상의 방법을 둘러싸고 견해가 일치하지 않고 있다.

기출문제

외국인의 출입국에 관한 설명으로 옳지 않은 것은?
① 국가는 외국인의 입국을 허용해야 할 일반국제법상 의무가 없다.
② 국가들은 조약을 통해서 국민의 상호입국을 허용할 의무를 부담할 수 있다.
③ 국가는 적법하게 입국한 외국인의 출국을 특별한 사유가 없는 한 제한할 수 없다.
④ 추방은 형벌에 해당하기 때문에 엄격한 사법심사를 거쳐 이루어져야 한다.

정답 ④

기출문제

[보상방법]

㉠ **충분한 보상(Hull공식)** : 1938년 미국무성장관 Hull이 제시한 방법으로, 보상은 충분(adequate)하고 실효적(effective)이며 신속(prompt)하여야 한다는 것이다.

㉡ **적절한 보상** : 1962년 천연자원의 영구주권에 관한 UN총회결의에서는 적절한 보상이 제시되었다. 이는 1974년 국가의 경제적 권리의무헌장에서도 받아들여졌고, 1978년 Texaco중재판결에서도 원용되었다.

㉢ **일괄지불협정** : 실제에 있어 선진국과 후진국 간의 보상문제가 발생하는 경우, 대체로 일괄지불협정에 의해 피해자의 청구를 개별적으로 처리하지 않고 특정국 피해자 모두의 피해를 일괄하여 산정하는 일괄지불방식에 의한다.

(5) 투자의 국제적 보호

투자의 국제적 보호제도에는 우호통상항해조약이나 양자투자협정 등 양자조약에 의한 방법과, 1965년 국제부흥은행(IBRD)이 주도하여 체결한 국제투자분쟁해결센터협약(ICSID)과 1985년 다자간 투자보증기구(MIGA)설립협정 등 국제적 절차에 의한 방법이 있다. ICSID는 국가와 외국국민 간의 투자분쟁을 해결함을 목적으로 하여 투자자 개인의 직접 제소를 통한 권리구제를 허용하고 있으며, MIGA는 비상업적 위험을 보증하는 국제기구로서 국제투자를 보호하고 있다.

section 3 범죄인 인도

(1) 범죄인 인도의 의의

① **개념** … 외국에서 그 국가의 형법 및 기타의 형사법규를 위반한 범죄인이 자국 내로 도망해 온 경우 그 외국의 청구에 응하여 그 범죄인을 체포하여 인도함을 말한다.

② **제도적 취지** … 범죄인 인도제도는 형사집행관할권의 영토적 한계를 보충하기 위한 국제사법공조제도이다.

③ **법적 성질** … 범죄인 인도제도는 원칙적으로 범죄인 인도조약 등을 체결함으로써 창설되는 조약상의 제도이므로, 국가는 일반국제법상 범죄인의 인도를 청구할 권리나 인도할 의무를 부담하지 않는다. 다만, 조약이 체결되지 않은 경우에도 국제예양에 따라 범죄인을 인도해 줄 수는 있다.

(2) 범죄인 인도의 요건

① 주체에 관한 요건

    ㉠ **인도 주체** : 인도 주체는 인도청구국과 인도국이며, 개인이나 사회단체는 인도를 청구할 수 없다.

    ㉡ **인도청구의 경합** : 동일 범죄인에 대한 동일 범죄는 인도청구국 중 범죄발생지국이 있는 경우 그 국가에 우선적으로 인도하여야 하며(속지주의), 범죄발생지국이 없으면 먼저 청구한 국가에 인도한다. 동일 범죄인에 대해 상이한 범죄가 있는 경우, 중한 범죄에 기해 인도를 청구한 국가에게 우선적으로 인도하여야 한다.

② 객체에 관한 요건

    ㉠ **범죄의 장소** : 인도의 대상이 되는 범죄는 타국영토에서 행한 범죄에 한한다. 그러나 범죄의 구성요건 일부가 타국영토에서 발생한 경우에도 인도대상범죄이다.

    ㉡ **범죄인의 국적** : 대체로 영미법계 국가는 자국민도 인도하고 있으나, 대륙법계 국가들은 자국민 불인도의 원칙을 취하고 있다.

    ㉢ **인도대상범죄** : 인도청구국과 인도국에서 모두 범죄가 되는 것이어야 하며, 이를 이중범죄의 원칙 또는 쌍방범죄의 원칙이라고 한다. 또한 경미한 범죄는 인도대상범죄에서 제외되는 것이 일반적이다.

    ㉣ **유용성의 원칙** : 범죄인 인도는 범죄인을 실제로 처벌하기 위한 것이므로 시효가 완성되었거나 집행유예의 범죄인 경우에는 인도하지 않는다.

    ㉤ **범죄특정성의 원칙** : 청구국은 범인을 인도받아 재판함에 있어 오직 인도청구서에 기재된 범죄로만 처벌할 수 있다. 다만, 인도국이 동의한 경우에는 다른 범죄에 대해서도 처벌이 가능하다.

    ㉥ **인도적 고려조항** : 범죄인 인도에 관한 조약들은 최근 범죄인이 인도되어 사형·고문 또는 기타 비인도적인 대우를 받을 것이 예견되는 경우 인도를 거절할 수 있음을 규정하고 있다. 한국·호주 간 범죄인 인도조약 제4조 제2항도 동일한 취지의 규정을 두고 있다.

문 **범죄인인도에 대한 설명으로 옳지 않은 것은?**

▶ 2020. 7. 11. 인사혁신처

① 미국연방대법원은 Alvarez-Machain 사건에서 동 법원은 관할권을 행사할 수 없다고 판시하였다.

② 유럽연합(EU)의 유럽체포영장제도상 범죄특정의 원칙은 상호주의 조건하에서 포괄적으로 포기 또는 제한되고 있다.

③ 집단살해죄, 인도에 반한 죄, 전쟁범죄, 항공기납치범죄 등은 정치범으로 인정되지 않는다.

④ 인도 또는 송환되어 사형, 고문 또는 기타 비인도적 대우를 받을 것이 예견되는 경우에 인도를 거절할 수 있다.

[외국인 불법행위 청구에 관한 법률(ATS ; Alien Tort Statute)과 관련 판례]

㉠ 내용 : 미국 하급법원은 국제관습법 또는 미국이 체결한 조약의 위반 행위에 대해 외국인이 제기한 손해배상 청구소송의 관할권을 지닌다. → 보편관할권

㉡ 관련 판례
  • Filartiga v. Pena-Irala 사건(1980) : 외국에서 외국인이 저지른 국제인권법 위반 사건에 대하여 미국의 법원이 판결을 내일 수 있는 관할권의 근거가 됨
  • Sosa v. Alvarez-Machain 사건(2004) : ATS는 제정 당시 보통법에 의해 부여된 민사소송의 관할권을 규율하기 위한 규정으로, 국제법에 근거한 개인의 권리에 대한 판결을 할 때에는 주의를 기울여야 한다고 좁게 해석
  • Kiobel v. Royal Dutch Petroleum 사건(2013) : 독재정권의 인권탄압 행위를 방조한 기업에 대해 ATS를 적용하여 관할할 수 없음

(3) 정치범 불인도의 원칙

① **의의** … 범죄인 인도에 있어서 보통범죄인과 달리 정치범은 인도대상에서 제외된다는 원칙을 말한다.

② **연혁** … 정치범 불인도의 원칙은 프랑스혁명의 격변기 속에서 탄생한 것으로서, 1833년 벨기에가 처음으로 국내법전화한 이래 19세기 후반에는 국제관습법상 원칙으로 확립되었다.

③ **정치범의 개념** … 불인도대상으로서 정치범은 원칙적으로 순수한 정치범이며, 정치범의 판단주체는 범죄인 인도국이다. 실제로 정치범죄의 적극적인 정의가 어렵기 때문에 정치범죄에 속하지 않는 행위를 판별하는 측면에서 더 많은 논의가 이루어진다.

④ **정치범 불인도 원칙의 예외**

  ㉠ **상대적 정치범죄** : 살인과 같은 보통범죄의 요소를 포함하고 있는 정치범죄를 말하며, 벨기에의 경우 가해조항을 두어 상대적 정치범을 인도하고 있다.

[가해조항(attentat clause)]
1856년 벨기에는 "국가원수 및 그 가족의 신체에 대한 침해는 그것이 살인을 구성하는 경우에 정치범죄로 인정되지 않는다."고 규정하였는바, 이를 벨기에조항 또는 가해조항이라고 한다.

  ㉡ **반사회적 범죄** : 모든 국가의 정치적 질서를 부인하는 무정부주의자 등의 행동은 불인도의 대상이 되지 않는다.

  ㉢ **국제범죄** : 전쟁범죄, 해적행위, 집단살해, 테러행위와 같은 국제범죄는 정치범 불인도의 원칙이 적용되지 않는다.

정답 ①

(4) 우리나라의 「범죄인 인도법」

① **인도에 관한 원칙** … 대한민국 영역에 있는 범죄인은 이 법에서 정하는 바에 따라 청구국의 인도청구에 의하여 소추, 재판 또는 형의 집행을 위하여 청구국에 인도할 수 있다.

② **인도범죄** … 대한민국과 청구국의 법률에 따라 인도범죄가 사형, 무기징역, 무기금고, 장기 1년 이상의 징역 또는 금고에 해당하는 경우에만 범죄인을 인도할 수 있다.

③ **절대적 인도거절 사유** … 다음의 어느 하나에 해당하는 경우에는 범죄인을 인도하여서는 아니 된다.

   ㉠ 대한민국 또는 청구국의 법률에 따라 인도범죄에 관한 공소시효 또는 형의 시효가 완성된 경우

   ㉡ 인도범죄에 관하여 대한민국 법원에서 재판이 계속 중이거나 재판이 확정된 경우

   ㉢ 범죄인이 인도범죄를 범하였다고 의심할 만한 상당한 이유가 없는 경우. 다만, 인도범죄에 관하여 청구국에서 유죄의 재판이 있는 경우는 제외한다.

   ㉣ 범죄인이 인종, 종교, 국적, 성별, 정치적 신념 또는 특정 사회단체에 속한 것 등을 이유로 처벌되거나 그 밖의 불리한 처분을 받을 염려가 있다고 인정되는 경우

④ **정치적 성격을 지닌 범죄 등의 인도거절**

   ㉠ 인도범죄가 정치적 성격을 지닌 범죄이거나 그와 관련된 범죄인 경우에는 범죄인을 인도하여서는 아니 된다. 다만, 인도범죄가 다음의 어느 하나에 해당하는 경우에는 그러하지 아니하다.

    • 국가원수 · 정부수반 또는 그 가족의 생명 · 신체를 침해하거나 위협하는 범죄

    • 다자간 조약에 따라 대한민국이 범죄인에 대하여 재판권을 행사하거나 범죄인을 인도할 의무를 부담하고 있는 범죄

    • 여러 사람의 생명 · 신체를 침해 · 위협하거나 이에 대한 위험을 발생시키는 범죄

   ㉡ 인도청구가 범죄인이 범한 정치적 성격을 지닌 다른 범죄에 대하여 재판을 하거나 그러한 범죄에 대하여 이미 확정된 형을 집행할 목적으로 행하여진 것이라고 인정되는 경우에는 범죄인을 인도하여서는 아니 된다.

⑤ **임의적 인도거절 사유** … 다음의 어느 하나에 해당하는 경우에는 범죄인을 인도하지 아니할 수 있다.

   ㉠ 범죄인이 대한민국 국민인 경우

   ㉡ 인도범죄의 전부 또는 일부가 대한민국 영역에서 범한 것인 경우

> 우리나라 「범죄인 인도법」상 절대적 인도거절 사유에 해당하지 않는 것은?
> ▶ 2018. 4. 7. 인사혁신처
>
> ① 범죄인이 인종, 종교, 국적, 성별, 정치적 신념 또는 특정 사회단체에 속한 것 등을 이유로 처벌되거나 그 밖의 불리한 처분을 받을 염려가 있다고 인정되는 경우
> ② 인도범죄에 관하여 대한민국 법원에서 재판이 계속 중이거나 재판이 확정된 경우
> ③ 대한민국 또는 청구국의 법률에 따라 인도범죄에 관한 공소시효 또는 형의 시효가 완성된 경우
> ④ 인도범죄의 전부 또는 일부가 대한민국 영역에서 범한 것일 경우
>
> **정답 ④**

     ⓒ 범죄인의 인도범죄 외의 범죄에 관하여 대한민국 법원에 재판이 계속 중인 경우 또는 범죄인이 형을 선고받고 그 집행이 끝나지 아니하거나 면제되지 아니한 경우

     ⓔ 범죄인이 인도범죄에 관하여 제3국(청구국이 아닌 외국)에서 재판을 받고 처벌되었거나 처벌받지 아니하기로 확정된 경우

     ⓗ 인도범죄의 성격과 범죄인이 처한 환경 등에 비추어 범죄인을 인도하는 것이 비인도적이라고 인정되는 경우

section 4 난민의 보호

(1) 난민의 의의

① 난민의 개념

     ㉠ 협의 : 정치적 난민만을 지칭하며, 정치적 사상 · 인종 · 종교 · 국적 등을 이유로 국적국으로부터 박해를 받거나 박해를 받을 현저한 우려가 있어 외국에 거류하며 국적국으로의 송환을 희망하지 않고 외국의 비호를 구하는 자를 말한다.

     ㉡ 광의 : 재해나 경제적 이유에 의한 일반 난민도 포함한다.

② 국제법상 난민 … 1951년 난민지위협약 및 UN난민고등판무관사무소규정, 1967년 난민지위의정서 등은 난민의 개념을 정치적 난민으로 한정하여 '인종 · 종교 · 국적 · 특정 사회집단에의 소속 또는 정치적 의견을 이유로 박해당할 공포로 인해 국적국 또는 상주국 밖에 있는 국민 또는 무국적자로서 국적국의 보호를 받을 수 없거나 국적국의 보호를 받기를 원하지 않는 자'로 정의하고 있다. 따라서 원칙적으로 재해 또는 경제적 · 환경적 난민은 국제법상 난민이 아니다.

③ 난민의 국제적 보호를 위한 국제조약

     ㉠ 1948년 세계인권선언 및 1966년 시민적 · 정치적 권리 규약

     ㉡ 1951년 난민지위협약 및 1967년 난민지위의정서

     ㉢ 1951년 UN난민고등판무관사무소규정

     ㉣ 1950년 유럽인권협약 및 1968년 유럽인권협약 제4의정서

     ㉤ 1969년 미주인권협약

     ㉥ 1969년 아프리카난민문제협약

④ UN난민고등판무관(UNHCR) … UNHCR은 UN헌장 제13조 제1항에 따라 UN총회의 임무 수행을 보조하기 위해 국제난민기구(IRO)의 계승자로서 1951년 설립된 총회의 보조기관이다.

[난센여권(Nansen's Passport)]
1921년 국제연맹은 고등판무관사무소를 설치하였으며, 난센이 고등판무관으로 임명되어 난민에게 여행증명서를 발급하였는데, 이를 난센여권이라 한다.

(2) 난민의 요건

① **자격요건** … 1951년 난민지위협약 및 1967년 난민지위의정서에 의하면 난민의 개념요소는 박해로 인한 공포, 국적국 또는 상주국 이외의 지역에 있는 자, 본국의 보호를 받을 수 없거나 보호를 받을 의사가 없는 자이다.

② **판정 주체** … 국제법상 난민지위의 판정주체는 영토국이다. UN난민고등판무관의 의견은 권고적 효력을 가질 뿐이다.

③ 난민으로 인정될 수 없는 자
   ㉠ 평화에 대한 죄, 전쟁범죄 또는 인도(人道)에 대한 죄를 범한 자
   ㉡ 난민으로 입국이 허가되기 전에 영토국 밖에서 비정치적 범죄를 범한 자
   ㉢ UN목적과 원칙에 반하는 행위를 한 자

(3) 난민의 국제적 보호

① 난민의 비호
   ㉠ **영토적 비호**: 국가는 난민에게 입국을 허가하고 난민의 지위를 인정하며 비호를 부여할 권리가 있다. 이는 영토국의 권리이며 개인이 영토국에 대하여 요구할 수 있는 권리는 아니다. 따라서 국가는 외국인에게 입국을 허용해야 할 국제법상 의무가 없으므로 난민도 영토국으로부터 입국허가를 받아야 한다.

[First Asylum Doctrine]
1951년 난민지위협약 당사국은 정치적 박해를 피해 국적국에서 탈출하여 제3국을 경유하지 않고 입국한 난민에 대해 불법 입국을 이유로 처벌해서는 안 된다. 다만, 난민은 지체 없이 영토국 당국에 출두하여 불법 입국의 정당한 이유를 밝혀야 한다. 또한 국경에서 입국을 거부할 수는 있으나 피난하여 탈출한 국가로의 강제송환은 금지된다.

   ㉡ **외교공관의 비호**: 일부 중남미국가들은 외교공관에서 정치적 난민을 비호할 수 있다고 주장하나, 국제사법재판소는 1949년 비호 사건에서 이를 부인하였다.
   ㉢ **군함의 비호**: 군함의 경우 일정한 경우 정치범죄인을 비호할 수 있다.

기출문제

📝 1951년 난민지위협약에 대한 설명으로 옳은 것은?
▶ 2016. 4. 9. 인사혁신처
① 비호받을 국가로의 입국권이 난민에게 보장되고 있다.
② 경제적 사유나 자연재해로 인한 난민도 적용대상에 포함된다.
③ 국제이행절차로서 개인통보제도와 국가간통보제도가 도입되었다.
④ 난민으로서의 법적 요건을 갖추었는지에 대한 판정권이 개별 국가에 유보되어 있다.

📝 국제법상 개인에 대한 설명으로 옳지 않은 것은?
▶ 2020. 7. 11. 인사혁신처
① UN국제법위원회의 외교적보호 규정초안 제8조는 난민의 합법적인 상거주지국의 이들에 대한 외교적보호 행사를 불허한다.
② 중요한 국제법 규칙을 위반한 개인에게 국제책임이 성립될 수 있다는 원칙 자체는 일반적으로 수용되고 있다.
③ 자진하여 외국국적을 취득한 자국민에게 국적을 유지시켜줌으로써 이중국적의 발생을 사실상 수용, 방임하는 예가 증가하고 있다.
④ 일반국제법은 외국인의 집단적 추방을 금지하지 않은 것으로 보이나, 국가 간의 조약을 통해서 이를 금지시킬 수 있다.

┃정답 ④, ①

② 강제추방 및 강제송환의 금지

  ㉠ 강제추방의 금지 : 영토국은 자국영토에 합법적으로 체류하고 있는 난민에 대해서는 원칙적으로 강제추방할 수 없다. 예외적으로 국가안보 또는 공공질서에 대한 중대한 위협이 있는 경우 강제추방할 수 있다.

  ㉡ 강제송환금지의 원칙 : 영토국은 합법 또는 불법체류를 불문하고 어떠한 방법으로도 난민을 인종·종교·국적·특정 사회집단의 구성원 또는 정치적 이유로 그 생명이나 자유가 위협받을 우려가 있는 영역의 국경으로 추방하거나 송환하여서는 안 된다. 강제송환금지의 원칙은 국제관습법상의 원칙으로서 난민지위협약 당사국뿐만 아니라 모든 국가에 대한 의무이다. 영토국의 국가안보에 위험한 상당한 이유가 있거나 또는 중대한 범죄에 대하여 최종판결로 유죄선고를 받아 영토국에 대해 위험한 경우에는 강제송환 금지의 혜택을 요구하지 못한다.

section 5 국제인권법

(1) 국제인권법의 의의

① 한 국가 내에서의 인권문제는 이제 전적으로 그 국가의 국내문제만은 아니게 되었다.

② 인권을 존중해야 할 국가의 의무는 자국민에 대해서 뿐만 아니라 외국인에 대해서도 똑같이 적용된다.

③ 다수의 인권의무가 지금은 국제관습법으로 승격되었다.

④ 인권에 대한 존중은 그 대부분이 대세적 의무가 되었다.

[인권의 연혁적 발전과정]
  ㉠ 제1세대 인권 : 1945년에서 1950년대 말까지 시민적·정치적 자유가 강조되었다.
  ㉡ 제2세대 인권 : 1960년대에서 1970년대 중반까지 경제적·사회적·문화적 권리가 강조되었다.
  ㉢ 제3세대 인권 : 1970년대 중반부터 1980년대 말까지 평화의 향유권, 건강한 환경의 향유권, 자결권 등이 강조되었다. 이러한 권리는 연대와 형제애에 기초한 초국경적 협력을 통해서만 달성될 수 있다. 제3세대 인권의 특징은 특정 국가 국민의 지위에서 벗어나 세계시민의 지위로 나아가는 경향을 반영한 것이다.

(2) UN과 인권의 국제적 보호

UN의 인권보호체제는 총회 · 안전보장이사회 · 사무총장 · 경제사회이사회 같은 주요 기관 및 UN인권고등판무관 등의 활동을 통한 제도적 측면과 각종 인권규범의 정립을 통한 규범적 측면 그리고 인권의 국제적 증진 및 각종 보호활동 등으로 이루어진다.

(3) 인권 보호를 위한 UN의 제도적 장치

① **총회** … 총회는 결의를 통해 국제적인 인권 침해를 고발하고 각종 인권 관련 회의를 주최하거나 국제인권규범을 채택하기도 한다. 대표적으로 1948년 제3차 UN총회 결의로 채택된 '세계인권선언'은 권고적 효력을 갖는 데 그치나 그 후 인권규범의 발달에 큰 영향을 끼쳤다.

② **안전보장이사회** … 안전보장이사회는 헌장상 인권 보장을 위한 직접적인 수권규정은 없으나, 대규모적인 인권 침해가 국제평화와 안전을 위협하는 경우 헌장 제7장에 의거한 강제조치를 취할 수 있다.

③ **경제사회이사회** … 경제사회이사회는 인권문제를 가장 직접적으로 다루는 기관이다. UN헌장 제62조 제2항에 의거하여 모든 사람의 인권과 기본적 자유의 존중을 위해 권고할 권한을 가지며, UN헌장 제62조 제1항에 따라 인권문제에 대한 연구 또는 토의를 할 수 있다.

④ **인권이사회**

　㉠ 설립 배경
　　• 인권을 안보 및 개발과 함께 국제사회의 3대 주요 과제로 격상시키고자 하는 유엔 개혁의 일환으로 구 인권위원회를 대체하여 2006년 3월 유엔총회 결의로 설립하였다.
　　• 구 인권위원회가 경제사회이사회 산하였던 반면, 인권이사회는 총회 산하 보조기구로 격상되었다.

　㉡ 주요 임무
　　• 국제사회의 인권과 기본적 자유를 증진하고 보호하기 위해, 제반 인권이슈에 대한 논의 및 개선방안 모색, 중대하고 조직적인 인권침해에 대한 즉각적인 대처, 유엔 시스템 내 인권의 주류화와 효율적 조정 역할을 담당한다.
　　• 중대한 인권침해에 대한 사전예방 및 즉각적인 대응능력 강화를 위해, 연중 최소 3회 이상, 총 10주 이상 개최하며, 이사국 1/3 다수결로 특별회의를 소집 · 개최한다.

© 이사국 규모 및 선출방법: 이사국 수는 총 47개국으로 임기는 3년이며 연임
은 2회까지 허용한다. 유엔회원국 절대 과반수로 선출한다.

② 주요 제도

• 보편적 정례인권검토: 모든 유엔회원국들의 인권상황을 보편적 인권기준에 비추
어 정기적으로 검토

• 특별절차: 중대한 인권침해에 효과적으로 대처하기 위해 특정국가 또는 특정 인
권 주제에 집중하여 연구·조사하는 임무를 부여하고 그 보고서를 기초로 인권
이사회가 논의하는 절차

• 진정절차: 특정국가에서 일어난 지속적인 형태의 중대한 인권침해가 발생한 경
우 그 피해자인 개인 또는 단체가 해당국가를 상대로 비공개적으로 인권이사회
에 진정을 제기

⑤ 인권고등판무관 … 인권고등판무관은 1993년 비엔나 세계인권회의의 권고에 따라
UN총회에서 총의(consensus)로 창설된 직제이다. 그 임무는 UN인권조직 강화와
관련 기관 활동의 총괄 조정 및 인권 증진 보호를 위한 국제협력의 강화이다.

[UN헌장의 인권 관련 규정]

㉠ 기본적 인권, 인간의 존엄 및 가치, 남녀 및 대소 각국의 평등권에 대한 신념
을 재확인하며……〈UN헌장 전문〉.

㉡ UN의 목적: 경제적·사회적·문화적 또는 인도적 성격의 국제문제를 해결하고
또한 인종·성별·언어 또는 종교에 따른 차별없이 모든 사람의 인권 및 기본
적 자유에 대한 존중을 촉진하고 장려함에 있어 국제적 협력을 달성한다〈UN
헌장 제1조 제3항〉.

㉢ 총회는 경제·사회·문화·교육 및 보건분야에 있어서 국제협력을 촉진하며,
인종·성별·언어 또는 종교에 관한 차별없이 모든 사람을 위하여 인권 및 기
본적 자유를 실현하는 데 있어 원조하는 것을 위하여 연구를 발의하고 권고한
다〈UN헌장 제13조 제1항 제b호〉.

㉣ UN은 인종·성별·언어 또는 종교에 관한 차별이 없는 모든 사람을 위한 인
권 및 기본적 자유의 보편적 존중과 준수를 촉진한다〈UN헌장 제55조 제c호〉.

㉤ 모든 회원국은 제55조에 규정된 목적의 달성을 위하여 기구와 협력하여 공동
의 조치 및 개별적 조치를 취할 것을 약속한다〈UN헌장 제56조〉.

(4) 인권 보호를 위한 UN의 규범적 장치

① 1948년 세계인권선언 … 정치적 · 사회적 · 문화적 권리보다는 서구적 인권인 시민적 · 정치적 권리에 더 많은 비중이 실려 있다. 동 선언은 법적 구속력이 없는 단순한 도덕적 · 정치적 문서에 불과하나, 모든 국가가 자국법질서 내에서 어떤 가치를 수호해야 하는가에 관하여 일련의 보편타당한 단일개념을 공식화하였다는 점에서 중요성을 갖는다. 세계인권선언은 민족자결권이나 국가 간 경제적 불평등에 관한 언급이 없다.

② 1966년 국제인권규약

　㉠ 의의 : 세계인권선언에 법적 구속력을 부여하려는 의도로 1966년 UN총회는 '경제적 · 사회적 · 문화적 권리에 관한 규약(A규약)'과 '시민적 · 정치적 권리에 관한 규약(B규약)' 및 '시민적 · 정치적 권리에 관한 선택의정서(B규약 선택의정서)'를 채택하였다. 북한은 1981년 A규약과 B규약에 가입하였으며, 한국은 1990년 A규약과 B규약 및 B규약 선택의정서에 가입하였다.

　㉡ 주요 내용 : A규약과 B규약은 모두 제1조에서 민족자결권을 규정하고 있다. A규약은 노동의 권리, 노동조건의 보장, 노동조합의 결성, 사회보장을 받을 권리, 교육을 받을 권리 등 헌법상 사회적 기본권에 관한 것이며 B규약은 생명권의 보장, 사형제도의 원칙적 금지, 고문의 금지 등 헌법상 자유권적 기본권에 관한 것이다.

　㉢ A규약과 B규약의 차이점
　　• A규약상의 인권은 프로그램적 규정에 불과한 반면, B규약상의 인권은 즉각적으로 실행됨을 목표로 하고 있다.
　　• A규약은 일정한 경우 경제적 권리에 관한 개발도상국들의 외국인에 대한 차별대우를 인정하고 있다.
　　• A규약은 B규약과 달리 국가 간 고발제도와 개인의 국가고발제도를 도입하고 있지 않다.

　㉣ A규약의 이행감독장치 : A규약은 UN사무총장에 대한 국가보고서 제출만을 규정하고 있을 뿐, B규약과 달리 별도의 이행감독장치를 규정하고 있지 않다.

　㉤ B규약의 이행감독장치 : B규약은 보고서 검토, 국가간 고발제도, 개인의 국가고발제도 등 3가지 이행감독장치를 갖고 있는데, 여기에는 개인자격으로 선출되는 각각 다른 국적의 18명의 위원으로 구성되는 인권위원회가 중심적인 역할을 한다.

[B규약 이행감독체제]

㉠ 인권위원회(Human Rights Committee) : B규약 제28조는 인권위원회 설치를 규정하고 있다. B규약상의 인권위원회는 경제사회이사회의 보조기관으로 설립된 인권위원회(Commission on Human Rights)와는 다른 기관이다.

㉡ 보고서 검토제도 : B규약 체약국들은 규약상 권리를 실시하기 위해 채택된 조치와 진보상황에 관하여 UN사무총장에게 보고서를 제출하여야 하며, 이 보고서는 인권위원회에서 연구·검토한다.

㉢ 국가 간 고발제도 : B규약 제41조를 수락한 체약국 상호 간에는 한 체약국이 타 체약국의 규약 위반을 인권위원회에 제기할 수 있다.

㉣ 개인의 국가고발제도 : B규약 선택의정서를 수락한 국가에 의해 B규약상의 인권이 침해되었다고 주장하는 개인은 국내적 구제수단을 다한 후에 인권위원회에 서면으로 청원할 수 있으며, 위원회는 이를 검토한 다음 당사국에게 주의를 환기시킨다.

③ **1993년 비엔나인권선언** … 1993년 비엔나에서 세계인권선언채택 45주년을 기념하여 UN주관하에 세계인권대회가 개최되었으며, 이 회의에서 비엔나인권선언과 그 구체적 실현을 위한 행동계획을 채택하였다.

④ **기타 주요 인권협약**

㉠ 인종차별철폐협약

㉡ 여성차별철폐협약

㉢ 고문방지협약

㉣ 아동권리협약

(5) 지역적 차원의 인권보장장치

① 1950년 유럽인권협약

㉠ 유럽평의회는 1950년 시민적·정치적 권리를 내용으로 하는 유럽인권협약을 채택하였다.

㉡ 유럽인권협약은 가장 성공적이며 강력한 인권보호체제를 창설하였다.

㉢ 개인이 국내구제를 완료한 후 유럽인권재판소에 제소할 수 있도록 하고 있다.

② **1969년 미주인권협약** … 1969년 미주국가기구(OAS)는 시민적·정치적 권리를 내용으로 하는 미주인권협약을 채택하였다.

③ **1981년 아프리카인권헌장** … 유럽인권협약이나 미주인권협약과 달리 시민적·정치적 권리와 함께 경제적·사회적·문화적 권리와 다양한 인민의 권리를 규정하고 있다. 특히 제3세대 인권을 규정하고 있다는 특징을 갖는다.

section 6 국제형사재판소(ICC)

(1) 연혁

1948년 제노사이드협약은 국제형사재판소의 설립을 예정하고 있었으나 국가들의 반대로 그 설립이 계속 지연되다가, 1994년 UN국제법위원회는 국제형사재판소설립규정 초안을 채택하였고 1998년 로마외교회의에서 역사적인 국제형사재판소설립규정을 채택하였다. 동 규정은 2002년 7월 1일 발효하였다.

(2) 재판소의 구성

국제형사재판소는 소장단·전심부·1심부·항소부·검사실·사무국으로 구성되고, 임기 9년의 판사 18명이 있다.

(3) 관할대상범죄

① **집단살해죄** … 민족적·인종적·종교적 특정집단을 말살하려는 의도하에 이루어지는 범행으로서 살인, 심각한 정신적 또는 신체적 상해, 출산방해, 아동 강제이주 등의 범죄이다.

② **인도에 반하는 죄** … 민간인에 대한 광범위하거나 조직적인 공격으로 살인, 말살, 인구의 강제이주 또는 추방, 강제임신 또는 강제매춘 등 성적 범행, 인종분리 등의 범죄이다.

③ **전쟁범죄** … 계획적·정책적·대규모적으로 저질러진 고의적 살해, 고문, 생체실험을 포함한 비인간적 대우, 정당한 군사목적 이외의 광범위한 민간재산의 손괴, 금지무기의 사용 등의 범죄이다.

④ **침략범죄** … 침략범죄의 정의 및 관할권 행사조건은 규정 발효 시에서 7년 경과 후의 규정개정을 통해 정한다. 2018년 ICC 당사국총회에서 침략범죄에 대한 재판관할권을 행사할 수 있도록 하는 결의가 합의으로 채택되었다.

(4) 관할권

국제형사재판소규정의 당사국이 되면 국제형사재판소의 관할권을 수락하는 것이 되며(자동관할권), 국제형사재판소는 범죄발생지국 또는 피고인 국적국이 규정당사국인 경우 해당 범죄에 대한 관할권을 가질 수 있다.

기출문제

문 **국제형사재판소(ICC)의 관할권에 대한 설명으로 옳지 않은 것은?**
▶ 2019. 4. 6. 인사혁신처

① 재판소의 관할범죄에 대해서는 어떠한 시효도 적용되지 아니한다.
② 재판소는 국제형사재판소에 관한 로마규정 이 발효한 후에 행해진 범죄에 대해서만 관할권을 가진다.
③ 재판소의 관할범죄에 대해 재판관할권을 가진 국가가 수사 중일 때에는 원칙적으로 재판소가 관할권을 행사하지 않는다.
④ 재판소의 관할범죄를 저지른 국가원수에 대해서는 국가면제가 적용되어 재판소는 관할권을 행사할 수 없다.

문 **국제형사재판소(ICC)가 관할권을 행사하게 할 수 있는 제소주체로서 ICC에 관한 로마규정 제13조에 규정되지 않은 것은?**
▶ 2018. 4. 7. 인사혁신처

① ICC의 소추관(the Prosecutor)
② UN인권이사회
③ UN안전보장이사회
④ ICC에 관한 로마규정의 당사국

정답 ④, ②

기출문제

[국제형사재판소에 관한 로마규정 제13조(관할권의 행사)]

재판소는 다음의 경우 이 규정이 정한 바에 따라 제5조(재판소의 관할범죄)에 규정된 범죄에 대하여 관할권을 행사할 수 있다.

㉠ 1개 또는 그 이상의 범죄가 범하여진 것으로 보이는 사태가 제14조(당사국에 의한 사태의 회부)에 따라 당사국에 의하여 소추관에게 회부된 경우

㉡ 1개 또는 그 이상이 범죄가 범하여진 것으로 보이는 사태가 국제연합헌장 제7장에 따라 행동하는 안전보장이사회에 의하여 소추관에게 회부된 경우

㉢ 소추관이 제15조(소추관)에 따라 그러한 범죄에 대하여 수사를 개시한 경우

(5) 형벌

형벌은 30년 이하의 유기징역과 무기징역을 규정하고 있다. 사형은 포함되어 있지 않으며, 벌금형과 몰수형이 부가형으로 규정되어 있다. 집행은 국제형사재판소의 선고를 받은 자를 받아들일 의사를 표명한 국가의 명단 중 국제형사재판소가 지정한 국가에서 이루어진다.

1 국제법상 개인의 국적 취득에 관한 원칙은?

① 각 국가에 일임되고 있으나 일정한 제한이 있다.

② 출생지주의에 따른다.

③ 혈통주의에 따른다.

④ 각 국가에 전적으로 일임되어 있다.

2 국적에 대한 설명으로 옳지 않은 것은?

① 국제사법재판소(ICJ)는 1955년 노테봄(Nottebohm) 사건에서 외교적 보호권의 행사가 유효하기 위해서는 국 적국과 그 국민 사이에 진정한(genuine) 유대(link/connection)가 있어야 한다고 판시하였다.

② 1930년 국적법 저촉에 관한 헤이그협약에 따르면 누가 자국의 국민인가는 각국의 국내법에 의하여 결정된다.

③ 1930년 국적법 저촉에 관한 헤이그협약에 따르면 둘 이상의 국적을 가진 개인은 그 각각의 국적국에 의하여 자국민으로 간주될 수 있다.

④ 우리나라 「국적법」은 부계혈통주의를 원칙으로 하고 있다.

3 국적에 관한 일반적 설명 중 옳은 것은?

① 선박과 항공기 등은 국적을 보유할 수 없다.

② 국적문제는 원칙적으로 국내문제에 속하지 않는다.

③ 국적은 해외에 나가 있는 자국민에 대한 국가관할권 행사의 근거가 된다.

④ 외국인이란 외국 국적을 보유한 자만을 말한다.

4 외국인의 대우에 관한 설명으로 옳지 않은 것은?

① 외국인 대우의 기준에 관해서는 국가들 간에 견해의 차이가 있다.

② 외국인은 재류국의 영토관할권에만 복종하며 본국의 관할권은 배제된다.

③ 국가는 일정한 조건하에서 외국인의 재산을 수용할 수 있다.

④ 일반국제법상 국가는 외국인의 입국을 허용할 의무가 없다.

5 외국인의 개념에 대한 설명으로 옳은 것은?

① 무국적자는 외국인이 아니다.

② 무국적자에게 외국인과 동등한 대우를 할 필요는 없다.

③ 외국국적을 보유한 자와 무국적자가 외국인이다.

④ 외국인은 원칙적으로 재류국의 주권에 복종하지 않는다.

6 외국인의 지위에 관한 설명으로 옳지 않은 것은?

① 사인인 외국인은 원칙적으로 재류국의 재판관할권에 복종한다.

② 재류국은 외국인의 생명·재산을 보호할 국제법상의 의무를 부담한다.

③ 국가는 외국인의 입국을 허용할 국제관습법상의 의무를 부담한다.

④ 특별한 사유가 없는 한 외국인은 재류국에서 출국할 자유를 가진다.

7 일국의 영역에서 외국인의 법적 지위에 관한 설명으로 옳지 않은 것은?

① 전시에는 방공의 의무가 부과된다.

② 모든 공법상의 권리가 인정되며, 원칙적으로 공직에도 취임할 수 있다.

③ 생명·신체·명예·재산권은 재류국 국민과 동등한 보호를 받는다.

④ 외국인은 특별한 규정이 없는 한 재류국 국민과 동일한 의무를 부담한다.

8 국적에 관련된 설명으로 옳은 것은?

① 국적에 기인한 자국민에 대한 권한을 속인주의적 관할권이라고 한다.
② 이중국적자가 제3국으로부터 침해를 받은 경우, 그의 국적국가들은 모두 제3국에 대해 외교적 보호권을 행사
   할 수 없다.
③ 국제 판례에 의하면 법인의 국적은 주요 주주들의 국적에 의해 결정된다.
④ 무국적자는 그가 체류하는 국가 내에서 어떠한 권리도 누리지 못한다.

9 외국인의 보호에 대한 설명으로 옳지 않은 것은?

① 재류국은 입법·행정·사법상으로 외국인을 보호해야 한다.
② 외국인 보호의 정도에 대해 국제표준설은 일반 문명국에 기대할 수 있는 정도를 주장한다.
③ 외국인 보호의 정도에 대해 국내표준설은 자국민과 동등한 정도를 주장한다.
④ 외국인의 보호를 다하지 못해도 국가는 아무런 책임을 부담하지 않는다.

10 외국인 재산의 국유화에 대한 설명으로 옳지 않은 것은?

① 보상을 지급하지 않은 국유화는 불법이며, 제2차 세계대전 이후에는 일괄지불방식을 통해 보상하는 경향이
   있다.
② 보상은 충분하고 실효적이며 신속을 요한다는 이른바 Hull공식은 오늘날 일반국제법상의 원칙으로 확립되었다.
③ 국가는 국제법상 영토주권에 근거하여 자국영토 내의 외국인의 재산을 수용 또는 국유화할 수 있으나, 국제
   법이 정하고 있는 일정 요건에 합치되는 방식으로 행해야 한다.
④ 1962년 천연자원의 영구주권에 관한 UN총회 결의에서는 적절한 보상의 원칙이 제시되었다.

11 외국인 재산의 수용에 대한 설명으로 옳지 않은 것은?

① 2001년 UN 국제법위원회(ILC)가 채택한 국제위법행위에 대한 국가책임 규정초안에 따르면 외국인 재산의 위법한 수용에 대한 구제방법은 1차적으로 금전배상이다.

② 1973년 천연자원에 대한 영구주권결의는 "각국은 가능한 보상금액과 지급방법을 결정할 권리가 있다."라고 규정하였다.

③ 1962년 천연자원에 대한 영구주권결의는 각국의 국유화 또는 수용의 권리를 인정하며 소유주는 "국제법에 따라 적절한 보상을 지급받아야 한다."라고 규정하였다.

④ 국제법상 국가는 자국영토 내 외국인의 재산을 수용하거나 국유화할 수 있는 주권적 권한을 가지나, 수용 시에는 공익의 원칙, 비차별의 원칙, 보상의 원칙 등이 충족되어야 한다.

12 「국가와 타방국가 국민간의 투자분쟁의 해결에 관한 협약」(ICSID 협약) 및 이에 의해 설립된 '투자분쟁 해결을 위한 국제본부(ICSID)'에 대한 설명으로 옳지 않은 것은?

① 분쟁당사자들은 상호 합의하에 ICSID 내에서 알선, 조정, 중재 및 재정절차를 활용할 수 있다.

② 분쟁당사자들은 ICSID에 분쟁을 회부하기로 서면으로 부여한 동의를 일방적으로 철회할 수 없다.

③ 중재재판 준거법의 미합의 시에 중재재판부는 분쟁당사국의 국내법과 국제법 모두를 적용하여야 한다.

④ 분쟁당사국들은 ICSID 협약에 따라 내려진 판정의 구속력을 승인하고 이를 집행하여야 한다.

13 범죄인 인도제도의 의의에 대한 설명으로 옳지 않은 것은?

① 외국에서 형법 등을 위반하고 자국에 도망한 범죄인을 외국으로 인도함을 의미한다.

② 범죄 진압을 위한 국제협력의 측면에서 국가는 범죄인을 인도한 일반국제법상 의무를 부담한다.

③ 한국은 1990년 오스트레일리아와 최초로 범죄인 인도조약을 체결하였다.

④ 인도되는 범죄인은 대부분 외국인이기 때문에 강제출국의 형태로 된다.

14 한국의 범죄인인도법상 임의적 인도거절사유에 해당하지 않는 것은?

① 범죄인이 대한민국 국민인 경우
② 범죄인이 인도범죄 외의 범죄에 관하여 대한민국 법원에 재판이 계속 중인 경우 또는 형의 선고를 받고 그 집행을 종료하지 아니하거나 면제받지 아니한 경우
③ 인도범죄의 전부 또는 일부가 대한민국 영역 안에서 행하여진 경우
④ 인도범죄에 관한 사건으로 인하여 대한민국 법원에서 재판계속 중이거나 확정재판이 있는 경우

15 국제법상 범죄인 인도제도에 대한 설명으로 옳은 것은?

① 우리나라 「범죄인 인도법」은 우리나라 또는 청구국의 법률에 따라 인도범죄에 관한 공소시효가 완성된 경우를 임의적 인도거절 사유로 규정하고 있다.
② 우리나라 「범죄인 인도법」은 범죄인이 대한민국 국민인 경우를 절대적 인도거절 사유로서 규정하고 있다.
③ 서울고등법원은 중국 국적의 리우치앙(劉强)을 정치범으로 인정하여 그를 일본으로 인도하는 것을 허용하지 않았다.
④ 우리나라가 체결한 범죄인 인도조약은 인도청구국의 법률상 범죄로 성립되기만 하면 그 행위를 인도대상범죄로 규정하고 있다.

16 범죄인인도에 대한 설명으로 옳지 않은 것은?

① 미국연방대법원은 Alvarez-Machain 사건에서 동 법원은 관할권을 행사할 수 없다고 판시하였다.
② 유럽연합(EU)의 유럽체포영장제도상 범죄특정의 원칙은 상호주의 조건하에서 포괄적으로 포기 또는 제한되고 있다.
③ 집단살해죄, 인도에 반한 죄, 전쟁범죄, 항공기납치범죄 등은 정치범으로 인정되지 않는다.
④ 인도 또는 송환되어 사형, 고문 또는 기타 비인도적 대우를 받을 것이 예견되는 경우에 인도를 거절할 수 있다.

17 범죄인 인도에 관한 원칙이 아닌 것은?

① 최소중요성의 원칙   ② 유용성의 원칙

③ 정치범 인도의 원칙   ④ 특정의 원칙

18 범죄인 인도에 대한 설명 중 옳지 않은 것은?

① 조약상의 합의가 없는 한 범죄인을 인도할 의무는 없다.

② 전쟁범죄를 범한 자는 일반적으로 정치범으로 간주된다.

③ 일반적으로 중한 범죄가 인도의 대상이 된다.

④ 자국민을 인도하지 않는 국가도 있다.

19 범죄인 인도제도에 있어 인도 요청국과 인도국 모두 범죄로서 규정하고 있어야만 인도할 수 있다는 원칙은?

① 특정성의 원칙   ② 이중범죄의 원칙

③ 유용성의 원칙   ④ 정치범 불인도의 원칙

20 정치범 불인도의 원칙에 대한 설명으로 옳지 않은 것은?

① 정치범 불인도의 원칙은 프랑스혁명의 격변기 속에서 탄생한 것으로서, 1833년 벨기에가 처음으로 국내법전화한 이래 19세기 후반에는 국제관습법상 원칙으로 확립되었다.

② 모든 국가의 정치적 질서를 부인하는 무정부주의자 등의 행동은 불인도의 대상이 되지 않는다.

③ 전쟁범죄, 해적행위, 집단살해, 테러행위와 같은 국제범죄는 정치범 불인도의 원칙이 적용되지 않는다.

④ 정치범의 판단주체는 UN안전보장이사회이다.

21 범죄인 인도제도와 관련하여 인정되는 이른바 '가해조항'에 대한 설명으로 옳은 것은?

① 인명에 피해를 준 범인은 가급적 인도하라는 원칙이다.
② 막대한 인명피해를 야기한 범인은 정치적 불인도의 대상이 될 수 없다는 원칙이다.
③ 국가원수 및 그 가족에 대한 살해와 그 미수범은 정치범 불인도의 원칙에서 배제시킨다는 원칙이다.
④ 정치적 성격의 범죄는 일정한 가해행위가 있어도 용서될 수 있다는 내용이다.

22 다음 중 난민으로 인정될 수 있는 자는?

① 전쟁범죄 또는 인도에 대한 죄를 범한 자
② UN목적과 원칙에 반하는 행위를 한 자
③ 난민으로 입국이 허가되기 전에 영토국 밖에서 비정치적 범죄를 범한 자
④ 정치적 난민

23 1951년 난민의 지위에 관한 협약(난민협약)과 1966년 시민적 및 정치적 권리에 관한 국제규약(B규약)에 따른 외국인의 출입국에 대한 설명으로 옳은 것은?

① 국가는 국가안보, 공공질서 또는 경제 상황을 이유로 합법적으로 그 영역에 있는 난민을 추방할 수 있다.
② 모든 사람은 자국을 포함하여 어떠한 나라로부터도 자유로이 퇴거할 수 없음이 원칙이다.
③ 국가는 생명이 위협되는 영역으로부터 직접 온 난민에게 즉시 합법적 입국을 허용하여야 한다.
④ 전쟁범죄(war crime) 또는 인도에 반한 죄(crime against humanity)를 범한 사람은 난민협약 규정의 적용을 받지 못한다.

24 국제법상 난민지위의 판정주체는 누구인가?

① 영토국   ② UN난민고등판무관
③ 국제사법재판소   ④ UN안전보장이사회

25 「난민의 지위에 관한 협약」의 내용에 대한 설명으로 옳지 않은 것은?

① 체약국은 인종, 종교 또는 출신국에 의거하여 난민을 차별해서는 아니 된다.

② 체약국은 난민의 귀화를 장려하는 정책을 실시하여서는 아니 된다.

③ 체약국은 국가안보를 이유로 합법적으로 체류하는 난민을 추방할 수 있다.

④ 체약국은 생명이 위협받을 우려가 있는 국가로 난민을 추방하여서는 아니 된다.

26 난민의 비호에 대한 설명으로 가장 옳지 않은 것은?

① 정치적 난민에게 망명을 허용하고 본국에의 인도를 거절하는 것이다.

② 비호권은 국가의 권리로 외국에 요구할 수 있는 것은 아니다.

③ 군함의 경우 정치범을 비호할 수 있다는 견해가 유력하다.

④ 외교공관의 비호권도 인정된다.

27 국제법상 난민에 대한 설명으로 옳은 것은?

① 1951년 난민협약과 난민지위에 관한 의정서는 난민지위의 확인 및 결정절차를 회원국의 국내법에 위임하고 있다.

② 강제송환금지원칙은 불법 입국한 난민에게는 적용되지 않는다.

③ 제네바난민협약은 세계인권선언과 마찬가지로 체약국의 난민 비호 의무를 규정하고 있다.

④ 우리나라는 난민을 인정한 경우가 없다.

28 인권의 국제적 보호에 관한 설명으로 옳지 않은 것은?

① 19세기 전통 국제법은 개인의 국제법적 지위를 인정하지 않았다.

② 1948년 세계인권선언은 특히 민족자결의 원칙을 강조하고 있다.

③ 현대 국제사회의 가장 큰 특징 중 하나는 인권이 국내문제라는 관념에서 국제법상 보호의 대상으로 발전하였다는 점이다.

④ 인권에 대한 존중은 그 대부분이 대세적 의무로 되었다.

29 국제인권법에 대한 설명으로 가장 옳지 않은 것은?

① UN은 국제평화와 안전의 유지를 주임무로 하는 국제기구이므로 인권의 국제적 보호와는 관련이 없다.

② 현대 국제사회의 가장 큰 특징 중 하나는 인권이 국내문제라는 관념에서 국제법상 보호의 대상으로 발전하였다는 점이다.

③ 인권을 존중해야 할 국가의 의무는 자국민에 대해서 뿐만 아니라 외국인에 대해서도 똑같이 적용된다.

④ 한 국가 내에서의 인권문제는 이제 전적으로 그 국가의 국내문제만은 아니게 되었다.

30 1993년 비엔나 세계인권회의의 권고에 따라 UN총회에서 총의로 창설된 직제로서, UN인권조직 강화와 관련기관 활동의 총괄 조정 및 인권 증진 보호를 위한 국제협력의 강화를 임무로 하는 기관은?

① UN인권고등판무관　　　　　　　② UN인권이사회

③ UN경제사회이사회　　　　　　　④ UN사무총장

31 1948년 세계인권선언에 명시되지 않은 권리는?

① 박해를 피해 피난처를 구할 권리

② 국적을 가질 권리

③ 정보를 전달하고 접수할 권리

④ 건강하고 쾌적한 환경에서 생활할 권리

32 시민적 및 정치적 권리에 관한 국제규약과 경제적·사회적 및 문화적 권리에 관한 국제규약(선택의정서 포함)에 공통된 설명으로 옳지 않은 것은?

① 재산권에 관하여 규정하고 있지 않다.

② 국가의 비상사태 시 당사국의 의무 위반 조치가 허용되는 인권과 허용되지 않은 인권을 구분하고 있다.

③ 국가 간 통보제도와 개인통보제도를 도입하여 조약의 이행감독장치를 강화하였다.

④ 민족자결권에 관하여 규정하고 있다.

33 인권의 국제적 보호에 대한 설명으로 옳지 않은 것은?

① 1948년 세계인권선언은 법적 구속력을 갖는 문서이다.

② UN총회는 결의를 통해 국제적인 인권 침해를 고발하고 각종 인권관련회의를 주최하거나 국제인권규범을 채택하기도 한다.

③ UN안전보장이사회는 헌장상 인권 보장을 위한 직접적인 수권규정은 없으나, 대규모적인 인권침해가 국제평화와 안전을 위협하는 경우 헌장 제7장에 의거한 강제조치를 취할 수 있다.

④ 인권위원회는 1946년 설립된 경제사회이사회의 보조기관이다.

34 국제인권규약에 관한 설명으로 옳지 않은 것은?

① 국제인권규약은 세계인권선언의 일반원칙들을 법적 구속력이 있는 문서에 담을 필요성에 따라 채택되었다.

② 시민적 및 정치적 권리에 관한 국제규약에는 생명권과 신체의 자유와 안전에 관한 권리 등이 규정되어 있다.

③ 경제적·사회적 및 문화적 권리에 관한 국제규약에는 근로의 권리와 사회보장을 받을 권리 등이 규정되어 있다.

④ 경제적·사회적 및 문화적 권리에 관한 국제규약에서 보장되는 인권은 점진적으로 실현되어야 하는 것이므로, 규약 당사국에게 어떠한 의무도 부과되지 않는다.

35 1966년 국제인권규약에 대한 설명으로 옳은 것은?

① 세계인권선언에 법적 구속력을 부여하려는 의도로 1966년 UN총회에서 채택되었다.

② A규약은 시민적·정치적 권리에 관한 규약이다.

③ B규약은 경제적·사회적·문화적 권리에 관한 규약이다.

④ 1966년 국제인권규약은 민족자결권에 관한 규정을 두고 있지 않다.

36 1966년 국제인권규약에 대한 설명으로 옳지 않은 것은?

① A규약상의 인권은 프로그램적 규정에 불과한 반면, B규약상의 인권은 즉각적으로 실행됨을 목표로 하고 있다.

② A규약은 보고서 검토, 국가간 고발제도, 개인의 국가고발제도 등 3가지 이행감독장치를 갖고 있다.

③ B규약은 보고서 검토, 국가간 고발제도, 개인의 국가고발제도 등 3가지 이행감독장치를 갖고 있다.

④ 북한은 1981년 A규약과 B규약에 가입하였으며, 한국은 1990년 A규약과 B규약 및 B규약 선택의정서에 가입하였다.

37 국제형사재판소 재판관할 범죄 중 인도에 반하는 죄에 대한 설명으로 옳은 것은?

① 인도에 반하는 죄를 구성하는 체계적인 공격은 반드시 국가의 공식적인 정책일 필요는 없다.

② 인도에 반하는 죄는 무력분쟁 상황 등 전시에 이루어지는 것을 전제로 한다.

③ 인도에 반하는 죄를 구성하는 공격은 폭력적 형태로 자행된 행위만을 포함한다.

④ 인도에 반하는 죄가 성립하기 위해서는 공격에 대한 인식이 존재할 필요가 없다.

38 다음 중 전쟁범죄를 구성하지 않는 행위는?

① 교전자격자에 의한 적대행위
② 포로의 살상행위
③ 국제법상 금지된 무기의 사용
④ 전쟁법규의 위반행위

39 포로의 대우에 관한 1949년 8월 12일자 제네바협약과 1949년 8월 12일자 제네바협약에 대한 추가 및 국제적 무력충돌의 희생자 보호에 관한 의정서의 내용으로 옳지 않은 것은?

① 특정한 군사목표물을 표적으로 하지 아니하는 공격은 금지된다.

② 민간주민 사이에 테러를 만연시킴을 주목적으로 하는 폭력행위 및 위협은 금지된다.

③ 민간인인지의 여부가 의심스러운 경우에는 민간인으로 간주한다.

④ 민간인은 전투원이 아니기 때문에 군용항공기의 민간인 승무원은 포로가 될 수 없다.

40 국제인도법상 전쟁포로의 지위에 대한 설명으로 옳지 않은 것은?

① 포로는 특히 폭행, 협박, 모욕 및 대중의 호기심으로부터 항상 보호되어야 한다.

② 포로는 그들이 포로가 될 때에 향유하던 완전한 사법상의 행위 능력을 보유한다.

③ 포로들 자신의 이익이 된다고 인정되는 특별한 경우를 제외하고는 포로들을 형무소에 억류하지 못한다.

④ 포로에게는 군사적 성질 또는 목적을 가지는 공익사업에 관련되는 노동을 강제할 수 있다.

41 국제형사재판소에 대한 설명으로 가장 옳지 않은 것은?

① 국제형사재판소의 관할범죄에는 공소시효가 없다.

② 형벌은 사형 및 30년 이하의 유기징역과 무기징역을 규정하고 있다.

③ 적절한 국내재판을 이미 받은 자는 국제형사재판소가 재판할 수 없다.

④ 1998년 로마외교회의에서 국제형사재판소설립규정을 채택하였다.

42 대한민국에서 국제법과 국내법의 관계에 대한 설명으로 옳지 않은 것은?

① 국제형사재판소(ICC)에 관한 로마규정은 자기집행조약인 바 국회의 비준동의 없이도 국내법과 동일한 효력을 갖는다.

② 관습국제법과 국내법률 간의 충돌이 있을 경우, 이들 간에는 특별법우선원칙이나 신법우선원칙에 의하여 해결한다.

③ 대법원은 지방자치단체의 조례가 세계무역기구(WTO) 정부조달에 관한 협정(AGP)에 위반되는 경우 그 효력이 없다고 판단하였다.

④ 헌법재판소는 마라케쉬 협정에 의하여 관세법위반자의 처벌이 가중된다고 하더라도 이는 법률에 의한 형사처벌이라고 판단하였다.

43 국제형사재판소(ICC)에 대한 설명으로 옳지 않은 것은?

① ICC의 재판관은 18명이며, 선출의 방식은 ICJ의 재판관을 선출하는 방식과 같다.

② UN 안전보장이사회가 ICC에 관한 로마규정 비당사국 국적의 범인을 ICC에 회부하는 경우, 비당사국의 ICC 재판권 수락 선언은 필요 없다.

③ ICC는 집단살해죄, 인도에 반한 죄, 전쟁범죄, 침략범죄에 대하여 관할권을 가진다.

④ ICC의 관할범죄에 대하여는 어떠한 시효도 적용되지 아니한다.

44 국제형사재판소(ICC)에 대한 설명으로 옳지 않은 것은?

① ICC는 자연인에 대하여만 관할권을 가진다.

② UN안전보장이사회가 UN헌장 제7장에 따라 채택하는 결의로 ICC에 수사 또는 기소의 연기를 요청하는 경우 12개월의 기간 동안은 ICC 규정에 따른 어떠한 수사나 기소도 개시되거나 진행되지 아니한다.

③ ICC는 범행 당시 만 20세 미만자에 대하여 관할권을 가지지 아니한다.

④ ICC의 관할범죄 중 침략범죄에 대해서 현재에는 ICC가 관할권을 행사할 수 없다.

45 국제형사재판소(ICC)의 관할권에 대한 설명으로 옳지 않은 것은?

① 재판소의 관할범죄에 대해서는 어떠한 시효도 적용되지 아니한다.

② 재판소는 국제형사재판소에 관한 로마규정 이 발효한 후에 행해진 범죄에 대해서만 관할권을 가진다.

③ 재판소의 관할범죄에 대해 재판관할권을 가진 국가가 수사 중일 때에는 원칙적으로 재판소가 관할권을 행사하지 않는다.

④ 재판소의 관할범죄를 저지른 국가원수에 대해서는 국가면제가 적용되어 재판소는 관할권을 행사할 수 없다.

정답및해설

1	①	2	④	3	③	4	②	5	③
6	③	7	②	8	①	9	④	10	②
11	①	12	①	13	②	14	④	15	③
16	①	17	③	18	②	19	②	20	④
21	③	22	④	23	④	24	①	25	②
26	④	27	①	28	②	29	①	30	①
31	④	32	②	33	①	34	④	35	①
36	②	37	①	38	①	39	④	40	④
41	②	42	①	43	①	44	③	45	④

1 ① 국적의 취득은 원칙적으로 국내문제이나, 일정한 국제법상의 제한이 부여되어 있다.

2 ④ 부모양계혈통주의를 원칙으로 한다.

3 ① 선박과 항공기 등도 등록국의 국적을 보유한다.
② 국적문제는 원칙적으로 국내문제이다.
④ 외국인이란 외국 국적을 보유한 자와 무국적자를 말한다.

4 ② 국적은 해외에 나가 있는 자국민에 대한 국가관할권 행사의 근거가 된다. 따라서 외국인은 재류국의 영토관할권과 본국의 관할권에 이중으로 복종한다.

5 ③ 외국인이란 자국국적을 갖지 아니한 자, 즉 외국 국적을 보유한 자와 무국적자이다. 외국인은 재류국의 국가주권에 복종한다.

6 ③ 국가는 외국인의 입국을 허가할 국제법상 의무가 없다.

7 ② 외국인은 원칙적으로 선거권, 피선거권, 공무담임권 등 공법상 권리가 인정되지 않는다.

8 ① 국적에 기인한 자국민에 대한 권한을 속인주의적 관할권이라 하며, 영토에 기인한 권한을 속지주의적 관할권이라 한다.
② 이중국적자가 제3국으로부터 침해를 받은 경우, 주로 거주하는 국가 또는 진정한 관련성이 인정되는 국가가 외교적 보호권을 행사한다.
③ 바르셀로나 전기·전자회사 사건에서 국제사법재판소는 법인의 국적이 설립준거법국 또는 본점 소재지국이라고 판시하였다.
④ 무국적자는 외국인에 준하는 권리를 갖는다.

9 ④ 사전에 상당한 주의로서 외국인을 보호하지 못하거나, 사후에 적절한 구제조치를 취하지 않은 경우 국가는 자신의 부작위에 대한 국가책임을 부담한다.

10 ② 보상은 충분하고 실효적이며 신속을 요한다는 이른바 Hull공식은 선진국에서 주장되는 전통적인 합법성요건이고, 개발도상국들은 적절한 보상의 원칙을 주장한다.

11 ① ILC초안에서 수용 시 배상원칙을 직접 규정한 것은 아니다. 다만, 동 초안에 의하면 손해배상의 원칙은 원상회복이다.

12 ① ICSID 분쟁해결 방식은 조정과 중재 2가지만 있다.

13 ② 범죄인 인도제도는 원칙적으로 범죄인 인도조약 등을 체결함으로써 비로소 창설되는 조약상의 제도이다. 따라서 국가는 일반국제법상 범죄인의 인도를 청구할 권리나 인도할 의무를 부담하지 않는다. 다만, 조약이 체결되지 않은 경우에도 국제예양에 따라 범죄인을 인도해 줄 수는 있다.

14 ④ 절대적 인도거절사유이다(범죄인 인도법 제7조).
　※ 임의적 인도거절사유(범죄인 인도법 제9조)
　　㉠ 범죄인이 대한민국 국민인 경우
　　㉡ 인도범죄의 전부 또는 일부가 대한민국 영역 안에서 행하여진 경우
　　㉢ 범죄인이 인도범죄 외의 범죄에 관하여 대한민국 법원에 재판이 계속 중인 경우 또는 형의 선고를 받고 그 집행을 종료하지 아니하거나 면제받지 아니한 경우
　　㉣ 범죄인이 인도범죄에 관하여 제3국(청구국이 아닌 외국을 말함)에서 재판을 받고 처벌되었거나 처벌받지 아니하기로 확정된 경우
　　㉤ 인도범죄의 성격과 범죄인이 처한 환경 등에 비추어 범죄인을 인도함이 비인도적이라고 인정되는 경우

15 ① 절대적 인도거절사유이다.
　② '자국민 불인도원칙'으로서 임의적 인도거절사유이다.
　④ 쌍방가벌성이 적용된다. 청구국과 우리나라가 함께 범죄로 규정한 경우 인도대상범죄로 한다.

16 ① 멕시코에서 미국의 마약수사관이 살해되자 범죄혐의자를 미국으로 납치하여 미국법원에서 기소한 사건이다.

17 ① 최소중요성의 원칙이란 경미한 범죄는 인도대상범죄에서 제외된다는 것을 말한다.
　② 유용성의 원칙은 범죄인 인도는 범죄인을 실제로 처벌하기 위한 것이므로, 시효가 완성되었거나 집행유예의 범죄인 경우에는 인도하지 않는다는 것을 말한다.
　④ 특정의 원칙은 청구국은 범인을 인도받아 재판함에 있어 오직 인도청구서에 기재된 범죄로만 처벌할 수 있다는 것을 말한다.

18 ② 전쟁범죄, 해적행위, 집단살해, 테러행위와 같은 국제범죄는 정치범 불인도의 원칙이 적용되지 않는다.

19 ② 인도대상범죄는 인도 청구국과 인도국에서 모두 범죄가 되는 것이어야 한다는 것을 '이중범죄의 원칙' 또는 '쌍방범죄의 원칙'이라고 한다.
　① 청구국은 범인을 인도받아 재판함에 있어 오직 인도청구서에 기재된 범죄로만 처벌할 수 있다는 원칙이다. 다만, 인도국이 동의한 경우에는 다른 범죄에 대해서도 처벌이 가능하다.
　③ 범죄인 인도는 범죄인을 실제로 처벌하기 위한 것이므로 시효가 완성되었거나 집행유예의 범죄인 경우에는 인도하지 않는다는 원칙이다.
　④ 범죄인 인도에 있어서 보통범죄인과 달리 정치범은 인도대상에서 제외된다는 원칙을 말한다.

20 ④ 정치범의 판단주체는 범죄인 인도국이다. 실제로 정치범죄의 적극적인 정의가 어렵기 때문에 정치범죄에 속하지 않는 행위를 판별하는 측면에서 더 많은 논의가 이루어진다.

21 ③ 상대적 정치범죄란 살인과 같은 보통범죄의 요소를 포함하고 있는 정치범죄를 말하며, 벨기에의 경우 가해조항을 두어 상대적 정치범을 인도하고 있다. 1856년 벨기에는 "국가원수 및 그 가족의 신체에 대한 침해는 그것이 살인을 구성하는 경우에 정치범죄로 인정되지 않는다."고 규정하였는바, 이를 벨기에조항 또는 가해조항이라고 한다.

22 ④ 1951년 난민지위협약 및 UN난민고등판무관사무소규정, 1967년 난민지위의정서 등은 난민의 개념을 정치적 난민으로 한정하고 있다.
  ※ 난민으로 인정될 수 없는 자
    ㉠ 평화에 대한 죄, 전쟁범죄 또는 인도에 대한 죄를 범한 자
    ㉡ 난민으로 입국이 허가되기 전에 영토국 밖에서 비정치적 범죄를 범한 자
    ㉢ UN목적과 원칙에 반하는 행위를 한 자

23 ① 경제실황을 이유로 추방할 수 없다. 협약상 추방 사유는 열거적이며 국가안보, 공공질서에 한정된다.
  ② 자유로이 퇴거할 수 있는 것이 원칙이다.
  ③ 입국을 허용할 의무가 없다. 다만, 일정한 조건하에 불법입국 및 체류 난민에 대한 처벌이 제한된다.

24 ① 국제법상 난민지위의 판정주체는 영토국이다. UN난민고등판무관의 의견은 권고적 효력을 가질 뿐이다.

25 ② 협약 제34조 "체약국은 난민의 동화 및 귀화를 가능한 한 장려한다. 체약국은 특히 귀화 절차를 신속히 행하기 위하여 또한 이러한 절차에 따른 수수료 및 비용을 가능한 한 경감시키기 위하여 모든 노력을 다한다."라고 규정하고 있다.

26 ④ 일부 중남미국가들은 외교공관에서 정치적 난민을 비호할 수 있다고 주장하나, 국제사법재판소는 1949년 비호 사건에서 이를 부인하였다.

27 ② 강제송환금지의 원칙: 영토국은 합법 또는 불법체류를 불문하고 어떠한 방법으로도 난민을 인종·종교·국적·특정 사회집단의 구성원 또는 정치적 이유로 그 생명이나 자유가 위협받을 우려가 있는 영역의 국경으로 추방하거나 송환하여서는 안 된다. 강제송환금지의 원칙은 국제관습법상의 원칙으로서 난민지위협약 당사국뿐만 아니라 모든 국가에 대한 의무이다.
  ③ 제네바협약: 1864~1949년 제네바에서 체결된 일련의 국제조약으로 적십자조약이라고도 하며, 전쟁이나 기타 무력분쟁이 발생한 경우에 부상자·병자·포로·피억류자 등을 전쟁의 위험과 재해로부터 보호하여 가능한 한 전쟁의 참화를 경감하기 위해 체결되었다.
  ④ 우리나라의 난민인정은 절차 및 기준이 매우 까다로운 편이지만, 난민인정 판결을 받은 외국인이 있다.

28 ② 1948년 제3차 UN총회 결의로 채택된 세계인권선언은 전문과 30조로 구성되어 있는데, 정치적·사회적·문화적 권리보다는 서구적 인권인 시민적·정치적 권리에 더 많은 비중이 실려 있다. 세계인권선언은 민족자결권이나 국가 간 경제적 불평등에 관한 언급이 없다.

29 ① UN의 인권보호체제는 총회·안전보장이사회·사무총장·경제사회이사회와 같은 주요 기관 및 UN인권고등판무관 등의 활동을 통한 제도적 측면과 각종 인권규범의 정립을 통한 규범적 측면, 그리고 인권의 국제적 증진 및 각종 보호활동 등으로 이루어진다.

30 ① UN인권고등판무관은 1993년 비엔나 세계인권회의의 권고에 따라 UN총회에서 총의(consensus)로 창설된 직제이다. 그 임무는 UN인권조직 강화와 관련기관 활동의 총괄 조정 및 인권 증진 보호를 위한 국제협력의 강화이다.

31 ④ 1948년 제3차 UN총회 결의로 채택된 세계인권선언은 전문과 30조로 구성되어 있는데, 정치적·사회적·문화적 권리보다는 서구적 인권인 시민적·정치적 권리에 더 많은 비중이 실려 있다. 세계인권선언에는 민족자결권이나 국가 간 경제적 불평등 및 쾌적한 환경에서의 생활권에 관한 언급이 없다.
  ① 세계인권선언 제14조 제1항
  ② 세계인권선언 제15조 제1항
  ③ 세계인권선언 제19조

32 ② 인권 서열은 시민적 및 정치적 권리에 관한 국제규약(B규약)에서 인정된다. 비상사태 시에도 제한할 수 없는 인권을 '훼손할 수 없는 인권'이라고 하며 제한 가능한 인권을 '표준적 인권'이라고 한다.

33 ① 1948년 세계인권선언은 법적 구속력이 없는 단순한 도덕적 · 정치적 문서에 불과하나, 모든 국가가 자국법질서 내에서 어떤 가치를 수호해야 하는가에 관하여 일련의 보편타당한 단일개념을 공식화하였다는 점에서 중요성을 갖는다. 세계인권선언에 법적 구속력을 부여하려는 의도로 1966년 UN총회는 '경제적 · 사회적 · 문화적 권리에 관한 규약(A규약)'과 '시민적 · 정치적 권리에 관한 규약(B규약)' 및 '시민적 · 정치적 권리에 관한 선택의정서(B규약 선택의정서)'를 채택하였다.

34 ④ 경제적 · 사회적 및 문화적 권리에 관한 국제규약 제2조에 따르면 이 규약의 각 당사국은 특히 입법조치의 채택을 포함한 모든 적절한 수단에 의하여 이 규약에서 인정된 권리의 완전한 실현을 점진적으로 달성하기 위하여, 개별적으로 또한 특히 경제적, 기술적인 국제지원과 국제협력을 통하여, 자국의 가용 자원이 허용하는 최대한도까지 조치를 취할 것을 약속한다.

35 ① 세계인권선언에 법적 구속력을 부여하려는 의도로 1966년 UN총회는 '경제적 · 사회적 · 문화적 권리에 관한 규약(A규약)'과 '시민적 · 정치적 권리에 관한 규약(B규약)' 및 '시민적 · 정치적 권리에 관한 선택의정서(B규약 선택의정서)'를 채택하였다. A규약과 B규약은 모두 제1조에서 민족자결권을 규정하고 있다.

36 ② A규약은 B규약과 달리 국가간 고발제도와 개인의 국가고발제도를 도입하고 있지 않다.

37 ② 반드시 전시를 전제로 하는 것은 아니다.
   ③ 신체 또는 정신적 · 육체적 건강에 대하여 중대한 고통이나 심각한 피해를 고의적으로 야기하는 유사한 성격의 다른 비인도적 행위 등도 인도에 반하는 죄에 포함된다. 즉, 폭력적 형태로 자행된 행위만을 포함하는 것이 아니다.
   ④ 협약 제7조 제1항. 인도에 반한 죄라 함은 민간인 주민에 대한 광범위하거나 체계적인 공격의 일부로서 그 공격에 대한 인식을 가지고 범하여진 행위를 말한다. 공격에 대한 인식이 반드시 존재해야 한다.

38 ① 교전자격자는 교전권이 있으므로 적대행위를 하더라도 전쟁범죄가 되지 않는다.

39 ④ 민간인은 전투원이 아니나 군용항공기의 승무원은 포로대우를 받을 수 있다.

40 ④ 포로에게 노동을 부과할 수 있으나 군사작전과 직접 관계되는 노동을 요구할 수 없고 노동에 대해서는 임금을 지불해야 한다.

41 ② 형벌은 30년 이하의 유기징역과 무기징역을 규정하고 있다. 사형은 포함되어 있지 않으며, 벌금형과 몰수형이 부가형으로 규정되어 있다.

42 ① 헌법 제60조 1항에 열거된 국회의 비준동의를 요하는 조약에 '중요한 국제기구가입'이 있다. ICC는 이에 해당된다고 볼 수 있어 국회의 비준동의 대상이라고 볼 수 있다.

43 ① ICC 재판관 선출은 당사국총회에서 3분의 2이상 출석과 출석한 당사국 3분의 2 이상의 동의를 얻은 자를 선출한다. 반면, ICJ의 경우 UN총회와 안전보장이사회에서 각각 투표를 진행하여 절대다수를 얻은 자를 선출한다.

44 ③ 만 18세 미만자를 처벌할 수 없다.

45 ④ 국가원수와 정부수반을 포함하여 개인의 공적 자격은 어떠한 경우에도 그 자를 로마규정 하의 형사책임으로부터 면하게 하지 않으며, 그 같은 공적 자격 그 자체만으로는 형의 감경을 위한 근거로도 되지 않는다.

06

국가의 관할영역

01 국가영역

기출문제

section 1 국가영역의 의의

(1) 국가영역의 개념

국가영역이란 국가가 국제법에 의하여 제한되지 않는 범위 내에서 배타적으로 지배할 수 있는 공간을 말한다.

(2) 국가영역의 구조

국가영역은 영토(territorial land), 영수(territorial water), 영공(territorial air space)으로 구성된다. 영수는 다시 내수(internal waters)와 영해(territorial sea)로 구성되는데, 내수는 영해기선의 육지쪽 수역으로서 하천·강·만·호·소·항구 등을 말하며, 영해는 영토와 내수 외측에 인접한 일정한 범위의 바다를 말한다. 영공은 영토와 영수의 상공을 말하는데, 영공은 법적으로 우주(외기권)와 구분되나 현재까지 영공과 우주를 구별하는 국제법규칙은 확립되지 않았다.

section 2 국가의 영역주권과 제한

(1) 영역주권의 의의

국가의 영역에 대한 배타적 지배권을 영역권 내지 영역주권이라고 한다. 그러나 영역주권은 무제한한 것이 아니고 국제조약 또는 국제관습법상 제약을 받는다.

(2) 영역주권의 내용

① 소유권…국가는 자국영역 내의 모든 자원을 영구적으로 소유하며, 사용·수익·처분할 수 있는 권능을 보유한다.
② 통치권…국가는 자국영역 내의 사람·사물·사건에 대하여 배타적이며 포괄적인 통치권을 향유한다.

(3) 영역주권의 제한

① 영토·내수·영공…국가는 자국영역 중 영토·내수·영공에 대해 완전하고 배타적인 일반국제법상의 영역주권을 향유한다. 다만, 이들 영역에 대한 국가의 완전하고 배타적인 영역주권은 항공협정, 지역권설정조약, 외국군대 기지설정조약, 비무장조약, 통과권설정조약 등 조약에 의해 제한될 수 있다.

② 영해 ··· 국가는 영해에 대해 주권을 향유하나, 1982년 UN해양법협약 및 일반국
제법규칙에 의해 제한된다.

(4) 국경선

① 의의 ··· 국가영역의 외측한계를 국경선이라고하며, 국경선은 국가 간의 합의에
의해 설정하는 것이 일반적이다.

② 국경선 획정의 원칙

　　㉠ 탈베그(Thalweg)원칙 : 국경이 하천으로 구성되고 선박의 항행이 가능한 경
　　　우 수로의 중간선을 국경선으로 정하는 원칙이다.

　　㉡ 현상유지(Uti Possidetis)원칙 : 19세기 초 남미국가들이 스페인으로부터 독립
　　　할 당시 적용된 것으로서, 식민통치 당시의 행정경계선을 기준으로 국경선을
　　　결정한다는 원칙이다.

section 3 국가영역의 취득

(1) 의의

19세기 이래 전통 국제법은 첨부·선점·시효·할양·병합·정복을 영토취득사유
로 인정하였다. 그러나 현대 국제법에 있어 정복은 무력사용금지의 원칙에 위반
하는 것으로서 더 이상 인정되지 않는다.

(2) 영역의 취득사유

① 선점

　　㉠ 선점의 의의 : 무주지에 대해 국가가 영유의사를 가지고 다른 국가보다 먼저
　　　실효적 지배를 함으로써 영역을 취득하는 것을 말한다. 무주지란 현재 어떤
　　　국가의 영역도 아니며 국제공역도 아닌 일정 공간을 말한다.

　　㉡ 선점의 요건 : 선점의 요건으로는 무주지에 대한 영유의사와 국가에 의한 실
　　　효적 지배작용이 요구된다.

② 시효 ··· 타국영역의 일부를 상당기간 동안 영유의사로서 실효적으로 지배하고
있는 경우, 그 사실적 상황을 정당한 권원으로서 인정하는 영역취득사유이다.

③ 할양과 병합 ··· 조약에 의해 전체영역을 이전하는 것을 병합이라 하며, 일부 이
전을 할양이라고 한다.

④ 첨부 ··· 자연현상이나 인공에 의한 영토의 증대를 말한다.

[시제법이론과 결정적 시점이론]

㉠ 시제법이론 : 영토 취득에 관한 국제법규칙이 변경되어 온 결과 불소급효의 원칙상 오늘의 국제법규칙을 분쟁 발생 당시에 적용할 수 없기 때문에 영역에 대한 권원은 분쟁 당시의 유효했던 국제법 규칙에 따라 판단되어야 한다는 이론이다.

㉡ 결정적 시점(critical data)이론 : 영역분쟁의 해결에 있어서 결정적 시점 이후 상황은 고려하지 않는다는 이론으로, 분쟁의 존재가 명백하게 된 단계에서는 당사국이 자기의 입장을 유리하게 할 목적으로 행한 행위에 대해서는 증거력을 부인하는 것이다.

section 4 국제하천

(1) 의의

국제하천이란 2개국 이상의 영토를 흐르는 강으로서 항행이 가능한 것을 말한다.

(2) 국제하천의 항행적 이용

1815년 비엔나회의 최종의정서는 모든 국가의 선박에 대한 국제하천에서의 항행 자유원칙을 일반적으로 인정하였으며, 1921년 국제관계가 있는 하천수로에 관한 협약(바르셀로나협약)은 국제하천의 항행자유 및 평등대우원칙을 포괄적으로 성문화하였다.

(3) 국제하천의 비항행적 이용

① 의의 … 국제하천은 관계사업이나 수력발전 등 경제적 목적으로 많이 활용되는 바, 상류국과 하류국 사이에 그 이용을 둘러싸고 국제분쟁이 발생하는 경우가 빈번하다.

② 국제하천의 비항행적 이용에 관한 학설

  ㉠ 하몬주의(Harmon Doctrine) : 국가가 자국영역 내의 하천에 대해 완전하고 배타적인 주권을 향유하며, 하류국이나 접속국을 고려할 필요 없이 무제한으로 사용할 법적 권리가 있다는 입장이다.

  ㉡ 공동유산설 : 국가는 하류국이나 접속국과의 협의와 협력 없이는 국제하천의 수자원을 이용할 수 없다는 입장이다.

  ㉢ 제한적 영역주권설 : 국가는 자국영역 내를 흐르는 하천을 자유로이 이용할 수 있으나, 그 이용이 타국의 이익을 침해하여서는 안 된다는 입장이다.

기출문제

③ 1997년 국제수로의 비항행적 이용에 관한 협약

    ⊙ 1997년 UN총회에서 채택된 국제수로의 비항행적 이용에 관한 협약은 유역
국이 자국영역 내에서 국제수로를 형평적 및 합리적인 방법으로 이용하고
그 개발 및 보호에 참여해야 한다고 규정하고 있다.

    ⓒ 국제수로유역국은 다른 유역국에게 심각한 피해가 야기되지 않도록 적절한
조치를 취하거나 보상문제를 협의해야 한다고 규정하고 있다.

[국제하천의 비항행적 이용에 관한 국제 판례]

⊙ 1957년 라누(Lanoux)호 중재 사건 : 국제하천수의 합리적 이용을 위해 유역국
간에 평등의 원칙에 따라 합의해야 한다는 것이 국제관습법상의 원칙임을 선
언하였다.

ⓒ 1937년 뮤즈(Meuse)강 수로변경 사건 : 상설국제사법재판소는 당사국이 하천수
의 양·수위·유속 등에 대한 변경을 가져오지 않는 한도 내에서 당해 하천을
자유로이 이용할 수 있다고 판시하였다.

---

section 5 극지

(1) 선형이론(sector doctrine)

극지에 근접한 국가의 극지에 면한 해안선의 양단과 극지를 연결한 2개의 자오선
에 의해 구획되는 선형의 구역 내에 있는 섬과 육지는 견인지역에 위치한 국가의
영역이 된다는 이론이다.

(2) 북극

북극은 1909년 미국인 피어리의 북극탐험 이래 각국이 선형이론에 입각한 영유권
을 주장하고 있다.

(3) 남극

① 의의 … 남극은 지구면적의 10분의 1에 해당하는 육지로서 그 중 98%가 두꺼운
얼음으로 덮여 있다.

② 법적 체제

    ⊙ 1959년 남극조약 : 남위 50° 이남 지역에 대한 영유권 및 청구권의 현상동결,
평화적 목적만을 위한 이용, 과학조사와 국제협력, 핵폭발 및 방사선폐기물
처분의 금지 등을 규정하고 있다.

⊕ 국제법상 영공에 대한 설명으로 옳은 것은?

① 국가항공기는 하부국가의 동의하에 그 영공을 비행할 수 있다.

② 영공의 상방한계는 국제민간항공협약에서 정하고 있다.

③ 영해와 접속수역 상공까지 연안국의 완전하고 배타적인 주권이 미친다.

④ 민간항공기는 제3국의 영공에서 완전한 상공비행의 자유를 향유한다.

ⓛ 1958년 남극조사과학위원회(SCAR) : 국제민간기구로서 남극문제에 대하여 중요한 역할을 담당하고 있다.

ⓒ 1972년 남극물개보존조약

ⓔ 1980년 해양생물보존조약

ⓜ 1991년 남극조약환경보호의정서

section **6** 영공법

(1) 영공의 의의

영토 및 영수를 덮고 있는 상공으로 구성된 국가영역을 말한다.

(2) 영공의 법적 지위

국가는 영공에 대해 배타적 주권을 행사할 수 있으므로 국가는 영공에서 외국 항공기의 비행을 금지할 수 있으며, 사전허가 없이 영공을 침범한 외국항공기에 대하여는 강제착륙시켜 자국법에 의해 처벌할 수 있다.

(3) 항공범죄의 억제와 처벌

항공범죄의 억제와 처벌을 위해 1963년 항공기 내에서 범한 범죄 및 기타 행위에 관한 협약(도쿄협약), 1970년 항공기의 불법납치 억제를 위한 협약(헤이그협약), 1971년 민간항공기의 안전에 대한 불법적 행위의 억제를 위한 협약(몬트리올협약)이 체결되었다.

section **7** 우주법

(1) 우주의 의의

우주는 외기권(outer space)과 천체(celestial bodies)로 구성되며, 외기권은 대기권(air space) 이외의 공간을 말한다. 대기권(air space)은 영토와 영수의 상공인 영공과 공해, 배타적 경제수역, 대륙붕 등의 상공인 공공으로 구성된다.

(2) 우주법의 법원

① 달과 기타 천체를 포함한 외기권의 탐색과 이용에서의 국가활동을 규율하는 원칙에 관한 조약…우주기본법 내지 우주헌법이라 할 수 있으며, 그 목적은 우주이용을 법으로 규제하고 우주에서의 법질서를 창설·유지하는 데 있다. 우주조

┃정답 ①

약이 우주 이용의 지도원칙을 추상적으로 규정한 골격협약에 불과하며 세부적
개별협약에 의해 보충되어야 하지만 우주법의 전체체계는 이 조약에서 비롯된다.

② 1972년 우주물체로 인한 손해의 국제책임협약

③ 1968년 우주비행사 · 물체구조반환협정

④ 1975년 우주물체등록협약

⑤ 1979년 달과 기타 천체상 국가활동규제협약

(3) 우주활동에 대한 국제법적 규제

① 기본원칙

  ㉠ **평화적 이용원칙** : 우주조약은 핵무기와 기타 대량파괴무기를 지구궤도 또는
천체에 설치하거나 외기권에 배치하는 것을 금지하고 있으며, 달과 기타 천
체는 오직 평화적 목적을 위해서만 이용되어야 한다. 따라서 천체상에 군사
기지 · 시설의 설치, 모든 형태의 무기실험과 군사연습 실시가 금지된다. 우
주조약은 우주질서의 창설을 위한 기본법과 우주군축실현을 위한 군축조약
으로서의 양면성을 가지고 있다.

  ㉡ **우주이용원칙** : 우주활동은 기본적으로 모든 국가의 이익을 위해 행해져야 하
며, 우주는 전인류의 활동분야라는 원칙이다.

  ㉢ **우주활동자유원칙** : 모든 국가는 차별 없이 평등하게 달과 기타 천체를 포함
한 우주를 국제법에 의거하여 자유롭게 이용할 수 있다는 원칙이다.

  ㉣ **영유금지원칙** : 달과 기타 천체를 포함한 외기권은 국가영유의 대상이 되지
않는다는 원칙이다.

  ㉤ **국제협력원칙** : 모든 국가와 전인류가 우주개발활동을 국제협력을 통해 진전
시키자는 원칙이다.

  ㉥ **타국이용존중원칙** : 모든 국가는 우주활동을 함에 있어 타국의 대응하는 이익
에 타당한 고려를 해야 한다는 원칙이다.

② 우주활동에 대한 국제책임

  ㉠ **우주물체에 대한 소유권과 관할권** : 우주물체와 그 구성부분에 대한 소유권은
그것이 외기권 또는 천체상에 존재하거나 지구에 귀환하는지를 불문하고 등
록국에 있다. 외기권에 발사된 우주물체와 승무원에 대한 관할권은 우주물체
가 등록되어 있는 국가에서 행사한다.

    ⓒ 우주활동에 대한 국제책임의 기본원칙 : 외기권에서의 활동에 대해서는 그것
     이 정부기구에 의하여 수행되건 아니면 비정부 주체에 의하여 수행되건 관
     계없이 소속국가가 국제책임을 진다. 즉, 사인의 행위는 국가책임을 야기하
     지 않는다는 일반국제법의 원칙이 우주활동에 대해서는 수정된다.

    ⓒ 절대책임(무과실책임) : 우주물체가 지구표면의 사람이나 재산 또는 비행 중
     의 항공기에 끼친 손해에 대해서는 고의·과실 여부를 묻지 아니하고 발사
     국이 절대책임을 진다.

> **[1978년 코스모스(Cosmos) 954호 사건]**
> 1978년 소련의 인공위성 코스모스 954호가 캐나다에 추락하였는데, 그 파편에서
> 방사능이 검출되었으므로 소련은 캐나다에 300만 캐나다달러의 손해배상을 지급
> 하였다.

    ⓔ 조건부책임(과실책임) : 지구표면 이외의 영역에서 우주물체가 다른 발사국의 우
     주물체에 대해 손해를 끼친 경우 고의·과실이 있는 경우에만 배상책임을 진다.

    ⓜ 국내구제절차완료의 배제 : 우주물체로 인한 간접침해의 경우 일반국제법상의
     국제책임과 달리 국내적 구제절차를 완료할 것을 요하지 않는다.

(4) 우주의 경제적 이용

① 지구정지궤도

   ㉠ 의의 : 지구정지궤도란 지구적도 주변의 고도 35,000㎞를 지나는 원형의 궤
    도로서, 이 궤도상의 인공위성은 지구상에서 보면 정지하여 있는 것처럼 보
    이므로 위성이 3개만 있어도 지구 전체에 대해서 위성 TV방영을 할 수 있다.

   ㉡ 적도국과 선진국 간 견해의 대립 : 지구정지궤도에는 위성을 180개밖에 띄울
    수 없어 한정된 자원으로서의 의미를 갖는다. 적도국가들은 1976년 보고타
    (Bogota)선언을 통해 이 궤도의 관할권을 주장하였으나 선진국들은 지구정
    지궤도의 자유이용을 주장하고 있다.

② 위성직접TV방영 … 지구정지궤도상의 위성을 통해 TV를 방영하는 경우 개도국
  들은 선진국의 TV방영내용이 자국에 흘러 들어가는 이른바 spill-over문제를
  우려한다. 1982년 UN총회는 국제직접TV방영을 위한 국가들의 인공위성 이용을
  규율하는 원칙에 대한 결의를 채택하였다.

③ 지구원격탐사 … 우주궤도상의 전자탐지장치에 의하여 지구상의 환경여건을 측정
  하거나 사진을 찍는 원격탐사가 국가주권을 침해하는 문제를 발생시킨다. 1986년
  UN총회는 우주로부터 지국의 원격탐사에 관한 원칙에 대한 결의를 채택하였다.

1　국가영역에 대한 설명으로 옳지 않은 것은?

① 국가의 영역은 국가가 국제법의 범위 내에서 배타적으로 지배하고 통치할 수 있는 장소적 범위를 말한다.
② 국가 영역은 영토, 영수 및 그 상공인 영공으로 구성된다.
③ 국가는 자국영역 내의 모든 자원을 영구적으로 소유하며, 사용·수익·처분할 수 있는 권능을 보유한다.
④ 영공과 외기권의 경계를 정하는 국제법규칙은 확립되어 있다.

2　국가영역에 대한 설명으로 옳지 않은 것은?

① 국가영역은 영토, 영수 및 그 상공인 영공으로 구성된다.
② 국가영역에 대하여 국가는 배타적 지배권을 갖는다.
③ 국가영역에 대한 국가의 배타적 지배권은 어떠한 경우에도 제한받지 않는 절대적 권리이다.
④ 국가영역의 외측한계를 국경선이라고 한다.

3　19세기 초 남미국가들이 스페인으로부터 독립할 당시 적용된 것으로서 식민통치 당시의 행정경계선을 기준으로 국경선을 결정한다는 원칙은?

① Uti Possidetis원칙
② Thalweg원칙
③ critical data이론
④ sector이론

4 국제법상 국가영역주권이 제한되는 경우에 대한 설명으로 가장 옳지 않은 것은?

① 영역주권은 무제한한 것이 아니고, 국제조약 또는 국제관습법상 제약을 받는다.

② 통과권설정조약을 통해 국가의 영토주권이 제약될 수 있다.

③ 타국의 무력위협에 의해 국가의 영토주권이 제약될 수 있다.

④ UN해양법협약상 영해에 대한 국가주권은 일정한 제약을 받는다.

5 국제법상 합법적인 국가영역의 취득방법으로 옳지 않은 것은?

① 선점   ② 시효

③ 할양   ④ 정복

6 무주지에 대해 국가가 영유의사를 가지고 다른 국가보다 먼저 실효적 지배를 함으로써 영역을 취득하는 것은?

① 선점   ② 시효

③ 할양   ④ 병합

7 국가영역의 취득에 대한 설명으로 가장 타당하지 않은 것은?

① 선점이란 무주지에 대해 국가가 영유의사를 가지고 다른 국가보다 먼저 실효적 지배를 함으로써 영역을 취득하는 것을 말한다.

② 선점의 요건으로는 무주지에 대한 영유의사와 국가에 의한 실효적 지배작용이 요구된다.

③ 선점의 통고가 선점의 요건이라는 데 대하여 견해가 일치되어 있다.

④ 첨부란 자연현상이나 인공에 의한 영토의 증대를 말한다.

8 선점에 의한 영토취득에 대한 설명으로 옳지 않은 것은?

① 국가가 영토취득의 의사를 가지고 무주지를 실효적으로 지배함으로써 완성되는 권원이다.

② 국제사법재판소는 사회적·정치적으로 조직화된 부족이 살고 있는 지역은 무주지로 볼 수 없다고 판단하였다.

③ 국가행정기구의 설치는 실효적 지배 완성의 필수요소이다.

④ 실효적 지배의 개념은 대상지역에 따라 다를 수 있는 상대적인 개념이다.

9 국제법상 선점에 관한 설명으로 옳지 않은 것은?

① 선점은 무주지(terra nullius)를 대상으로 한다.

② 서부 사하라(Western Sahara) 사건에서 국제사법재판소(ICJ)는 정치적으로나 사회적으로 조직화 된 부족들의 거주지는 무주지로 볼 수 없다고 판단하였다.

③ 페드라 블랑카 섬 영유권 사건(Case concerning Sovereignty over Pedra Branca/Pulau Batu Puteh, Middle Rocks and South Ledge)에서 국제사법재판소(ICJ)는 선점 사실을 이해관계국에 통고하여야 한다는 입장을 취하였다.

④ 팔마스섬(Island of Palmas) 사건에서 Huber 중재재판관은 선점은 실효적이어야 한다는 것을 확인한 바 있다.

10 국제법상 영토취득의 권원으로서 선점과 시효에 대한 설명으로 옳은 것은?

① 원소유국의 묵인은 시효를 완성시키기 위해 필요하지 아니하다.

② 시효의 대상은 무주지인 반면 선점의 대상은 타국의 영토이다.

③ 양자 모두 실효적 지배와 국가의 영토취득 의사를 필요로 한다.

④ 영토취득에 있어 선점은 일회적 점유를 통해 완성이 가능하다.

11 국제하천의 비항행적 이용에 관한 학설에 대한 설명으로 가장 옳지 않은 것은?

① 국가가 자국영역 내의 하천에 대해 완전하고 배타적인 주권을 향유하며, 하류국이나 접속국을 고려할 필요 없이 무제한으로 사용할 법적 권리가 있다는 견해를 하몬주의라 한다.

② 국가는 하류국이나 접속국과의 협의와 협력 없이는 국제하천의 수자원을 이용할 수 없다는 견해를 공동유산설이라 한다.

③ 국가는 자국영역 내를 흐르는 하천을 자유로이 이용할 수 있으나, 그 이용이 타국의 이익을 침해하여서는 안 된다는 견해를 제한적 영역주권설이라고 한다.

④ 오늘날 국제 실행은 일치하여 하몬주의에 입각하여 있다.

12 국가의 영역주권에 대한 설명으로 가장 옳지 않은 것은?

① 국가는 자국영역 내의 모든 자원을 영구적으로 소유하며, 사용 · 수익 · 처분할 수 있는 권능을 보유한다.

② 국가는 자국영역 내의 사람 · 사물 · 사건에 대하여 배타적이며 포괄적인 통치권을 향유한다.

③ 오늘날 남극의 영유권은 각 국가에 귀속되어 있다.

④ 달과 기타 천체는 어느 국가도 영유권을 주장할 수 없다.

13 국제법상 영공에 대한 설명으로 옳은 것은?

① 국가항공기는 하부국가의 동의하에 그 영공을 비행할 수 있다.

② 영공의 상방한계는 국제민간항공협약에서 정하고 있다.

③ 영해와 접속수역 상공까지 연안국의 완전하고 배타적인 주권이 미친다.

④ 민간항공기는 제3국의 영공에서 완전한 상공비행의 자유를 향유한다.

14 항공법에 대한 설명으로 옳지 않은 것은?

① 1944년 「국제민간항공협약」은 군, 세관 및 경찰업무에 사용되는 항공기, 국가원수와 기타 고위 공직자들을 위해 준비되는 항공기에는 적용되지 않는다.

② 비행정보구역(FIR)은 민간항공의 안전과 효율을 도모하기 위한 제도이며 영공 주권의 인정과는 무관하지만 공해 상공으로는 펼쳐질 수 없다.

③ 자국의 접속수역 상공을 비행 중인 항공기에 대해 해당 연안국은 자국의 접속수역에서의 선박에 대해 행하는 것과 동일한 목적의 규제를 실시할 수 있다.

④ 방공식별구역(ADIZ)은 대부분의 국가가 실시하고 있는 제도는 아니며, 그 운영 폭이 제각각이고 통일된 기준도 없으므로 일반적 관행이 수립되었다고 할 수 없다.

15 우주의 의의와 법적 지위에 대한 설명으로 옳지 않은 것은?

① 우주는 대기권을 넘어서는 공간으로 외기권과 천체로 구성되어 있다.

② 우주의 법적 지위는 UN국제법위원회에 의하여 정립되어 가고 있다.

③ 우주에 대한 법적 규율은 1960년대 말에 이미 시작되었다.

④ 우주는 어떤 국가의 주권에도 종속되지 않는다고 보아야 할 것이다.

정답및해설

1	④	2	③	3	①	4	③	5	④
6	①	7	③	8	③	9	③	10	③
11	④	12	③	13	①	14	②	15	②

1 ④ 영공은 법적으로 외기권과 구분되나, 현재까지 영공과 우주를 구별하는 국제법규칙은 확립되지 않았다.

2 ③ 영역주권은 무제한한 것이 아니고 국제조약 또는 국제관습법상 제약을 받는다.

3 ① 현상유지원칙 또는 Uti Possidetis원칙이라 한다.
② 탈베그(Thalweg)원칙 : 국경이 하천으로 구성되고 선박의 항행이 가능한 경우 수로의 중간선을 국경선으로 정하는 원칙이다.
③ 결정적 시점(critical data)이론 : 영역분쟁의 해결에 있어서 결정적 시점 이후 상황은 고려하지 않는다는 이론으로, 분쟁의 존재가 명백하게 된 단계에서는 당사국이 자기의 입장을 유리하게 할 목적으로 행한 행위에 대해서는 증거력을 부인하는 것이다.
④ 선형이론(sector doctrine) : 극지에 근접한 국가의 극지에 면한 해안선의 양단과 극지를 연결한 2개의 자오선에 의해 구획되는 선형의 구역 내에 있는 섬과 육지는 견인지역에 위치한 국가의 영역이 된다는 이론이다.

4 ③ 오늘날 무력의 행사뿐만 아니라 무력의 위협도 일반적으로 금지되기 때문에 타국의 무력위협에 의한 영토주권의 제약은 국제법상 금지되며 무효이다.

5 ④ 19세기 이래 전통 국제법은 첨부 · 선점 · 시효 · 할양 · 병합 · 정복을 영토취득사유로 인정하였다. 그러나 현대 국제법에 있어 정복은 무력사용금지의 원칙에 위반하는 것으로서 더 이상 인정되지 않는다.

6 ① 무주지에 대해 국가가 영유의사를 가지고 다른 국가보다 먼저 실효적 지배를 함으로써 영역을 취득하는 것을 선점이라 한다. 무주지란 현재 어떤 국가의 영역도 아니며, 국제공역도 아닌 일정 공간을 말한다.

7 ③ 선점의 요건으로는 무주지에 대한 영유의사와 국가에 의한 실효적 지배작용이 요구된다. 선점의 통고가 선점의 요건인가에 대해서는 견해가 대립되나 통설은 통고가 선점의 요건이 아니라고 본다.

8 ③ 실효적 지배를 위해서는 선점이 필요하고 선점이 유효하게 되기 위해서는 우선 국가가 영유의 의사를 제시해야 한다.

9 ③ 국제법상의 선점은 국가가 주인 없는 토지를 자기의 영토로 취득할 의사를 가지고 점유하는 일이다. 선점에 의한 영토의 취득은 다음의 국제법상 선점의 요건을 구비하여야만 유효하다.

    ㉠ 대상지역이 현재 어느 나라의 영역에도 속하지 않을 것

    ㉡ 선점이 국가에 의하여 행하여질 것

    ㉢ 국가 영역으로 취득할 의사가 있을 것

    ㉣ 현실적으로 점유할 뿐 아니라 어느 정도의 실력적 지배권이 확립될 것

    ㉤ 선점의 사실을 이해관계국에 통고할 것

하지만 페드라 블랑카 섬 영유권 사건에서 국제사법재판소는 선점 사실을 이해관계국에 통고하여야 한다는 입장을 취하지는 않았다. 1953년 싱가포르는 영해경계획정과 관련해 페드라 브랑카 섬의 법적 지위에 대해 말레이시아에게 질의한 바 있는데, 이때 말레이시아가 페드라 브랑카의 소유권을 주장하지 않는다는 회신을 보낸 것을, ICJ는 영유권의 포기로 간주했다.

10 ① 시효를 완성하기 위해서는 묵인이 필요하다.

    ② 시효 대상은 타국의 영토, 선점의 대상은 무주지가 된다.

    ④ 영토취득을 위해서는 영유의사가 있어야 한다.

11 ④ 오늘날 국제 실행은 대체로 제한적 영역주권설에 입각하여 있다.

12 ③ 1959년 남극조약은 남위 50° 이남 지역에 대한 영유권 및 청구권의 현상동결을 규정하고 있다.

13 ② 파리협약과 시카고협약에서도 '그 영역 상부 공간'이란 표현도 국가의 영공에는 상방한계가 없다고 시사한다.

    ③ 항공기는 민간항공기와 정부항공기를 불문하고 무해 통항이 인정되지 않는다.

    ④ 영공에 대한 배타적 주권을 제한하는 시카고협약 제5조는 각 체약국에 대해서만 적용된다. 그러므로 동협약의 비당사국은 제5조에 나타난 배타적 영공원칙의 제한을 거부할 자유가 있으므로 항공기의 무해통항권은 아직도 관습법상의 권리로서 인정되고 있지는 않다.

14 ② 비행정보구역(FIR)은 국제민간항공기구(ICAO)에서 항공교통관제를 위해 각 나라가 담당하는 공역을 정한 것으로 영공처럼 주권을 행사할 수 있는 개념은 아니다.

15 ② 1957년 소련이 스푸트니크 1호를 발사한 이래 우주 개발이 급속한 진전을 보이자, UN은 1959년 외기권 평화적 이용위원회(COPUOS)를 소집하여 우주 개발의 법적 규제를 위해 우주법의 입법작업에 착수하였다. 우주법은 국제법위원회(ILC)가 아닌 외기권 평화적 이용위원회를 중심으로 입법이 진행되었다는 특징을 갖는다. 외기권 평화적 이용위원회는 국제회의 및 국제기구의 의사결정방식으로 총의(consensus)제도를 발전시켰다.

02 해양법

기출문제

section 1 해양법질서의 형성

(1) 해양자유론

전통적으로 해양법은 그로티우스적 전통에 따라 특정 국가의 전속적 이용을 부정하고 모든 국가가 자유롭게 이용할 수 있다는 전제에 서 있었다. 전통적인 해양법질서는 영해제도와 공해제도를 기본적인 구조적 지주로 하고 있으며, 공해자유의 원칙이 인정되었다. 즉, 공해는 어떠한 국가에게도 귀속되지 않으며 또한 각 국가는 공해를 자유롭게 이용할 수 있다.

(2) UN과 해양법의 법전화 및 점진적 발달

해양법은 전통적으로 국제관습법의 형식으로 존재하고 발전되어 왔으나, UN은 해양법의 법전화와 점진적 발달을 위해 3차례의 해양법회의를 소집하였다.

① 1958년 제1차 UN해양법회의 … 영해 및 접속수역에 관한 협약, 공해에 관한 협약, 대륙붕에 관한 협약, 어업 및 공해생물자원의 보존에 관한 협약 등 4개 협약이 체결되었다.

② 1960년 제2차 UN해양법회의 … UN은 영해 폭의 결정을 주요 의제로 하여 1960년 제2차 UN해양법회의를 소집하였으나, 영해 폭의 합의에 실패함으로써 아무런 결실을 맺지 못하고 종료되었다.

③ 1982년 제3차 UN해양법회의

ㄱ 배경 : 1967년 Malta대표 Pardo의 제의에 의하여 촉발되어 1968년 국가관할권 밖에 있는 심해저 및 해상의 평화적 이용에 관한 위원회가 설치되었으며, 1973년부터 동 위원회가 주축이 되어 제3차 UN해양법회의가 개최되었다. 제3세계 국가들은 인류의 공동유산개념에 기초한 심해저제도를 해양법에 도입할 것을 주장하는 한편, 연안국의 관할권 확대를 주장함으로써 좁은 영해, 넓은 공해를 특징으로 하는 전통적인 해양법질서의 변혁을 요구하고 나섰다.

ㄴ 1982년 UN해양법협약 : 제3차 UN해양법회의가 개최된 지 10년 뒤인 1982년 UN해양법협약이 채택되었다. 한편, 동 협약 제11편 국제심해저개발제도에 불만을 품고 비준을 거부한 미국 등 선진국들의 입장을 받아들여 1994년 제11편 이행협정을 체결하여 국제심해저제도를 대폭 개정하였고, UN해양법협약은 1994년 11월 16일 발효하게 되었다.

문 「1982년 UN해양법협약」에 의하여 처음 보편적 국제법상의 제도로 공식화된 해양법상의 제도가 아닌 것은?

▶ 2011. 4. 9. 행정안전부

① 대륙붕제도
② 군도수역제도
③ 심해저제도
④ 배타적 경제수역제도

정답 ①

(3) 1982년 UN해양법협약의 특징

① 해양질서를 2원적 구조에서 3원적 구조로 개편 … 종래 영해와 공해로 구성된 2원적 구조에서 영해와 공해의 혼성적 성질을 갖는 배타적 경제수역제도를 도입함으로써 영해, 배타적 경제수역, 공해로 구성된 3원적 구조로 국제해양질서를 개편하였다.

② 영해의 폭에 대한 합의 … 역사상 최초로 영해의 폭을 12해리로 합의하였다.

③ 연안국의 관할수역 확대 … 영해의 폭을 12해리로 확대하였고 군도수역, 배타적 경제수역, 대륙붕 등 연안국의 관할수역을 대폭 확대하였다.

④ 국제협력의 강화 … 무해통항권제도의 적용범위 확대, 통과통항권제도의 도입, 배타적 경제수역에서 타국 어선의 입어 허용, 해양환경보호제도의 강화, 해양분쟁제도의 실효성 강화 등을 통해 국제협력을 강화하였다.

⑤ 심해저제도의 도입 … 1994년 제11편 이행협정으로 당초의 취지가 훼손되었으나, 신국제경제질서와 인류공동유산의 개념을 도입한 국제심해저제도를 창설하였다.

⑥ 해양분쟁 해결의 제도화 … 협약 제15편에서 해양분쟁 해결의 제도화를 이루었다.

section 2 영해

(1) 영해의 의의

① 영해의 개념 … 연안국의 영토 및 내수 밖의 그리고 군도수역의 경우 군도수역 밖의 일정 범위의 수역으로서, 국제법에 정해진 조건에 따라 연안국이 영토관할권에 준하는 배타적 관할권을 행사하는 수역이다.

② 영해의 법적 지위 … 국가는 영해에 대해 주권을 행사하며, 연안국의 주권은 영해의 상공 및 해저와 하층토에 미친다. 다만, 영해에 대한 연안국의 주권은 1982년 해양법협약 및 기타 국제법규칙에 의해 제한된다. 영해에 대한 국가주권의 제한은 영토나 영공 및 내수보다 크다는 특징을 갖는다.

(2) 영해의 폭

모든 국가는 영해기선으로부터 12해리를 초과하지 않는 범위에서 영해의 폭을 결정할 권리를 가진다. 영해에서 연안국은 주권적 권리를 행사하지만, 외국선박에 대해 통항만을 이유로 수수료를 부과할 수는 없다.

問 1982년 UN해양법협약상 영해에 대한 설명으로 옳은 것만을 모두 고른 것은?

▶ 2013. 7. 27. 안전행정부

㉠ 본토로부터 30해리 떨어진, 인간이 거주할 수 없거나 독자적인 경제 활동을 유지할 수 없는 돌섬(rocks)도 그 자체의 영해를 가진다.
㉡ 본토로부터 영해의 폭을 넘는 거리에 위치한 간조노출지(low-tide elevation)는 영해기선으로 사용될 수 없다.
㉢ 인공섬은 그 자체의 영해를 가질 수 없다.

① ㉡   ② ㉠, ㉢
③ ㉡, ㉢   ④ ㉠, ㉡, ㉢

[영해의 폭과 1982년 UN해양법협약]

전통적인 국제해양질서는 해양자유의 원칙에 입각하여 좁은 영해와 넓은 공해를 특징으로 하였다. 구체적으로 영해의 폭을 얼마로 할 것인가에 대한 국제적 합의가 존재하지 않았으며, 착탄거리설에 입각한 3해리설이 해양선진국들에 의해 주장되었다. 그러나 연안국들은 영해 폭의 확대를 주장하였고 해양선진국과 연안국들 간의 영해의 폭에 대한 주장이 첨예하게 대립하여 UN은 영해 폭의 결정을 주요 의제로 하여 1960년 제2차 UN해양법회의를 소집하였으나, 영해 폭의 합의에 실패함으로써 아무런 결실을 맺지 못하고 종료되었다. 1982년 UN해양법협약은 역사상 최초로 영해의 폭을 12해리로 대폭 확대하여 인정하고 반대급부로 영해에서 무해통항권제도를 강화함으로써 해양선진국과 연안국의 입장을 절충하였다. 1982년 UN해양법상 인정된 영해 폭 12해리는 영해의 최대범위이며, 각 국가는 12해리 범위 내에서 자유로이 영해의 폭을 결정할 권리를 가진다. 우리나라의 영해의 폭은 원칙적으로 12해리이며, 대한해협은 3해리이다.

(3) 영해기선

① **의의**

㉠ 영해의 폭을 측정하려면 우선 영해의 폭이 어디서부터 시작하느냐의 문제가 생긴다. 이것을 해결하기 위해 일반적으로 일정한 기준선을 설정하고 이로부터 영해의 폭을 측정하는 방법이 채택되고 있는데 이 기준선을 영해기선이라고 한다.

㉡ 영해기선은 원칙적으로 통상기선이지만 예외적으로 직선기선을 설정할 수 있다.

② **통상기선** … 연안국에 의해 공인된 대축적해도상의 저조선(low-water line)이다. 환초상에 위치한 섬 또는 가장자리에 암초를 가진 섬의 경우, 연안국이 공인하는 해도상에 적절한 기호로 표시된 암초의 바다쪽 저조선을 통상기선으로 한다.

③ **직선기선**

㉠ **직선기선의 의의**: 해안선의 굴곡이 심하거나 또는 해안을 따라 섬이 산재한 지역에서는 적절한 지점을 직선으로 연결하여 영해기선으로 하는 방식이다.

㉡ **직선기선의 연혁**: 직선기선방식은 1951년 영국·노르웨이간 어업분쟁 사건에서 국제사법재판소가 그 합법성을 인정한 이래 1958년 영해 및 접속수역에 관한 협약 제4조와 1982년 UN해양법협약 제7조에서도 이를 규정하고 있다.

┃정답 ④

[직선기선 설정방법]

㉠ 해안선이 깊게 굴곡이 지거나 잘려 들어간 지역 또는 해안을 따라 아주 가까이 섬이 흩어져 있는 지역에서는 영해기선을 설정함에 있어서 적절한 지점을 연결하는 직선기선의 방법이 사용될 수 있다.

㉡ 삼각주가 있거나 그 밖의 자연조건으로 인하여 해안선이 매우 불안정한 곳에서는 바다쪽 가장 바깥의 저조선을 따라 적절한 지점을 선택할 수 있다.

㉢ 직선기선은 해안의 일반적 방향으로부터 현저히 벗어나게 설정할 수 없으며, 직선기선 안에 있는 해역은 내수제도에 의하여 규율될 수 있을 만큼 육지와 충분히 밀접하게 관련되어야 한다.

㉣ 직선기선은 간출지까지 또는 간출지로부터 설정할 수 없다. 다만, 영구적으로 해면 위에 있는 등대나 이와 유사한 시설이 간출지에 세워진 경우 또는 간출지 사이의 기선 설정이 일반적으로 국제적인 승인을 받은 경우에는 그러하지 아니하다.

㉤ 어떠한 국가도 다른 국가의 영해를 공해나 배타적 경제수역으로부터 격리시키는 방식으로 직선기선제도를 적용할 수 없다.

Ⓒ 직선기선 적용에 따른 수역지위의 변경과 무해통항권 : 직선기선을 설정함으로써 종전에 영해였던 수역이 내수에 포함되는 경우 무해통항권이 그 수역에서 계속 인정된다.

(4) 내수와 영해기선

① 내수의 의의 … 내수는 강, 하천, 호, 소, 만, 항구, 정박지, 간출지 등 영토 내의 수역과 영해에 인접한 영해기선으로부터 육지쪽의 수역으로 구성된다.

② 내수의 법적 지위 … 연안국은 영해와 달리 내수에 대해 육지영토와 동일하게 완전하고 배타적인 영역주권을 향유한다. 직선기선의 적용으로 수역의 법적 지위가 영해에서 내수로 변경된 경우를 제외하고는 내수에서 무해통항권은 원칙적으로 허용되지 않는다. 또한 외국상선이 조난 또는 불가항력 등의 이유로 비자발적으로 내수에 들어온 경우를 제외하고는 내수상의 외국 상선에 대한 민사·형사관할권은 원칙적으로 연안국이 행사한다.

③ 내수와 영해기선의 설정

㉠ 하천 : 하천이 직접 해양으로 유입하는 경우 하천·제방의 저조선상 지점 간의 하구를 연결한 직선을 영해기선으로 한다.

문 1982년 「해양법에 관한 국제연합 협약」상 내수(internal waters)에 대한 설명으로 옳지 않은 것은?

▶ 2019. 4. 6. 인사혁신처

① 항만, 하천, 만, 직선기선의 내측 수역은 내수에 포함된다.
② 운하는 연안국의 내수에 해당되지만 국제적으로 중요한 국제운하는 조약을 통하여 이용이 개방되어 있다.
③ 연안국이 새로이 직선기선을 적용하여 영해가 내수로 변경된 수역에서는 외국 선박의 무해통항권이 인정되지 않는다.
④ 연안국은 내수로 진입한 외국 민간선박의 내부사항에 대하여 자국의 이해가 관련되어 있지 않는 한 관할권을 행사하지 않는 것이 관례이다.

문 1982년 UN 해양법협약상 영해에서의 무해통항에 관한 설명으로 옳지 않은 것은?

① 통항은 연안국의 평화, 공공질서 또는 안전을 해치지 아니하는 한 무해하다.
② 잠수함은 타국의 영해에서 해면 위로 국기를 게양하고 항행한다.
③ 외국 선박이 타국의 영해에서 어로 활동에 종사하는 경우, 이를 무해한 통항으로 보지 않는다.
④ 연안국은 자국의 안전보호상 긴요한 경우에는 제한 없이 외국 선박의 무해통항을 정지시킬 수 있다.

정답 ③, ④

328

ⓛ 만 : 만의 자연적 입구의 양쪽 저조선을 연결한 직선이 24해리를 초과하지 않는 경우 폐쇄선을 저조지점 간에 그을 수 있으며, 그 안에 포함된 수역은 내수로 본다. 24해리를 초과하는 경우 가능한 최대의 수역을 둘러싸는 방식으로 만 안에 24해리의 직선기선을 그려야 한다. 다만, 역사적 만의 경우 또는 직선기선이 적용되는 경우에는 상기 규칙이 적용되지 않는다.

ⓒ 항구 : 항만체계의 불가분의 일부를 구성하는 경우 가장 바깥쪽의 항만시설은 해안의 일부를 구성하는 것으로 간주하므로, 그 지점에서 영해기선을 설정할 수 있다. 그러나 근해시설과 인공섬은 영구적 항만시설로 간주하지 않으므로 영해기선으로 이용될 수 없다.

ⓔ 정박지 : 선박이 화물을 싣거나 하역 및 닻을 내리기 위해 통상적으로 사용되는 것을 말한다. 정박지는 전체 또는 일부가 영해 밖에 있는 경우에도 영해로 포함된다.

ⓜ 간출지 : 썰물 시에는 해면 위에 있으나 밀물 시에는 잠수하는 자연적으로 형성된 육지이다. 간출지는 영해기선으로 이용될 수 없는 것이 원칙이나, 간출지가 전체 또는 부분적으로 본토 또는 섬으로부터 영해의 폭을 초과하지 않는 범위 내에 있거나 등대와 같은 영구적 시설물이 설치되어 있는 경우 또는 국제적으로 인정된 경우에는 영해기선으로 이용할 수 있다.

(5) 영해에 대한 연안국 권리의무

① 의의 … 연안국은 주권적 권능으로서 영해에 대하여 경찰권, 연안어업권, 연안무역권, 해양환경보호권, 해양과학조사권 등의 권한을 배타적으로 행사할 수 있다. 반면, 연안국의 주권적 권능은 일정한 국제법상 제한을 받는데, 그러한 국제법상 제한으로는 무해통항권보장의무, 재판관할권행사의 제한, 해저전선·케이블부설권 보장의무가 있다.

② 무해통항권

㉠ 무해통항권의 의의 : 모든 국가의 선박이 연안국의 평화·안전·질서를 해치지 않는 한 영해를 사전허가·사전승인·사전통고 없이 자유롭게 통항할 수 있는 권리를 말한다. 무해통항권은 군도수역이나 해협에서도 인정된다.

㉡ 무해통항권의 연혁 : 무해통항권제도는 국제해상교통의 원활화를 위한 제도로서, 국제관습법상의 원칙으로 인정되었으며 1921년 바르셀로나협약 제2조에서 최초로 성문화된 이래, 1958년 영해 및 접속수역에 관한 협약 제3장과 1982년 UN해양법협약 제2부 제3절에서도 상세한 규정을 두고 있다.

ⓒ **무해통항의 대상과 적용범위** : 무해통항권은 모든 국가의 선박에 대하여 인정되나, 항공기에는 인정되지 않는다. 다만, 잠수함 및 잠수항행기기는 해면 위로 부상하고 자국 국기를 게양하는 경우에만 무해통항권이 인정된다. 전통 국제법은 군함의 무해통항권을 인정하고 있지 않다. 그러나 현재에 있어 군함의 무해통항권 인정 여부에 관하여 미국을 비롯한 국가들은 찬성하나 다른 국가들은 전통 국제법의 태도를 유지한다는 입장을 취하고 있으며, 1982년 UN해양법협약이 군함의 무해통항권을 인정하고 있는지에 대하여도 긍정설과 부정설이 대립하고 있다. 오늘날 한국을 포함한 많은 국가들이 군함에 대하여 사전허가제 또는 사전통보제를 실시하고 있다.

ⓓ **무해통항의 의미** : 무해란 연안국의 평화·공공질서·안전을 침해하지 않는 것을 의미하며, 통항이란 단순히 영해를 통과할 목적 또는 내수에 들어가기 위해 또는 그로부터 나오기 위해 진행하는 목적으로 계속적이고 신속하게 통과하는 항행을 말한다.

[유해한 통항]

1982년 해양법협약 제19조 제2항은 외국 선박이 다음 12가지 사유에 해당하는 활동이 있는 경우 연안국의 평화·공공질서·안전을 침해하는 것으로 간주한다고 규정하고 있다.

ⓐ 연안국의 주권, 영토 보전 또는 정치적 독립에 반하거나 또는 UN헌장에 구현된 국제법의 원칙에 위반되는 그 밖의 방식에 의한 무력의 위협이나 사용
ⓑ 무기를 사용하는 훈련이나 연습
ⓒ 연안국의 국방이나 안전에 해가 되는 정보 수집을 목적으로 하는 행위
ⓓ 연안국의 국방이나 안전에 해로운 영향을 미칠 것을 목적으로 하는 선전행위
ⓔ 항공기의 선상 발진·착륙 또는 탑재
ⓕ 군사기기의 선상 발진·착륙 또는 탑재
ⓖ 연안국의 관세·재정·출입국 관리 또는 위생에 관한 법령에 위반되는 물품이나 통화를 싣고 내리는 행위 또는 사람의 승선이나 하선
ⓗ UN해양법협약에 위배되는 고의적이고도 중대한 오염행위
ⓘ 어로활동
ⓙ 조사활동이나 측량의 수행
ⓚ 연안국의 통신체계 또는 그 밖의 설비·시설물에 대한 방해를 목적으로 하는 행위
ⓛ 통항과 직접 관련이 없는 그 밖의 활동

ⓔ **연안국의 권리의무** : 연안국은 통항로지정권과 분리통항방법설정권 및 법령제정권을 갖고, 외국 선박은 이를 준수할 의무가 있다. 반면 연안국은 무해통항방해 금지, 위험사실 공지, 외국 선박에 대한 과징금지의무가 있다.

기출문제

📖 1982년 「UN해양법협약」상 무해통항에 대한 설명으로 옳지 않은 것은?
▶ 2020. 7. 11. 인사혁신처

① 조사활동이나 측량활동을 수행하는 외국선박의 통항은 연안국의 평화, 공공질서 또는 안전을 해치는 것으로 본다.
② 연안국이거나 내륙국이거나 관계없이 모든 국가의 선박은 동 협약에 따라 영해에서 무해통항권을 향유한다.
③ 연안국은 영해를 통항하는 외국선박에 제공된 특별한 용역에 대한 대가로서 수수료를 부과할 수 없다.
④ 연안국은 군사훈련을 포함하여 자국 안보에 필요한 경우 외국선박의 무해통항을 일시적으로 정지시킬 수 있다.

┃정답 ③

ⓑ 연안국의 보호권 : 연안국은 특정 선박의 유해 통항을 방지하기 위하여 필요한 조치를 취할 수 있으며, 국가안보상 필요한 경우 영해의 지정된 수역에서 외국 선박을 형식상 또는 실질상 차별하지 아니하고 무해통항을 일시적으로 정지시킬 수 있다. 이러한 정지조치는 적절히 공표한 후에만 효력을 가진다.

③ **재판관할권 행사의 제한**

ⓐ **상선 및 상업용 정부선박** : 종래 영해 내에 있는 외국 선박상에서 발생한 범죄에 대해 연안국과 선박의 기국 중 누가 형사재판관할권을 행사하는가에 대해 기국주의(프랑스주의)와 연안국주의(영국주의)가 대립하였으나, 1982년 UN해양법협약 제27조는 통항목적에 따라 관할권의 귀속을 달리하고 있다. 즉, 영해를 단지 통항하고 있는 외국 선박상에서 발생한 사건에 대해서는 기국이 관할권을 행사한다(프랑스주의). 다만, 범죄의 결과가 연안국에 미치는 경우, 범죄가 연안국의 평화 또는 영해질서를 교란하는 경우, 선장 또는 기국의 외교관 및 영사가 요청하는 경우, 마약 또는 향정신성 물질의 불법거래의 경우에는 연안국의 관할권이 제한되지 않는다. 반면, 연안국 내수를 떠나 영해를 통항 중인 경우 연안국이 관할권을 갖는다(영국주의).

ⓑ **군함 및 비상업용 정부선박** : 군함 및 비상업용 정부선박은 연안국의 국내법을 위반하더라도 원칙적으로 연안국의 국내법 집행으로부터 면제를 향유하며, 연안국은 단지 신속한 퇴거를 요구할 수 있을 뿐이다. 그러나 이들 선박이 연안국에 손해를 발생시키면 기국은 국제책임을 부담한다.

(6) 영해의 경계획정

① 서로 마주보는 국가 또는 인접한 국가간 영해의 경계획정은 양국이 달리 합의하지 않는 한 양국의 영해기선상의 중간선 밖으로 영해를 확정할 수 없다.
② 역사적 권원이나 그 밖의 특별한 사정에 의하여 다른 방법으로 경계를 획정할 필요가 있는 경우에는 적용되지 않는다.

section 3 접속수역

(1) 접속수역의 의의

접속수역이란 연안국의 영토 또는 영해에서의 관세·재정·출입국·위생의 4가지 사항으로 한정하여 이에 관한 국내법령의 위반 방지 또는 처벌을 위해 연안국의 관할권 행사가 허용되는 영해에 접속한 일정 수역을 말한다.

(2) 접속수역의 연혁

18세기 영국의 배회법(Hovering Act)에서 유래한 제도로서, 1958년 영해 및 접속수역에 관한 협약에서 최초로 성문화된 이래 1982년 UN해양법협약도 이에 관한 규정을 두고 있다.

(3) 접속수역의 범위

접속수역의 폭은 영해의 폭을 측정하는 기선으로부터 24해리를 초과할 수 없으며, 영해의 폭을 차감한 잔존수역이다.

(4) 법적 지위

접속수역은 영해 밖의 수역으로서 영해와 같은 주권은 행사할 수 없으며, 관세·재정·출입국·위생의 4가지 사항으로 한정하여 이에 관한 국내법령의 위반 방지 또는 처벌을 위해 연안국의 관할권 행사가 허용된다.

section 4 국제해협

(1) 의의

① 개념 … 1982년 UN해양법협약에 의해 도입된 국제해협이란 영해로 구성된 해협, 즉 해협의 폭이 24해리 미만인 해협으로서 국제항행에 이용되는 것을 말한다. 이와 같은 국제해협에는 양끝이 공해 또는 배타적 경제수역과 또 다른 공해 또는 배타적 경제수역으로 연결된 것과 한끝은 공해 또는 배타적 경제수역이나 다른 한끝은 영해로 구성된 것이 있다. 전자를 국제항행해협이라 하여 통과통항권이 인정되며, 후자를 비국제항행해협이라 하여 정지할 수 없는 무해통항권이 인정된다.

② 제도적 의의 … 1982년 UN해양법협약상 국제해협제도는 영해로 구성되는 해협에서 통과통항권을 인정함으로써 국제해상교통의 원활화를 확보한다는 데 그 제도적 의의가 있다. 1982년 UN해양법협약은 영해 폭을 12해리로 확장하는 대가로 국제해협에서 자유통항을 인정해야 한다는 해양선진국들의 강력한 요구를 받아들여 무해통항권보다 훨씬 강력한 권한인 통과통항권이라는 제도를 새로 도입하였다.

기출문제

(2) 통과통항권

① **통과통항권의 개념** … 모든 국가의 선박 및 항공기에게 인정되는 권리로서 국제항행해협의 일방수역인 공해 또는 배타적 경제수역과 타방수역인 공해 또는 배타적 경제수역의 사이를 오로지 계속적이고 신속하게 통행하기 위한 목적으로 해협을 통항하는 권리를 말한다.

② **통과통항의 대상** … 모든 국가의 선박(군함 포함)과 항공기(군용 항공기 포함)에 대하여 통과통항권이 인정된다. 잠수함과 잠수 항행기도 잠수항행을 유지하면서 해협을 통과할 수 있다.

③ **적용대상해협** … 통과통항이 적용되는 해협은 해협의 양쪽 해안이 동일국가에 속하든 2개 이상의 국가에 속하든 관계 없이, 공해나 배타적 경제수역의 일부와 공해나 배타적 경제수역의 다른 부분 간에 국제항행에 사용되는 영해로 구성된 해협이다.

④ **연안국의 권리의무** … 연안국은 통과통항에 관한 국내법령 제정 및 집행권과 통항분리제도 실시 및 항로지정권을 갖는다. 무해통항권과 달리 연안국은 통과통항을 어떠한 경우에도 정지시킬 수 없으며, 통항로 및 위험사항을 공시할 의무가 있다.

⑤ **선박 및 항공기의 권리의무** … 선박과 항공기는 계속적으로 신속하게 통과하여야 하며, 연안국의 주권·영토 보전·정치적 독립에 반하거나 UN헌장에 구현된 국제법원칙을 위반하는 기타 방법에 의한 무력사용 및 위협을 삼가야 한다. 또한 선박은 연안국의 사전허가 없이 해양조사 및 측량활동을 하여서는 아니된다.

(3) 해협에 있어서의 무해통항권

① **무해통항권만이 인정되는 해협**
㉠ 연안국의 본토와 섬 사이에 형성되어 있는 국제해협으로서, 당해 섬 외측으로 유사한 편의의 공해 또는 배타적 경제수역 통항항로가 존재하는 경우
㉡ 해협의 양끝이 공해 또는 배타적 경제수역과 외국의 영해로 연결된 해협

② **해협의 무해통항권의 내용** … 해협에 있어 무해통항권은 영해의 무해통항권에 관한 규정이 준용된다. 다만, 해협에서의 무해통항권은 영해에서와는 달리 어떠한 경우에도 정지시킬 수 없다.

[무해통항권과 통과통항권의 차이]

㉠ 적용수역 : 무해통항은 영해, 비국제항행해협 및 군도수역에서 인정되나, 통과 통항은 국제항행해협에서만 인정된다.

㉡ 적용대상 : 무해통항에서는 항공기의 상공비행이 인정되지 않으나, 통과통항에 서는 항공기의 상공비행이 인정된다.

㉢ 잠수함의 잠수항행 : 무해통항에서 잠수함은 수면 위에 부상하여 국기를 게양하 고 항행하여야 하나, 통과통항에서는 명시적 제한규정이 없으므로 잠수항행이 허용된다고 보아야 한다.

㉣ 연안국의 일시적 정지권 : 무해통항에서는 안보상의 이유로 특정 수역에서 외국 선박의 항행을 일시적으로 정지시킬 수 있으나, 통과통항에서는 일시적으로도 정지시킬 수 없다.

section 5 군도수역

(1) 군도수역의 의의

군도수역이란 군도국가의 외곽을 직선으로 연결하여 구성되는 내측의 수역을 말 한다. 군도국가란 필리핀, 인도네시아 등과 같이 몇 개의 비슷한 섬을 중심으로 많은 작은 섬들이 둘러싸고 있는 국가를 말한다.

(2) 군도수역의 법적 지위

군도수역은 내수 밖에 위치하고 영해 안쪽에 위치하는 수역이다. 일반적인 경우 에는 영해기준선 밖에 위치하는 것은 모두 내수에 해당되나, 군도국가의 경우 영 해기준선 안쪽으로 내수와 군도수역이 있게 된다.

(3) 연혁

군도수역제도는 1982년 제3차 해양법협약에서 새롭게 채택된 제도이다.

(4) 군도기선

군도국가는 군도의 최외곽도서와 만조 시 수면에 출현하는 암초를 연결하는 직선 군도기선을 설정할 수 있다. 직선군도기선 하나의 길이는 100해리를 초과하지 못 하나, 총기선 수의 3% 내에서 최대 125해리 직선을 설정할 수 있다. 군도기선은 군도수역 내측수역과 육지의 비율을 1 : 1과 9 : 1 사이의 범위에서 설정할 수 있다.

(5) 군도국가의 권리의무

군도국가의 관할권은 수심이나 육지에서의 거리와 관계 없이 군도수역, 그 해저 및 지하와 상공에 미친다. 군도수역에는 제3국의 항해자유보장을 위하여 영해에서 인정되는 무해통항권뿐만 아니라 보다 강력한 통과권인 해양항로 및 공중항로를 설정하고 있다. 이를 군도해로통항권이라 하는바, 통과통항권에 관한 규칙들이 준용된다.

section 6 배타적 경제수역

(1) 배타적 경제수역(Exclusive Economic Zone ; EEZ)의 의의

① 개념 … 배타적 경제수역이란 해저·해상·하층토·상부수역의 비정착성 생물자원과 무생물자원의 탐사·개발·보존·관리를 목적으로 연안국이 주권적 권리 또는 배타적 관할권을 행사하는 영해에 인접한 영해기선으로부터 200해리까지의 수역을 말한다.
② 연혁 … 1945년 미국 연안에 인접한 공해상의 해저에 관한 관할권과 영해 밖 인접수역상의 어업자원 보존에 관한 배타적 관할권의 주장을 내용으로 하는 트루만선언에서 기원하는 제도이다. 1970년대 후반에 들어서 많은 국가가 자국의 경제수역을 선포하고 나섰고, 마침내 1982년 UN해양법협약에서 배타적 경제수역제도가 성문화되기에 이른다.

(2) 배타적 경제수역의 법적 지위

배타적 경제수역은 영해와 공해의 성질을 함께 가진 혼성적 성질의 수역이다. 즉, 연안국은 배타적 경제수역상의 천연자원의 경제적 이용과 관리의 목적범위 내에서는 주권적 권리 또는 배타적 관할권을 가지므로 영해적인 수역이다. 한편, 그 목적 밖의 사항에 대해서는 어떠한 권한도 가지지 못하므로 공해에 관한 규칙은 배타적 경제수역제도와 양립하는 범위 내에서 배타적 경제수역에 적용된다. 즉, 배타적 경제수역은 공해적 수역으로서의 성격도 가지고 있다.

(3) 배타적 경제수역과 연안국의 권리

① 연안국 권리의 성질 … 배타적 경제수역에 관한 연안국의 권리는 파생적 권리이기 때문에 당연히 향유할 수 없고 반드시 선포하여야 한다.

② 주권적 권리
　㉠ 생물·비생물자원에 대한 주권적 권리 : 연안국은 배타적 경제수역상의 해저·해상·하층토·상부수역의 생물자원(정착성 어종 제외) 또는 비생물자원의 탐사·개발·보존·관리에 관한 주권적 권리를 갖는다.
　㉡ 경제적 탐사·개발활동에 대한 주권적 권리 : 연안국은 해수·해류·해풍 등을 이용한 에너지 생산 등 배타적 경제수역 내의 경제적 탐사 및 개발활동에 대한 주권적 권리를 갖는다.

[생물자원의 보존 및 이용]
연안국은 포획하고 남은 어업자원을 지리적 불리국, 개발도상국, 전통적 이해관계국 등에게 배정하며 이동성 어업자원의 보존은 지역기구나 관계국가와 합의로 해결한다.

③ 배타적 관할권
　㉠ 인공섬 등에 대한 배타적 관할권 : 연안국은 인공섬 및 구조물 설치 및 사용에 관해 배타적 관할권을 갖는다. 또한 연안국은 인공섬·시설 및 구조물에 대해서는 관세·재정·출입국·위생·안전에 관한 법령에 대한 관할권을 포함한 배타적 권리를 가지며, 그 안전을 위해 반경 500m 내의 안전지대를 설치할 수 있다.
　㉡ 해양환경보존·해양과학조사에 대한 배타적 관할권 : 연안국은 해양환경의 보호와 보존 및 해양과학조사에 관한 배타적 관할권을 갖는다.

④ 연안국의 법령제정 및 집행권 … 연안국은 배타적 경제수역에 관련된 국내법령을 제정할 권리를 가지며, 그 국내법령의 준수를 보장하기 위해 임검·방문수색·나포 및 사법조치를 포함하여 필요한 조치를 취할 수 있다.

(4) 배타적 경제수역의 경계획정
① 원칙 … 배타적 경제수역의 경계획정은 형평한 해결에 이르기 위해 국제사법재판소규정 제38조에 규정된 국제법을 기초로 하여 합의에 의해 이루어져야 한다. 경계획정에 관한 형평한 해결이 합의될 때까지 관련국은 가능하다면 실천적 성격의 잠정협정을 체결하도록 하여야 한다. 그러나 잠정협정은 최종적인 경계획정에 어떠한 영향도 미치지 않는다.

기출문제

1982년 UN 해양법협약상 배타적 경제수역에서 연안국 권리의 근거가 나머지 셋과 다른 것은?
① 해양과학조사
② 인공섬의 설치
③ 풍력발전기 설치
④ 폐기물 투기에 의한 오염 규제

정답 ③

335

[1982년 UN해양법협약과 배타적 경제수역의 경계획정]

종래 해양경계획정의 방법 또는 기준으로 특별한 사정의 원칙, 중간선·등거리선 원칙, 형평의 원칙 등이 적용되었다. 그러나 1982년 UN해양법협약은 단지 도달할 결과의 형평성만을 규정하고 있다. 대륙붕의 경계획정에 대해서도 1982년 UN해양법협약은 동일한 규정을 두고 있다.

② 경계획정에 관한 분쟁의 해결 ⋯ 합리적인 기간 내에 경계획정에 대해 최종합의에 이르지 못한 경우 당사국은 1982년 UN해양법협약 제15편의 분쟁해결제도를 이용하여야 한다.

section 7 대륙붕

(1) 대륙붕의 의의

① 대륙붕의 개념 ⋯ 육지영토의 자연적 연장을 따라 영해 밖으로 뻗친 대륙변계의 바깥 끝까지, 또는 이것이 200해리에 미치지 않는 경우 영해기선으로부터 200해리까지의 해저지대의 해상과 하층토를 말한다.

② 대륙붕의 연혁 ⋯ 대륙붕제도는 1945년 트루만선언에 의해 주장되어 국제관습법으로 성립되었다. 1958년 대륙붕협약에서 대륙붕제도가 최초로 성문화하였고, 1982년 UN해양법협약도 이를 규정하고 있다.

[배타적 경제수역제도와 대륙붕제도]

㉠ 배타적 경제수역은 연안국에 상부수역의 관할권뿐만 아니라 200해리 이내에서 대륙붕제도가 제공하는 경제적 이익에 대하여도 관할권을 부여하므로 대륙붕에 비하여 훨씬 포괄적인 권한이 인정된다. 배타적 경제수역제도는 선포된 범위 내에서 대륙붕제도와 중첩하여 병존할 수 있다.

㉡ 배타적 경제수역은 연안국이 선포한 경우에 비로소 인정되는 선택적인 제도인데 반하여, 대륙붕제도는 연안국에 당연히 인정되는 관할권이다.

㉢ 대륙붕제도는 배타적 경제수역제도와 달리 대륙붕이 200해리를 초과하여 뻗어 나간 경우에는 200해리를 넘어서 연장될 수 있다.

㉣ 배타적 경제수역은 상부수역과 관련되는 부분이 주가 되는바, 이와 관련한 생물자원 중 잉여부분에 대하여는 내륙국가 및 지리적으로 불리한 국가들과의 할당규칙이 적용된다.

㉤ 배타적 경제수역은 연안국에 선박오염이나 해양과학조사 등에 대하여 상당한 권한을 부여하고 있다.

(2) 대륙붕의 범위

1982년 UN해양법협약은 대륙붕의 폭에 관해 2원적 기준을 두고 있다. 즉, 영해 기선으로부터 200해리까지는 거리에 근거하여 대륙변계의 길이를 불문하고 무조건 인정하고, 대륙변계의 길이가 200해리를 초과하는 경우에도 인접성에 근거하여 350해리 또는 수심 2,500m를 연결하는 등심선으로부터 100해리를 초과하지 않는 범위까지는 인정하고 있다.

(3) 연안국의 권리와 의무

① 권리의 성질 … 대륙붕에 관한 연안국의 권리는 시원적 · 배타적 권리로서 배타적 경제수역과 달리 실효적 · 관념적 점유 또는 명시적 선언에 의존하지 않는다. 따라서 연안국이 대륙붕을 탐사하지 않거나 천연자원을 이용하지 않더라도 타국은 연안국의 명시적인 동의 없이는 탐사 또는 이용활동을 할 수 없다.

② 주권적 권리 … 연안국은 대륙붕을 탐사하고 광물자원과 정착성 생물자원을 이용하기 위한 주권적 권리를 향유한다.

③ 원시적 권리 … 해양법 협약에 의해 원래부터 얻은 권리이지 선언 및 점유 등에 의한 권리가 아니다.

④ 배타적 관할권 … 연안국은 인공섬 · 시설 및 구조물의 설치와 이용에 관한 배타적 관할권을 가지며, 이들 시설물의 안전을 보호하기 위해 반경 500m 이내의 안전지대를 설정할 수 있다.

⑤ 권리의 범위 … 대륙붕에 관한 연안국의 주권적 권리는 그 상부수역 또는 상공의 법적 지위에는 영향을 미치지 못한다.

⑥ 연안국의 의무
  ㉠ 상부수역의 항행자유를 보장한다.
  ㉡ 해저전선 및 관선의 부설자유를 보장한다.
  ㉢ 대륙붕이 200해리 초과 시 대륙붕 개발기여금을 납부한다.
  ㉣ 대륙붕의 상부수역은 공해로서의 지위를 가진다.

(4) 대륙붕의 경계획정

대륙붕의 경계획정에 대하여 1982년 UN해양법협약은 배타적 경제수역과 동일한 규정을 두고 있다.

[배타적 경제수역과 대륙붕의 경계획정]

㉠ 1958년 대륙붕협약 : 대륙붕의 경계획정은 우선 당사국 간의 합의에 의한다. 다음으로는 특정 경계선을 정당화하는 특수상황을 고려하며, 마지막으로 서로 마주보는 국가들 사이에는 중간선으로, 인접하는 국가들 사이에는 등거리선으로 한다.

㉡ 1982년 UN해양법협약 : 1982년 UN해양법협약은 등거리선원칙과 중간선원칙을 규정하고 있지 않다. 또한 배타적 경제수역과 대륙붕에 관하여 동일한 규정을 두고 있다. 즉, 서로 인접히거나 마주보는 국가 간의 경계획정은 형평한 해결에 도달하기 위하여 국제사법재판소규정 제38조에 규정된 국제법을 기초로 합의에 의하여 성립하여야 하며, 합리적인 기간 내에 합의에 도달할 수 없는 경우 관계국들은 UN해양법협약 제15편에 규정된 절차에 따라야 한다.

㉢ 국제판례 : 해양경계획정에 관한 국제 판례는 일관되게 모든 관련사정을 고려하여 형평의 원칙에 따른 합의에 의한다고 판시하고 있다.

• 1969년 북해대륙붕 사건 판결 : 국제사법재판소는 등거리원칙을 부정하고 형평의 원칙에 따른 관련국들의 합의가 경계획정의 기본원칙이라고 판시하였다.

• 1977년 영국·프랑스 간 대륙붕분쟁에 대한 중재판결

• 1982년 튀니지·리비아 간 대륙붕 사건 판결 : 국제사법재판소는 자연적 연장을 구성하는 물리적 형태는 그 자체로 법적 권리는 되지 못하고, 형평적 해결을 위한 고려요소가 된다고 판시하였다.

• 1984년 캐나다·미국 간 해양경계획정사건 판결 : 국제사법재판소가 UN해양법협약 채택 후 대륙붕경계획정에 대해 내린 첫 번째 판결로서, 해양경계획정은 모든 관련요소를 고려하여 형평의 원칙에 따라 결정되어야 한다고 판시하였다.

• 1985년 리비아·몰타 간 대륙붕 사건 판결 : 국제사법재판소는 대륙붕경계획정에서 지질학적·지형학적 요소를 배제하였다.

section 8 공해

(1) 의의

공해는 어느 특정 국가의 관할권에 속하지 않는 바다의 부분을 말한다. 즉 내수, 군도수역, 영해, 배타적 경제수역 등에 속하지 않는 바다의 부분이다.

(2) 공해자유의 원칙

① 공해자유의 의의… 공해는 어느 국가도 영유할 수 없으며(귀속으로부터의 자유), 원칙적으로 각국의 자유로운 사용을 위해 개방된다(공해 사용의 자유)는 원칙이다. 국제공동체 전체의 이익을 위하여, 또는 타국의 기존 이익을 침해하지 않는 범위 내에서 인정된다.

② **공해자유의 연혁** … 1609년 Grotius에 의해 주장된 이래 제1차 세계대전을 거치면서 국제관습법으로 확립되었다가 1958년 공해에 관한 협약에서 성문화되었다. 1982년 UN해양법협약도 이를 규정하고 있다.

③ **공해자유의 내용** … 공해는 어느 국가도 영유할 수 없다. 또한 공해에서는 항행의 자유, 어업의 자유, 해저전선 및 파이프라인 부설의 자유, 상공비행의 자유, 인공섬 및 기타 시설 설치의 자유, 과학적 조사의 자유 등이 인정된다.

④ **공해자유의 제한** … 공해의 사용은 타국의 이익을 합리적으로 고려하여야 한다. 또한 공해는 평화 목적으로 이용되어야 하며 각 국가는 해양오염방지의 의무를 부담한다.

(3) 공해에서의 관할권

① **일반원칙** … 공해상의 선박에 대해서는 기국이 배타적 관할권을 행사하는 것이 원칙이다. 다만, 예외적으로 타국선박에 대하여 임검권과 추적권을 행사할 수 있다.

[선박의 국적]
선박은 원칙적으로 등록한 국가의 국적을 갖는다. 선박은 소속국의 국기를 게양하고 항해해야 하며, 2개국 이상의 국기를 게양한 선박은 무국적선으로 간주된다. 무국적선은 모든 국가가 나포하여 처벌·몰수할 수 있다. 그러나 선박의 국적에 있어서 사실상의 소유자 또는 관리자와 선박의 국적이 일치하지 않는 경우가 많은데, 이를 편의치적이라고 한다. 최근 편의치적의 문제는 기국의 의무를 강화하는 방향으로 국제법적 규제가 이루어지고 있다.

② **임검권** … 모든 국가의 군함은 공해상에서 군함이나 비상업용 정부선박을 제외한 외국 선박이 해적행위, 노예매매, 불법방송, 무국적선의 혐의행위, 타국의 국기를 게양하거나 국기게양을 거부하는 행위를 하고 있다고 판단할 상당한 이유가 있는 때에는 임검권을 행사할 수 있다. 다만, 당해 선박의 혐의가 없음이 판명되면 임검으로 인해 생긴 손해에 대해 배상해야 한다.

③ **추적권**(Right of Hot Pursuit)
ㄱ **추적권의 개념**: 연안국의 권한 있는 당국이 연안국의 내수, 군도수역, 영해, 배타적 경제수역 또는 대륙붕상에서 연안국의 법령을 위반하였다고 믿을 만한 외국 선박을 당해 관할수역으로부터 공해까지 추적하여 나포하거나, 나포 후 재판을 위하여 연안국에 인치할 수 있는 권리를 말한다.
ㄴ **추적권의 행사요건**
• 추적선은 군함·군용기 또는 특별히 추적권이 인정된 공선이나 공항공기에 한한다.

기출문제

1982년 「해양법에 관한 국제연합 협약」상 공해(High Seas)에 대한 설명으로 옳지 않은 것은?
▶ 2019. 4. 6. 인사혁신처
① 공해와 독립된 법체제를 형성하고 있는 심해저의 한계설정은 대륙붕의 바깥한계를 결정한다.
② 공해는 모든 국가에 개방되므로 국가들은 공해에서 자국기를 게양한 선박을 항해시킬 권리를 가진다.
③ 추적권은 공해자유 원칙을 제한하여 인정하는 예외적 권리이므로 법령위반으로 믿을만한 충분한 이유가 있을 때 인정된다.
④ 협약은 연안국이 관할권을 행사할 수 있는 수역 이외를 공해로 보는 소극적 방식으로 규정하였다.

공해상 선박의 관할권에 대한 설명으로 옳지 않은 것은?
▶ 2014. 4. 19. 안전행정부
① 모든 국가는 자국기를 게양한 선박에 대하여 행정적·기술적·사회적 사항에 관하여 관할권을 행사한다.
② 기국 외의 어떠한 국가도 공해상의 군함에 대해 관할권을 주장할 수 없다.
③ 기국 외의 어떠한 국가도 공해상의 비상업용 업무에만 사용되는 국가소유의 선박에 대해 관할권을 주장할 수 없다.
④ 2개국 이상의 국기를 게양하고 항행하는 선박은 기국 모두가 관할권을 가진다.

정답 ①, ④

• 피추적선은 추적을 개시할 당시 내수, 군도수역, 영해, 배타적 경제수역 또는
대륙붕의 상부수역에 있어야 한다. 자선이 추적대상인 경우 추적개시 당시 모선
이 상기수역 밖에 있었더라도 그 모선을 추적할 수 있다.

• 추적은 정선명령을 내린 후가 아니면 개시할 수 없으며, 정선명령은 시각신호
또는 청각신호로 해야 한다. 정선명령을 내릴 때 추적선은 반드시 내수, 군도수
역, 영해, 배타적 경제수역 또는 대륙붕의 상부수역에 있어야 하는 것은 아니다.

• 아임얼론(I'm Alone)호 사건 : 추적선이 추적 도중 임무를 다른 추적선에 인계하
여도 그 계속성이 인정되었다.

ⓒ 추적권의 소멸 : 추적권은 공해에서만 행사될 수 있으며, 피추적선박이 기국
또는 제3국의 영해 내에 들어가면 소멸한다.

ⓔ 위법한 추적권 행사 : 연안국이 정당한 이유 없이 영해 밖에서 추적권을 행사
하여 외국 선박을 정선 또는 나포한 경우 이로 인해 생긴 손해에 대하여 배
상해야 한다.

④ 선박 충돌에 대한 재판관할권의 문제 … 1927년 로터스(Lotus)호 사건 판결에서
상설국제사법재판소는 공해상에서 선박 충돌이 일어난 경우 가해선박에 대해서
가해선박의 기국뿐 아니라 피해선박의 기국도 재판관할권을 갖는다고 판시하였
으나 1952년 선박 충돌에 관한 브뤼셀협약, 1958년 공해협약, 1982년 UN해양
법협약 등에서는 가해선박의 기국과 선장의 국적국에 대해서만 관할권을 인정
하고 있다.

section 9 섬

(1) 섬의 개념

섬을 1982년 UN해양법협약은 바닷물로 둘러싸여 있으며, 밀물일 때에도 수면 위
에 있는 자연적으로 형성된 육지지역이라고 정의하고 있다.

(2) 섬의 법적 지위

섬은 그 주변수역에 대하여 영해, 접속수역, 배타적 경제수역 및 대륙붕을 설치할
수 있다. 다만, 인간이 거주할 수 없거나 독자적 경제생활을 영위할 수 없는 바위
주위에는 영해를 설치할 수 있으나 배타적 경제수역이나 대륙붕은 설치할 수 없다.

section 10 심해저

(1) 심해저의 의의

① 개념 … 1982년 UN해양법협약상 심해저란 국가의 관할권이 미치는 해역 이원(以遠)의 해저(seabed)와 해상(ocean floor) 및 하층토(subsoil)를 말한다.

② 성립과정

  ㉠ 1967년 Malta의 UN대표 Pardo가 UN총회에서 국가관할권 이원(以遠)에 부존되어 있는 심해저 자원을 '인류의 공동유산(Common Heritage of Mankind)'으로 선언하고 인류 전체의 이익을 위하여 국제기구가 관리하여 개발하여야 한다고 주장하였다.

  ㉡ 1982년 UN해양법협약 제11편은 국제심해저체제를 창설하였으나, 국제심해저개발제도에 불만을 품고 UN해양법협약의 비준을 거부한 미국 등 선진국들의 입장을 받아들여 1994년 제11편 이행협정을 체결하여 국제심해저제도를 대폭 개정하였다. 심해저를 규율하는 원칙으로는 UN헌장 및 국제법의 준칙, 인류의 이익, 평화적 이용, 연안국 이익의 고려가 있다.

(2) 국제심해저제도의 법적 구조

① 국제심해저기구(the Authority)

  ㉠ 모든 협약당사국을 회원국으로 하는 국제심해저자원의 탐사 개발 및 이용을 총괄하는 기구이다.

  ㉡ 주요 기관으로는 총회, 이사회, 사무국을 두고 있다.

② 국제심해저기업(the Enterprise)

  ㉠ 심해저활동과 개발한 광물의 수송·가공 및 판매를 직접 수행하는 회사형태의 국제심해저기구의 기관이다.

  ㉡ 이사회의 일정한 간섭을 받지만 기본적으로 법적 책임에 있어서 국제심해저기구와 준별되며, 건전한 상행원칙에 따라 자율적으로 운영된다.

(3) 국제심해저의 탐사 및 개발체제

① 1982년 UN해양법협약사의 기본원칙 … 1982년 UN해양법협약은 국제심해저기구의 부속기관인 국제심해저기업에 의한 공동 개발과 선진국의 민간기업을 통한 개별적 개발이라는 병행개발제도 내지 이중개발제도를 채택하고 있었다.

② 1994년 제11편 이행협정에 의한 기본원칙의 변화 … 1994년 제11편 이행협정은 국제심해저개발제도 및 생산정책을 기본적으로 시장경제원리에 따라 운영하도록 기본원칙을 변화시켰다.

문 1982년 UN해양법협약에 따르면 오염규제에 관한 관련 국제규칙보다 국내 법령에서 완화된 오염규제기준을 채택할 수 있는 것은?
▶ 2018. 4. 7. 인사혁신처
① 국가관할권하의 해저활동에 의한 오염
② 육상오염원에 의한 오염
③ 심해저활동에 의한 오염
④ 투기에 의한 오염

section 11 해양환경의 보호와 보존

(1) 1982년 UN해양법협약과 해양환경의 보호 및 보존

1982년 UN해양법협약 제12편은 해양환경 보호에 관한 총괄적인 규정을 두고 있으며, 이외에도 영해·해협·배타적 경제수역·공해·심해저에서 각각 해양환경 보호 및 보전에 관한 개별적 규정들을 두고 있다.

(2) 일반규정

① **해양환경보존의무** … 모든 국가에게는 해양환경 보존의 의무가 있으며, 모든 국가는 해양환경 보호를 위한 조치를 취하여야 한다.

② **국가 간 협력의무** … 국가들은 해양환경 보호와 보존을 위하여 세계적·지역적으로 협력해야 한다.

③ **공해 발생 통고 및 확산 방지** … 국가들은 공해 발생의 통고와 확산을 방지하고 공해규제법 제정을 위한 과학적 표준을 설정하여야 한다.

④ **개발도상국에 대한 원조** … 개발도상국에 대해서 기술 원조 및 환경보호기금 배정시 우선적으로 고려하여야 한다.

(3) 공해근원에 따른 규제법규의 제정

모든 국가들은 육지, 관할수역의 해양활동, 국제심해저 활동, 폐기물 투하, 선박, 대기, 얼음이 덮인 수역으로부터의 해양오염에 대하여 국내법을 제정하거나 기타 조치를 취하여야 한다.

(4) 강제조치

1982년 UN해양법협약은 해양오염을 발생하는 선박에 대하여 규제 및 통제권을 행사하는 관할권을 기국뿐만 아니라 연안국 또는 항구국에게도 부여하는 한편, 그 남용을 방지하기 위하여 심리절차의 공정, 규제행사기관을 국가의 공식기관으로 한정, 규제권 행사로 인한 항해안전위험 등의 발생방지의무, 외국 선박에 대한 조사권의 제한 등을 규정하고 있다.

정답 ②

section 12 분쟁해결제도

(1) 원칙(임의적 분쟁해결수단에 의한 해양분쟁의 평화적 해결)

1982년 UN해양법협약상 분쟁은 1차적으로 UN헌장 제33조 제1항에 규정된 임의적 분쟁해결제도로서, 국제분쟁의 평화적 해결수단에 의해 해결되어야 한다.

① 분쟁해결수단에 대한 합의 … 분쟁당사국은 어떤 해결수단에 의할 것인가에 합의하여야 한다.

② 조정절차

    ㉠ 해결수단에 관해 분쟁당사국 간에 합의가 이루어지지 않으면 분쟁당사국 일방은 타방당사국에게 임의적 조정을 요청할 수 있다.

    ㉡ 이 요청이 상대국가에 의해 수락되지 않거나 또는 조정절차규칙에 관해 합의가 되지 않으면 조정은 종료된 것으로 본다.

(2) 보충적 분쟁해결절차(강제적 수단에 의한 해양분쟁의 평화적 해결)

1982년 UN해양법협약은 해양분쟁해결제도의 실효성을 강화하기 위해 강제적 분쟁해결절차를 보충적 분쟁해결제도로 도입하고 있다.

① 강제절차수락의무 … 1982년 UN해양법협약 당사자는 협약에 구속을 받겠다는 동의표시를 할 때 또는 그 어느 때라도 국제사법재판소, 국제해양법재판소, 중재재판소, 특별중재재판소의 4가지 강제절차 중 하나 또는 둘 이상을 자신의 분쟁에 이용할 수단으로 수락하여야 한다.

[국제해양법재판소 · 중재재판소 · 특별중재재판소]

㉠ 국제해양법재판소
- **구성**: 21명의 판사로 구성되며 임기는 9년이고 연임할 수 없다. 동일국적인을 2인 이상 선출할 수 없다.
- **관할권**: UN해양법협약 당사국 및 당사국은 아니나 동 협약 제11편에 명시된 실체는 소송당사자가 될 수 있다. 국제해양법재판소의 관할권은 UN해양법협약규정에 따라 제기되는 소송뿐만 아니라, 국제해양법재판소의 관할권을 인정하는 다른 모든 조약에 따라 제기되는 분쟁에도 인정된다.
- **소송절차**: 의사정족수는 11명이며, 판결은 출석재판관의 과반수로 결정하고 가부동수인 경우 재판장이 결정투표권(casting vote)을 행사한다. 또한 결석재판제도가 인정되며 기판력의 상대성원칙이 인정된다. 판결은 최종적이며 국제해양법재판소와 당사자를 구속한다.
- **심해저특별(분쟁)재판부**: 심해저 관련 분쟁을 다루는 국제해양법재판소의 부속기관으로 11명의 판사로 구성된다.

ⓛ 중재재판소 : 중재재판소는 중재재판관의 명부만이 보존되어 있다. 각 당사국은 4명의 중재재판관을 선정하여 UN사무총장에 제출한다. 중재재판소는 3명의 중재재판관으로 구성되며, 이들 중 2명은 분쟁당사국이 각각 임명하고 이들이 합의하여 나머지 1명을 선임한다.
ⓒ 특별중재재판소 : 특별중재재판소는 어업·해양환경보호·해양과학조사·항해 등 4가지 전문분야의 분쟁을 처리하기 위한 것이다.

② 수락하지 않았거나 상이한 경우의 해결규칙
ⓛ 수락하지 않은 경우 : 분쟁당사자의 일방이 분쟁 발생 시까지 그 어느 절차도 수락하지 않은 경우에는 중재재판소를 선택한 것으로 간주한다.
ⓒ 상이한 절차를 수락한 경우 : 분쟁당사자들이 서로 다른 절차를 수락한 경우에는 달리 합의하지 않는 한 오로지 중재재판에 의해서만 그 분쟁을 해결하여야 한다.

③ 강제절차의 제한 및 선택적 예외
ⓛ 강제절차 적용의 제한 : 배타적 경제수역과 대륙붕에서의 해양과학조사 및 배타적 경제수역의 생물자원에 대한 연안국의 주권적 권리에 관한 분쟁의 경우 강제절차를 수락할 의무가 없기 때문에 강제절차의 적용이 제한을 받는다.
ⓒ 선택적 예외 : 해양경계획정에 관한 분쟁, 군사활동에 관련된 분쟁, 어업 및 해양과학조사를 위한 연안국의 법 집행에 관한 분쟁, UN안전보장이사회가 다루고 있는 분쟁 등 4가지 사항에 관해서는 강제절차의 적용배제선언을 할 수 있는바, 이를 선택적 예외라고 한다.

문 1982년 UN 해양법협약상 강제적 분쟁해결절차의 적용배제선언의 대상에 해당하지 않는 것은?
▶ 2016. 4. 9. 인사혁신처
① 해양경계의 획정 또는 역사적 만과 관련된 분쟁
② 해양환경의 보호에 관한 국제기준을 위반한 분쟁
③ 비상업용 업무를 수행중인 정부 선박에 의한 군사활동에 관한 분쟁
④ 안전보장이사회가 UN 헌장에 따라 부여받은 권한을 수행하고 있는 분쟁

정답 ②

1 1958년 제1차 UN해양법회의에서 채택된 협약이 아닌 것은?

① 영해의 범위에 관한 협약
② 대륙붕에 관한 협 약
③ 공해에 관한 협약
④ 영해 및 접속수역에 관한 협약

2 국제해양질서의 형성과정에 관한 설명으로 옳지 않은 것은?

① 전통적인 해양법질서는 영해제도와 공해제도를 기본적인 구조적 지주로 하고 있으며, 공해자유의 원칙이 인정되었다.
② 1958년 제1차 UN해양법회의에서는 영해 및 접속수역에 관한 협약, 공해에 관한 협약, 대륙붕에 관한 협약, 어업 및 공해생물자원의 보존에 관한 협약 등 4개 협약이 체결되었다.
③ 1960년 제2차 UN해양법회의는 최초로 영해의 폭에 대한 합의를 도출하였다.
④ 1982년 UN해양법협약은 무해통항권제도의 적용범위 확대, 통과통항권제도의 도입, 배타적 경제수역에서 타국 어선의 입어 허용, 해양환경보호제도의 강화, 해양분쟁제도의 실효성 강화 등을 통해 국제협력을 강화하였다.

3 국제해양질서에 대한 설명으로 가장 옳지 않은 것은?

① 전통적으로 해양법은 그로티우스적 전통에 따라 특정 국가의 전속적 이용을 부정하고 모든 국가가 자유롭게 이용할 수 있다는 전제에 서 있었다.
② 1958년 제1차 UN해양법회의에서는 영해 및 접속수역에 관한 협약, 공해에 관한 협약, 대륙붕에 관한 협약, 어업 및 공해생물자원의 보존에 관한 협약 등 4개 협약이 체결되었다.
③ 1982년 UN해양법협약의 결과 국제해양질서는 영해와 공해로 구성된 2원적 구조로 개편되었다.
④ 1982년 UN해양법협약은 역사상 최초로 영해의 폭을 12해리로 합의하였다.

4 1982년 UN해양법협약의 특징에 대한 설명으로 옳지 않은 것은?

① 영해와 공해의 혼성적 성질을 갖는 배타적 경제수역제도를 도입함으로써 영해, 배타적 경제수역, 공해로 구성된 3원적 구조로 국제해양질서를 개편하였다.

② 영해의 폭을 12해리로 확대하였고 군도수역, 배타적 경제수역, 대륙붕 등 연안국의 관할수역을 대폭 확대하였다.

③ 신국제경제질서와 인류공동유산의 개념을 도입한 국제심해저제도를 창설하였다.

④ 공해의 자유를 대폭 확대하였다.

5 1982년 UN해양법협약상 영해제도에 대한 설명으로 옳지 않은 것은?

① 모든 국가는 영해기선으로부터 12해리를 초과하지 않는 범위에서 영해의 폭을 결정할 권리를 가진다.

② 연안국은 주권적 권능으로서 영해에 대하여 경찰권, 연안어업권, 연안무역권, 해양환경보호권, 해양과학조사권 등의 권한을 배타적으로 행사할 수 있다.

③ 어떠한 국가도 다른 국가의 영해를 공해나 배타적 경제수역으로부터 격리시키는 방식으로 직선기선제도를 적용할 수 없다.

④ 1982년 UN해양법협약이 영해에서 외국 군함의 무해통항권을 명문으로 인정하고 있다는 데 대하여 견해가 일치되어 있다.

6 외국군함이 타국영해의 통항에 관한 규칙을 지키지 아니하고 또 규칙의 준수요청을 무시하였을 경우 연안국이 외국군함에 대해서 취할 수 있는 조치는?

① 영해로부터 퇴거를 요청할 수 있다.

② 아무런 조치도 취할 수 없다.

③ 군함을 공격할 수 있다.

④ 외국군함을 나포할 수 있다.

7 해양법의 발달과정에 관한 설명 중 옳지 않은 것은?

① 영해와 공해라는 이원적 해양구조가 과거 오랫동안 유지되어 왔다.

② 주권과 배타적 권리가 인정되는 해역을 넓히려는 연안국의 요구와 국제 항해에 필요한 해역을 확보하려는 해양강대국 간의 타협으로 배타적 경제수역이 인정되게 되었다.

③ 배타적 경제수역은 제1차 UN해양법회의에서 제도화되었고, 대륙붕은 제3차 UN해양법회의 결과 채택된 UN해양법협약에서 처음으로 제도화되었다.

④ 제3차 UN해양법회의 결과 제도화된 심해저제도에 의해 공해의 자유도 제한을 받게 되었다.

8 영해에 관한 설명으로 가장 옳지 않은 것은?

① 영해란 연안국의 영토 및 내수 밖의 그리고 군도수역의 경우 군도수역 밖의 일정 범위의 수역으로서, 국제법에 정해진 조건에 따라 연안국이 영토관할권에 준하는 배타적 관할권을 행사하는 수역이다.

② 국가 는 영해에 대해 주권을 행사하며, 연안국의 주권은 영해의 상공 및 해저와 하층토에 미친다.

③ 연안국이 영해에 대해 갖는 주권은 영토에 대한 주권과 동일하다.

④ 모든 국가는 영해기선으로부터 12해리를 초과하지 않는 범위에서 영해의 폭을 결정할 권리를 가진다.

9 1982년 UN해양법협약상 영해 및 내수에 관한 설명 중 옳지 않은 것은?

① 영해는 기선으로부터 12해리까지 설정될 수 있다.

② 해안 굴곡이 심하거나 해안 근처 도서가 많이 산재한 경우에는 직선기선을 설정할 수 있다.

③ 평시에 영해에서 외국 선박은 무해통항권을 가진다.

④ 종래 내수가 아니었으나 직선기선을 설정함에 따라 새로이 내수로 편입되는 수역에서는 통과통항권이 인정된다.

10 1982년 UN 해양법협약상 직선기선에 관한 설명으로 옳지 않은 것은?

① 해안선이 깊게 굴곡이 지거나 잘려 들어간 지역, 또는 해안을 따라 아주 가까이 섬이 흩어져 있는 지역에서는 직선기선의 방법이 사용될 수 있다.
② 원칙적으로 간조노출지까지 또는 간조노출지로부터 직선기선을 설정할 수 있다.
③ 직선기선은 해안의 일반적 방향으로부터 현저히 벗어나게 설정할 수 없다.
④ 어떠한 국가도 다른 국가의 영해를 공해나 배타적 경제수역으로부터 격리시키는 방식으로 직선기선 제도를 적용할 수 없다.

11 영해기선에 대한 설명으로 가장 옳지 않은 것은?

① 영해기선은 원칙적으로 통상기선이지만 예외적으로 직선기선을 설정할 수 있다.
② 통상기선이 란 연안국에 의해 공인된 대축적해도상의 저조선이다.
③ 직선기선이란 해안선의 굴곡이 심하거나 해안을 따라 섬이 산재한 지역에서는 적절한 지점을 직선으로 연결하여 영해기선으로 하는 방식이다.
④ 간출지도 원칙적으로 영해기선으로 이용될 수 있다.

12 다음 중 직선기선에 대한 설명으로 옳지 않은 것은?

① 해안선이 깊게 굴곡이 지거나 잘려 들어간 지역 또는 해안을 따라 아주 가까이 섬이 흩어져 있는 지역에서는 영해기선을 설정함에 있어서 적절한 지점을 연결하는 직선기선의 방법이 사용될 수 있다.
② 직선기선방식은 1951년 영국·노르웨이간 어업분쟁 사건에서 국제사법재판소가 그 합법성을 인정하였다.
③ 직선기선은 해안의 일반적 방향으로부터 현저하게 벗어난 경우에도 설정할 수 있다.
④ 직선기선은 원칙적으로 간출지까지 또는 간출지로부터 설정할 수 없다.

13 해양법에 관한 설명 중 옳지 않은 것은?

① 영해기선은 영해, 대륙붕, 배타적 경제수역 등 연안국의 해양관할수역의 범위를 설정하기 위한 기준이 된다.
② 대한민국의 영해는 예외 없이 영해기선으로부터 12해리로 설정되어 있다.
③ UN해양법협약에 의하면 배타적 경제수역은 영해와 공해에 속하지 않는 특별한 법제도에 따르도록 규정되어 있다.
④ 모든 국가는 원칙적으로 공해에서 기국주의에 의하여 관할권을 행사한다.

14 1982년 「해양법에 관한 국제연합 협약」상 내수(internal waters)에 대한 설명으로 옳지 않은 것은?

① 항만, 하천, 만, 직선기선의 내측 수역은 내수에 포함된다.
② 운하는 연안국의 내수에 해당되지만 국제적으로 중요한 국제운하는 조약을 통하여 이용이 개방되어 있다.
③ 연안국이 새로이 직선기선을 적용하여 영해가 내수로 변경된 수역에서는 외국 선박의 무해통항권이 인정되지 않는다.
④ 연안국은 내수로 진입한 외국 민간선박의 내부사항에 대하여 자국의 이해가 관련되어 있지 않는 한 관할권을 행사하지 않는 것이 관례이다.

15 외국선박에 대한 연안국의 권리와 의무에 대한 설명으로 옳은 것은?

① Chung Chi Cheung v. The King 사건에서 영국 추밀원은 정부선박의 치외법권을 인정하였다.
② 불가항력 등 합리적 사유 없이 영해에 정박하고 있거나 내수를 떠나 영해를 통항 중인 외국선박에 대하여 연안국은 민사관할권을 행사할 수 있다.
③ The M/V Saiga호 사건에서 국제해양법재판소(ITLOS)는 연안국이 배타적 경제수역 내의 외국선박에 대하여 자국의 관세법을 강제할 권리를 가진다고 판결하였다.
④ 외국군함이 연안국의 영해 내에서 향유하는 면제에는 연안국이 무해하지 아니한 통항을 방지하기 위하여 영해 내에서 채택하는 필요한 조치로부터의 면제도 포함된다.

16 1982년 UN해양법협약상 무해통항권에 관한 설명으로 옳지 않은 것은?

① 무해통항권은 선박뿐만 아니라 항공기에 대해서도 인정된다.

② 무해통항권은 타국영해에서 인정되는 개념이다.

③ 잠수함의 잠항통항은 무해통항권의 내용에 포함되지 않는다.

④ 무해통항권은 연안국의 평화·안전 또는 공공질서를 해치지 않는 통항을 의미한다.

17 1982년 UN해양법협약상 인정되는 무해통항권에 대한 설명으로 옳지 않은 것은?

① 무해통항에서 무해란 연안국의 평화·공공질서·안전을 침해하지 않는 것을 의미한다.

② 무해통항에서 통항이란 단순히 영해를 통과할 목적으로 또는 내수에 들어가기 위해 또는 그로부터 나오기 위해 진행하는 목적으로, 계속적이고 신속하게 통과하는 항행을 말한다.

③ 1982년 UN해양법협약이 군함의 무해통항권을 인정하고 있는지에 대하여 긍정설과 부정설이 대립하고 있다.

④ 1982년 UN해양법협약은 유해한 통항에 대한 명문의 규정을 두고 있지 않다.

18 1982년 「UN해양법협약」상 무해통항에 대한 설명으로 옳지 않은 것은?

① 조사활동이나 측량활동을 수행하는 외국선박의 통항은 연안국의 평화, 공공질서 또는 안전을 해치는 것으로 본다.

② 연안국이거나 내륙국이거나 관계없이 모든 국가의 선박은 동 협약에 따라 영해에서 무해통항권을 향유한다.

③ 연안국은 영해를 통항하는 외국선박에 제공된 특별한 용역에 대한 대가로서 수수료를 부과할 수 없다.

④ 연안국은 군사훈련을 포함하여 자국 안보에 필요한 경우 외국선박의 무해통항을 일시적으로 정지시킬 수 있다.

19 1982년 UN 해양법협약상 영해에서의 무해통항에 관한 설명으로 옳지 않은 것은?

① 통항은 연안국의 평화, 공공질서 또는 안전을 해치지 아니하는 한 무해하다.
② 잠수함은 타국의 영해에서 해면 위로 국기를 게양하고 항행한다.
③ 외국 선박이 타국의 영해에서 어로 활동에 종사하는 경우, 이를 무해한 통항으로 보지 않는다.
④ 연안국은 자국의 안전보호상 긴요한 경우에는 제한 없이 외국선박의 무해통항을 정지시킬 수 있다.

20 1982년 UN해양법상 영해 내에 있는 외국 선박상에서 발생한 범죄에 대해 연안국이 재판관할권을 행사할 수 있는 경우가 아닌 것은?

① 범죄의 결과가 연안국에 미치는 경우
② 범죄가 연안국의 평화 또는 영해질서를 교란하는 경우
③ 선장 또는 기국의 외교관 및 영사가 요청하는 경우
④ 자국영해에서 발생한 모든 범죄

21 영해 내 외국선박에 대한 연안국의 재판관할권에 대한 설명으로 옳지 않은 것은?

① 영해 내에 있는 외국 선박상에서 발생한 범죄에 대해 연안국과 선박의 기국 중 누가 형사재판 관할권을 행사하는가에 대해 기국주의와 연안국주의가 대립하고 있다.
② 영해 내에 있는 외국 선박상에서 발생한 범죄에 대해 당해 선박의 기국이 재판관할권을 갖는다는 것을 프랑스주의라고 한다.
③ 영해 내에 있는 외국 선박상에서 발생한 범죄에 대해 연안국이 재판관할권을 갖는다는 것을 영국주의라고 한다.
④ 1982년 UN해양법협약 제27조는 영해를 통과하고 있는 외국 선박상에서 발생한 범죄에 대해 원칙적으로 연안국이 관할권을 갖는다는 영국주의를 규정하고 있다.

22 1982년 UN해양법상 영해 내에 있는 외국선박상에서 발생한 범죄에 대한 형사재판관할권에 관한 설명으로 옳지 않은 것은?

① 군함이 연안국의 국내법을 위반한 경우 연안국은 형사재판관할권을 행사할 수 있다.

② 영해를 단지 통항하고 있는 외국선박상에서 발생한 사건에 대해서는 기국이 관할권을 행사한다.

③ 마약 또는 향정신성 물질의 불법거래의 경우에는 연안국의 관할권을 행사할 수 있다.

④ 외국선박이 연안국 내수를 떠나 영해를 통항중인 경우에는 연안국이 관할권을 갖는다.

23 접속수역에 대한 설명으로 가장 옳지 않은 것은?

① 접속수역은 영해로부터 24해리까지의 수역을 말한다.

② 접속수역에서는 관세·재정·출입국·위생의 4가지 사항으로 한정하여 이에 관한 국내법령의 위반 방지 또는 처벌을 위해 연안국의 관할권 행사가 허용된다.

③ 18세기 영국의 Hovering Act에서 유래한 제도로서 1958년 영해 및 접속수역에 관한 협약에서 최초로 성문화되었다.

④ 1982년 UN해양법협약도 접속수역에 관한 규정을 두고 있다.

24 다음 중 무해통항권만이 허용되는 해협은?

① 해협의 양쪽 해안이 공해나 배타적 경제수역의 일부와 공해나 배타적 경제수역의 다른 부분 간에 국제항행에 사용되는 영해로 구성된 해협

② 연안국의 본토와 섬 사이에 형성되어 있는 국제해협으로서 당해 섬 외측으로 유사한 편의의 공해 또는 배타적 경제수역 통항항로가 존재하는 경우

③ 해협의 폭이 24해리를 넘어 해협 가운데 공해가 존재하는 해협

④ 해협의 폭이 24해리를 넘어 해협 가운데 배타적 경제수역이 존재하는 해협

25 1982년 UN해양법협약상 통과통항권에 대한 설명으로 옳지 않은 것은?

① 공해나 배타적 경제수역의 일부와 공해나 배타적 경제수역의 다른 부분 간에 국제항행에 사용되는 영해로 구성된 국제항행용 해협에서 인정된다.
② 영해에서의 무해통항권보다 강력한 통항권이다.
③ 무해통항권과 달리 연안국은 통과통항을 어떠한 경우에도 정지시킬 수 없다.
④ 잠수함은 수면 위로 부상하여 자국국기를 게양하고 항행하여야 한다.

26 1982년 UN해양법협약에 대한 설명으로 옳지 않은 것은?

① 연안국들이 200해리 배타적 경제수역을 선포할 수 있게 하였다.
② 연안국들이 영해기준선에서 12해리까지 영해를 선포할 수 있게 하였다.
③ 국제해협에는 영해에 적용되어 온 기존의 무해통항제도가 적용되지 않도록 하였다.
④ 심해저와 그 자원은 인류의 공동유산이라고 하였다.

27 1982년 UN해양법협약상 무해통항권에 대한 설명으로 가장 옳지 않은 것은?

① 연안국은 통항로지정권과 분리통항방법설정권 및 법령제정권을 갖고, 외국 선박은 이를 준수할 의무가 있다.
② 연안국은 특정 선박의 유해통항을 방지하기 위하여 필요한 조치를 취할 수 있다.
③ 연안국은 어떠한 경우에도 무해통항을 일시적으로 정지시킬 수 없다.
④ 연안국은 무해통항방해금지, 위험사실 공지, 외국 선박에 대한 과징금지의무가 있다.

28 국제해협에 대한 설명 중 옳지 않은 것은?

① 1982년 UN해양법협약에 의해 도입된 국제해협이란 영해로 구성된 해협, 즉 해협의 폭이 24해리 미만인 해협으로서 국제항행에 이용되는 것을 말한다.

② 양 끝이 공해 또는 배타적 경제수역과 또 다른 공해 또는 배타적 경제수역으로 연결된 국제해협을 국제항행용 해협이라 한다.

③ 한 끝은 공해 또는 배타적 경제수역이나 다른 한 끝은 영해로 구성된 국제해협을 비국제항행용 해협이라 한다.

④ 모든 국제해협에서 통과통항권이 인정된다.

29 통과통항권과 무해통항권에 대한 비교이다. 옳지 않은 것은?

① 무해통항은 영해 · 비국제항행해협 및 군도수역에서 인정되나, 통과통항은 국제항행해협에서만 인정된다.

② 무해통항에서는 항공기의 상공비행이 인정되지 않으나, 통과통항에서는 항공기의 상공비행이 인정된다.

③ 무해통항에서 잠수함은 수면 위에 부상하여 국기를 게양하고 항행하여야 하나, 통과통항에서는 명시적 제한 규정이 없으므로 잠수항행이 허용된다고 보아야 한다.

④ 통과통항과 무해통항은 연안국의 안보상의 이유로 특정 수역에서 외국 선박의 항행을 일시적으로 정지시킬 수 있다.

30 군도수역에 대한 설명을 옳지 않은 것은?

① 군도수역이란 군도국가의 외곽을 직선으로 연결하여 구성되는 내측의 수역을 말한다.

② 군도국가란 필리핀, 인도네시아 등과 같이 몇 개의 비슷한 섬을 중심으로 많은 작은 섬들이 둘러싸고 있는 국가를 말한다.

③ 군도수역은 내수 밖에 위치하고 영해 안쪽에 위치하는 수역이다.

④ 군도수역제도는 1958년 제1차 UN해양법회의에서 새롭게 제도화되었다.

31 1982년 UN해양법협약상 배타적 경제수역(EEZ)제도에 대한 설명으로 옳지 않은 것은?

① 배타적 경제수역은 영해와 공해의 성질을 함께 가진 혼성적 성질의 수역이다.

② 배타적 경제수역제도는 1958년 제1차 UN해양법회의에서 최초로 규정되었다.

③ 배타적 경제수역은 영해기선으로부터 200해리까지의 수역이다.

④ 공해에 관한 규칙은 배타적 경제수역제도와 양립하는 범위 내에서 배타적 경제수역에 적용된다.

32 배타적 경제수역에 관련된 설명 중 옳지 않은 것은?

① 배타적 경제수역은 1982년 UN해양법협약에 의하여 성문화되었다.

② 최대범위는 영해기선으로부터 200해리이다.

③ 연안국은 배타적 경제수역의 해저와 그 지하자원에 대해서만 관할권을 갖는다.

④ 배타적 경제수역에서 제3국은 항해와 상공비행의 자유를 누린다.

33 배타적 경제수역(EEZ)에 관한 설명 중 옳지 않은 것은?

① 배타적 경제수역은 영해 밖에 인접한 수역으로 영해기선으로부터 200해리를 넘을 수 없다.

② 배타적 경제수역제도는 1982년 UN해양법협약에서 국제법상 처음으로 성문화되었다.

③ 배타적 경제수역에서의 해양과학조사는 원칙적으로 연안국의 동의 없이는 수행될 수 없다.

④ 배타적 경제수역에서 연안국을 제외하여 모든 국가들은 원칙적으로 항행·상공비행의 자유와 해저전선·관선 부설의 자유를 가진다.

34 1982년 UN해양법협약상 배타적 경제수역제도에 대한 설명으로 옳지 않은 것은?

① 연안국은 자국의 배타적 경제수역에서 천연자원의 탐사, 개발, 보존 및 관리를 목적으로 하는 주권적 권리를 갖는다.
② 연안국은 자국의 배타적 경제수역에서 타국 항공기의 비행을 허가할 권리를 갖는다.
③ 인간이 거주할 수 없거나 독자적인 경제활동을 유지할 수 없는 암석(rocks)은 배타적 경제수역을 가질 수 없다.
④ 연안국은 자국의 배타적 경제수역에 인공섬이나 구조물을 설치할 수 있고, 그 인공섬 및 구조물의 안전을 보장하기 위하여 안전수역을 설정할 수 있다.

35 「해양법에 관한 국제연합협약」상 배타적경제수역 내 연안국의 관할권 행사 대상으로 옳은 것만을 모두 고르면?

> ㉠ 천연자원의 탐사, 개발, 보존 및 관리 목적의 활동
> ㉡ 해양환경의 보호와 보전 활동
> ㉢ 해양과학조사
> ㉣ 인공섬, 시설 및 구조물의 설치와 사용
> ㉤ 해풍을 이용한 경제적 개발과 탐사를 위한 활동

① ㉠, ㉡, ㉢   ② ㉠, ㉣, ㉤
③ ㉡, ㉢, ㉣   ④ ㉢, ㉣, ㉤

36 대륙붕 또는 배타적 경제수역의 경계획정에 관하여 UN해양법협약이 규정하고 있는 기본원칙은?

① 형평의 원칙   ② 등거리 원칙
③ 중간선 원칙   ④ 탈베그 원칙

37 1982년 UN 해양법협약(이하 해양법협약)상 배타적 경제수역에 대한 설명으로 옳지 않은 것은?

① 1951년 노르웨이와 영국 간의 어업권 사건(Fisheries case)에서 관습법으로 인정된 내용으로 해양법협약에서 처음 성문화되었다.
② 연안국은 배타적 경제수역에서의 해양과학조사에 대한 관할권을 갖는다.
③ 연안국은 해저의 상부수역, 해저 및 그 하층토의 생물이나 무생물 등 천연자원의 탐사, 개발·보존 및 관리를 목적으로 하는 주권적 권리를 갖는다.
④ 연안국은 배타적 경제수역에서의 인공섬, 시설 및 구조물의 설치와 사용에 대한 관할권을 갖는다.

38 1982년 UN 해양법협약상 대향국들이 달리 합의하지 않는 경우 이들 간의 해양경계획정에 대한 설명으로 옳지 않은 것은?

① 대륙붕과 배타적 경제수역은 별개의 제도인 바, 대륙붕과 배타적 경제수역의 경계획정에 적용되는 원칙은 동일하지 않다.
② 영해의 경계획정은 역사적 권원이나 특별한 사정이 존재하지 않는 한 중간선에 의한다.
③ 대륙붕 경계획정은 공평한 해결에 이르기 위하여, ICJ 규정 제38조에 언급된 국제법을 기초로 하는 합의에 의하여 이루어진다.
④ ICJ는 배타적 경제수역의 경계획정에 관한 UN 해양법협약 규정이 관습국제법을 반영하는 것으로 판단하였다.

39 1982년 UN해양법협약에서 처음으로 규정된 제도가 아닌 것은?

① 배타적 경제수역제도
② 국제심해저제도
③ 대륙붕제도
④ 국제해협의 통과통항권

40 1982년 UN해양법협약의 결과 성립한 국제해양질서에 대한 설명으로 가장 옳지 않은 것은?

① 배타적 경제수역제도는 상부수역의 관할권도 갖고 있으므로 대륙붕에 비하여 훨씬 광범위하고 강력한 권한을 갖는다.

② 배타적 경제수역은 비정착성 생물자원에 대한 관할권도 갖는다.

③ 배타적 경제수역과 대륙붕은 원칙적으로 중복될 수 없다.

④ 배타적 경제수역은 그 범위가 200해리까지이나 대륙붕은 예외적으로 200해리 이상으로 확대될 수 있다.

41 1982년 UN해양법협약상 배타적 경제수역과 대륙붕의 경계획정에 대한 설명으로 옳지 않은 것은?

① 배타적 경제수역과 대륙붕은 영해기선으로부터 200해리를 초과할 수 없다.

② 배타적 경제수역은 연안국이 선포한 경우에 비로소 인정되는 선택적인 제도인 데 반하여, 대륙붕제도는 연안국에 당연히 인정되는 관할권이다.

③ 배타적 경제수역제도는 선포된 범위 내에서 대륙붕제도와 중첩하여 병존할 수 있다.

④ 대륙붕제도는 1945년 트루만선언에 의해 주장되어 국제관습법으로 성립되었다.

42 배타적 경제수역제도와 대륙붕제도에 대한 설명으로 옳지 않은 것은?

① 배타적 경제수역은 연안국에 상부수역의 관할권뿐만 아니라 200해리 이내에서 대륙붕제도가 제공하는 경제적 이익에 대하여도 관할권을 부여하므로 대륙붕에 비하여 훨씬 포괄적인 권한이 인정된다.

② 배타적 경제수역은 연안국이 선포한 경우에 비로소 인정되는 선택적인 제도이다.

③ 배타적 경제수역과 대륙붕의 경계획정에 대해서 1982년 UN해양법협약은 동일한 규정을 두고 있다.

④ 대륙붕에 관한 연안국의 권리는 명시적 선언이 있는 경우에만 인정된다.

43 1982년 UN해양법협약에 대한 설명으로 옳지 않은 것은?

① 모든 국가에게는 해양환경 보존의 의무가 있으며, 모든 국가는 해양환경 보호를 위한 조치를 취하여야 한다.

② 1994년 제11편 이행협정은 국제심해저개발제도 및 생산정책을 기본적으로 시장경제원리에 따라 운영하도록 기본원칙을 변화시켰다.

③ 국제심해저기업은 심해저활동과 개발한 광물의 수송·가공 및 판매를 직접 수행하는 회사형태의 국제심해저기구의 기관이다.

④ 1982년 UN해양법협약은 배타적 경제수역의 경계획정원칙으로 등거리선 원칙과 중간선 원칙을 규정하고 있다.

44 1982년 UN해양법협약상 대륙붕제도에 대한 설명으로 옳지 않은 것은?

① 1982년 UN해양법협약은 1958년 대륙붕협약의 수심기준을 버리고 2원적 기준을 설정하고 있다.

② 1982년 UN해양법협약상 대륙붕은 200해리를 넘어서 연장될 수 있다.

③ 연안국은 대륙붕상의 해저·해상·하층토·상부수역의 생물자원 또는 비생물자원의 탐사·개발·보존·관리에 관한 주권적 권리를 갖는다.

④ 연안국은 인공섬·시설 및 구조물의 설치와 이용에 관한 배타적 관할권을 가지며, 이들 시설물의 안전을 보호하기 위해 반경 500m 이내의 안전지대를 설정할 수 있다.

45 공해자유의 원칙에 대한 설명으로 옳지 않은 것은?

① 공해는 어느 국가도 영유할 수 없다.

② 공해는 원칙적으로 각국의 자유로운 사용을 위해 개방된다.

③ 1982년 UN해양법협약의 결과 공해자유의 원칙은 확장되었다.

④ 공해에서는 항행의 자유·어업의 자유 등이 인정된다.

| 359

46 공해에서 선박의 관할권에 대한 설명으로 옳지 않은 것은?

① 공해상의 선박에 대해서는 기국이 배타적 관할권을 행사하는 것이 원칙이다.

② 선박은 원칙적으로 등록한 국가의 국적을 갖는다.

③ 선박의 국적에 있어서 사실상의 소유자 또는 관리자와 선박의 국적이 일치하지 않는 경우가 많은데, 이를 편의치적이라고 한다.

④ 공해상의 선박에 대해서는 다른 국가가 어떠한 경우에도 관할권을 행사할 수 없는 것이 원칙이다.

47 공해상 군함의 임검권에 대한 설명으로 옳지 않은 것은?

① 모든 국가의 군함은 해적행위를 하고 있다고 판단할 상당한 이유가 있는 때에는 임검권을 행사할 수 있다.

② 모든 국가의 군함은 노예매매행위를 하고 있다고 판단할 상당한 이유가 있는 때에는 임검권을 행사할 수 있다.

③ 모든 국가의 군함은 무국적선에 대해서 임검권을 행사할 수 있다.

④ 당해 선박의 혐의가 없음이 판명되더라도 임검으로 인해 생긴 손해를 배상할 필요는 없다.

48 추적권의 행사요건에 대한 설명으로 옳지 않은 것은?

① 추적선은 군함·군용기 또는 특별히 추적권이 인정된 공선이나 공항공기에 한한다.

② 피추적선은 추적을 개시할 당시 내수, 군도수역, 영해, 배타적 경제수역 또는 대륙붕의 상부수역에 있어야 한다.

③ 자선이 추적대상인 경우 추적 개시 당시 모선이 상기수역 밖에 있었다면 그 모선을 추적할 수는 없다.

④ 추적은 정선명령을 내린 후가 아니면 개시할 수 없다.

49 1982년 UN해양법협약상 공해상 선박충돌이 있는 경우 재판관할권을 행사할 수 있는 국가는?

① 가해선박의 기국과 피해선박의 기국

② 피해선박의 기국과 선장의 국적국

③ 가해선박의 기국과 선장의 국적국

④ 가해선박의 기국과 피해선박의 기국 및 선장의 국적국

50 공해상 선박의 관할권에 대한 설명으로 옳지 않은 것은?

① 모든 국가는 자국기를 게양한 선박에 대하여 행정적·기술적·사회적 사항에 관하여 관할권을 행사한다.

② 기국 외의 어떠한 국가도 공해상의 군함에 대해 관할권을 주장할 수 없다.

③ 기국 외의 어떠한 국가도 공해상의 비상업용 업무에만 사용되는 국가소유의 선박에 대해 관할권을 주장할 수 없다.

④ 2개국 이상의 국기를 게양하고 항행하는 선박은 기국 모두가 관할권을 가진다.

51 1982년 UN해양법협약상 공해에서의 관할권행사에 대한 설명으로 옳지 않은 것은?

① 모든 국가는 해적선·해적항공기 또는 해적행위에 의하여 탈취되어 해적의 지배하에 있는 선박·항공기를 나포하고, 그 안의 해적들을 체포하며, 재산을 압수할 수 있다.

② 군함은 일정한 범죄혐의가 있는 외국선박(군함 및 비상업용 정부선박을 제외한다)을 임검할 수 있다.

③ 추적권의 행사는 추적선과 피추적선 및 그 보조선이 모두 연안국의 관할수역 내에 있을 때 개시되어야 한다.

④ 선박은 한 국가의 국기만을 게양하고 항행하며 공해에서 그 국가의 배타적 관할권에 속한다.

52 「해양법에 관한 국제연합협약」상 공해로부터의 무허가방송에 대한 설명으로 옳은 것만을 모두 고르면?

> ㉠ 선박의 기국은 무허가방송 종사자를 자국 법원에 기소할 수 있다.
> ㉡ 모든 국가의 군함은 무허가방송에 종사하는 선박에 대해 임검권을 갖는다.
> ㉢ 무허가방송 종사자의 국적국은 그 종사자를 자국 법원에 기소할 수 있다.
> ㉣ 해적방송이 수신되지만 허가된 무선통신이 방해받지 않는 국가는 무허가방송 종사자를 자국 법원에 기소할 수 없다.
> ㉤ 시설의 등록국은 무허가방송 종사자를 자국 법원에 기소할 수 있다.

① ㉠, ㉡, ㉣

② ㉠, ㉢, ㉣

③ ㉠, ㉢, ㉤

④ ㉡, ㉢, ㉤

53 1982년 「해양법에 관한 국제연합 협약」상 공해(High Seas)에 대한 설명으로 옳지 않은 것은?

① 공해와 독립된 법체제를 형성하고 있는 심해저의 한계설정은 대륙붕의 바깥한계를 결정한다.

② 공해는 모든 국가에 개방되므로 국가들은 공해에서 자국기를 게양한 선박을 항해시킬 권리를 가진다.

③ 추적권은 공해자유 원칙을 제한하여 인정하는 예외적 권리이므로 법령위반으로 믿을만한 충분한 이유가 있을 때 인정된다.

④ 협약은 연안국이 관할권을 행사할 수 있는 수역 이외를 공해로 보는 소극적 방식으로 규정하였다.

54 1982년 UN 해양법협약상 섬과 관련된 설명으로 옳지 않은 것은?

① 섬은 바닷물로 둘러싸여 있으며, 밀물일 때에도 수면 위에 있는, 자연적으로 형성된 육지지역이다.

② 섬은 자신의 영해를 가질 수 있다.

③ 연안국의 영해 밖에 존재하는 인공섬이나 그 외의 해양구조물도 독자적으로 영해를 가질 수 있다.

④ 인간이 거주할 수 없거나 독자적인 경제활동을 유지할 수 없는 암석(rocks)은 배타적 경제수역을 가질 수 없다.

55 1982년 UN해양법협약상 섬의 지위에 대한 설명으로 옳지 않은 것은?

① 섬은 바닷물로 둘러싸여 있으며 자연적으로 형성된 육지로서 만조시에 수면 위에 나와 있는 것을 말한다.

② 섬은 그 주변수역에 대하여 영해, 접속수역, 배타적 경제수역 및 대륙붕을 설치할 수 있다.

③ 인간이 거주할 수 없거나 독자적 경제생활을 영위할 수 없는 바위 주위에는 영해를 설치할 수 없다.

④ 사주(沙州)등 반도 모양으로 돌출된 지형으로 간조시에 본토와 연결되어 있는 경우에는 섬으로 인정되지 못한다.

56 국제심해저제도에 대한 설명으로 옳지 않은 것은?

① 1982년 UN해양법협약상 심해저란 국가의 관할권이 미치는 해역 이원(以遠)의 해저와 해상 및 하층토를 말한다.

② 자원개발의 분쟁 해결을 위해 심해저분쟁재판부를 둔다.

③ 1967년 Malta의 UN대표 Pardo가 UN총회에서 국가관할권 이원(以遠)에 부존되어 있는 심해저 자원을 '인류의 공동유산'으로 선언하고 인류 전체의 이익을 위하여 국제기구가 관리하여 개발하여야 한다고 주장하였다.

④ 1994년 제11편 이행협정에 의해 인류공동유산의 개념이 강화되었다.

57 국제법상의 특수지역에 대한 설명으로 옳지 않은 것은?

① 1979년 달조약에 따르면 달과 달의 천연자원은 인류의 공동유산이다.

② 1959년 남극조약에 따라 남극에 대한 각국의 영유권 주장은 동결되었다.

③ 1982년 UN 해양법협약 체제하에서 심해저 개발은 심해저공사(Enterprise)의 배타적 개발체제에 따른다.

④ 1982년 UN 해양법협약 제11부의 이행에 관한 협정이 체결된 것은 인류의 공동유산 개념의 현실화가 어렵다는 점을 보여준다.

58 1982년 UN해양법협약의 해양분쟁해결절차에 대한 설명으로 옳지 않은 것은?

① 국제사법재판소와 비교하여 강제관할권의 성격이 더욱 강화되었다.

② 일정한 분쟁에 대해서는 강제관할권의 대상에서 자동적으로 제외된다.

③ 일정한 분쟁의 경우에는 강제관할권의 수락에서 유보할 수 있다.

④ 1982년 UN해양법협약상 분쟁은 1차적으로 강제절차에 의해 해결되어야 한다.

59 1982년 UN 해양법협약의 해석이나 적용에 관한 분쟁(해양분쟁)의 해결에 대한 설명으로 옳지 않은 것은?

① 해양분쟁의 해결을 위한 기본원칙은 분쟁을 UN 헌장 제33조 제1항에 의해 평화적으로 해결한다는 것이다.

② 해양분쟁과 도서 영토에 관한 분쟁이 함께 검토되어야 하는 경우 의무적 조정절차로부터 면제된다.

③ 당사국은 가입 시 또는 그 이후 어느 때라도 국제사법재판소(ICJ) 및 1982년UN 해양법협약 부속서에 규정된 해양분쟁의 해결 방법 중 하나 이상을 선택할 수 있다.

④ 당사국은 가입 시 또는 그 이후 어느 때라도 해양분쟁의 해결 방법을 선택하지 않은 경우 국제해양법재판소 (ITLOS)를 선택한 것으로 간주한다.

60 1982년 UN해양법협약의 해양분쟁해결절차에 대한 설명으로 옳지 않은 것은?

① 1982년 UN해양법협약상 분쟁은 일차적으로 UN헌장 제33조 제1항에 규정된 임의적 분쟁해결제도로서 국제 분쟁의 평화적 해결수단에 의해 해결되어야 한다.

② 해결수단에 관해 분쟁당사국 간에 합의가 이루어지지 않으면 분쟁당사국 일방은 타방당사국에게 임의적 조정 을 요청할 수 있다.

③ 1982년 UN해양법협약 당사자는 협약에 구속을 받겠다는 동의표시를 할 때 또는 그 어느 때라도 국제사법재 판소, 국제해양법재판소, 중재재판소, 특별중재재판소의 4가지 강제절차 중 하나 또는 둘 이상을 자신의 분 쟁에 이용할 수단으로 수락하여야 한다.

④ 분쟁당사자의 일방이 분쟁 발생 시까지 그 어느 절차도 수락하지 않은 경우에는 국제사법재판소를 선택한 것 으로 간주한다.

61 1982년 UN 해양법협약(이하 해양법협약) 체제의 분쟁해결에 대한 설명으로 옳지 않은 것은?

① 분쟁당사자들이 동일한 분쟁해결절차로써 분쟁을 해결하기로 합의하지 않았다면 달리 합의하지 않는 한 해당 분쟁은 자동적으로 국제해양법재판소에 회부된다.

② 2012년 방글라데시와 미얀마 간 벵골만사건은 국제해양법 재판소가 판결한 첫 번째 해양경계획정 사례이다.

③ 국제해양법재판소는 해양법협약과 관련된 사항이라면 인권에 관한 사항에 대해서도 재판권을 행사할 수 있다.

④ 국제해양법재판소는 권고적 의견을 내릴 수 있는 권한이 있다.

62 1982년 UN해양법협약의 해양분쟁해결절차에서 강제절차의 적용배제선언을 할 수 있는 선택적 예외에 해당하지 않는 분쟁은?

① 해양경계획정에 관한 분쟁

② 군사활동에 관련된 분쟁

③ UN안전보장이사회가 다루고 있는 분쟁

④ 해양환경보호에 관한 분쟁

63 1982년 UN해양법협약상 강제절차의 선택대상이 아닌 것은?

① 국제사법재판소   ② 국제해양법재판소

③ 중재재판소   ④ 심해저분쟁재판부

64 핵연료의 재처리문제로 인하여 발생한 국제사건은?

① 2010년 펄프공장(Pulp Mills on the River Uruguay) 사건

② 2001년 MOX 제조공장(The MOX Plant) 사건

③ 1974년 호주와 프랑스 간 핵실험(Nuclear Test) 사건

④ 1941년 트레일 제련소(Trail Smelter) 사건

65 국제사법재판소(ICJ)가 펄프공장(Pulp Mills on the River Uruguay) 사건에서 언급한 국제환경법상의 일반원칙은?

① 환경영향평가   ② 공동의 그러나 차별적 책임

③ 사전주의(事前注意)   ④ 오염자부담

정답및해설

1	①	2	③	3	③	4	④	5	④
6	①	7	③	8	③	9	④	10	②
11	④	12	③	13	②	14	③	15	②
16	①	17	④	18	③	19	④	20	④
21	④	22	①	23	①	24	②	25	④
26	③	27	③	28	④	29	④	30	④
31	②	32	③	33	④	34	②	35	③
36	①	37	①	38	①	39	③	40	③
41	①	42	④	43	④	44	③	45	③
46	④	47	④	48	③	49	④	50	④
51	③	52	③	53	①	54	③	55	③
56	④	57	③	58	④	59	④	60	④
61	①	62	④	63	④	64	②	65	①

1 ① 영해의 범위에 대해서는 1982년 UN해양법협약에서 처음으로 규정되었다. 1958년 제1차 UN해양법회의에서는 영해 및 접속수역에 관한 협약, 공해에 관한 협약, 대륙붕에 관한 협약, 어업 및 공해생물자원의 보존에 관한 협약 등 4개 협약이 체결되었다.

2 ③ UN은 영해 폭의 결정을 주요 의제로 하여 1960년 제2차 UN해양법회의를 소집하였으나, 영해 폭의 합의에 실패함으로써 아무런 결실을 맺지 못하고 종료되었다.

3 ③ 1982년 UN해양법협약은 종래 영해와 공해로 구성된 2원적 구조에서 영해와 공해의 혼성적 성질을 갖는 배타적 경제수역제도를 도입함으로써 영해, 배타적 경제수역, 공해로 구성된 3원적 구조로 국제해양질서를 개편하였다.

4 ④ 1982년 UN해양법협약의 결과 공해의 자유가 축소되었다. 즉, 종래 공해에 속하던 해역 중 배타적 경제수역이 국가의 관할영역으로 넘어갔으며 영해의 폭이 확대되었고, 국제심해저제도의 도입으로 공해의 자유의 범위가 대폭 축소되었다.

5 ④ 전통 국제법은 군함의 무해통항권을 인정하고 있지 않다. 그러나 현재에 있어 군함의 무해통항권 인정여부에 관하여 미국을 비롯한 국가들은 찬성하나 다른 국가들은 전통 국제법의 태도를 유지한다는 입장을 취하고 있으며, 1982년 UN해양법협약이 군함의 무해통항권을 인정하고 있는지에 대하여도 긍정설과 부정설이 대립하고 있다. 오늘날 한국을 포함한 많은 국가들이 군함에 대하여 사전허가제 또는 사전통보제를 실시하고 있다.

6 ① 연안국은 신속한 퇴거를 요구할 수 있다. 또한 연안국에 손해를 발생시키면 외국군함의 기국은 국제책임을 부담한다. 다만 어떠한 경우에도 외국군함을 공격하거나 나포할 수는 없다.

7 ③ 대륙붕제도는 제1차 UN해양법회의 결과 채택된 1958년 대륙붕협약에 의해 제도화되었으며, 배타적 경제수역제도는 제3차 UN해양법회의 결과 채택된 UN해양법협약에서 처음으로 제도화되었다.

※ UN과 해양법의 법전화 및 점진적 발달

    ㉠ 1958년 제1차 UN해양법회의 : 영해 및 접속수역에 관한 협약, 공해에 관한 협약, 대륙붕에 관한 협약, 어업 및 공해생물자원의 보존에 관한 협약 등 4개 협약이 체결되었다.

    ㉡ 1960년 제2차 UN해양법회의 : UN은 영해 폭의 결정을 주요 의제로 하여 소집하였으나, 영해 폭의 합의에 실패함으로써 아무런 결실을 맺지 못하고 종료되었다.

    ㉢ 1982년 제3차 UN해양법회의 : 제3세계국가들은 인류의 공동유산개념에 기초한 심해저제도를 해양법에 도입할 것을 주장하는 한편, 연안국의 관할권 확대를 주장함으로써 좁은 영해, 넓은 공해를 특징으로 하는 전통적인 해양법질서의 변혁을 요구하고 나섰다.

8 ③ 국가는 영해에 대해 주권을 행사하며, 연안국의 주권은 영해의 상공 및 해저와 하층토에 미친다. 다만, 영해에 대한 연안국의 주권은 1982년 해양법협약 및 기타 국제법규칙에 의해 제한된다. 영해에 대한 국가 주권의 제한은 영토나 영공 및 내수보다 크다는 특징을 갖는다.

9 ④ 내수에서는 원칙적으로 무해통항권이 인정되지 않는다. 다만, 직선기선을 설정함으로써 종전에 영해였던 수역이 내수에 포함되는 경우 무해통항권이 그 수역에서 계속 인정된다. 통과통항권은 공해나 배타적경제수역의 일부와 공해나 배타적 경제수역의 다른 부분 간에 국제항행에 사용되는 영해로 구성된 해협에서만 인정된다.

10 ② UN 해양법협약 제7조에 따르면 직선기선은 간조노출지까지 또는 간조노출지로부터 설정할 수 없다. 다만 영구적으로 해면위에 있는 등대나 이와 유사한 시설이 간조노출지에 세워진 경우 또는 간조노출지 사이의 기선설정이 일반적으로 국제적인 승인을 받은 경우에는 그러하지 아니하다.

11 ④ 간출지는 영해기선으로 이용될 수 없는 것이 원칙이나, 간출지가 전체 또는 부분적으로 본토 또는 섬으로부터 영해의 폭을 초과하지 않는 범위 내에 있거나 등대와 같은 영구적 시설물이 설치되어 있는 경우 또는 국제적으로 인정된 경우에는 영해기선으로 이용할 수 있다.

12 ③ 직선기선은 해안의 일반적 방향으로부터 현저히 벗어나게 설정할 수 없으며, 직선기선 안에 있는 해역은 내수제도에 의하여 규율될 수 있을 만큼 육지와 충분히 밀접하게 관련되어야 한다.

13 ② 우리나라의 영해의 폭은 원칙적으로 12해리이며, 대한해협에 대해서는 3해리이다. 1982년 UN해양법상인정된 영해 폭 12해리는 영해의 최대범위이며, 각 국가는 12해리 범위 내에서 자유로이 영해의 폭을 결정할 권리를 가진다.

14 ③ 직선기선 설정으로 새롭게 내수로 편입된 경우 계속해서 무해통항권이 인정된다.

15 ① 영국추밀원은 중국 공선의 치외법권을 부인하고 일정 면제만 향유한다고 하였다.

    ③ EEZ 내 선박에 대한 선박유 공급 행위는 연안국 관세법 적용되지 않는다. 단, 선박유 공급 행위 자체에 대한 위법성 여부는 판단하지 않았다.

    ④ 연안국이 무해하지 아니한 통항을 방지하기 위하여 영해 내에서 채택하는 필요한 조치를 준수해야 할 의무가 있다.

16 ① 영해에서의 무해통항권은 오직 선박에 대해서만 인정된다. 다만, 군도해로통항권과 통과통항권은 항공기에게도 인정된다.

17 ④ 1982년 해양법협약 제19조 제2항은 연안국의 평화·공공질서·안전을 침해하는 것으로 간주되는 유해한 통항의 유형 12가지를 명문으로 규정하고 있다.
   ※ 유해한 통항
   ㉠ 연안국의 주권·영토보전·정치적 독립에 반하거나 또는 UN헌장에 구현된 국제법의 원칙에 위반되는 그 밖의 방식에 의한 무력의 위협이나 사용
   ㉡ 무기를 사용하는 훈련이나 연습
   ㉢ 연안국의 국방이나 안전에 해가 되는 정보수집을 목적으로 하는 행위
   ㉣ 연안국의 국방이나 안전에 해로운 영향을 미칠 것을 목적으로 하는 선전행위
   ㉤ 항공기의 선상 발진·착륙 또는 탑재
   ㉥ 군사기기의 선상 발진·착륙 또는 탑재
   ㉦ 연안국의 관세·재정·출입국관리 또는 위생에 관한 법령에 위반되는 물품이나 통화를 싣고 내리는 행위 또는 사람의 승선이나 하선
   ㉧ UN해양법협약에 위배되는 고의적이고도 중대한 오염행위
   ㉨ 어로활동
   ㉩ 조사활동이나 측량의 수행
   ㉪ 연안국의 통신체계 또는 그 밖의 설비·시설물에 대한 방해를 목적으로 하는 행위
   ㉫ 통항과 직접 관련이 없는 그 밖의 활동

18 ③ 통항하는 것에 대해서는 수수료를 부과할 수 없지만 통항 중 필요한 용역을 제공하고 그것에 부합하는 비용을 받는 것은 정당한 행위이다.

19 ④ UN 해양법협약 제25조에 따르면 연안국은 무기를 사용하는 훈련을 포함하여 자국의 안전보호상 긴요한 경우에는 영해의 지정된 수역에서 외국선박을 형식상 또는 실질상 차별하지 않고 무해통항을 일시적으로 정지시킬 수 있다. 이러한 정지조치는 적절히 공표한 후에만 효력을 가진다.

20 ④ 범죄의 결과가 연안국에 미치는 경우, 범죄가 연안국의 평화 또는 영해질서를 교란하는 경우, 선장 또는 기국의 외교관 및 영사가 요청하는 경우, 마약 또는 향정신성 물질의 불법거래의 경우 연안국이 재판관할권을 행사할 수 있다.

21 ④ 1982년 UN해양법협약 제27조는 통항목적에 따라 관할권의 귀속을 달리하고 있다. 즉, 영해를 단지 통항하고 있는 외국 선박상에서 발생한 사건에 대해서는 기국이 관할권을 행사한다(프랑스주의). 다만 범죄의 결과가 연안국에 미치는 경우, 범죄가 연안국의 평화 또는 영해질서를 교란하는 경우, 선장 또는 기국의 외교관 및 영사가 요청하는 경우, 마약 또는 향정신성 물질의 불법거래의 경우에는 연안국의 관할권이 제한되지 않는다. 반면, 연안국 내수를 떠나 영해를 통항 중인 경우 연안국이 관할권을 갖는다(영국주의).

22 ① 군함 및 비상업용 정부선박은 연안국의 국내법을 위반하더라도 원칙적으로 연안국의 국내법 집행으로부터 면제를 향유한다. 연안국은 단지 신속한 퇴거를 요구할 수 있을 뿐이다. 그러나 이들 선박이 연안국에 손해를 발생시키면 기국은 국제책임을 부담한다.

23 ① 접속수역의 폭은 영해기선으로부터 24해리를 초과할 수 없으며, 영해의 폭을 뺀 나머지 부분이다.

24 ① 양끝이 공해 또는 배타적 경제수역과 또 다른 공해 또는 배타적 경제수역으로 연결된 국제해협은 국제항행해협이라 하여 통과통항권이 인정된다.
③④ 해협의 폭이 24해리를 넘어 해협 가운데 공해 또는 배타적 경제수역이 존재하는 경우 자유통항이 허용된다.

25 ④ 1982년 UN해양법협약은 통과통항권에 대하여는 영해에서의 무해통항권과는 달리 잠수함과 잠수항행기기에 대한 제한을 규정하고 있지 않다. 따라서 잠수함과 잠수항행기기도 잠수항행을 유지하면서 해협을 통과할 수 있다.

26 ③ 국제해협은 통과통항권이 인정되는 국제해협과 무해통항권이 인정되는 국제해협 그리고 특별조약에 의해 규율되는 국제해협이 있다. 통과통항이 적용되는 해협은 해협의 양쪽 해안이 동일 국가에 속하든 2개 이상의 국가에 속하든 관계없이, 공해나 배타적 경제수역의 일부와 공해나 배타적 경제수역의 다른 부분 간에 국제항행에 사용되는 영해로 구성된 해협이다. 연안국의 본토와 섬 사이에 형성되어 있는 국제해협으로서 당해 섬 외측으로 유사한 편의의 공해 또는 배타적 경제수역 통항항로가 존재하는 경우, 그리고 해협의 양끝이 공해 또는 배타적 경제수역과 외국의 영해로 연결된 해협은 무해통항권만이 인정된다.

27 ③ 연안국은 국가안보상 필요한 경우 영해의 지정된 수역에서 외국 선박을 형식상 또는 실질상 차별하지 아니하고 무해통항을 일시적으로 정지시킬 수 있다. 이러한 정지조치는 적절히 공표한 후에만 효력을 가진다.

28 ④ 1982년 UN해양법협약에 의해 도입된 국제해협이란 영해로 구성된 해협, 즉 해협의 폭이 24해리 미만인 해협으로서 국제항행에 이용되는 것을 말한다. 이와 같은 국제해협에는 양끝이 공해 또는 배타적 경제수역과 또 다른 공해 또는 배타적 경제수역으로 연결된 것과 한 끝은 공해 또는 배타적 경제수역이나 다른한 끝은 영해로 구성된 것이 있다. 전자를 국제항행해협이라 하여 통과통항권이 인정되며, 후자를 비국제항행해협이라 하여 정지할 수 없는 무행통항권이 인정된다.

29 ④ 무해통항에서는 안보상의 이유로 특정 수역에서 외국 선박의 항행을 일시적으로 정지시킬 수 있으나, 통과통항에서는 일시적으로도 정지시킬 수 없다.

30 ④ 군도수역제도는 1982년 제3차 해양법협약에서 새롭게 채택된 제도이다.

31 ② 배타적 경제수역제도는 1982년 UN해양법협약에서 최초로 규정되었다.

32 ③ 연안국은 배타적 경제수역상의 해저 · 해상 · 하층토 · 상부수역의 생물자원(정착성 어종 제외) 또는 비생물자원의 탐사 · 개발 · 보존 · 관리에 관한 주권적 권리를 갖는다.

33 ④ 배타적 경제수역에서 연안국을 포함하여 모든 국가들은 원칙적으로 항행 · 상공비행의 자유와 해저전선 · 관선부설의 자유를 가진다.

34 ② EEZ의 상공은 공공(公空)이므로 연안국이 허가권을 갖지 않는다.

35 ③ 협약은 EEZ에 있어서 국가의 권리를 주권적 권리와 관할권으로 구분한다. 해양환경보호, 해양과학조사, 인공섬 설치에 대해서는 관할권을 갖는다. 천연자원의 탐사, 수력 · 조력 · 풍력의 활용에 대해서는 주권적 권리를 갖는다.

36 ① 서로 인접하거나 마주보는 국가 간의 경계획정은 형평한 해결에 도달하기 위하여 국제사법재판소규정 제38조에 규정된 국제법을 기초로 합의에 의하여 성립하여야 하며, 합리적인 기간 내에 합의에 도달할 수 없는 경우 관계 국가들은 UN해양법협약 제15편에 규정된 절차에 따라야 한다.

37 ① 배타적 경제수역의 연혁: 1945년 미국 연안에 인접한 공해상의 해저에 관한 관할권과 영해 밖 인정수역상의 어업자원 보존에 관한 배타적 관할권의 주장을 내용으로 하는 트루만선언에서 기원하는 제도이다. 1970년대 후반에 들어서 많은 국가가 자국의 경제수역을 선포하고 나섰고, 마침내 1982년 UN해양법협약에서 배타적 경제수역제도가 성문화되기에 이른다.

　※ 직선기선의 연혁 … 직선기선방식은 1951년 영국 · 노르웨이 간 어업분쟁 사건에서 국제사법재판소가 그 합법성을 인정한 이래 1958년 영해 및 접속수역에 관한 협약 제4조와 1982년 UN해양법협약 제7조에서도 이를 규정하고 있다.

38 ① 대륙붕과 배타적 경제수역 경계획정원칙은 '형평의 원칙'으로 동일하다.

39 ③ 대륙붕제도는 1945년 트루만선언에 의해 주장되어 국제관습법으로 성립되었다. 1958년 대륙붕협약에서 대륙붕제도가 최초로 성문화하였고, 1982년 UN해양법협약도 이를 규정하고 있다. 1982년 UN해양법협약은 배타적 경제수역제도, 국제해협에서의 통과통항권, 국제심해저제도, 군도수역제도 등을 최초로 도입하였으며 또한 영해의 폭에 대하여 최초로 합의에 성공하였다.

40 ③ 배타적 경제수역은 연안국에 상부수역의 관할권뿐만 아니라 200해리 이내에서 대륙붕제도가 제공하는 경제적 이익에 대하여도 관할권을 부여하므로 대륙붕에 비하여 훨씬 포괄적인 권한이 인정된다. 배타적 경제수역제도는 선포된 범위 내에서 대륙붕제도와 중첩하여 병존할 수 있다.

41 ① 대륙붕제도는 배타적 경제수역제도와 달리 대륙붕이 200해리를 초과하여 뻗어나간 경우에는 200해리를 넘어서 연장될 수 있다. 1982년 UN해양법협약은 대륙붕의 폭에 관해 2원적 기준을 두고 있다. 즉, 영해기선으로부터 200해리까지는 거리에 근거하여 대륙변계의 길이를 불문하고 무조건 인정하고, 대륙변계의 길이가 200해리를 초과하는 경우에도 인접성에 근거하여 350해리 또는 수심 2,500m를 연결하는 등심선으로부터 100해리를 초과하지 않는 범위까지는 인정하고 있다.

42 ④ 대륙붕에 관한 연안국의 권리는 시원적 · 배타적 권리로서 배타적 경제수역과 달리 실효적 · 관념적 점유 또는 명시적 선언에 의존하지 않는다. 따라서 연안국이 대륙붕을 탐사하지 않거나 천연자원을 이용하지 않더라도 타국은 연안국의 명시적인 동의 없이는 탐사 또는 이용 활동을 할 수 없다. 반면 배타적 경제수역은 연안국이 선포한 경우에 비로소 인정되는 선택적인 제도이다.

43 ④ 1982년 UN해양법협약은 배타적 경제수역과 대륙붕의 경계획정원칙으로 도달할 결과의 형평만을 규정하고 있다. 특히 1969년 북해대륙붕 사건 판결의 영향을 받아 1958년 대륙붕협약에 규정되었던 중간선 원칙과 등거리선 원칙을 삭제하였다.

44 ③ 대륙붕에서 연안국은 대륙붕을 탐사하고 광물자원과 정착성 생물자원을 이용하기 위한 주권적 권리를 향유한다. 대륙붕에 관한 연안국의 주권적 권리는 그 상부수역 또는 상공의 법적 지위에는 영향을 미치지 못한다. 연안국이 해저 · 해상 · 하층토 · 상부수역의 생물자원 또는 비생물자원의 탐사 · 개발 · 보존 · 관리에 관한 주권적 권리를 갖는 것은 배타적 경제수역이다.

45 ③ 1982년 UN해양법협약의 결과 도입된 배타적 경제수역제도는 공해의 범위를 축소시켰으며 심해저체제는 공해의 자유를 축소시켰다.

46 ④ 공해상의 선박에 대해서는 기국이 배타적 관할권을 행사하는 것이 원칙이다. 다만, 예외적으로 타국선박에 대하여 임검권과 추적권을 행사할 수 있으며, 무국적선은 모든 국가가 나포하여 처벌·몰수할 수 있다. 또한 해적행위에 대해서도 보편적 관할권 행사가 허용된다.

47 ④ 모든 국가의 군함은 공해상에서 군함이나 비상업용 정부선박을 제외한 외국 선박이 해적행위, 노예매매, 불법방송, 무국적선의 혐의행위, 타국의 국기를 게양하거나 국기 게양을 거부하는 행위를 하고 있다고 판단할 상당한 이유가 있는 때에는 임검권을 행사할 수 있다. 다만, 당해 선박의 혐의가 없음이 판명되면 임검으로 인해 생긴 손해에 대해 배상해야 한다.

48 ③ 자선이 추적대상인 경우 추적 개시 당시 모선이 상기수역 밖에 있었더라도 그 모선을 추적할 수 있다.
　　※ 추적권의 행사요건
　　　　㉠ 추적선은 군함·군용기 또는 특별히 추적권이 인정된 공선이나 공항공기에 한한다.
　　　　㉡ 피추적선은 추적을 개시할 당시 내수, 군도수역, 영해, 배타적 경제수역 또는 대륙붕의 상부수역에 있어야 한다. 자선이 추적대상인 경우 추적 개시 당시 모선이 상기수역 밖에 있었더라도 그 모선을 추적할 수 있다.
　　　　㉢ 추적은 정선명령을 내린 후가 아니면 개시할 수 없으며, 정선명령은 시각신호 또는 청각신호로 해야 한다. 정선명령을 내릴 때 추적선은 반드시 내수, 군도수역, 영해, 배타적 경제수역 또는 대륙붕의 상부수역에 있어야 하는 것은 아니다.
　　　　㉣ 추적은 중단되어서는 안 되며 계속적인 것이어야 한다.

49 ③ 1927년 로터스호 사건 판결에서 상설국제사법재판소(PCIJ)는 공해상에서 선박 충돌이 일어난 경우, 가해선박에 대해서 가해선박의 기국 뿐 아니라 피해선박의 기국도 재판관할권을 갖는다고 판시하였으나 1952년 선박 충돌에 관한 브뤼셀협약, 1958년 공해협약, 1982년 UN해양법협약 등에서는 가해선박의 기국과 선장의 국적국에 대해서만 관할권을 인정하고 있다.

50 ④ 선박은 원칙적으로 등록한 국가의 국적을 갖는다. 선박은 소속국의 국기를 게양하고 항해해야 하며, 2개국 이상의 국기를 게양한 선박은 무국적선으로 간주된다. 무국적선은 모든 국가가 나포하여 처벌·몰수 할 수 있다. 그러나 선박의 국적에 있어서 사실상의 소유자 또는 관리자와 선박의 국적이 일치하지 않는 경우가 많은데, 이를 편의치적이라고 한다. 최근 편의치적의 문제는 기국의 의무를 강화하는 방향으로 국제법적 규제가 이루어지고 있다.

51 ③ '추정적 존재이론' 또는 '해석학적 현장성이론'에 의하면 보조선박이 관할수역 내에서 위법행위를 한 경우, 공해상의 모선박을 추적할 수 있다.

52 ㉡ 보편주의가 적용되는 것은 아니다.
　　㉣ 해적방송이 수신되는 국가도 관할권을 행사할 수 있다.

53 ① 심해저는 대륙붕 외측에 존재한다. 즉, 국가의 관할권이 인정되는 수역 외측에 심해저가 존재하는 것이다.

54 ③ UN 해양법협약 제60조에 따르면 인공섬·시설 및 구조물은 섬의 지위를 가지지 아니한다. 이들은 자체의 영해를 가지지 아니하며 이들의 존재가 영해, 배타적 경제수역 또는 대륙붕의 경계획정에 영향을 미치지 아니한다.

55 ③ 섬은 그 주변수역에 대하여 영해, 접속수역, 배타적 경제수역 및 대륙붕을 설치할 수 있다. 다만, 인간이 거주할 수 없거나 독자적 경제생활을 영위할 수 없는 바위 주위에는 영해를 설치할 수 있으나, 배타적 경제수역이나 대륙붕은 설치할 수 없다.

56 ④ 1982년 UN해양법협약 제11편은 국제심해저체제를 창설하였으나, 국제심해저개발제도에 불만을 품고 UN해양법협약의 비준을 거부한 미국 등 선진국들의 입장을 받아들여 1994년 제11편 이행협정을 체결하여 국제심해저제도를 대폭 개정하였다. 이에 따라 인류공동유산의 개념이 약화되었다.

57 ③ UN해양법협약은 심해저개발에 있어서 '병행개발체제'를 채택하고 있다. 즉, 심해저공사(기업)와 함께 심해저기구의 승인을 받은 당사국, 법인, 자연인 등도 개발에 참여할 수 있다.

58 ④ 1982년 UN해양법협약상 분쟁은 1차적으로 UN헌장 제33조 제1항에 규정된 임의적 분쟁해결제도로서 국제분쟁의 평화적 해결수단에 의해 해결되어야 한다. 그러나 해양분쟁해결제도의 실효성을 강화하기 위해 강제적 분쟁해결절차를 보충적 분쟁해결제도로 도입하고 있다.

59 ④ 중재를 선택한 것으로 간주된다.
② 선택적 배제 선언에 관한 사항이다. 선택적 배제 시 해양경계획정, 역사적 만, 역사적 권원에 관한 분쟁은 강제절차가 배제되고 강제조정절차가 적용되나, 영토분쟁이 혼합된 분쟁인 경우 강제(의무)조정절차로부터도 배제된다.

60 ④ 분쟁 당사자의 일방이 분쟁 발생 시까지 그 어느 절차도 수락하지 않은 경우에는 중재재판소를 선택한 것으로 간주한다.

61 ① 해결수단에 관해 분쟁당사자 간에 합의가 이루어지지 않으면 분쟁당사자 일방은 타방당사자에게 임의적 조정을 요청할 수 있다. 이 요청이 상대자에 의해 수락되지 않거나 또는 조정절차규칙에 관해 합의가 되지 않으면 조정은 종료된 것으로 본다.

62 ④ 선택적 예외는 해양경계획정에 관한 분쟁, 군사활동에 관련된 분쟁, 어업 및 해양과학조사를 위한 연안국의 법집행에 관한 분쟁, UN안전보장이사회가 다루고 있는 분쟁 등 4가지 사항에 관해서는 강제절차의 적용배제선언을 할 수 있다.

63 ④ 심해저분쟁재판부는 국제해양법재판소의 부속기관으로 국제심해저관련분쟁을 전담하는 특별부이다. 1982년 UN해양법협약 당사자는 협약에 구속을 받겠다는 동의표시를 할 때 또는 그 어느 때라도 국제사법재판소, 국제해양법재판소, 중재재판소, 특별중재재판소의 4가지 강제절차 중 하나 또는 둘 이상을 자신의 분쟁에 이용할 수단으로 수락하여야 한다.

64 ② 2001년 MOX 제조공장(The MOX Plant) 사건은 영국 당국이 영국에 새로운 Mox 공장시설의 설립을 허가함으로써 시작되었다. 이 시설은 이미 사용된 핵연료를 Mox라는 새로운 연료로 재처리하기 위해 설립된 것으로, 아일랜드 정부는 공장의 가동이 Irish Sea를 오염시키며, 방사능물질의 공장으로의 수송과 관련하여 잠재적 위험이 있다고 주장하였다. 이에 아일랜드는 영국을 상대로 중재법원의 구성을 요청하였으며, 이에 따른 잠정조치의 명령을 국제해양법법원에 요청하였다. 해양법법원은 관할권에 대한 영국측 항변을 기각하고, 잠정조치를 명령하였다.

① 2010년 펄프공장(Pulp Mills on the River Uruguay) 사건은 우루과이강의 우루과이 쪽 연안에 건설예정이거나 건설된 펄프공장에 관한 아르헨티나와 우루과이 사이의 분쟁이다. 문제가 된 펄프공장은 두 개로, 아르헨티나는 우루과이가 이 공장들의 건설프로젝트를 추진함에 있어서 1975년 우루과이강조약상의 절차적 의무와 실체적 의무를 위반하였다고 주장하면서 우루과이의 위법행위에 대한 구제를 구하였다. 이 사건은 기본적으로 국제환경법 분쟁으로서, 초국경적 오염 위험이 있는 프로젝트를 수행하는 국가가 국제환경법상 부담하는 실체적 및 절차적 의무의 내용과 상호관계가 주된 이슈이다. 결론적으로 우루과이는 절차적 의무만을 위반하였으며, 이에 대한 구제수단으로 ICJ는 위법행위확인이 만족을 구성한다고 보며 다른 형태의 구제수단은 부정하였다. 이 사건은 이전의 중요한 국제환경법 사건인 Gabcikovo-Nagymaros Project 사건에 더하여 이 분야에서의 국제법 발전에 기여하였다. 특히 환경영향평가의무가 국제관습법상 의무라고 선언한 점이 주목할 만하다.

65 ① 이 사건에서 국제사법재판소는 환경영향평가원칙이 관습법임을 확인하기도 하였다.

국제분쟁의 해결

01 국제분쟁의 평화적 해결

기출문제

section 1 국제분쟁의 의의와 유형

(1) 국제분쟁의 의의

국제분쟁이란 분쟁당사국 간의 법적 또는 사실적 의사의 불일치로 정의될 수 있다.

(2) 국제분쟁의 유형

국제분쟁은 국제법에 의해 해결하기에 적합한 법적 분쟁과 국제법에 의해 해결하기에 적합하지 않은 정치적 분쟁으로 구분된다.

section 2 국제분쟁의 평화적 해결

(1) 국제분쟁의 평화적 해결의무

UN헌장 제2조 제3항과 이를 국제법의 기본원칙으로 구현한 1970년 우호관계선언에 의해 국제분쟁의 평화적 해결의무는 국제법의 기본원칙으로서 일반국제법상 인정되고 있다. 국제분쟁의 평화적 해결제도는 UN헌장 제6장에 구체화되어 있다.

> **[UN헌장 제2조 제3항]**
> 모든 회원국은 국제평화와 안전 그리고 정의가 위태롭지 않도록 평화적 수단에 의하여 국제분쟁을 해결하여야 한다.

(2) 국제분쟁의 평화적 해결수단

국제분쟁의 평화적 해결수단은 크게 정치적 해결과 국제재판에 의한 사법적 해결로 구분된다. UN헌장 제33조 제1항은 이를 구체적으로 제시하고 있다.

> **[UN헌장 제33조 제1항]**
> 어떠한 분쟁도 그의 계속이 국제평화와 안전의 유지를 위태롭게 할 우려가 있는 것일 경우 그 분쟁의 당사자는 우선 교섭, 심사, 중개, 조정, 중재재판, 사법적 해결, 지역적 기관 또는 지역적 약정의 이용 또는 당사자가 선택하는 다른 평화적 수단에 의한 해결을 구한다.

section ③ 국제분쟁의 정치적 해결

(1) 의의

정치적 수단에 의한 국제분쟁의 평화적 해결제도는 분쟁당사국에게 법적 구속력을 부과하지 않는 분쟁해결제도로서, 오늘날에도 가장 많이 이루어지고 있는 것이다. 국제분쟁의 정치적 해결은 다시 직접교섭 · 주선 · 중개 · 사실심사 · 조정 등에 의한 외교적 해결방법과 UN 등 국제기구에 의한 해결방법으로 나누어 볼 수 있다.

(2) 직접교섭(negotiation)

직접교섭이란 국제분쟁의 해결을 위한 가장 1차적인 방법으로 제3자의 개입 없이 분쟁당사국들이 직접 분쟁을 해결하는 것이다. 많은 조약들은 분쟁 발생 시 우선적으로 당사국 간의 직접교섭에 의한 분쟁 해결을 의무화하고 있으며, 직접교섭을 통한 분쟁 해결이 불가능하다고 판단되는 경우에만 국제재판소 등을 이용할 수 있도록 하고 있다.

(3) 주선(good office)

주선이란 분쟁의 평화적 해결을 위하여 제3자가 분쟁당사국들이 직접 접촉하거나 교섭에 임하도록 알선하는 것을 말한다.

(4) 중개(mediation)

중개란 제3자가 분쟁당사국들이 직접 접촉하거나 교섭에 임하도록 알선하는 데 그치지 않고, 분쟁당사국들 간의 상호 교섭과정에 적극 참여하여 적절한 해결책까지 제시하는 것을 말한다.

(5) 사실심사(inquiry)

사실심사(국제심사)란 제3자가 분쟁의 원인이 된 사실을 공평하게 심사하여 사실상황을 명확하게 함으로써 분쟁 해결을 용이하게 하는 제도이다. 사실심사제도는 1899년 국제분쟁의 평화적 해결을 위한 협약(헤이그협약)에서 최초로 제도화된 분쟁해결수단이다. 1907년 수정 · 대체된 국제분쟁의 평화적 해결을 위한 협약은 사실심사위원회를 규정하고 있다.

기출문제

🗨 다음 괄호 안에 들어갈 수 있는 분쟁해결 방법으로 옳게 짝지어진 것은?
▶ 2013. 7. 27. 안전행정부

• 국제연합(UN)헌장 제33조 1항 : "… 분쟁 … 의 계속이 국제평화와 안전의 유지를 위태롭게 할 우려가 있는 것일 경우, 그 분쟁의 당사자는 우선 교섭, 심사, (㉠), 조정, (㉡), 사법적 해결, … 에 의한 해결을 구한다."

• 1985년 레인보우(Rainbow Warrior)호(號) 사건에 따른 뉴질랜드와 프랑스 간의 분쟁은 UN사무총장에게 맡겨져 뉴질랜드에 대한 프랑스의 손해배상과 두 프랑스 요원(Mafart, Prieur)을 남태평양 Hao섬의 프랑스 해군기지에 3년 이상 수감하는 것으로 1차적으로 해결되었다. 그러나 두 요원을 프랑스 본토로 조기 귀환시킴으로써 발생한 프랑스의 책임 문제는 (㉢)에 회부되었다.

① ㉠ 주선(good offices), ㉡ 중개(mediation), ㉢ 국제사법법원(ICJ)의 재판
② ㉠ 주선(good offices), ㉡ 협의(consultation), ㉢ 국제사법법원(ICJ)의 재판
③ ㉠ 중개(mediation), ㉡ 중재재판(arbitration), ㉢ 중재재판(arbitration)
④ ㉠ 중개(mediation), ㉡ 중재재판(arbitration), ㉢ 국제사법법원(ICJ)의 재판

정답 ③

문 **국제분쟁의 해결 방법에 대한 설명으로 옳지 않은 것은?**

▶ 2016. 4. 9. 인사혁신처

① 미국의 남북전쟁 이후 미국과 영국 사이의 Alabama호 청구 사건은 중재재판(arbitration)에 의하여 해결되었다.
② 제3자가 분쟁의 원인이 된 사실을 명확히 함으로써 분쟁의 타결을 도모하는 방법이 심사(inquiry)이다.
③ 제3자가 분쟁의 내용에는 개입하지 않고 당사자 간의 외교교섭 타결에 조력하는 방법이 주선(good offices)이다.
④ 제3자에게 사실심사를 맡기는 데 그치지 않고 제3자가 구속력 있는 해결조건까지 제시하는 방법이 조정(conciliation)이다.

정답 ④

(6) 조정(conciliation)

조정이란 제3자가 분쟁의 기초된 사실문제뿐만 아니라 법률문제까지 포함하여 모든 관점에서 심사하고 해결책을 제시하는 분쟁해결방법으로, 통상 개인자격으로 선정되는 조정위원회에 의해 이루어진다. 조정제도는 제1차 세계대전 후의 산물로서 1924년 국가들 간에 조정조약이 체결되기 시작하였고, 1928년 국제분쟁의 평화적 해결에 관한 일반의정서에서 조정절차에 관해 자세히 규정하고 있다.

[조정제도의 실례]
㉠ 1969년 및 1986년 조약법에 관한 비엔나협약 : 조약법협약상 조정제도는 강행법규 이외의 조약규정의 해석·적용 및 정지 등에 관한 분쟁이 있을 때 이용한다. 조정위원회는 보통 4명의 위원이 임명된 후 일정 기간 내에 위원장을 선임하지 못하면 UN사무총장이 임명한다. 조정위원회는 구성 후 12개월 이내에 보고서를 작성하여야 하는데, 동 보고서는 당사자를 구속하지 않는다.
㉡ 1982년 UN해양법협약 : UN해양법협약상 조정제도는 동 협약 제284조와 부속서 V에 규정되어 있다. 분쟁당사국은 조정절차를 통보받은 후 일정 기간 이내에 조정위원을 임명해야 하는데, 그 기간 내에 조정위원을 임명하지 않으면 조정절차를 중단하든지 UN사무총장에 임명을 요청할 수 있다. 조정위원회는 보통 4명의 위원이 임명된 후 일정 기간 내에 위원장을 선임하지 못하면 UN사무총장에게 그 임명을 요청한다. 조정위원회는 구성 후 12개월 이내에 보고서를 작성해야 하는데, 동 보고서는 당사자를 구속하지 않는다.

(7) UN에 의한 국제분쟁의 평화적 해결

① 의의 … UN은 국제분쟁의 해결과 관련하여 총회와 안전보장이사회 또는 사무총장에 의한 정치적 해결, 국제사법재판소에 의한 사법적 해결, 헌장 제7장에 의한 강제적 또는 무력적 해결 등의 분쟁해결제도를 가지고 있다. 이하에서는 총회와 안전보장이사회 또는 사무총장에 의한 정치적 해결만을 검토하기로 한다.

② UN안전보장이사회에 의한 분쟁의 평화적 해결
  ㉠ 부탁되는 분쟁의 범위 : 안전보장이사회가 개입하는 국제분쟁은 어떠한 분쟁 또는 사태가 국제평화와 안전의 유지를 위태롭게 할 우려가 있는 것과 이와 같은 우려가 없는 분쟁에 있어 모든 분쟁당사국이 요청하는 경우 등 2가지이다. 분쟁이 국제평화에 대한 위협, 국제평화의 파괴, 침략행위를 구성하는 경우 안전보장이사회는 분쟁을 평화적으로 해결할 수 없으며 헌장 제7장의 강제행동에 의하여야 한다.

ⓛ 부탁과 권한 개시 여부 : 안전보장이사회의 국제분쟁의 개입 여부 및 종료 여부는 안전보장이사회의 권한으로서 오로지 자신의 결정에 의한다. 따라서 분쟁국이나 회원국 등의 요청이 있더라도 이에 대해 안전보장이사회가 반드시 개입하거나 종료하여야 하는 것이 아니다.

ⓒ 분쟁해결의 부탁방법
• UN회원국인 분쟁당사국의 요청 : 어떠한 분쟁도 그의 계속이 국제평화와 안전의 유지를 위태롭게 할 우려가 있는 것일 경우 분쟁국은 우선 교섭, 중개, 심사, 조정, 사법적 해결, 지역기구 또는 지역협정의 이용 또는 당사자가 선택하는 기타의 평화적 수단에 의한 해결을 구하여야 한다〈UN헌장 제33조 제1항〉. 제33조에 규정된 분쟁해결수단에 의해 해결하지 못하는 경우 분쟁당사국은 이를 안전보장이사회에 회부하여야 한다〈UN헌장 제37조 제1항〉. 제33조 및 제37조의 규정을 해하지 아니하고 어떠한 분쟁에 관하여도 모든 당사자가 요청하는 경우 안전보장이사회는 그 분쟁의 평화적 해결을 위하여 그 당사자에게 권고할 수 있다〈UN헌장 제38조〉.
• 분쟁당사국이 아닌 UN회원국의 주의 환기 : UN회원국은 분쟁당사국이 아닌 경우라도 어떠한 분쟁 또는 국제적 마찰이 되거나 분쟁을 발생하게 할 우려가 있는 어떠한 사태에 대해서도 안전보장이사회의 주의를 환기할 수 있다〈UN헌장 제35조 제1항〉.
• 분쟁당사국인 UN비회원국의 주의 환기 : UN비회원국인 분쟁당사국은 자신의 분쟁을 안전보장이사회에게 주의 환기할 수 있다. 다만, 그러하기 위해서는 사전에 UN헌장에 규정된 분쟁의 평화적 해결의무를 그 분쟁에 관하여 미리 수락하여야 한다〈UN헌장 제35조 제2항〉.
• UN총회의 주의 환기 : UN총회는 국제평화와 안전을 위태롭게 할 우려가 있는 사태에 대하여 UN안전보장이사회의 주의를 환기할 수 있다〈UN헌장 제11조 제3항〉.
• UN사무총장의 주의 환기 : UN사무총장은 국제평화와 안전의 유지를 위협한다고 그 자신이 인정하는 어떠한 사항에도 UN안전보장이사회의 주의를 환기할 수 있다〈UN헌장 제99조〉.
• UN안전보장이사회가 자발적으로 분쟁을 조사하는 경우 : UN안전보장이사회는 어떠한 분쟁에 대해서도 또는 국제적 마찰이 되거나 분쟁을 발생시킬 우려가 있는 어떠한 사태에 대해서도 그 분쟁 또는 사태의 계속이 국제평화와 안전의 유지를 위태롭게 할 우려가 있는지 여부를 결정하기 위한 조사를 할 수 있다〈UN헌장 제34조〉.

ⓔ UN안전보장이사회의 조치 : UN안전보장이사회는 분쟁의 계속이 국제평화와 안전의 유지를 위태롭게 할 우려가 실제로 존재한다고 인정하는 경우 분쟁의 평화적 수단에 의한 해결요청, 적절한 조정절차 또는 조정방법의 권고, 적절한 해결조건의 권고 중 어느 조치를 선택할 것인지를 결정해야 한다〈UN헌장 제37조 제2항〉.

③ UN총회에 의한 분쟁의 평화적 해결

㉠ 일반원칙 : UN총회는 국제평화와 안전의 유지에 관해 UN안전보장이사회가 권한을 행사하면 개입할 수 없으므로, 분쟁의 평화적 해결에 관한 UN총회의 권한은 2차적 권한의 행사이다. 따라서 UN안전보장이사회가 평화적 해결을 하고 있는 동안은 UN안전보장이사회의 요구가 없는 한 UN총회는 토의는 할 수 있으나 어떠한 권고도 할 수 없다. 또한 UN의 행동을 요하는 문제에 관해서도 토의는 할 수 있으나 권고를 할 수는 없다.

㉡ 부탁되는 분쟁의 범위 : UN총회는 국제평화와 안전의 유지를 위태롭게 할 우려가 있는 분쟁뿐 아니라 그 원인에 관계없이 일반적 복지 또는 국가 간의 우호관계를 해할 우려가 있다고 인정되는 어떠한 사태에 대해서도 권고할 수 있다.

㉢ 분쟁의 부탁방법

• 분쟁당사국의 요청 또는 주의 환기
• UN회원국의 요청 또는 주의 환기
• UN안전보장이사회의 권고
• UN총회의 직권에 의한 경우
※ UN안전보장이사회와 달리 UN총회에 대해서는 UN사무총장이 주의를 환기할 수 없다.

㉣ UN총회의 조치

• 토의 및 권고 권한 : 총회는 회원국·안전보장이사회·분쟁당사국인 비회원국에 의해 회부된 국제평화와 안전에 관한 어떤 문제도 토의할 수 있으며, 관련국 또는 안전보장이사회 또는 양자 모두에게 권고할 수 있다. 국제평화와 안전 유지에 관한 권고는 출석하여 투표하는 구성국의 3분의 2의 다수로 한다.
• 평화적 조정의 권고 : 총회는 일반적 복지 또는 각국 간의 우호관계를 해칠 우려가 있는 모든 사태에 대해서 직권으로 평화적 조정조치를 권고할 권한을 갖는다. 이 점에서 UN헌장상 총회의 분쟁해결권한은 비록 안전보장이사회에 대해 부차적인 지위에 있지만, 그 범위는 더욱 포괄적인 것이다.

④ UN사무총장에 의한 분쟁의 평화적 해결 … UN사무총장은 UN헌장 제99조에 따라 UN안전보장이사회에 개입을 요구할 수 있다. 또한 UN헌장 제98조에 따라 UN사무총장이 총회나 안전보장이사회의 요청에 따라 국제분쟁해결을 위임받는 경우가 있다.

[지역적 협정 또는 기관에 의한 해결]

UN은 국제평화와 안전의 유지를 위해 지역적 분쟁을 해결할 지역적 협정 또는 기관을 인정하고 있다. 지역적 협정을 체결하거나 또는 기관을 조직한 UN회원국은 지역적 분쟁을 안전보장이사회에 부탁하기 전에 그 지역적 협정 또는 기관을 통해 분쟁을 평화적으로 해결하기 위하여 모든 노력을 다해야 한다.

section 4 국제분쟁의 사법적 해결

(1) 의의

① 국제분쟁의 사법적 해결이란 독립된 국제재판소에 의하여 당사국을 법적으로 구속하는 효력을 가진 판결로 국제분쟁을 해결하는 절차를 말한다.

② 사실심사·조정 등 외교적·정치적 해결수단과는 법적 구속력을 갖는다는 점에서 구별되며, 국제분쟁의 사법적 해결수단은 크게 중재재판소에 의한 해결과 국제사법재판소에 의한 해결로 구분된다.

> **[중재재판과 사법재판]**
> ㉠ 재판소의 설립 : 중재재판은 분쟁당사국 간에 중재부탁합의(compromise of arbitration)로 해당 사건을 중재재판에 의해 해결할 것과 이를 위한 임시중재재판소 설립의 합의가 이루어져야 한다. 즉, 중재재판은 그 설립상의 특성이 임의적이며 또한 임시적인 것이다. 이에 대해 사법재판은 재판소가 사전에 이미 상설적으로 설립되어 있다. 다만, 사법재판도 분쟁당사국이 합의하여 재판을 부탁하여야만 관할권을 행사할 수 있다는 점은 중재재판과 동일하다.
> ㉡ 재판관의 구성 : 중재재판은 재판관의 구성 역시 분쟁당사국의 합의로 당해 재판에서만 재판관으로 선임한다. 즉, 재판관의 구성 역시 임의적이며 일시적이다. 이에 대해 사법재판은 일반적으로 분쟁당사국의 의사와 관계없이 사전에 선출된 상임재판관에 의한다. 그러나 중재재판제도의 영향으로 일반적으로 임시재판관(judge ad hoc)제도를 인정하고 있다.
> ㉢ 준거법 : 중재재판제도는 법의 존중을 기초로 하여 분쟁을 해결하는 것을 목적으로 한다. 그러나 분쟁 해결을 위한 준거법 역시 분쟁당사국 간의 합의로 결정한다. 이와 같은 준거법은 국제법인 것이 일반적이지만 반드시 국제법에 의하여야 하는 것은 아니다. 국내법뿐만 아니라 당사국이 합의하면 법으로 한정하지 않고 형평 등 분쟁당사국이 합의하는 무엇이든 준거법이 될 수 있다. 이에 대해 사법재판은 원칙적으로 국제법에 의해 부탁된 분쟁이 해결되어야 한다. 따라서 준거법의 결정에 있어 분쟁당사국의 의사에 직접 의존하지 않는다.
> ㉣ 판결의 집행력 : 중재재판과 사법재판은 모두 판결의 효력이 법적 구속력을 갖는다는 점에서 공통된다. 그러나 그 판결의 집행력에 있어서 국제사법재판소(ICJ)의 판결은 UN안전보장이사회에 의한 집행이 예정되어 있으므로 중재재판보다 실효적인 집행수단을 가지고 있다.

❓ 국제사법재판소(ICJ)규정상 법칙결정의 보조수단인 것은?
▶ 2018. 4. 7. 인사혁신처
① 법으로 수락된 일반관행의 증거로서의 국제관습
② 문명국에 의하여 인정된 법의 일반원칙
③ 분쟁국에 의하여 명백히 인정된 규칙을 확립하고 있는 국제협약
④ 국내재판소의 판결

정답 ④

(2) 중재재판

① **중재재판의 의의** … 당사자들이 선정한 법관이 당사자들이 합의한 절차규칙에 따라 법에 근거하여 당사자들에게 법적 구속력을 가진 중재판결을 내림으로써 분쟁을 해결하는 제도이다.

② **중재재판제도의 연혁** … 근대적 중재재판제도의 기원은 1794년 미국과 영국 간의 제이(Jay)조약이다. 중재기관은 영·미 출신의 중재관으로 구성되었으며, 주로 정치적인 판결을 내렸다. 1872년 알라바마호 사건이 워싱턴조약에 의해 중재재판에 부탁되어 해결된 후 중재재판은 국제분쟁의 평화적 해결을 위한 유력한 방안으로 사용되기 시작하였다. 1899년 국제분쟁의 평화적 해결에 관한 조약에 의해 1901년 상설중재재판소(PCA)가 창설되었고, 1928년 국제분쟁의 평화적 해결에 관한 일반의정서 속에 중재재판의 일반조약이 마련되었다.

③ **상설중재재판소**(Permanent Court of Arbitration ; PCA)
   ㉠ **의의** : 상설중재재판소는 상설의 재판소가 존재하는 것이 아니라, 단지 재판관명부가 상설적으로 미리 마련되어 있는 것이다.
   ㉡ **재판관의 구성** : 당사국은 각각 임기 6년의 4명의 재판관을 임명한다. 복수의 국가가 공동으로 1인 또는 그 이상을 임명할 수도 있고, 동일인이 다수의 국가에 의해 임명될 수도 있다. 임명된 자는 재판관명부에 기재된다.
   ㉢ **재판부의 설치** : 하나의 사건을 담당하는 재판부는 재판관명부상의 재판관으로 구성된다. 그 구성방법은 당사국의 합의에 의하는 것이 원칙이나, 합의가 이루어지지 않으면 분쟁당사국은 각각 2인의 재판관을 임명할 수 있다. 이 중 1인은 자국이 상설중재재판소 재판관으로 임명한 자 중에서 선정한다. 이들 중재재판관들이 합동하여 1인의 상급재판관을 선정하며, 상급재판관에 대한 합의가 이루어지지 않으면 각각 다른 한 국가를 지정하고, 이들이 협력하여 상급재판관을 선정한다.

[특수한 중재재판기관]
국제개발은행(IBRD)은 1965년 국가와 다른 국민 간의 투자분쟁 해결에 관한 협약을 통해 국제투자분쟁해결센터(ICSID)를 설립하였다. 국제투자분쟁해결센터는 국제민간투자의 안전을 보호하기 위해 설립된 국제기관이다. 개인이나 투자기업은 국적국가를 통하지 않고 직접 다른 국가를 상대로 조정이나 중재재판을 제기할 수 있다. 다만, 국제투자분쟁해결센터에 분쟁을 제기하려면 당사자들의 합의가 있어야 한다.

(3) 사법재판

① **국제사법재판소의 법적 지위** … 국제사법재판소는 UN헌장 제92조에 근거하여 1946년 설립된 UN의 주요 기관이며 사법기관이다. 국제사법재판소는 UN헌장의 부속서인 국제사법재판소규정에 따라 임무를 수행한다. 국제사법재판소규정은 UN헌장의 본질적인 구성부분이다. 따라서 UN회원국은 국제사법재판소규정의 당연 당사국이다. 상설국제사법재판소는 국제연맹의 기관이 아닌 외곽기관에 불과했으나, 국제사법재판소는 UN의 주요 기관이라는 차이가 있다.

② **국제사법재판소 재판관과 재판부**
　㉠ **구성**: 국제사법재판소는 15인의 재판관으로 구성된다. 재판관은 2인 이상이 동일 국가의 국민이어서는 안 된다. 재판관의 임기는 9년이며 재선될 수 있다.
　㉡ **재판관의 선출**: 재판관의 선출은 UN총회와 UN안전보장이사회가 각각 독립적인 투표절차를 통해 절대다수표를 획득하여야 한다. UN안전보장이사회에서 재판관 선출은 절차사항이므로 거부권이 행사될 수 없다.
　㉢ **재판관의 독립성**: 재판관은 국적국 등 국가 및 다른 기관으로부터 독립적이어야 하며, 업무에 종사하는 동안 외교특권과 면제를 향유한다.
　㉣ **국적재판관(national judge)**: 재판관은 자국정부가 소송당사자인 경우에도 소송참가의 권리를 가진다. 이 경우 그 재판관을 국적재판관이라 한다.
　㉤ **임시재판관(judge ad hoc)**: 분쟁당사국 일방의 국적재판관이 존재하는 반면, 타방의 국적을 가진 재판관이 없는 경우, 타방당사국은 국적에 관계없이 해당 사건에 한정하여 재판관으로 출석할 1인을 임명할 수 있는바, 이를 임시재판관이라고 한다. 또한 국제사법재판소가 국적재판관을 재판관석에 포함시키지 않는 경우에도 각 당사국에 의해 선정될 수 있다. 임시재판관은 분쟁당사국의 국민으로만 선정해야 하는 것은 아니다. 임시재판관은 당해 사건에 있어서는 국제사법재판소 재판관과 평등한 조건으로 재판의 결정에 참여한다.
　㉥ **재판부**: 국제사법재판소는 재판관 15명 모두로 구성되는 전원재판부와 특정부류재판부, 특별재판부, 간이재판부 등 소재판부가 있다.

③ **국제사법재판소의 인적 관할권(당사자관할권)** … 국제사법재판소에 대해 오직 국가만이 소송을 제기할 수 있는 자격이 있다.
　㉠ **UN회원국**: 국제사법재판소에 대해 소송능력을 갖는 국가는 원칙적으로 국제사법재판소규정 당사국이다. UN회원국은 국제사법재판소규정의 당연 당사국이므로 국제사법재판소에 대하여 소송능력을 갖는다.
　㉡ **UN비회원국인 국제사법재판소규정 당사국**: UN비회원국은 안전보장이사회의 권고와 총회의 승인으로 국제사법재판소규정의 당사국이 될 수 있다.

ⓒ 국제사법재판소규정의 비당사국: 국제사법재판소규정의 비당사국들도 안전보장이사회가 정한 조건에 따라 국제사법재판소에 제소할 수 있다.

④ 임의관할의 원칙과 확대관할권
  ㉠ 임의관할의 원칙: 국제사법재판소는 분쟁당사국이 합의하여 국제사법재판소에게 재판을 부탁하여야 재판관할권을 행사할 수 있는데, 이를 임의관할권이라 한다.
  ㉡ 확대관할권: 분쟁당사국들의 합의는 원칙적으로 재판부탁의 명시적 합의, 즉 특별협정에 의한다. 그러나 분쟁당사국 일방의 제소가 행해지고 이에 대해 상대방이 응소 등의 형태로 이를 수락하는 경우에도 재판소는 당해 사건에 대한 관할권을 갖는데, 이를 확대관할권이라 한다. 확대관할권은 상설국제사법재판소의 1924년 마브로마티스 사건, 1928년 폴란드의 상부 실레지아 거주 소수민족의 권리에 관한 사건 등에서 인정되었다. 그러나 확대관할권은 강제관할권이 아니며 본질적으로 임의관할권의 확대이다.

⑤ 강제관할권
  ㉠ 의의: 의무적 관할권이라고도 불리며 국제적 분쟁이 발생하기 전에 선택조항의 수락, 재판조약 또는 재판조항 등에 의하여 장래에 발생할 분쟁을 재판소에 부탁하기로 미리 합의한 경우에 성립하는 관할권이다.
  ㉡ 선택조항과 강제관할권
    • 국제사법재판소규정 제36조 제2항은 동 규정당사국이 동일한 조건을 수락하는 모든 국가와의 관계에서 당연히 또는 특별협정 없이도 재판소의 관할을 강제적인 것으로 인정하는 것을 언제든지 선언할 수 있다고 규정하고 있는바, 이를 선택조항이라고 한다.
    • 선택조항에 의한 국제사법재판소 관할권의 수락은 진정한 의미의 강제관할권은 아니지만, 국가가 일단 수락선언을 한 후에는 국제사법재판소에의 응소의무가 발생한다는 점에서 불완전하나마 일종의 강제관할권제도가 설정된 것이라고 볼 수 있다.
  ㉢ 선택조항의 수락방법과 효력발생
    • 선택조항의 수락은 서면에 의하는 것이 원칙이며, 수락선언서는 UN사무총장에게 기탁하여야 한다. 선택조항은 무조건으로 또는 상호주의를 조건으로 혹은 기한을 정하여 할 수 있으며, 유보도 허용된다.
    • 선택조항 수락의 의사표시는 수락선언서가 UN사무총장에게 도달하는 즉시 효력을 발생한다.
    • 선택조항의 수락에 따른 의무적 관할권은 선택조항을 수락한 국가들 사이에서만 상호주의적으로 발생하며, 선택조항수락 시 붙인 유보·조건·기한 등도 타방당사국이 상호주의적으로 원용할 수 있다. 선택조항의 수락은 철회할 수 있다.

ⓒ 선택조항의 적용대상 : 선택조항의 수락은 조약의 해석, 국제법상의 문제, 국제의무 위반이 되는 사항의 존부, 국제의무 위반에 대한 배상의 성질 또는 범위 등 4가지 사항에 대하여 할 수 있다. 선택조항은 일부만 선택하여 수락을 선언할 수 없다.

[Monetary Gold원칙]

재판부탁 합의에 의하든 또는 일방의 제소에 의하든 국제사법재판소에게 관할권이 부여되면 국제사법재판소는 재판관할권을 행사하여 부탁된 분쟁을 해결하는 것이 임무이다. 그러나 국제사법재판소는 1954년 Monetary Gold Removed from Rome in 1943 사건에서 분쟁의 주체 혹은 내용이 제3국에게도 똑같은 관심사항이거나 또는 더 큰 관심사항인 경우라면 재판소는 당해 제3국의 참여가 없는 한 사건을 결정짓기를 거절하는 것이 적절할 것이라는 이유로 재판을 거절하였다. 이를 Monetary Gold원칙이라 한다.

⑥ **국제사법재판소의 물적 관할권** … 국제사법재판소의 물적 관할권은 재판관할권, 부수적 관할권(가보전조치·선결적 항변), 권고적 의견 3가지가 있다. 이 중 국가를 당사자로 하는 것은 재판관할권과 부수적 관할권이며, 권고적 의견은 UN기관들과 UN총회의 승인을 얻은 전문기구인 국제기구만이 가능하다.

[국제사법재판소의 재판관할권]

국제사법재판소의 재판관할권의 대상으로서 분쟁은 '국제법적 분쟁'으로 한정된다. 재판소가 관할권을 가지는지의 여부에 관하여 분쟁이 있는 경우에는 재판소의 결정에 의하여 해결한다. 즉, 재판관할권의 존부에 관한 판단은 국제사법재판소 자신이 한다.

⑦ **국제사법재판소 판결의 효력**
  ㉠ **국제사법재판소 판결** : 국제사법재판소의 판결은 출석한 재판관의 과반수에 의하며, 가부동수인 경우에는 재판소장이 결정투표권(casting vote)을 행사한다.
  ㉡ **국제사법재판소 판결의 효력** : 국제사법재판소의 판결은 당해 사건에 관해 분쟁당사국에 대해서만 법적 구속력을 갖는다. 즉, 선례구속의 원칙이 인정되지 않는다. 판결은 종국적이며 상소할 수 없다.
  ㉢ **재심**
    • 판결 당시에 재판소 및 분쟁당사국이 알지 못했던 결정적 요소가 되는 사실의 발견을 이유로 하는 경우에 한하여 재심을 청구할 수 있다.
    • 재심 청구는 그 사실을 발견한 날로부터 6개월 이내에 또는 판결일로부터 10년 이내에 하여야 한다.

기출문제

문 「국제사법재판소(ICJ)규정」 제36조 제2항 선택조항에 대한 설명으로 옳지 않은 것은?
▶ 2019. 4. 6. 인사혁신처

① 선택조항을 수락한 규정 당사국 상호 간에 국제법상의 문제에 관한 분쟁발생 시 일방 당사국의 제소에 의해서도 재판관할권이 성립한다.
② 규정 당사국은 모든 법률적 분쟁에 대한 재판소의 관할을 인정하는 선택조항의 수락을 언제든지 선언할 수 있다.
③ 조약의 해석, 국제법상의 문제, 국제의무위반이 되는 사실의 존재, 국제의무위반에 대한 배상의 성질 및 범위의 네 가지 사항 중 일부만 선택하여 수락을 선언할 수도 있다.
④ 선택조항을 수락한 국가는 그 선언서를 국제연합(UN) 사무총장에게 보내고 사무총장은 그 사본을 ICJ규정 당사국과 ICJ서기에게 송부한다.

┃정답 ③

⊞ 국제사법재판소의 재판절차에 대한 설명으로 옳은 것은?

▶ 2017. 4. 8. 인사혁신처

① 재판소의 관할권이 성립하더라도 일방 당사국이 불참하는 경우에는 소송이 진행되지 않는다.

② 재판소의 판결일자로부터 10년이 지난 후에는 어떠한 경우에도 재심을 청구할 수 없다.

③ 재판소에서 진행 중인 사건의 결과로 법적 이익에 영향을 받는 제3국은 재판소의 허가결정 없이 소송에 참가할 수 있다.

④ 재판소는 일방당사국의 요청이 있는 경우에만 증거 수집을 위해 관련 현장을 방문할 수 있다.

⊞ 국제사법법원(ICJ)에 대한 설명으로 옳지 않은 것은?

▶ 2013. 7. 27. 안전행정부

① 국제기구가 ICJ의 권고적 의견을 요청하는 사안이 특정 국가와 관계되는 경우 그 국가의 동의가 필요하다.

② ICJ는 임의관할권을 원칙으로 한다.

③ ICJ 규정 제36조 2항의 선택조항을 수락한 국가들 간의 분쟁에 대해서는 ICJ의 강제관할권이 성립하는 것이 원칙이다.

④ ICJ는 라그랑(LaGrand) 사건에서 ICJ의 가보전조치(provisional measure)가 분쟁 당사국을 법적으로 구속한다고 판단하였다.

┃정답 ②, ①

⑧ 국제사법재판소 판결의 이행 및 집행

㉠ 원칙 : 국제사법재판소의 판결은 원칙적으로 국가에 의해 이행되거나 집행된다. UN회원국은 자국이 당사자가 되는 어떤 사건에 있어서도 국제사법재판소의 결정에 따를 의무를 부담한다.

㉡ UN안전보장이사회에 의한 집행

• 승소국은 판결을 이행하지 아니하는 패소국을 안전보장이사회에 제소할 수 있는 권리를 갖는다.

• 안전보장이사회는 그 제소가 이루어지면 필요하다고 인정하는 경우 판결을 집행하기 위해 권고하거나 취하여야 할 조치를 결정할 수 있다. 이러한 조치에는 UN헌장 제7장의 비군사적 제재조치는 물론 군사적 제재조치까지 포함된다.

[가보전조치와 선결적 항변]

㉠ 가보전조치(잠정조치) : 국제사법재판소는 필요하다고 인정할 때에는 종국판결 전까지 각 당사국의 권리를 보전하기 위하여 취하여야 할 가보전조치를 지시할 권한을 가진다. 가보전조치는 당사국 일방의 요청에 의해서 이루어지나 국제사법재판소 자신이 직권으로 검토할 수도 있다. 국제사법재판소는 2001년 LaGrand 사건에서 가보전조치의 지시가 분쟁당사국을 법적으로 구속한다는 것을 인정하였다.

㉡ 선결적 항변 : 분쟁당사국은 본안 소송에 들어가기 전에 당해 사건에 관한 재판소의 재판관할권의 존부, 재판의 수리가능성, 재판의 허용가능성에 관한 항변을 할 수 있는바, 이를 선결적 항변이라고 한다.

⑨ 국제사법재판소의 권고적 의견

㉠ 의의 : 국제사법재판소의 권고적 의견(advisory opinion)이란 총회, 안전보장이사회 또는 총회로부터 승인을 받은 UN의 다른 기관과 전문기구가 부탁한 법적 문제에 대해 국제사법재판소가 유권적 해석을 내리는 것을 말한다.

㉡ 부탁 주체

• 권고적 의견은 원칙적으로 UN총회와 UN안전보장이사회가 요청할 수 있다. 다만 UN의 다른 기관과 전문기구는 UN총회의 개별적 또는 포괄적 승인을 얻으면 권고적 의견을 요청할 수 있다.

• 국가와 개인은 국제사법재판소에 권고적 의견을 요청할 수 없다.

㉢ 부탁대상과 범위 : 권고적 의견은 국제법적 문제에 대해서만 요청할 수 있다. UN총회와 UN안전보장이사회는 모든 국제법적 문제에 대해 권고적 의견을 요청할 수 있는 반면, UN총회의 승인을 받은 UN의 다른 기관과 전문기구는 그들의 권한 범위 내의 국제법적 문제에 대해서만 권고적 의견을 요청할 수 있다.

㉣ 법적 효력 : 국제사법재판소의 권고적 의견은 원칙적으로 법적 구속력을 갖지
않는다. 다만, UN특권과 면제에 관한 협약 등에서와 같이 특정조약에서 법
적 구속력을 부여하기로 합의할 수 있다.

기출문제

문 국제사법재판소의 권고적 의견에 대한 설명으로 옳지 않은 것은?
▶ 2014. 4. 19. 안전행정부
① UN 총회와 UN 안전보장이사회는 어떠한 법적 문제에 관하여도 권고적 의견을 요청할 수 있다.
② 국가는 권고적 의견 절차에서 의견을 개진할 수 있다.
③ 추상적 성격의 질문은 권고적 의견 대상이 될 수 없다.
④ 권고적 의견의 부여는 국제사법재판소의 재량에 따른다.

┃정답 ③

1 국제분쟁의 평화적 해결에 관한 설명으로 옳지 않은 것은?

① UN헌장 제2조 제3항은 국제분쟁의 평화적 해결의무를 규정하고 있다.
② 국제분쟁의 평화적 해결제도는 UN헌장 제6장에 구체화되어 있다.
③ UN헌장 제33조 제1항은 국제분쟁의 평화적 해결수단을 규정하고 있다.
④ 국제재판소에 의한 재판은 국제분쟁의 평화적 해결수단이 아니다.

2 정치적·외교적 수단에 의한 국제분쟁의 평화적 해결에 대한 설명으로 옳지 않은 것은?

① 국제분쟁의 해결을 위한 가장 1차적인 방법은 분쟁당사국 간의 직접교섭에 의한 해결이다.
② 국제 분쟁의 평화적 해결을 위한 정치적·외교적 수단으로는 교섭, 심사, 중개, 조정 등이 있다.
③ 정치적·외교적 수단에 의한 국제분쟁의 평화적 해결제도도 원칙적으로 법적 구속력을 갖는다.
④ 오늘날에도 국제분쟁의 평화적 해결을 위한 정치적·외교적 수단들은 폭넓게 이용되고 있다.

3 분쟁의 평화적 해결에 관한 설명 중 옳지 않은 것은?

① 직접교섭도 한 방법이다.
② 안전보장이사회의 강제조치는 여기에 속하지 않는다.
③ 1982년 UN해양법상 해양분쟁해결제도는 여기에 속하지 않는다.
④ 국제사법재판소에 의한 해결방법도 포함된다.

4 국제분쟁의 평화적 해결을 위한 가장 기초적이며 1차적인 방법은?

① 분쟁당사국 간 직접교섭   ② UN안전보장이사회의 개입
③ 국제사법재판소에의 제소   ④ 전쟁

5 주선과 중개에 대한 설명으로 옳지 않은 것은?

① 주선과 중개는 제3국이 분쟁당사국간의 교섭에 개입하는 것이다.
② 주선은 단순히 사무적 편의만을 제공한다.
③ 중개는 교섭의 기초를 제공하고 교섭내용에 개입한다.
④ 주선과 중개는 법적 구속력을 갖는다.

6 국제분쟁을 해결하는 수단으로 국제심사란?

① 국제법원이 행하는 당사국 주장에 대한 심사행위이다.
② 국제위원회가 사실을 조사하여 분쟁사실에 대한 오해를 풀어 분쟁을 해결하는 방법이다.
③ 제3자가 법률문제에 대한 당사국 간의 견해 차이를 해소하여 분쟁을 해결하는 것을 말한다.
④ 국제기관이 사실문제와 함께 법률문제도 심사하여 당사국에게 해결방안을 제시하는 것을 말한다.

7 국제조정제도에 대한 설명으로 가장 옳지 않은 것은?

① 조정은 통상 개인자격으로 선정되는 조정위원회에 의해 이루어진다.
② 조정위원회는 국제법적 문제는 심사할 수 없다.
③ 1928년 국제분쟁의 평화적 해결에 관한 일반의정서에서 조정절차에 관해 자세히 규정하고 있다.
④ 1982년 UN해양법협약도 조정제도를 규정하고 있다.

8 UN안전보장이사회에 의한 분쟁의 평화적 해결에 관한 설명으로 옳지 않은 것은?

① UN회원국인 분쟁당사국은 안전보장이사회에 분쟁을 부탁할 수 있다.

② 분쟁당사국이 아닌 UN회원국은 안전보장이사회의 주의를 환기할 수 있다.

③ UN비회원국은 어떠한 경우에도 안전보장이사회에게 주의 환기할 수 없다.

④ UN총회는 국제평화와 안전을 위태롭게 할 우려가 있는 사태에 대하여 UN안전보장이사회의 주의를 환기할 수 있다.

9 UN사무총장에 의한 국제분쟁의 해결에 대한 설명으로 옳지 않은 것은?

① UN헌장 제99조에 따라 안전보장이사회의 개입을 요구할 수 있다.

② 국제연맹시대와는 달리 UN사무총장의 정치적 권한이 강화되었다.

③ UN헌장 제98조에 따라 UN사무총장이 총회나 안전보장이사회의 요청에 따라 국제분쟁 해결을 위임받는 경우가 있다.

④ UN사무총장은 국제평화와 안전의 유지를 위협한다고 그 자신이 인정하는 어떠한 사항에도 UN총회의 주의를 환기할 수 있다.

10 국제분쟁의 해결과 관련한 UN안전보장이사회의 기능에 대한 설명으로 옳은 것은?

① UN회원국 중 분쟁당사국만이 안전보장이사회에 그 분쟁을 제기할 수 있다.

② UN회원국이 아닌 분쟁당사국도 아무런 제한 없이 안전보장이사회에 그 분쟁을 제기할 수 있다.

③ 안전보장이사회는 UN헌장의 명시적 규정에 따라 평화유지활동(PKO)을 수행할 수 있다.

④ UN사무총장은 국제평화와 안전의 유지를 위협한다고 그 자신이 인정하는 어떠한 사항에도 UN안전보장이사회의 주의를 환기할 수 있다.

11 UN안전보장이사회에 의한 분쟁의 평화적 해결에 관한 설명으로 옳지 않은 것은?

① 분쟁당사국이나 회원국 등의 요청이 있는 경우 안전보장이사회는 반드시 당해 분쟁에 개입하여야만 한다.
② 안전보장이사회는 어떠한 분쟁에 관하여도 모든 당사자가 요청하는 경우 그 분쟁의 평화적 해결을 위하여 그 당사자에게 권고할 수 있다.
③ UN총회는 국제평화와 안전을 위태롭게 할 우려가 있는 사태에 대하여 UN안전보장이사회의 주의를 환기할 수 있다.
④ 안전보장이사회는 어떠한 분쟁에 대해서도 또는 국제적 마찰이 되거나 분쟁을 발생시킬 우려가 있는 어떠한 사태에 대해서도 그 분쟁 또는 사태의 계속이 국제평화와 안전의 유지를 위태롭게 할 우려가 있는지 여부를 결정하기 위한 조사를 할 수 있다.

12 국제분쟁의 평화적 해결에 관한 설명 중 옳지 않은 것은?

① 오늘날 모든 국가는 국제분쟁의 평화적 해결의무를 지고 있다.
② 어떠한 방법에 의하여 분쟁을 해결할 것인가는 분쟁당사국의 자유로운 선택에 의한다.
③ 국제분쟁의 가장1차적인 해결방법은 직접교섭이다.
④ UN안전보장이사회에서 제시되는 분쟁해결조건은 법적 구속력을 갖는다.

13 UN총회에 의한 국제분쟁의 평화적 해결에 대한 설명이다. 옳지 않은 것은?

① 총회의 분쟁처리권한은 안전보장이사회에 비해 포괄적이어서 일반복리, 국가 간 우호관계에도 개입한다.
② 안전보장이사회가 평화적 해결을 하고 있는 동안에도 총회는 토의 및 권고 결의를 할 수 있다.
③ 총회의 권고는 법적 구속력이 없다.
④ UN의 강제조치에 대해서는 총회에서 토의를 할 수는 있으나 권고적 결의를 할 권한은 없다.

14 UN에 의한 분쟁의 평화적 해결방법에 대한 설명으로 옳지 않은 것은?

① 총회와 안전보장이사회는 분쟁당사국의 요청이 없는 한 분쟁에 개입할 수 없다.
② 국제사법재판소에 의한 사법적 해결도 UN에 의한 분쟁해결의 하나이다.
③ UN사무총장도 분쟁의 평화적 해결을 위해 일정한 역할을 할 수 있다.
④ UN은 국제평화와 안전의 유지를 위해 지역적 분쟁을 해결할 지역적 협정 또는 기관을 인정하고 있다.

15 UN안전보장이사회가 분쟁의 평화적 해결을 위하여 취할 수 있는 조치가 아닌 것은?

① 분쟁의 평화적 수단에 의한 해결요청
② 적절한 조정절차 또는 조정방법의 권고
③ 적절한 해결조건의 권고
④ 사법적 판결

16 중재재판이 국제사법재판소의 제도와 구별되는 사항 중 옳은 것은?

① 중재재판에서는 국제사법재판소에서와는 달리 분쟁당사국이 재판부의 구성과 재판준칙 및 재판절차를 합의로써 결정할 수 있다.
② 중재재판은 정치적 분쟁을 해결대상으로 한다는 점에서 국제사법재판소와 다르다.
③ 중재재판은 당사국의 이해관계를 조정하는 것이 목적이므로 조약과 관습은 재판의 준칙이 될 수 없다.
④ 중재재판과 국제사법재판소의 분쟁해결방식에는 아무런 차이가 없다.

17 국제재판에 관한 설명 중 옳지 않은 것은?

① 국제재판에는 중재재판과 사법재판 2가지가 있다.
② 근대적 중재재판의 효시는 1794년 영국과 미국 간 제이조약에 의한 중재재판이다.
③ 중재재판의 경우 중재판결의 효력은 분쟁당사자의 합의에 의하여 정해진다.
④ 국제사법재판소의 재판절차는 당사국 간의 합의에 의해서도 변경될 수 없다.

18 중재재판과 사법재판에 대한 설명으로 가장 옳지 않은 것은?

① 중재재판소의 설립은 분쟁당사국 간의 합의가 이루어진다.
② 중재재판에서 중재재판관은 분쟁당사국의 합의로 당해 재판에서만 재판관으로 선임된다.
③ 중재재판의 준거법은 반드시 국제법이어야 하며, 당사자들이 합의하는 경우에도 국내법을 준거법으로 할 수는 없다.
④ 중재재판과 사법재판은 모두 판결의 효력이 법적 구속력을 갖는다는 점에서 공통된다.

19 중재재판에 대한 설명으로 옳지 않은 것은?

① 중재재판의 판정은 사법재판의 판결과는 달리 법적 구속력을 갖지 아니한다.
② 중재재판의 준칙은 당사국 합의로 결정하며, 필요하다면 국내법도 준칙으로 활용될 수 있다.
③ 중재재판은 분쟁의 종국적 해결을 목표로 함이 보통이므로 1심으로 종결됨이 통례이다.
④ 중재판정의 부존재 내지는 무효를 구하는 소송이 국제사법재판소(ICJ)에 제기되기도 한다.

20 국제분쟁의 평화적 해결수단으로서 중재재판제도에 대한 설명으로 가장 적절하지 않은 것은?

① 중재재판은 당사자들이 선정한 법관이 당사자들이 합의한 절차규칙에 따라 법에 근거하여 당사자들에게 법적 구속력을 가진 중재판결을 내림으로써 분쟁을 해결하는 제도이다.
② 근대적 중재재판제도의 기원은 1794년 미국과 영국 간의 제이조약이다.
③ 1899년 국제분쟁의 평화적 해결에 관한 조약에 의해 1901년 상설중재재판소가 창설되었다.
④ 국제사법재판소의 설립으로 상설중재재판소는 해산되었다.

21 국제사법재판소의 기능에 해당하지 않는 것은?

① UN의 권한 있는 기관이 제기하는 법률문제에 대한 권고적 의견
② 국가 간의 법적 분쟁인 재판사건의 해결
③ 판결의 의미 또는 범위에 관한 분쟁 시 일방당사국의 요청에 의한 판결의 해석
④ 국제평화와 안전을 위한 국가 간 정치적 분쟁의 중재와 권고

22 국제사법재판소 재판관의 선출에 대해 옳게 설명하고 있는 것은?

① UN안전보장이사회에서 선출한다.

② UN총회에서 선출한다.

③ 분쟁당사국의 합의에 의한다.

④ UN안전보장이사회와 UN총회에서 각각 절대다수표를 얻은 자를 선출한다.

23 국제사법재판소의 임시재판관제도에 대한 설명으로 옳은 것은?

① 분쟁당사국들의 합의에 의해 선출되는 재판관을 말한다.

② UN안전보장이사회가 임명한 재판관을 말한다.

③ UN사무총장이 임명한 재판관을 말한다.

④ 분쟁당사국 일방의 국적을 가진 재판관이 존재하는 반면, 타방의 국적을 가진 재판관이 없는 경우, 자국국적 재판관이 없는 분쟁당사자가 임명한 재판관을 말한다.

24 국제사법재판소(ICJ) 재판관에 대한 설명으로 옳지 않은 것은?

① ICJ 재판관은 자국이 재판당사국인 재판에 참여할 수 있으며, 재판소의 업무에 종사하는 동안 외교 특권 및 면제를 향유한다.

② 자국 국적의 ICJ 재판관이 없는 재판당사국은 임시재판관(judge ad hoc)을 선정할 수 있다.

③ ICJ는 재판관 중에서 3년 임기로 재판소장 및 재판소부소장을 선출하며, 그들은 재선될 수 없다.

④ ICJ 재판관은 동일한 국가의 국민이 2인 이상이 될 수 없으며, 재판관단의 구성은 세계 주요 문명 형태 및 주요 법체계를 대표하여 안배되도록 한다.

25 국제사법재판소 재판관에 대한 설명 중 옳지 않은 것은?

① 15명의 재판관으로 구성된다.
② 임기는 9년이다.
③ 동일 국적자가 2인 이상 있어서는 안 된다.
④ UN안전보장이사회 상임이사국의 국적을 가진 자가 반드시 있어야 한다.

26 국제사법재판소에 대한 설명 중 옳지 않은 것은?

① UN회원국은 당연히 국제사법재판소규정의 당사국이다.
② 개인도 국제사법재판소에 제소할 수 있다.
③ 국제사법재판소는 15인의 재판관으로 구성된다.
④ 국제사법재판소 재판관은 국적국 등 국가 및 다른 기관으로부터 독립적이어야 한다.

27 국제사법재판소의 인적 관할권에 대한 설명으로 옳지 않은 것은?

① UN회원국은 국제사법재판소에 소송을 제기할 수 있다.
② UN비회원국은 어떠한 경우에도 국제사법재판소에 소송을 제기할 수 없다.
③ 개인은 국제사법재판소에 소송을 제기할 수 없다.
④ 국제사법재판소규정의 당사국은 국제사법재판소에 소송을 제기할 수 있다.

28 국제사법재판소의 권고적 의견에 대한 설명으로 옳지 않은 것은?

① UN 총회와 UN 안전보장이사회는 어떠한 법적 문제에 관하여도 권고적 의견을 요청할 수 있다.
② 국가는 권고적 의견 절차에서 의견을 개진할 수 있다.
③ 추상적 성격의 질문은 권고적 의견 대상이 될 수 없다.
④ 권고적 의견의 부여는 국제사법재판소의 재량에 따른다.

29 국제사법재판소에 대한 설명으로 옳은 것은?

① 국제사법재판소는 9명의 재판관으로 구성된다.

② 국제사법재판 소의 재판관은 자신의 국적국이 소송당사자인 경우 재판에 참여할 수 없다.

③ UN회원국이 아닌 국가는 어떠한 경우에도 국제사법재판소의 소송당사자가 될 수 없다.

④ 국제사법재판소는 분쟁당사국이 합의하여 국제사법재판소에게 재판을 부탁하여야 재판관할권을 행사할 수 있다.

30 국제사법재판소의 관할권이 성립하지 않는 경우는?

① 분쟁당사국이 특별협정을 통해 제소한 경우

② 분쟁의 모든 당사국이 선택조항을 수락한 경우

③ 분쟁당사국이 모두 국제사법재판소규정의 당사국이고, 그 중 한 국가가 일방적으로 제소한 경우

④ 조약을 통해 국제사법재판소에 부탁하도록 사전에 합의한 경우

31 국제사법재판소규정 제36조 제2항의 선택조항에 대한 설명으로 가장 옳지 않은 것은?

① 선택조항에 의한 국제사법재판소 관할권의 수락은 진정한 의미의 강제관할권은 아니지만 국가가 일단 수락선언을 한 후에는 국제사법재판소에의 응소의무가 발생한다는 점에서 불완전하나마 일종의 강제관할권제도가 설정된 것이라고 볼 수 있다.

② 국제사법재판소규정 당사국은 동일한 조건을 수락하는 모든 국가와의 관계에서 당연히 또는 특별협정 없이도 재판소의 관할을 강제적인 것으로 인정하는 것을 언제든지 선언할 수 있다.

③ 선택조항의 수락에 따른 의무적 관할권은 선택조항을 수락한 국가들 사이에서만 상호주의적으로 발생한다.

④ 선택조항의 수락에는 유보를 할 수 없다.

32 국제사법재판소규정 제36조 제2항의 선택조항 수락대상이 아닌 것은?

① 조약의 해석에 관한 분쟁

② 국제법상의 문제

③ 국제의무 위반이 되는 사항의 존부

④ 정치적 성격의 분쟁

33 국제사법재판소(ICJ)의 관할권에 대한 설명으로 옳지 않은 것은?

① 관할권에 대한 선결적 항변(preliminary objection)이 ICJ에 의해 거절되면, ICJ는 추가 소송절차를 위한 기한(time-limits)을 정한다.

② UN회원국은 ICJ규정 제36조제2항의 선택조항(optional clause)을 수락하는 경우 유보를 첨부할 수 있다.

③ ICJ규정 제36조제2항의 선택조항에 따른 ICJ관할권은 분쟁당사국들이 공통적으로 수락한 범위 내에서만 성립되므로, 분쟁의 피소국은 자신이 첨부한 유보뿐만 아니라 제소국이 첨부한 유보를 근거로도 ICJ관할권의 성립을 부인할 수 있다.

④ 모든 UN회원국은 자동적으로 ICJ규정의 당사국이 되므로, ICJ는 UN회원국 간의 분쟁에 대하여 강제관할권을 갖는다.

34 「국제사법재판소(ICJ)규정」 제36조 제2항 선택조항에 대한 설명으로 옳지 않은 것은?

① 선택조항을 수락한 규정 당사국 상호 간에 국제법상의 문제에 관한 분쟁발생 시 일방 당사국의 제소에 의해서도 재판관할권이 성립한다.

② 규정 당사국은 모든 법률적 분쟁에 대한 재판소의 관할을 인정하는 선택조항의 수락을 언제든지 선언할 수 있다.

③ 조약의 해석, 국제법상의 문제, 국제의무위반이 되는 사실의 존재, 국제의무위반에 대한 배상의 성질 및 범위의 네 가지 사항 중 일부만 선택하여 수락을 선언할 수도 있다.

④ 선택조항을 수락한 국가는 그 선언서를 국제연합(UN) 사무총장에게 보내고 사무총장은 그 사본을 ICJ규정 당사국과 ICJ서기에게 송부한다.

35 국제사법재판소 판결에 대한 설명으로 옳지 않은 것은?

① 국제사법재판소의 판결은 출석한 재판관의 과반수에 의한다.

② 선례구속의 원칙이 인정되지 않는다.

③ 국제사법재판소의 판결에 이의가 있는 국가는 상소할 수 있다.

④ 가부동수인 경우에는 재판소장이 결정투표권을 행사한다.

36 국제사법재판소에 대한 설명으로 옳지 않은 것은?

① 국제사법재판소의 판결은 당해 사건에 관해 분쟁당사국에 대해서만 법적 구속력을 갖는다.

② 국제사법재판소는 15인의 재판관으로 구성된다.

③ 국제사법재판소의 판결은 출석한 재판관의 과반수에 의하며, 가부동수인 경우에는 재판소장이 결정투표권을 행사한다.

④ 국제사법재판소의 판결에 대해서는 상소할 수 없으며 재심도 허용되지 않는다.

37 국제사법재판소에 대한 설명으로 옳지 않은 것은?

① 재판소는 권고적 관할권을 행사하는 경우에도 임시재판관을 임명할 수 있다.

② 피소국이 관할권 부인만을 목적으로 소송에 참여하는 경우에는 확대관할권이 성립되지 아니한다.

③ 재판소는 선결적 항변 절차상 관련 당사자들이 제기하지 아니한 선결적 쟁점을 자발적으로 검토할 수 없다.

④ 권고적 의견 제도는 계쟁관할권 미수락 국가의 사건을 재판소에 맡기기 위한 우회방법으로 이용될 수 있다.

38 국제사법재판소 판결의 집행에 대한 설명으로 옳지 않은 것은?

① 국제사법재판소의 판결은 원칙적으로 국가에 의해 집행된다.

② UN회원국은 자국이 당사자가 되는 어떤 사건에 있어서도 국제사법재판소의 결정에 따를 의무가 있다.

③ 안전보장이사회는 판결을 집행하기 위해 권고하거나 취하여야 할 조치를 결정할 수 있다.

④ 국제사법재판소 판결을 집행하기 위한 안전보장이사회의 조치에서 무력적 강제조치는 제외된다.

39 국제사법재판소에 대한 설명으로 옳지 않은 것은?

① 국제사법재판소는 필요하다고 인정할 때에는 종국판결 전까지 각 당사국의 권리를 보전하기 위하여 취하여야 할 가보전조치를 지시할 권한을 가진다.

② 분쟁당사국은 본안 소송에 들어가기 전에 당해 사건에 관한 재판소의 재판관할권의 존부, 재판의 수리가능성, 재판의 허용가능성에 관한 선결적 항변을 할 수 있다.

③ 패소국이 국제사법재판소의 판결을 이행하지 않을 경우 승소국은 그 이행을 확보하기 위해 자력구제에 의존할 수밖에 없다.

④ 재심 청구는 그 사실을 발견한 날로부터 6개월 이내에 또는 판결일로부터 10년 이내에 하여야 한다.

40 국제사법재판소(ICJ)에 관한 설명으로 옳지 않은 것은?

① ICJ 규정은 UN 헌장의 불가분의 일부를 구성하며, 모든 UN 회원국은 ICJ 규정의 당사국이 된다.

② 국제기구는 ICJ에서 재판사건의 당사자 능력을 갖는다.

③ ICJ의 재판관은 ICJ의 업무에 종사하는 동안 외교특권과 면제를 향유한다.

④ ICJ의 결정은 당사자 사이와 그 특정사건에 관하여서만 구속력을 가진다.

정답및해설

1	④	2	③	3	③	4	①	5	④
6	②	7	②	8	③	9	④	10	④
11	①	12	④	13	②	14	①	15	④
16	①	17	③	18	③	19	①	20	④
21	④	22	④	23	④	24	③	25	④
26	②	27	②	28	③	29	④	30	③
31	④	32	④	33	④	34	③	35	③
36	④	37	③	38	④	39	③	40	②

1 ④ 국제분쟁의 평화적 해결수단은 크게 정치적 해결과 국제재판에 의한 사법적 해결로 구분된다.

2 ③ 정치적 수단에 의한 국제분쟁의 평화적 해결제도는 분쟁당사국에게 법적 구속력을 부과하지 않는 분쟁해결제도라는 점에서 국제재판에 의한 사법적 해결과 구분된다.

3 ③ 1982년 UN해양법상 해양분쟁해결제도는 당연히 분쟁의 평화적 해결방법에 속한다.

4 ① 분쟁당사국들 간의 직접교섭은 현재에도 분쟁 해결의 1차적 방법으로 가장 많이 이용되고 있는 분쟁 해결을 위한 가장 기초적인 방법이다.

5 ④ 주선은 단순히 사무적 편의만을 제공하는 것이며, 중개는 교섭내용에도 개입하나 법적 구속력을 갖지는 않는다.

6 ② 국제심사 또는 사실심사란 제3자인 국제심사위원회가 분쟁과 관련된 사실관계를 조사하여 명확하게 함으로써 분쟁을 해결하는 제도이다.

7 ② 조정위원회는 단순히 분쟁의 원인이 된 사실관계뿐만 아니라 국제법적 문제도 심사할 수 있다.

8 ③ UN비회원국인 분쟁당사국은 자신의 분쟁을 안전보장이사회에게 주의 환기할 수 있다. 다만, 그러하기 위해서는 사전에 UN헌장에 규정된 분쟁의 평화적 해결의무를 그 분쟁에 관하여 미리 수락하여야 한다(UN헌장 제35조 제2항).

9 ④ 사무총장은 총회에 대해서는 주의를 환기할 수 없다.

10 ① 분쟁당사국이 아닌 UN회원국도 안전보장이사회의 주의를 환기할 수 있다.
② UN비회원국인 분쟁당사국은 일정한 조건하에서만 안전보장이사회의 주의를 환기할 수 있다.
③ UN의 평화유지활동에 대해 UN헌장은 명시적인 규정을 두고 있지 않다.

11 ① 안전보장이사회의 국제분쟁의 개입 여부 및 종료 여부는 안전보장이사회의 권한으로서 오로지 자신의 결정에 의한다. 따라서 분쟁국이나 회원국 등의 요청이 있더라도 이에 대해 안전보장이사회가 반드시 개입하거나 종료하여야 하는 것은 아니다.

12 ④ UN안전보장이사회는 UN헌장 제6장상의 분쟁의 평화적 해결에 대해서는 구속력이 없는 권고만을 할 수 있다. 따라서 UN안전보장이사회에서 제시되는 분쟁해결조건은 권고적 효력만을 갖는다.

13 ② UN총회는 국제평화와 안전의 유지에 관해 UN안전보장이사회가 권한을 행사하면 개입할 수 없으므로, 분쟁의 평화적 해결에 관한 UN총회의 권한은 2차적 권한의 행사이다. 따라서 UN안전보장이사회가 평화적 해결을 하고 있는 동안은 UN안전보장이사회의 요구가 없는 한 UN총회는 토의는 할 수 있으나 어떠한 권고도 할 수 없다. 또한 UN의 행동을 요하는 문제에 관해서도 토의는 할 수 있으나 권고를 할 수는 없다. 그러나 UN총회는 국제평화와 안전의 유지를 위태롭게 할 우려가 있는 분쟁뿐 아니라 그 원인에 관계없이 일반적 복지 또는 국가 간의 우호관계를 해할 우려가 있다고 인정되는 어떠한 사태에 대해서도 권고할 수 있기 때문에 안전보장이사회에 비해 폭넓은 권한이 인정된다고 할 수 있다.

14 ① 총회와 안전보장이사회는 분쟁당사국의 요청이 없는 경우에도 직권으로 분쟁에 개입할 수 있다.

15 ④ UN안전보장이사회는 사법기관이 아니기 때문에 사법적 판결을 내릴 수는 없다. UN안전보장이사회는 분쟁의 계속이 국제평화와 안전의 유지를 위태롭게 할 우려가 실제로 존재한다고 인정하는 경우 분쟁의 평화적 수단에 의한 해결요청, 적절한 조정절차 또는 조정방법의 권고, 적절한 해결조건의 권고 중 어느 조치를 선택할 것인지를 결정해야 한다(UN헌장 제37조 제2항).

16 ① 중재재판도 법적 분쟁만을 그 해결대상으로 한다. 중재재판도 준거법은 국제법인 것이 일반적이지만 반드시 국제법에 의하여야 하는 것은 아니다. 국내법뿐만 아니라 당사국이 합의하면 법으로 한정하지 않고 형평 등 분쟁당사국이 합의하는 무엇이든 준거법이 될 수 있다.
② 중재재판도 법적 분쟁을 해결대상으로 한다는 점에서 국제사법재판소와 같다.
③ 중재재판의 재판준칙은 원칙적으로 당사국의 합의에 의해서 정해지나 조약과 관습은 당연히 재판의 준칙이 될 수 있다.
④ 재판소의 구성, 준거법 등에서 차이가 있다.

17 ③ 중재재판의 준거법, 재판소의 구성, 재판절차 등은 당사국의 합의에 의하여 정해지지만, 중재판결의 효력은 분쟁당사국의 합의와 관계없이 그 자체로서 법적 구속력을 가진다.

18 ③ 중재재판제도는 법의 존중을 기초로 하여 분쟁을 해결하는 것을 목적으로 한다. 그러나 분쟁 해결을 위한 준거법 역시 분쟁당사국 간의 합의로 결정한다. 이와 같은 준거법은 국제법인 것이 일반적이지만 반드시 국제법에 의하여야 하는 것은 아니다. 국내법뿐만 아니라 당사국이 합의하면 법으로 한정하지 않고 형평 등 분쟁당사국이 합의하는 무엇이든 준거법이 될 수 있다.

19 ① 법적구속력을 갖는다.

20 ④ 오늘날에도 상설중재재판소는 존재한다. 상설중재재판소는 그 이름과 달리 상설의 재판소가 존재하는 것이 아니라, 단지 재판관명부가 상설적으로 미리 마련되어 있는 것이다.

21 ④ 국제사법재판소는 사법기관으로서 정치적 분쟁이 아닌 법적 분쟁을 해결하는 것이 그 주된 기능이다.

22 ④ 재판관의 선출은 UN총회와 UN안전보장이사회가 각각 독립적인 투표절차를 통해 절대다수표를 획득하여야 한다. UN안전보장이사회에서 재판관 선출은 절차사항이므로 거부권이 행사될 수 없다.

23 ④ 분쟁당사국 일반의 국적재판관이 존재하는 반면, 타방의 국적을 가진 재판관이 없는 경우, 타방당사국은 국적에 관계없이 해당 사건에 한정하여 재판관으로 출석할 1인을 임명할 수 있는바, 이를 임시재판관이라고 한다. 또한 국제사법재판소가 국적재판관을 재판관석에 포함시키지 않는 경우에도 각 당사국에 의해 선정될 수 있다. 임시재판관은 분쟁당사국의 국민으로만 선정해야 하는 것은 아니다. 임시재판관은 당해 사건에 있어서는 국제사법재판소 재판관과 평등한 조건으로 재판의 결정에 참여한다. 그러나 그 사건이 종료되면 그 지위를 상실한다.

24 ③ 재선될 수 있다.

25 ④ UN안전보장이사회 상임이사국의 국민인가의 여부는 재판관의 선출요건이 아니다.

26 ② 국제사법재판소에 대해 오직 국가만이 소송을 제기할 수 있는 자격이 있다.

27 ② UN비회원국은 안보리의 권고와 총회의 승인으로 국제사법재판소규정의 당사국이 될 수 있다.

28 ③ 권고적 의견은 국제법적으로 추상적인 성격의 질문이나 문제에 대해서도 요청할 수 있다. 특히 UN총회와 UN안전보장이사회는 모든 국제법적 문제에 대해 권고적 의견을 요청할 수 있는 반면, UN총회의 승인을 받은 UN의 다른 기관과 전문기구는 그들의 권한 범위 내의 국제법적 문제에 대해서만 권고적 의견을 요청할 수 있다.

29 국제사법재판소는 분쟁당사국이 합의하여 국제사법재판소에게 재판을 부탁하여야 재판관할권을 행사할 수 있는데, 이를 임의관할권이라 한다. 재판부탁합의에 관한 특별협정을 compromise라고 한다.
① 국제사법재판소는 15인의 재판관으로 구성된다.
② 국제사법재판소 재판관은 자국정부가 소송당사자인 경우에도 소송참가의 권리를 가진다. 이를 국적재판관이라 한다.
③ UN비회원국은 안전보장이사회의 권고와 총회의 승인으로 국제사법재판소규정의 당사자국이 될 수 있다.

30 ③ 관할권의 성립을 위해서는 특별협정, 선택조항, 응소, 사전합의 등이 필요하다. 국제사법재판소는 원칙적으로 임의관할이므로, 일방당사국이 타방당사국을 일방적으로 제소한다고 하여 당연히 관할권이 발생하지는 않는다.

31 ④ 선택조항은 무조건으로 또는 상호주의를 조건으로 혹은 기한을 정하여 할 수 있다. 또한 유보도 허용된다.

32 ④ 정치적 성격의 분쟁은 원칙적으로 국제사법재판소의 관할이 아니다. 선택조항의 수락은 조약의 해석, 국제법상의 문제, 국제의무 위반이 되는 사항의 존부, 국제의무 위반에 대한 배상의 성질 또는 범위 등 4가지 사항에 대하여 할 수 있다.

33 ④ 강제관할권이 창설되기 위해서는 별도로 선택조항을 수락해야 한다.

34 ③ 일부만 선택하여 수락 선언할 수 없다. 네 가지 사항 모두에 대해 수락해야 한다.
   ① 선택조항 수락국 상호간에는 강제관할권이 창설되므로 일방적으로 제소할 수 있다.
   ② 선택조항 수락 선언은 재량으로서 언제든 수락선언을 하고, 언제든 철회할 수 없다. 수락 선언에 대해서는 양립성원칙을 바탕으로 하여 유보를 부가할 수 있다.

35 ③ 국제사법재판소의 판결은 종국적이며 상소할 수 없다.

36 ④ 판결은 종국적이며 상소할 수 없다. 그러나 판결 당시에 재판소 및 분쟁당사국이 알지 못했던 결정적 요소가 되는 사실의 발견을 이유로 하는 경우에 한하여 재심을 청구할 수 있다. 재심청구는 그 사실을 발견한 날로부터 6개월 이내에 또는 판결일로부터 10년 이내에 하여야 한다.

37 ③ 선결적 쟁점은 관할권이나 재판적격성 문제를 말한다. 직권에 의해 자발적으로 검토할 수 있다.

38 ④ 승소국은 판결을 이행하지 아니하는 패소국을 안전보장이사회에 제소할 수 있는 권리를 갖는다. 안전보장이사회는 그 제소가 이루어지면 필요하다고 인정하는 경우 판결을 집행하기 위해 권고하거나 취하여야 할 조치를 결정할 수 있다. 이러한 조치에는 UN헌장 제7장의 비군사적 제재조치는 물론 군사적 제재조치까지 포함된다.

39 ③ 국제사법재판소의 판결은 최종적으로 UN안전보장이사회에 의해 그 이행이 확보된다.

40 ② ICJ규정 제34조에 의하면 오로지 국가만이 재판소의 계쟁사건에서 당사자가 될 수 있다. 개인은 물론 국제기구 역시 당사자 능력을 갖지 못한다. 다만 재판소는 국제기구에 대해 사건에 관계되는 정보제공을 부탁할 수 있으며 또 이들 기구가 자발적으로 제공하는 정보를 받아야 한다.

02 무력분쟁의 규제

기출문제

section 1 무력사용금지의 원칙

(1) 의의

① 무력사용금지의 원칙이란 전쟁은 물론 평시에 있어서도 국가는 국제관계에 있어 무력을 행사하거나 무력으로 위협을 해서는 안 된다는 일반국제법상의 의무를 말한다. 또한 모든 전쟁을 국제법상 불법으로 규정하며, 평시에 있어서도 원칙적으로 무력의 사용과 그 위협을 금지한다는 국제법적 의의를 가진다.

② 무력사용금지의 원칙은 UN헌장 제2조 제4항에 의해 국제법 역사에 의해 최초로 규정되었으며, 오늘날 일반국제법상 기본적 의무이자 강행규범의 지위에 있다.

(2) 무력사용금지의 원칙과 국제분쟁의 평화적 해결의무

현대 국제법에 있어 무력사용금지의 원칙은 국제분쟁의 해결과 관련하여 국제분쟁의 평화적 해결의무로 전환된다. 즉, 국제분쟁의 평화적 해결의무와 무력사용금지원칙은 표리관계에 있다.

> **[UN헌장 규정]**
> ㉠ UN헌장 제2조 제3항 : 모든 회원국은 국제평화와 안전 그리고 정의가 위태롭게 되지 않도록 평화적 수단에 의해 국제분쟁을 해결하여야 한다.
> ㉡ UN헌장 제2조 제4항 : 국제관계에 있어 모든 회원국은 그 어떤 국가의 영토보존이나 정치적 독립에 대해서도 또는 UN의 목적에 부합하지 않는 다른 어떤 방법에 의해서도 무력의 위협이나 그 사용을 삼가야 한다.

section 2 연혁

① **정전론(차별전쟁관)** … 아우구스티누스 · 아퀴나스 · 비토리아 · 수아레즈 이래 초기 국제법학자들은 전쟁의 존재는 부득이 인정하되 특정 전쟁만을 정당한 전쟁으로 보고, 전쟁 중 어떤 것이 정당한 것인가에 관심을 집중하였다. 국제법의 아버지라 불리우는 그로티우스는 '전쟁과 평화의 법'에서 자기방어 · 채무회수 · 제재의 3가지가 전쟁의 정당한 원인이고, 영토점령 및 상대국의 의사에 반하여 지배를 목적으로 하는 것은 전쟁의 부당한 원인이라고 주장하였다.

② **무차별전쟁관** … 19세기 들어와서는 전쟁원인의 정당성을 문제로 하지 않고 전쟁의 개시부터 종결에 이르는 절차에 대해서만 적법성을 규명함으로써 모든 전쟁을 적법화하려는 무차별전쟁관이 대두되었다. 따라서 국가는 언제라도 전쟁을 개시할 수 있는 권리를 가졌으며, 평시에 있어서도 전쟁의 위협은 물론 자위 등의 이름으로 국제관계에 있어서 원칙적으로 무력에 호소할 수 있는 자유를 향유하였다.

③ 전쟁 또는 무력 사용의 제한

   ㉠ 평시에 있어 무력 사용의 제한
   - 19세기 전통 국제법에 있어서도 평시 무력 사용 자유를 제한하려는 시도가 존재하였다.
   - Webster 미국무장관은 1841년 영국과 미국 간의 캐롤라인(Caroline)호 사건에서 자위권은 필요성의 급박하고 압도적이며, 다른 수단을 선택할 여지가 없고 숙고할 여유가 전혀 없는 경우에만 허용되며, 대응조치가 불합리하거나 과도한 것이어서는 안 된다고 주장하였다. 이를 Webster공식이라 부른다.

   ㉡ 1907년 계약상의 채무 회수를 위한 무력 사용 제한에 관한 협약(PorterDrago 협약): 동 조약은 채권 회수를 위한 사용을 제한하고 있는바, 국제분쟁을 해결하기 위해 무력을 사용하는 것을 직접 제한한 최초의 조약이다.

   ㉢ 1920년 국제연맹규약
   - 국제연맹규약 제12조는 전쟁을 포괄적으로 제한하고 있다.
   - 국제연맹규약은 일체의 전쟁을 제한한 최초의 조약이다. 그러나 무력사용까지 제한한 것은 아니며 전쟁 자체를 위법화한 것이 아니라 전쟁에의 호소를 3개월의 냉각기간 동안 유예시키고 있을 뿐이라는 한계를 지닌다.

④ **전쟁의 위법화** … 1928년 부전(Kellog-Bryan)조약은 최초로 전쟁을 위법화하고 국가정책수단으로 전쟁을 포기할 것을 규정하고 있다.

⑤ 무력의 사용 및 위협의 금지

   ㉠ UN헌장 제2조 제4항은 전쟁뿐만 아니라 전쟁에 이르지 않는 일체의 무력의 사용 및 그 위협까지 금지하고 있다.

   ㉡ 예외적으로 UN헌장 제7장상의 집단적 제재조치로서의 무력 사용, UN헌장 제51조의 자위권 및 제53조 단서에 의한 제107조상의 국적국에 대한 무력 사용을 예외적으로 허용하고 있다.

   ㉢ 사실상 사문화된 구적국조항을 제외하면 오늘날 국제법상 합법적인 무력 사용은 원칙적으로 UN헌장 제7장의 강제조치와 UN헌장 제51조의 자위권만이 허용된다.

section 3 집단안전보장제도

(1) 의의

① UN은 자위권의 행사를 제외하고는 개별국가의 무력행사권을 일반적으로 박탈하는 대신 이들 국가에게 강력한 안전 보장을 약속하였다.

② UN헌장 제7장은 어떤 국가 또는 정치단체가 국제평화에 대한 위협, 평화의 파괴 또는 침략행위를 할 경우에 국제평화와 안전의 유지를 위하여 UN 자체 또는 UN의 권고로 회원국들이 취하는 비무력적 또는 무력적 강제조치를 위할 수 있다고 규정하고 있는데, 이를 UN에 의한 집단안전보장제도라고 한다.

(2) 특징

① **안전보장이사회의 권한 강화**…국제연맹의 집단안전 보장은 회원국의 자주적 결정에 의한 협력의 형태로 강제조치가 발동되는 데 반해, UN은 안전보장이사회의 권한을 강화하고 안전보장이사회의 결정에 의해 회원국이 의무로서 협력하는 체제이다.

② **강제조치 발동범위의 확대**…국제연맹에 있어 강제조치는 위법전쟁에 대한 제재로서의 의미를 갖는 것이었던 데 반해, UN헌장 제7장의 강제조치는 그 원인에 관계 없이 안전보장이사회가 평화에 대한 위협, 평화의 파괴, 침략행위로 결정하면 취할 수 있는 것이다.

③ **지역적 안전보장체제와의 조화**…국제연맹과 달리 UN은 지역적 안전보장체제를 수용하고 있다.

(3) UN안전보장이사회의 집단적 강제조치

UN안전보장이사회의 집단적 강제조치는 UN헌장 제7장에 규정되어 있다.

① **발동요건**…UN안전보장이사회가 강제조치를 취하기 위해서는 우선 평화에 대한 위협, 평화의 파괴, 침략행위의 존재를 결정하여야 한다. 어떤 행위들이 평화에 대한 위협, 평화의 파괴, 침략행위인지에 대한 판단권한은 전적으로 안전보장이사회에 있다.

> **[UN헌장 제39조]**
> 안전보장이사회는 평화에 대한 위협, 평화의 파괴 또는 침략행위의 존재를 결정하고 국제평화와 안전을 유지하거나 이를 회복하기 위하여 권고하거나 또는 제41조 및 제42조에 따라 어떠한 조치를 취할 것인지를 결정한다.

② **UN안전보장이사회의 조치** … 평화에 대한 위협, 평화의 파괴, 침략행위의 존재에 대한 결정이 이루어진 후 안전보장이사회는 평화의 유지 및 회복을 위한 권고와 잠정조치 및 강제행동 등의 조치를 취할 수 있다.

　　㉠ **평화의 유지 및 회복을 위한 권고**: UN안전보장이사회는 국제평화와 안전을 유지하고 또 회복하기 위하여 권고를 할 수 있다. 권고의 내용으로는 비무력적 조치뿐만 아니라 무력적 조치도 가능하다.

　　㉡ **잠정조치**: 사태의 악화를 방지하기 위하여 안전보장이사회는 제39조에 규정된 권고를 하거나 조치를 결정하기 전에 필요하거나 바람직하다고 인정되는 잠정조치에 따르도록 관계당사국에게 요청할 수 있다〈UN헌장 제40조〉.

　　㉢ **강제조치**: 안전보장이사회는 제39조에 의한 사태를 인정한 후에는 권고 외에 비무력적 강제조치〈UN헌장 제41조〉 및 무력적 강제조치〈UN헌장제42조〉 중 적절하다고 판단하는 조치를 취할 수 있다. UN헌장 제7장의 강제조치에는 국내문제 불간섭의무가 적용되지 않는다.

　　　• UN헌장 제41조: 안전보장이사회는 그의 결정을 집행하기 위하여 병력의 사용을 수반하지 아니하는 어떠한 조치를 취하여야 할 것인지를 결정할 수 있으며, 또한 UN회원국에 대하여 그러한 조치를 적용하도록 요청할 수 있다. 이 조치는 경제관계 및 철도, 항해, 항공, 우편, 전신, 무선통신 및 다른 교통통신수단의 전부 또는 일부의 중단과 외교관계의 단절을 포함할 수 있다.

　　　• UN헌장 제42조: 안전보장이사회는 제41조에 규정된 조치가 불충분한 것으로 인정하는 경우, 국제평화와 안전의 유지 또는 회복에 필요한 공군·해군 또는 육군에 의한 조치를 취할 수 있다.

　　㉣ **회원국의 의무**: 안전보장이사회가 강제조치를 결정하면 회원국들에 대해 강제조치의 대상이 된 국가를 원조해서는 안 된다는 원조금지의무가 발생한다.

③ **특별협정** … 안전보장이사회가 무력적 조치를 결정하는 경우 UN은 자체 군대를 가지고 있지 않기 때문에 회원국의 군대의 지원을 받아야 한다. 이러한 지원을 위해서는 안전보장이사회와 회원국 간에 특별협정을 체결하여야 한다.

[UN헌장 제43조]

㉠ 국제평화와 안전의 유지에 공헌하기 위하여 모든 UN회원국은 안전보장이사회의 요청에 의하여 그리고 하나 또는 그 이상의 특별협정에 따라 국제평화와 안전의 유지 목적상 필요한 병력, 원조 및 통과권을 포함한 편의를 안전보장이사회에 이용하게 할 것을 약속한다.

㉡ 그러한 협정은 병력의 수 및 종류, 그 준비 정도 및 일반적 배치와 제공될 편의 및 원조의 성격을 규율한다.

㉢ 그 협정은 안전보장이사회의 발의에 의하여 가능한 신속히 교섭되어야 한다. 이 협정은 안전보장이사회와 회원국 간에 또는 안전보장이사회와 회원국집단 간에 체결되며, 서명국 각자의 헌법상의 절차에 따라 동 서명국에 의하여 비준되어야 한다.

section 4 집단적 안전보장제도를 보완하기 위한 시도

(1) 평화를 위한 단결 결의

1950년 한국전쟁 중 UN총회에서 채택된 것으로, 안전보장이사회 상임이사국의 거부권 등으로 UN의 집단적 안전보장기능이 마비될 경우에 UN총회가 강제조치를 회원국에게 권고할 수 있도록 하는 내용의 결의이다.

(2) UN평화유지활동

① UN평화유지활동의 의의 … 예방외교라는 관념에 입각하여 UN기관의 결의에 입각한 정전 또는 국내 치안의 유지에 관하여 그 이행을 감시할 목적으로 파견된 군대가 UN평화유지군(PKF)이며, 이들의 활동을 UN평화유지활동(PKO)이라고 한다. 이러한 UN의 평화유지활동은 UN집단안전보장체제를 보완하는 의미를 가지며 UN헌장 제6장의 분쟁의 평화적 해결과 UN헌장 제7장의 강제조치 사이에 위치하는 제도라는 의미에서 'UN헌장 6과 2분의 1장'이라 불리운다.

② UN평화유지활동의 연혁 … 평화유지활동은 하마슐드 UN사무총장이 제안한 예방외교에서 연유하는 것으로, 1956년 수에즈운하 사건 때 UN총회가 평화를 위한 단결 결의에 근거하여 창설한 UN긴급군(UNEF)이 최초의 UN평화유지군이었다.

[핵무기비확산조약(NPT)]

㉠ 정식명칭 : 핵무기의 비확산에 관한 조약(Treaty on the Non-Proliferation of Nuclear Weapons)

㉡ 배경 : 1945년 미국을 시작으로 소련·영국·프랑스·중국이 핵실험에 성공하면서 세계적인 핵확산에 대한 우려

㉢ 과정
* 미국과 소의 주도하에 1960년대 후반에 제네바의 ENDC(18개국 군축위원회)에서 협상
* 1968년 7월 1일에 미국·영국·소련의 각 수도에서 작성, 1970년 3월 5일 발효

㉣ 주요내용
* 핵무기국(현재 핵무기보유국) : 비핵무기국에 대한 핵무기 등의 이양과 핵장비를 위한 원조 등을 하지 않을 의무 부과
* 비핵무기국 : 핵무기 등의 수령·제조·개발 등을 하지 않을 의무를 부과함과 동시에 원자력을 오로지 평화적으로 이용하고 있는지 아닌지를 확인하기 위해 국제원자력기구에 의한 사찰을 받을 의무 부과

㉤ 비판 : 핵무기국의 핵보유의 현상은 인정하면서 비핵무기국에만 핵비무장의 의무를 부과하는 불평등조약

1 무력사용금지의 원칙에 대한 설명으로 옳지 않은 것은?

① 전쟁은 물론 평시에 있어서도 국가는 국제관계에 있어 무력을 행사하거나 무력으로 위협을 해서는 안 된다는 일반국제법상의 의무를 말한다.
② 무력사용금지의 원칙은 19세기부터 국제관습법상 인정되어 온 일반국제법상의 원칙이다.
③ UN헌장 제2조 제4항은 무력사용금지의 원칙을 규정하고 있다.
④ 무력사용금지의 원칙은 모든 전쟁을 국제법상 불법으로 규정하며, 평시에 있어서도 원칙적으로 무력의 사용과 그 위협을 금지한다는 국제법적 의의를 가진다.

2 전쟁 또는 무력 사용의 제한을 위한 시도와 관계가 없는 것은?

① 무차별전쟁관
② 1907년 Porter-Drago협약
③ 1928년 Kellog-Bryan조약
④ 1920년 국제연맹규약

3 UN헌장 제2조 제4항에 대한 설명으로 옳지 않은 것은?

① 전쟁뿐만 아니라 전쟁에 이르지 않는 일체의 무력의 사용 및 그 위협까지 금지하고 있다.
② 역사상 최초로 무력사용 금지의 원칙을 규정하였다.
③ 현대 국제법하에서는 UN헌장 제2조 제4항에 따라 어떠한 경우에도 무력 사용이 전면적으로 금지된다.
④ UN헌장 제2조 제4항의 무력사용금지의 원칙은 오늘날 일반국제법상 기본적 의무이자 강행규범의 지위에 있다.

4 다음 중 UN헌장에 의해 예외적으로 무력행사가 허용되는 경우로만 옳게 짝지어진 것은?

① 집단적 강제조치와 자위권의 행사
② 무력복구와 집단적 강제조치
③ 자위권의 행사와 무력복구
④ 인도적 간섭과 무력복구

5 UN헌장 제2조 제4항의 의의에 대한 설명으로 옳지 않은 것은?

① 모든 종류의 무력행사를 일반적으로 금지하는 최초규정이다.
② 금지되는 무력행사는 UN의 목적과 양립할 수 없는 무력행사이다.
③ 오늘날 일반국제법상 기본적 의무이자 강행규범의 지위에 있다.
④ UN헌장 제2조 제4항의 목적상 자위권의 행사도 인정되지 않는다.

6 「국제연합(UN) 헌장」상 자위권에 대한 설명으로 옳지 않은 것은?

① 무력공격을 받은 국가는 안전보장이사회가 침략국에 대해 경제제재 조치를 취하면 피(被)점령상태가 지속되고 있더라도 자위권 행사를 계속할 수 없다.
② 국제사법재판소는 국제법상 자위권이 조약상 권리이면서 국제관습법상 고유한 권리로도 병존하고 있다고 밝혔다.
③ 비정규군이나 무장단체의 무력행사는 무력공격에 해당될 수 있으나, 반군에 대한 단순한 무기·병참지원은 해당되지 않는다.
④ 집단적 자위권은 무력공격의 직접적 피해자가 아닌 제3국이 독자적으로 판단하여 행사할 수는 없다.

7 UN헌장 제7장의 강제조치에 대한 설명으로 옳지 않은 것은?

① 평화에 대한 위협이 있는 경우 취할 수 있다.

② 평화의 파괴가 있는 경우 취할 수 있다.

③ 침략행위가 있는 경우 취할 수 있다.

④ UN헌장 제7장의 강제조치의 발동을 위해서는 UN총회의 승인이 필요하다.

8 UN헌장 제7장의 강제조치에 대한 설명으로 옳지 않은 것은?

① UN안전보장이사회가 강제조치를 취하기 위해서는 우선 평화에 대한 위협, 평화의 파괴, 침략행위의 존재를 결정하여야 한다.

② 어떤 행위들이 평화에 대한 위협, 평화의 파괴, 침략행위인지에 대한 판단권한은 전적으로 안전보장이사회에 있다.

③ UN안전보장이사회는 국제평화와 안전을 유지하고 또 회복하기 위하여 권고를 할 수 있다.

④ UN헌장 제7장의 강제조치는 국내문제 불간섭의무의 제한을 받는다.

9 UN의 집단안전보장체제와 국제연맹의 집단안전보장체제에 대한 설명으로 옳지 않은 것은?

① 국제연맹에 있어 강제조치는 위법전쟁에 대한 제재로서의 의미를 갖는 것이었다.

② UN 헌장 제7장의 강제조치는 그 원인에 관계없이 안전보장이사회가 평화에 대한 위협, 평화의 파괴, 침략행위로 결정하면 취할 수 있는 것이다.

③ UN안전보장이사회의 집단적 강제조치는 UN헌장 제7장에 규정되어 있다.

④ 국제연맹과 마찬가지로 UN도 지역적 안전보장체제를 수용하고 있다.

10 다음 중 UN안전보장이사회가 UN헌장 제41조에 따라 취할 수 있는 조치가 아닌 것은?

① 경제관계 단절　　　　　　　　② 외교관계 단절

③ 교통·통신의 단절　　　　　　　④ 무력봉쇄

11 UN의 집단안전보장체제에 대한 설명으로 옳지 않은 것은?

① UN안전보장이사회의 집단적 강제조치는 UN헌장 제7장에 규정되어 있다.

② UN안전보장이사회가 강제조치를 취하기 위해서는 우선 평화에 대한 위협, 평화의 파괴, 침략행위의 존재를 결정하여야 한다.

③ 평화에 대한 위협, 평화의 파괴, 침략행위의 존재에 대한 결정이 이루어진 후 안전보장이사회는 평화의 유지 및 회복을 위한 권고와 잠정조치 및 강제행동 등의 조치를 취할 수 있다.

④ UN헌장 제2조 제4항의 무력사용금지의 원칙상 UN안전보장이사회의 집단적 강제조치에서 무력적 강제조치는 인정되지 않는다.

12 UN 안전보장이사회의 군사적 강제조치에 대한 설명으로 옳지 않은 것은?

① UN 안전보장이사회는 평화에 대한 위협, 평화의 파괴 또는 침략행위의 존재를 먼저 결정하여야 한다.

② 비군사적 강제조치가 불충분할 것으로 인정하거나 또는 불충분한 것으로 판명되었다고 인정하는 경우에 사용된다.

③ UN 회원국과의 특별협정에서 병력의 수 및 종류를 규율한다.

④ 한국전쟁 당시 UN군은 군사참모위원회(Military Staff Committee)의 지휘를 받았다.

13 UN에 대한 설명으로 옳은 것은?

① 최초의 평화유지군이었던 UNEF(United Nations Emergency Force)는 UN안전보장이사회의 결의로 설치되었다.

② 스위스는 영세중립국의 지위와 UN 회원국의 지위가 조화되지 않는다는 이유로 지금도 UN에 가입하고 있지 않다.

③ ICJ는 UN 헌장에 따라 채택된 UN 안전보장이사회의 결의에 따른 의무가 UN회원국들이 체결한 조약상의 의무에 우선한다고 판단하였다.

④ UN 안전보장이사회는 유고슬라비아와 소말리아 사태에서 평화유지군 설치를위한 결의를 채택하였지만, 개별 국가의 무력사용은 허용하지 않았다.

14 UN의 집단안전보장제도에 대한 설명 중 옳지 않은 것은?

① UN은 개별국가의 무력행사권을 일반적으로 박탈하는 대신 강력한 집단안전보장제도를 창설하였다.

② 1950년 평화를 위한 단결 결의는 UN의 집단안전보장제도를 보완하기 위한 시도이다.

③ 1950년 평화를 위한 단결 결의에 따라 UN총회는 집단적 강제조치를 결정할 수 있게 되었다.

④ UN의 평화유지활동도 집단안전보장제도를 보완하는 장치이다.

15 UN헌장 제7장에 규정된 집단적 강제조치에 대한 설명으로 옳지 않은 것은?

① UN헌장 제7장의 강제조치에는 국내문제 불간섭의무가 적용되지 않는다.

② UN안전보장이사회가 강제조치를 취하기 위해서는 우선 평화에 대한 위협, 평화의 파괴, 침략행위의 존재를 결정하여야 한다.

③ 어떤 행위들이 평화에 대한 위협, 평화의 파괴, 침략행위인지에 대한 판단권한은 전적으로 안전보장이사회에 있다.

④ UN헌장 제43조의 규정에 의하여 UN군이 창설되어 있다.

16 UN안전보장이사회에 대한 설명으로 옳지 않은 것은?

① UN회원국은 국제평화와 안전의 유지를 위한 일차적 책임을 UN안전보장이사회에 부여하고 있다.

② UN안전보장이사회는 필요시 보조기관을 설치할 수 있으며, 설치된 보조기관은 UN안전보장이사회 결의를 통하여 해체된다.

③ UN안전보장이사회가 취하는 강제조치의 경우에 비군사적 조치는 반드시 군사적 조치보다 선행되어야 한다.

④ 새로운 의제의 삽입, 회의의 정지와 휴회 등 절차사항에 관한 UN안전보장이사회의 결정은 9개 이사국의 찬성투표로써 한다.

17 UN의 평화유지활동에 대한 설명으로 옳은 것은?

① 분쟁지역에서 선거관리 또는 치안유지기능을 수행할 수 없다.

② 국제 평화와 안전의 유지에 관한 사항이기 때문에 안전보장이사회의 독점적인 기능이다.

③ 1956년 수에즈운하 사건 때 UN총회가 평화를 위한 단결 결의에 근거하여 창설한 UN긴급군이 최초의 UN평화유지군이었다.

④ UN헌장 제6장은 평화유지활동에 관한 명문의 규정을 두고 있다.

18 UN평화유지활동에 대한 설명으로 옳지 않은 것은?

① 최근 UN평화유지활동은 주로 안전보장이사회의 결의에 따라 이루어졌다.

② UN평화유지활동의 경비는 UN이 부담한다.

③ UN평화유지활동에 대해 UN헌장 제7장은 명문의 규정을 두고 있다.

④ UN평화유지군은 일반적으로 자위를 위한 경우에만 무력을 사용할 수 있다.

19 최근 UN의 평화유지활동에 대한 설명으로 가장 옳지 않은 것은?

① 최근에는 분쟁예방개념에 초점이 맞춰져 있다.

② 최근 UN의 평화유지활동은 분쟁의 정치적 해결안을 집행하기 위한 수단으로도 기능한다.

③ 최근 UN의 평화유지활동은 군사적 활동뿐만 아니라 NGO 등 다양한 민간활동을 포함하고 있다.

④ 최근 UN의 평화유지활동은 접수국의 동의를 전혀 필요로 하지 않는다.

20 다음 중 핵무기비확산조약(NPT)에 대한 설명으로 옳지 않은 것은?

① 1968년 체결된 조약으로 핵무기의 확산을 방지하는 데 목적이 있다.

② 핵무기비확산조약은 핵무기보유국의 핵군비 증강을 금지하고 있다.

③ 핵무기비확산조약은 핵무기보유국에 대하여 핵무기를 타국에 이양하지 않을 의무를 부과하고 있다.

④ 핵무기비확산조약은 핵무기비보유국이 핵무기를 수령·제조 또는 취득하는 것을 금지하고 있다.

정답및해설

1	②	2	①	3	③	4	①	5	④
6	①	7	④	8	④	9	④	10	④
11	④	12	④	13	③	14	③	15	④
16	③	17	③	18	③	19	④	20	②

1 ② 19세기는 이른바 무차별전쟁관의 시대로 국가는 언제라도 전쟁을 개시할 수 있는 권리를 가졌으며, 평시에 있어서도 전쟁의 위협은 물론 자위 등의 이름으로 국제관계에 있어서 원칙적으로 무력에 호소할 수 있는 자유를 향유하였다. 국가의 무력 사용을 규제하려는 시도는 제1차 세계대전 후 시도되었으며, 무력사용금지의 원칙은 UN헌장 제2조 제4항에 의해 국제법 역사에 의해 최초로 규정되었다.

2 ① 무차별전쟁관은 전쟁원인의 정당성을 문제로 하지 않고 전쟁의 개시부터 종결에 이르는 절차에 대해서만 적법성을 규명함으로써 모든 전쟁을 적법화하려는 19세기의 전쟁관이다.

3 ③ UN헌장 제2조 제4항은 전쟁뿐만 아니라 전쟁에 이르지 않는 일체의 무력의 사용 및 그 위협까지 금지하고 있다. 다만, 예외적으로 UN 헌장 제7장상의 집단적 제재조치로서의 무력 사용, UN헌장 제51조의 자위권 및 제53조 단서에 의한 제107조상의 구적국에 대한 무력 사용을 예외적으로 허용하고 있다. 따라서 사실상 사문화된 구적국조항을 제외하면 오늘날 국제법상 합법적인 무력 사용은 UN헌장 제7장의 강제조치와 UN헌장 제51조의 자위권만이 허용된다.

4 ① UN헌장 제2조 제4항은 전쟁뿐만 아니라 전쟁에 이르지 않는 일체의 무력의 사용 및 그 위협까지 금지하고 있다. 다만, 예외적으로 UN 헌장 제7장상의 집단적 제재조치로서의 무력 사용, UN헌장 제51조의 자위권 및 제53조 단서에 의한 제107조상의 구적국에 대한 무력 사용을 예외적으로 허용하고 있다. 따라서 사실상 사문화된 구적국조항을 제외하면 오늘날 국제법상 합법적인 무력 사용은 UN헌장 제7장의 강제조치와 UN헌장 제51조의 자위권만이 허용된다. 오늘날 무력복구는 무력사용금지의 원칙상 허용되지 않는다.

5 ④ UN헌장 제51조는 자위권 행사를 예외적으로 인정하고 있다.

6 ① 경제제재조치는 침략을 격퇴하기에 충분한 실효적 조치로 볼 수 없으므로 자위권을 계속해서 발동할 수 있다.

7 ④ UN헌장 제7장의 강제조치는 오로지 UN안전보장이사회의 전속적 권한이다.

8 ④ UN헌장 제7장의 강제조치에는 국내문제 불간섭의무가 적용되지 않는다.

9 ④ 국제연맹은 지역적 안전보장체제를 인정하지 않고 있다.

10 ④ 무력봉쇄는 무력적 강제조치로 UN헌장 제42조에 따라 취할 수 있는 조치이다. UN헌장 제41조는 비무력적 강제조치를 규정하고 있다. 즉, 안전보장이사회는 그의 결정을 집행하기 위하여 병력의 사용을 수반하지 아니하는 어떠한 조치를 취하여야 할 것인지를 결정할 수 있으며, 또한 UN회원국에 대하여 그러한 조치를 적용하도록 요청할 수 있다. 이 조치는 경제관계 및 철도, 항해, 항공, 우편, 전신, 무선통신 및 다른 교통통신수단의 전부 또는 일부의 중단과 외교관계의 단절을 포함할 수 있다.

11 ④ UN안전보장이사회는 평화에 대한 위협, 평화의 파괴, 침략행위의 존재를 결정한 후 비무력적 강제조치〈UN헌장 제41조〉 및 무력적 강제조치〈UN헌장 제42조〉 중 적절하다고 판단하는 조치를 취할 수 있다.

12 ④ 한국 전쟁 시 참전한 16개국은 '다국적군'으로 보는 것이 일반적 견해이다. 다국적군은 파견국의 통제를 받는 것이 원칙이며, 당시 16개국은 별도의 'UN군 사령부'를 설치하여 통합적으로 군대를 운용하였다.

13 ① UN총회 결의에 따라 설치되었다.
② 스위스는 당초 영세중립국 지위와 UN헌장 제7장이 모순된다는 이유로 UN가입이 불가능하였으나, 이후 해석론의 변경으로 가입할 수 있었다. 2002년 9월 10일 가입하였다.
④ 유고슬라비아와 소말리아에 파견된 군대는 다국적군의 성격과 PKF의 성격이 혼재되어 있었다. 따라서 파견된 군대의 무력사용도 허가되었다.

14 ③ UN총회는 집단적 강제조치를 결정할 수 없으며, 단지 회원국들에게 권고할 수 있을 뿐이다. 1950년 평화를 위한 단결 결의는 안전보장이사회 상임이사국의 거부권 등으로 UN의 집단적 안전보장기능이 마비될 경우에 UN총회가 강제조치를 회원국에게 권고할 수 있도록 하는 내용의 결의이다.

15 ④ 안전보장이사회가 무력적 조치를 결정하는 경우 UN은 자체 군대를 가지고 있지 않기 때문에 회원국의 군대의 지원을 받아야 한다. 이러한 지원을 위해서는 안전보장이사회와 회원국 간에 UN헌장 제43조에 따른 특별협정을 체결하여야 한다. 이러한 절차를 통해 구성된 군대를 UN군이라고 하는데, 아직까지 이러한 형태의 UN군은 구성된 사례가 없다.

16 ③ UN안전보장이사회가 취하는 강제조치의 경우에 비군사적 조치가 반드시 군사적 조치보다 선행되어야 하는 것은 아니다. 군사적 조치는 최후의 수단이다.

17 ① 분쟁지역에서 선거관리 또는 치안유지기능을 수행할 수 있다.
② 안전보장이사회뿐만 아니라 총회도 평화유지활동에 관여할 수 있다.
④ UN헌장에는 평화유지활동에 관한 명문의 규정을 두고 있지 않다.

18 ③ UN헌장에는 평화유지활동에 관한 명문의 규정을 두고 있지 않기 때문에 그 법적 근거에 대해 다양한 견해가 주장되고 있다. UN의 평화유지활동은 UN집단안전보장체제를 보완하는 의미를 가지며 UN헌장 제6장의 분쟁의 평화적 해결과 UN헌장 제7장의 강제조치 사이에 위치하는 제도라는 의미에서 'UN헌장 6과 2분의 1장'이라 불린다.

19 ④ UN의 평화유지활동이 이루어지기 위해서는 접수국의 동의가 필요하다.

20 ② 핵무기비확산조약은 핵무기보유국의 핵군비 증강, 즉 핵무기의 수직적 확산을 금지하고 있지 않다. 핵무기비확산조약은 핵무기의 수평적 확산만을 금지하고 있다.

08

국제환경법과 국제경제법

01 국제환경법

section 1 국제환경법의 의의

개발 위주의 경제성장 및 산업화의 지속으로 자연생태계의 자정능력이 저하되어 지구 전체의 환경이 급속히 악화됨에 따라 환경문제는 전지구적 위기로서 인식되고 있다. 이에 따라 환경보전과 경제개발을 동시에 조화시키면서 지속 가능한 경제성장을 달성하기 위한 논의가 국제적 차원에서 전개되어 국제환경법이라는 독자적인 영역을 구축하기에 이르렀다.

section 2 국제환경법의 특징

(1) 이원적 법 형식

국제환경협약들은 일반적·추상적 규정을 담은 골격조약의 형태로 체결되고, 구체적·기술적 사항은 의정서나 기술적 부속서에 규정하는 이원적 법 형식을 취하고 있다.

(2) 조약상 의무의 보편화 경향

국제환경협약은 보통 일반적 의무에 관한 조항이 삽입되어 있는데, 최근 이러한 의무를 대세적 의무로 승격시키려는 주장이 대두하고 있으며, 국제환경협약상의 의무를 협약당사자가 아닌 국가들에 대해서도 미치게 하려는 노력이 경주되고 있다.

(3) 주권적 재량의 제한

환경문제의 보편성에 따라 국가의 무제한적인 주권적 권리에 대한 국제법적 제약이 강화되고 있다.

section 3 일반원칙

(1) 지속가능한 개발의 원칙

① 의의 … 지속가능한 개발이란 장래세대가 스스로의 욕구를 충족하는 능력을 손상함이 없이 현재 세대의 욕구를 만족시킬 수 있는 개발로 정의된다.

② 연혁 … 지속가능한 개발이란 용어는 1987년 세계환경개발위원회(WCED)가 발간한 「Our Common Future」라는 보고서에서 처음으로 사용되었다. 지속가능한 개발의 원칙은 1992년 UN환경개발회의 이후 국제환경법의 가장 기본적인 원칙 중 하나로 자리 잡아 가고 있다.

③ 내용 … 1992년 UN환경개발회의 이후 지속가능한 개발의 원칙은 세대 간 형평성의 원칙, 지속가능한 이용의 원칙, 공평한 이용의 원칙, 통합의 원칙 등 4가지 원칙으로 세분화하여 발전되어 가고 있다.

(2) 영역사용관리책임의 원칙

① 의의 … 자국의 영토를 타국영토 또는 타국의 권리에 해를 끼치는 방법으로 사용하거나 사용하도록 허가하여서는 안 된다는 원칙이다.

② 국제실행 … 영역사용관리책임은 1972년 스톡홀름선언, 1974년 국경을 넘는 오염에 관한 OECD원칙, 1978년 UN환경계획의 공유천연자원에 관한 행동원칙, 1982년 UN해양법협약, 1992년 환경과 개발에 관한 리우선언 등에서 확인되고 있다. 또한 1941년 트레일제련소 중재 사건 판결, 1948년 국제사법재판소 코르푸(Corfu)해협 사건 판결, 1996년 핵무기 위협이나 사용의 적법성에 관한 국제사법재판소 권고적 의견 등 국제판례에서도 동 원칙이 확인되고 있다.

(3) 예방조치의 원칙

예방의 원칙은 국가가 환경에 유해할 수 있는 행위를 감소·제한 또는 통제하기 위해 필요한 조치를 취해야 한다는 것을 의미한다.

(4) 사전예방주의원칙

심각하거나 돌이킬 수 없는 환경파괴의 위험이 있는 경우, 과학적 확실성의 결여가 환경훼손방지조치를 지연시키는 이유가 되어서는 안 된다는 원칙을 말한다.

기출문제

문 국제환경법에 대한 설명으로 옳지 않은 것은?
▶ 2020. 7. 11. 인사혁신처
① 협력의 원칙은 UN해양법협약 제198조, 생물다양성협약 제5조 등에서 중요하게 다루어지고 있다.
② 사전주의의 개념은 독일 임미시온방지법 제5조에 규정된 Vorsorge-prinzip에서 유래되었다.
③ 지속가능한 발전의 세부원칙에는 세대 간 형평(inter-generational equity), 지속가능한 이용(sustainable use), 공정한 이용(fair use) 등이 포함된다.
④ 세계자연보전연맹(IUCN)은 국가, 정부 기관, NGO, 연구소 등에 회원자격을 개방하고 있다.

문 국제환경법상 지속가능개발 원칙에 대한 설명으로 옳지 않은 것은?
▶ 2017. 4. 8. 인사혁신처
① 국제사법재판소는 가비치코브 - 나지마로스(Gabčikovo - Nagymaros) 사건에서 지속가능개발 원칙이 일반 국제관습법임을 확인하였다.
② 지속가능개발의 개념은 1987년 브룬트란드(Brundtland) 보고서를 계기로 국제사회에서 일반화되었다.
③ 지속가능개발 원칙은 환경보호가 개발과정의 중요한 일부이고 개발과정과 분리되어서는 아니 된다는 것을 포함한다.
④ 지속가능개발 원칙은 개발의 권리가 현세대와 미래세대의 요구를 공평하게 충족할 수 있도록 실현될 것을 포함한다.

정답 ③, ①

(5) 공동의 그러나 차별적인 책임원칙

공동책임이란 모든 국가들이 인류의 공동관심사인 환경보호와 보전을 위해 노력해야 함을 의미하고, 차별적 책임이란 환경문제에 대해 개별국가가 지닌 상이한 개발정도와 능력, 지구환경훼손에 대한 상이한 책임 등을 감안해야 함을 뜻한다. 동 원칙은 형평성의 원칙에서 유래한 개념으로, 국제환경협약에 개발도상국들의 참여를 촉진하는 인센티브를 제공하는 원칙이 되고 있다.

(6) 국제협력의 원칙

모든 국가는 선린원칙의 기반하에 국경을 초월하는 환경문제뿐만 아니라 범세계적인 환경문제에 효과적으로 대처하기 위하여 서로 협력하여야 한다는 원칙이다. 국제협력의 원칙은 정보교환의 의무, 비상사태하의 신속통보 및 지원의무, 사전통보 및 협의의무 등으로 이루어진다.

(7) 환경비용의 오염자부담원칙(Polloter-Pays Principle ; PPP)

오염 발생에 책임이 있는 자가 오염제거 및 방지비용을 부담하여야 함을 의미한다.

section 4 국제환경법의 성립과 발달과정

(1) 국제환경법의 성립

20세기 들어서 환경보호를 위한 협약들이 체결되기 시작하였고, 1941년 트레일제련소사건, 1948년 코르푸 해협 사건, 1957년 라누호 사건 등의 환경오염으로 인한 국가책임의 원칙이 확립되었다.

(2) 1972년 UN인간환경회의(스톡홀름회의)

1972년 스톡홀름에서 개최된 UN인간환경회의는 국제환경법 발전의 전환점이 되었으며, 인간환경선언(스톡홀름선언)과 인간환경행동계획을 채택하고 UN환경계획(UNEP)의 설립 결의 등 4개의 결의를 채택하였다. 인간환경선언은 법적 구속력은 없으나 국제환경법의 모태가 되었으며, 인간환경행동계획은 5개 분야에 걸친 109개 항목의 구체적 권고로 구성되어 있다.

(3) 1983년 환경과 개발에 관한 세계위원회(브룬트란트위원회)

1983년 UN총회 결의에 의해 설립되었으며, 1987년 'Our Common Future(브룬트란트보고서)'를 작성하였다.

(4) 1992년 UN환경개발회의(UNCED ; 리우회의)

1992년 리우에서 개최된 UN환경개발회의는 '리우선언'과 'Agenda 21' 및 '산림원칙'을 채택하였으며, 'UN기후변화협약'과 '생물다양성협약'이 서명을 위하여 개방되었다. 또한 리우회의 결과의 이행상황을 검토하고 감시하기 위한 기구로서 UN경제사회이사회의 산하로 지속개발위원회(CSD)를 설립하였다.

[리우선언의 주요 원칙(총 27개 원칙 中)]

원칙 1. 자연과 조화하면서 건강하고도 생산적인 생활을 보낼 권리가 있다.
원칙 2. 각국은 자국의 자원을 개발할 권리, 그 활동이 타국의 환경에 해를 끼치지 않도록 할 책임을 동시에 지닌다.
원칙 3. 개발의 권리는 현재와 미래 세대가 할 개발이나 환경자원의 필요성을 공평하게 만족시킬 수 있도록 행사되지 않으면 안 된다.
원칙 4. 지속가능한 개발을 달성하기 위해서 환경보호와 개발은 따로 떼어 생각할 수 없는 일체적 개념이라는 의식을 가져야 한다.
원칙 6. 개발도상국에 대해 환경과 개발에 관한 특별하고도 우선적인 권리가 주어져야만 한다.
원칙 7. 선진국은 기술과 재원이라는 관점에서 지속가능한 개발을 국제적으로 추진할 의무를 인식하여야 한다.
원칙 11. 각국은 적절한 환경법을 제정할 의무를 가진다.
안칙 12. 환경보호를 이유로 부당한 무역제한을 해서는 안 된다.
원칙 13. 각국은 환경오염의 피해자에 대한 책임과 배상에 관한 국내법을 정비한다.
원칙 14. 각국은 유해한 물질 혹은 활동이 타국에 이전되지 않도록 협력한다.
원칙 16. 각국은 오염자가 오염에 대한 비용을 부담한다는 원칙과 그 방법을 숙고한다.
원칙 17. 환경에 중대한 영향을 미치는 활동에는 환경영향평가제를 실시한다.
원칙 23. 억압, 제압 및 점령하에 있는 주민의 환경 및 천연자원은 보호되지 않으면 안 된다.
원칙 24. 전쟁은 지속가능한 개발을 파괴하는 성격을 가진다.
원칙 26. 각국은 환경에 관한 분쟁을 유엔 헌장에 따라 평화적으로 해결한다.

---

(5) 1997년 UN환경특별총회

1997년 뉴욕 UN본부에서 열린 UN환경특별총회는 리우회의 합의사항을 평가하고, 이를 바탕으로 'Agenda 21 추가이행프로그램'을 채택하였다.

기출문제

❓ 1992년 UN 환경개발회의에서 채택된 리우선언(The Rio Declaration on Environment and Development)에 규정되지 않은 것은?
▶ 2015. 4. 18. 인사혁신처
① 분쟁의 강제적 해결 원칙
② 오염자부담 원칙
③ 공동의 그러나 차별적 책임 원칙
④ 예방 및 사전주의 원칙

정답 ①

section 5 국제환경기구

(1) 보편적 국제환경기구

① UN환경계획(UNEP) … 1974년 스톡홀름 UN인간환경회의에서 설립된 기구로서 환경문제를 전담하는 대표적인 기구이다. UNEP는 UN의 보조기관이다.

② 식량농업기구(FAO) … UN전문기구로서 토양이나 수자원 관리 등에 관여한다.

③ 세계기상기구(WMO) … UN전문기구로서 대기오염 및 오존층감소측정을 하며 세계환경감시제도(GEMS)에도 참여한다.

④ UN교육과학문화기구(UNESCO) … UN전문기구로서 인간과 환경의 상호작용과 관련된 활동을 한다.

⑤ 국제해사기구(IMO) … UN전문기구로서 해양환경의 보존과 보호를 위한 활동을 한다.

⑥ 국제원자력기구(IAEA) … 핵시설 및 핵물질 안전, 방사능오염 방지, 핵폐기물처리문제 등을 다룬다.

⑦ 세계보건기구(WHO) … UN전문기구로서 인간의 건강 증진을 위한 환경보호에 관여한다.

(2) 지역적 국제환경기구

유럽지역에서는 유럽평의회, OECD, EC 등이 환경문제 해결을 위해 지속적인 노력을 기울였으며 비유럽지역에서도 남태평양위원회, 국제공동위원회, 아시아·태평양경제사회이사회 등이 주도적 역할을 담당하고 있다.

(3) 비정부기구(NGO)

그린피스, 세계보존연합, 세계자연기금, 시에라클럽, 제3세계 네트워크 등 많은 NGO들이 활동하고 있다.

section 6 분야별 국제환경규범

(1) 대기환경 보호를 위한 국제환경규범

① 1985년 오존층 보호를 위한 비엔나협약

② 1987년 오존층을 파괴하는 물질에 관한 몬트리올의정서

③ 1997년 기후변화협약과 교토의정서
  ㉠ **국제배출권거래제** : 온실가스 감축 목표의 효율적 이행을 위해 감축의무가 있는 선진국들이 서로의 배출량을 사고 팔 수 있도록 허용하는 제도
  ㉡ **공동이행** : 선진국 사이에서 한 국가가 다른 국가에 투자하여 달성한 온실가스 감축분도 투자국의 감축실적으로 인정하는 제도
  ㉢ **청정개발체제** : 선진국과 개발도상국 사이에서 선진국이 개도국에 투자하여 발생된 온실가스 감축분도 선진국의 감축실적에 반영하여 인정하는 제도

(2) 생물다양성 보호를 위한 국제환경규범

① 1992년 생물다양성협약

② 1971년 습지보호협약(람사르 협약)

③ 1973년 멸종위기에 있는 야생동·식물종의 국제거래에 관한 워싱턴협약

④ 1992년 산림원칙

(3) 해양환경 보호를 위한 국제환경규범

① 1954년 석유에 의한 오염 방지를 위한 국제협약

② 1969년 석유오염손해의 민사책임에 관한 국제협약 및 의정서

③ 1969년 석유오염사고시 공해상 개입에 관한 국제협약

④ 1972년 폐기물 및 기타 물질의 투기에 의한 해양오염 방지에 관한 런던협약 및 의정서

⑤ 1973년 선박오염 방지에 관한 국제협약 및 의정서

(4) 남극환경 보호를 위한 국제환경규범

① 1959년 남극조약

② 1972년 남극물개보존협약

③ 1980년 남극생물보존에 관한 협약

④ 1988년 남극광물자원활동의 규제에 관한 조약

⑤ 1991년 환경보호에 관한 남극조약의정서

(5) 기타

① 1989년 유해성 폐기물의 국경을 넘는 이동과 그 처리의 통제에 관한 바젤협약

② 1963년 부분적 핵실험금지협약

③ 1986년 핵물질사고 조기통보에 관한 협약

④ 1986년 핵물질사고 또는 방사능 비상사태의 경우 원조에 관한 협약

⑤ 1994년 사막화방지협약

section 7 국제환경 보호와 국가책임

(1) 의의

일반국제법상 국가는 자국관할 내의 위험한 활동으로 인해 타국의 영역이나 재산 및 사람이 부당한 피해를 입는 것을 방지할 의무가 있다. 따라서 모든 국가는 자국영역 또는 자국관할 내에서 발생하는 환경오염으로 타국의 영역이나 재산 및 사람이 피해를 입지 않도록 사전에 적절한 대책을 세우고, 발생한 피해에 대해서는 적절히 배상할 국제법상의 의무를 진다. 이러한 초국경적 환경오염피해 방지의무는 국제관습법상 확립된 국가의 기본적 의무이다.

(2) 국제위법행위로 인한 국가책임

국제법상 확립된 초국경적 환경오염피해 방지의무를 위반한 행위는 국제불법행위를 구성하므로 각국은 자국관할 내의 활동으로 인한 타국의 환경오염피해에 대해 국가책임을 지며, 환경오염피해국은 환경오염가해국에 대하여 국제 청구를 제기할 수 있다.

(3) 해로운 결과에 대한 책임

국제법상 금지되지는 않았지만, 극도로 위험한 행위일 경우 국가에 귀속될 수 있는 과실이 전혀 없는 적법한 행위임에도 그로 인한 유해한 결과로 말미암아 책임을 지게 하는 것을 말한다. 전통적인 국가책임이 결과발생과는 무관하게 위법한 행위에 대한 배상책임의 성격을 갖는 반면에 국제법상 금지되지 않은 행위로 인한 해로운 결과에 대한 국가책임은 행위의 위법성과는 무관하게 발생한 손해에 대한 보상책임의 성격을 갖고 있다. 이 경우 불법행위에 대한 고의 과실을 따지지 않고 책임을 추궁하는 것이므로 신중히 고려해야만 한다. 이러한 책임 추궁은 국제항공에 관한 로마조약(1952), 우주조약(1966), 우주물체로 인한 손해의 국가책임에 관한 조약(1972), 원자력분야의 파리조약(1960)과 비엔나조약(1963) 등에서 찾아볼 수 있다.

[ILC(국제법위원회) 보고서에 따른 요건]
㉠ 인간의 행동일 것
㉡ 일국 영역이나 통제 내에 있을 것
㉢ 위해 발생의 가능성이 있을 것
㉣ 일국 영역 내 또는 통제 내의 사람이나 사물에 대한 실질적 손해일 것

1 다음 중 국제환경법에 대한 설명으로 옳지 않은 것은?

① 국제환경협약들은 골격조약의 형태를 취하고 있다.

② 국제환경협약의 구체적이고 기술적인 사항들은 의정서나 부속서의 형태로 규정되는 것이 일반적이다.

③ 국제환경협약상의 일반적 의무들을 협약당사자가 아닌 국가에게도 이행을 확보시키려는 노력이 경주되고 있다.

④ 국제환경협약들은 국가영역 내에서 국가의 배타적 주권 행사를 무제한 허용하고 있다.

2 국제환경법에 대한 설명으로 옳지 않은 것은?

① 환경협약은 골격협약인 경우가 많다.

② 1972년 스톡홀름에서 UN인간환경회의가 개최되었다.

③ 국가는 사인의 행위로 인해 타국의 환경에 피해를 준 경우 어떠한 경우에도 국가책임을 부담하지 않는다.

④ 모든 국가는 선린원칙의 기반하에 국경을 초월하는 환경문제뿐만 아니라 범세계적인 환경문제에 효과적으로 대처하기 위하여 서로 협력하여야 한다.

3 국가가 자국의 영토를 타국영토 또는 타국의 권리에 해를 끼치는 방법으로 사용하거나 사용하도록 허가하여서는 안 된다는 국제환경법상의 원칙은?

① 영역사용관리책임의 원칙

② 국가주권절대의 원칙

③ 과실책임의 원칙

④ 지속가능한 개발의 원칙

4 다음 중 국제환경법의 일반원칙으로 볼 수 없는 것은?

① 영역사용관리책임의 원칙

② 지속가능한 개발의 원칙

③ 국제협력의 원칙

④ 국가주권절대의 원칙

5 국제환경법에 대한 설명으로 옳지 않은 것은?

① 지속가능한 개발의 원칙은 1992년 UN환경개발회의 이후 국제환경법의 가장 기본적인 원칙 중 하나로 자리 잡아 가고 있다.

② 공동의 그러나 차별적인 책임 원칙은 형평성의 원칙에서 유래한 개념으로 국제환경협약에 개발도상국들의 참여를 촉진하는 인센티브를 제공하는 원칙이 되고 있다.

③ 환경비용의 오염자부담 원칙은 오염 발생에 책임이 있는 자가 오염 제거 및 방지비용을 부담하여야 함을 의미한다.

④ 국제환경법은 과실책임주의에 기반하고 있기 때문에 무과실책임은 전혀 인정되고 있지 않다.

6 국제환경 보호와 관련된 국가책임에 대한 설명으로 옳지 않은 것은?

① 일반국제법상 국가는 자국관할 내의 위험한 활동으로 인해 타국의 영역이나 재산 및 사람이 부당한 피해를 입는 것을 방지할 의무가 있다.

② 초국경적 환경오염피해 방지의무를 위반한 행위는 국제불법행위를 구성한다.

③ 모든 국가는 자국영역 또는 자국관할 내에서 발생하는 환경오염으로 타국의 영역이나 재산 및 사람이 피해를 입지 않도록 사전에 적절한 대책을 세우고, 발생한 피해에 대해서는 적절히 배상할 국제법상의 의무를 진다.

④ 오늘날 무과실책임주의를 규정한 국제협약은 존재하지 않는다.

7 국제환경법의 일반원칙에 대한 설명으로 옳지 않은 것은?

① 환경보호에 관하여 모든 국가가 공동의 책임을 지나, 각국은 경제적·기술적 상황을 고려하여 차별화된 책임을 부담한다.

② 심각한 환경피해의 우려가 있는 경우 과학적 확실성이 다소 부족해도 환경 훼손에 관한 방지조치를 우선 취해야 한다.

③ 환경오염을 유발한 책임이 있는 자와 오염발생지역을 관할하는 국가기관이 공동으로 오염처리비용을 부담한다.

④ 어느 국가도 자신의 관할권 내에서의 활동으로 다른 국가 또는 자국 관할권 바깥 지역에 환경피해를 야기하지 말아야 한다.

8 1972년 UN인간환경회의에 대한 설명으로 옳지 않은 것은?

① 1972년 스톡홀름에서 개최된 UN인간환경회의는 국제환경법 발전의 전환점이 되는 회의였다.

② UN인간환경회의에서는 인간환경선언이 채택되었다.

③ UN인간환경회의에서는 UNEP(UN환경계획)의 설립이 결의되었다.

④ UN인간환경회의에서 채택된 인간환경선언은 법적 구속력을 갖는 법문서이다.

9 1972년 스톡홀름 인간환경선언에 관한 설명으로 옳은 것은?

① UN과는 무관하게 채택되었다.

② 법적 구속력을 갖는 조약으로 채택되었다.

③ 선언의 일부 원칙들은 오늘날 국제관습법의 지위를 갖는다고 해석된다.

④ 1992년 리우환경개발회의에서 전면 부정되었다.

10 1972년 채택된 유엔인간환경선언에 명시된 내용에 해당하는 것은?

① 월경성 환경피해를 야기하지 아니할 책임 원칙

② 공동의 그러나 차별적 책임 원칙

③ 사전주의 원칙

④ 지속가능한 발전 원칙

11 국제환경법에 대한 설명으로 옳지 않은 것은?

① 협력의 원칙은 「UN해양법협약」 제198조, 「생물다양성협약」 제5조 등에서 중요하게 다루어지고 있다.

② 사전주의의 개념은 독일 「임미시온방지법」 제5조에 규정된 Vorsorge-prinzip에서 유래되었다.

③ 지속가능한 발전의 세부원칙에는 세대 간 형평(inter-generational equity), 지속가능한 이용(sustainable use), 공정한 이용(fair use) 등이 포함된다.

④ 세계자연보전연맹(IUCN)은 국가, 정부 기관, NGO, 연구소 등에 회원자격을 개방하고 있다.

12 1992년 UN환경개발회의(UNCED)에 대한 설명으로 옳지 않은 것은?

① 1992년 리우에서 개최된 UN환경개발회의는 리우선언이 채택되었다.

② 1992년 리우회의에서는 리우선언의 시행을 위한 구체적 행동지침을 담은 Agenda 21이 채택되었다.

③ 1992년 리우회의에서는 UN기후변화협약과 생물다양성협약이 서명을 위하여 개방되었다.

④ 1992년 리우회의에서는 UNEP의 설립이 결의되었다.

13 1992년 UN 환경개발회의에서 채택된 리우선언(The Rio Declaration on Environment and Development)에 규정되지 않은 것은?

① 분쟁의 강제적 해결 원칙　　　　② 오염자부담 원칙

③ 공동의 그러나 차별적 책임 원칙　　④ 예방 및 사전주의 원칙

14 Agenda 21에 대한 설명으로 옳지 않은 것은?

① Agenda 21이란 환경보호에 관한 21개의 주요 원칙을 말한다.

② 리우선언의 시행을 위한 구체적인 행동지침을 담은 실천강령이다.

③ 개도국개발촉진정책, 빈곤퇴치 및 인간주거의 개발 및 증진에 관한 규정을 두고 있다.

④ 1992년 UN환경개발회의에서 채택되었다.

15 1992년 환경과 개발에 관한 리우선언에 대한 설명으로 옳지 않은 것은?

① 리우선언은 기본적으로 스톡홀름선언의 정신을 계승하고 있으며, 국가가 자원을 개발할 때 자원 개발이 지속가능하게 수행되어야 함을 선언하고 있다.

② 리우선언의 시행을 위해 법적 구속력을 갖춘 구체적 행동지침으로서 의제 21(Agenda 21)과 기후변화협약, 생물다양성협약이 함께 채택되었다.

③ 선진국과 개발도상국의 '공동의 그러나 차별적인(common but differentiated)' 책임을 인정하고 있다.

④ 환경목적을 위한 무역정책조치가 국제무역상 자의적 또는 부당한 차별조치나 위장된 규제수단이 되어서는 안된다는 점을 선언하였다.

16 국제환경법에 대한 설명으로 옳지 않은 것은?

① 국제환경협약은 일반적으로 골격조약의 형태로 존재한다.

② UNEP는 1974년 스톡홀름 UN인간환경회의에서 설립된 기구로서 환경문제를 전담하는 대표적인 기구이다.

③ 1997년 뉴욕 UN본부에서 열린 UN환경특별총회는 리우회의 합의사항을 평가하고 이를 바탕으로 'Agenda 21 추가이행프로그램'을 채택하였다.

④ 남극은 어느 국가도 영유할 수 없기 때문에 남극의 환경문제를 다루는 국제협약은 존재하지 않는다.

17 다음 중 보편적 차원의 국제환경기구로 볼 수 없는 것은?

① UN환경계획(UNEP) ② UN교육과학문화기구(UNESCO)
③ 세계기상기구(WMO) ④ 국제통화기금(IMF)

18 정부 간 보편적 환경기구에 속하지 않는 것은?

① UNEP ② IMO
③ IAEA ④ Green-Peace

19 1997년 기후변화협약 교토의정서의 내용으로 옳지 않은 것은?

① 온실가스 배출량 감축의무를 이행하는 데 있어 소위 배출적립제도를 두었다.
② 온실가스 배출량의 국가 간 거래를 허용하는 소위 배출권 거래를 마련하였다.
③ 온실가스 배출권 거래의 변형된 형태인 공동이행은 인정되지 않는다.
④ 온실가스 배출량 감축의무는 협약 제1부속서에 포함되지 않는 당사국들에게는 적용되지 않는다.

20 국제환경규범체제에 대한 설명으로 옳지 않은 것은?

① 물새의 서식지로서 국제적 중요성이 있는 습지에 관한 협약(Ramsar Convention)은 생태계보존을 위한 습지의 중요성을 인식한 국제사회가 1975년 이라크의 람사르에서 채택하였다.
② 멸종위기에 처한 야생 동식물종의 국제거래에 관한 협약(CITES)은 3개의 부속서(Appendix)에 열거된 종의 표본에 대한 국제거래를 규제하고 있다.
③ 녹색기후기금(Green Climate Fund)은 기후변화에 대처하기 위해 국제사회가 정한 목표를 달성하려는 지구적 노력에 기여하기 위하여 설립되었다.
④ 생물다양성협약(Convention on Biological Diversity)의 목적은 생물다양성의 보존, 그 구성요소의 지속 가능한 이용, 유전자원의 공정하고 공평한 이익의 공유이다.

정답및해설

1	④	2	③	3	①	4	④	5	④
6	④	7	③	8	④	9	③	10	①
11	③	12	④	13	①	14	①	15	②
16	④	17	④	18	④	19	③	20	①

1 ④ 국제환경협약들의 특징 중 하나는 국가의 무제한적인 주권적 권리에 대한 국제법적 제약을 강화하고 있다는 것이다.

2 ③ 국가가 사인의 환경오염행위에 대하여 상당한 주의의무를 다하여 사전에 방지하지 않았거나, 사후에 적절한 구제조치를 취하지 않은 경우 국가책임을 부담한다.

3 ① 영역사용관리책임의 원칙은 1972년 스톡홀름선언, 1974년 국경을 넘는 오염에 관한 OECD원칙, 1978년 UN환경계획의 공유천연자원에 관한 행동원칙, 1982년 UN해양법협약, 1992년 환경과 개발에 관한 리우선언 등에서 확인되고 있다. 또한 1941년 트레일제련소중재 사건 판결, 1948년 국제사법재판소의 코르푸해협사건 판결, 1996년 핵무기 위협이나 사용의 적법성에 관한 국제사법재판소 권고적 의견 등 국제판례에서도 동 원칙이 확인되고 있다.

4 ④ 국가주권절대의 원칙은 국제환경법과 배치되는 개념이다. 국제환경법은 국가주권절대주의에 입각한 전통 국제법으로부터 현대 국제법으로의 발전을 잘 보여주는 영역이다.

5 ④ 국제불법행위가 있기 위해서는 행위자의 고의 또는 과실이 있어야 하는 것이 원칙이나, 환경법의 영역에서는 무과실책임주의가 예외적으로 인정되는 경우가 있다.

6 ④ 해로운 결과에 대한 책임이란 전통적인 국가책임의 요건인 행위의 국가귀속성과 국제의무의 위반이 없어도 피해가 발생한 경우 절대적 배상책임을 진다는 것이다. 1972년 우주물체로 인하여 야기된 손해에 대한 국제책임협약은 우주물체로 인한 손해가 지구상에서 발생한 경우 절대책임을 진다고 규정하고 있다.

7 ③ 오염자부담원칙을 설명한 것인데 적절하지 않다. 오염자부담원칙은 오염을 유발한 책임이 있는 자가 오염의 결과 제거 비용을 전부 부담해야 한다는 원칙이다.
　① 차별적 공동책임 동의에 대한 설명이다.
　② 사전주의원칙(pre cautionary principle)에 대한 설명이다.
　④ 영역사용의 관리책임 원칙에 대한 설명이다.

8 ④ 1972년 UN인간환경회의에서 채택된 인간환경선언(스톡홀름선언)은 법적 구속력은 없으나, 국제환경법의 모태가 되었다.

9 ③ 1972년 스톡홀름 인간환경선언은 법적 구속력을 갖지 않지만 국제환경법의 이정표를 제시하여, 그 주요 원칙들은 오늘날 국제관습법의 지위를 갖는 것으로 간주되고 있다.

10 ②③④는 리우선언(1992)에는 규정되어 있으나, 인간환경선언에는 명시되지 않았다

11 ③ 세대 간 형평, 지속가능한 사용의 원칙, 형평이용의 원칙, 세대 내 형평의 원칙, 통합의 원칙 등이 있다.

12 ④ 리우회의 결과의 이행상황을 검토하고 감시하기 위한 기구로서 UN경제사회이사회의 산하로 지속개발위원회(CSD)를 설립하였다. UNEP는 1972년 UN인간환경회의에서 설립이 결의되었다.

13 ① 리우선언 27원칙 중 26원칙에 따르면 국가는 그들의 환경 분쟁을 유엔헌장에 따라 평화적으로 또한 적절한 방법으로 해결하여야 한다고 명시하고 있다. 리우선언은 1992년 6월 3일부터 14일까지 브라질의 리우데자네이루에서 개최된 지구 정상회담에서 환경과 개발에 관한 기본원칙을 담은 선언문이다.

14 ① Agenda 21에서 21은 21세기를 의미하며, 구체적으로 21세기까지 연장되는 환경에 관한 포괄적 행동계획이다.

15 ② '리우선언', 당시 'Agenda 21', '산림원칙'을 함께 채택했다.

16 ④ 1959년 남극조약체제를 기초로 하여 1972년 남극물개보존협약, 1980년 남극생물보존에 관한 협약, 1988년 남극광물자원활동의 규제에 관한 조약, 1991년 환경 보호에 관한 남극조약의정서 등 남극의 환경보호를 위한 국제협약들이 존재한다.

17 ④ 국제통화기금(IMF)은 국제통화질서를 관장하는 국제기구이다.

18 ④ Green Peace는 환경보호를 위한 비정부간 단체(NGO)이다.

19 ③ 교토메카니즘의 공동이행은 선진국 사이에서 한 국가가 다른 국가에 투자하여 달성한 온실가스 감축분도 투자국의 감축실적으로 인정하는 제도이다.

20 ① 이란의 람사르에서 채택된 조약이다.

02 국제경제법

section 1 국제통화기금(IMF)

(1) Bretton Woods 체제

① 성립배경

ㄱ 제2차 세계대전까지의 경제적 불황으로 각국의 경쟁적 환율인하, 고관세, 수입제한, 반덤핑 등의 규제조치가 빈발하는 등 국리 위주의 양상이 등장하였다.

ㄴ 1944년 미국 주도하에 전후 국제경제조직의 구축을 위한 연합국 금융통화회의가 Bretton Woods에서 개최되어 국제통화기금과 국제부흥개발은행에 관한 Bretton Woods 협정을 체결하였다.

② 내용

ㄱ 미국 달러($)를 기축통화로 하고, 달러에 대한 금태환(金兌換) 의무를 부과하였다.

ㄴ 고정환율제도 : '1온스 = 35$'로 달러와 금의 교환비율을 고정한 후, 각국 통화와 달러의 교환비율을 고정하여, 각국 통화당국의 공식적 외환시장개입으로 유지토록 하였다. 단, 회원국은 상하 1% 이내의 변동을 인정한다.

ㄷ 고정환율제도의 조정 : 회원국의 단기적 국제수지 불균형이 발생하면 IMF로부터 국제수지 조정을 위한 융자를 허용하고, 그래도 조정되지 않는 기초적 국제수지 불균형에 직면할 경우에는 IMF의 승인을 얻어 10%까지 환율 변동이 가능하였다.

ㄹ 외환의 자유화

- 경상지불에 대한 제한의 철폐·차별적 통화조치의 철폐·외국이 보유하고 있는 자국 통화의 교환성 유지를 목표로 한다.
- IMF 14조국(외환거래를 자유화하지 않은 국가)에 대한 예외를 인정한다.
- 14조국에서 8조국으로 변경되면 14조국으로의 복귀는 인정되지 않는다.
- 우리나라는 1998년 11월부터 IMF 8조국이 되었다.

③ 문제점

ㄱ 고정환율제도는 국제수지 불균형의 원활한 조정이 곤란하다.

ㄴ 유동성의 문제 : 제2차 세계대전 이후 급증한 국제무역과 국제자본의 이동을 뒷받침하기 위해서는 기축통화인 달러화의 공급이 원활해야 하지만, 달러화의 공급이 많아진다는 것은 미국의 적자와 달러화의 국제신인도 하락을 초래하게 된다. 결국, 국제유동성의 원활성과 달러화의 신뢰도 확보를 양립시켜야 하는 문제가 발생한다.

기출문제

(2) Smithonian 체제

① 배경

ㄱ 미국의 만성적자와 국제수지 악화로 달러의 국제신뢰도가 악화되었다.

ㄴ 프랑스 등이 달러에 대한 금태환을 요구함으로써 달러의 국제신뢰도 추락과 달러화 하락으로 달러의 투매현상이 발생함으로써 국제통화위기가 발생하였다.

② Bretton Woods 체제 붕괴

ㄱ **국제통화위기 극복을 위한 노력**

• 일반차입협정(1962) : 서방선진 10개국이 IMF에 추가자금을 예탁하여 후에 출원한 국가에 도움을 주고자 체결한 협정이다.

• 특별인출권(SDR) 창출 : SDR은 스톡홀름협정에 따라 등장한 것으로, 각국의 쿼터에 따라 SDR 구좌를 설정하고, 이 구좌에 가입한 국가 간에 서로 상대방 구좌에 특정된 금액을 불입함으로써 상호 결제하는 수단이다.

• 정기적인 국제통화기금 쿼터 증액 조치

ㄴ **극복 노력의 실패**

• 미국의 금 보유고 감소

• 1971년 미국의 닉슨 대통령에 의한 금태환 정지

③ Smithonian 체제의 탄생

ㄱ 1971년 12월 선진 10개국 대표에 의하여 스미소니언 협정을 체결하였다.

ㄴ 미국달러에 대한 평가를 '1온스 = 38$'로 약 7.895% 절하시켰다.

ㄷ 환율변동폭이 1%에서 2.25%로 확대되었다(wider margin).

④ Smithonian 체제의 붕괴

ㄱ 독일 마르크화와 일본엔화의 강세로 달러화가 계속적으로 가치가 하락되었다.

ㄴ 1973년 2월 미국달러화의 10%가 평가절하되었다.

ㄷ 유럽공동체국의 유럽공동환율 협정(Snake System)

(3) Kingston 체제

① Kingston 체제의 탄생

ㄱ Smithonian 체제로 만족스러운 결과를 얻지 못하자, IMF는 통화제도의 개혁을 위해 1972년 20개국 통화위원회를 설치하였고, 이것은 1974년 잠정위원회로 대체되었다.

ㄴ 1976년 제5차 잠정위원회에서 IMF 개혁과 관련한 현안문제가 타결되었고, 이에 따라 국제통화기금 개정안이 마련되었다. 이를 'Kingston 체제'라고 한다.

② 주요내용

   ㉠ IMF회원국은 자국 여건에 적합한 환율체제를 자유로이 선택할 수 있다. 다만, 환율문제에 대한 IMF의 감독 기능을 강화시킨다.

   ㉡ 가치척도의 역할을 금에서 SDR로 대치하였다.

   ㉢ 회원국의 국제수지 불균형이 국제통화체제의 안정을 저해하는 큰 요인 중의 하나임을 인식하고, 국제수지에 대한 IMF의 신용을 확대하였다.

(4) IMF의 가입과 회원국의 의무

① IMF 가입 … 이사회의 심의를 거쳐 가입조건을 결정하고, 총회나 다수결로 이를 승인함으로써 회원국이 된다.

② 회원국의 의무(제8조) … 경상지급제한에 대한 철폐, 차별적 통화제도 철폐, 외국보유 등의 자국통화 상시 교환 수락, IMF 활동에 필요한 경제정보 제공, 예외조치 시 협의의무, 준비자산정책의 협조의무가 있다. 제8조 의무는 5년간의 유예(제14조)를 두고 있다. 5년이 지난 후에도 경과규정의 형태로 존속하고 있다.

(5) 세계은행(IBRD)

① 목적

   ㉠ 전쟁에 의해 파괴된 선진국 경제의 부흥원조

   ㉡ 개발도상국의 개발원조

② 활동내용

   ㉠ 장기자금의 대부, 대부참가, 민간투자에 대한 보증

   ㉡ 상기 업무의 부수조사, 기술원조

③ 융자

   ㉠ 원칙적으로 회원국 또는 회원국 보증 민간기업만을 대상으로 한다.

   ㉡ 대부 또는 보증에 관한 협정도 국제법의 규율을 받는다.

   ㉢ 자금조성은 회원국의 출자, 채권발행, 회원국 중앙은행으로부터의 차입, 변제금, 대부증서의 매각 등의 방법으로 한다.

④ 세계은행 그룹

   ㉠ **국제금융공사(IFC)**: 현지 자본시장을 육성하고 개도국에 대한 외국투자를 장려하기 위해 IBRD와는 달리 정부보증 없이 민간기업에 대한 투자를 할 수 있게 하였다. IBRD의 자매기관으로 성립되어 1957년에 UN의 전문기관이 되었다.

기출문제

ⓛ 국제개발협회(IDA) : IBRD의 융자를 받지 못하는 저소득 개발국에 관대한 조건으로 융자함으로써, 운수·통신·관개·전력 등 기간산업에 대한 투자를 완화시키게 되었다. IFC와 마찬가지로 IBRD의 자매기관으로 성립되어 1961년 UN의 전문기관이 되었다.

section 2 관세 및 무역에 관한 일반협정(GATT)

(1) 연혁

① 1945년 미국정부는 「세계무역 및 고용확대를 위한 제안」을 발표하여, 국제무역기구(ITO : International Trade Organization) 설립과 관세 및 기타 무역장벽의 제거를 위한 교섭을 제안하였다.

② 준비위원회 초안에 근거하여 「국제연합 무역고용회의」에서 완성되어 서명된 ITO헌장은 미국의 반대로 발효되지 못하였다.

③ ITO헌장의 성립이 무산되자, 미국은 각국에 관세교섭을 호소하여 1947년 관세교섭이 시작되었다.

④ 관세교섭의 결과 국가 간 비차별관세 및 수입제한의 원칙적 금지 등이 다국간 국제협정의 형태로 채택되어, GATT가 탄생하였다. → 1947년 10월 30일 채택, 1948년 1월 1일 발효

⑤ GATT의 발효지연을 우려하여 제1부(관세에 대한 규정)와 제3부(주요절차에 관한 규정)는 무조건 적용하고, 제2부(무역장벽의 제거에 관한 규정)는 각국의 기존 국내법 범위 내에서 최대한 적용한다는 「잠정적용에 관한 의정서」를 채택하였다.

(2) 특징

① ITO 설립시 까지 잠정적인 것으로 상정되어 국제기구의 설립에 관한 규정을 두고 있지 않다.

② 국제기구가 아닌 까닭에 총회와 같은 기관이 없고, GATT 행동은 체약국의 공동행동에 의하며, 공동으로 행동하는 체약국들을 체약국단이라 부른다.

③ ITO헌장을 위하여 설치된 중간위원회를 승계한 국제무역기구 잠정위원회가 실질적인 사무국의 역할을 수행하고 있다.

④ GATT의 실체는 국제기구와 다를 바 없다.

(3) 구조

GATT는 태생적으로 조약에 지나지 않음에도 국제기구적인 기구구조를 발전시킴으로서, 다자조약으로서뿐 아니라 기능적 법인격을 가지는 정부 간 기구로서의 2원적 성격을 갖게 되었다. 다시 말해, GATT는 관습적 방법으로 발전된 국제기구의 일례를 보여 준 것으로, GATT체제는 40년이 넘는 활동기간 동안 사실상의 세계무역기구로 발전하였다.

① GATT 체제하 모든 규제권과 관할권은 체약국 합의에 기초하여 파생된다.

② **체약국단 회의** ⋯ 매년 한차례 개최하며, 단순다수결을 원칙으로 하고 있고, 면제나 가입의 경우를 제외하고는 관행상 컨센서스로 결정이 이루어져 왔다.

③ **이사회** ⋯ 모든 체약국의 대표로 구성되며, 분쟁해결을 위한 패널을 지명하고, 패널에 대한 위임조건 등을 결정하는 등, GATT 전반에 걸친 기능을 수행하였다.

④ **사무국** ⋯ 교역정책의 감시를 위한 권한과 협의 · 협상 · 중개 · 분쟁해결을 지원함 공식명칭은 'ITO를 위한 중간위원회'로서, ITO협상과정에서 설치된 중간위원회는 ITO협상이 UN의 후원 하에 이루어졌던 까닭에 기술적으로는 UN의 기관이었으나, ITO가 설립되지 못함으로써 GATT와 UN의 관계는 항상 연계되는 관계는 아니었다.

(4) GATT 발전과정

회	연도	개최 장소	주요 과제
1	1947	스위스 제네바	관세
2	1949	프랑스 안시	관세
3	1951	영국 토키	관세
4	1956	스위스 제네바	관세
5	1960 -61	스위스 제네바 (Dilon round)	관세
6	1964 -67	스위스 제네바 (Kennedy Round)	• 새로운 관세인하 협상방법 채택(선형인하방식 : 평균 35% 인하) • 반덤핑협정체결 • 특정상품에 대한 관세평가절차 • 개발도상국에 대한 특혜제도를 공식적으로 도입

7	1973 -79	스위스 제네바 (Tokyo Round)	• 일괄인하방식이 채택(조화인하방식 : 일률적인 비율이 아니라 기존의 관세율이 높을수록 더욱 큰 폭의 실제 인하가 이루어짐) • 9개 code : 보조금 및 상계조치, 반덤핑, 관세평가, 기술장벽, 정부조달, 수입허가절차, 민간항공교역, 국제낙농, 우육, 긴급수입제한조치는 제외 • 4개 골격협정(모든 체약국 구속 : 개발목적의 safeguard 조치, 차별적 우대, 상호성과 개도국의 완전참가, 수지목적으로 취해진 교역조치에 관한 선언, 고지·협의·분쟁해결·감시에 관한 선언)
8	1986 -93	스위스 제네바 (Uruguay Round)	관세, 비관세조치, 서비스, 지적재산권, 분쟁해결, 섬유 및 의류, 농업, WTO설립 등

(5) GATT의 기본원칙

① **무역자유화** … 관세를 인하하고 수량제한을 철폐한다.

② **비차별주의**

    ㉠ **최혜국대우** : GATT 체약국 중 어느 나라가 다른 회원국에 부여한 통상상의 어떤 특혜나 면제를 모든 회원국에 대해서도 비차별적으로 동등하게 부여하여야 한다. 이는 국가와 국가 간의 차별을 배제하고 모든 국가에 동등한 기회를 부여하고자 함이다.

    ㉡ **내국민대우** : GATT 회원국들이 국내조세나 규제 등을 취함에 있어서 외국상품과 국내상품을 아무런 차별 없이 동등하게 대우하여야 한다. 이는 자국과 외국 간의 차별을 배제하고자 함이다.

③ **다자주의** … 국가 간 분쟁이나 마찰이 발생할 경우 분쟁당사국 사이에 해결하지 않고 다자간의 협상을 통해서 해결한다.

④ **상호주의와 개도국 우대**

    ㉠ **상호주의** : 어떤 회원국이 관세인하를 하면 상대방 회원국도 그에 상응하는 관세인하를 해야 한다.

    ㉡ **개도국 우대** : 개도국을 위한 특별한 지원과 무역상의 양허를 허용한다.

📖 1994년 관세와 무역에 관한 일반협정(GATT)의 기본원칙이 아닌 것은?

▶ 2018. 4. 7. 인사혁신처

① 관세장벽의 강화
② 비관세장벽의 철폐
③ 최혜국대우
④ 내국민대우

| 정답 ①

section 3 세계무역기구(WTO)의 설립과 기본구조

(1) WTO 성립과정

① 1986년 우루과이라운드 협상이 개시되었으나, 미국과 유럽공동체 간 농업분야에 대한 대립으로 1990년까지의 완료일정이 연기되었다.

② 1988년 몬트리올회의에서 분쟁해결절차의 개정과 무역정책기구의 잠정적 도입, 평균 1/3에 달하는 관세감축을 결정하였다.

③ 1991년 GATT 사무총장인 아더 던켈이 협정초안을 제출하여 농업분야를 포함한 당시까지 합의에 이르지 못한 분야에 대한 예정타협안을 제출하였다.

④ 미국 대통령 클린턴이 의회에 대해 1993년 12월까지를 시한으로 속진협상권(fast track)을 요청함으로써 우루과이라운드의 최종기한을 설정하였다.

⑤ 1993년 12월 GATT의 새로운 사무총장인 피터 서덜랜드의 제안을 계기로 협상에 착수하여 미국과 유럽연합은 농업과 반덤핑분야에 관해 타협을 이루었고, 1994년 모로코의 마라케쉬에서 개최된 각료회의에서 최종의정서에 서명하고, 1995년 1월 1일에 발족하게 되었다.

(2) WTO 구조

① **WTO협정의 구성** … 최종의정서 + WTO설립협정 + 각료선언 및 결정

② **가입**

  ㉠ 원회원국 : WTO설립협정 발효 시에 GATT 1947의 체약국으로서, WTO협정과 제1부속서상의 다자협정을 수락하고, 서비스협정에 부속된 이행계획서를 수락한 국가를 말한다. UN이 인정한 최빈국은 자국의 필요 및 능력 안에서 이행 · 양허하면 원회원국의 지위를 갖게 된다.

  ㉡ 신규가입
  • 자격 : WTO설립협정, 다자협정, 서비스협정상의 이행계획서를 수락한 주권국가와 대외무역관계에서 완전한 자치권을 갖는 관세지역이 그 자격이 주어진다.
  • 결정 : 각료회의에서 하며, 투표한 회원국의 2/3 다수결로 가입조건에 대한 합의 사항을 승인한다.

  ㉢ 요건
  • 일괄채택방식 : WTO협정의 수락이나 가입 시에 유보나 조건부의 가입은 불허한다. 단, 제4부속서상의 복수국 간 무역협정(PTA)은 서명국에만 적용한다.
  • 조부조항(father clause)의 부인 : GATT 1994에서 「잠정적용에 관한 의정서」를 제외시킴으로써 조부조항은 인정되지 않는다.

- 비적용 조항(Non-Application Clause) : 회원국은 다른 회원국과의 관계에서 WTO협정과 MTA를 적용하지 않음을 밝힐 수 있다. 동 조항은 쌍방이 모두 WTO회원국이 되는 시점에만 적용되며, 원용하는 국가가 가입 승인 전에 각료회의에 그 뜻을 고지한 경우에만 적용된다.
- 분담금 : 회원국의 WTO경비에 대한 분담금은 당해 회원국의 국제통상에서의 점유지분에 따른다.

③ GATT 1994 포괄성

　㉠ WTO협정 발효 이전에 발효된 법률문서에 의해 수정된 GATT 1947

　㉡ WTO협정 발효 이전에 GATT 1947하에서 발효된 관세양허과 관련된 의정서와 증명서

　㉢ GATT 1994에 명시된 6개의 양해

　㉣ GATT 1944에 대한 마라케시 의정서

④ 탈퇴 … 회원국은 협정으로부터 탈퇴할 수 있으나, WTO사무총장에게 탈퇴보고서를 제출한 날로부터 6개월이 지나야 효력이 발생한다.

(3) WTO 기관

① 각료회의 … MTA의 모든 사항에 관하여 결정권을 가지는 최고의 권위를 가진다.

　㉠ 모든 회원국의 대표로 구성된다.

　㉡ 최고의결기관임과 동시에 집행기관이다.

　㉢ 매 2년마다 1차례 이상 회합(비상설 기관)한다.

　㉣ 산하기구로 무역개발위원회, 무역수지위원회, 예산재정행정위원회, 무역환경위원회를 둔다.

② 일반이사회

　㉠ 모든 회원국의 대표로 구성된다.

　㉡ 필요시마다 개최되며, 각료회의가 열리지 않는 기간에 각료회의의 기능을 수행하게 되는데 분쟁해결기구와 무역정책검토기구로서의 기능을 수행한다. 분쟁해결기구와 무역정책검토기구는 독자적 의장을 선출하고, 부과된 의무를 수행하기 위한 필요한 독립된 절차규칙을 가진다.

　㉢ 산하기구로 상품무역이사회, 서비스무역이사회, 무역관련지적재산권이사회가 있다.

③ 무역정책검토기구 … WTO 일반이사회의 다른 기능으로서 회원국의 무역정책과 관행의 투명성 확보가 주된 목표이다. 단, 협정상의 의무시행이나 분쟁해결절차를 위한 토대로서 기능하기 위한 것이 아니고, 회원국에 새로운 정책이행을 부과하기 위한 것도 아니다. 연계보고서를 제출하고 검토결과는 일반이사회에서

검토한다. 검토 정도는 다자간 무역체제에 미치는 개별 회원국의 영향력에 따라 결정된다.

④ 사무국

ㄱ 사무총장(각료회의가 지명)과 사무국 직원으로 구성된다.

ㄴ 사무총장과 사무국 직원의 책임은 국제적 성격을 가지므로, 특정국 정부나 WTO 외부의 지시를 구하거나 이를 수락하여서는 아니 된다.

(4) 의사결정

① 컨센서스를 원칙으로 하고, 합의도출이 어려울 경우 투표로 결정한다.

② 회원국은 각료회의와 일반이사회에서 하나의 투표권을 행사하며, EU는 회원국 숫자만큼의 투표권을 갖는다.

③ 의무면제 … 회원국은 예외적으로 의무를 면제받을 수 있다. 이 경우 각료회의는 회원국 3/4 이상의 찬성으로 의무를 면제할 수 있다. GATT 1947에서는 2/3 이상의 찬성을 받으면 의무면제를 받을 수 있었다.

④ 신규가입 … 각료회의는 전체 회원국 2/3 이상의 찬성으로 신규가입을 허락할 수 있다.

⑤ 개정

ㄱ WTO 협정과 부속서 1의 다자간 무역협정 개정안 상정 : 각료회의는 개정안을 상정할 지 여부를 총의로 결정하며, 총의를 얻지 못한 경우 회원국 2/3 찬성으로 개정안 상정할 수 있다.

ㄴ WTO 협정의 개정에 관한 조항, 의사결정에 관한 조항, 최혜국 대우 조항, 관세양허에 관한 조항 등은 만장일치로 결정한다.

ㄷ 나머지 WTO 협정 관련해서는 회원국 2/3 이상의 찬성으로 개정한다.

ㄹ 분쟁해결양해에 대한 개정은 총의로 결정한다.

ㅁ 무역제도검토제도 개정은 각료회의 승인으로 결정한다.

ㅂ 복수국 간 무역협정 개정은 개별 협정에 따른 절차에 의한다.

(5) WTO 특성 및 기능

① 국제기구로서의 법인격, 분쟁해결기구를 통한 분쟁해결, 협정위반에 대한 제재 강화, 컨센서스와 표결의 혼합, 신속한 의사결정 확보, 모든 비관세 장벽의 철폐, 공산품·농산물, 서비스, 지적재산권 등이 있다.

② WTO를 구성하는 다자간 협정 집행 및 이행, 다자간 무역협상의 장, 무역분쟁 해결 추구, 국별 무역정책 감독 및 감시, 세계적 경제정책결정 국제기관과 협력 등의 기능을 한다.

기출문제

세계무역기구(WTO)의 의사결정에 대한 설명으로 옳지 않은 것은?
▶ 2017. 4. 8. 인사혁신처

① WTO는 GATT 체제와 같이 일차적으로 총의(consensus)로 의사결정을 한다.

② WTO는 총의로 결정하지 못하고 달리 규정되지 않은 경우에는 표결로 결정한다.

③ WTO 각 회원국은 각료회의와 일반이사회에서 국제교역량에 비례하여 투표권을 가진다.

④ 각료회의와 일반이사회는 WTO 설립협정과 다자간 무역협정의 해석에 관한 권한을 독점한다.

세계무역기구(WTO) 설립협정상 WTO의 기능으로 옳지 않은 것은?
▶ 2015. 4. 18. 인사혁신처

① WTO는 WTO 설립협정 및 다자간 무역협정의 이행, 관리, 운영을 촉진한다.

② WTO는 WTO 설립협정 부속서 3에 규정된 무역정책검토 제도를 시행한다.

③ WTO는 WTO 설립협정에 부속된 협정들에 관련된 다자간 무역관계와 관련 회원국들 간의 협상의 장(forum)을 제공한다.

④ WTO는 세계경제 정책 결정에 있어서 일관성 제고를 위하여 UN 경제사회이사회와 협력한다.

❙정답 ③, ④

(6) WTO 기본원칙

① 비차별

　　㉠ 최혜국대우 : 국가가 자국영역 내에 있는 외국 또는 외국인 및 외국제품을 제3의 국가 또는 국민 및 제품보다 불리하지 않게 대우하는 것을 말한다. 내국민대우가 내외국민간의 무차별대우인데 비하여 최혜국대우는 자국 내에 있는 외국인간의 비차별대우를 말한다.

　　㉡ GATT 및 WTO체제에서의 최혜국대우 : 한 회원국이 자국영역 내에서 동종상품에 대하여 제3국 또는 제3국 국민에게 부여하는 관세, 통관, 수출입에 관한 규칙 및 절차상의 모든 혜택을 다른 회원국 또는 그 국민에게도 부여하는 의무를 말한다.

- 적용대상 : GATT 1994와 다자간 상품무역협정(MTA)상의 최혜국대우 원칙은 관세와 과징금의 부과 및 부과방법, 수출입과 관련된 모든 규칙 및 절차, 내국세 및 기타 국내규제를 다른 회원국의 동종상품에 대해 적용하는 것인데, 서비스무역일반협정(GATS)상의 최혜국대우 원칙은 서비스무역에 영향을 미치는 회원국의 모든 조치에 대해 적용된다.
- 적용범위 : 동종상품(like product)의 수입과 수출에 적용되므로 동종상품의 범위를 결정하는 것이 매우 중요하며, GATS에서는 동종 서비스(like service)의 범위결정문제로 나타난다.
- 적용방법 : 두 회원국 간의 이익·혜택·특권·면제는 타국의 동종상품에 대해 즉각적, 무조건적으로 부여되어야 한다고 규정하고 있다.
- 예외 : 예외가 인정되는 대상에 따라 일반회원국에 대한 예외와 특정회원국에 대한 예외로 구분하여 볼 수 있다. 전자는 어느 회원국이든 GATT에서 정한 일정한 조건만 구비하면 MFN에 대한 예외적 조치를 취할 수 있는 경우이고, 후자는 특정회원국 또는 특정회권국 집단에게만 인정되는 예외이다.

　　㉢ 내국민대우

- 개념 : 조약의 일방당사국이 자국영역 내에서 타방 당사국의 국민 및 상품에 대하여 자국민 및 자국 상품에 부여하는 것과 동등한 권리를 부여하는 것을 말한다. 최혜국대우원칙이 수출국 또는 원산지국에 따른 차별을 금하는 것이라면, 내국민대우원칙은 수입상품과 국내상품 간의 비차별을 의미한다.
- GATT 1994와 WTO 협정상의 내국민대우 : 내국민대우란 회원국이 수입상품에 대한 내국세 및 기타 부과금, 수입상품의 판매·구입·운송·분배 또는 사용에 영향을 주는 법령, 규칙 및 요건에 관하여 동종의 국내상품(like domestic product)에 부과하고 있는 대우보다 불리하지 아니한 대우를 부여하여야 한다는 것을 의미한다.

- 적용대상 :「GATT 1994」및「상품무역협정」에서는 내국세 및 부과금 동등대우, 판매·판매청약·구매·운송·배포·사용 등 동등대우, 상품의 혼합과 가공사용과 관련 국내산 사용비율 의무화 금지, 외국에서의 공급물량과 비율제한 금지 등을 규정하고 있다. 그러나「서비스무역일반협정」상의 내국민대우 원칙은 상당히 제한적인데, 이는 회원국이 내국민대우를 부여할 것이라고 한 경우에만 의무성을 가지는 구체적 약속의 형태로 규정되어 있기 때문이다.「무역관련지적재산권협정」에서도 내국민대우를 요구하고 있으며,「무역관련투자조치협정」도 상품 물량이나 가치와 관련하여 국내공급원으로부터 일정 비율을 구매하도록 요구하는 것이 GATT 1994 위반임을 명시하고 있으며,「무역에 관한 기술장벽협정」도 기술규제와 관련하여 회원국 수입상품은 자국산이나 다른 회원국산 상품보다 불리하지 않은 대우를 받도록 요구하고 있다.

- 적용범위 : 내국민대우는 동종상품에 대해 적용되기 때문에 내국민대우의 적용을 위해서는 상품의 분류가 중요하며, 대부분의 국제분쟁은 동종상품의 기준 및 범위에 관한 견해 차이에서 비롯되었다. Reformulated Gasoline case에서 WTO 패널은 동종 또는 유사상품의 의미는 사례별로 검토되어야 하며, 몇 가지 기준을 제시한다면 상품의 물리적 특성 및 품질, 최종용도, 구성성분, 제조방법, 소비자의 기호 및 습관 등이 유사한지를 판단하여야 한다고 하였다. 다만, 내국세는 동종상품은 물론 직접적으로 경쟁관계에 있거나 대체 가능한 상품에 대해서도 적용되는데, 내국세 및 기타 과징금은 국내산업을 보호하기 위하여 부과되어서는 안 된다.

- GATT와 WTO의 차이 : GATT 내국민대우 규정은 GATT 제2부에 속하는 것으로 각국의 국내법 범위 내에서 최대한 적용되는 것이었으나, WTO에서는 특별히 예외로 인정되지 아니하는 한 내국민대우 원칙은 준수되어야 한다.

- 예외 : GATT는 정부조달, 국내생산자 보조금, 스크린 쿼터제, 일반적 예외, 안전보장 예외, 유예(waiver)예외 등을 규정하고 있다.

② 시장접근

㉠ 관세인하

- 관세인하의 방법 : 전통적으로 관세는 국내문제로 인정되어, GATT체제하에서도 비차별적으로 관세가 부과된다는 전제하에 체약국은 관세부과의 자유를 가진다. 그러나 관세가 심각한 무역장벽이 될 수 있음을 인식하면서, 수출입관세의 일반적 수준을 실질적으로 감축할 수 있도록 협상하도록 하였다. 그 결과 수입품 간에 차별을 한다든지, 협상에서 양허된 관세율 이상으로 관세를 부과하는 것은 인정되지 아니한다. 이러한 관세인하는 상호주의에 따라 이루어진 바, 회원국 간 호혜적 방법으로 행할 것이 기대된다. 상호주의는 호혜를 구하는 것인 반면, 최혜국대우는 시계처럼 일방으로만 가는 것으로 혜택이 주어지면 돌아오지 않는다. 그러나 보통 호혜적인 관계를 확보할 수 있을 것이라는 기대를 가지고 상대국에게 최혜국대우를 주는 것이 일반적인 까닭에, 상호주의와 최혜국대우가 혼동될 수 있다.

• 관세양허의 재협상
– 방법

구분	재협상
정기적 재협상	매 3년마다
특별 재협상	회원국이 승인한 경우
재협상 유보권	정기적 재협상 사이

– 보상이 요구되는 재협상 : 보상이 요구되는 재협상의 경우 양허가 원래 협상되었던 국가의 이해와 실질적 이해관계가 있는 국가 및 주요 공급이익을 가지는 국가의 이해를 고려하여야 한다. 초기협상권을 가진 국가와 주요 공급이익을 가진 국가는 협상권을 가지지만, 실질적 이해관계가 있는 국가는 협의권만을 갖는다. 보상에 관한 합의가 이루어지지 못하면 피해를 입은 국가는 동등한 양허를 철회할 수 있다. UR에서 채택된 GATT 제28조 해석에 관한 양해각서는 피해수출국이 재협상에 참가할 기회를 확대하여, 관세가 최고로 증가된 상품의 수출에 상대적으로 중요성을 가진 회원국은 주요 공급국가로 간주된다.

㉡ 투명성

• 개념 : 투명성 원칙은 무역에 관한 회원국의 법규, 사법적 · 행정적 결정 및 정책 또는 관행을 명백히 하고 이를 공개하는 원칙을 말한다. 투명성 원칙은 명료성(clearness)과 공개성(publicity)이 주요한 내용을 이룬다.

• 목적 : 투명성 원칙은 국제무역에 있어 예측 가능성을 제고하고, 국제무역과 관련된 조치가 공개적으로 명료하게 적용되도록 함으로써, 특정조치의 존재와 내용에 대한 무지로 인한 불이익을 시정하고 관련 무역규칙의 자의적인 해석과 적용에 따른 통상분쟁을 사전에 방지하는 기능을 하는 것으로, 궁극적으로 WTO 체제의 실효성을 확보하기 위한 것이라 하겠다.

• 내용 : 「GATT 1994」 제10조 제1항은 관세 및 무역규제와 관련하여 회원국이 실시하고 있는 일반적으로 적용되는 법률, 규칙, 사법상의 판결 및 행정상의 결정을 각 정부 및 무역업자가 알 수 있도록 신속히 공개하도록 규정하고 있다. 「서비스무역일반협정」의 경우 각 회원국은 서비스협정의 운영에 관련되거나 영향을 미치는 모든 조치를 즉시 공표하여야 하며, 서비스무역에 관련되거나 영향을 미치는 국제협정에 서명한 경우에도 이를 공표하여야 한다.

• 예외 : 투명성 원칙이 WTO의 기본적 원칙이기는 하나, 공개할 경우 법집행을 방해하거나 공익에 반하는 경우 또는 특정기업의 상업적 이익을 손상시키는 비밀정보인 경우, 국가안보를 위한 경우에는 예외를 인정하고 있다.

㉢ 수량제한 금지

• 개념 : 수출입상품에 대한 수량할당, 수출입허가 등 그 형태에 상관없이 관세나 조세 또는 기타 과징금을 제외한 금지 또는 제한을 수출입 상품에 부과하는 것을 금하는 원칙이다.

- 내용 : 대표적 비관세장벽인 수량제한은 「긴급수입제한협정」의 발효로 모든 WTO 회원국은 수출자율규제와 같은 이른바 회색지대조치를 4년 이내로 철폐하여야 한다. 그리고 어떤 상품을 만드는데 일정한 비율의 국산원자 내의 사용을 의무화하는 국내적 수량할당은 국제적 수량할당과 같은 보호주의적 효과를 가져 오는데, 이는 「GATT 1994」 제3조의 내국민대우 원칙에 의해 해결될 문제이다.
- 예외
  - 식료품 또는 수출체약국에 불가결한 산품의 위급한 부족을 방지하거나 완화하기 위하여 일시적으로 취해지는 수출제한
  - 국제무역에 있어 상품의 분류, 등급 또는 판매에 관한 기준 또는 규칙의 적용을 위해 필요한 수출입제한
  - 국내농산물시장의 안정을 위한 정부조치로서 필요한 농수산물 수입에 대한 제한
  - 일정한 조건하에 국제수지를 보호하기 위한 수량제한
  - 경제개발을 위한 개도국 정부의 원조일환으로 협정상의 목적달성을 촉진하는 수량제한
  - 긴급수입제한조치
  - 일반적 예외조항에 근거한 수출입제한
  - 국가안보상의 수출입제한
  - 의무면제에 의한 수입제한
  - 분쟁해결기구로부터 승인을 받은 보복조치로서의 수입제한

③ 공정경쟁
  - ㉠ 개념 : 덤핑행위, 보조금 지급 등과 같은 차별적이고 제한적인 불공정무역관행을 제거함으로써 국제무역규범에 합치되는 자유롭고 공정한 경쟁조건을 확보하는 국제체제를 말한다.
  - ㉡ 내용 : 일반적으로 특정국가 또는 모든 국가의 수입제품에 대하여 차별적으로 적용되는 무역관련 규칙이나 정책 및 관행은 불공정한 것으로 평가된다. 따라서 특정국가나 또는 모든 외국을 대상으로 한 무역규범적용의 차별성여부는 국제무역규범의 공정성 여부를 판정하는 규범적 기본의 하나이다. WTO 협정상에의 「반덤핑관세협정」, 「보조금 및 상계조치협정」, 「기술장벽협정」 등은 공정경쟁을 확보하는 규정들이다. 최근에는 노동기준, 환경기준, 경쟁조건 등의 차이를 이용한 국제무역거래를 불공정무역관행으로 규정하여 이에 대한 무역규제를 정당화하는 구체적인 절차 및 기준을 공정경쟁규범으로 규범화하자는 논의가 선진국을 중심으로 진행중이다.

ⓒ 문제점 : 공정경쟁의 용어는 각국의 경제정책이나 입장에 따라 상이한 의미로 사용되어, 객관적인 공정성기준에 대한 국제합의를 도출하고 있지 못한 상태이다. 즉, 선진국이 개도국의 시장개방을 확대하기 위해 공정경쟁을 제창하는데 비해, 개도국은 경제후진국에 대한 차별적인 특혜를 정당화하는 근거로 공정경쟁을 주창하고 있는 상태이다. 또한 상기한 노동기준, 환경기준, 경쟁조건 등 공정성 기준의 객관성이 결여된 분야에 있어서 타국에 대해 특정조치의 이행을 강제하는 것은 주권침해문제를 야기할 수 있다.

④ 개발도상국의 우대

ㄱ 개도국의 적극적 참여 : UR 동안 개도국의 적극적 참여로 인해 WTO가 선진국만을 위한 통상시스템이라는 생각에서 탈피하게 되었다.

ㄴ 내용 : GATT 1994의 제4부는 3개의 조항에서 산업화된 국가는 그들의 무역조건에 있어 의식적이고 목적적인 노력사항으로 개도국을 지원하고, 협상에서 개도국에 부여된 양허를 위한 상대성을 기대하지 않도록 하고 있다. 그 외에 1979년 동경라운드에서 합의된 것으로 합법화조항(혹은 수권조항 ; enabling clause)이라 불리는 것이 있다. 이는 일반관세특혜(GSP)제도를 상설적 제도로 합법화한 것으로, 일반특혜제도는 선진국이 개발도상국 상품에 대하여 MFN에 따른 관세율보다 낮은 관세율을 적용하는 경우를 말한다.

ㄷ 최빈국에 대한 융통성 : WTO규칙 준수를 위한 과도기간을 설정하였다.

section 4 WTO 분쟁해결제도

(1) WTO 분쟁해결제도 특징

① 통합성

ㄱ GATT상에는 분쟁해결과 관련된 30여개의 규정이 산만하게 흩어져 있었다. 더욱이 GATT 체제하에서는 GATT와 개별협정들이 별개로 다루어졌기 때문에, 각각의 협정이 저마다의 분쟁해결절차를 갖추고 있었다.

ㄴ WTO 협정하의 모든 분쟁은 DSU에 따라 해결하게 되는데, 이것은 GATT 체제하에서 특정 협정하에 구성된 패널은 다른 협정의 해석에는 전혀 권한이 없었던 것을 극복하기 위한 것이다.

ㄷ 즉, WTO 분쟁해결제도는 DSU로 단일화되었을 뿐 아니라, 분쟁해결절차의 구성을 체계화하였고 모든 협정을 총괄하는 단일화된 분쟁해결제도를 가질 수 있게 되었다.

기출문제

㉣ WTO 분쟁해결절차의 통합성은 DSU에서 정한 방법에 호소하지 않고 WTO 협정에 반하는 결정을 내릴 수 없다는 규정을 통하여 더욱 강화되었다.

② 배타성

㉠ 다자간 무역체제의 강화를 위하여 WTO회원국 간 WTO협정 위반, 무효화 및 침해 등에 관련된 모든 분쟁은 DSU 규칙과 절차에 따라서만 해결할 것을 규정하고 있다. 나아가 DSU에 따른 분쟁해결에 의하지 않고 위반이 발생하였다는 결정을 내려서는 안 된다고 규정하고 있다.

㉡ 그러나 DSU는 패널 이외의 수단으로 분쟁을 해결하는 것을 전적으로 금지하는 것은 아니며, DSU는 협상이나 협의를 이용할 수 있음을 규정하고, 패널설치의 대안으로서 구속력 있는 중재에 분쟁을 제출할 수 있음을 밝히고 있다.

③ 신속성

㉠ 협의기간 이후 분쟁해결에 실제로 호소하는 시작에서부터 패널이나 항소기구의 결정 및 권고를 이행하기 위한 합리적 기간의 최대치에 이르기까지 DSU에는 절차상의 모든 주요 단계마다 명백한 최종기한을 설정하고 있다.

㉡ 시한의 도입은 각 단계별 최대한의 기한을 넘기지 못하도록 함으로써, 절차의 신속한 진행을 담보할 수 있게 되어 분쟁당사국의 예측이 가능하게 되었다.

④ 사법성 … WTO 분쟁해결절차는 당사국 간의 협의와 패널심의, 그리고 상설항소기구에 의한 항소절차로 이루어진다. 그 중 상설항소기구는 GATT 체제하에서는 없던 제도로, 사법적 심사의 강화라는 측면에서 큰 의미를 가지는 것이다.

⑤ 자동성

㉠ GATT 1947하에서 가장 어려운 점은 패널보고서의 채택이었다. 패널결정에 대해서 하나의 국가만이라도 패널보고서 채택을 반대하면, 채택이 불가능하였기 때문이다.

㉡ DSU에서는 패널보고서나 항소기구의 보고서는 모든 회원국이 반대하지 않는 한 채택되도록 되어 있으므로, 패널이나 항소기구의 권고 및 결정은 자동적으로 채택될 확률이 높다. 이러한 방법은 종래 체약국단에 있던 영향력을 패널과 항소기구로 옮겨 놓은 것으로, 패널절차의 사법적 성격을 강화한 것이다.

⑥ 구속성

㉠ DSU에 따라 패널이나 항소기구가 행한 최종 결정과 권고는 당사국을 구속한다. 이러한 근거는 분쟁당사국은 항소기구 보고서를 조건 없이 수락하여야 한다는 규정에서 찾을 수 있다.

㉡ WTO 분쟁해결제도는 이러한 구속력을 담보하기 위하여 패널의 권고나 결정의 이행을 감시하는 구체적 규칙을 도입하고 있다.

(2) 관할권

① 인적 관할권

㉠ DSU에 따른 분쟁해결제도의 이용은 WTO회원국에게만 허용된다. 사인이나 다른 국제기구는 당사자가 될 수 없다. 따라서 국가가 아닌 사인은 제소권이 없고, 자신이 입은 피해에 대해 WTO의 구제를 받기 위해서는 자국 정부에 제소할 것을 요청할 수 있을 뿐이다.

㉡ DSB는 당사국의 요청이 있는 경우에만 해당 사안을 심리한다. 즉, DSB는 스스로 제소할 권한을 갖고 있지 못하다.

㉢ 회원국 중 개도국은 WTO분쟁해결절차나 1966년 GATT의 결정(BISD 14S/18)상의 절차 중 선택하여 제소할 수 있다〈DSU 제3조 제12항〉.

② 물적 관할권

㉠ WTO협정의 모든 분야를 대상으로 한다. 단, 대상협정상 분쟁해결과 관련하여 특별 규정이 있는 경우 이에 따른다.

㉡ 협정과 관련된 분쟁이 WTO의 관할대상이 되기 위해서는 WTO협정의 회원국 이익에 대한 무효화나 침해가 있는 경우나, WTO의 목적달성이 저해된다고 인정되는 경우여야 한다. 이에 해당되는 경우는 다음의 3가지로 볼 수 있다.

- 협정위반 : 다른 회원국이 WTO협정에 따른 의무이행을 태만히 한 경우
- 협정비위반 : WTO협정에는 반하지 않으나 협정상의 이익이 무효화 · 침해되거나 WTO의 목적달성이 저해되는 경우
- 상황적 사유 : 기타 상황이 발생하여 이익 무효화나 침해가 발생한 경우

(3) 분쟁해결절차

① 협의

㉠ 의의

- 패널의 선결절차 : 패널 절차 이전에 협의절차를 규정한 까닭은 대상협정에 관련된 통상문제를 객관적 · 제3자적 기관에 의뢰하기 전에 당사국 간의 원만한 합의를 도출할 수 있는 기회를 제공함으로써, 통상 분쟁을 확대하지 않고 해결하려는 데 그 주된 목적이 있다.
- 외교적 방식에 의한 조정 : 협의제도의 도입은 WTO분쟁해결절차에서 규범지향적 접근법 위에 GATT의 전통적인 실용주의적 접근법을 접목한 것으로 평가될 수 있다.

ⓛ 절차
- 협의를 요청받은 회원국은 상호 간에 다른 합의가 없는 경우, 요청받은 후 10일 이내에 응답하여야 하고, 30일 이내에 협의를 개시하여야 한다. 이 기간 내에 응답이 없거나 협의를 시작하지 않는 경우, 요청국은 패널설치를 요구할 수 있다.
- 부패성 물품이나 기타 긴급한 사유가 있을 때에는 요청받은 후 10일 이내에 협의를 시작하고, 20일 이내에 협의가 실패한 경우 패널설치를 요구할 수 있다.
- 당사국 모두가 협의에 의한 분쟁해결이 실패하였음을 판단한 경우라면, 제소국은 60일 이전이라도 패널설치를 요구할 수 있다.
- 당해 문제의 당사국이 아닐지라도 그 협의에 관해 실질적인 이해관계가 있는 WTO 회원국도 협의절차에 참여할 수 있다. 협의요청 문서가 배포된 날로부터 10일 이내에 협의 당사국 및 분쟁해결기구에 통고하여야 한다.

ⓒ 주선 · 조정 · 중개
- 이 절차는 당사국들의 임의적 선택에 의하여 도입되고, 언제든지 시작되고 종료될 수 있다. 또한 사무총장의 직권에 의해 절차가 시작된다는 측면과 제3국의 개입이 이루어진다는 점은 협의와는 다른 특징이다.
- 협의와는 달리 주선 · 조정 · 중개는 패널 절차가 진행되는 동안에도 계속될 수 있다. 주선 · 조정 · 중개절차가 마무리되면 패널설치를 요청할 수 있다.
- 협의요청을 받은 후 60일 이내에 주선 · 조정 · 중개가 시작되면, 제소국은 협의요청을 받은 날로부터 60일 간을 허용한 다음이라야 패널설치를 요청할 수 있다. 단, 주선 · 조정 · 중개가 실패했다고 인정되면, 60일 이내라 할지라도 패널설치를 요청할 수 있다.

② 패널
ⓐ 설치
- 패널설치 요청을 받은 DSB회의에서 패널설치를 반대하는 컨센서스가 없는 한, 다음 번 DSB 회의까지 설치되어야 한다.
- 패널설치 요청은 당사국 간 협의 여부, 문제를 명백히 보여 주기에 충분한 이의의 법적 근거와 개요를 서면으로 작성하여야 한다.

ⓑ 구성
- 패널명부에서 3인 또는 5인으로 구성된다.
- 패널구성원으로 일한 경험이나 패널에 분쟁을 제기한 경험이 있거나, 국제통상법 또는 국제통상정책을 가르치거나 저술이 있는 사람을 포함하는 정부인사 및 비정부 인사가 그 자격이 주어진다.
- 분쟁당사국 일방이 개발도상국일 경우 최소한 1인의 패널리스트는 개도국 출신으로 지명하여야 한다.
- 패널구성원 후보는 사무국이 제안하고, 당사국의 입장에서 특단의 사유가 없다면 이를 받아들여야 한다.

- 패널설치로부터 20일 이내에 패널구성에 대한 합의를 도출하지 못할 경우에는 당사국의 요청에 따라 사무총장이 분쟁해결기구의 장, 관련 이사회 및 위원회 의장, 당사국 등과 협의하여 패널구성원을 임명한다.
- 동일 사안에 관하여 둘 이상 패널설치를 요청할 때에는 가능한 단일한 패널을 구성하도록 노력하고, 둘 이상 패널을 설치할 때에는 최대한 동일 패널리스트로 구성하도록 하여야 한다.

ⓒ 절차

- 일정확정 : 패널구성원은 당사국과 협의 후 최대한 신속하게 하여야 하며, 패널 구성 및 위임사항에 관한 합의 후 1주일 이내에 일정을 확정하여야 한다.
- 잠정검토단계 : 분쟁당사국들의 반박입장과 구두주장을 고려한 후에 패널은 보고 서초안의 서술적인 부분(descriptive section)을 분쟁당사국들에게 제출하여, 이에 대한 분쟁당사국들의 의견을 수령하여 설정된 기간이 경과한 후에 서술적 부분과 패널의 평결 및 결론을 포함한 잠정보고서를 분쟁당사국들에게 제출한다.
- 최종보고서 제출 : 잠정보고서에 대한 의견제출 기간 내에 분쟁당사국들로부터 아무런 의견이 주어지지 않는 경우 잠정보고서는 최종보고서로 간주되며 회원국들에게 즉시 회람된다. 패널의 구성 및 위임사항에 관하여 합의된 날로부터 6개월 이내에 제출되어야 하며, 부패성 물품 등 긴급한 상황인 경우에는 3개월 이내에 제출하여야 하며, 부득이한 경우 총 9개월까지 연장이 가능하다.

ⓓ 보고서 채택

- 패널보고서가 회원국들에게 회람된 후 60일 이내에 항소하지 않거나, DSB회의 에서 채택하지 않기로 consensus가 이루어지지 않는 한(reverse consensus) 보고서는 채택된다. 다만, 패널보고서가 회원국들에게 회람된 후 20일까지는 패널 보고서는 채택을 위한 고려대상이 되지 않으며, 분쟁당사국 일방이 공식적으로 DSB에 항소결정을 통고하거나 DSB가 컨센서스로 패널보고서를 채택하지 않기로 하는 경우에는 패널보고서의 채택이 저지된다.
- 채택된 패널보고서는 법적 효력을 갖기 때문에 분쟁당사국들의 관계에서 평결내용에 따를 의무를 발생시키고 국내적 효력을 갖는다. 다만, 선례구속의 원칙은 인정되지 않는다.

③ 항소

ⓐ 상설항소기구

- 구성 : 국제법, 국제무역 및 대상협정의 주제전반에 관하여 전문성을 갖춘, 임기 4년인 7명의 위원으로 구성되며, 그 중에서 3인이 하나의 사건을 심리한다.
- 관할사항 : 패널보고서에 포함된 법률문제와 패널이 밝힌 법률해석에 국한된다. 원칙적으로 항소심은 제3국이 아닌, 분쟁당사국만이 제기할 수 있다. 제3국 중 패널의 사안에 대하여 상당한 이익을 갖고 있음을 DSB에 통고한 후, 항소기구에 서면입장을 제출하면 의견진술기회를 갖게 된다.

ⓑ 절차 : 원칙적으로 항소기구의 심리는 항소제기 후 60일을 초과할 수 없다. 60일 이내에 보고서를 작성할 수 없는 경우에도 90일을 초과할 수 없다.

ⓒ 보고서 채택 : 보고서가 회원국에게 회람된 후 30일 이내에 DSB가 이를 채택 하지 않기로 컨센서스를 도출하지 않는 한 보고서는 채택된다. 항소기구의 보고서 채택에도 reverse consensus가 적용되므로, 보고서는 사실상 자동적 으로 채택된다고 할 수 있다.

④ 중재

　　㉠ 의의

- 중재는 분쟁당사국이 합의하는 제3자로 하여금 중재안을 제출하게 하고 그에 대 하여 당사국이 복종하도록 하는 제도로서, 분쟁해결절차의 대안으로서 DSU에 의하여 인정된다〈제25조 제1항〉.

- 법규에 의한 판결보다 타협을 도출하는데 그 목적이 있으므로, 조약의 해석과 적용을 엄격하게 추구하는 DSU의 전형적 분쟁해결방법에 비하여 훨씬 탄력적인 제도이다.

- 중재는 사법적 분쟁해결방식의 하나로, 그 결정은 법적 구속력을 갖는다는 점에 서 WTO분쟁해결제도의 사법적 성격에 힘을 보태고 있는 것이다.

　　㉡ 절차

- 당사국 간 합의 : 중재회부 여부는 DSU에 특별한 규정이 없는 한 당사국의 합의 에 의하여 결정한다. 중재는 보통 사무총장이 임명하는 중재위원들에 의하여 행 해지며, 개시일로부터 60일 이내에 종결되어야 한다. 분쟁당사국이 아닌 제3자 는 중재절차에 회부하기로 합의한 본래의 분쟁당사국들이 동의하는 경우에만 중 재에 참여할 수 있다〈제25조 제2항〉.

- 회원국 통고 : 중재절차를 따르기로 한 분쟁당사국 간의 합의는 중재절차가 개시 되기 전에 회원국들에게 통고되어야 하며, 중재판정의 내용도 분쟁해결기구 및 관련협정이사회 또는 위원회에 통고되어야 한다〈제25조 제3항〉.

- 중재판정은 DSU 제21조 권고안 및 판정의 이행에 대한 감시규정과 보상, 제22 조 양허중단에 대한 규정이 준용된다〈제25조 제4항〉.

　　㉢ 의무적 중재

- 개념 : 관련 회원국이 양허 또는 의무정지의 수준에 대해 이의를 제기하거나 동 협정상의 원칙과 절차가 준수되지 않았다고 주장하는 경우, 동 사안은 반드시 중재에 회부되어야 한다〈DSU 제22조 제6항〉.

- 내용 : 이 경우 중재는 원래의 패널 또는 사무총장이 지명한 중재관이 담당한다. 합리적 기간의 만료일로부터 60일 이내에 종결되어야 하며, 중재기간 중에는 양 허 또는 기타 의무를 정지할 수 없다. 중재관은 정지되어야 할 양허나 기타 의 무의 성격에 대해서는 검토할 수 없으며, 다만 동 정지가 협정상의 원칙 및 절 차에 부합되는지 여부와 동 정지의 수준이 무효화나 침해의 수준과 동등한가에 대하여만 결정하여야 한다. 분쟁당사자는 중재관의 판정을 최종적인 것으로 받 아들여야 하며, DSB는 중재관이 양허나 기타 의무의 정지를 요청할 경우 컨센 서스로 반대하지 않는 한 해당 양허나 의무정지를 인정하여야 한다.

453

🔒 세계무역기구(WTO) 분쟁해결절
차상 보상과 양허의 정지에 대한 설
명으로 옳지 않은 것은?
　　　▶ 2020. 7. 11. 인사혁신처
① 권고 및 판정이 합리적인 기간
　내에 이행되지 아니하는 경우
　취해지는 잠정적인 조치이다.
② 분쟁해결기구가 승인하는 양허
　또는 그 밖의 의무의 정지의
　수준은 무효화 또는 침해의 수
　준에 상응하여야 한다.
③ 보상은 자발적인 성격을 띠며,
　이를 행하는 경우 대상협정과
　합치하여야 한다.
④ 양허 또는 그 밖의 의무의 정
　지의 승인은 총의제(consensus)
　에 의한다.

🔒 세계무역기구(WTO)의 분쟁해결
절차상 보상 및 양허의 정지에 대한
설명으로 옳지 않은 것은?
　　　▶ 2016. 4. 9. 인사혁신처
① 분쟁해결기구(DSB)의 권고 및
　판정이 합리적인 기간 내에 이
　행되지 않는 경우 취할 수 있
　는 잠정적인 조치이다.
② DSB는 대상협정이 양허의 정
　지를 금지하는 경우 이를 승인
　하지 아니한다.
③ 보상은 자발적인 성격을 띠며,
　이를 행하는 경우 대상협정과
　합치하여야 한다.
④ 양허의 정지는 일반적으로 무
　효화 또는 침해 수준과 관계없
　이 징벌적으로 가능하다.

┃정답 ④, ④

454┃

- 시한 : 분쟁해결기구의 권고나 결정을 이행할 합리적인 기간을 확정하는 방법으로서 의무적 중재는 권고 및 판정의 채택일로부터 90일 이내에 개시되어야 한다〈제21조 제3항〉. 제21조 제3항의 중재에는 당사자의 요청에 따라 무효화되었거나 침해된 이익수준의 결정이나, 비록 구속력은 없으나 상호 만족할 만한 조정에 이르기 위한 방법과 수단의 제안이 포함될 수 있다.

⑤ 결정이행
　㉠ 절차
- 보고서 채택 후 30일 내 DSB회의에서 관련회원국은 DSB의 권고나 결정의 이행과 관련하여 자국의 의사를 통고하여야 한다.
- 권고나 결정을 즉각 이행할 수 없는 경우, 해당 회원국에게 그 이행을 위한 합리적 기간(reasonable period of time)이 부여된다.
  - 해당 회원국이 제안하고 DSB가 승인한 기간
  - 권고나 결정 채택 후 45일 이내 당사국이 합의한 기간
  - 권고나 결정 채택 후 90일 이내 의무적인 중재에서 결정된 기간
  - 중재를 통해 확정되는 합리적인 기간은 패널 또는 항소보고서 채택일로부터 15개월을 초과할 수 없고, 예외적 상황이 존재한다고 합의하지 않는 한, 총 기간은 18개월을 초과할 수 없다.
- 합리적 기간 내 권고나 결정이 이루어지지 않는 경우 보상조치나 양허 및 의무의 정지조치를 취할 수 있다.
- 합리적 기간의 종료 후 20일 내 보상합의가 불가한 경우 제소국은 DSB에게 대상국에 대한 양허 및 의무적용의 정지를 요청할 수 있다. 이 요청에 대해 DSB는 합리적 기간의 경과 후 30일 내 승인하여야 한다. 여기에서 DSB가 승인한 양허 또는 기타 의무의 정지는 무효화 또는 침해의 수준에 비례하는 것이어야 한다.
　㉡ 보복의 방법 : 이상과 같이 협정위반에 따른 배상이나 보상의 합의가 이루어지지 않을 경우, 양허나 분쟁의 대상이 된 부문에 영향을 끼치는 의무의 중단을 포함하여 보복조치를 가능하게 함으로써 협정위반에 대한 체제를 강화하였다. 특히 DSU는 WTO협정 분쟁해결절차를 하나로 통합하고 있는 까닭에, 다른 분야에 대한 교차보복(cross retaliation)을 허용하고 있다.
- 가장 먼저 분쟁의 대상이 된 분야의 의무나 양허를 중단시킬 수 있고, 이것이 만족스럽지 않으면 다른 협정상의 의무나 양허를 중단시키게 되는 교차보복이 허용된다.
- 이러한 보복은 대상협정에 위반되는 조치가 철폐되거나, 조치대상이 된 국가가 이익의 무효화나 침해에 대한 해결책을 제시하거나, 상호 간 만족스러운 해결이 이루어질 때까지만 적용되어야 한다.

- 이러한 명백한 절차의 확립을 통해 회원국은 스스로 자국 이익이 침해되었다는 일방적인 판단을 내리지 못하게 하였으므로, 그러한 판단은 반드시 WTO의 분쟁해결기구를 통해서만 하도록 하였다.
- 분쟁해결기구의 결정이 자국에 불리하다는 이유로 그 결정을 거부하여 WTO를 위태롭게 하거나 WTO의 중요사항을 침해하는 경우, 일정한 기간을 정하여 결정의 수락을 요구하고, 그 기간 내에 수락하지 않는다면 WTO에서의 탈퇴를 결정할 수 있다.

기출문제

section 5 통상규칙

(1) 덤핑

① 의의 … 덤핑은 광의로 해석하면 국제적인 가격차별화를 의미하는 것이고, 엄격하게 정의하면 수출업자가 원가 이하로 외국에 상품을 파는 경우를 말한다.

② 반덤핑관세의 요건 … 반덤핑관세를 부과하기 위해서는 덤핑행위 존재, 국내산업 피해 존재, 덤핑행위와 국내산업 피해 간 인과관계 존재라는 세 가지 요건을 충족하여야 한다.

ㄱ 덤핑의 존재 : 덤핑은 수출가격이 정상가격보다 낮을 경우에 존재한다. 정상가격보다 수출가격이 낮은 경우 그 차액을 덤핑마진이라 한다. 정상가격은 수출국에서 소비되는 동종상품에 대한 통상적 거래에서 비교 가능한 가격을 말하며 공장도 가격이 기준이 된다. 이것으로 비교가 불가능할 경우 제3국 수출가격이나 구성가격을 이용한다. 구성가격이란 원산지국에서 생산비용에 합리적인 관리비, 판매비, 이윤 등을 합산한 가격을 의미한다.

ㄴ 실질적 피해 : 덤핑이 발생한다고 해서 모든 경우에 반덤핑규제가 가해지는 것은 아니다. 특정의 덤핑행위가 수입국의 확립된 산업에 실질적 피해(material injury)를 야기하거나 야기할 우려(threat of injury)가 있는 경우와, 덤핑이 실제로 수입국의 산업 확립을 저해(retardation of the establishment)하는 경우에만 반덤핑규제가 인정된다. 피해는 동종산업을 생산하는 산업에서 발생해야 하며 없을 경우 유사상품으로 비교한다. 최소허용덤핑마진은 2%로 보고 있으며 덤핑 물품이 동종상품 수입량의 3% 미만이거나 이들 국가의 총 덤핑수입물량이 7%를 넘지 않을 경우 무시할 만한 수준으로 규정하고 있다.

③ 덤핑과의 인과관계 … 덤핑제소를 위해서는 덤핑과 손해 간의 인과관계를 입증하여야 한다. 인과관계의 입증은 조사당국에 제출된 모든 관련 증거에 대한 조사에 근거하여야 한다.

④ 반덤핑절차

　㉠ 덤핑조사 : 반덤핑조사는 원칙적으로 수입국 국내산업 또는 국내산업을 대표하는 자가 제출하는 서면신청으로 개시된다. 특별한 상황에서는 관계당국의 직권에 의한 조사개시결정에 따라 개시될 수 있다.

　　• 제소적격 : 덤핑조사를 신청할 수 있는 자격은 덤핑으로 피해를 입은 국내산업이나 당해 국내산업을 대표하는 자이다. 그러나 제소의견을 밝힌 국내업체 중 제소동의자의 국내생산량 합계가 제소반대자의 생산량 합계를 초과하며, 동의자의 국내생산량 합계가 동종 국내생산량 총합의 25% 이상인 경우에만 제소할 수 있다.

　　• 조사절차 : 반덤핑조사의 모든 이행당사자는 당국이 요구하는 정보에 대하여 통지를 받을 뿐만 아니라, 자신들이 관련된 일체의 증거를 서면으로 제출할 기회를 부여받는다.

　㉡ 조사의 종결

　　• 조사기간 : 덤핑조사는 특별한 경우를 제외하고 1년 이내에 종결되어야 하는데, 어떤 경우에도 18개월을 초과할 수 없다.

　　• 반덤핑협정 하에서 구제수준이 당해 사건을 진행하는데 필요한 행정적 노력이나 비용에 비해 상대적으로 적은 방해적 사건을 방지하기 위하여, 극히 적은 물량에 관한 사건이나 덤핑마진이 낮은 사건의 기각을 요구하는 최소규칙을 두고 있다.

⑤ 반덤핑조치

　㉠ 잠정조치

　　• 조사가 개시되어 이에 관한 고지가 있고, 이해관계 당사자들에게 정보의 제공 및 의견진술의 충분한 기회를 부여하며, 덤핑 및 이로 인한 국내산업에 끼친 피해에 대하여 긍정적 예비판정이 있고 조사기간 중 초래되는 피해를 예방하기 위해 조치가 필요하다고 판단하는 경우에 잠정조치가 적용될 수 있다.

　　• 잠정조치는 조사개시 60일 후부터 가능하며, 추산된 덤핑마진을 초과하지 않는 범위 내의 잠정관세나 보증금 부과의 형태로 나타나게 된다.

　㉡ 가격인상약속

　　• 덤핑혐의를 받고 있는 기업이 반덤핑관세가 부과될 때까지 기다리지 않고 자발적으로 해당 상품의 가격을 인상하겠다고 약속하는 경우를 말한다.

　　• 가격인상약속이 비실용적인 경우 피해국은 그 약속을 거부할 수 있다. 가격인상약속은 예비판정이 내려진 이후에만 가능하다.

　㉢ 반덤핑관세의 부과

　　• 반덤핑관세부과의 요건이 충족된 경우라도 반덤핑관세의 부과 여부에 대한 결정은 수입국 당국이 행한다.

　　• 반덤핑관세는 각각의 사안마다 적절한 금액만큼 비차별적인 방법으로 부과되어야 한다.

　　• 반덤핑관세는 어떠한 경우에도 덤핑차액을 초과해서는 안 된다.

- 반덤핑관세가 미국에서와 같이 소급적 기초 위에서 평가되는 경우 최종납부의무에 대한 결정은 관세액의 최종산정 요청일로부터 12개월 이내에 행해져야 하며, 어떠한 경우에도 18개월을 초과할 수 없다.
- 반덤핑관세가 EU 등에서와 같이 장래적 기초 위에서 평가되는 경우 덤핑마진을 초과한 징수한 금액은 조사대상상품 수입자가 환급을 요청한 날로부터 12개월 이내에 신속하게 환급해 주어야 하며, 어떠한 경우에도 18개월을 초과할 수 없다.
- 소급적용 : 잠정조치와 반덤핑관세 부과는 일정한 예외를 제외하고는 부과결정이 효력을 발생한 후 소비용으로 반입된 상품에 대해서만 적용된다.

ⓒ 재검토
- 반덤핑관세는 손해를 야기하는 덤핑을 상쇄하기 위한 필요한 범위 내에서만 부과되어야 한다. 수입국 당국은 확정반덤핑 관세 부과 후 합리적인 기간 경과 후 반덤핑관세의 계속적 부과에 대한 필요성을 재검토하여야 한다.
- 재검토는 만기 전에 시작되어 신속히 진행되어야 하고, 1년 내에 마무리되어야 한다.
- 종료조항(또는 일몰조항) : 재심과정에서 반덤핑조치를 종료하더라도 덤핑과 피해가 지속되거나 재발하지 않을 것이라고 결정하면, 반덤핑조치는 5년 내 종료되어야 한다.

(2) 보조금

① 정의 … 정부나 공공기관의 직접·간접의 재정적 지원을 보조금이라 한다. 이에는 정부의 자금증여·대출·출자·채무보증·세금 불징수, 정부에 의한 상품·서비스의 제공, 정부의 자금조달기관에 대한 지원이 포함된다. 정부는 국가기관만을 지칭하는 것이 아니라, 정부 통제하의 민간기관도 포함되는 개념이다. 이들 보조금은 「보조금 및 상계조치협정」에 다루게 되나, 농업보조금은 「농업협정」에서, 서비스보조금은 「서비스협정」에서 다룬다.

② 종류 … 보조금은 특정 대상을 전제하는 경우와 그렇지 아니한 경우로 구별된다. 그 중 WTO 체제에서 규제대상이 삼는 것은 특정성이 있는 보조금에 국한된다. 특정성을 문제 삼는 이유는 특정기업이나 산업에 선택적으로 혜택을 주면 정상적인 경쟁조건에 영향을 끼치기 때문이다.
  ㉠ 특정성이 있는 경우 지급기관이나 관련 법률에 의해 보조금의 지급대상이 제한된다.
  - 보조금의 주된 사용이 특정 기업에 한정되는 경우
  - 특정 기업에만 지나치게 많은 보조금이 지급되는 경우
  - 명목상 개방되어 있으나, 실질상 특정 기업에만 허용되는 경우
  - 모든 수출보조금

기출문제

      ⓛ 특정성이 없는 경우란 할당기준이 객관적이고, 대상이나 분야 간의 차별이 없는 경우를 의미한다.
- 보조금 수혜에 대해 자동적으로 자격을 갖춘 경우
- 객관적 기준 및 조건을 설정한 경우

③ 보조금의 유형

  ⓐ 금지보조금
- 개념 : 수출성과를 목적으로 조건이 부과된 경우, 즉 수출보조금 또는 수입품 대체를 위해 국산품 사용을 조건으로 지급하는 수입대체보조금을 말한다. 국내산업에 야기된 피해를 입증하지 않더라도 금지보조금의 존재 그 자체만으로 협의 및 대항조치가 가능하다.
- 규제 : 이러한 금지 보조금은 원천적으로 지급되어서는 아니되는 보조금이다. 그러나 보조금협정 발효 전의 금지보조금은 협정 발효 후 90일 내 보조금위원회에 고지하도록 하고 3년 내 협정 내용과 합치하도록 규정하여, 기존의 보조금 중에 보조금 협정에 따라 금지보조금이 되는 경우 일정한 유예를 인정하고 있다.
- 구제절차 : 금지보조금에 대한 구제절차로서 상대국은 DSU의 특칙으로서의 성격을 갖고 있는 보조금협정상의 다자적 절차를 이용하거나 국내법인 상계관세법을 이용하여 금지보조금에 대한 상계관세를 부과할 수도 있다. 다만, 이들 절차는 경합적으로 사용할 수는 없고 어느 하나의 절차만을 이용하여야 한다. 금지보조금에 대한 구제절차에 소요되는 기한은 DSU에서 규정한 기한의 절반으로 단축된다.

  ⓑ 상계가능보조금
- 개념 : 직접적 무역왜곡효과를 갖지 않아 원칙적으로 허용되나, 타 회원국에게 부작용을 초래하므로 일정한 대응이 가능한 보조금을 말한다. 상계가능보조금은 금지보조금과는 달리 보조금의 지원을 통해 다른 회원국의 이익에 부정적 효과가 발생하였을 경우에만 규제할 수 있다.
  - 부작용(adverse effect) : 다른 회원국의 국내 산업에 대한 피해, 다른 회원국이 향유하는 이익의 무효화나 침해, 다른 회원국의 이해관계에 대한 심각한 침해 (serious prejudice)를 의미한다.

[심각한 침해]

ⓐ 보조금 지급이 상품가액의 5%를 초과하는 경우. 이 계산은 수혜자에 대한 혜택이 아닌 정부의 비용을 기준으로 행해진다.

ⓑ 일회성이 아니거나 반복적인 손실보전보조금

ⓒ 직접적 채무감면이나 채무상환을 위한 지원

ⓓ 단, 보조금지급국이 보조금지급으로 타 회원국의 수출이 감소하지 않았음을 입증하거나, 상당한 가격인하도 없었음을 입증하는 경우, 또는 특정 1차 상품에 보조금지급으로 세계시장점유율이 증가하지 않았음을 입증하는 경우는 심각한 침해가 없는 것으로 간주한다.

• 구제 : 피해국은 구제조치로서 상계할 수 있다. 상계가능보조금은 즉각적인 철폐의무는 없으나, 상계조치의 대상이 되므로 궁극적으로는 철폐대상이 된다.

ⓒ 상계불가보조금

• 합법적으로 허용되면서, 상계대상도 될 수 없는 보조금을 말한다.

• 종류

– 특정성이 없는 경우

– 특정성이 있더라도 다음의 경우는 상계불가보조금 : 연구 및 개발활동 보조금, 낙후지역 원조 보조금, 기존 설비를 새로운 환경기준에 부합시키기 위한 보조금

• 구제

– 상계불가보조금이 보조금협정에서 정하고 있는 시행기준을 충족하는 경우에도 이로 인하여 자국의 국내산업에 심각한 부정적 효과가 있다고 믿을 만한 이유가 있는 회원국은 당해국에 대해 협의를 요청할 수 있다. 협의가 이루어지지 않을 경우 보조금 및 상계조치위원회에 회부할 수 있다.

– 상계불가보조금에 대해서는 조사절차가 적용되지 않으나, 보조금 및 상계조치위원회는 상계불가보조금의 요건 충족 여부를 조사할 수 있다.

④ 개발도상국의 우대

㉠ 대상 : 부속서에 언급된 개도국은 수출보조금의 금지규정이 적용되지 않는다. 여기에는 최빈국 또는 GNP 1,000$ 이하의 국가가 포함된다.

㉡ 우대 내용

• 수입대체보조금의 금지는 개도국에 대하여 5년의 유예가 인정되며, 최빈국에 대하여는 8년의 유예가 허용된다.

• 2년간 세계시장점유율 3.25% 이상인 개도국은 2년 내 수출보조금을 철폐해야 하며, 부속서에 기재하지 아니한 개도국은 1995년 1월부터 8년간 수출보조금을 제거해야 한다. 또한 시장경제로 이전하는 국가는 2002년까지 금지보조금 유지가 가능하다.

⑤ 상계조치

㉠ 보조금에 대한 대응

• 상계조치

– 보조금이 특정 상품에 끼친 영향을 상쇄하기 위하여 수입국이 부과하는 상계관세 등의 조치를 말한다.

– 불공정한 것 또는 불공정하다고 간주되는 것에 대한 대응이므로 합법적 강제조치라고 할 수 있다.

– 상계조치가 무역왜곡의 수단이 되지 않도록 하기 위해 보조금 및 상계조치위원회를 설치하여 운용하고 있다.

기출문제

🔖 세계무역기구(WTO)의 『보조금 및 상계조치에 관한 협정』상 보조금에 대한 설명으로 옳지 않은 것은?
▶ 2019. 4. 6. 인사혁신처

① WTO 회원국은 자국산 특정 제품의 수출 실적에 비례해서 그 제품을 생산하는 자국 기업에 수출 장려 보조금을 줄 수 없다.

② WTO 회원국은 외국산 특정 제품을 수입하는 대신 국내상품을 사용하는 조건으로 자국 기업에 보조금을 지급할 수 없다.

③ WTO 회원국이 자국산 특정 제품에 보조금을 지급한 결과 다른 회원국의 생산 업계에 피해를 주는 경우 피해를 당한 국가는 WTO 분쟁해결기구(DSB)에 제소할 수 있다.

④ WTO 회원국이 자국산 특정 제품에 대한 보조금을 지급한 결과, 제3국에 수출하는 다른 회원국의 기업이 가격 경쟁을 유지하기 위해 특정 제품의 가격 인하를 해야 할 경우에 후자의 회원국은 상계조치만 취할 수 있다.

▎정답 ④

· 방법 : 보조금이 지급된 수입품에 대하여 수입국이 자의로 취할 수 있는 특정 구제의 범위는 해당 보조금의 형태에 따라 다르다. 금지보조금의 경우와 상계가능보조금의 경우 수입국은 두 가지 방법 중 한 가지를 선택할 수 있는데, 일방적으로 피해국 직접 상계관세를 부과하는 규제와 WTO 분쟁해결절차를 통하여 보조금의 철회를 구하거나 적절한 상계조치를 요구하는 다자적 해결방법도 있다.

ⓒ 구제절차

· 조사

– 제소적격 : 피해 국내산업에 의해 또는 피해 국내산업을 대표한 측의 서면요청에 의해서만 시작된다. 국내산업에 의한 또는 국내산업을 대표한 경우가 되기 위해서는 그러한 요청을 지지한 국내 동종상품 생산량 총합이 제소 반대자의 국내생산량 총합보다 많은 경우와 요청지지자의 국내생산량 총합이 동종상품 국내총생산량의 25% 이상인 경우에만 조사가 이루어진다.

– 최소규칙 : 보조금액이 상품가치를 기준으로 1% 미만인 경우 조사가 종결된다. 그리고 수출국 정부가 보조금 철폐 등의 대책에 동의하는 경우나 수출업자가 수출가격을 조정하기로 약속한 경우에도 조사를 종결할 수 있다.

· 잠정관세의 부과 : 조사당국은 조사가 시작 후 60일이 경과하면 조사기간 중 발생한 피해를 방지하기 위하여 잠정적 상계관세를 부과할 수 있다. 이러한 잠정조치는 가능한 짧은 기간에 그쳐야 하며, 최장 4개월을 초과할 수 없다.

· 상계관세 : 피해를 발생시키는 보조금에 대응하기 위한 기간 동안만 부과할 수 있고, 부과 후 5년 내 종료하여야 한다. 단, 보조금 지급이 계속되거나 재발 가능성이 있는 경우 5년 이상 부과할 수 있다.

· 재검토 : 상계관세 부과 후 상당한 기간이 경과한 시점에서 이해관계자의 요청에 따라 재검토하여야 한다.

(3) 세이프가드

① 의의

ⓙ 개념 : 특정 상황하에서 침해된 이익을 보호하기 위하여 어떤 체약국이 해당 협정상의 정상적인 의무를 철회하거나 적용을 중단하는 것을 허용하는 것이다. 국제적 교역의 보호장치와 안전판으로 작용하기도 하며, 반대로 무역자유화협정의 존재와 운용에 치명적 역할을 하기도 한다. 덤핑이나 보조금이 그 불공정한 성격 때문에 규제대상이 되는 것이나, 세이프가드 조치는 공정한 수입을 대상으로 규제조치를 취하는 것이라는데 차이가 있다. 따라서 그 발동요건이 엄격하여야 하고, 또한 제한된 기간 내에서만 적용되어야 한다.

ⓒ **발전**

- 기원 : 근대적 의미로는 1934년 미국의 통상법에서 처음으로 등장하였다. 그 후 1943년 미국과 멕시코 간 상호무역협정에 도피조항이 도입되어 국제적으로 소개되었고, 1947년에는 트루먼 대통령이 모든 무역협정에 포함토록 행정명령을 발동하기도 하였다.
- GATT

구분	내용
특정 산업 보호를 위한 경우	• 불공정거래에 대항하기 위한 경우(제6조) • 산업의 확립을 위한 경우(제18조) • 산업의 조정을 촉진하기 위한 경우(제19조) • 양허재협상을 위한 경우(제28조)
경제적 변수에 대응하기 위한 경우	• 거시경제적 문제를 해결하기 위한 경우(제12조와 제18조 B) • 건강이나(제20조) 국가안보를 위한 경우(제21조)

- UR Safeguard협정 : 일련의 원칙을 갖춘 새로운 형식의 협정으로, 세이프가드에 관한 제반 규정을 포괄하고 있다. 그 외에 농업협정에서 특별세이프가드를, 섬유협정에서는 과도적 세이프가드에 관한 규정을 두고 있다.

② **요건** ··· 회원국은 예견하지 못한 사태발전과 회원국이 부담하여야 하는 의무를 준수한 결과에 의해 어떤 상품의 수입량이 급증하여 국내 동종상품 또는 직접 경쟁관계에 있는 상품의 국내 생산자에게 심각한 피해를 야기하거나 야기할 우려가 있는 경우, 수입국은 그러한 손해를 방지하거나 구제하기 위하여 필요한 범위와 기간 내에서 해당 수입상품에 대하여 관세인상이나 수입수량제한 등의 조치를 취할 수 있다.

ⓒ **수입 급증** : 수입량 급증이란 수입량의 절대적 증가만을 의미하는 것이 아니라, 국내생산량과 비교해서 상대적으로 증가한 경우도 포함된다. 이런 수입 증가가 예견하지 못한 사태로 발생하였거나, 회원국이 관세양허 등 WTO가 요구하는 제반 의무를 준수한 결과로 나타난 경우에만 세이프가드 조치가 적용된다.

ⓒ **심각한 피해**

- 정도 : 반덤핑관세나 상계관세를 부과하기 위한 요건으로 요구되는 실질적 피해보다 큰 피해를 말하며, 결국 국내산업에 전체적으로 중대한 피해가 발생한 경우라고 정의할 수 있다.
- 결정요인 : 당해 국내산업의 상태와 관계되는 모든 요인을 객관적으로 수치화한 것을 기준으로 하는데, 관계상품의 수입증가율 및 증가량, 국내시장점유율·판매·생산·생산성·가동율·손익·고용수준변화 등을 종합적으로 평가하여 결정한다.

- 국내산업 : 회원국 영역 내에서 활동하는 동종상품 또는 직접 경쟁상품의 생산자 전체 또는 생산자 중 당해 생산량 합계가 당해 상품 국내 총생산량의 상당부분을 차지하는 생산자를 말한다.
  - ⓒ 인과관계 : 수입증가와 피해 간의 인과관계가 있어야 세이프가드 조치를 취할 수 있다. 만약 수입증가 외의 요소가 심각한 피해의 원인으로 판명될 경우, 그에 해당하는 피해를 수입증가에 전가시킬 수 없다.

③ 발동절차

- ㉠ 조사 : 투명성을 확보할 수 있는 방법으로 진행되어야 한다.
  - 모든 이해관계자에 대한 합리적 공고
  - 수출입업자 및 이해관계자의 의견제출
  - 공청회 개최
  - 사실 및 법규 적용에 대한 결론이 기재된 보고서 공표
  - WTO 세이프가드위원회에 서면 통고 및 협의
- ㉡ 잠정조치
  - 요건 : 심각한 피해의 명백한 증거가 있고, 판정을 늦출 경우 회복 불가능한 피해를 야기할만한 결정적 상황이 있는 경우 잠정적 세이프가드 조치를 내릴 수 있다.
  - 형식 : 잠정조치는 관세인상의 형식을 취하여야 하는데, 조치기간은 200일을 초과할 수 없다.

④ 세이프가드 조치

- ㉠ 원칙
  - 최혜국대우의 적용
  - 회색지대 조치의 금지
  - 개도국의 우대 : 개도국으로부터 수입물량이 전체 수입량의 3% 미만이고, 총점유율이 해당 수입상품의 9% 미만일 경우 조치가 취해지지 않는다.
- ㉡ 조치범위
  - 존속기간 : 국내산업에 대한 심각한 피해방지를 위한 범위 내에서 적용되어야 한다. 4년까지 허용되나, 필요한 경우 4년을 추가하여 8년까지 조치할 수 있다. 8년의 기간에는 잠정조치를 취한 기간도 포함된다. 개도국의 경우 2년을 다시 추가하여 최대 10년까지 부과할 수 있다.
  - 재검토 : 본 협정 하에서 1년 이상의 조치가 취해지는 경우에는 점진적으로 자유화되어야 한다. 기존의 조치는 8년의 발효 후 또는 본 협정 발효 후 5년 이내 중 빨리 다가오는 기간 내에 철폐되어야 한다.
  - 재발동
    - 동일상품에 대한 세이프가드 조치의 재발동은 기존의 조치기간과 동일한 기간이 경과한 후에만 가능하며, 최소한 2년의 기간이 경과하여야만 가능하다.

- 6개월 이하로 부과된 잠정적 조치는 5년의 기간 내에 동일상품에 대하여 2회 이상 취해지지 않은 경우라면, 1년 후 재발동할 수 있다.
- 개도국의 경우에는 그 절반 기간이 경과하면 재발동할 수 있다.

⑤ **구제조치** … 세이프가드 조치는 공정한 행위에 대한 비상적 조치이므로, 세이프 가드 조치에 의해 피해를 입은 국가는 일정한 구제조치를 취할 수 있다.

 ㉠ **보상적 구제조치** : 당해 조치 대상이 되는 수출국에게 제공하는 구제조치

 ㉡ **보복적 구제조치** : 수입국 무역에 대한 양허나 의무적용의 정지와 같은 구제 조치는 조치 후 90일 이내 발동되어야 하고, 상품무역이사회에 통고 접수 후 30일이 지나고, 이사회가 반대하지 않아야 한다. 단, 조치가 WTO협정과 일치하는 경우 조치발동 후 3년간은 보복조치를 취할 수 없다.

section 6 분야별 통상협정

(1) 농업협정

① **시장접근**

 ㉠ **예외 없는 관세화** : WTO 체제에서는 농산품의 경우에도 관세를 부과함으로 써 시장을 개방하여야 하며, 비관세 조치를 금지한다. 비관세 장벽에 의해 보호되고 있는 품목은 1986년부터 1988년까지 3년간의 당해 품목의 국내외 가격차를 산출하여 관세와 동일하게 감축한다.

 • 1986년 9월 1일을 기준으로, 1995년부터 6년간 36% 인하한다.

 • 개도국의 경우 1995년부터 10년간 24% 인하하면 된다.

 ㉡ **최소시장접근** : 이 기간 중에 수입이 전혀 없거나 미미한 경우에는 첫해 국내 소비량의 3% 이상 시장접근을 허용하고 6년째 말까지 5%로 확장해야 한다 는 원칙이다.

 ㉢ **특별세이프가드의 인정** : 특정 농산품의 수입량이 폭증하거나 국제가격이 하 락할 때 직전 3년간의 수입평균에 비해 일정한 비율을 초과하면 일반관세의 1/3까지 임시관세를 부과할 수 있다.

② **보조금**

 ㉠ **수출보조금**

 • WTO보조금 협정상 수출보조금은 금지보조금이나, 농업협정에서는 농업과 관련 된 수출보조금을 감축대상으로 하고 있다. 수출보조금은 1986~1990년 기준으로 6년간 금액 대비 36% 감축되어야 하며, 보조금이 지원되는 수출물량은 동일 연 도 기준으로 6년간 24% 감축되어야 한다.

기출문제

• 감축대상은 다음의 6가지이다. 수출을 조건으로 하는 정부나 정부기관의 직접보조금, 정부 및 정부기관에 의한 저가수출, 농산품수출에 지급되는 보조금, 수출농산물에 대한 판매비용지원을 위한 보조금, 수출농산물에 대한 국내운송비지원, 수출상품의 원료농산물에 대한 보조금 등이다.

• 농업협정은 이상의 6가지를 나열함으로써, 이에 명시되지 않은 방법으로 우회적인 보조금이 지급될 가능성이 있다.

ⓒ 국내보조금

• WTO보조금협정은 개별적인 정부보조금을 규제대상으로 하지만, 농업협정에서는 개별품목단위로 산정한 보조측정치의 총합을 기준으로 전체보조금을 감축하는 방식을 취하고 있다. 그리고 보조측정치의 총합을 산정할 때 일정한 허용보조금은 차감한다.

• 농업협정은 1986~1988년 기준으로 보조측정치의 총합을 6년간 20% 감축할 것을 규정하였다.

③ 평화조항 … 보조금 감축과 무역장벽 감축 의무를 준수하는 회원국은 9년간 WTO 제소로부터 면제된다는 조항으로서 농업개혁 동안에 잠정조치로서 인정된 것이다.

(2) 위생 및 검역조치협정(SPS협정)

① 원칙 … 회원국은 자국 내에서 위생조치를 취할 권리를 가지나, 해당 조치는 위생검역조치협정에 합치하여야 한다.

> **[SPS협정 부속서상 SPS 조치]**
> ㉠ 병해충, 질병매개체 또는 질병 원인체의 유입, 정착 또는 전파로 인하여 발생하는 위험으로부터 회원국 영토내의 동물 또는 식물의 생명 또는 건강의 보호
> ㉡ 식품, 음료 또는 사료 내의 첨가제, 오염물질, 독소 또는 질병원인체로 인하여 발생하는 위험으로부터 회원국 영토내의 인간 또는 동물의 생명이나 건강의 보호
> ㉢ 동물, 식물 또는 동물 또는 식물로 만든 생산품에 의하여 전달되는 질병이나 해충의 유입, 정착, 전파로 인하여 발생하는 위험으로부터 영토 내의 인간의 생명 또는 건강의 보호
> ㉣ 해충의 유입, 정착, 전파로 인한 회원국 영토 내의 다른 피해의 방지 또는 제한

② 기준

㉠ 위생 및 검역기준을 채택할 경우, 국제기구의 기준·지침·권고에 입각하도록 함으로써 국제기준과의 조화를 의무화한다. 수출국의 위생 및 검역방법이 수입국의 방법과 상이하더라도 결과가 동등하다고 객관적으로 증명될 경우 동등한 것으로 간주된다.

ⓛ 동 조치는 과학적 근거에 의하여야 하고, 동일하거나 유사한 조건하에 있는 회원국에 대한 자의적이고 부당한 차별을 금지하며, 국제무역을 제한하기 위한 수단으로 사용되어서는 안 된다.

③ **필요성** … 인간을 비롯하여 동·식물의 생명, 건강을 보호하기 위해 정부가 취하는 조치가 국제무역에 미치는 영향을 최소화하고자 목적을 지닌다. 특히 농업협정으로 인하여 SPS조치가 비관세 장벽으로 변질되는 것을 방지하고자 SPS협정이 만들어 졌다.

④ **절차** … SPS 조치는 위험평가, 적정보호수준결정, SPS조치의 채택이라는 3단계를 거쳐야 한다. 각 단계는 국제기준이 있는 경우 그에 따르고 국제기준이 없거나 국제기준보다 높은 수준의 조치를 취할 경우 협정 제5조에서 정하는 절차를 준수해야 한다.

⑤ **TBT협정과 관계** … TBT협정은 건강보호를 목적으로 하는 기술규정에 적용되기 때문에 SPS협정과 동시에 적용이 가능하다. TBT협정 적용요건이 SPS협정 적용요건보다 수월하여 결국 어떤 협정을 적용할 것인지가 관건이지만 TBT협정에서 상호배타적 적용을 명시하였기에 서로 중복될 경우 SPS협정만을 적용할 수 있다.

⑥ **잠정조치** … 위험평가 결과 과학적 증거가 불충분하지만 건강상 위험을 방지하기 위하여 잠정조치를 취할 수 있도록 명시하였다. 즉 사전주의 원칙을 도입한 것이다.

(3) 섬유 및 의류협정

① **의의** … WTO 섬유협정은 WTO체제 내에서 섬유분야의 무역자율화를 단계적으로 추구하려는 것으로 완전자유화가 이루어지는 협정발효 후 10년까지 적용될 한시적 규정이다. 따라서 WTO섬유협정이 발효된 후에는 기존 MFA를 대체하게 되고, 2005년까지는 WTO섬유협정이 적용되며 그 이후에는 WTO의 일반규범이 섬유·의류거래에 적용되게 된다.

② **내용**
  ㉠ 다자간 섬유협정(MFA)에 따른 쿼터 폐지
   • 부속서 기재품목을 90년 기준 16% 즉각 철폐
   • 2005년 1월 1일까지 잔존 쿼터 모두 제거
  ㉡ 세이프가드
   • WTO 발족 후 60일 내 쿼터를 섬유감시기구에 고지하여야 한다.

• 조치요건
- 교역물량을 이전 12개월간의 실제 교역수준 이하로 줄일 수 없다.
- 3년간 또는 쿼터가 자유화될 때까지만 허용된다.
- 개도국 수직섬유, 농가산업품, 전통민속수공예품, 전통적으로 중요한 물량으로 교역되는 섬유, 순수실크는 적용에서 제외된다.

(4) 기술장벽협정(TBT협정)

① **적용대상** … TBT협정은 서비스를 제외한 공산품과 농산품을 포함한 모든 상품에 적용된다. 다만, 농산품의 경우 SPS협정이 적용되는 부분은 TBT협정의 규율대상에서 제외되며, 정부조달 관련 기술장벽도 TBT협정이 적용되지 않고 정부조달협정이 적용된다.

② **기준**
- ㉠ 기술규정 및 기준의 설정은 내국민대우 원칙을 적용해야 하고, 국제무역에 불필요한 장애가 되지 않도록 하여야 한다.
- ㉡ 기술규정이 필요한 경우, 관련 국제표준이 존재하거나 그 완성이 임박한 때에는 이를 기초로 제정하여야 한다.
- ㉢ 타 회원국의 기술규정이 자국 것과 다르더라도 자국 기술규정의 목적에 부합되면 자국기술규정과 동등한 것으로 받아들여야 한다.
- ㉣ 수입상품이 관련 기술규정 및 표준에 적합한지에 대해 판정함에 있어서는 내국민대우원칙을 적용하고, 그 적합판정절차가 목적에 비추어 지나치게 엄격하지 않도록 비례성의 원칙을 준수해야 한다.

③ **목적** … 사람의 안전과 건강의 보호, 동·식물의 생명과 건강의 보호, 환경보호, 기만적 관행 방지를 위한 필요조치의 정당화 등을 목적으로 한다.

(5) 선적 전 검사협정(PSI협정)

① **의의** … 선적 전 검사는 수출되는 상품의 품질과 수량을 조사하고 상품의 거래가치가 상품원산국에서 일반적으로 통용되는 수출시장가격에 일치하는지 여부를 평가하는 활동을 말한다. 이러한 활동으로 수량이나 품질이 수입면허와 일치하는지 확인할 수 있다. 또 수출가격을 현지에서 확인할 수 있어 외화도피나 관세평가의 왜곡을 방지할 수 있다.

② **원칙** … 선진국은 이것을 비관세 장벽의 하나로 보고 있다. 즉 선적을 지연하고 영업정보를 유출하고 검사기준이 불투명하기 때문이다. 따라서 모든 수출업자에게 공평한 기준과 절차를 적용하여야 하며, 불합리한 검사지연이 없도록 하여야 한다.

기출문제

③ 절차

  ㉠ 검사 후 5일 내 결과보고서를 발급하거나 또는 해명서를 제출하여야 한다.

  ㉡ 검사기관과 업자 간 분쟁은 상호 간 해결을 원칙으로 하고, 고충 제출 후 2일 이내 독립된 재심을 청구할 수 있다.

(6) 원산지 협정

① 의의 … 원산지 규정이란 상품의 원산지를 결정하는 데 적용되는 법률·규정·판례, 그리고 행정결정 등을 의미한다. 원산지 규정은 그 자체로서는 무역에 영향을 끼치지 않으나, 무역관련 결정을 내림에 있어 원산지의 식별이 필요하므로, 무역에 영향을 주게 된다.

② 원산지 규정의 필요성

  ㉠ 관세결정 : 모든 상품에 대하여 MFN원칙이 적용된다면 원산지 확인이 불필요할 것이나, 무역자유화를 전제로 하는 지역적 기구의 존재 및 GSP의 수혜자 결정 등의 이유에서 원산지를 확인할 필요가 있다.

  ㉡ 쿼터조치 : 특정 국가의 수입량을 제한하는 경우, 해당 수출국이 그 조치를 우회하려 할 때 이를 방지하기 위하여 원산지를 확인할 필요가 있다.

  ㉢ 원산지 표시 : 최종구매자에게 수입품의 원산지에 관한 정확한 정보를 전달할 필요가 있다.

  ㉣ 반덤핑관세와 상계관세의 부과 및 긴급수입제한조치 : 반덤핑관세의 경우, 정상가격을 결정하는 데 수출국 내의 동종상품 판매가격이 사용되므로 제품의 원산지 판정이 필수적이고, 국내산업의 실질적 피해 여부를 판정할 때 특정 기업의 역내산업으로의 분류 여부가 중요한데 생산과정의 국제화에 따라 국내산업 인정 여부가 명백하지 않은 경우가 있어 원산지 규정이 필요하며, 우회덤핑을 방지하기 위하여도 원산지 규정이 필요하다.

③ 적용대상 … 본 협정의 원산지 규칙은 비특혜적 통상정책수단과, 정부조달 및 무역통계작성 등에 적용된다.

④ 원산지 판정

  ㉠ 원산지는 상품이 완전히 생산된 국가에 부여되며, 2국 이상이 관련된 경우 마지막으로 실질적 변경이 가해진 국가에 부여된다.

  ㉡ 원산지 판정은 요청 후 150일 이내에 신속히 이루어져야 한다.

  ㉢ 회원국은 WTO협정 발효 후 90일 이내에 자국의 원산지 규칙, 유효한 사법적 판결 및 행정결정을 사무국에 제공하여야 한다.

기출문제

- 보호기간 : 방송은 20년간 보호되고, 나머지는 50년간 보호된다.

ⓛ **특허**

- 보호기간 : WTO 발족 후 출원일로부터 20년간 보호된다.
- 예외
  - 인간 및 동식물의 생존과 건강 보호를 위한 경우
  - 환경오염을 방지하기 위해 필요한 경우
  - 미생물 이외의 동식물을 발명한 경우에 보호대상에서 제외하거나 회원국 국내에서의 영업적 실시를 금지할 수 있다.
- 강제실시권 : 합리적 기간 내 특허권자의 허가를 받지 못한 경우, 강제실시권이 허용된다. 이는 특허의 배타적 권리성에 대한 중대한 제한이므로, TRIPs 협정은 적절한 보상을 하는 조건 하에 강제실시권을 인정하고 있다.

ⓒ **상표 및 서비스마크**

- 의의 : TRIPs 협정은 등록상표의 보유자에게 상표부착상품과 혼동의 소지가 있는 동일 또는 유사상품의 사용을 금지시킬 수 있는 배타적 권리를 인정하고 있다. 다만, 등록하지는 않았으나 이미 사용하고 있는 선사용자를 보호하기 위하여 선등록주의에 일정한 예외를 인정하고 있다.
- 보호기간 : 7년간 보호되고, 계속해서 7년씩 연장될 수 있다.

ⓔ **지리적 표시** : 지리적 장소의 특성, 품질, 명성이 인정될 경우, 그 지리적 표시를 보호대상으로 하고 있다. 그러나 일반상품이나 서비스의 명칭으로 지리적 표시가 관습화된 경우는 보호대상이 되지 않는다.

ⓜ **산업의장** : 신규성과 독창성이 있는 산업의장은 최소한 10년 이상 보호된다.

ⓗ **집적회로배치설계** : 등록을 요구하는 국가에서는 출원일로부터 10년, 그러한 요구가 없는 국가에서는 최초의 상업적 이용일로부터 10년간 보호된다.

④ **지적재산권분쟁**

ⓐ **분쟁해결절차** : 회원국은 분쟁예방을 위하여 자국의 관련 법규나 결정 등에 대한 투명성을 보장하여야 하며, 각종 법규 및 결정을 공개하여야 한다. 지적재산권분쟁도 일반적으로 DSU에 따르게 되는데, 비위반제소인 경우 WTO 협정 발효일로부터 5년간 제소할 수 없다.

ⓑ **WIPO 중재규칙** : 지적재산권은 전문적 기술사항을 포함하고 있는 다양하고 역동적인 분야로서, 이에 관한 분쟁해결은 전문적 지식이 있는 WIPO가 적절하나, WIPO의 지적재산권에 대한 보호수준이 낮은 구조적 문제점이 있다. 이런 구조적 단점을 극복하고, 전문적 특성을 살려 지적재산권 문제를 해결하려는 필요에서 WIPO중재규칙이 마련되었다. 분쟁의 초기 해결수단으로 협상과 조정을 강조하고 있으며, 상표위조를 국내법 또는 파리협약이나 베른협약 범위 내의 침해문제로 간주한다.

(11) 서비스무역에 관한 일반협정(GATS)

① **GATS의 구성** … GATS는 서비스 일반에 적용될 협정본문과 8개의 부속서 및 각 국의 양허표로 구성되어 있다. GATS 협정 본문의 핵심은 크게 두 부분으로 나눌 수 있는데, 첫째 모든 서비스거래에 적용될 일반원칙이나 의무를 규정하고 있는 부분과, 시장접근 · 내국민대우 · 추가약속 등 개별국가의 구체적 약속을 담고 있는 부분으로 나눌 수 있다.

② **GATS의 대상** … GATS는 국방 치안 등 정부가 제공하는 서비스를 제외한 모든 서비스를 대상으로 한다. 서비스무역은 서비스공급의 국경 간 이동, 소비자의 공급국가로의 이동, 공급자의 소비국가로의 이동, 공급자에 의해 고용된 자연인의 소비자 국가로의 이동을 포함한다.

③ **일반적 원칙**

㉠ **최혜국대우**

- 원칙 : 회원국은 GATS의 대상이 되는 모든 조치에 관하여 즉각, 그리고 무조건 최혜국대우를 부여해야 한다. 회원국이 부속서에 명시한 경우 최혜국대우에 대한 일정한 예외와 면제를 허용하고 있다.
- 예외
  - GATS는 GATT와는 달리 부가가치가 높은 일정한 서비스 분야에 대해서는 「제2조의 면제에 관한 부속서」에 따라 MFN원칙을 선별적으로 적용할 수 있도록 하고 있다.
  - 인접국 간 접경지대에 국한된 서비스교환을 촉진하기 위하여도 MFN원칙의 예외가 인정되어 특혜대우가 가능하다.

㉡ **투명성** : GATS는 모든 서비스 거래에 관련되거나 영향을 미치는 조치에 대한 공개 및 통보의무 및 정보조회에 대한 회답의무를 부과하고, 협정 발효일로부터 2년 내에 문의처를 설치하도록 하고 있다. 그리고 구체적 이행약속과 관련되는 규칙을 변경한 회원국은 WTO에 통보하여야 한다.

㉢ **공정성**

- 회원국은 자국의 독과점사업자가 서비스를 제공할 때 독점적 지위를 남용하지 않도록 보장해야 한다.
- 사적 서비스공급자의 거래관행이 경쟁제한적 효과를 발생하지 않도록 하여야 한다.

㉣ **상호인정**

- GATS는 서비스공급자의 인증 · 허가 · 증명의 기준이나 표준의 상호인정 및 조화를 장려한다.
- 상이한 국가의 서비스공급자들을 차별하지 않아야 하고, 회원국이 채택하거나 유지해서는 안 되는 조치가 명시되어 있다.

기출문제

　　　ⓜ 예외 : 일반적 예외, 안보상의 예외, 국제수지예외, 긴급수입제한, 경제통합, 정부조달 등 여러 가지 예외규정을 두고 있다.

④ 구체적 약속

　ⓐ 시장접근

　　• 시장접근의 보장은 일반적 의무가 아니며, 각국이 양허표상에 기재한 서비스분야에 대해서만 허용하면 된다.

　　• 시장접근에 대하여 일정한 제한을 하려고 할 때에는 양허표상의 시장접근란에 그 제한조치를 기재하여야 된다.

　　• 양허표상에 기재할 수 있는 제한조치의 유형은 서비스공급자수의 제한, 서비스 거래액 또는 자산총액제한, 서비스 총 영업량 또는 총 산출량의 제한, 총 고용인력의 제한, 서비스공급기업의 형태 제한, 외국자본참여에 대한 제한 등 여섯 가지이다.

　ⓑ 내국민대우 : 내국민대우는 일반적 의무가 아니며 각국이 양허표상에 기재한 서비스 분야에 대해서만 내국민대우를 할 의무가 있는 것이다. 최혜국대우가 네거티브 방식을 취하고 있는 것이라면, 내국민대우는 포지티브 방식을 취한다는 점에서 비교된다.

　ⓒ 추가적 약속

　　• 양허표에 시장접근과 내국민대우 이외에 추가적 약속이라는 란을 두어 시장접근과 내국민대우에 관한 사항이 아닌 것을 양허표상에 기재할 수 있도록 하고 있다. 자격·표준 또는 면허사항에 관한 조치 등이 이에 해당된다.

　　• 추가적 약속란의 기재 여부는 자유이나 일단 기재하면 그 사항에 대하여는 추가적인 자유의 약속을 하는 것이다.

⑤ 분쟁해결

　ⓐ 서비스무역이사회가 동 협정의 실시에 대한 전반적인 사항을 관장하고 있으나, 분쟁해결은 DSB에 의하여 통일적으로 관장된다.

　ⓑ DSB는 양허의 정지를 정당화할 만큼 상황이 충분히 심각하다고 간주하는 경우에만 이를 허가할 수 있으며, 정지의 대상이 되는 양허는 GATS협정상의 양허에 한정된다는 점에서 일반적인 WTO분쟁해결절차와 차이가 있다.

section 7 미국과 EU의 통상법

(1) 연혁

통상법(1974) → 통상협정(1979) → 종합관세법(1984) → 종합통상법(1988) → UR이행법(1994)

(2) 일반 제301조

① 발동요건

　㉠ 보복조치가 의무적인 경우

　　• 무역협정상의 미국 권리가 침해되고 있는 경우

　　• 외국의 법률, 정책 또는 관행이 통상협정의 규정을 위반 또는 양립할 수 없는 경우

　　• 무역협정에 근거한 미국의 이익을 부정하고 있거나, 또는 부당해서 미국의 통상에 부담을 주거나 제약을 가했을 경우. 여기서 말하는 부당한 관행이란, 국제법상 미국의 권리를 위반하거나 그와 부합되지 않는 법률·정책·관행을 말한다. 이에는 내국민대우, 최혜국대우, 기업설립의 기회, 지적재산권보호 등을 거부하는 행위가 포함된다.

　㉡ 보복조치가 재량인 경우 : 외국의 법률, 정책 또는 관행이 불합리하거나 차별적이어서 미국의 통상에 부담을 주거나 제한하는 경우에는 USTR은 필요하다고 생각되는 적절한 조치를 취할 수 있다. 불합리한 관행이란 국제법상 미국의 권리에 반하거나 부합되지 않는 것은 아니나, 단순히 불공정하고 불평등한 법률·정책·관행을 의미하는 것이다. 무역상대국의 수출육성정책, 노동권 침해, 미국상품 및 서비스 구매에 악영향을 미치는 외국기업의 조직적 반경쟁활동 등이 이에 포함된다. 차별적 관행이란 미국의 상품·서비스·투자에 대해 내국민대우 및 최혜국대우를 부정하는 법률·정책·관행을 의미한다. 이에는 수출보조금, 수입규제, 보험시장의 폐쇄 및 차별, 고관세, 불합리한 소매가격, 광고상의 차별 등이 포함된다.

기출문제

② 절차

우선협상국 지정		

21일 ↓

조사 및 협의		

150일 ↓

종료		

조사시작 후 12월 내 ↓

판정		

↓

무혐의	부당	단순차별
↓	↓	↓
종결(30일 이내)	의무적 보복	재량적 보복

③ 보복조치 … 무역상대국의 협상이 결렬된 경우 USTR은 외국의 불공정 관행을 제거하기 위하여 적당하고 실현 가능한 모든 조치를 취하여야 한다.
  ㉠ 관세양허의 정지 또는 철회
  ㉡ 물품에 대한 관세인상과 기타 수입제한조치
  ㉢ 관련당사국과의 보상 또는 불공정무역관행 등의 개선 등을 위한 협정의 체결
  ㉣ 서비스부문에 대해서는 해당 국가의 기업에 대한 승인의 취소 또는 새로운 조건의 부과 등

[1994년의 「UR이행법」]
불공정무역관행이 일반특혜관세제도 등 미국의 특혜관세 프로그램상의 적격성을 충족시키는 경우, 해당 특혜 프로그램에 의한 특혜대우를 철회·제한·중지시킬 수 있는 권한을 USTR에 추가로 부과하였다. 또한 UR이행법은 상품 및 서비스 무역에 대해서 뿐만 아니라 해당 외국과 밀접한 관련이 있는 기타 분야에 대해서도 보복조치를 취할 수 있게 하였다.

---

(3) 슈퍼 301조

① 슈퍼 301조는 1988~1990년까지 적용된 한시법이었으나, 1994년에 UR이행법에 의해 부활되었다. 국별무역장벽보고서에 기초하여 우선 관심국가와 우선 관심관행에 대하여 301조 조사를 의무적으로 개시한다.

② 일반 301조는 업계의 요청과 USTR의 발의로 조사가 시작되나, 슈퍼 301조는 USTR만이 발의할 수 있다.

③ 조사개시 절차에 관해서만 특별규정이 존재하고 나머지 협의·보복조치·결정 및 집행은 일반 301조와 유사하다.

(4) 스페셜 301조

① 스페셜 301조는 1988년의 「종합무역법」 제1303조 및 제1304조는 지적재산권 보호를 위해 신설된 조항으로, 흔히 스페셜 301조라 불린다. 동 조항 역시 1994년 UR이행법에 의해 개정되었다. USTR은 국별무역장벽 보고서가 의회에 제출된 후 30일 이내에 적절하고도 효율적인 지적재산권 보호를 무시하거나, 지적재산권 보호에 의존하는 미국인에게 공정하고 공평한 시장접근을 부인하는 국가 및 이러한 국가 중 지적재산권 보호가 아주 미미한 국가를 우선협상대상 국(PFC)으로 지정하여야 한다.

② USTR에 의한 PFC 지정은 미국 제품에 매우 큰 악영향을 미치는 부담스럽거나 독특한 법률·정책·관행을 가지고 있는 국가로서 적절하고도 효율적인 지적재 산권 보호를 제공하기 위한 선의의 협상을 개시할 수 없거나 쌍무 또는 다자간 협상에서 실질적인 진전을 보이지 않는 국가를 대상으로 한다.

③ USTR은 PFC를 지정한 후 30일 이내에 당해 국가의 법률·정책·관행에 대해 301조상의 조사를 개시하여야 한다.

단원평가 국제경제법

1 1994년 세계무역기구(WTO) 설립협정상 WTO의 기능이 아닌 것은?

① WTO 설립협정과 다자간 무역협정의 이행, 관리 및 운영의 촉진
② 다자간 무역관계에 관한 협상의 장 제공
③ 보호무역의 달성
④ 무역정책검토제도 시행

2 WTO 체제하에서 자유무역지역 및 관세동맹 협정에 대한 설명으로 옳지 않은 것은?

① 최혜국대우원칙의 예외로 인정되기 위해서는 제3국을 협정 체결 이전보다 불리하게 대우해서는 아니 된다.
② 자유무역지역으로 인정되기 위해서는 일정 기간 내에 역내 관세가 실질적으로 철폐되어야 한다.
③ 제3국에 대해, 자유무역지역 회원국은 단일한 관세를 부과해야 하지만 관세동맹 회원국은 상이한 관세를 유지할 수 있다.
④ 최혜국대우원칙에 대한 예외로 인정된다.

3 「관세 및 무역에 관한 일반협정(GATT)」 제24조에 대한 설명으로 옳지 않은 것은?

① 관세동맹 구성 영토 간의 실질적으로 모든 무역에 관하여 또는 적어도 동 영토를 원산지로 하는 상품의 실질적으로 모든 무역에 관하여 관세 및 그 밖의 제한적인 상거래 규정은 철폐된다.
② 자유무역지역의 비당사자인 체약당사자와의 무역에 대하여 자유무역지역 창설 시에 부과되는 관세는 동 지역의 형성 이전에 구성영토에서 적용 가능한 관세 및 그 밖의 상거래규정의 일반적 수준보다 전반적으로 더 높거나 제한적이어서는 아니 된다.
③ 관세동맹이나 자유무역지역, 또는 동 동맹이나 지역의 형성으로 이어지는 잠정협정에 참가하기로 결정하는 체약당사자는 신속히 체약당사자단에 통보해야 한다.
④ 각 체약당사자는 자신의 영토 내의 지역 및 지방 정부와 당국에 의한 이 협정 규정의 준수를 확보하기 위해 자신에게 이용 가능할 수 있는 합리적인 조치를 취한다.

476

4 WTO체제의 특징으로 볼 수 없는 것은?

① WTO는 국제기구로서 법인격을 갖는다.

② WTO 회원가입은 국가에게만 인정된다.

③ WTO는 GATT와 달리 단지 상품무역에 한정되는 것이 아니라 서비스무역과 무역관련 지적재산권 분야까지 그 규율범위가 확대되었다.

④ WTO의 분쟁해결절차는 일방주의를 제한하고 대상협정상의 의무 위반 등의 판정과 보고서 및 보복조치의 승인 등 집행에 있어서 다자주의를 강화하고 있다.

5 WTO 내에서 최고의사결정기관은?

① 사무총장 ② 각료회의
③ 무역정책검토기구 ④ 분쟁해결기구

6 WTO각료회의가 설치한 특별위원회가 아닌 것은?

① 무역개발위원회

② 국제수지위원회

③ 예산·재정·행정위원회

④ 무역관련 지적재산권이사회

7 세계무역기구(WTO)의 구조에 대한 설명 중 옳지 않은 것은?

① 모든 회원국의 대표로 구성되는 각료회의

② 일부 회원국의 대표로 구성되는 일반이사회

③ 전문분야별 이사회

④ 사무국

8 WTO 일반이사회에 대한 설명으로 옳지 않은 것은?

① 필요에 따라 개최된다.
② 각료회의 비회기중에 각료회의의 기능을 수행한다.
③ 분쟁해결기구와 무역정책검토기구의 임무를 이행하기 위해 개최된다.
④ 산하에 무역환경위원회, 무역개발위원회, 국제수지위원회 등을 설치한다.

9 WTO 일반이사회 산하에 설치된 분야별 위원회가 아닌 것은?

① 상품무역이사회   ② 서비스무역이사회
③ 무역관련 지적재산권이사회   ④ 국제수지위원회

10 WTO의 조직에 대한 설명으로 옳지 않은 것은?

① 각료회의는 분쟁해결기구 및 무역정책검토기구로서의 책임을 수행하기 위하여 회합을 갖는다.
② 일반이사회는 각료회의가 열리지 않는 기간 동안 각료회의의 기능을 수행한다.
③ 각료회의는 최소한 2년에 한 번 회합을 가져야 한다.
④ 일반이사회가 상품무역이사회, 서비스무역이사회, 무역관련지적재산권위원회를 일반적으로 지휘한다.

11 WTO의 기본원칙 중 한 회원국이 자국영역 내에서 동종상품에 대하여 제3국 또는 제3국 국민에게 부여하는 관세, 통관, 수출입에 관한 규칙 및 절차상의 모든 혜택을 다른 회원국 또는 국민에게도 부여하는 의무는?

① 최혜국대우의 원칙   ② 내국민대우의 원칙
③ 수량제한금지의 원칙   ④ 투명성의 원칙

12 GATT체제와 WTO체제의 차이점에 대한 설명으로 옳지 않은 것은?

① WTO는 상품뿐만 아니라 서비스, 지적재산권 및 무역관련 투자도 그 규율대상에 포함하고 있다.

② GATT체제에서 인정되던 최혜국대우의 원칙, 내국민대우의 원칙, 관세양허원칙, 수량제한금지원칙, 비관세장벽철폐의 원칙에 더하여 투명성의 원칙을 기본원칙으로 도입하였다.

③ GATT체제의 분쟁해결절차는 많은 시일이 소요되고 GATT규정 전체에 걸쳐 각 분야별로 규정이 산재되어 있었으며 그 법적 구속력이 약했으나, WTO는 원칙적으로 부속서 2의 분쟁해결양해(DSU)에 의해 분쟁해결절차를 통일적으로 정비하였다.

④ WTO는 GATT와 마찬가지로 법인격을 갖는 국제기구이다.

13 K국은 소주에 대해서는 30 %의 세율을, 위스키에 대해서는 100 %의 세율을 부과하고 있다. K국 내에서 소주는 K국 업체들에 의해 전량 제조되고, 위스키는 A국과 B국 업체들로부터 전량 수입되고 있다. K국, A국 및 B국은 모두 WTO 회원이다. A국과 B국이 K국을 WTO에 제소할 경우, WTO 협정상 의무위반의 근거규정으로 옳은 것은? (다툼이 있는 경우 WTO 패널 판정에 의함)

① GATT 제1조상 최혜국대우

② GATT 제2조상 관세양허약속

③ GATT 제3조상 내국민대우

④ GATT 제12조상 국제수지의 보호를 위한 제한

14 WTO분쟁해결절차의 특징으로 볼 수 없는 것은?

① 패널설치, 패널 및 상소보고서의 채택, 보복조치의 승인에 있어 역총의제를 도입함으로써 사실상 의사결정이 자동적으로 행해지도록 하였다.

② WTO설립협정 부속서 2에 규정되어 있다.

③ 교차보복을 허용하고 있다.

④ 분쟁의 신속한 해결을 위해 1심제를 택하고 있다.

15 WTO분쟁해결제도의 특징에 대한 설명 중 옳지 않은 것은?

① 비사법적 분쟁 해결의 배제
② 패널절차의 단계별 시한설정
③ 규범지향적 접근방법의 채택
④ 상소제도의 도입

16 WTO의 분쟁해결기구(DSB)에 관한 설명 중 옳지 않은 것은?

① DSB는 임무수행에 필요하다고 판단되는 의사규칙을 제정한다.
② DSB는 패널설치 요청이 의제에 상정된 첫 번째 회의에서 패널설치 여부를 최종적으로 결정한다.
③ 사무국은 분쟁당사자에게 패널위원 후보자를 제의한다.
④ 사무총장은 회원국이 분쟁을 해결하는 것을 돕기 위하여 직권으로 주선, 조정 또는 중개를 제공할 수 있다.

17 세계무역기구 분쟁해결기구(WTO DSB)가 다룬 환경 관련 분쟁사례에 해당하지 않는 것은?

① 2006년 유럽공동체(EC) 유전자변형식품(GMO) 사건
② 2007년 브라질 타이어 사건
③ 2013년 유럽연합(EU) 물개 사건
④ 2014년 일본 포경 사건

18 세계무역기구(WTO) 분쟁해결절차상 보상과 양허의 정지에 대한 설명으로 옳지 않은 것은?

① 권고 및 판정이 합리적인 기간 내에 이행되지 아니하는 경우 취해지는 잠정적인 조치이다.
② 분쟁해결기구가 승인하는 양허 또는 그 밖의 의무의 정지의 수준은 무효화 또는 침해의 수준에 상응하여야
   한다.
③ 보상은 자발적인 성격을 띠며, 이를 행하는 경우 대상협정과 합치하여야 한다.
④ 양허 또는 그 밖의 의무의 정지의 승인은 총의제(consensus)에 의한다.

19 세계무역기구(WTO)의 「보조금 및 상계조치에 관한 협정」상 보조금에 대한 설명으로 옳지 않은 것은?

① WTO 회원국은 자국산 특정 제품의 수출 실적에 비례해서 그 제품을 생산하는 자국 기업에 수출 장려 보조금을 줄 수 없다.

② WTO 회원국은 외국산 특정 제품을 수입하는 대신 국내상품을 사용하는 조건으로 자국 기업에 보조금을 지급할 수 없다.

③ WTO 회원국이 자국산 특정 제품에 보조금을 지급한 결과 다른 회원국의 생산 업계에 피해를 주는 경우 피해를 당한 국가는 WTO 분쟁해결기구(DSB)에 제소할 수 있다.

④ WTO 회원국이 자국산 특정 제품에 대한 보조금을 지급한 결과, 제3국에 수출하는 다른 회원국의 기업이 가격 경쟁을 유지하기 위해 특정 제품의 가격 인하를 해야 할 경우에 후자의 회원국은 상계조치만 취할 수 있다.

20 WTO농산물협정에 관한 설명으로 옳지 않은 것은?

① 공정하고 시장지향적인 농산물무역체제를 확립하기 위해 관세화원칙에 예외를 인정하였다.

② 회원국은 모든 비관세장벽을 철폐하고 국내외 가격차를 관세상당치로 부과하여야 한다.

③ 이행기간 중 특별긴급수입제한조치를 일정 절차에 따라 한시적으로 운용할 수 있다.

④ 한국은 쌀에 대하여 1995년부터 10년 동안 관세화 유예기간을 인정받았다.

21 WTO설립협정에 대한 설명으로 가장 옳지 않은 것은?

① 부속서 1A는 13개의 상품무역에 관한 다자간 무역협정으로 구성되어 있다.

② 부속서 1B는 서비스무역일반협정이다.

③ 부속서 2는 분쟁해결양해이다.

④ 부속서 4는 모든 회원국에 의무적으로 적용되는 복수 간 무역협정이다.

22 세계무역기구(WTO)설립협정 부속서에 명시된 협정 중 다자간 무역협정이 아닌 것은?

① 관세평가협정

② 보조금 및 상계조치협정

③ 기술무역장벽협정

④ 정부조달협정

23 WTO설립협정의 부속서 1A상의 상품무역에 관한 다자간 무역협정(MATG)이 아닌 것은?

① 1994년 GATT

② 무역관련 투자조치협정

③ 농업협정

④ 서비스무역일반협정(GATS)

24 WTO서비스무역일반협정(GATS)에 대한 설명으로 가장 옳은 것은?

① 서비스무역을 규율대상으로 하는 최초의 다자간 무역협정이다.

② WTO설립협정의 부속서 1A에 부속되어 있다.

③ 서비스무역일반협정은 최혜국대우원칙의 예외를 일체 인정하고 있지 않다.

④ 내국민대우원칙을 규정하고 있지 않다.

25 다음 중 WTO 분쟁해결제도의 '대상이 되는 협정'에 해당되지 않은 것은?

① 농산물협정

② 관세평가협정

③ 선적전검사협정

④ 포괄적경제동반자협정

정답및해설

1	③	2	③	3	②	4	②	5	②
6	②	7	②	8	④	9	④	10	①
11	①	12	④	13	③	14	④	15	①
16	②	17	④	18	④	19	④	20	①
21	④	22	④	23	④	24	①	25	④

1 ③ WTO는 자유무역을 목적으로 설립된 기구이다.

2 ③ 관세동맹이 역외국에 단일한 관세를 부과하고, 자유무역지역은 상이한 관세를 유지할 수 있다.

3 ② GATT 24조에서는 지역무역협정이, GATT/WTO 제1조인 최혜국대우원칙의 예외로 허용되기 위한 조건의 하나로 역내국들은 역내구산 상품에 대해 '실질적으로 모든 무역'에서 관세 및 기타 제한적 무역조치들이 제거되도록 하고 있다.

4 ② 국가와 독자적 관세영역은 WTO회원국의 자격이 있다. 즉, WTO는 국가뿐만 아니라 독자적 관세영역의 가입도 허용하고 있다.

5 ② 정기적인 각료회의가 WTO의 최고의사결정기관이며, 일반이사회가 수시로 모여 상시적인 의사결정기능을 수행하며 동시에 무역정책검토 기구와 분쟁해결기구의 역할도 한다.

6 ② 각료회의는 특별위원회인 무역개발위원회, 국제수지위원회, 예산·재정·행정위원회를 설치한다.

7 ② 일반이사회는 모든 회원국의 대표로 구성되는 전체기관이다.

8 ④ 무역환경위원회, 무역개발위원회, 국제수지위원회, 예산재정행정위원회는 각료회의의 산하기구로서 설치되었다.

9 ④ 국제수지위원회(Committee on Balance-of-Payments Restriction)는 각료회의 산하에 설치된 위원회이다. 일반이사회 산하에 상품무역 이사회, 서비스무역이사회, 무역관련 지적재산권이사회가 설치되어 있다. 이들 위원회는 WTO협정 부속서 1A, 1B, 1C에 관한 사항을 각각 규율한다.

10 ① 분쟁해결기구 및 무역정책검토기구로서의 책임을 수행하는 것은 각료회의가 아니라 일반이사회이다.

11 ① 최혜국대우란 국가가 자국영역 내에 있는 외국 또는 외국인 및 외국제품을 제3의 국가 또는 국민 및 제품보다 불리하지 않게 대우하는 것을 말한다.

12 ④ GATT는 엄밀한 의미에서의 국제기구에 해당되지 아니하는 단순한 국제협정에 불과하나, WTO는 국제기구로서의 법인격을 갖고 있다.

13 ③ K국의 조치는 내국민대우에 위반될 수 있다. WTO회원국은 동종상품에 대해서는 자국상품에 비해 외국상품에 대해 초과과세 해서는 안되며, 직접경쟁 또는 대체 가능상품에 비해 자국 상품과 유사하지 아니한 과세를 해서는 안 된다.

14 ④ WTO 분쟁해결양해는 항소기구를 상설기관으로 설립하여 2심제를 택하고 있다. 또한 WTO 분쟁해결절차는 분쟁의 신속한 해결을 위해 각 절차와 단계마다 일정한 소요기간을 정하고 총의에 의해서만 다음 절차로의 진행이 정지되도록 하고 있다.

15 ① 주선 · 조정 · 중개 · 중재 등 비사법적 분쟁해결제도를 수용하고 있다.

16 ② 제소국이 요청하는 경우, 패널설치 요청이 의제로 상정되는 첫 번째 분쟁해결기구 회의에서 컨센서스로 패널을 설치하지 아니하기로 결정하지 아니하는 한, 늦어도 그 분쟁해결기구 회의의 다음번에 개최되는 분쟁해결기구 회의에서 패널이 설치된다(WTO 부속서2 분쟁해결규칙 및 절차에 관한 양해 제6조 제1항).

17 ④ 국제사법재판소(ICJ)판례이다. 일본이 고래보호관련 조약상의 예외조항을 남용하여 고래를 포획한 것이 협약에 위반된다고 본 판례이다. 호주가 제소한 사건이다.
① EC가미국의 GMO에 대한 수입을 제한한 사건으로서 '위생 및 검역조치 협정(SPS)'에 대한 사례이다.
② 브라질이 EU산 폐타이어의 수입을 금지한 사건으로 1994 GATT 제20조의 일반적 예외에 대한 사례이다.
③ EU가 캐나다산 물개 제품에 대해 수입을 금지한 사건으로 '기술무역장벽협정(TBT)'에 대한 사례이다.

18 ④ DSU 제22조 1항에 의하면 DSB의 권고나 결정이 이행되지 않는 경우, 제소국은 잠정적 조치로서 보상이나 양허 또는 다른 의무의 정지를 취할 수 있다.

19 ④ 이 경우 상계조치뿐 아니라 WTO에 대한 제소조치도 취할 수 있다. 상계조치를 일방적 구제조치, WTO에 대한 제소를 다자적 구제조치라고도 한다.

20 ① WTO농산물협정은 공정하고 시장지향적인 농산물 무역체제를 확립하기 위해 예외 없는 관세화를 기본원칙으로 하고 있다.

21 ④ WTO설립협정은 16개 조항으로 구성되어 있는 세계무역기구설립협정 본문과 4개의 부속서로 구성되어 있다. 부속서 1 · 2 · 3은 모든 회원국에 의무적으로 적용되는 17개의 다자간 무역협정으로 구성되어 있으며, 부속서4는 협정을 수락하기로 약속한 회원국들에게만 적용되는 복수 간 무역협정이다.

22 ④ 서명국에 대해서만 발효하는 복수국 간 무역협정이다.

23 ④ 서비스무역일반협정(GATS)은 부속서 1B이다.

24 ① WTO서비스무역일반협정(GATS)은 서비스무역을 규율대상으로 하는 최초의 다자간 무역협정으로, 부속서 1B로 WTO설립협정에 부속되어 있다. GATS는 GATT에서보다 최혜국대우원칙의 예외가 광범위하게 인정되고 있으며, 내국민대우도 회원국에게 당연히 부과되는 것이 아닌 양허의 대상이라는 특징을 갖는다.

25 ④ 포괄적 경제 동반자협정은 일종의 FTA협정을 말한다. FTA협정은 WTO분쟁해결의 대상협정이 아니다.

부록

최신
기출문제분석

| 2021. 4. 17. 인사혁신처 시행

1 국제법에서 의미하는 현대 국제사회의 특징으로 옳은 것은?

① 국제사회의 재판기관은 원칙적으로 강제관할권을 갖는다.

② 국제사회는 수평적 · 분권적 구조로 되어 있는 국제공동체로 이루어져 있다.

③ 국제사회에서 법실증주의는 국익에 기반을 둔 국가 간 합의보다 보편적 국제규범을 더 중시한다.

④ 국제사회에서 UN 안전보장이사회는 법집행기관의 역할을 수행한다.

Point
> ① 임의관할권이 일반적이고 원칙이다. ICJ규정 제36조 제2항 선택조항을 수락한 당사국간에는 별도의 새로운 합의없이 일방 당사국이 제소에 의해 ICJ 관할권이 성립한다.
> ③ 국제법 이론에 따라 관점이 다르다. 의사주의는 국가의사 및 합의를 본질이라고 하나 객관주의는 자연법을 본질이라 본다.
> ④ 현재의 국제사회는 판결을 집행하기 위한 중앙적 기구를 갖고 있지 못하기 때문에, 판결의 이행은 해당 국가의 자발적 이행에 의존할 수밖에 없다.
> ICJ 판결을 당사국의 일방이 의무를 이행하지 않을 경우 타방은 이를 안보리에 제소할 수 있다. 이 경우 안보리는 판결집행을 위한 권고를 하고, 또한 취할 조치를 결정하게 되나, 이는 의무적인 것이 아니다.

2 국가의 기본적 권리 · 의무에 대한 설명으로 옳지 않은 것은?

① 「국제연합(UN)헌장」에 따르면, 모든 UN 회원국은 제55조에 명시된 목적을 달성하기 위해서 UN과 협력할 것을 약속하고 있다.

② 자결권을 갖는 민족에 대해서 압제국이 무력을 행사하는 경우 제3국이 해당 민족을 군사적으로 지원해도 이는 압제국 국내문제의 불간섭원칙을 위반하지 않는다.

③ 「국제연합(UN)헌장」에 따르면, 제7장의 규정은 UN 회원국의 본질적인 국내관할권에 대한 사항에 적용될 수 없다.

④ 국가를 대표할 정부가 없거나 정상적인 기능을 수행하지 못하는 국가도 국제법상 법주체성을 유지한다.

Point
> ③ UN헌장 제2조 제7항
> 이 헌장의 어떠한 규정도 본질상 어떤 국가의 국내 관할권안에 있는 사항에 간섭할 권한을 국제연합에 부여하지 아니하며, 또는 그러한 사항을 이 헌장에 의한 해결에 맡기도록 회원국에 요구하지 아니한다. 다만, 이 원칙은 제7장에 의한 강제조치의 적용을 해하지 아니한다.

Answer   1.② 2.③

3 세계무역기구(WTO)에 대한 설명으로 옳지 않은 것은?

① 국가가 아니면서 완전한 자치능력을 가진 독립된 관세지역의 경우에는 회원국 지위를 갖지 아니한다.

② WTO는 법인격을 가지며 각 회원국은 WTO에 필요한 특권과 면제를 부여한다.

③ 각료회의와 일반이사회는 WTO협정의 해석을 채택할 독점적인 권한을 가지고 있다.

④ WTO는 총의(consensus)와 투표를 결합한 의사결정 방식을 취하고 있다.

① WTO설립협정, 다자협정, 서비스협정상의 이행계획서를 수락한 주권국가와 대외무역관계에서 완전한 자치권을 갖는 관세지역이 그 자격이 주어진다.

4 국가관할권의 결정준칙에 대한 설명으로 옳지 않은 것은?

① 속지주의 이론에 따르면, 국가는 행위자의 국적에 상관없이 자국 영역 내에서 발생한 사건에 대해 관할권을 가지므로 범죄행위의 개시국과 범죄결과의 최종발생국 모두 관할권을 행사할 수 있다.

② 능동적 속인주의 이론에 따르면, A국 국적의 갑이 B국에서 C국 국적의 을을 살해한 경우 C국이 갑에 대하여 형사관할권을 행사할 수 있다.

③ 보호주의 이론에 따르면, A국 국적의 갑이 B국 영역 내에서 C국의 화폐를 위조하여 사용한 경우 C국이 갑에 대하여 형사관할권을 행사할 수 있다.

④ 효과이론에 따르면, 외국인이 자국 영역 밖에서 행한 행위로 인하여 그 결과가 자국에게 실질적인 영향을 미친 경우 역외에 있는 해당 외국인에 대해서도 관할권을 갖는다.

② 적극적 속인주의는 자국 국적을 가진 자가 자국 내에 있건 자국 밖에 있건 간에 국적국이 관할권을 행사하겠다는 입장이고, 소극적 속인주의는 자국 영역 외의 장소에서 자국민에 대하여 발생한 범죄와 관련하여 피해자의 본국이 가해외국인에 대하여 관할권을 행사하겠다는 입장으로 대륙법계 국가에 의해 지지된다.
소극적 속인주의를 받아들인 것으로 1963년 『항공기상의 범죄에 관한 동경협약』과 1984년 『고문방지협약』이 있다.
C국은 '피해자의 국적국'이므로 수동적 속인주의에 의해 관할권을 가질 수 있다.

Answer 3.① 4.②

5 영토에 대한 설명으로 옳지 않은 것은?

① 섬의 영유권 판단과 주변 해양경계 판단 시 동일 사건에서는 각기 다른 '결정적 기일(critical date)'이 적용될 수 없다.

② 할양이란 국가 간 합의에 근거한 영토주권의 이전이다.

③ 국제사법재판소(ICJ)에 따르면, 사회적 및 정치적 조직을 갖춘 주민이 거주하던 지역은 무주지가 아니기에 선점의 대상이 될 수 없다.

④ 탈베그(Talweg) 원칙에 따르면, 가항 하천에 교량이 없는 경우 국경선을 이루는 하천의 중간선이 국경선이 된다.

① 결정적 기일은 국제재판에서 '당사자의 행위가 소송의 쟁점에 영향을 줄 수 없는 일자' 또는 '분쟁의 실체적(구체적) 사실이 발생했다고 말해지는 기간의 종점이다.
영유권 분쟁과 해양경계획정 분쟁이 각각 다른 일자에 발생했다면 결정적 기일은 서로 달라질 수 있다.

6 국제연합(UN)에서 근무하는 직원에 대한 설명으로 옳은 것은?

① UN의 직원은 임무수행에 있어 오직 UN과 자신의 국적국에 대해서만 책임을 진다.

② 1946년 「UN의 특권과 면제에 관한 협약」에서는 UN의 직원과 UN과 밀접한 관계를 갖는 전문기구의 직원에 대해서 특권과 면제를 인정한다.

③ UN의 직원이 공무수행 중에 국제위법행위로 인하여 손해를 입은 경우 직원의 국적국이 외교적 보호권에 근거하여 가해국에 대하여 국제책임을 물을 수 있다.

④ UN의 직원은 그 국적이나 직무에 상관없이 외교적 보호를 받을 수 있으나, 만일 외교적 보호를 받을 수 없다면 부득이 그 국적국이 직무적 보호를 행사할 수 있다.

① UN직원은 임무수행에 있어서는 오직 UN에 대해서만 책임을 진다.
② 전문기구 직원은 「UN 전문기구의 특권과 면제에 관한 협약」이 적용된다.
④ 직무보호권은 국제기구의 권한이다.

Answer 5.① 6.③

7 국제기구의 권한에 대한 설명으로 옳지 않은 것은?

① 국제사법재판소(ICJ)에 따르면, UN은 비회원국에 대해서는 법인격을 갖지 않는다.

② UN의 옵저버 지위는 UN 총회의 결의에 의해서 부여되며 결의 이행에 필요한 행동은 사무총장에게 일임되고 있다.

③ 국제기구는 보통의 경우 설립조약에서 특권 및 면제에 대한 원칙을 설정하고 상세협정을 통해 이를 구체화하는 경향이 있다.

④ 국제기구가 개별 국가의 국내 법원의 재판관할권으로부터 면제를 향유할지라도, 그 위법행위에 대한 국제법상의 책임까지도 면제되는 것은 아니다.

 Point

① UN은 비회원국에 있어서 당연히 법인격을 향유하지는 않으므로 비회원국과는 특별협약을 통해 국내적 법인격을 인정받아 왔다.

8 「고문방지협약」에 대한 설명으로 옳지 않은 것은?

① 「고문방지협약」의 당사국은 고문자를 직접 처벌하든가 기소를 위하여 타국으로 인도해야 한다.

② 직접 고문한 자뿐만 아니라 고문을 교사·동의·묵인한 자도 처벌 대상이 된다.

③ 「고문방지협약」의 국가 간 통보제도는 동 협약 제21조를 수락한 당사국 상호 간에만 인정된다.

④ 고문피해자인 개인이 직접 고문방지위원회에 조사를 요청할 수는 없다.

 Point

④ 고문방지협약 제21조와 제22조에는 당사국간·개인차원 이의제기를 규정하였다.

9 우리나라 헌법에 따른 국회 동의대상 조약 중 다음 내용에 공통으로 해당하는 것은?

> • 인접국과 해양경계를 획정하는 조약
>
> • 국제재판소의 관할을 인정하는 조약
>
> • 자국 내 화학무기 등 대량 살상무기 생산시설 통제 등을 규정하는 조약
>
> • 당사국의 핵실험 금지와 현장사찰 등을 규정하고 있는 조약

① 상호원조 또는 안전보장에 관한 조약

② 중요한 국제조직에 관한 조약

③ 주권의 제약에 관한 조약

④ 중대한 재정적 부담을 지우는 조약

① 「1954년 한미상호방위원조협정」, 「1966년 주한미군지위협정」 등이 해당한다.

② 「국제연합헌장」 및 「국제사법재판소 규정」, 「경제협력개발기구설립협정」, 「세계무역기구설립협정」, 「국제해사기구설립협정」 등이 해당한다.

④ 「2002년 한미 방위비분담특별협정」 등이 해당한다.

10 국제법상 개별 국가의 주권 또는 주권적 주장이 인정되지 않거나 주권 분쟁을 동결한 영역 또는 대상에 해당하지 않는 것은?

① 1959년 「남극조약」상 남극

② 1979년 「달과 기타 천체에서의 국가의 활동에 적용되는 협정」상 달과 기타 천체의 천연자원

③ 1982년 「해양법에 관한 국제연합협약」상 국가관할권 이원의 심해저 지역

④ 2018년 「중앙북극해 비규제어업방지협정」상 북극해의 해양생물자원

④ 동 협정은 중앙 북극해 공해 지역 생물자원의 보존 및 지속가능한 이용을 위해 한시적으로 해당 수역내 조업 활동을 유예(모라토리엄)하고, 동 기간 공동 과학연구 활동을 수행하도록 하고 있다. 또한, 공동과학조사 결과 북극 공해에서의 지속가능한 조업이 가능하다고 판단될 경우, 지역수산기구 설립으로 발전하는 것을 예정하고 있다.

Answer 9.③ 10.④

11 국제분쟁의 평화적 해결과 관련하여 ㉠~㉢에 들어갈 말을 바르게 연결한 것은?

분류		해결수단
분쟁 당사자 간 해결		(㉠)·협의
제3자 개입에 의한 해결	비사법적 해결	주선·중개·심사·(㉡)
	사법적 해결	(㉢)·사법재판

	㉠	㉡	㉢
①	조정	교섭	중재
②	교섭	중재	조정
③	중재	조정	교섭
④	교섭	조정	중재

조정은 제3자가 개입하는 분쟁해결 방식이다.
중재는 사법적 해결이며, 조정은 비사법적 해결방식이다.
교섭은 분쟁당사국의 외교절차를 통해 분쟁을 해결하는 방식이다.

12 난민에 대한 설명으로 옳은 것은?

① 「난민지위협약」상 난민에는 내전으로 인한 국내적 실향민(internally displaced people)도 포함된다.
② 「난민지위협약」의 체약국은 난민에게 원칙적으로 외국인에게 부여하는 대우와 동등한 대우를 부여하여야 한다.
③ 「난민지위협약」상 난민신청자는 박해받을 공포가 있음을 객관적인 증거에 의하여 주장사실 전체를 증명해야 한다.
④ 난민신청자가 난민으로서의 법적 요건을 갖는지 여부에 대한 판정권은 UN 난민고등판무관(UNHCR)에 있다.

① 실향민은 국가를 떠난 자가 아니므로 협약 난민이 될 수 없다.
③ 대판 2007두6526에 의하면 "전체적인 진술의 신빙성에 의하여 그 주장사실을 인정하는 것이 합리적인 경우에는 그 증명이 있다고 할 것이다."라고 되어 있다.
④ 난민판정권은 당사국에 있다.

Answer 11.④ 12.②

13 「관세 및 무역에 관한 일반협정(GATT)」 제20조의 일반적인 예외에 해당하지 않는 것은?

① 사람, 동물 또는 식물의 생명 또는 건강 보호를 위해 필요한 조치

② 미술적 가치, 역사적 가치 또는 고고학적 가치가 있는 국보의 보호를 위하여 부과되는 조치

③ 영화 필름의 상영에 대한 양적 제한 조치

④ 금 또는 은의 수입 또는 수출에 대한 조치

③ GATT 제3조 제10항은 "이 조의 규정은 체약당사자가 노출영화필름에 관한 것으로서 제4조의 요건을 충족하는 내국의 수량적 규정을 설정하거나 유지하는 것을 방해하지 아니한다." 규정하고 있고 제4조는 영화필름에 관한 특별규정이다.

14 국제법위원회(ILC)의 2001년 「국제위법행위에 관한 국가책임초안」의 해석상 국가의 행위로 귀속되지 않는 행위는?

① 외국에서 특수업무를 수행하도록 정부로부터 지시받은 민간인의 행위

② 공공당국의 부재 시 공권력의 행사가 요구되는 상황에서 자발적으로 행한 주민단체의 행위

③ 국가의 위임을 받아 공항에서 출입국 업무를 수행하는 민간항공사의 행위

④ 국가의 통제가 불가능한 지역에서의 조직화된 반란단체의 행위

④ 반란단체 행위는 원칙적으로 중앙정부가 책임을 지지 않는다.

Answer 13.③ 14.④

15 〈보기 1〉의 국가 또는 국제기구가 체결한 조약 중「조약법에 관한 비엔나협약」(1969년 채택, 1980년 발효)이 적용되는 조약을 〈보기 2〉에서 모두 고르면?

〈보기 1〉

• A, B 국가 :「조약법에 관한 비엔나협약」에 1969년 서명 및 비준한 국가

• C 국가 :「조약법에 관한 비엔나협약」에 1983년 서명 및 비준한 국가

• D 국가 :「조약법에 관한 비엔나협약」에 서명한 미비준국

• E 국가 :「조약법에 관한 비엔나협약」의 미서명국

• F 국제기구

〈보기 2〉

㉠ A국과 B국 간 1970년 서명되어 발효한 양자조약

㉡ A국과 C국 간 1982년 체결한 양자조약

㉢ A국, B국, C국 간 1984년 체결한 다자조약

㉣ B국과 D국 간「조약법에 관한 비엔나협약」이 적용됨을 잡칙에 규정하여 1970년 체결한 양자조약

㉤ D국과 E국 간「조약법에 관한 비엔나협약」이 적용됨을 잡칙에 규정하여 1983년 체결한 양자조약

㉥ A국이 자국이 회원국인 F기구와 1990년 자국 내에서 F기구의 직원의 면책특권을 부여하는 조약

---

① ㉠, ㉡, ㉢
② ㉠, ㉢, ㉣
③ ㉡, ㉢, ㉥
④ ㉢, ㉣, ㉤

Point

㉠ 조약법에 관한 비엔나협약이 발효되기 전에 체결된 조약이므로 협약이 적용되지 않는다.

㉡ C국에 대해서는 1983년부터 조약법협약이 적용되므로 1982년에 체결된 양자조약에는 조약법협약이 적용되지 않는다.

㉥ 국가간 체결된 조약이 아니므로 조약법협약이 적용되지 않는다.

16 대륙붕에 대한 설명으로 옳지 않은 것은?

① 대륙붕에 관한 국제법적 법리가 발달된 계기는 1945년 미국의 트루먼 대통령의 대륙붕 선언에서 비롯된다.

② 대륙붕에 관한 최초의 일반적 다자조약은 1958년 「대륙붕 협약」으로 본다.

③ 1969년 북해 대륙붕 사건 판결에서 국제사법재판소(ICJ)는 지리적 인접성을 대륙붕 경계획정의 핵심 개념으로 보았다.

④ 1982년 「해양법에 관한 국제연합협약」에 따르면 대륙붕한계위원회는 영해기선으로부터 200해리 이원의 대륙붕 경계에 대해서 권고를 행한다.

 Point

③ 북해 대륙붕 사건에서 재판소는 형평의 원칙에 따라 합의에 의해 경계획정을 할 것을 당사국에 요구했다.

17 외교사절의 직무에 대한 설명으로 옳지 않은 것은?

① 외교관은 접수국의 내정에 개입하지 아니할 의무를 진다.

② 외교관의 직무 수행에 직접 사용되는 차량은 불법주차 시에도 과태료 부과가 면제된다.

③ 외교관은 접수국에서 개인적 영리를 위한 어떠한 직업활동도 할 수 없다.

④ 외교관은 합법적 수단을 통해 접수국의 사정을 본국 정부에 보고한다.

 Point

② 국제관행으로 불법주차 과태료는 부과하고 있으나 과태료에 대한 강제집행은 할 수 없다.

Answer 16.③ 17.②

18 국제환경법상 일반원칙에 대한 설명으로 옳지 않은 것은?

① 1979년 「장거리 월경 대기오염협약」은 오존층 보호를 위해 각국이 오염에 기여한 정도와 능력에 따라 차별적인 책임을 진다는 공동의 그러나 차별화된 책임 원칙을 규정하고 있다.

② 1989년 「유해폐기물의 월경 이동 및 처리의 통제에 관한 바젤협약」은 유해폐기물 또는 그 밖의 폐기물의 국가 간 이동에서 사고가 발생한 경우, 이를 알게 되는 즉시 해당 국가들에게 통보하여야 한다는 국가 간 협력 의무를 규정하고 있다.

③ 1991년 「월경 차원의 환경영향평가에 관한 협약」은 당사국은 사업계획으로부터 국경을 넘어선 환경에 대한 심각한 악영향을 방지 · 경감 · 통제하기 위하여 모든 적절하고도 실효성 있는 조치를 취해야 한다는 예방원칙을 규정하고 있다.

④ 1992년 「국경을 넘는 수로와 국제호수의 보호와 이용에 관한 협약」은 환경오염을 유발한 책임이 있는 자가 오염의 방지와 제거를 위한 비용을 담당해야 한다는 오염자 부담 원칙을 수용하였다.

Point
　① 차별적 공동책임은 1992년 리우회의를 계기로 처음 나온 원칙이다.

19 우주발사물체에 의해 야기된 손해의 책임문제와 관련하여 1972년 「우주물체에 의하여 발생한 손해에 대한 국제책임에 관한 협약」에 대한 설명으로 옳지 않은 것은?

① 지구 표면 이외의 영역에서 한 발사국의 우주물체가 다른 발사국의 우주물체에 손해를 끼친 경우, 과실이 없더라도 손해를 끼친 발사국이 배상책임을 진다.

② 손해를 입은 국가의 중대한 과실로 손해가 발생하였다고 발사국이 입증할 수 있으면 그 범위 내에서 발사국의 절대책임이 면제된다.

③ 손해가 「국제연합(UN)헌장」이나 1967년 「달과 기타 천체를 포함한 외기권의 탐색과 이용에 있어서의 국가활동을 규율하는 원칙에 관한 조약」을 포함한 국제법과 일치하지 않는 발사국의 활동 결과로 야기된 경우, 손해가 피해국의 과실에 의한 것이라 할지라도 책임은 면제되지 않고 완전한 배상책임을 진다.

④ 손해에 대한 배상청구 이전에 청구국은 국내적 구제를 완료하지 않아도 된다.

Point
　① 손해의 발생지점이 우주공간이면 과실책임, 지구공간이면 무과실책임을 부담한다. 또한 국가책임의 추궁을 위한 전제요건으로 국내적 구제고갈을 요하지 않는다.

Answer 18.① 19.①

20 국제사법재판소(ICJ)의 권고적 의견(advisory opinion)에 대한 설명으로 옳지 않은 것은?

① 국가는 ICJ 소송에서 재판 당사자가 될 수는 있으나, 법률문제에 관하여 권고적 의견을 요청할 수 없다.

② UN 총회와 안전보장이사회는 어떠한 법률문제에 관하여도 권고적 의견을 요청할 수 있다.

③ UN 총회가 권고적 의견을 요청할 수 있는 권한을 부여한 UN의 다른 기관 및 전문기구는 자신의 활동범위에 속하는 법률문제에 관해 권고적 의견을 요청할 수 있다.

④ UN 총회에 의해 자격이 부여된 사무총장은 UN 활동 전반에 속하는 법률문제에 대해 권고적 의견을 요청할 수 있다.

④ 사무총장 권한 범위 내의 법적 문제에 대해서만 권고적 의견을 요청할 수 있다.

Answer 20.④

" 서원각 교재와 함께하는 STEP "

공무원 학습방법

---

01 파워특강

공무원 시험을 처음 시작할 때
파워특강으로 핵심이론 파악

02 기출문제 정복하기

기본개념 학습을 했다면
과목별 기출문제 회독하기

03 전과목 총정리

전 과목을 한 권으로 압축한
전과목 총정리로 개념 완성

---

04 전면돌파 면접

필기합격!
면접 준비는 실제 나온 문제를
기반으로 준비하기

서원각과 함께하는
공무원 합격을 위한
공부법

05 인적성검사 준비하기

중요도가 점점 올라가는
인적성검사, 출제 유형 파악하기

제공도서 : 소방, 교육공무직

• 교재와 함께 병행하는 학습 step3 •

---

1 step 회독하기

최소 3번 이상의
회독으로 문항을 분석

2 step 오답노트

 YES
☐ NO

틀린 문제 알고 가자!

3 step 백지노트

오늘 공부한 내용,
빈 백지에 써보면서 암기

다양한 정보와
이벤트를 확인하세요!

서원각 블로그에서 제공하는 용어를 보면서 알아두면 유용한 시사, 경제, 금융 등 다양한 주제의 용어를 공부해보세요. 또한 블로그를 통해서 진행하는 이벤트를 통해서 다양한 혜택을 받아보세요.

최신상식용어
최신 상식을 사진과 함께 읽어보세요.

시험정보
최근 시험정보를 확인해보세요.

도서이벤트
다양한 교재이벤트에 참여해서 혜택을 받아보세요.

상식 톡톡 ── 최신 상식용어 제공!
알아두면 좋은 최신 용어를 학습해보세요. 매주 올라오는 용어를 보면서 다양한 용어 학습!

학습자료실 ── 학습 PDF 무료제공
일부 교재에 보다 풍부한 학습자료를 제공합니다. 홈페이지에서 다양한 학습자료를 확인해보세요.

도서상담 ── 교재 관련 상담게시판
서원각 교재로 학습하면서 궁금하셨던 점을 물어보세요.

QR코드 찍으시면
서원각 홈페이지(www.goseowon.com)에 빠르게 접속할 수 있습니다.